Zborowski/Herzog
Das Schtetl

Mark Zborowski/Elizabeth Herzog

# Das Schtetl

Die untergegangene Welt der
osteuropäischen Juden

Verlag C. H. Beck München

Aus dem Amerikanischen von Hans Richard

Titel der Originalausgabe: Mark Zborowski/Elizabeth Herzog, Life is with People.
The Jewish Little-Town of Eastern Europe.
© International Universities Press, Inc. 1952

Mit 19 Abbildungen

CIP-Titelaufnahme der Deutschen Bibliothek

*Zborowski, Mark:*
Das Schtetl: die untergegangene Welt der osteuropäischen
Juden / Mark Zborowski; Elizabeth Herzog. [Aus dem
Amerikan. übers. von Hans Richard]. – München: Beck, 1991
    Einheitssacht.: Life is with people ⟨dt.⟩
    ISBN 3 406 35184 0
NE: Herzog, Elizabeth:

ISBN 3 406 35184 0

Für die deutsche Ausgabe:
© C. H. Beck'sche Verlagsbuchhandlung (Oscar Beck) München 1991
Reproduktion der Abbildungen: Brend'amour, Simhart & Co. München
Gesamtherstellung: Passavia Druckerei GmbH Passau
Printed in Germany

Für
Ruth Benedict

# Inhalt

# Einleitung

Dieses Buch ist der Versuch, mit Hilfe unserer anthropologischen Disziplin etwas von der Form und dem Inhalt, der Struktur und der Schönheit des Kleinstadtlebens der osteuropäischen Juden, wie es vor dem 1. Weltkrieg gelebt wurde – an einigen Orten bis zum 2. Weltkrieg –, zu erhalten; so, wie es noch im Gedächtnis derer lebt, die im Schtetl aufgewachsen sind, und jener, die sich an die Geschichten erinnern, die ihnen ihre Großeltern erzählten: von dem enormen, beunruhigenden, glücklichen Treiben, mit dem die Feiertage vorbereitet wurden, von dem hartnäckigen Eifer, mit dem ein Großvater seinen Enkel auf Anzeichen von intellektueller Begabung prüfte. Es lebt weiter, mehr als nur ein wenig, in der Erinnerung jener, die – ohne ein jüdisches Geburtsrecht zu besitzen – ihre Hände nichtsdestoweniger an einem Schtetlfeuer gewärmt haben oder ihren Witz an dem facettenreichen Polierstein talmudischer Argumentation schärften.

Mein Interesse, osteuropäische jüdische Kultur zu studieren, wurde in einer Unterhaltung mit Erich Fromm geweckt. In seiner Stimme wurde die differenzierte Geschlossenheit eines traditionellen Rituals lebendig, als er über eine der jüdischen religiösen Bewegungen in Osteuropa sprach. Anthropologen arbeiten mit dem Kontrast, und ich begriff in diesem Augenblick, was man lernen könnte, wenn man jüdisches Leben studierte; denn Juden besaßen sowohl eine klare eigene kulturelle Tradition, hatten aber auch die Kultur anderer Länder (wie die Polens, Rußlands, Österreichs, Ungarns und Rumäniens) an- und aufgenommen.

Zur gleichen Zeit begann damals Ruth Benedict über europäische Kulturen zu arbeiten. Unter ihren Informanten waren stets viele Juden, die ihre Art zu fragen stimulierend und interessant fanden. Ruth Benedicts anthropologische Komparatistik stimmte mit der Erfahrung der Juden überein, in einer Welt von mindestens zwei Kulturen existiert zu haben, der jüdischen und auch der Kultur der Nation, in der sie lebten. Während sie sie interviewte, ihnen zuhörte und sich Notizen machte, fragte sie sich, welches eigentlich das übereinstimmend jüdische kulturelle Element sei, das die Auffassung eines ungarischen oder polnischen Juden von der eines Ungarn oder Polen unterscheidet, dessen Vorfahren Christen waren.

Nach dem Ende des 2. Weltkrieges wurde uns die Möglichkeit gegeben, unsere Methoden zu vertiefen. Ruth Benedict brachte ein Projekt ein, genannt «Columbia University Research in Contemporary Cultures», das von der Office of Naval Research unterstützt wurde. Ohne den Druck einer sofortigen Anwendung in der Praxis waren wir frei, mit den Methoden, die wir entwickelt hatten, zu experimentieren. So begann das Projekt mit einer Gruppe von Mitarbeitern, die die Aufgabe hatten, Material über die Juden in den verschiedenen Teilen Europas zu sammeln. Ruth Benedict bat Professor Conrad

Arensberg von der Columbia-Universität, als Sprecher der Gruppe zu handeln. Professor Arensberg, selbst nichtjüdisch, war wie sie davon überzeugt, daß dem direkten Vergleich europäischer Kulturen eine große Bedeutung für die Anthropologie zukäme, wie auch von der Notwendigkeit, die Grundlagen jüdischen Lebens im Rahmen einer kulturellen Anthropologie zu studieren.

Die osteuropäischen Juden hatten eine lebendige Kultur, die im wesentlichen aus einem Stück war, ob sie nun in Polen, Ungarn oder Rußland ihre Steuern zahlten, in polnisch, ukrainisch oder ungarisch Handel trieben oder vom Zaren oder Kaiser regiert wurden. Wir wurden uns dieser Tatsache mit wachsender Erregung bewußt, denn während Anthropologen erfahrungsgemäß wissen, daß sie erst die innere Gestalt einer Kultur herausarbeiten müssen, machten wir die seltene und unerwartete Erfahrung, die lebendige Existenz eines solchen Kerns vorzufinden.

Die Bedeutung dieser Entdeckung war für uns unterschiedlich. Für Ruth Benedict und mich bündelte sie all die halbverstandenen vagen Einblicke, die wir gehabt hatten, als wir den Berichten der Juden verschiedener europäischer Herkunft zuhörten, wobei wir die Vielzahl der ohne Beziehung dazu stehenden individuellen Erfahrungen mit osteuropäischen Juden, die wir im Laufe der Vergangenheit gemacht hatten, mit einbrachten. Für Conrad Arensberg vereinigte sich das Wissen über die jüdische Schtetlgemeinde mit seinen Feldstudien über die irische Landbevölkerung und mit seiner breiten soziologischen Vertrautheit mit traditionellen ländlich-bäuerlichen Kulturen in Europa, Amerika und Asien. Für ihn riefen die strukturellen Verbindungen einer solchen Gemeinschaft und ihrer Kultur viele Parallelen hervor und stellten ihm viele Probleme im Zusammenhang mit dem Studium der Bevölkerungsgruppen und der Analyse der sozialen Strukturen. Gegen die traditionellen bäuerlichen Werte Osteuropas kontrastierten die Werte der Juden scharf; aber die Parallelen zu anderen Glaubensgemeinschaften anderswo, z. B. in Neuengland oder in der Levante, machen sie zu einem ertragreichen Gegenstand für weitere noch in Angriff zu nehmende Studien. Für jene in der Gruppe, die einen osteuropäisch-jüdischen Hintergrund hatten, bekamen die halbverstandenen Töne in den Äußerungen ihrer Eltern eine neue Bedeutung, und für diejenigen mit einer orthodoxen osteuropäischen Vergangenheit wurden die scharfen Kontraste zwischen der alten und der neuen Kultur wieder deutlich.

Entscheidend für unsere Seminargruppe war Mark Zborowski, der in seiner Person die lebendige Erfahrung der Schtetlkultur in der Ukraine und Polen und die Disziplinen Geschichte und Anthropologie verband, wodurch er in der Lage war, seine Erinnerungen und Lektüre sowie auch das neue Material zu interpretieren, das die Mitarbeiter des Projektes durch Interviews und aus Schriften gesammelt hatten. Für ihn ist dieses Buch die Verwirklichung eines Planes, den er lange Jahre hegte und den er am Anfang des Projektes mit Dr. Benedict besprach. Elizabeth Herzog brachte ihren Hintergrund in Soziologie ein und ihre umfassende Erfahrung in der Sozialforschung – speziell im Bereich Meinungs- und Verhaltensanalyse – vereint mit ihrer schriftstellerischen Begabung. Sie haben gemeinsam die Analyse und Präsentation, die dieses Buch bietet, entwickelt – basierend auf der Arbeit der Gruppe.

Natalie F. Joffe, Anthropologin, brachte den Ertrag langjähriger Erfahrung im Studium spezieller Aspekte der Einwandererkulturen in den USA ein; darüber hinaus eine lange Zusammenarbeit mit Ruth Benedict und mir, ungewöhnlich umfangreiche Belesenheit und den engen Kontakt mit ihrer Eltern Kenntnis der jiddischen Sprache, der jiddischen Literatur und des Schtetllebens. Naomi Chaitman bot zusätzlich zu ihrem ungewöhnlichen Talent als Interviewerin ihre anthropologische Ausbildung und eine lebendige Erfahrung mit osteuropäischer jüdischer Kultur, erworben in der gelehrten Umgebung ihres Elternhauses und durch breite Kontakte mit den jüdischen Gemeinden in Montreal und New York. Sula Benet brachte ihren russisch-polnischen Hintergrund mit und viele Jahre Erfahrung im Studium des polnischen Bauerntums. Theodor Bienensto leistete seinen Beitrag durch das Vertrautsein mit der polnisch-jüdischen Kultur und seine Ausbildung in Jura und Soziologie; Iren Rozeney durch ihre anthropologische Ausbildung, die ihr ermöglichte, das Leben in zwei Kulturen – in Polen und in Frankreich, wo sie zeitweilig lebte – zu interpretieren.

Gegen Ende des Projektes stießen drei Mitarbeiter der Abteilung wissenschaftliche Forschung des American Jewish Committee zu der Gruppe: Ruth Landes, die durch reine anthropologische Erfahrung und ihre Vertrautheit mit der Kultur in zweiter Generation Wichtiges beitrug. Fay Stollmann und Harold Mendelsohn, die soziologische Ausbildung und Vertrautheit mit der Kultur durch ihre Familien mitbrachten.

Zu verschiedenen Zeiten arbeiteten weitere Mitarbeiter mit der Gruppe, wie Elsa Bernaut, Denise Freudmann, Paul Garvin, Louise Giventer, Fela Gibel, Thelma Goldberg, Ruth Hallo, Hsien Chin Hu, Norman Miller, Sidney Mintz, Mario Marcowitz, Joan Nicklin, Julius Rabin, Vera Rubin, Rosemary Spiro, Rose Wolfson.

Von großem Wert für die Analyse waren Unterlagen, die die Brownsville-Gemeinde in New York betreffen und die von May Edel erarbeitet wurden, und Celia Stopnicka Rosenthals detaillierte Beschreibung ihres Lebens in ihrer Geburtsstadt in Polen, die in einem Buch von Ruth Benedict geleiteten Seminar studiert wurde.

Unsere Arbeitsmethode war die Kombination von Interviews osteuropäischer Juden, die Beobachtung des Lebens in osteuropäischen jüdischen Haushalten, die Analyse von Geschichte, Literatur, Drama, Bildern und Fotos und von Filmen. Dieses Material wurde innerhalb der Gruppe aufgeteilt, die in Zusammenarbeit und Diskussion in dem bestimmten Rhythmus der Kultur, die sie erforschte, ein konzeptionelles Einvernehmen entwickelte. In der traditionellen Anthropologie ging ein kompetentes Mitglied der westlichen Anthropologie ins «Feld» und verwandte all seine fünf Sinne und jedes Gramm intellektueller Energie, das er aufbieten konnte, darauf, die Vielschichtigkeit einer fremden Kultur zu verstehen. In dieser neuen Art von Anthropologie jedoch arbeiten Mitarbeiter aus verschiedenen Disziplinen und verschiedenen modernen Kulturkreisen zusammen, benutzen ihre Sinne und ihre Erinnerungen, ihre Wahrnehmungen und Einblicke, ihre organisatorische Begabung und ihre Fähigkeit, Hypothesen zu entwickeln und zu testen; bei dieser neuen Art von Anthropologie sind die verschiedenen Mitglieder der Gruppe ein empfindliches und einmaliges Werkzeug der Forschung.

Wir hatten lange Sitzungen – wobei sich der Protest der im Westen erzogenen Frauen auf ihrer Suche nach der kulturellen Wahrheit mit dem Eifer der Anthropologen mischte –, in denen wir über die Frage stritten, ob das Schtetl der Ansicht gewesen sei, Frauen hätten wirkliche Seelen; die andere Frage einmal beiseite lassend, wie fair die Verheißung gewesen sein mag, daß die gute Frau eines guten Mannes in der «besseren Welt» zu seinen Füßen sitzen und ihm zuhören werde bei den endlosen gelehrten Gesprächen, mit denen er sein künftiges Leben verbringen würde. In der Schärfe der Diskussion wurde die Haltung der Männer im Schtetl, «die eben über die Seele der Frau nicht sprechen», immer klarer. Es wurde aber auch festgestellt, daß weitere Interviews nötig seien. Wir prüften noch einmal zusammen ein Interview mit einer noch im Schtetl geborenen Frau, die die Frage treffend und zusammenfassend beantwortete: «Frauen haben wirkliche Seelen, aber Männer haben eben anerkannte Seelen». So ersetzten wir das Zusammenspiel, wie es in einer lebendigen Gesellschaft stattfindet, durch einen Mikrokosmos im Seminar, welcher die Dialektik des Schtetls widerspiegelt.

In der Ausarbeitung dieses Porträts des Schtetls wurden all die speziellen Probleme des Schreibens über jüdische Kultur sowie auch die mehr allgemeinen Probleme des Schreibens über irgendeine moderne zivilisierte Kultur reflektiert. Eine der speziellen Charakteristika der jüdischen Kultur ist, daß es die Kultur von Menschen ist, die als Gemeinschaft in einer größeren Gesellschaft lebten, und die deshalb in das Bild von sich selbst immer das Bild ihrer Nachbarn einzuschließen hatten, die in dem gleichen Staat mit ihnen lebten, aber eine andere Kultur besaßen. In jeder Gesellschaft hat eine kulturell stark von den anderen abweichende Gruppe die Aufgabe, mit einem Selbstbildnis zu leben, das all die Abweichungen von den anderen einschließt. So finden wir bei Männern sowohl wie auch bei Frauen in den meisten Gesellschaften eine Reihe von Vorurteilen über das eigene und das andere Geschlecht, wovon einige recht schmeichelhaft sind, andere jedoch abfällig. Diese Art von Vorurteilen gibt es auch zwischen der bäuerlichen Bevölkerung und Stadtbewohnern, zwischen denen, die mit den Händen arbeiten, und denen, die mit Worten arbeiten, und auch zwischen jung und alt. Jede Gruppe stellt in gewisser Hinsicht ihre Überlegenheit heraus und ihre Unterlegenheit gibt sie teils offen, teils verdeckt zu. So haben sich die Juden Osteuropas, die Seite an Seite mit Polen, Ukrainern und Ungarn lebten, ein stark positives Bild von sich selbst erhalten, aber es berührte sie auch das negative Bild, das sich ihre Nachbarn von ihnen machten. Offen gaben sie ihre negativen Vorstellungen von ihren Nachbarn zu erkennen, das Positive wurde indessen nur heimlich anerkannt. Die Selbstdefinition der Juden als Gottes auserwähltes Volk, das bereit war, die beschwerliche Last Seines Schwurs zu akzeptieren, schließt das Konzept der Nichtauserwählten mit ein, da irgendwie mit ihnen gerechnet werden muß. Und tatsächlich lebte ja nebenan die traditionelle christliche Welt mit einem Selbstbild, das sich vom kontrastierenden Bild der jüdischen Gemeinden absetzte. So, wie das nichtjüdische Dienstmädchen lernte, die

Ernährungsvorschriften zu beachten, mit denen ihre Arbeitgeber lebten, so lasen die kleinen jüdischen Jungen, die durch ihre Kultur verpflichtet waren, Gelehrsamkeit und Frömmigkeit vor körperlichen Fähigkeiten zu schätzen, in den polnischen Schulen die Geschichten der polnischen Nationalhelden mit Bewunderung wie auch mit der gebotenen Abneigung. Diese verstohlene Bewunderung jedoch spielt vielleicht eine Rolle im neuen israelischen Patriotismus.

Um ein Bild der osteuropäischen jüdischen Kultur zu erarbeiten, hatte die Forschungsgruppe – sie bestand aus Juden und Nichtjuden, solchen, die aus Osteuropa stammten, und anderen – die Beziehung vom Selbstbild und Gegenbild ans Licht zu bringen und mit gewissenhafter Sorgfalt zu prüfen. Daß dies von einer Gruppe unternommen werden konnte, die ohne Rücksicht auf ihren Ursprung Freude an der Kultur des Schtetls hatte, beruhte nicht so sehr auf der gemeinsamen Vorliebe für das Thema, als vielmehr auf dem Vorhandensein einer emotionalen Atmosphäre, in der Kulturen wie auch Eigenheiten von Individuen sicher sind und sich entfalten können. Wir haben uns die problematischen wie auch die positiven Charakterzüge genau angesehen. Wir haben die kompromißunwillige Orthodoxie betrachtet, die den Anbetern von Bildern einen lebendigen Glauben abspricht. Und wir haben uns die Nachbarn angesehen, die ihr Herz und ihr Gewissen so teilen konnten, daß sie Juden, die sie kannten, vor Schaden schützten und gleichzeitig an Pogromen gegen andere Juden teilnahmen. Die Ambivalenz bleibt, Teil eines Selbstbildes und Teil eines von der Außenwelt geprägten Verständnisses; sie ist unvermeidlich, wenn die eigene Kultur und die Mitgliedschaft in einer größeren Gemeinschaft nicht in Einklang stehen, wenn jemand lebt und spricht als Mitglied einer bestimmten Kultur innerhalb einer weiteren sozialen Gruppe und sich doch seiner historischen Identität hingibt.

Dieses Buch wurde entworfen, um die ganze Kultur der osteuropäischen Juden darzustellen, und zwar den gemeinsamen Kern, an dem alle teilhatten, wie groß auch die örtlichen Unterschiede gewesen sein mögen. Wir haben die Anzahl der ethnographischen Einzelheiten niedrig gehalten, teilweise um das zentrale Thema nicht zu überladen, zum Teil weil Details von Örtlichkeit zu Örtlichkeit variieren und weil kleine Unterschiede dem Leser, der sich mit dem Gebiet vertraut gemacht hat, die durchgehende Regelmäßigkeit zerstören würden, welche diese Kultur als ein ganzes auszeichnet. Die vorliegende Darstellung kann man als Hauptquelle für osteuropäische jüdische Kultur betrachten, und wie alle Hauptquellen in der Anthropologie fußt sie auf Beobachtungen aus erster Hand und auf Aussagen lebender Menschen.

So, wie unser Verständnis davon wächst, wie Menschen Kultur für sich selbst schufen, innerhalb derer und durch die sie leben, so wächst auch unsere Anerkennung der Werte, die jede Kultur geschaffen hat. Wo die Vergangenheit den Menschen Teilnahme an der Kultur, zu welcher ihre Eltern gehörten, gebot und nur einen neugierigen Blick auf andere Kulturen zuließ, bieten heute die Ergebnisse der Geschichtsforschung und der Anthropologie nicht nur einen Zugang zu der eigenen Vergangenheit, sondern auch zu der Kultur anderer Völker, die man kennen und schätzen lernt, so daß ihre großen Errungenschaften, ihre Werke in Kunst und Musik Teil eines gemeinsamen Schatzes aller kultivierten Menschen werden. Dieses Buch, die Aufzeichnung einer eigenen Lebenswelt, wurde von innen heraus geschrieben, und wir sehen Tränen der Freude und der Trauer zwischen den Fingern der Hausfrau glänzen, während sie die Sabbatkerzen anzündet. Es ist von innen heraus geschrieben worden, weil nur so die innere Bedeutung erleuchtet und von der lesenden Welt geteilt werden kann.

*Margaret Mead*

[Die Einführung der Originalausgabe wurde für die vorliegende deutsche Ausgabe gekürzt.]

# Vorwort der Verfasser

Alle Untersuchungen und Analysen, die wir in diesem Buch zusammenfaß-ten, wären ohne die Informanten, die den Kern der Daten lieferten, un-möglich gewesen. Die Bereitschaft, mit der sie ihre Angaben machten, die Qualität dessen, was sie uns wissen ließen, und die Aufnahme, die sie unseren Interviewern gewährten, sind schon Ausdruck ihrer Kultur und ihres Bewußt-seins von ihr. Literatur, Drama, Film, grafisches Material und andere Quellen wurden benutzt, um das Ergebnis der Interviews und Beobachtungen zu ver-vollständigen.

Die direkten Interviews wurden durch verschiedene weniger konzentrierte, informelle Interviews ergänzt. Zusätzlich standen aus der Sammlung des Yid-dish Scientific Institute – YIVO – noch ca. 50 ausführliche Lebensgeschichten zur Verfügung. Dieses ganze Material wurde angereichert durch die Erfahrun-gen der Mitglieder der Forschungsgruppe, die selbst Kenntnis der Kultur aus erster Hand hatten. Literarische Quellen waren dem Material, das von den Informanten kam, untergeordnet; sie waren jedoch unerläßlich zur Bestäti-gung und für den richtigen Blickwinkel, um das von den Informanten Be-schriebene in bezug auf das Vorhandensein, die Bedeutung und die Häufigkeit eines Musters und Beitrags zu prüfen.

Die wichtigsten religiösen und akademischen Referenzen werden in der Bibliographie genannt, aber es ist unmöglich, alle jiddischen und hebräischen literarischen und autobiografischen Werke zu nennen, die dieser Studie als Hintergrund dienten. Immerhin haben die Werke von Schriftstellern wie Sho-lem Aleichem, Mendele Mocher Sforim, Perez, Ash u. a. wahrscheinlich einen größeren Beitrag geleistet als die wissenschaftlichen Diskussionen. Es ist nur möglich, all den vielen Schriftstellern, lebenden oder toten, deren Namen hier nicht genannt werden, unseren Dank im allgemeinen auszusprechen.

Alle Zitate von Informanten werden wörtlich wiedergegeben, ohne die Zeit oder die grammatikalische Konstruktion zu verändern. Wir glauben, daß die Kultur durch ihre eigenen unredigierten Worte am deutlichsten sprechen wird.

Offensichtlich begriffen viele der Informanten, worauf es uns in den Inter-views ankam. Eine der Informantinnen protestierte, als eine andere versuchte, Sekundärquellen heranzuziehen: «Du erzählst ihr, was du gehört oder in Bü-chern gelesen hast. Bücher kann jeder selbst lesen, da muß sie dich nicht erst fragen. Sie will wissen, was ich gesehen habe … so laß mich auf meine Art erzählen.»

Redensarten und Sprichwörter wurden großzügig zitiert, wie auch Gebete und solche Passagen aus Bibel und Talmud, die zum Idiom im Schtetl wurden.

Mit geringfügigen Änderungen wurden die Übersetzungen der Gebete von Rabbi Hertz verwendet. Volkslieder folgen der Fassung von Ausubels «Treasury of Jewish Folklore», Sagen basieren auf den Übersetzungen in Ginzbergs «Legends of the Jews».

Charakteristisch für diese Kultur ist, daß viele – ob sie nun die jiddische Sprache beherrschen oder nicht – die Übersetzung der an Atmosphäre und Farbe so reichen jiddischen Worte als nicht zufriedenstellend empfinden. Deshalb wurden jiddische Worte bei ihrem ersten Erscheinen im Text kursiv gedruckt und im Glossar erläutert. (*Anmerkung des Übersetzers:* Der Schreibweise der jiddischen Worte im deutschen Text liegt das Glossar aus dem Buch «Jüdische Sprichwörter und Redensarten», Warschau 1908, von Ignaz Bernstein zugrunde, das unverändert von Dr. Salcia Landmann in ihr Buch «Jiddisch, Abenteuer einer Sprache», München 1964, übernommen wurde.)

Dieses Buch basiert auf einer Untersuchung, die von einer Gruppe unternommen wurde, und die Autoren sind jedem Mitglied für seinen Anteil zu Dank verpflichtet. Zwei Wissenschaftlerinnen trugen sehr direkt zu diesem Buch bei. Jedes Kapitel wurde mit Natalie Joffe und Naomi Chaitman diskutiert. Diese Diskussionen wurden zusätzlich zu den direkten Beiträgen der beiden geführt, nämlich den hervorragenden Interviews von Naomi Chaitman und den Untersuchungen über Hintergründe unserer Quellen von Natalie Joffe sowie deren Besprechungen einiger grundlegender Aspekte der Kultur (siehe Bibliographie).

Das Buch ist der verstorbenen Ruth Benedict gewidmet. Große Worte sind in dieser Widmung nicht beabsichtigt, da wir nicht in Worten ausdrücken können, welches Gefühl die Nennung ihres Namens bei denen, die sie gut kannten und die eng mit ihr zusammenarbeiteten, hervorruft: die Wertschätzung ihrer intellektuellen Gaben, die Anerkennung ihres Talentes zur Führung und Impulsgebung, die Bewunderung der Größe ihres Geistes und ihres Verstandes, die einfache, tief empfundene Zuneigung zu ihr als Mensch. Die Autoren empfinden ein besonderes Gefühl des Verlustes, weil sie dieses Buch, welches aus der Zusammenarbeit mit ihr erwachsen ist, nicht mehr lesen konnte.

Margaret Mead schulden wir dreifachen Dank. Auf ihr lastete die Führung des Projektes nach Dr. Benedicts Tod und sie ermöglichte durch ihre Unterstützung die Fortsetzung der Arbeit und damit letztendlich das Schreiben dieses Buches. Ihr Vorsitz stimulierte die Gruppendiskussion und rief eine Atmosphäre lebendigen Zweifels und intensiven Ideenaustausches hervor, durch die neues Licht auf die besonderen Aspekte der Kultur geworfen wurde.

Zutiefst zu Dank verpflichtet sind wir auch dem Yiddish Scientific Institute – YIVO –, welches uns großzügig seine Sammlung von persönlichen Dokumenten, Büchern und grafischem Material zur Verfügung stellte, und deren Angestellte uns häufig berieten.

Die einzige angemessene Erwiderung für die Hilfe aller wäre ein angemessenes Bild des Schtetls, und wir hoffen, es gegeben zu haben.

[Das Vorwort der Originalausgabe wurde für die vorliegende deutsche Ausgabe gekürzt.]

# PROLOG

# Der Weg zum Schtetl

Die jüdische Kleinstadtgemeinde Osteuropas – das Schtetl – führte ihre Herkunft direkt auf die Erschaffung der Welt zurück. Der Auszug aus Ägypten, der Empfang der Gesetze am Berge Sinai werden als Schritte auf dem Wege gesehen, als geschichtliche Begebenheiten wie die Spanische Inquisition oder die Russische Revolution. Für die übrige Welt ist die Vorgeschichte verworrener.

In den ältesten Inschriften der ägyptischen und babylonischen Könige werden die Hebräer, die zusammen mit anderen semitischen und nichtsemitischen Stämmen ihre Herden in dem Gebiet zwischen Mesopotamien und dem Jordan von Oase zu Oase führten, nicht erwähnt. Keine Schrift vermerkt ihr Eindringen in Ägypten unter der Geißel der Hungersnot, und niemand hielt ihren dramatischen Auszug unter Moses Führung fest. Neben den blutigen Schlachten der ägyptischen Heere und den Eindringlingen aus Syrien und Kleinasien blieben die Eroberungen Joschuas unbeachtet. Sogar die Vereinigung der Stämme unter dem Krieger-König David beeindruckte die Chronisten des Altertums nicht. Der Name Salomons, des großen Tempelbauers, ist nur durch die Aufzeichnungen seines eigenen Volkes bekannt. Die Geschichte der Königreiche von Juda und Israel bis zu ihrer Zerstörung im 8. bzw. 6. Jahrhundert v. Chr. war hauptsächlich für die Verfasser der Bibel von Wichtigkeit.

Dieses kleine und unbedeutende Volk war während der längsten Zeit seiner langen Geschichte ein Volk ohne Herrschaftsgebiet. Der Weg vom Berge Sinai in das Schtetl zog sich über dreitausend Jahre hin, und nur wenige Jahrhunderte in diesem Zeitraum war Israel eine unabhängige Nation. Seine eigentliche Unabhängigkeit endete, als die babylonischen Eindringlinge den Tempel des Salomon zerstörten und die Bevölkerung von Jerusalem im 6. Jahrhundert v. Chr. ins Exil verbannten.

Obgleich das babylonische Exil nur kurz währte und der Tempel wieder aufgebaut wurde, konnten die Juden ihre volle Souveränität doch nicht wieder erlangen. Zusammen mit anderen asiatischen Königreichen waren sie nacheinander der Herrschaft von Persien, Griechenland und Rom unterworfen. Die kühne Revolte der Makkabäer gegen die Nachfolger Alexanders des Großen erzeugte die Illusion einer Unabhängigkeit, die sie aber annähernd zweihundert Jahre später schon wieder verloren, als Palästina eine römische Provinz wurde. Die Juden versuchten, die Heldentat der Makkabäer zu wiederholen, diesmal gegen die römischen Kaiser, aber nach einigen Jahren verzweifelten Kampfes brachen die Legionen des Titus ihren Widerstand. Als im Jahre 70 n. Chr. der zweite Tempel zerstört wurde und die Stadt Jerusalem abbrannte, hörte die jüdische Nation auf, als ein politisches Wesen zu existieren. Während der nächsten zwanzig Jahrhunderte lebten die Kinder Israels in der Diaspora, im Exil, verstreut unter den Nationen. Jerusalem blieb das Symbol einer ruhmreichen Vergangenheit und eine ewige Hoffnung für die Zukunft.

Als sie ins Exil gingen, ließen sie nur wenige greifbare Spuren ihrer Kultur zurück – zu wenig Scherben und Strukturen, um die Archäologen der späteren Tage zufriedenzustellen. Sie nahmen den Schlüssel ihrer Existenz als ein souveränes Volk mit sich – die Gegenwart ihres Gottes, das Gesetz, das Er ihnen auf dem Berge Sinai gegeben hatte, und ihren Glauben an Seinen Bund. Dem Schtetl zufolge haben die Kinder Israels ausschließlich überlebt, weil sie diesen Bund mit Gott schlossen, indem sie Sein Gesetz akzeptierten. Einige Außenseiter, die die Historizität der Begebenheiten in Frage stellen, geben jedenfalls zu, daß der Bund das Überleben eines Volkes sicherte, dessen materielle Kultur in dem Land, das die Heimat war, so gut wie gänzlich verschwunden ist; nur die Klagemauer ließ es als den traditionellen konkreten Beweis seiner Macht zurück.

Es ist der Bund mit Gott – so sagt das Schtetl –, der es diesem schwachen und heimatlosen Volk ermöglichte, die großen Reiche Ägyptens und Babylons, Griechenlands und Roms, Byzanz' und des Islam zu überleben, und der bewirkte, daß seine heiligen Bücher in die Heilige Schrift der halben Welt eingingen.

Die Legende erzählt, daß Gott, bevor Er Israel Sein Gesetz gab, sich an alle Nationen der Erde wandte und jede fragte: «Wollt ihr meine Thora, mein Gesetz?» Alle lehnten ab und sagten: «Wir wollen Deine Thora nicht.» Daraufhin, so die Legende, kam Er zum Volke Israel und sprach: «Wollt Ihr meine Thora annehmen?» Sie fragten ihn: «Was steht darin geschrieben?» Und Er antwortete: «Sechshundertunddreizehn Gebote.» Sie sagten: «Alles, was der Herr gesagt hat, werden wir tun, und wir werden auf Ihn hören.»

Durch den Bund ist das Volk Israel verpflichtet, Gott als einzigen Gott anzuerkennen. Es ist weiterhin verpflichtet, Seine Gebote zu erfüllen, die sechshundertunddreizehn Grundsätze, die das ursprüngliche Gesetz umfaßte, so, wie es am Berge Sinai empfangen wurde. Andererseits stimmte der Ewige in diesem Bunde zu, für Israel – als Sein Auserwähltes Volk – zu sorgen. Es ist Sein Privileg, alle Fehler, die in der Erfüllung dieses Paktes gemacht werden, zu bestrafen, und es ist das Recht Israels, die versprochenen Belohnungen zu erhalten, wenn es seinen Teil der Vereinbarung erfüllt.

Dies war das Gesetz, das die Juden mit ins Exil nahmen, zu einer Zeit, als politisches und militärisches Unglück seine Bedeutung noch verstärkte. Im letzten Jahrhundert vor der Zerstörung des Tempels und der politischen Einheit verschob sich die nationale Führung nach und nach von den leitenden Potentaten und Priestern zu den Lehrern und Gelehrten, deren Hauptfunktion die Auslegung und Ausfeilung der Gesetze war. Als die Nation mit der Zerstörung des Tempels ihren letzten militärischen Schlag erhielt, wurde die Heiligkeit des Andachtsortes und die einheitsstiftende Kraft eines gemeinsamen Reiches auf die Gesetzbücher, die Thora, übertragen. Im gleichen Jahr, in dem der Tempel zu Asche verbrannte, wurde in Yavneh die rabbinische Akademie gegründet.

Die Wanderungen in der Diaspora manifestierten sich in einer Reihe von neuen Zentren zum Studium der Gesetze, wechselnd von Land zu Land, so, wie die Umstände wechselten. Die Exilanten verteilten sich auf alle Teile Europas und des Ostens, und wo die Bedingungen am besten waren, erblühte ein Mittelpunkt des Lernens. Juden aus weniger günstigen Gegenden kamen hinzu, um eine neue florierende Gemeinde mit aufzubauen.

Dies war dann ein Zentrum jüdischer Kultur, bis Eindringlinge von außen oder Verfolgung innerhalb des Landes einen Wechsel aufzwangen. Ein neues Kulturzentrum entstand woanders und zog viele aus ungeeigneteren Orten an. Die Wanderung in der Diaspora war niemals ein kompletter Wechsel aller von einem Ort zum anderen. Viel öfter zog eine größere Gruppe zu einem neuen Platz, an dem einige schon vorher gelebt hatten, weg von dem alten Platz, wo früher viele gelebt hatten und jetzt nur noch einige zurückblieben.

Nach Palästina beherbergte das Babylon der Sassaniden die große rabbinische Akademie für einige Jahrhunderte. Unter der allgemein toleranten Herrschaft der Perser vervollständigten die Gelehrten die Ausarbeitung des gewaltigen Gesetzeskomplexes, des Babylonischen Talmuds. Hier auch schufen sie die Grundlagen ihrer sozialen und kulturellen Existenz in der Diaspora. Hier legten sie die Regeln fest für eine Gemeindestruktur, für eine Kultur in einer Kultur, für die Kultur einer Minderheit, die sich nacheinander an eine Reihe von Gastgebern anzupassen hat.

Mit dem Aufstieg und der Ausbreitung des Islams begannen die Juden des Nahen Ostens, ihre Gemeinden in Spanien zu entwickeln. Unter der wechselnden Gunst der moslemischen Herrscher bauten sie ihre spanischen, sephardischen, Gemeinden so solide aus, daß die spanischen Juden die kulturelle Führung Israels übernehmen konnten, als das babylonische Zentrum unter der mongolischen Invasion verfiel.

Bis zur Zerstörung durch die Inquisition und die Vertreibung der Juden in dem Jahre, in dem Kolumbus die Neue Welt entdeckte, entwickelten die sephardischen Gemeinden ihre spezifische Form des Judentums. Es war eine eklektische Form; sie vereinte die Wahrheit der Bibel und des Talmuds mit der Weisheit Aristoteles' und Platos, die liturgische Poesie der Gebetbücher mit dem Stil arabischer Diwane. Das sephardische Erbe wurde ein farbiges Mosaik aus Mystik und Rationalismus, Philosophie und Talmudismus, Poesie und Wissenschaft.

In der Zwischenzeit hatten die jüdischen Gemeinden in Italien, Frankreich und Deutschland innerhalb ihrer Gettomauern die ashkenasische Ausformung des Judentums entwickelt. Ashkenaz ist der hebräische Name für Deutschland, wo die volkreichsten Gemeinden ansässig waren. Im Gegensatz zu den sephardischen Juden waren die Ashkenasim von ihren Nachbarn isoliert, sei es durch Gesetz oder durch eigene Wahl. In ihren Lernzentren erhielt sich der traditionelle Talmudismus «unvergiftet» durch nichtjüdische Kultur.

In ihren Schriften war kein Platz für weltliche Poesie und Philosophie, nur für schwere Bände mit rabbinischen Kommentaren und Diskussionen. Alles Leben war auf die rigorose Erfüllung der Gebote abgestellt, wie sie in der Thora überliefert und im Talmud erläutert werden. Keine Einzelheit war zu trivial, um nicht in religiöser Vorschrift verwurzelt zu sein; das Wort Gottes hallte wider in jeder Tat des täglichen Lebens.

In Spanien waren die jüdischen Gelehrten frei, ihre Arbeit – säkular oder religiös – in einer der traditionellen Sprachen oder in der Landessprache abzufassen. Die Ashkenasim verbannten alle fremden Sprachen aus ihrer Literatur, die nur in Hebräisch geschrieben wurde, der Sprache der Bibel. Die Sprache ihres täglichen Gebrauchs wurde Jiddisch und ist es geblieben durch die Jahre der Wanderung und des Wechsels. Die Grundlage der jiddischen Sprache war ein mittelalterlicher deutscher Dialekt, mit dem hebräische Elemente kombiniert wurden. Durch die Jahrhunderte entwickelten sich eigene Struktur und Stil. In jeder neuen Umgebung nahm man Elemente der örtlichen Mundart auf und veränderte sie, damit sie in das jiddische Idiom paßten. So wurde die Sprache zum Symbol der Kontinuität, das aufrechterhalten wurde trotz – oder gerade wegen – der Veränderung.

Wer jiddisch beherrscht, versteht auch das Jiddisch der anderen, mögen ihm auch einige Worte unverständlich bleiben. Immerhin hatte jede Region ihren eigenen Akzent und ihre eigene, unverwechselbare Ausdrucksweise.

Westeuropa hat Spanien als hervorragendes Zentrum jüdischer Kultur niemals ersetzen können. Die unablässige Folge von Restriktionen, Ausweisungen und Massakern ließ dazu keine Chance. Die Geschichte der Ashkenasim-Gemeinden ist eine Geschichte periodisch auftretender Flucht und Zerstörung. Wenn Regierungen die Stirn runzelten und die Gewalttätigkeiten zunahmen, erfolgte ein erneuter Exodus in ein neues Land, in dem eine rabbinische Akademie eröffnet wurde und auch blühte, bis die nächste Welle der Zerstörung kam.

Als die Kreuzritter begannen, örtliche «Ungläubige» auf ihrem Wege in das Heilige Land auszurotten, begannen die Juden Westeuropas nach dem Osten zu schauen, nach einer Zuflucht. Eine alte Legende erzählt, wie in den Tagen des Schwarzen Todes eine Gruppe von erschöpften Flüchtlingen in ein unbekanntes Land östlich von Deutschland kam. Als sie es erblickten, kündigte eine Stimme vom Himmel auf hebräisch an: «Polin!» – hier sollst du ruhen! Der Name des Landes war Polen.

Hier blieben sie, und mehr Ashkenasim kamen und schlossen sich ihnen an, verteilten sich über ganz Osteuropa. In Polen und darüber hinaus in Rußland fanden sie alte jüdische Gemeinden, die bis auf die Zeit griechischer Kolonisation zurückgingen oder von Flüchtlingen aus dem byzantinischen Kaiserreich gegründet worden waren. Zwei Ströme der Diaspora vereinigten sich in Osteuropa. Der eine bestand aus Flüchtlingen, die direkt aus dem Nahen Osten über das Schwarze Meer kamen; der andere Strom floß aus Westeuropa ein und bestand aus Flüchtlingen aus Frankreich, Deutschland und Böhmen.

Die polnischen Herrscher empfingen die Auswanderer aus dem Westen freundlich, waren diese doch erfahren in Handel und Industrie und konnten die rückständigen Provinzen entwickeln. Sie gewährten ihnen Privilegien und Freiheiten sowie Religionsfreiheit und kommunale Autonomie. Hier fanden die Ashkenasim ein Refugium, in dem sie ihre Art von Leben fortsetzen konnten, und hier entstanden die volkreichsten, geschlossensten und kulturell homogensten jüdischen Gemeinden Europas. In den folgenden Jahrhunderten war Osteuropa der Mittelpunkt jüdischer Kultur. Die Kriterien, die bereits die

Ashkenasim-Gemeinden in Westeuropa charakterisierten, kennzeichneten auch hier das Leben und entwickelten sich fort: Isolation von der nichtjüdischen Welt, komplettes Eindringen religiöser Prinzipien und Praktiken in jedes Detail des täglichen Lebens.

Als man dann von den Beschränkungen und Pogromen wieder eingeholt wurde, was in allerkürzester Zeit geschah, stabilisierten und kristallisierten sich die Lebensformen, für die in Babylon der Grundstein gelegt worden war und die in Westeuropa ihre Anpassung erfahren hatten.

Die Kleinstadt – das Schtetl – war die Hochburg dieser Kultur. Ob unter Polen oder Russen, Litauern oder Ungarn – die Juden behielten ihre Art und ihre Sprache, reagierten auf ihre Umwelt, nahmen vieles davon auf und integrierten es in ihr Leben, aber sie hielten den Kern ihrer eigenen Tradition intakt. Sie sprachen jiddisch, schrieben und lasen hebräisch, verhandelten in gebrochenem Polnisch oder Ukrainisch. In den großen Städten rebellierten im Laufe der Zeit immer mehr von ihnen gegen den Alleinanspruch der Thora. Das Schtetl – auch durch Wellen von außen berührt – fühlte den Anprall weniger heftig und konnte ihm besser standhalten.

Einzig und allein die Kriege und Revolutionen des 20. Jahrhunderts mit der letztendlichen Vernichtung von sechs Millionen Juden machten der Rolle des Schtetls als Heimstatt der Traditionen ein Ende.

Wie und warum es so lange überlebte, ist eine Frage, die viel diskutiert wurde und nicht so einfach beantwortet werden kann. Ein großer Teil der möglichen Antwort liegt im Schtetl selbst; es ist die Art zu leben, und vor allem die Art zu denken.

# I

## Denke an den Sabbat

# Der Vorabend des Sabbat

Es wird berichtet, daß Gott zu Israel sprach: «Wenn Ihr meine Thora annehmt und die Gesetze befolgt, so will ich Euch für alle Ewigkeit die wertvollste Sache geben, die sich in meinem Besitz befindet.»

«Und was», fragte Israel, «ist die wertvollste Sache, die Du uns geben willst, wenn wir die Thora befolgen?»

Gott: «Die künftige Welt.»

Israel: «Aber schon in dieser Welt sollten wir einen kleinen Vorgeschmack darauf haben.»

Darauf Gott: «Der Sabbat gibt Euch einen Vorgeschmack.»

Der Sabbat bringt die Freude des künftigen Lebens in das Schtetl. Er ist der Höhepunkt der Woche, «eine andere Welt, kein Ärger, keine Arbeit». Man lebt von Sabbat zu Sabbat und arbeitet die ganze Woche, um ihn sich zu verdienen. Die Tage der Woche haben ihren Platz um den Sabbat herum. Mittwoch, Donnerstag und Freitag sind «vor dem Sabbat», und sie beziehen ihre Heiligkeit von dem bevorstehenden Sabbat. Sonntag, Montag und Dienstag sind «nach dem Sabbat», und sie beziehen ihre Heiligkeit von dem vergangenen Sabbat. Irgendeine Delikatesse, auf die man im Laufe der Woche stößt, sollte gekauft und bewahrt werden «für den Sabbat».

Der Sabbat ist ein Tag der Ruhe, der Freude und der Hingabe an Gott. Keiner muß arbeiten, keiner muß trauern, keiner muß sich ärgern, keiner muß Hunger leiden an diesem Tag. Einem Juden, dem ein Sabbatmahl fehlt, soll von denen geholfen werden, die mehr haben als er. Aber natürlich hofft man, keine Hilfe zu benötigen, denn wie arm ein Mensch auch sein mag, er rechnet mit dem Herrn, der ihm ein Sabbatmahl ermöglicht.

Ein Glücksfall, eine unverhoffte Möglichkeit, den Preis für einen Fisch oder ein Huhn zu verdienen, wird sicherlich im letzten Augenblick auftauchen – wenn man sich nur hartnäckig genug bemüht. Viele Geschichten und Legenden beschreiben Wunder, durch die Gott einem frommen Juden, dem die Mittel, «Sabbat zu machen», fehlten, im letzten Augenblick das Sabbatmahl ermöglichte.

Sabbat ist eine Königin und eine Braut; am Sabbat «ist jeder Jude ein König».

Wahrscheinlich war nicht jeder Sabbat in jedem Schtetl für alle Juden in Osteuropa gleich. Möglicherweise hatte nicht jedesmal jeder einen fröhlichen Sabbat. Immerhin haben die Erinnerungen, die die Jahre hindurch lebendig blieben, eine glühende Einheitlichkeit. In keinem Punkte herrscht eine solche Einstimmigkeit wie in dem, der die Wichtigkeit des Sabbats betont und das Gefühl des Schtetls für den Sabbat. Er wird als eine Zeit der Verzückung erinnert: Vater im seidenen Kaftan und Samtscheitelkäppchen, Mutter in schwarzer Seide mit Perlen; der Schein der Kerzen, die Welle von Frieden und

Freude, das glückliche Gefühl, daß es gut sei, ein Jude zu sein, das ferne Mitleid mit jenen, denen dieser Vorgeschmack auf den Himmel vorenthalten bleibt.

Freitag ist der Tag des Vorabends des Sabbats, *erev schabess*. Obgleich der Freitag kein Feiertag ist, unterscheidet er sich doch von den anderen Wochentagen; er ist der Tag, an dem man sich rüstet, den Sabbat zu begrüßen. Die Hausfrau im Schtetl wacht früher auf als üblich, mit dem Gedanken «heute ist erev schabess – ich muß mich beeilen». Auch wenn sie sonst im Geschäft oder auf dem Markt arbeitet, an diesem Tag wird sie versuchen, zu Hause zu bleiben, um die Vorbereitungen für den Empfang der Königin Sabbat zu treffen.

Zuerst gießt sie über ihre Hände das «Fingernagelwasser»; das Wasser stand über Nacht in einem Glas oder einer Tasse neben ihrem Bett, um zur Hand zu sein für die rituelle Waschung, mit der sie ihren Tag beginnt.

Sie spricht ihr Morgengebet, mit dem ebenfalls jeder Tag anfängt. Dann zieht sie ihr ältestes Kleid an und ihre Arbeitsschürze, bindet das Kopftuch um und krempelt die Ärmel auf. Bevor die anderen erwacht sind, «feuert» sie den Herd mit Scheiten, so daß er zur Benutzung fertig ist.

Sie füttert die Familie ab – so, wie sie erscheinen, und so schnell wie nur möglich – und verfrachtet die Knaben in die Schule. Zwischendurch inspiziert sie den Teig für den Sabbat-Brotlaib, die *challah*, die sie am Abend zuvor zum Gehen gestellt hat. Dann beginnt sie, das Huhn auszunehmen, das sie am Tag zuvor gekauft hat, ängstlich – «es darf nicht passieren» – auf irgendwelche verbotenen Blutflecken, Bläschen am Magen oder andere Katastrophen achtend, die in ihr den Zweifel daran wecken könnten, daß das Huhn auch *koscher* sei, nach den rituellen Vorschriften eßbar. Wenn es dann doch passieren sollte, müßte jemand sofort zum Rabbiner eilen und ihn – noch atemlos – fragen: «Ist es koscher?» und in schmerzhafter Spannung warten, bis der Rabbiner – nach Begutachtung des Huhns und dem Studium der entsprechenden Gesetze – erklären würde: «Koscher!».

Der Fisch, auch am Donnerstag gekauft, muß gereinigt, geschuppt, gewürzt und zum Kochen vorbereitet werden. «Ohne Fisch», so sagt man, «gibt es keinen Sabbat.» Alles übrige für das Sabbatmahl muß auch noch hergerichtet werden, denn nach Sonnenuntergang darf kein Feuer mehr entzündet, keine Arbeit mehr getan werden.

Da ist der Nudelteig, den die Hausfrau knetet und ausrollt, die dünne Schicht dann zu einer langen, mehligen Rolle formt, sie aufschneidet und die dünnen Scheibchen auf einem sauberen Tuch zum Trocknen ausbreitet.

Als nächstes flicht sie aus dem Brotteig «Zöpfe», fertig zum Backen. Bevor die Laibe auf die heißen Ziegel gelegt werden, wirft sie ein wenig Teig in den Ofen und spricht: «Gepriesen seist Du, oh Herr, unser Gott, König des Universums, der Du uns geweiht hast durch Deine Gebote und uns befohlen hast, die challah zu nehmen.»

Dies ist eines der drei Rituale, die als die «weiblichen» Pflichten bekannt sind. Ohne Opfergabe wäre die challah nicht geeignet, ein Teil des Sabbatfestes zu sein. Wenn man versehentlich vergessen haben sollte, «challah zu nehmen», so kann man es noch beim Herausnehmen der Laibe aus dem Ofen nachholen.

Von Sonnenaufgang bis Sonnenuntergang ist dieser Tag ein Rennen gegen die Zeit. Das ganze Haus muß gereinigt werden, die Fußböden aufgewischt und geschrubbt, die Möbel abgewischt, der Küchentisch und die Bänke gescheuert und die Handtücher gewechselt. Die Hausfrau flitzt vom Besen zum Herd und zurück, umrührend, knuffend, staubwischend, ihre Töchter kommandierend und alle männlichen Familienmitglieder anweisend, unter ihren Füßen wegzubleiben. Der Tag wirbelt dahin; die challah muß mit einer langstieligen Schaufel aus dem Ofen genommen und dann mit Eiweiß bestrichen werden. Die Laibe sind hoch und leicht – Gott hat die Gebete erhört, die sie flüsterte, als sie den Teig knetete, und sie braucht sich vor ihrem Mann, der Familie und den Nachbarn nicht zu schämen.

Alle Aufgaben unter einen Hut zu bringen, erfordert ein hohes Maß an hauswirtschaftlichem Können, besonders da die Knaben mittags aus der Schule nach Hause kommen und mit einem kleinen Imbiß – vielleicht auch mit einem Klaps – wieder weggeschickt werden müssen. Von einer Frau, die Schwierigkeiten mit der häuslichen Routine hat und bei der es drunter und drüber geht, sagt man spöttisch: «Für sie ist jeder Tag erev schabess.»

Inzwischen machen die Schnorrer in den Geschäften und Häusern ihre Runden, denn an den meisten Orten ist Freitag Schnorrertag. Jeder Schnorrer hat seine reguläre Runde, und jeder Haushalt hält ein Häufchen Münzen bereit, oft unter der Verwaltung eines der Kinder. Jeder Schnorrer ist bekannt, und er seinerseits weiß genau, welchen Betrag er von jedem Haushalt zu erwarten hat. Wenn er nur zwei Kopeken bekommt, wo drei Kopeken die Regel sind, nehmen seine Wut und seine Beschwerden kein Ende. Manchmal gibt es Lebensmittel statt Geld, und ein bevorzugter Schnorrer erhält sogar beides.

Jeden Freitag werden die gleichen Pflichten in der gleichen Reihenfolge erfüllt, und jeden Freitag kommt die gleiche Furcht wieder auf, daß der Sabbat da sein könnte, bevor man mit allem fertig ist. Eine Frau kennt die Aufgaben und ihre Reihenfolge aus langer Erfahrung, die bis in ihre Kindheit im Hause ihrer Mutter zurückreicht, und aus dem Hause ihrer Mutter kennt sie auch die Furcht, daß die Sonne zu früh untergehen könnte. Die Besorgnis ist am größten, wenn die ganze Angelegenheit an einem «kurzen Freitag» in der Mitte des Winters bewältigt werden muß.

Nachdem das Haus gesäubert ist, widmet sie sich den Kindern, die von Kopf bis Fuß gewaschen und von innen nach außen mit reiner Kleidung versehen werden müssen. Ihre Köpfe werden gewaschen und mit Petroleum gespült; der Geruch der Sauberkeit umgibt sie wie eine Aura. Nachdem sie angezogen sind, werden sie streng ermahnt, ihre Kleider für den Sabbat sauberzuhalten.

Ein Berg sauberer Kleidung muß für jeden der Männer und für die älteren Söhne bereitgelegt werden. Sorgfältig gefaltet liegt auf jedem Bündel der *taliss-kotn*, der immer getragen werden muß, und zwar so, daß er sichtbar ist. Der taliss-kotn ist ein großes Quadrat aus weißer Wolle mit schwarzen Streifen an zwei Kanten und einem Loch in der Mitte, so daß es über den Kopf gezogen werden kann. An jeder Kante sind geknotete Fransen; die Knoten müssen korrekt und in der richtigen Anzahl vorhanden sein. Es wird auch «vier Ecken» – *arbe-kanfess* – genannt. Ein männlicher Jude trägt es, sobald er laufen kann, und es ist verboten, ohne den taliss-kotn umherzugehen. Ein Kind kann ihn erst tragen, wenn es «sauber» ist, denn es besteht die Gefahr, ihn zu beschmutzen. Einige Männer tragen ihn sogar im Bett. Beim Anlegen muß immer ein Segen gesprochen werden, und obgleich Frauen ihn selten benutzen, legt die Regel fest, daß auch sie einen Segen sprechen müssen, falls sie ihn anlegen.

Wenn die Männer von ihren Geschäften, Marktständen oder von der Reise zurückkehren, liegen die Bündel für sie bereit. Wo immer einer auch ist, er wird versuchen, sein Heim so rechtzeitig zu erreichen, daß er den Sabbat zusammen mit seiner Familie begrüßen kann.

Die Hausierer, die von Ort zu Ort reisen, die wandernden Schneider, Schuhmacher, Flickschuster, die Kaufleute auf Reisen – alle planen, drängen, eilen und versuchen, ihr Haus am Freitagabend vor Sonnenuntergang zu erreichen.

Während sie alle nach Hause eilen, ruft der *schamess* in den Straßen des Schtetls: «Juden zum Badehaus!» Der schamess, ein Angestellter der Synagoge, ist eine Kombination von Küster und Kirchendiener. Er spricht mit einer Autorität, die größer ist als seine persönliche, denn wenn er ruft: «Juden zum Badehaus!», so ruft er zur Erfüllung eines Gebotes.

Alle, die irgend können, folgen dem auch. Die Frauen sind gewöhnlich so in ihre Vorbereitungen eingespannt, daß sie ihre rituellen Waschungen im Hause vornehmen müssen. Aber die Männer und Knaben ergreifen ihre sauberen Kleider und strömen aus allen Straßen zum Badehaus, ihre Bündel unter dem Arm. Durch dreimaliges zeremonielles Eintauchen in das Becken mit «lebendigem Wasser», die *mikwe*, werden sie gesäubert und gereinigt. Das Bad ist wie ein türkisches Bad; diejenigen, die wohlhabend genug sind, können es sich leisten, früh mit ihrer Arbeit aufzuhören und im Bad zu verweilen, im Dampf schwatzend, sich selbst mit Reisigbesen beklopfend, sich aalend. Für die anderen muß das Zeremoniell flott vonstatten gehen, denn der Sabbat ist nahe.

Vom Badehaus nach Hause gekommen, angetan mit ihren sauberen Kleidern, legen die Männer die schmutzige Kleidung weg und ziehen den sorgfältig gepflegten Sabbatkaftan über, der mit einem Seidengürtel fest zusammengehalten wird. Der Sabbatkaftan ist gewöhnlich aus «Seide». Es mag Satin sein, wenn der Mann arm ist, und das schwarze Gewebe – woraus es auch immer besteht – kann grün sein vor Alter, ausgefranst und geflickt; aber der Sabbatkaftan ist nun einmal aus «Seide». Es ist ein ganz besonderes Kleidungsstück; während der Woche ist es – zusammen mit den anderen Sabbat- und Festtagskleidern – weggehängt. Es gibt auch eine Sabbatkappe, ebenfalls aus wertvollem Stoff, aus Satin oder – für den Wohlhabenden – aus Samt.

Alles Geld muß aus den Rocktaschen verschwinden, denn am Sabbat darf Geld weder berührt noch herumgetragen werden. Wenn durch Zufall der Rock erst nach Sonnenuntergang angezogen wird, übernehmen die Kinder glücklich die Pflicht, Vaters Rocktaschen zu leeren, belohnt durch den Vorzug, eine vergessene Münze für sich behalten zu dürfen.

Die Knaben sind wie ihre Väter angezogen: sie tragen lange schwarze Kaftane und schwarze Kappen oder Hüte. Die ganz Kleinen können darunter kurze Hosen tragen, und Kindersocken schauen unter dem Saum des feinen Rockes hervor. Als letztes ist die Hausfrau soweit, sich um sich selbst zu kümmern, nachdem sie das Haus und die Familie aufpoliert hat für den Vorgeschmack des Himmels auf Erden. Wenn sie dann mit sich fertig ist, sind die Männer aus dem Badehaus zurück, immer noch im Wettlauf mit der Zeit, denn sie müssen vor Sonnenuntergang in der Synagoge sein.

Sie brechen schnell wieder auf, während die Frau die letzten Handgriffe an ihrer Garderobe vornimmt. Das Kopftuch wechselt sie gegen die Perücke oder *scheitl*, die ihr geschorenes Haar bedeckt, und ihr fleckiges, zerknittertes Baumwollkleid wird durch das Sabbatkleid aus schwarzer Seide ersetzt, bereichert durch den Schmuck, den sie besitzt, um die Würde als Ehefrau und Mutter zu unterstreichen. Für viele Frauen wäre ein Sabbat ohne Schmuck wie ein Sabbat ohne Fisch und Huhn. Der ideale Sabbatschmuck ist eine Halskette aus Perlen. Selbst in schweren Zeiten, die einen zwingen, die Perlen zu verpfänden, hofft sie, sie zum Sabbat zurückzubekommen. «Am Montagmorgen gab Mutter ihre Perlen zurück (zum Pfandleiher), und am Freitagabend brachte er sie wieder.»

Wenn die Sonne untergeht, kommt Königin Sabbat in das Schtetl, begrüßt von den Männern und Knaben in der Synagoge und den Frauen und Mädchen zu Hause. Der exakte Augenblick, an dem der Sabbat beginnt, wird auf den offiziellen Kalendern festgehalten und vom schamess angekündigt.

Dann nimmt die Mutter, bekleidet mit ihrem Sabbatkleid, dem scheitl und den Perlen, das Ritual der Kerzenanzündung vor. Kein Haushalt hat weniger als zwei Kerzen. Die, die es sich leisten können, haben für jedes Mitglied der Familie, das im Haus lebt, eine eigene Kerze in einem fünf- oder siebenarmigen Leuchter aus Silber oder Messing und in zusätzlichen Kerzenhaltern, falls erforderlich. Häufig ist der Leuchter ein Familienerbstück, das von der Mutter auf die Tochter übergeht, von Generation zu Generation. Es gibt nur wenige Erbstücke im Schtetl, aber die meisten Haushalte haben ihren geschätzten Sabbatleuchter. Wenn eine Familie – «was Gott verhüten möge» – sich von irgend etwas trennen muß, der Leuchter wird auf jeden Fall behalten.

Die Frau des Hauses zündet die Kerzen an, während sie dabei betet: «Gesegnet seiest Du, oh Herr, unser Gott, König des Universums, der Du uns geweiht hast mit Deinen Geboten und uns befahlst, das Sabbatlicht zu entzünden.» Sie spricht das Gebet auf hebräisch, was sie verstehen mag oder auch nicht, denn hebräisch ist die Sprache der Religion. Ihr Gebet ist für irdische Ohren fast unhörbar. Männer sprechen ihre Gebete laut, aber Frauen bewegen meistens nur ihre Lippen und murmeln die Worte ganz leise.

Nachdem sie die Kerzen angezündet hat, bewegt sie ihre Arme darüber in einer Geste der Umarmung, womit sie die Heiligkeit, die den Flammen entsteigt, an sich zieht. Sie tut das aber nicht für sich selbst, sondern für das ganze Haus, das sie vertritt. Im Schein der Flammen und deren Heiligkeit bedeckt sie ihre Augen mit den Händen und spricht nun ihr eigenes Gebet, das aus ihrem Herzen kommt. Dieses Gebet wird nicht in der Sprache des Rituals gesprochen, sondern auf jiddisch, ihrer eigenen Mundart. Sie kann beten, was sie möchte, aber sie wird wahrscheinlich wiederholen, was man in gleicher Art schon seit jeher gebetet hat; es sind Bitten um das Wohlergehen der Mitglieder der Familie unter Hinzufügung einiger besonderer Sätze und Wünsche, welche das Gebet als ihr eigenes kennzeichnen.

Oft weint sie während des Gebetes, und es ist schwer zu sagen, inwieweit die Tränen Teil des Rituals sind, denn viele Generationen von Frauen haben geweint, wenn sie beim Licht der Sabbatkerzen ihre Gebete sprachen, Tränen des Kummers und der Dankbarkeit, der Hoffnung oder der Furcht, Tränen für sich, ihre Familie, Tränen für ihr Volk. Durch Generationen haben die kleinen Mädchen ihre Mütter in Gedanken versunken stehen sehen, und die Tränen zwischen ihren Fingern glänzten im Kerzenlicht, als seien Teile des Gebetes.

Das Anzünden der Kerzen ist ein weiteres der drei Gebote, die auf die Frauen entfallen. Das dritte ist die rituelle Reinigung in der mikwe nach der Regel. Führte eine Frau ihre drei Gebote ohne Fehler aus, so konnte sie ihres zukünftigen Lebens sicher sein.

Sind die Kerzen angezündet, ist Sabbat im Hause. Alles ist fertig. Das Rennen ist gewonnen, die Ängste verschwinden, die atemlose Hetze des Tages weicht einer ruhigen Gelassenheit, die anhalten wird, bis die neue Woche beginnt.

Der Tisch ist mit einem weißen Tischtuch vorbereitet, zwei Sabbat-Brotlaibe liegen darauf, bedeckt mit einer Serviette, – wenn möglich einer bestickten. Die Hausfrau ist angezogen und bereit; es muß und darf nun auch keine Arbeit mehr verrichtet werden. Deshalb kann sie an einem Freitagabend, im ersten Sabbatfrieden, sich ruhig und ohne das Gefühl einer Schuld wegen ihrer Untätigkeit hinsetzen und in ihr Buch schauen. Es ist ein besonderes Gebetbuch für Frauen, das die Gebete enthält, die Frauen kennen müssen; es enthält jiddische Übersetzungen der hebräischen Gebete. In dem Buch stehen auch Legenden und Predigten, die ihr helfen sollen, ihre Pflichten als jüdische Frau und Mutter zu erfüllen. So kann es sein, daß sie ruhig sitzt und liest – falls sie lesen kann –, bis die Männer aus der Synagoge zurück sind.

Sie braucht nicht zu lange zu warten, denn der Gottesdienst ist kurz am Freitagabend in der Synagoge. Sein Hauptereignis ist die Begrüßung des Sabbats durch das Auserwählte Volk, seine Braut. «Kommt, Ihr liebevoll Umsorgten, trefft die Braut! Laßt uns das Angesicht des Sabbats bewillkommnen ...»

Es bleibt nicht viel Zeit zum Grübeln und Lesen, bis die Männer zurückkommen, das Familienoberhaupt und seine Söhne und vielleicht der *ojrach,* ein Gast zum Sabbatmahl. Wenn der Haushalt es sich erlauben kann, ist sicherlich ein ojrach da, denn ohne einen Gast ist ein Sabbat nicht vollständig.

Es mag ein Fremder sein, aus einer anderen Gemeinde, dem es nicht mehr möglich war, zum Sabbat nach Hause zu kommen. Es könnte auch ein Delegierter sein, der herumreist, um Mittel für eine pädagogische Institution zu sammeln; oder auch – armer Kerl – ein jüdischer Wehrpflichtiger, der in der Stadt stationiert ist; oder ein Talmudschüler, einer, der Tag und Nacht studiert und der im Wechsel von verschiedenen Haushalten ernährt wird, so daß seine

Beköstigung eine Art Gemeindestipendium darstellt. Wer immer er auch sei, ein Fremder in Not wird am Freitagabend in die Synagoge gehen und am Ende des Gottesdienstes erwarten können, in irgendein Haus eingeladen zu werden.

Erste Gastgeberrechte stehen den Bessergestellten zu. Der schamess mag z. B. geschäftig auf einen der Reichen zueilen und sagen: «Ich hab' einen Gast für Sie.» Oder der reiche Mann könnte den schamess fragen: «Irgend jemand zum Sabbat?» Es geht eine Legende, die besagt, daß Gott jeden Sabbat den Propheten Elijah schickt, verkleidet als bedürftiger Fremder, um die Juden zu beobachten und zu prüfen, wie sie Seine Gebote erfüllen. Danach könnte jeder Fremde, den man mitbringt, der Prophet sein. Aber eigentlich ist eine solche Legende nicht erforderlich, um die Gastfreundschaft zum Sabbat zu stimulieren. Prophet oder Bettler, den Hungrigen zu essen zu geben, ist eine «gute Tat», ganz besonders, wenn der Fremde ein Jude ist, der nur koscheres Essen zu sich nehmen darf. Deshalb ist es eine Ehre, das Sabbatfest mit anderen zu teilen, auch wenn es unglücklicherweise ein kärgliches sein sollte.

Die ersten Worte der Männer und Knaben beim Hereinkommen sind: «Gut schabess», es ist der wöchentliche Gruß, der mit allem Feiertagsenthusiasmus ausgetauscht wird, als wünsche man «Gutes Neues Jahr».

Der Herr des Hauses rezitiert dann die Begrüßung der Sabbatengel: «Friede sei mit Euch, Ihr barmherzigen Engel, Boten des Allerhöchsten ...» Er murmelt dies nicht wie seine Frau, sondern spricht hörbar, wobei er langsam im Raume hin und her geht, während er betet; sein Kopf ist leicht vornüber gebeugt, und seine Hände hält er auf dem Rücken. Die kleinen Jungen imitieren die Worte ihres Vaters, seine Haltung, seinen Gang, und der ojrach schließt sich ihnen an. Wenn die kleinen Jungen Väter werden und ihre Schwestern Hausfrauen, werden die Worte des Gebetes, die Gesten und die Intonation bereits ein Teil ihrer selbst geworden sein.

Der Vater spricht nun ein zweites Gebet, das Kapitel «Lob für die tugendhafte Frau» aus den Sprichwörtern Salomons: «Eine Frau von Wert – wer kann sie finden? Denn ihr Preis ist höher als der für Rubine. Das Herz ihres Mannes vertraut auf sie ...»

Jetzt füllt der Herr des Hauses den zeremoniellen Becher mit Wein, nimmt ihn in beide Hände und singt den *kidusch* – das Gebet, das den Sabbat weiht – und den Segen über den Wein. Er füllt den Becher bis zum Rand, als Symbol für Reichtum, und alle stehen auf, während er «kidusch macht».

Nachdem der Vater das Gebet beendet hat, nimmt er einen Schluck aus dem Becher und reicht ihn dann an seine Frau weiter. Die Frau, die Töchter und die jüngeren Kinder sprechen den Segen über den Wein, bevor sie einen Schluck davon trinken, aber nicht den kidusch. Die älteren Jungen und der ojrach sprechen den kidusch nach dem Vater, auch über ein Glas Wein. Wenn ein besonders geehrter Mann, etwa der Großvater oder ein gelehrter Mann, anwesend ist, so wird ihm das Privileg gewährt, zuerst kidusch zu sprechen. Das Wort kidusch heißt Weihe. Das Ritual schafft die Gegenwart der Königin Sabbat in der Familie und die Beteiligung aller ihrer Mitglieder an der Sabbat-Heiligkeit.

Der Sabbatmahlzeit geht, wie jeder Mahlzeit, die zeremonielle Waschung der Hände voraus: dreimal gießt man Wasser über sie, während man den Segen spricht.

Bevor er sich wieder hinsetzt, nimmt der Vater den Hut ab, den er noch auf dem Kopfe trägt, seit er aus der Synagoge zurück ist, und mit fast derselben Geste ersetzt er ihn durch die Kappe aus seiner Tasche, denn es ist geboten, den Kopf jederzeit bedeckt zu halten.

Dann – zuguterletzt – versammelt sich die Familie um den Tisch, der mit dem besten Tischtuch und Geschirr gedeckt ist.

Während der Woche mögen die Mahlzeiten eilig und unregelmäßig ausfallen, man nimmt sie schnell oder allein ein, immer wenn man gerade Zeit hat oder hungrig ist. Während der Woche ist es möglich, daß die Frau überhaupt keine Zeit findet, am Tisch zu sitzen und zu essen. Aber am Sabbat sitzen alle beieinander, Männer und Knaben auf der einen Seite des Tisches, Frauen und Mädchen auf der anderen. Der Vater sitzt am Kopf des Tisches, seine Frau zu seiner Rechten. Der festliche Tisch wurde im besten Zimmer gedeckt – so eines vorhanden –, das während der Woche kaum benutzt wird, es sei denn vom Vater zum Studieren.

Die lange Mahlzeit beginnt mit dem Segnen der challah. Der Vater nimmt still und bedächtig die Serviette fort, hebt die beiden Laibe hoch, hält sie gegeneinander und legt sie wieder nieder. Er streicht mit dem Messer über den einen Brotlaib, schneidet den anderen in zwei Hälften und gibt dann jedem eine Scheibe, taucht es in Salz und «gibt den Segen» für das Brot. Alle Segenssprüche sind hebräisch, und während sie gesprochen werden, während des ganzen rituellen Prologs der Mahlzeit, darf kein Wort in einer profanen Sprache fallen. Deshalb werden alle Worte auf hebräisch gesagt und – abgesehen vom kidusch – mehr gemurmelt als laut gesprochen.

Diese Regel gegen das Verwenden von Mundart innerhalb der heiligen Sprache kann zu Verlegenheiten führen. Falls der Vater plötzlich feststellt, daß das Handtuch, mit dem er sich nach der rituellen Waschung die Hände trocknen will, nicht vorhanden ist, oder das Messer fehlt, um den Segen über das Brot zu sprechen, so kann er nicht jiddisch nach dem Fehlenden fragen. Selbst wenn er das hebräische Wort kennt, mag es ihm nichts nützen, denn seine Frau kennt es vielleicht nicht. Deshalb muß er stumm zeigen; Gesten und ein unartikuliertes Grunzen zeigen den Notfall an.

Nachdem der rituelle Prolog beendet ist, trägt die Mutter den gewürzten und vielleicht gesüßten Fisch auf und gibt jedem ein Stück davon. Der Vater erhält den Kopf, in Anerkennung seines Familienstatus, und er wird ihn dann seiner Frau anbieten als ein Zeichen seiner Wertschätzung und Achtung. Dem Fisch folgt eine Hühnerbrühe, «klar wie Bernstein», mit feingeschnittenen Nudeln; danach kommt gekochtes Rindfleisch oder Huhn – eventuell auch beides – auf den Tisch.

Die Delikatessen des Sabbats werden langsam genossen, mit viel Zeit, um jeden Bissen zu würdigen, und mit Pausen zwischen den Gängen. Die schwere Arbeit der Mutter wird durch Kommentare belohnt, die ihr Können bewundern. Man lobt den Geschmack der Sauce zum Fisch, die goldene Farbe des

Fettes auf der Suppe, die Zartheit des Hühnerfleisches – «es zerfällt dir im Munde». Dies ist der Augenblick, in dem sie für die Arbeitswoche durch Lob entschädigt wird. Die Wartezeit zwischen den Gängen gibt Gelegenheit zu gelehrter Unterhaltung zwischen dem Vater und den Söhnen, zu Bemerkungen über Gemeindeangelegenheiten oder zu Fragen an den ojrach, sein Schtetl betreffend oder das, was er auf seinen Reisen gehört und gesehen hat. Während die Männer sich unterhalten, hören die Frauen aufmerksam zu, ihre Augen sind in Bewegung, doch ihre Zungen bleiben still.

Am Ende der Mahlzeit lassen alle Wasser über ihre Hände tropfen. Messer, symbolisch für Waffen, werden bedeckt oder weggetragen, und s'*miress* werden gesungen – eine Reihe von Gesängen, die Gott loben und die Tafelfreuden preisen. Die friedlichen s'*miress*-Melodien, die mit fröhlichen Erinnerungen an die Sabbatmahlzeiten verbunden sind, gehören zu den beliebten jüdischen Musikstücken, und man singt sie gern bei der Arbeit oder Meditation vor sich hin.

Die Sabbatkerzen sind heruntergebrannt, wenn die Mahlzeit ihrem Ende entgegengeht. Niemand aus der Familie darf sie ausblasen oder den Leuchter bewegen, denn am Sabbat müssen Juden jeden Kontakt mit Feuer und allem, was damit in Zusammenhang steht, vermeiden. Deshalb werden vor dem Zubettgehen alle Lichter von jemanden gelöscht, der diesen strengen Sabbatregeln nicht unterworfen ist, und dieser sieht auch nach allen Feuerstellen. Oft ist es ein Nicht-Jude, ein *schabess-goj,* der von der Gemeinde für diesen Dienst bezahlt wird. Während er so von Haus zu Haus geht, kommt es vor, daß er von den einzelnen Familien noch zusätzlich mit einem Stück challah belohnt wird, das im Aussehen und Geschmack von dem schwarzen Brot, das er täglich ißt, abweicht.

Wenn die Familie dann ins Bett geht, so weiß sie, daß jeder andere jüdische Haushalt im Schtetl sich auf dieselbe Art an der Einhaltung der Sabbatregeln gefreut hat. Sie weiß auch, daß alle im Schtetl die Entlastung von den Sorgen genießen. Es sind nämlich am Sabbat nicht nur die am Wochentag üblichen Verrichtungen verboten, sondern auch die Wochentagsgedanken. Man muß alle Anliegen, die Geschäft, Geld und Familienprobleme betreffen, beiseite lassen und soll nur an Gott und Seine Gesetze denken, denn der Sabbat ist ein Vorgeschmack auf das «zukünftige Leben», in dem es keine Sorgen gibt, sondern nur Freude und das Vergnügen, die Heiligen Worte zu studieren.

Selbst die Seele ist anders, denn am Sabbat wird ihr eine zusätzliche Seele, *n'schome jeseire,* hinzugefügt. Die Woche über ist diese Seele – n'schome jeseire – bei Gott, aber am Sabbat wird sie jedem – ob Mann, Frau oder Kind – wiedergegeben; während sie da ist, können Probleme und Sorgen die Freude, die der Vorgeschmack auf die Zukunft bringt, nicht trüben.

Nicht nur, daß jeder Jude weiß, daß alle in Schtetl mit ihm die Sabbatfreuden teilen, er fühlt sich darüber hinaus auch in Gemeinschaft mit allen Juden dieser Welt. Dies ist der Leitfaden seines Sabbatgefühls – ein Gefühl von Stolz und freudiger Identifikation mit der Tradition, der Vergangenheit, den Vorfahren und mit der jüdischen Welt, lebendig oder vergangen. Am Sabbat fühlt das Schtetl am stärksten und am freudigsten, daß es «gut ist, ein Jude zu sein».

# Der Sabbat

Nach der Tradition ist die Synagoge ein Haus des Gebetes, ein Haus des Studiums und ein Haus der Versammlung. Am Morgen des Sabbats ist sie hauptsächlich ein Haus des Gebetes.

Nach den morgendlichen Ritualen – Fingernagelwasser und Segen – und vielleicht einem Glas gesüßten Tees bewegen sich die Juden des Schtetls in Familiengruppen zum Sabbat-Gottesdienst. Alle tragen ihre beste Sabbatkleidung, die allerdings eintönig und dunkel aussieht – jedenfalls im Vergleich zu den Sonntagsgewändern ihrer Nachbarn, die diese am nächsten Tag, dem Sonntag, ihrem Sabbat, tragen werden und die dagegen glänzend und abwechslungsreich wirken.

In der Familiengruppe kommt der Vater zuerst. Männer tragen gewöhnlich einen schwarzen Kaftan, der mindestens bis zu den Knien reicht, in einigen Gegenden sogar bis zum Fußknöchel, und der für das Gebet mit einer schwarzen Seidenkordel um die Taille gegürtet ist, um das Geistige und das Herz – die «gottesfürchtigen» Teile – von den unteren Körperpartien zu trennen. Die meisten Männer tragen Bärte und die frommen Schläfenlocken, denn beides, der Bart und die Locken über den Ohren, müssen von Kindheit an von Schere und Messer unberührt bleiben. Die Männer müssen ihren Kopf jederzeit bedeckt halten, entweder mit einem Hut oder einem Käppchen, *jarmelke* genannt. Auf dem Weg zur Synagoge wird die Sabbat-jarmelke durch den Hut ersetzt oder durch ihn bedeckt, eventuell durch einen Hut mit Pelzkrempe, von der kleine Pelzschwänze herabhängen.

Die Frauen, die etwas hinter ihren Ehemännern hergehen, sind schwarz oder in dunkle Farben gekleidet; als Zierde tragen sie ihren besten Schmuck und vielleicht ein Spitzenkopftuch über der Perücke. Wenn ihre Töchter bei ihnen wären, würden die pastellblauen und rosa Kleider der Mädchen die Sabbatparade zur Synagoge wenigstens aufhellen; aber junge Mädchen bleiben gewöhnlich zu Hause, um zu schlafen, zu spielen, zu schwatzen und auf die Babies zu achten, während die Erwachsenen und die Knaben beim Sabbat-Gottesdienst sind.

Die Familiengruppe, die nun zur Synagoge geht, bewegt sich im Sabbatschritt, d.h. langsam, gemessen, würdig, im Gegensatz zur Eile während der Woche. Die Söhne, die sich um ihre Eltern drängen, sehen wie kleine bartlose Ausgaben ihres Vaters aus. Einige der kleinen Jungen tragen vielleicht stolz das Gebetbuch ihrer Mutter, das manchmal mit silbernen Spangen verziert und in Samt gebunden ist und das sie wahrscheinlich von ihrer Mutter geerbt hat. Und einer von ihnen darf möglicherweise des Vaters Gebetsschal, seinen *taliss*, tragen, der gefaltet in einem Kasten liegt, welcher von seiner Frau als Hochzeitsgeschenk bestickt wurde. Der weiße taliss, schwarz gestreift, mit Fransen an den Ecken, ist das Gewand, das den Mann «in die Falten seines

Glaubens» kleidet. Es hüllt ihn ein, während er betet, vielleicht auch, wenn er die Heiligen Gesetze studiert, und es wird um ihn gewickelt, wenn er begraben wird. Seines Vaters taliss war um ihn gewickelt, als er als kleines Kind zum ersten Mal zur Schule getragen und als er das erste Mal zur «Torah gerufen» wurde. Und er wird seinen taliss bei den gleichen Gelegenheiten um seinen Sohn wickeln. Jeden Morgen vor seinem ersten Gebet muß er die Fransen des taliss untersuchen, um sicherzustellen, daß sie auch koscher sind, d.h. rituell in Ordnung, daß alle Knoten vorhanden sind und keine Quaste abgerissen ist.

Wenn keines der Kinder den taliss des Vaters trägt, so legt er ihn sich selbst über die Schultern, denn es ist am Sabbat verboten, irgendetwas außerhalb des Hauses mit den Händen zu tragen. Aus dem gleichen Grunde wird das Taschentuch um das Handgelenk gebunden oder in den Gürtel gesteckt und nicht in der Tasche getragen. Ein kleiner Junge ist den Verboten nicht so streng unterworfen, obgleich auch er die Sabbatvorschriften in angemessenen Grenzen beachten muß.

Nur unter einer Bedingung darf ein frommer Mann seinen taliss oder sein Gebetbuch am Sabbat mit den Händen tragen, nämlich dann, wenn ein «Zaun» um eine Gruppe von Häusern errichtet ist. Das damit umschlossene Gebiet wird als eigenes Heim betrachtet, und darin dürfen dann Gegenstände getragen werden. Der Zaun, *ejrew,* ist ein Tau oder Draht, der unter Aufsicht eines Rabbiners um Häusergruppen oder ganze Teile des Schtetls gezogen wird.

Der Rabbiner vollzieht das Ritual, indem er erklärt: «Dies ist kein öffentliches Gebiet mehr, sondern die Domäne eines einzelnen.»

Es ist aber immer die Gefahr vorhanden, daß der Zaun – obgleich er wöchentlich kontrolliert wird – an einer Stelle defekt ist, was bedeuten würde, daß das Tragen nicht mehr erlaubt ist. Deshalb ist es sicherer, auch die rituellen Gegenstände nicht zu tragen; denn nur die volle Einhaltung der Sabbatverbote schafft den totalen Einklang mit dem geliebten Sabbatgefühl, dem Gefühl einer anderen Welt, eines anderen Lebens, anderer Sitten.

Die Familie wird vielleicht dem Gottesdienst in der Hauptsynagoge beiwohnen, der *schul,* die nur am Sabbat und an den Feiertagen geöffnet ist. Oder sie wird zur *bejss-medresch* gehen, die im Gegensatz zur schul immer zum Gebet und Studium geöffnet ist. Wenn das Schtetl allerdings klein ist, so sind schul und bejss-medresch eins. In der Regel jedoch sind im Schtetl mehr Gemeinden vorhanden, als die Anzahl der Bewohner vermuten läßt. Wenn es groß genug ist, kann es eine Anzahl von Gildensynagogen haben – eine für die Schneider, eine für die Schuhmacher, eine für die Schlachter. Falls die Familie zu den Chassidim gehört, geht sie zum Gottesdienst in die von ihr gewählte chassidische Gemeinde.

Es ist auch möglich, in gar keine Synagoge zu gehen, sondern sich einem *minjen* oder Quorum von zehn Juden anzuschließen. Jeder Raum kann als Gebetsraum dienen, vorausgesetzt, er birgt die Heiligen Schriftrollen und hat an seinem Türpfosten eine *m'suse*. Die m'suse ist ein kleiner Kasten oder eine Röhre, in die ein Stück Pergament eingesiegelt ist, auf dem vorgeschriebene Passagen aus der Bibel in zweiundzwanzig Zeilen geschrieben stehen. Seine Gegenwart am Türpfosten macht einen Raum oder ein Haus jüdisch, denn es wurde befohlen: «Du sollst die Worte des Gesetzes zu einem Zeichen binden … an Deiner Tür.» Die m'suse wird beim Eintreten und beim Verlassen des Hauses «geküßt».

Die Hauptsynagoge, die richtige schul, ist kunstvoller als die anderen Bethäuser im Schtetl; dennoch fehlt ihr die Pracht, die man mit einer Kirche in Verbindung bringt. Das Äußere ist dem Architekturstil, der im Ort vorherrscht, angepaßt.

Das Innere ist vergleichsweise unauffällig. Lange Bänke, nach Osten gekehrt, stützen hölzerne Gestelle, die als «Lesepulte» für die Bank dahinter dienen. In der Mitte befindet sich eine abgezäunte Estrade, die *bima*; hier steht ein Tisch, auf dem die Schriftrollen zum Lesen ausgerollt werden können. Von der bima aus werden auch Predigten gehalten, wichtige Bekanntmachungen der Gemeinde verlesen und individuelle Beschwerden vorgebracht.

Nur an einer Stelle sieht man eine kunstvolle Dekoration. In der Mitte der Ostwand, der *misrech*, befindet sich die Lade der Thora, ein Schränkchen aus Holz, verziert mit Schnitzerei. Vor seiner geschnitzten Tür hängt ein schwerer, reich bestickter Vorhang aus Samt oder Satin. Jede der Heiligen Schriftrollen innerhalb dieses Schränkchens enthält den vollen Text der Thora – der fünf Bücher des Pentateuch. Die Schriftrollen sind umhüllt mit aufwendigen Bezügen aus Samt und Satin in weiß, rot, hellblau, gelb, bestickt mit Gold und Silber, oft mit Pailletten besetzt. Der sechszackige Davidstern ist gewöhnlich ein hervorstechendes Schmuckmerkmal. Andere bevorzugte Themen sind der Löwe von Juda, die Tafeln der Zehn Gebote und die Taube, das Symbol des Friedens.

Die Schriftrolle ist um zwei schöne hölzerne Stäbe gerollt und mit einem herrlichen Umhang bedeckt, der oft für die großen Gelegenheiten gegen einen besonderen Feiertagsumhang ausgewechselt wird. Sie ist außerdem mit einer Krone aus geschmiedetem Silber geschmückt, in die kleine Glöckchen eingearbeitet sind, die klingeln, wenn die Rolle zum Lesen von der Lade zur bima getragen wird.

In der tristen Umgebung ist der Reichtum um die Thora herum eine so hervorstechende Oase, wie es der Glanz des Sabbats gegenüber dem Stumpfsinn der Wochentage ist.

Es können eine Reihe von Schriftrollen in der Lade sein, denn der schul eine Thora zu stiften, ist eine beliebte und gebräuchliche Form offenbarter Frömmigkeit.

Beim Betreten der Synagoge trennen sich Frauen und Männer. Die Frauen gehen zur *ezras noschim*, der Frauenabteilung, einem separaten Raum im ersten Stock, durch dessen Fenster sie dem Gottesdienst folgen und auch ein wenig davon sehen können. Die Männer gehen durch einen Vorraum in den großen Versammlungsraum. Am Eingang befindet sich ein Becken mit einem Krug, aus dem sie dreimal Wasser über ihre Hände gießen und den Segen wiederholen, der stets diese Handlung begleitet. Vor dem Beten und vor dem Essen müssen die Hände dreimal mit «lebendem» Wasser – d.h. nicht abgestandenem Wasser – benetzt und der korrekte Segen «gemacht» werden.

Dann begibt sich der Mann zu seinem Sitz, den er gekauft oder von seinem

Vater geerbt hat. Wenn er ein Mann von hoher Stellung ist, ein Führer der Gemeinde, so wird dieser an der Ostwand sein, der misrech, zu der alle Gesichter während der Gebete gewandt sind. Ein Mann von weniger hohem Stand sitzt in der ersten Reihe, dem «Spiegel», gegenüber der misrech, während hinter ihm die gewöhnlichen Leute sind; und am äußersten Ende, um einen unbedeckten Tisch herum, in der Nähe des Eingangs, sitzen die Schnorrer und die Fremden. Der Rabbiner und sein Assistent, die am höchsten geehrten Mitglieder der Gemeinde, sitzen an der Ostwand in der Nähe der Lade.

Vor Beginn der Sabbatgebete bedeckt der Mann seinen Kopf mit dem taliss, so daß er schließlich komplett in dieses große weiße Tuch gehüllt ist, das bis zu seinen Fußknöcheln hinabreicht. Es darf jedoch unter keinen Umständen den Boden berühren, und man darf nicht darauftreten. Wenn der Mann den taliss anlegt, spricht er den Segen über ihn. Wie alle rituellen Segen beginnt auch dieser mit den Worten: «Gesegnet seiest Du, oh Herr, mein Gott, König des Universums...».

Mindestens einhundert Segnungen sollten täglich gesprochen werden. Sie werden ausgesprochen beim Anlegen eines rituellen Gewandes, vor dem Essen und Trinken, wenn man einen gelehrten Mann sieht, in Verbindung mit einer fremden, ungewöhnlichen Begebenheit, aber auch bei Tätigkeiten des täglichen Lebens wie Zubettgehen, Wechseln der Kleidung und bei körperlicher Ausscheidung.

Der Segen beim Umlegen des taliss' endet: «... und der uns befohlen hat, uns in das befranste Tuch einzuhüllen.» Nachdem der Segen gesprochen ist, legt man den taliss um die Schultern und ist nun bereit, die Sabbat-Morgengebete zu sprechen. Sie sind eine Zusammenstellung aus Lobpreisungen Gottes, Segnungen, Dankgebeten und Bitten, entlehnt aus den Kapiteln der Bibel, aus Psalmen und aus Gebeten, die den verschiedenen Perioden der jüdischen Geschichte entstammen. Die Reihenfolge ist festgelegt, und obgleich die meisten Männer die Gebete gut kennen, hat man das Gebetbuch offen vor sich liegen, um Irrtümer zu vermeiden. Die Unwissenden müssen dem Text folgen, und obwohl viele hebräisch beherrschen, gibt es einige – zumeist Frauen –, die es nicht verstehen.

Die Gebete werden begleitet von schaukelnden Bewegungen des Körpers aus der Hüfte oder von den Zehen aus. Die Bewegung variiert: vom fast unmerklichen Sich-Wiegen über das betonte Schaukeln der Orthodoxen bis zu den heftigen Zuckungen der Chassidim. Einige Gebete werden in einem Singsang mit einer besonderen Melodie verrichtet, andere laut und langsam gesprochen, wieder andere mit großer Geschwindigkeit gemurmelt. Einige werden sitzend gesprochen, andere stehend. Manche Gebete werden durch den Kantor im Sprechgesang vorgetragen, einige von ihm gesungen, andere von ihm nur gelesen. Der Kantor steht dabei hinter einer Kanzel in der Nähe der Lade, und die Gemeinde wiederholt und antwortet.

Sollte jemand zu spät kommen – wie manche es tun –, so muß er die Gebete in der ordentlichen Reihenfolge nachholen, bis er den Kantor und die Gemeinde eingeholt hat, was mit unglaublicher Geschwindigkeit geschieht.

Der ganze Raum ist eine schwarz-weiße schaukelnde Masse, ist erfüllt von Gemurmel und halblautem Singsang, über dem die sonore Stimme des Kantors sich hebt und senkt, fleht und frohlockt, die traditionellen Melodien mit eigenen Wiederholungen und Modulationen ausschmückend. Die Gemeinde betet als Einheit, und jeder einzelne spricht aus dieser Einheit heraus direkt mit Gott.

Das wichtigste Gebet von allen – am Sabbat und an den Wochentagen – ist ein stilles Gebet, die Achtzehn Segnungen, welches schweigend gelesen werden muß, nicht schaukelnd, sondern stillstehend, das Gesicht nach Osten gewandt. Während der Achtzehn Segnungen darf kein Wort gesprochen werden und keine Unterbrechung erfolgen.

Die Frauen oben verrichten auch die Sabbatgebete. Wie die Männer sitzen sie in der Reihenfolge des absteigenden Status' von vorn nach hinten. Da ist das Rascheln der Sabbatseiden und das stille Vergleichen des Schmucks, während die Gebete wiederholt werden, so, wie sie die *zogerke* vorspricht. Die zogerke ist eine Frau, die – wie die wenigsten anderen – in der Lage ist, hebräisch zu lesen und zu verstehen. Sie liest die Gebete laut vor, und die Frauen wiederholen sie, jeder Silbe und Intonation folgend. Wenn sie sagt: «Frauen, jetzt müßt Ihr weinen» – dann weinen die Frauen. Die Dienste der zogerke werden belohnt, aber nicht mit Geld, sondern mit der Genugtuung für sie selbst, eine «gute Tat» vollbracht zu haben.

An einer bestimmten Stelle unterbricht der Kantor die Gebete zum Lesen der Thora, der fünf Bücher des Pentateuch. Der gesamte Text ist in wöchentliche Abschnitte aufgeteilt, so daß im Verlaufe eines Jahres die ganze Thora gelesen werden kann. Jeder wöchentlichen Lesung folgt ein kleiner Abschnitt aus den Propheten, genannt *haftojre*.

Die Heilige Schriftrolle wird mit klingelnden Glöckchen und festgelegtem Zeremoniell von der Lade zur bima getragen, wo man sie sorgfältig bis zu der entsprechenden Passage ausrollt und auf den Tisch legt. Jede Woche werden einige Männer der Gemeinde durch die *alije* geehrt, das ist der «Aufruf zum Lesen» eines Teils des wöchentlichen Abschnitts an diesem Tage. Derjenige, der aufgerufen ist, spricht nicht tatsächlich die heiligen Worte aus; das würde ein zu großes Risiko für ihn und die Gemeinde bedeuten. Wenn ihm auch nur ein kleiner Schnitzer unterliefe, könnte Unglück über das Schtetl kommen. Deshalb ist es erforderlich, einen professionellen «Meister der Lesung» zu beschäftigen, der geschult ist, den Text im Singsang ohne Irrtümer zu lesen. Außerdem muß dieser Experte jede Silbe lesen und darf sich nicht auf sein Gedächtnis verlassen, obgleich er dies unzweifelhaft könnte. Er zeigt auf jedes Wort mit einem Zeigestock aus Elfenbein oder lackiertem Holz, geformt wie eine Hand mit ausgestrecktem Zeigefinger, denn der heilige Text darf nicht mit der «nackten Hand» berührt werden. Der Zeigestock darf auch nicht aus Metall sein, denn Metall wird für Waffen verwendet, die für Blutvergießen verantwortlich sind.

Während der «Meister der Lesung» liest, steht der Mann, der zum Lesen bestimmt ist, zu seiner Rechten und bewegt seine Lippen lautlos. Aber am Ende, wie auch zu Anfang, spricht er einen Segen mit sicherer, schallender

Stimme, jedesmal die Kante seines *taliss* küssend, mit der er den heiligen Text berührt hat. Dann geht er zur linken Seite hinüber, wo er während des folgenden Abschnitts verharrt; nach dessen Beendigung geht er zu seinem Sitz zurück, und der nach ihm «Gerufene» nimmt den Platz ein.

Überhaupt «gerufen» zu werden, ist schon eine Ehre; gewisse Passagen jedoch sind ehrenvoller als andere und daher beliebte Belohnungen für Dienste an der Gemeinde. Eine von diesen ist die Aufzählung der Segnungen, die den Juden von Moses kurz vor seinem Tode gegeben wurden. Von allerhöchster Qualität ist jedoch das erste Kapitel der Genesis, und das Privileg, diesen Abschnitt «lesen» zu dürfen, wird jedes Jahr versteigert, wobei der Erlös an die Gemeinde geht, die damit einen Teil ihrer Fürsorge für arme Mitglieder bestreitet. Eine wöchentliche Ehrung ist es, als *maftir* aufgerufen zu werden, der zum Lesen der haftojre bestimmt ist.

Alle «Lesungen» sind mit Spenden an die Gemeinde verbunden. Wird ein Mann «aufgerufen», so flüstert er in das Ohr des *gabaj*, des Synagogenvorstandes, den Betrag, den er zu spenden gedenkt, und dieser teilt ihn der Gemeinde mit. Jeder Mann zahlt nach Vermögen, und sollte er zu arm sein, überhaupt etwas zu zahlen, so bietet er als Geste eine Spende von einem Pfennig an. Wenn andererseits jedoch ein Mann von Stand sich mit der Zahlung von Beiträgen an die Gemeindefürsorge zurückgehalten hat, so bietet sich hier eine gute Möglichkeit, ihn zum Spenden zu bewegen – nämlich ihn aufzurufen, die Thora zu lesen. Keiner kann sich weigern, dem Ruf zur Thora zu folgen, der für die Gläubigen wirklich ein Ruf der Thora selbst ist. Im Gegenteil, er muß aufstehen und mit flotten Schritten kommen. Ist jedoch jemand durch Alter oder Krankheit gebrechlich, so ist es ihm erlaubt, sich langsam zu bewegen, wenn nötig auf einen Stock gestützt – ungeachtet der Sabbatvorschrift, nichts tragen zu dürfen – oder gestützt auf eine andere Person.

Sieben Männer werden jede Woche aufgerufen. Die beiden ersten müssen jeweils Mitglieder der zwei bekannten überlebenden Stämme Israels sein: der Kohanim, also der Priester, und der Leviten.

Ein Bräutigam wird vor und nach seiner Hochzeit aufgerufen. Ein frischgebackener Vater wird aufgerufen, «selbst wenn das Baby weiblich ist». Ein Junge erhält den Ruf, wenn er «ein Mann wird», im Alter von dreizehn Jahren. Jemand, der Gott für eine überstandene Gefahr danken will, einer, der die Gemeinde verläßt oder zurückkehrt, jemand, der der Gemeinde eine Thora stiftet – ihnen allen wird Gelegenheit gegeben, den Anlaß durch «Lesen» der Gesetze zu feiern und einen Beitrag zur Gemeindefürsorge zu leisten.

Wenn zwei Männer das gleiche Recht haben, zum Lesen aufgefordert zu werden, so hat der Gelehrtere der beiden den ersten Anspruch; und sollten zwei gleich Gelehrte zur Wahl stehen, so entscheidet das Los.

Die Lesung ist ein langer Prozeß, und wenige stehen ihn voll durch. Kinder schwärmen aus, wenn sie beginnt, um zu spielen oder den Alten zuzuhören. Trauben von Männern versammeln sich im Vorraum, um Punkte des Gesetzes zu besprechen oder laufende Angelegenheiten zu erörtern, aufmerksam vorgelehnt, eine Hand hinter das Ohr gelegt, um die Feinheiten der Diskussion mitzubekommen. Am Rande solcher Gruppen mag man häufig einen kleinen

Jungen stehen sehen, die Hand hinterm Ohr, gespannt vorgelehnt, die Haltung seines Vaters genau imitierend.

Inzwischen unterhalten sich die Frauen auch untereinander oder gehen nach Hause, um den Sabbat-Tisch zu decken. Das Kommen und Gehen, das Gemurmel der Stimmen von draußen, all dies wird nicht als Respektlosigkeit gegenüber dem Gesetz betrachtet. Solange der minjen – zehn erwachsene Juden am Anfang und sechs am Ende der Lesung – vorhanden ist, sind die Voraussetzungen erfüllt.

Die Synagoge ist wörtlich ein «Haus des Gebets», und man bewegt sich dort so frei wie im Hause seines Vaters. Wenn die Thora mit dem Klingeln der Glöckchen und dem ehrfürchtigen Kuß in die Lade zurückgelegt ist, wird die zweite Hälfte der Gebete gesprochen. Am Ende wünscht man einander «gut schabess». Die Männer falten ihre Gebetstücher zusammen oder legen sie sich um die Schultern, und alle verlassen den Raum, um weitere Gespräche im Vorraum oder auf dem Hof der Synagoge zu führen – alle in dem gewollt gemächlichen Schritt, der den Sabbat kennzeichnet.

Falls noch ein ojrach zu versorgen bleibt, so nimmt ihn ein Familienvater mit zu sich nach Hause, aber für gewöhnlich genießt der ojrach vom Freitagabend an die Freundschaft seines Gastgebers, den ganzen Sabbat hindurch.

Wenn die Familiengruppe durch die ungepflasterten Straßen des Schtetls zu ihrem Hause zurückkehrt, bemerkt sie die anderen Mitglieder der Gemeinde, die Nicht-Juden, die *gojim*, die – wie üblich – ihren Geschäften nachgehen. Barfuß laufen deren Kinder durch den Schlamm. Sie sehen dies und bedauern die barfüßigen gojim, denen der Bund, das Gesetz, vorenthalten ist, wie auch die Freuden des Sabbats. Gewiß, die gojim haben am kommenden Sonntag auch eine Art Sabbat. Aber es ist anders – «wiederum etwas ganz anderes». Außerdem ist für das fromme Mitglied des Schtetls der Sonntag ein Wochentag und überhaupt kein echter Sabbat. «Wir dachten, daß sie sehr unglücklich dran seien. Sie hatten kein Vergnügen … keinen Sabbat … keine Feiertage … keinen Spaß.» «Sie tranken sehr viel, und man konnte es ihnen nicht verdenken, ihr Leben war so kläglich.»

Die Sabbatmahlzeit wird sofort eingenommen, auf daß die «Freude des Sabbats», *oneg schabess,* welche dem Essen folgt, noch lange anhalten möge. Der *tscholent* wird aus dem Ofen genommen, wo er seit dem Vortage steht. Es ist ein herzhaftes Gericht, das aus Fett und Kartoffeln oder Grütze und einer Reihe weiterer Zutaten besteht. Es wird mit den Resten vom Vortag – kaltem Huhn etc. – gegessen; dazu trinken die Männer einen Schluck Wodka oder Branntwein. Als Nachtisch gibt es die *kugl*, einen gebackenen Auflauf aus Nudeln, braun und süß mit Rosinen und Zimt.

Nun setzt der wahre Sabbatfrieden ein, *m'nuche schabess;* nach einer langen beschwerlichen Woche endlich die Sabbatruhe. Stille kommt über das Schtetl; in jedem Hause schläft der Vater, möglicherweise mit seinem Taschentuch über dem Gesicht, um die Fliegen fernzuhalten; und die Mutter, die die ganze Woche nicht ausruht, legt sich auch zum Schlafen nieder, während draußen die Sonne scheint.

Im ganzen Schtetl befolgen alle das Gebot, die Gedanken über tägliche

Probleme zu verbannen, sich zu freuen und zu ruhen. Es ist geboten, alle Sorgen zu vergessen; und deshalb ist man mit sich im Frieden. Die Kinder, die vom Ruhen schnell genug haben, spielen leise, um die schlafenden Eltern nicht zu stören.

Diese erwachen in einer neuen Phase des Sabbats. Am Samstagnachmittag, nach dem Nickerchen und einem belebenden Glas Tee – aufgegossen aus dem Kessel, der seit Freitag heißgehalten wird –, sind die Sabbat-«Anhörungen» dran. In allen beleseneren Häusern prüfen die Väter die Söhne, um herauszufinden, welche Fortschritte sie in der Schule gemacht haben. Der Lehrer der Knaben kommt möglicherweise zu dieser Übung vorbei und sitzt mit seinem Glas Tee gespannt dabei, denn seine Reputation und sein Einkommen hängen von der Leistung der Schüler ab. Von Zeit zu Zeit versucht er vielleicht sogar, den Schüler zu ermuntern. Auch die Mutter sitzt schweigend daneben, in schmerzhafter Spannung, wenn es schlecht vorangeht, jedoch strahlend, wenn die Leistungen gut sind. Sie mag die hebräischen Worte nicht verstehen und die feinen Bedeutungsnuancen, aber sie versteht vollkommen das Stirnrunzeln oder das Lächeln ihres Mannes. Zeigt der Junge schlechte Leistungen, so muß er die Konsequenzen am nächsten Tag in der Schule tragen. Ist er gut, wird er mit Obst oder Keksen belohnt – nicht mit Geld, denn Geld ist unberührbar in der Sabbatwelt.

Der Nachmittag setzt sich fort mit Besuchen von Nachbarn, Freunden, die ein Glas gesüßten Tee trinken, einen Keks knabbern, Kuchen essen oder eine «Sabbatfrucht» genießen. Dabei unterhält man sich; die Frauen besprechen ihre Angelegenheiten separat von den Männern, die über Feinheiten der Gesetze diskutieren, über die letzte Predigt des Rabbiners, nicht aber über das Geschäft, denn alle Gedanken über Geschäfte sind in die Verbannung geschickt.

Vor Sonnenuntergang nimmt man noch eine leichte Mahlzeit zu sich, denn drei Mahlzeiten sind am Sabbat Vorschrift. Der «dritten Mahlzeit» geht ein kurzer Nachmittagsgottesdienst in der Synagoge voraus, und es folgt der Abendgottesdienst dort.

Nach der Rückkehr der Männer vom Abendgebet ist der Sabbat fast vorüber, und es ist Zeit für die *hawdole*, das Ritual der «Trennung», welches das Ende des Sabbats kennzeichnet. Der Vater spricht ein Gebet über einen Becher Wein, bis zum Überlaufen voll; dann nimmt er ein silbernes Kästchen, ein gehütetes Familienerbe wie die Leuchter, das mit aromatischen Gewürzen gefüllt ist. Eine Tochter hält die spezielle hawdole-Kerze, die aus geflochtenem Wachs besteht. Er schaut in den Wein und trinkt davon, bis nur noch so viel im Glas bleibt, daß damit die Kerze gelöscht werden kann. Auch die Söhne «machen hawdole»; sollte aber ein Mädchen von dem geweihten Wein trinken, so «wächst ihr ein Schnurrbart». Der Vater schaut auf seine Fingernägel, taucht seine Finger in den Rest Wein, führt sie sanft über seine Augen und hinter die Ohren und löscht dann die Kerze mit dem Wein. Er beendet die hawdole mit Wünschen an alle: «Eine gute *woch.*» Die Mutter bewegt mit gesenktem Kopf leise ihre Lippen bei einem Schutzgebet für die kommende Woche – dem Gebet der Frauen: «Abrahams Gott».

Gott Abrahams, Isaaks und Jakobs
Der heilige Sabbat geht zu Ende;
Möge die neue Woche zu uns kommen
Mit Gesundheit, Leben und allem Guten;
Möge sie uns Nahrung und gute Botschaft bringen,
Erlösung und Trost – Amen.

Wie die Begrüßung ist auch ihr Abschied vom Sabbat jiddisch, aber anders als das Begrüßungsgebet ist dieses mit Sorge um die Probleme des täglichen Lebens erfüllt. Wie der Vater wünscht auch sie nach dem Gebet allen «eine gute woch». Mit den melancholischen Worten «gute woch» ist der Bann des Sabbats gebrochen. Die Königin-Braut, die jeden Juden in einen König für einen Tag verwandelt, verläßt das Schtetl. Kinder geben ihr symbolisch das Geleit, indem sie weit bis an das Ende des Dorfes hinausgehen und ihre Abreise traurig beobachten.

Einige chassidische Juden versuchen, sie bis in die späte Nacht zurückzuhalten – durch *m'lawe-malke*, «Geleit der Königin». Solange das Licht nicht angezündet ist, so behaupten sie, ist der Sabbat noch nicht beendet; und manchmal sitzen sie im Dunkeln bis Mitternacht, um die «Abreise» zu verzögern. Sie sitzen in ihrem Versammlungsraum oder im Hause eines prominenten Chassids zusammen, essen *chale*, das Symbol des Sabbats, und Hering, das Symbol der Welt des Wochentages. Sie trinken aufmunternden Schnaps, beten, singen und tanzen zum Lobe Gottes. Den Sabbat zu verlängern, ist nicht nur ein Segen für sie selbst, denn solange er andauert, können auch die Seelen in der Hölle ruhen, und erst wenn die Woche wieder beginnt, müssen sie zu ihren Folterqualen zurückkehren.

Für den Rest des Schtetls ist der Sabbat beendet. Die Familie begibt sich aus dem «besseren» Zimmer wieder in die Küche. Die silbernen Leuchter, die Gewürzdose und die Weingläser sind wieder im Schrank, die bestickte Serviette ist vom Tisch genommen, und die Sabbatkleider werden bis zur nächsten Woche weggelegt. Der Geschäftsmann kehrt von den Heiligen Büchern wieder zu seiner Buchführung zurück, der Handwerker zu seinen Werkzeugen, um die letzten paar Stunden vor dem Schlafengehen noch zu nutzen. Mit einem tiefen Seufzer beginnen die Frauen, die Männer und die Kinder die woch, die Woche.

Das Wort «woch» mit seinem Adjektiv *«wochendig»*, das alles, was mit dem täglichen Leben zu tun hat, beschreibt, hat für das Schtetl eine weit größere Bedeutung als «die Woche». Dieses Wort «woch» bedeutet irdisch im Gegensatz zu himmlisch, Traurigkeit im Gegensatz zu Freude, Demütigung im Gegensatz zu Stolz. Das Symbol des Sabbats ist die weiße «herrliche chale», das Symbol der woch ist das tägliche dunkle, schwere Roggenbrot. Der köstlich gewürzte, teure Fisch ist das Hauptgericht am Sabbat, ein Stück Salzhering ist die alltägliche Kost. Der Inhalt des Sabbats ist die Ruhe, die Ergebenheit gegenüber Gott und den Mitmenschen, der Inhalt der woch ist die schwere Arbeit und die atemlose «Jagd nach *parnosse*», dem Lebensunterhalt. Woch heißt für das Schtetl die Rückkehr von der Zitadelle des Glaubens in die Welt, in der man mißverstanden, verachtet und oft gehaßt wird.

Die Sabbatpflichten sind schwer. Die zahllosen Vorschriften, Ver- und Gebote reduzieren die Bewegungsfreiheit und die Aktivität auf ein Minimum. Die Sabbatruhe ist eine vorgeschriebene Pflicht und der Verstoß dagegen eine unverzeihliche Sünde. «Einer, der die Sabbatgebote nicht befolgt, versündigt sich gegen das ganze Gesetz.» Aber die Befriedigung durch den Sabbat, die Gelegenheit, der woch zu entfliehen, einen vollen Tag der Familie und der Gemeinde zu widmen und der beliebtesten Beschäftigung, dem Studium der Gesetze, erhebt den frommen Juden des Schtetls. Es erfüllt sein Herz mit Freude und Stolz und auch mit Mitleid für seinen Nachbarn, den armen Bauern, der frei von der bangen Last der Sabbatverbote ist, dem aber auch der gesegnete Kontrast zwischen Sabbat und der woch vorenthalten bleibt.

# Nach dem Sabbat

Der Mittelpunkt der Sabbatwelt liegt innerhalb der vier Wände des eigenen Hauses. Der Mittelpunkt der woch jedoch ist das Schtetl, das Schtetl mit dem wimmelnden Marktplatz, den ungepflasterten Straßen, den schäbigen Holzgebäuden. Im Sommer häuft sich der Staub zu dicken Lagen, die der Regen in so tiefen Schlamm verwandelt, daß die Wagenräder versacken und vom schwitzenden Kutscher mit Hilfe Umstehender herausgezogen werden müssen. Nach dem Regen laden Ströme und Pfützen schlammigen Wassers die Kinder ein, zu waten und zu spritzen, so daß sie schmutzverschmiert nach Hause kommen. Wenn es mit dem Schlamm zu schlimm wird, legt man Bretter über den schwarzen Morast, damit die Leute die Straße überqueren können. Der durstige Staub wird außerdem vom Abwaschwasser und anderen flüssigen Abfällen, die in die Straße gegossen werden, befeuchtet. «Am Geruch des Wassers in der Straße» – so sagt man – «kann man feststellen, welchen Tag der Woche wir haben.»

Die Hauptstraße eines größeren Schtetls mag mit holperigen Steinen gepflastert sein, so verlegt, wie sie gefunden wurden, ohne sie zu formen oder zu glätten. Diese unebenen Steine nennt man «Katzenköpfe», und wenn ein Wagen über sie fährt, verkündet das Geklapper laut seine Durchfahrt.

Die Häuser der Reichen liegen im Mittelpunkt der Stadt, um den Marktplatz herum. Einige Gebäude können zweistöckig sein, die anderen sind schäbige, schlichte, einstöckige Konstruktionen, einige mit einem Hof, manche mit einem Gemüsegarten, umgeben von einem Zaun. Es gibt keine «jüdische» Architektur. Die charakteristischen Merkmale der Gebäude sind ihr Alter und ihre Schäbigkeit. Vergleiche mit dem Zustand der besser gepflegten Häuser der Bauern erinnern an den üblichen Kontrast zwischen urbanen und ländlichen Wohnhäusern in den notleidenden Gebieten Osteuropas. Der ärmste Landbewohner verbringt seine Freizeit damit, an seinem Haus herumzuwerkeln. Er repariert eine Tür, den Zaun, weißt die Wände. Der verarmte Stadtbewohner akzeptiert den Zustand seines Hauses als Stand der Dinge, außerhalb seiner Zuständigkeit.

Der allgemeine Anschein von Vernachlässigung ist zusätzlich durch die Tatsache zu erklären, daß das Haus lediglich als vorübergehendes Schutzdach betrachtet wird. «Mein Schtetl», das sind die Leute, die darin wohnen, nicht der Ort, die Gebäude oder die Straßen. «Mein Haus», das ist die Familie mit ihren Aktivitäten, nicht die Wände, der Hof oder der zerbrochene Zaun. Eine Schtetlfamilie, die seit Generationen im gleichen Hause wohnt, würde zwar die Idee wegzuziehen verabscheuen und sich dagegen zur Wehr setzen. Trotzdem bleibt das Haus notwendigerweise eine vorübergehende Behausung, bewohnt während eines kurzen Augenblicks der Geschichte. Es hat für die Familie keinen Wesensgehalt und muß auch nicht gehegt und gepflegt werden. Die

Doktrin lehrt, daß nur Verstand und Geist Bestand haben – «das Leben ist eine Passage zum Himmel» –, und sogar die weniger glaubensstarken Juden des Schtetls behandeln ihre Wohnplätze gemäß dieser Lehre, wenn auch eher kraft der Umstände als der Überzeugung.

Eine lange Geschichte von Exil und Ausweisung verstärkt die Tendenz, einen Wohnplatz als Schutzhülle zu betrachten. Sicher, es ist nicht ungewöhnlich, daß eine Schtetlfamilie ein Haus hundert Jahre bewohnt. Dennoch kann jeden Augenblick eine fatale Verordnung zuschlagen, und sie kann aus ihrer Behausung in den Straßenstaub geworfen werden.

Täglichen Aktivitäten geht man nach, als müßten die heutigen Umstände für immer bestehen, aber der Rahmen, in dem sie sich abspielen, wird als belanglos angesehen, so als könnte er morgen weggerissen werden.

In einem kleinen Schtetl können Juden und Bauern enge Nachbarn sein. In den größeren wohnen die Juden meistens im Zentrum und die Bauern in den Randgebieten bei ihren Feldern. Die übrigen Einwohner sind Tiere, die die Straßen, Höfe und bei Gelegenheit das Haus teilen. Viele Familien haben Hühner, Gänse und manchmal eine Ziege oder sogar eine Kuh. Die Bauern haben zusätzlich eine Reihe von völlig domestizierten Schweinen, die auf den Straßen herumstreunen und sich am «koscheren» Abfall der Juden gütlich tun, für die das Schwein ein verbotenes Tier ist. Sie laufen durch den zerbrochenen Zaun auf den Hof und wühlen dort herum, bis sie von den Kindern verjagt werden.

Eine große, würdevolle Sau, gefolgt von ihren trabenden Ferkeln, findet gute Jagdgründe im Schtetl und wandert vergnügt umher, bis ihr Herr sie bei ihrem Namen ruft und sie pflichtgemäß nach Hause trottet, und ihre Kleinen zuckeln durch den Schlamm der ungepflasterten Straßen hinter ihr her.

Kein Schtetl ist vollständig ohne einen Friedhof, ein Gebetshaus – oder wenigstens einen minjen – und eine mikwe. Einige wenige kleine Schtetl haben all dies jedoch nicht, und es sind beschwerliche Bemühungen erforderlich, um den Mangel zu kompensieren. Wenn kein Friedhof vorhanden ist, so heißt das, die Leiche zu ihrer Beerdigung in ein anderes Schtetl bringen zu müssen; wahrscheinlich ist es ein Weg von einigen Kilometern – mit dem in ein Leichentuch gehüllten und mit einem schwarzen Sargtuch bedeckten Körper auf den Schultern der Träger, gefolgt von dem Trauerzug mit den Klageweibern am Ende.

Wenn die Gemeinde sehr klein ist, hat sie keine schul. Die jüdischen Einwohner müssen zu den hohen Feiertagen – bekannt als die Tage der Ehrfurcht – in das nächste größere Schtetl reisen. Verpflegung, Festtagskleidung und andere Notwendigkeiten werden im voraus zurechtgelegt und zusammen mit den Leuten dann auf die Karren und Wagen geladen, die über spitze Steine und durch tiefen Schlamm den aufregenden acht Tagen Festlichkeit und Gebet entgegenrollen. Die Besucher genießen ausgiebig die kurze Zeit in einer «richtigen» Stadt, während ihre Gastgeber sich über das unbeholfene, bäurische Benehmen der Gäste amüsieren.

Sollte die Gemeinde zu klein sein, sich einen Rabbiner leisten zu können, ist es unerläßlich, ins Nachbarschtetl zu gehen, um Urteile einzuholen in Angelegenheiten wie: rituelle Korrektheit, Zivilrecht oder persönliche Auseinandersetzungen. Der Rabbiner oder sein Assistent, der *dajen*, müssen zu jeder Zeit für jeden Juden zugänglich sein, denn es kann leicht eine Krise entstehen, die prompte Entscheidungen erfordert.

Das Herz des Schtetls ist am Wochentag der offene Marktplatz; er ist von den «besseren» Häusern umgeben, von denen viele Geschäftshäuser sind. Die Läden eines größeren Schtetls sind häufig spezialisiert, während man in den kleineren Kramläden findet, vollgepfropft mit einem Sammelsurium an Waren, die den Ansprüchen und dem Bedürfnis der bäuerlichen Kundschaft entsprechen. Der ganze Inhalt vieler dieser «Geschäfte» könnte mit «ein bißchen Bargeld» gekauft werden. Am Markttag kommt Leben in die Geschäfte. Der Inhaber steht vor der Tür und ruft seine potentiellen Kunden heran oder zieht, wenn nötig, die Kunden an ihrem Jackenärmel ins Geschäft; denn dies könnte der eine Tag sein, an dem er das Nötige für die Woche oder den Sabbat verdienen wird. Möglicherweise hat er auch einen Jungen angestellt, der auf der Straße steht, um die Kunden zu überreden – mit starken Sprüchen und einem überzeugenden Griff am Ellenbogen – hereinzukommen, um zu sehen, um wieviel besser und billiger die Waren seines Chefs sind, verglichen mit denen der anderen.

Markttag ist das Gegenstück zum Sabbat in vielerlei Hinsicht, auch was das Tempo betrifft. Sogar die Morgengebete werden in höchster Geschwindigkeit gesprochen, wenn auch keines der vorgeschriebenen Gebete wirklich ausgelassen wird. Nach dem Aufwachen kommt für jeden – Mann, Frau und Kind – vor allem das «Fingernagelwasser», denn man darf keine vier Schritte am Morgen tun, bevor man nicht das Wasser über seine Hände gegossen und den Segen gesprochen hat. Jeden Morgen, außer am Sabbat, binden die Männer und die Knaben über dreizehn Jahre ihre Gebetsriemen, *t'filn*, um; diese enthalten kleine Stücke von Pergament, auf denen einschlägige Passagen aus der Torah geschrieben stehen. Eines der kleinen Lederkästchen wird auf die Stirn gebunden – «sie sollen das Stirnband sein zwischen Deinen Augen» – und eines um den linken Arm, der weniger Arbeit als der rechte tut – «Du sollst es als ein Zeichen um Deine Hand binden.» Ein linkshändiger Mann bindet den Gebetsriemen um den rechten Arm. Das Anlegen muß stehend erfolgen, und es ist keine Unterbrechung durch Wort oder Tat erlaubt, während die langen, schmalen, schwarzen Riemen umgelegt werden und der Segen gesprochen wird. Die Gebetsriemen müssen mit äußerster Sorgfalt gehandhabt werden; wenn jemand sie auf den Boden fallen läßt, so muß er den ganzen Tag fasten. Sie werden zusammen mit dem taliss während der ganzen Serie von Morgengebeten getragen. Ein außergewöhnlich frommer Jude trägt die t'filn und den taliss auch während des Studiums der Gesetzbücher und nimmt sie vorsichtig ab, wenn er die Bücher beiseitelegt, um eine weniger erhabene Tätigkeit auszuüben; und er wird den Segen nochmals sprechen, wenn er sie wieder anlegt.

Ein Mann, der vorhat, zum Markt zu eilen, hetzt durch die Morgengebete, so schnell er kann, und legt dann seine Gebetsriemen in den bestickten Kasten, der so prächtig ist, wie es ihm seine Umstände erlauben. Und wenn er das tut, muß er aufpassen, daß sie nebeneinander liegen – keinesfalls übereinander: der für die Stirn an der rechten Seite, seiner höheren Position entsprechend.

Das Frühstück besteht üblicherweise nur aus einem Stück Schwarzbrot mit einer Zwiebel, schnell verzehrt, um schleunigst auf den Markt zu kommen, wo jene, die zuerst da sind, am besten fahren.

Der große, offene Marktplatz ist je nach den verschiedenen Waren oder Diensten, die zum Verkauf angeboten werden, in Abschnitte aufgeteilt. Jeder Abschnitt hat seinen charakteristischen Geruch, der sich mit dem der Menschen und Tiere mischt. In der Meiereiabteilung haben die Verkäufer ihre süße Butter in kühle Blätter gewickelt und gut abgedeckt; ihr saurer Rahm ist in Tontöpfen, die Milch und die Buttermilch in Holzfässern. Was immer man im Schtetl verkauft, die Menge wird sorgfältig abgemessen und ein wenig noch hinzugefügt «für gutes Maß». In der Fischabteilung schwimmen lebendige Fische in Bottichen, während die «schlafenden Fische» in Kisten mit Eis und Salz liegen und auf die Kunden warten.

Hier ist jeder Verkäufer sein eigener Ausrufer und schreit laut die besonderen Vorteile seiner Ware aus. Gruppen von Frauen umringen die Bauern, die ihre Landprodukte zum Verkauf bringen, und drängen sich gegenseitig, um die erste Wahl zu haben. Handeln wird hier zu einer hohen Kunst erhoben. Für Juden und Bauern gleichermaßen verstieße es gegen die guten Sitten, den Preis zu zahlen, der verlangt wird, oder aber sich zu weigern, den zuerst genannten Preis zu reduzieren. So es sich um eine wichtige Verhandlung zwischen Männern handelt, wie etwa den Verkauf einer Kuh oder eines Pferdes, verlangt die Transaktion die Zeremonie des Handausstreckens und Wiederwegziehens. Der Verkäufer schlägt mit seiner Handfläche gegen die des Käufers, der seine Hand solange schnell zurückzieht, bis Einigkeit erzielt ist; dann vollzieht man den Händedruck und besiegelt damit den Handel.

Wenn der Käufer oder Verkäufer eine Frau ist, wie es oft der Fall ist, spielt sich die Prozedur eher mündlich und erheblich temperamentvoller ab. Der Erwerb eines Sabbatfisches kann die Spannung einer offenen Schlacht annehmen, bei der die Zuschauer anspornen und die Beteiligten das gegenseitige Sperrfeuer aus Beleidigungen und Ermahnungen gründlich genießen. Durch Technik und Finesse werden Punkte gesammelt, und der Ablauf des Handels erregt mindestens so viel Interesse und Begeisterung wie das endgültige Ergebnis.

In den frühen Morgenstunden ist der Marktplatz mit seinen Ständen und Lücken vergleichsweise ruhig. Die besten Einkäufe kann man dann tätigen, wenn der Tagespreis noch nicht feststeht. Es gibt auch späte Sonderangebote, dann nämlich, wenn jeder seine Ware loswerden will, um nach Hause zu gehen. Mittags ist jedoch die Zeit des «Schreiens und Lärmens».

Alles wird für Geld verkauft, Tauschgeschäfte gibt es nicht; und es findet nicht nur ein Umschlag der Güter statt, sondern auch der Rollen, die man innehat. Der Verkäufer am Morgen ist der Käufer des Nachmittags. Nachdem er seine Land- und Molkereiprodukte losgeworden ist, benutzt der Bauer seine Einnahmen, um die eher städtischen Artikel zu kaufen, die der Jude anbietet.

Frauen überwiegen in der Menschenmenge auf dem Markt. Die einen kommen, um dort zu kaufen, die anderen, um zu verkaufen. Sie tragen alle ihre Wochentagskleider, triste, geflickte Kleidung, ein Tuch über den Schultern, und jede hat einen Einkaufskorb über dem Arm. Einige haben eine Geldbörse, aber die meisten bewahren ihre Münzen in einer Ecke ihres großen Taschentuches auf, wohinein ein Knoten geschlungen wird, das *knipl*. Zur Sicherung gegen Taschendiebe wird das *knipl* in der Tasche eines der Unterröcke getragen. Um daranzukommen oder es zurückzustecken, muß die Frau den äußeren Rock heben und tief in der Tasche graben.

Natürlich ist auch eine Anzahl Männer dort, Bauern, die ihre Produkte bringen, Händler und Hausierer aus der Nachbarschaft; auch Handwerker mit ihrem Werkzeug, die ihre Erzeugnisse verkaufen und Reparaturen auf dem Markt ausführen sowie Aufträge für Arbeiten außerhalb annehmen.

Die Uniformität der männlichen Sabbatkleidung wird hier durch Stiefel, wie sie die Bauern tragen, aufgelockert. Einige legen auch den langen Kaftan bei anstrengender Arbeit beiseite, der *taliss-kotn* bleibt jedoch immer umgebunden.

Die Gangart am Wochentag ist schnell, der Ausdruck der Gesichter angestrengt, denn während der *woch* «jagt man nach *parnosse*», dem Lebensunterhalt.

Der Markt stellt den Hauptbegegnungspunkt zwischen Juden und Nichtjuden dar. Abgesehen vom Markt und gelegentlichen Geschäftsverhandlungen bewohnen sie zwei unterschiedliche Welten. Und in den Geschäften, die sie zusammenbringen, vertreten sie verschiedene Aspekte der Wirtschaft. Der Nichtjude, der *goj*, ist ein Landwirt, der Jude, dem es offiziell verboten ist, Ackerland zu besitzen, ist ein Städter.

Die Grundlage all ihrer Beziehungen liegt in diesem Marktplatzkontakt. Sie brauchen einander als Kunden und als Lieferquelle. Sie sind durchaus in der Lage, Geschäfte miteinander zu tätigen, zumeist in freundlicher Art und Weise. Der Bauer hat seinen besonderen Hausierer für seine kleinen Einkäufe und seinen besonderen Kunden für die Eier und Kartoffeln. Er wird den Vorzug diesem Juden geben und alle anderen Angebote loyal ablehnen. Der Jude wird versuchen, sein Getreide regelmäßig von demselben Bauern zu kaufen. Eine solide Geschäftspartnerschaft baut sich zwischen ihnen auf.

Zur gleichen Zeit mißtraut und fürchtet einer den anderen; nicht nur, weil jeder weiß, daß der andere versuchen wird, ihn beim Handeln zu betrügen, denn das ist ja nur ein Teil des Marktspiels, eines Spiels, das zu Osteuropa gehört und Bauern wie auch Juden angeboren ist. «Der polnische oder ukrainische Bauer würde nicht kaufen mögen, wenn er nicht mit dem Verkäufer handeln könnte. Der Bauer muß das Gefühl haben, günstig gekauft zu haben. So fordert der Ladenbesitzer zunächst das Doppelte, denn er weiß, der Bauer wird herunterhandeln. Der Kunde mag das Geschäft fünfmal verlassen und wiederkommen und handeln, handeln, handeln.»

Unter der Oberfläche jedoch gibt es ein tieferliegendes Gefühl von Unterschiedlichkeit und Gefahr: Heimlich fühlt sich jeder dem anderen überlegen, der Jude in Intellekt und Geist, der *goj* in körperlicher Kraft – seiner eigenen und der seiner Gruppe. Aus demselben Grunde fühlt sich jeder dem anderen gegenüber benachteiligt; der Bauer ist unsicher aufgrund der Intelligenz, die er dem Juden zuschreibt, der Jude bedrückt von der körperlichen Kraft, die er dem goj beimißt. Es ist kein seltenes Vorkommnis, daß ein Markttag mit Gewalttätigkeiten endet.

Der Bauer, der seine Erzeugnisse verkauft hat, möchte seinen Gewinn feiern und ihn dabei vielleicht vertrinken – in einer jüdischen Kneipe. Wenn er den Schnaps dann nicht mehr bezahlen kann, aber weitertrinken will, wird er hinausgeworfen, worauf er – dann bereits vom Trinken aufgeputscht – losschreit: «Der Jude hat mich betrogen!» Findet sich dann noch eine Gruppe von Genossen ein, mit denen er den Tag auf dem Markt verbrachte, so kann Aufruhr entstehen. Das Muster ist Juden und Bauern bekannt, und es bleibt in ihrem Unterbewußtsein auch im freundlichsten Umgang vorhanden.

Als das wirtschaftliche Zentrum des Schtetls, als ein Szenario von Kauf, Verkauf und Treffen, verkörpert der Markt die wechselseitige Abhängigkeit, die Gegenseitigkeit und die Ambivalenz, die zwischen den Juden und Nichtjuden besteht. Die Spannungen, die aus ihren Verbindungen und gemeinsamen Handlungen entstehen, pendeln sich auf ein funktionierendes Gleichgewicht ein, das so lange anhält, bis ein Mißgeschick es aus der Balance bringt. Das Gleichgewicht bezieht sich normalerweise auf das eng umgrenzte Gebiet des Kontaktes zwischen beiden Gruppen, und jede Gruppe zieht sich daraus zurück, um ihr eigenes getrenntes Leben zu leben. Falls das Gleichgewicht jedoch gestört wird, können die Konsequenzen in jedes Haus des Schtetls eindringen.

So weit wie möglich wird das Schtetl der woch aus der Sabbatwelt herausgehalten. Doch auch die Welt des Marktplatzes wird durch die Werte der Sabbatwelt bestimmt, und die Strukturen der Synagoge hinterlassen ihren Eindruck. Die Struktur der Gemeinde ist tatsächlich die Struktur der Synagoge. Dies ist nicht so, weil die säkulare Ordnung in die Synagoge hineingetragen wird, sondern weil es unmöglich ist, das Religiöse vom Weltlichen zu trennen – sie sind zu einem Ganzen verschmolzen.

Jede Handlung in der Wochentagswelt fällt unter die Zuständigkeit göttlicher Gesetze, und keine ist zu geringfügig, um nicht im Zusammenhang mit dem Gesetz gesehen zu werden. Jeder jüdische Junge, der zwischen den Marktständen spielt, ist dem Gesetz geweiht, und die Gebote kommen über ihn in jeder Stunde eines jeden Tages. Während der Woche unterliegen seine Handlungen, wie am Sabbat, der feierlichen Weihe, mit der er als Kleinkind in die jüdische Gemeinde eingeführt wurde: «Möge er in die Thora, in die Ehe und in die Ausübung guter Werke eingeführt werden.»

# II

## ER MÖGE IN DIE THORA EINGEFÜHRT WERDEN …

# Die Ostwand

Eine jüdische Gemeinde ohne einen Mittelpunkt des Lernens ist undenkbar, und Schtetl jeder Größe haben verschiedene Arten von Schulen: einen *chejder,* in dem die Jüngsten lernen, eine bejss-medresch für das Studium und das Gebet, eine *talmud-tojre* für solche, deren Eltern keine Unterweisung bezahlen können, und eine *j'schiwe* für das höhere Studium.

Das Studium ist die Pflicht und das Vergnügen des Mannes, der in der Tradition des Schtetls aufgewachsen ist. Als eine Pflicht wird es zweifach vorgeschrieben. Um ein guter Jude zu sein, muß man den Geboten der Schrift Gehorsam leisten; um das jedoch zu können, muß man die Schrift auch kennen, und um sie zu kennen, muß man sie studieren. Außerdem ist das Studium eine *mizwe,* eine Handlung, die von Gott befohlen ist.

Die 613 mizwess legen die wesentlichen Verpflichtungen eines gläubigen Juden fest. Unter den ersten bereits ist die mizwe, die das Lernen betrifft: «Du sollst sie (Gottes Gebote) deine Kinder sorgfältig lehren, und du sollst von ihnen sprechen, wenn du in deinem Hause sitzest und wenn du deiner Wege gehst und wenn du dich niederlegst und wenn du aufstehst.»

Selbst orthodoxe Juden befolgen nicht alle – oder nahezu alle – dieser mizwess. Einige sind sogar unmöglich zu befolgen, da sie Umstände voraussetzen, die nur zu biblischen Zeiten gegeben waren. Einige werden vernachlässigt, da sie auch für den sehr frommen Juden zu schwierig zu befolgen sind. Aber diejenigen, die die Basis jüdischen Verhaltens ausmachen – wie ethische Regeln, soziale Pflichten, religiöser Glaube, Speisegesetze – werden befolgt. Bei diesen hat die mizwe des Lernens ihre starke Position immer behaupten können. Mehr noch, während der langen Jahrhunderte des Exils hat sich ihre Wichtigkeit noch erhöht, besonders für die Juden Osteuropas.

Die Gelehrsamkeit zu teilen, ist auch eine mizwe. Jene, die das Gesetz kennen, sind verpflichtet, es denen, die weniger gelehrt sind, zu erklären, und die Ungelehrten verlassen sich auf die Belesenen sowohl im Hinblick auf allgemeine Unterweisung als auch im Hinblick auf bestimmte Ratschläge in den zahllosen Fragen der Auslegung, die im Laufe des täglichen Lebens auftauchen.

Die Freude am Studieren ist eine doppelte, genau wie die Pflicht dazu. Da ist das Vergnügen an der Ausübung selbst, von der Geschichte zur beliebtesten Entspannung im Schtetl gemacht. Außerdem bietet die Beschäftigung mit dem Lernen dem Studierenden des Schtetls einen Fluchtweg aus der dunklen Realität, aus häuslichem Ärger, vor der Verfolgung, hin zu einer freudigen Identifikation mit seiner Vergangenheit und mit seinem Volk.

In einer Gemeinschaft, die sich strikt an die Tradition hält, sind stets einige Männer damit beschäftigt, die von Gott verfügten Verpflichtungen zum Studium zu erfüllen. Wenn der Beruf es einem Juden nicht erlaubt, sich ganz dem

Lernen zu widmen, so mag er morgens vor der Arbeit studieren oder am Abend danach, oder er widmet einen ganzen Tag der Woche dem Studium – den Sabbat. Nicht alle machen es so, aber diejenigen, die es tun, werden anerkannt als solche, die den Anforderungen des traditionellen Musters gerecht werden.

Sogar der «ungebildete» Mann ist gewöhnlich in der Lage, die Gebete in einem Gebetbuch zu entziffern, mit welchen Schwierigkeiten auch immer. Er kann kein Hebräisch, die Sprache des Rituals und des Lernens, aber er kennt das Alphabet, das sowohl für hebräisch als auch für jiddisch verwendet wird. Er ist also in der Lage, die Worte auszusprechen, auch wenn sie ihm unverständlich bleiben. Die Frauen, von denen nicht erwartet wird, daß sie das Gesetz studieren, lernen normalerweise jiddisch zu lesen, und ihre Vertrautheit mit den hebräischen Schriftzeichen ermöglicht es ihnen ebenfalls, einige Gebete zu lesen, ohne sie verstehen zu können.

Gänzlicher Analphabetismus ist fast unbekannt. «In Dörfern, in denen nur ein Bauer lesen kann, findet man kaum einen Juden, der nicht lesen kann», hört man, und: «Egal, wie gewöhnlich ein Jude auch gewesen sein mag, er konnte jedenfalls seine Gebete lesen.» Verhaltensvorschriften und Übersetzungen der Gebete wurden auf jiddisch für jene veröffentlicht, die kein Hebräisch lesen konnten, und Jiddisch war auch die Sprache der profanen Literatur. Ein orthodoxer Mann jedoch hätte es unter seiner Würde gefunden, ein jiddisches Buch zu lesen, und wenn ein Schuljunge es heimlich tat, so hätte er sich geschämt, wäre es herausgekommen.

Die jiddische Sprache ist reich an Bezeichnungen für gelehrte Männer: *lerner*, das ist der Eifrige, *ben tojre*, Sohn des Gesetzes, *bal tojre*, Meister des Gesetzes, *lamdn*, Belesener, *talmid chochm*, weiser Studierter, *mesmid*, einer, der sich über seine Bücher beugt, *charif*, der Scharfsinnige, *iluj*, der Genius, der Vollendete, *oker horim*, «Bergeversetzer», einer, der sich hervortut im Wettbewerb gelehrten Feuerwerks, *gaon*, das Genie. Dies sind nur ein paar der Bezeichnungen, die im täglichen Sprachgebrauch vorkommen. Viele raffiniertere und kompliziertere Bezeichnungen werden in der Schrift verwendet, um den Umfang und den speziellen Charakter des Wissens eines gelehrten Juden zu bezeichnen.

Gelehrsamkeit gibt Prestige, Respekt, Autorität und Status. In der Synagoge sind die Männer, die entlang der Ostwand sitzen, dem misrech, vornehmlich die Gelehrten und der Rabbiner, während der Gelehrteste von allen den prominentesten aller Plätze innehat: neben der Lade, in der die Thora aufbewahrt wird. Diese Männer werden manchmal auch als «die misrech» bezeichnet, auch als «die Gesichter», *penemer*, der Gemeinde. Jene jedoch, die hinten in der Nähe der Westwand sitzen, sind die am wenigsten Gebildeten.

Andererseits sind es die Ungebildeten, die sich auf dem Marktplatz drängen, die Frauen und die ungelernten Arbeiter. Wenn ein gelehrter Mann zwischen den Ständen erscheint, so bewegt er sich wie ein Besucher aus einem fremden Land und wird von denen, die er dort trifft, mit Respekt gegrüßt. Er geht vorbei und wird kaum die aufgehäufte Ware wahrnehmen, um die dort gefeilscht wird, denn er lebt in der Welt des Geistes.

Seine Sabbatkleidung unterscheidet sich von seiner alltäglichen Kleidung lediglich durch die Qualität des Tuches, so, wie auch seine alltäglichen Gedanken und Beschäftigungen durch den Sabbat geprägt sind. Die Männer, die ihren Platz an der Ostwand haben und die abseits vom Marktplatz leben, sind durch eine ganze Anzahl von Namen ausgezeichnet. Sie werden *fejne jidn* genannt, die feinen Juden, die *ejdelen*, die Edlen, die *ehrliche*, die Ehrlichen, die Frommen. Die *balabatische*, die Bürger, haben fast, aber nicht ganz diesen höchsten gesellschaftlichen Rang.

Die vielleicht gebräuchlichste Bezeichnung für die höchste soziale Klasse ist: die *schejne jidn*, die Feinen, die schönen Juden. Sie werden auch schejne leit, schöne Leute, genannt. Die Verwendung des Wortes «schön», um andere als physische Qualitäten zu bezeichnen, ist charakteristisch für ein Volk, bei dem nicht Greifbares konkrete Realität besitzt. Man spricht auch von einer «schönen Tat» oder einer «schönen Begebenheit». Ein Haus «schön» zu nennen, heißt nicht, daß sein Äußeres ein erfreulicher Anblick, sondern daß der Haushalt ordentlich, fein und harmonisch ist. Von jenen, deren herzliche Freigiebigkeit bekannt ist, wird manchmal gesagt, sie «verschönten» die Waisen und die Armen. Andererseits wird eine obszöne Sprache als «häßliche Worte» bezeichnet.

Diejenigen, die in der Synagoge hinten sitzen, sind bekannt als *proste jidn*, die «gewöhnlichen» Juden, und diese Bezeichnung hat eine weitaus größere Verbreitung als jene Worte, mit denen die schejnen bezeichnet werden. Es ist verblüffend, wenn man einen ehemaligen Bewohner des Schtetls nach den Bezeichnungen für die beiden sozialen Hauptkategorien fragt, welch breites Spektrum von Synonymen für die schejnen genannt wird in einer vergleichsweise kleinen Definitionsbreite. Die Bezeichnung proste andererseits wird fast allgemein verwendet, nur dann und wann ersetzt durch *hamojn*, Plebs, die breite Masse. Die Definition von proste ist also auf jeden Fall variantenreicher.

Jede Definition der beiden Bezeichnungen bezieht sich jedoch, direkt oder indirekt, auf mindestens eine der drei grundlegenden Statuskriterien. Diese drei, von denen das Dritte in Wirklichkeit das Ergebnis der ersten beiden ist, sind: Gelehrsamkeit, Vermögen und ein fast undefinierbarer Begriff, *jichuss*, der den Familienhintergrund im Hinblick auf Gelehrsamkeit und Vermögen beschreibt.

Das soziale Spektrum des Schtetls zeigt an seinem Anfang und Ende eine ausgeprägte, unverwechselbare Schicht, während zwischen diesen Extremen sich unzählige Stufen befinden, deutlich zu erkennen, doch so miteinander verwoben, daß keine scharfe Grenzlinie zwischen ihnen gezogen werden kann. Das eine Ende, die ganz schejnen, ist gekennzeichnet durch den Besitz aller Kriterien des hohen Status; das andere Ende, die wahren proste, durch den totalen Nichtbesitz. Die dazwischenliegenden Stufen verbinden die drei fundamentalen Statuskriterien in verschiedenen Anteilen.

Die Leute im Schtetl sind sich zutiefst der Position eines jeden im sozialen Spektrum bewußt. Erwartungen im Hinblick auf soziales, ökonomisches und ethisches Verhalten sind deutlich damit verbunden. Bei der Festlegung der

Position kann der größte Teil eines Statuskriteriums durchaus das Defizit eines anderen kompensieren. Hinzu kommt, daß eine Stellung nicht notwendigerweise unveränderlich sein muß, da alle Positionen – außer Geschlecht und Alter – durch Erwerb und Vermehrung eines der fundamentalen Werte erreichbar sind.

Geschichtlich, traditionell und ideell war und ist Gelehrsamkeit als Primärwert zu betrachten und Vermögen als Neben- bzw. Ergänzungswert.

Wirtschaftlicher Druck und Einflüsse von außen haben das Vermögen zu einem ständigen Mitbewerber um den ersten Platz in der Hierarchie der Werte gemacht. Beide, die Kraft des äußeren Druckes und die Kraft der Tradition, zeigen das Ausmaß, in dem das Vermögen als Statuskriterium einsetzbar ist, als Ersatz oder Äquivalent für Gelehrsamkeit.

Idealerweise besitzen schejne jidn beides: Gelehrsamkeit und Vermögen. «Gelehrtheit und Vermögen sind eine Sache.» Der typische Tagtraum einer Mutter drückt sich in einem Volkslied aus; ihr Sohn soll «ein gelehrter Scholar und ein cleverer Geschäftsmann» werden. Ein Mann von großer Gelehrsamkeit gehört automatisch zu den schejnen, egal wie arm er ist. Ein Mann von großem Vermögen und geringer Gelehrsamkeit wird als schejn eingestuft, wenn er sein Geld in Übereinstimmung mit dem Gesetz verwendet und wenn er sich in der Art bewegt und handelt, die das Gesetz lehrt.

So kann sogar ein reicher Mann, der die mizwe des Lernens nicht voll erfüllt hat, sich durch gewissenhafte Befolgung der vielen anderen mizwess des Status eines schejnen erfreuen. Ein reicher Mann, der das richtige Verhalten zeigt, wird als *nogid* bezeichnet, als Mann von Ehre und Vermögen, als Führer der Gemeinde. Wenn er jedoch reich ist, aber das Gesetz in seinem Verhalten und in der Verwendung seines Vermögens nicht achtet, so ist er «ein Schwein von einem Parvenu». Geld ist nur dann als Statuskriterium akzeptabel, wenn es dem Primärkriterium Gelehrsamkeit dienstbar gemacht wird.

Das gebilligte Verhalten, das einen Mann als schejn kennzeichnet, umschließt sowohl Äußerliches als auch nicht Greifbares. Sein Benehmen zeigt Anstand und Beherrschung. Er ist ein Mann von Ehre und Integrität, «sein Wort ist so gut wie eine Bank». Mehr noch, er ist ein Mann mit sozialem Gewissen, der seine Verpflichtungen gegenüber der Gemeinde erfüllt durch gute Dienste an der Gruppe und ihren Mitgliedern. Seine von sich aus angenommene Verpflichtung ist es, jene, die weniger vermögend, weniger privilegiert sind als er, zu schützen und ihnen beizustehen. «Er sieht danach, daß die armen Leute ‹Sabbat machen können› und daß Ordnung in der Gemeinde herrscht.» Es ist auch seine Aufgabe, Rat zu geben und zu unterrichten. «Und die schejnen jidn sorgten dafür, daß Streit geschlichtet wurde. Und sie taten dies alles aus ihrem eigenen freien Willen. Sie wurden niemals dafür bezahlt. Etwas anderes, was sie auch taten, war studieren, während die proste jidn zuhörten und etwas lernen konnten; zum Beispiel zwischen Nachmittags- und Abendgebet, wenn etwas Zeit war. Niemand ging dann nach Hause. Sie blieben in der schul sitzen und studierten. Die schejnen jidn studierten dann laut, und die proste jidn hörten zu und stellten Fragen. Die schejnen jidn mußten alle Fragen beantworten. Sie spornten sogar die proste jidn an, Fragen zu stellen, und manchmal wurde über einen Paragraphen des Talmuds stundenlang diskutiert. Das war die Rolle der schejnen jidn.»

Außerdem standen sie unter der ständigen Verpflichtung, dem korrekten Muster traditioneller Männlichkeit zu entsprechen, wie es sich durch Generationen durch das Studium des Gesetzes herausgebildet hatte.

«Mein Vater war eine gewissenhafte und ehrliche Persönlichkeit ... gut angezogen, er hatte einen langen Bart, so, wie schejne jidn ihn haben sollten, er gehörte Vereinigungen an, die den Armen und Bedürftigen halfen, half auch den j'schiwe-Studenten und war ein guter religiöser Jude.»

Einem Mann, der proste ist, fehlt beides: Gelehrsamkeit und die Attribute, die damit verbunden sind. Er wird weiter beschrieben als ungeschliffen, ohne Manieren; er führt ungebührliche Rede und benimmt sich manchmal sogar «unjüdisch» – das heißt: «über Kreuz», nicht im Einklang mit dem Ideal der Tradition. Im Schtetl jemanden als «unjüdisch» zu bezeichnen, trägt die gleiche Art von Verweis in sich, die einst mit dem Verdikt «unamerikanisch» verbunden war. Darin enthalten ist nicht nur die Abweichung vom Gruppenmuster, sondern auch das Fehlen der Werte und Standards, die als vornehm und gut gelten.

Einige charakterisieren die proste als solche, die »für andere arbeiten und nicht ihre eigenen Herren sind». Andere beziehen den Status präziser auf den Beruf: «Die proste sind Schlächter ... sie sind Schuhmacher, sind Schneider ... sie sind diejenigen, die die dreckige Arbeit machen.» Der Beruf jedoch wird durch sein Verhältnis zur Bildung mit dem Status in Verbindung gebracht, und nicht als Beruf selbst. Einer, der mit der Hand arbeitet, ist nicht notwendigerweise proste, wenn er die Gelehrsamkeit und das Benehmen hat, die ihm eine andere Einstufung verleihen. Andererseits kann er nicht völlig schejn sein, denn das würde bedeuten, ein Leben zu führen, das dem Lernen oder den sozialen Äquivalenten gewidmet ist. Ein solches Leben verträgt sich dann allerdings nicht mit manueller Arbeit. Symbolisch werden aus diesem Grunde die «groben» Berufe mit dem proste identifiziert.

Jichuss, das dritte in der Dreiheit der Kriterien, die zu hohem Status beitragen, ist schließlich eine Mischung aus den beiden anderen. Es bezieht sich auf den Familienhintergrund und die Stellung, kann aber nicht Stammbaum genannt werden, da es sowohl eigenverantwortlich erworben werden kann als auch durch Erbschaft und nicht notwendigerweise Übertragung «durch das Blut» erfordert. Dem Wesen nach ist es ein Produkt aus Gelehrsamkeit plus Vermögen, aus Gelehrsamkeit ohne Vermögen oder von Vermögen im Sinne des höchsten gemeinsamen Nenners: zur Erfüllung der göttlichen Gebote.

Der durch Erbschaft erworbene jichuss richtet sich nach der Anzahl gelehrter, angesehener oder auffallend karitativer Männer in der Familie. Man beschreibt seinen eigenen jichuss oder den eines anderen durch die Aufzählung der Gelehrten und Philantropen in seinem Stammbaum. Dieser Ahnenjichuss, bekannt als *jichuss-ovos,* kann nicht nur durch das Erbrecht aufrechterhalten werden. Wenn er nicht ständig durch Aktivitäten des Erben selbst bestätigt wird, schwindet er dahin. Die Statusunterschiede, symbolisiert in dem Arrangement der Sitze in der Synagoge, beruhen somit in hohem Maße auf der individuellen Chancengleichheit. Der «gewöhnliche» Mann, plaziert auf einer der hölzernen Bänke im Hintergrund der Synagoge, kann durchaus einen Platz an der Ostwand erstreben, wenn nicht für sich, so doch für seinen Sohn. Der Sohn kann schejn werden durch hervorragende Gelehrsamkeit, durch großen geschäftlichen Erfolg, verbunden mit «schejner» Verwendung seiner Gewinne, oder durch die richtige Heirat.

Wenn ein gelehrter Sohn einer proste Familie die Tochter eines Mannes mit großem jichuss heiratet, so erreichen dessen Eltern jichuss durch Verbindung; genauso durch einen Sohn, der Gelehrsamkeit oder Vermögen durch eigene Bestrebungen erreicht. Wenn ein Mann ein *bal jichuss*, ein Meister des jichuss, durch seinen eigenen Erfolg im Studium oder im Geschäft wird, so nennt man das *jichuss-azmoj*, «durch sich selbst», um von der Art jichuss zu unterscheiden, der durch andere erworben wurde.

Die Variationen, Grade und Definitionen von jichuss sind unendlich und liefern Raum für endlose Diskussionen. Es ist ein Thema, über das man ständig debattieren kann, sicher in dem Wissen, daß niemand überzeugt werden kann, seine Meinung darüber zu ändern; denn Überzeugungen darüber basieren weit mehr auf sozialen und familiären Identifikationen als auf belegbaren Tatsachen. Die Basis für den Anspruch auf jichuss wird oft von Leuten außerhalb der Familie nicht gesehen oder nicht anerkannt. Wenn der jichuss jedoch von der besten Art ist, weitergereicht durch Generationen gelehrter Vorfahren, so können ihm noch so viele Anwürfe nichts anhaben.

Es gibt ein paar Überhebliche, die sich weigern, jichuss «durch sich selbst» anzuerkennen und die sich auch einer Heirat mit einer Person widersetzen würden, deren jichuss nicht mindestens sieben oder acht Generationen zurückzudatieren ist. Dann sind da jene, die verneinen, daß Geld-jichuss überhaupt ein jichuss sein kann. «Es gab zwei Arten von schejnen jidn: die, die jichuss hatten und die, die gelehrt waren. Natürlich, wenn man etwas Geld hatte, das half ein wenig.» Andererseits behaupten einige Zyniker, üblicherweise proste, daß jichuss überhaupt nur eine Sache des Geldes sei oder daß Geld für jeden das Äquivalent für jichuss sein könne. «Für die reichen Leute und jene mit jichuss wurden die Matzen zuerst gebacken, für die Armen später …», und auch: «Die ärmeren Leute und die von geringerem jichuss saßen am Ende der Tafel, in der Reihenfolge ihres Ranges.»

Welcher Maßstab auch immer zugrundegelegt wird, die Familie mit jichuss wird bestrebt sein, ihn zu erhalten, seine Reinheit makellos zu halten und ihn – wenn möglich – zu erweitern. Manches Mädchen wurde gezwungen, ihre Verlobung aufzulösen, denn unter ihrem jichuss zu heiraten, bedeutete «einen Fleck auf dem Namen der Familie». Für einen Mann, der «aus dem jichuss» kommt, ist es eine Katastrophe, körperliche Arbeit zu verrichten, selbst unter dem Zwang wirtschaftlicher Notwendigkeit, denn körperliche Arbeit wurde zum Symbol für das Gegenteil des sozialen Ideals, sein Leben ganz dem Studium zu widmen. «Mein Vetter war beschämt, denn er wurde Schlosser … seine Brüder und Schwestern nannten ihn den *prostak*, obgleich er sie unterstützte und er in seiner Jugend ein gebildeter Mann war.»

Es mag noch so sehr darüber diskutiert, analysiert und abgewogen werden, jichuss bleibt das Abzeichen und Maß der Aristokratie. Zur gleichen Zeit zeugt er, da er in gewissem Ausmaß für alle zugänglich ist und von dem Bemühen des einzelnen abhängt, von dem Prinzip, daß potentiell alle Menschen gleich sind. Die Voraussetzung der Gleichheit ist so wichtig wie die tatsächliche Klassendifferenzierung in der sozialen Struktur des Schtetls.

Innerhalb einer Gemeinde ist der jichuss eines jeden Angehörigen bis ins letzte Detail bekannt; den jichuss neuen Bekannten vorzutragen, ist ein wesentlicher Teil einer Vorstellung.

Der Einband einer rabbinischen Abhandlung zeigt oft den vollen jichuss des Autors. Sein eigener Name steht oft verloren zwischen den Namen und Verwandtschaften seiner erlauchten Vorfahren, seinen und ihren Ehrentiteln und Ruhmesansprüchen sowie den Titeln seiner und ihrer veröffentlichten Werke. Für einen ernsthaften Bibliographen ist es ein zeitraubendes Problem, aus den vielen Namen auf dem Umschlag denjenigen herauszufinden, der tatsächlich das Buch geschrieben hat, das er in der Hand hält. Immerhin, je berühmter der Autor, desto geringer der Aufwand. Maimonides zum Beispiel «ist sein eigener jichuss», und sein Name erscheint auf dem Einband ohne jede vorfahrliche Verzierung.

Jeder in der Gemeinde weiß auch, wer mehr oder weniger proste ist, mehr oder weniger schejn, d. h. sein genauer Status ist festgelegt durch die Kombination der drei Variablen. «Es gab verschiedene Stufen von proste jidn ... einige waren sehr proste, sie waren praktisch Analphabeten. Andere konnten ein wenig lernen, sie waren auch weniger proste, aber gehörten doch noch dazu.» Die Einstufung konnte außerordentlich subtil sein: «Diejenigen, welche die Sohlen unter die Schuhe machten, wurden als niedrige proste bezeichnet. Jene, die Oberteile für die Schuhe machten, standen schon ein wenig höher.»

Je weiter der einzelne vom Idealbild des gelehrten Mannes entfernt ist, um so mehr proste ist er; je dichter er an das Ideal herankommt, um so schejner ist er. «Wenn er ein wenig gelehrt ist, ein bißchen mehr von der Thora weiß und ein wenig Geld hat, ist er nicht ganz so proste.»

Die Gemeinde vergißt auch nicht, wie der ursprüngliche Status des einzelnen war, egal, wie sehr er sich auch verändert hat. Das «Schwein von einem Parvenu» ist einer, der «hochgekommen» ist, ein *ojfgekummener*. Selbst wenn er viel und betont auffällig für die Wohltätigkeit spendet – ist er ungebildet, von schlechtem Benehmen und auffällig gekleidet, so wird er verachtet, verschmäht, vielleicht sogar gefürchtet. Seine Kinder sind bekannt als die Sprößlinge des Parvenus und deshalb von zweifelhaftem Wert.

Wenn einer der wirklich schejnen mit einem großen jichuss und anerkannter Geschichte sein Geld verliert, so wird er zum Objekt des Bedauerns und feinfühliger Wohltätigkeit. Solch einer ist ein *opgekummener*, einer, der heruntergekommen ist. Wenn er ein fremdes Haus betritt, so wird er immer noch als schejn behandelt, selbst wenn er ein wirklich Armer geworden ist. Geld wird ihm anonym oder heimlich überbracht, um seine Gefühle zu schonen. Andererseits, wenn ein opgekummener sein Glück verloren hat durch «prostes» Handeln – Trinken und Spiel, Verletzung der traditionellen Muster –, so erregt er kein Mitleid. Sympathie gilt dann seinen Eltern und seiner Familie, für ihn selbst ist nur Verachtung vorhanden, und die Erinnerung an seine frühere Stellung akzentuiert nur die Tiefe, in die er gesunken ist.

Ein Jude ohne Gelehrsamkeit ist unvollständig. Er ist ein Ignorant, ein *amorez*, und ein Ignorant ist der am meisten verachtete Angehörige einer Gemeinde. Es gibt im Talmud ein Sprichwort: «Lieber ein gelehrter Bastard als ein ungebildeter Priester.»

Die Standesordnung der Juden im Hinblick auf ihre Qualität als Juden dürfte in etwa der Ordnung entsprechen, die sie nach ihrer Gelehrsamkeit einnehmen. Der vollkommenste aller ist der von Grund auf gelehrte Mann.

Von einer Frau wird nicht erwartet, daß sie gelehrt ist; im Gegenteil, in dem Ausmaß, in dem sie Gelehrsamkeit erreicht, könnte ihr Jüdischsein beeinträchtigt werden. Die perfekteste Frau im Sinne der Erfüllung des Gesetzes ist stets ein weniger vollkommener Jude als der gelehrte Mann; in ihrer vollkommenen Form bleibt sie immer nur ein Teilwesen. Sie wird nicht als ein separates Wesen betrachtet, sondern als ein Teil einer Einheit, in der die Teile sich ergänzen.

Die *am-razim*, die ungebildeten Männer, sind weniger vollkommene Juden als die Frauen, denn es ist geboten, gelehrsam zu sein, und sie sind es eben nur in geringem Maße oder gar nicht.

Der Nicht-Jude hat sich seit der Ablehnung der Gebote selbst von dieser Hierarchie ausgeschlossen. Er ist wie ein Stern, der außerhalb des Solarsystems existiert. Er hat deshalb keinen Status im Hinblick auf Gelehrsamkeit. Er ist ein essentieller Teil des großen Universums, aber in der strikten jüdischen Ordnung, die eine durch den Grad der Gelehrsamkeit bestimmte Ordnung ist und das Studium nur als das der Gesetze anerkennt, hat der Nicht-Jude keine Rolle.

Der Mann von außerordentlicher Gelehrsamkeit erfreut sich höchster Ehren in der Gemeinde. Er ist «sein eigener jichuss». Er erfüllt das Haupterfordernis eines «schönen Juden». Abgesehen von seinem Platz an der Ostwand wird er öfter als andere zum Lesen der Thora gerufen und erhält die Abschnitte zugeteilt, die am höchsten bewertet werden. Bei gesellschaftlichen Zusammenkünften bekommt er den besten Platz; der Gastgeber wird darauf bestehen, ihm bei Familienfesten den Platz am Kopf der Tafel zu geben, man wird ihn zuerst bedienen. Bei einer Beschneidungszeremonie bittet man ihn um die Ehre, das Kind zu präsentieren und es zu halten.

Wenn er spricht, hört man ihm mit Respekt zu und unterbricht ihn nicht. In der schul, während der Pause zwischen den Gebeten, ist er der Mittelpunkt einer Gruppe, die respektvoll seinen Kommentaren zu einigen Passagen des Talmuds, zu einem Ereignis im Leben der Gemeinde oder sogar zu einem politischen Problem lauscht. Man sucht seinen Rat in wichtigen Angelegenheiten – Problemen des einzelnen und der Gemeinde. Er ist der getreue Bewahrer von Geheimnissen, von Geld oder Schmuck. Er ist der bevorzugte Schiedsrichter bei geschäftlichen Auseinandersetzungen, obgleich seine Kenntnisse von Geschäftstransaktionen begrenzt sein mögen. Man erwartet von ihm nicht, daß er den Wert des Geldes kennt, aber es wird vorausgesetzt, daß die Schärfe seines Geistes, gewetzt in einem lebenslangen Studium, ihm erlaubt, in die kompliziertesten Geschäfte einzudringen.

Ein talmid chochm, ein weiser Gelehrter, ist in den Straßen des Schtetls leicht zu erkennen. Er geht langsam, gelassen, in Gedanken versunken. Seine Sprache ist bedächtig, reich an Zitaten aus der Bibel und dem Talmud, voller Anspielungen und lakonisch – seine Worte sind «gewählt wie Perlen». Er wird von den anderen Mitgliedern der Gemeinde zuerst gegrüßt, in Achtung seiner hohen Position. Nicht nur die Armen, auch die Reichen grüßen ihn zuerst, denn sie sind weniger gelehrt als er. Sein Gegengruß reflektiert den Status der anderen Person. Wenn der Gruß von einem Ignoranten kommt, so wird es nur ein kaum wahrnehmbares Nicken sein, aber oft wird sogar das vermieden. Wenn die andere Person es verdient, so ist es eine Neigung des Kopfes.

Ein gelehrter Mann lacht selten laut. Übertriebenes Lachen – wie jede Art von Übertreibung – wird als Eigenschaft eines amorez gewertet. Er reagiert auf einen Witz oder einen witzigen Ausspruch mit einem Lächeln oder mit einem kurzen, zurückhaltenden Lachen. Der talmid chochm muß durch sein Benehmen und sein Auftreten seine Würde und Subtilität zeigen.

Das Schtetlideal von männlicher Schönheit spiegelt ebenfalls den hohen Wert, den man der Gelehrsamkeit beimißt. Ein Mann mit *hadras ponim*, einem vornehmen, schönen Gesicht, trägt im Idealfall einen langen Bart – Symbol des Alters und damit der Weisheit. Er hat eine hohe Stirn, die eine ausgeprägte Geistigkeit anzeigt; er hat eine blasse Hautfarbe, die die langen Stunden über seinen Büchern beweist. Starke Augenbrauen, die Scharfsinn verraten, überragen die tiefsitzenden, halb geschlossenen Augen, die auf Ermüdung vom ständigen Gebeugtsein über den Texten schließen lassen; seine Augen blitzen und funkeln, sobald ein intellektuelles Problem diskutiert wird. Sehr wichtig sind die blassen, zarten Hände; sie sind der Beweis, daß der Besitzer sein Leben den Übungen des Geistes und nicht des Körpers gewidmet hat.

Wenn ein Mann für sich selbst oder für seinen Sohn nicht den Status eines talmid chochm erreicht hat, so ist der nächstbeste Schritt der Kontakt zu einem Gelehrten. Eltern träumen davon, ihre Tochter mit einem gelehrten jungen Mann oder ihren Sohn mit der Tochter eines Gelehrten zu verheiraten. Der Heiratsvermittler, eine wichtige Institution im Schtetl, hat in seinem Notizbuch eine Liste aller in Frage kommenden Jungen und Mädchen im Umkreis. Unter jedem Namen steht eine detaillierte Aufstellung ihres jichuss, in der der wichtigste Posten die Anzahl der gelehrten Männer in der Familie ist, der verstorbenen wie der lebenden. Je größer der Hintergrund an Gelehrsamkeit ist, um so besser die Partie. Die Weisen haben gesagt: «Ein Mann sollte alles verkaufen, was er hat, um für seinen Sohn eine Braut zu finden, die die Tochter eines Gelehrten ist.»

Die Mitgift eines Mädchens steht im Verhältnis zu der Gelehrtheit des zukünftigen Bräutigams. Sehr reiche Väter pflegten zur j'schiwe zu gehen und den Direktor zu fragen, wer der beste Student sei, den sie sich dann als Schwiegersohn aussuchten. Ein hervorragender Student konnte nicht nur mit einer reichen Mitgift seiner Zukünftigen rechnen, man gewährte ihm auch noch einige Jahre *kesst*, Kost und Logis bei den Schwiegereltern, damit er seine Studien fortsetzen konnte. Auf diesem Wege konnte ein Sohn aus einer proste Familie in eine Familie mit jichuss einheiraten. Somit diente Gelehrsamkeit als ein mächtiges Instrument sozialer Beweglichkeit – wahrscheinlich als das mächtigste in der Schtetl-Gesellschaft.

«Die Thora ist das beste aller Güter» ist ein populäres Wort unter osteuropäischen Juden. Der Vater unterstützt seinen Sohn, die Schwestern ihren Bruder, der Schwiegervater den Schwiegersohn, um ihm das Studium zu ermöglichen. Darüber hinaus ist es durchaus in Ordnung, daß die Frau eines begabten Gelehrten den Lebensunterhalt für die Familie verdient, während er bei seinen Büchern bleibt, oder daß die ganze Gemeinde einen armen Studenten unterstützt. Ein Mann, der sich nicht dem Studium widmet, würde als Tunichtgut verachtet, wenn er sich auf die Unterstützung seiner Frau verließe, und er würde als Bettler mißachtet, wenn er sich auf der Unterstützung durch die Gemeinde ausruhte; aber als Gelehrter kann er der Unterstützung und des Prestiges sicher sein.

Eltern suchen nach einem gelehrten Schwiegersohn oder nach der Tochter eines gelehrten Vaters als Schwiegertochter nicht nur aus dem Wunsche heraus, den jichuss der Familie zu vermehren und aus echter Bewunderung der intellektuellen Fähigkeiten; darüber hinaus wird Gelehrsamkeit als Garantie für hohe Moral und sozialen Standard betrachtet. Ein amorez, ein Ignorant, ist nicht nur ungebildet, er wird auch verdächtigt, ein Mann zu sein, der sich gesellschaftlich nicht benehmen kann, einer mit niedrigen ethischen Prinzipien, der seine Frau ohne den nötigen Respekt behandelt, sie vielleicht sogar schlägt. Überdies vermutet man in ihm einen Mann, der nicht weiß, wie man seine Kinder aufzieht. Wenn er beweist, daß er besser ist, als man von ihm erwartet, kann er sich jedoch eines überraschten und zustimmenden Echos erfreuen.

Es wird vorausgesetzt, daß ein gelehrter Mann ein guter Ehemann und Vater ist. Eines der Grundprinzipien jüdischer Erziehung ist, daß die einfache Tatsache des Erlernens der Verhaltensregeln, die die Gebote Gottes sind, bewirkt, daß man sich auch im Einklang mit ihnen verhält. Diese Annahme setzt den angeborenen Wunsch voraus, den Willen Gottes zu kennen, und die angeborene Neigung, ihm zu gehorchen. Alles, was verlangt ist, ist die Bereitschaft, durch frommes und unaufhörliches Studieren die wahre Bedeutung der Gebote zu entdecken.

Die Frau eines gelehrten Mannes wird gemäß den Regeln behandelt, die für eheliche Verbindungen in den Heiligen Büchern niedergelegt sind. Die männlichen Kinder wachsen auf, um Gelehrte zu werden. Ein Mädchen, das aus einer Familie mit gelehrten Männern stammt, wird eine gute Ehefrau und Mutter werden. Sie wird zurückhaltend und wohlerzogen sein, und – das wichtigste – sie wird das Studium ihres Mannes über alles andere stellen, denn sie kennt den Wert der Gelehrsamkeit. Man hat noch einen anderen Vorteil im Auge, wenn man für seine Tochter einen gelehrten Mann sucht. Studieren sichert nämlich das zukünftige, jenseitige Leben, das *ojlem-habe*. Eine Frau studiert nicht, Studium ist Sache der Männer. Wenn sie aber eine gute Ehefrau ist, besonders wenn sie ihrem Mann das Studieren durch Verdienen des Lebensunterhaltes und die Führung des Haushaltes erleichtert, so wird sie belohnt durch die Teilhabe an ihres Mannes ewigem Glück. Alle diese Überlegungen erwecken in den Eltern den Traum von einem Schwiegersohn, der ein talmid-chochem sein wird, ein Traum, der sich in dem populären Wiegenlied für ein Töchterlein ausdrückt:

An Gitteles Wiege
steht ein schneeweißes Kind.
Das Kind ging handeln
mit Rosinen und Mandeln.
Aber was ist das beste Geschäft?
Gitteles Bräutigam wird lernen
Thora wird er studieren
Heilige Bücher wird er schreiben
und gut und fromm
soll Gittele bleiben.

Das Prestige, das mit dem Studieren verbunden ist, löscht die sonst so wichtigen Altersunterschiede aus. In der Regel gilt eine definitive Rangordnung gemäß Alter, und Seniorität gebietet Achtung. Ein kleines Kind ist ein unvollständiger Angehöriger der Gesellschaft, und als solchem gebührt ihm wenig Respekt von seiten der männlichen Erwachsenen. Seine Gegenwart in der Synagoge ist erwünscht, da die Atmosphäre dort für seine Erziehung notwendig ist. Aber: ein Kind ist «nur ein Kind».

Die Position eines Jungen ändert sich jedoch, sobald er zu studieren beginnt, und sein Prestige erhöht sich im Verhältnis zu dem Fortschritt, den er in der Schule macht. Das erste wirkliche Zeichen von Respekt empfängt er, wenn er das Grundstudium hinter sich hat und in die zweite Stufe geht. Sobald er so weit fortgeschritten ist, daß er beginnt, den Talmud zu studieren, wird er fast wie ein Erwachsener behandelt, besonders natürlich, wenn er entsprechende Begabung zeigt. Er darf an den Debatten der Erwachsenen teilnehmen, und seine Meinung hat gleiches Gewicht. Ein bärtiger Mann schämt sich nicht, mit einem Jungen von dreizehn oder vierzehn eine schwierige talmudische Frage zu erörtern, wenn er weiß, daß der Junge ein zukünftiger talmid chochm ist. Einem Jungen, der als Genius, iluj, bekannt ist, wird die gleiche Achtung erwiesen wie einem gelehrten Erwachsenen. Ein Achtjähriger, der frühreif genug war, alle Gebete und den halben Pentateuch mit den begleitenden Kommentaren von Raschi auswendig zu kennen, wurde mit mehr Respekt behandelt als mancher Erwachsener.

Die lange Tradition dieses Musters läßt an eine Episode im Leben Christi denken, beschrieben durch den Evangelisten Lukas (Lukas 2, 41–52): Der zwölfjährige Jesus wird im Tempel angetroffen, wie er das Gesetz diskutiert, wobei er die bärtigen Gelehrten durch seine profunden und bohrenden Fragen verwirrt. Diese Situation – dargestellt auf bekannten Gemälden von Dürer, Van Dyck, Botticelli und anderen – trägt verblüffende Ähnlichkeit mit der

Behandlung und dem Verhalten eines frühreifen Studenten im osteuropäischen Schtetl.

«Der Sohn eines Rabbiners, der als ein iluj, ein Gelehrter, bekannt war, pflegte zu meinem Vater zum Schachspiel zu kommen. Er wurde in unser bestes Zimmer gebeten und mit allem Respekt behandelt. Er war nur ein paar Jahre älter als ich ... aber für mich war er kein Junge.»

Im Hinblick auf die Vorteile, die mit dem Studium verbunden sind – Status, eine reiche Frau, das Vergnügen am Studieren selbst – ist es nur allzu natürlich, daß ein Gelehrter zu werden die wünschenswerteste Karriere ist. Der Student ist der Stolz der Familie und mehr. Er bringt ihr Ehre und Freude ein, der Ruhm seines jichuss strahlt auf sie ab. Jedes männliche Kind ist eine Quelle der Ehre für seine Familie. Potentiell repräsentiert es die Erfüllung des Musters vom idealen Juden. Es steht auch für die Möglichkeit sozialen Aufstiegs. Von seiner Geburt an liegt auf seinen Schultern nicht nur das wärmende Gewicht der Liebe seiner Familie, sondern auch die Summe ihrer Hoffnungen und Erwartungen. Dies ist ein Teil der Sicherheit, die der Junge in seinem Zuhause findet. Es ist aber auch ein Teil seines *ojl*, seines Jochs, seiner Last.

Von früher Kindheit an wird der Junge geleitet und zum Studium angestachelt. In der Wiege schon hört er Mutters Wiegenlied:

Schlaf' wohl in der Nacht und lern' die Thora am Tag
und du wirst ein Rabbiner sein, wenn ich grau bin

oder

Mein Jankele wird das Gesetz studieren
das Gesetz wird mein Kind lernen
dicke Bücher wird mein Jankele schreiben
viel Geld wird er verdienen

oder

Ein Junge die Gemara studiert
der Vater ihm mit Freude zuhört
ein Junge wird einmal ein talmid-chochm sein ·

Die ganze Familie, Mutter, Tanten, Schwestern, jeder, der in engem Kontakt mit dem Baby ist, wird auf alles in seinem Verhalten achten, was als ein Zeichen intellektueller Frühreife interpretiert werden könnte. Ein Lächeln, eine unerwartete Geste, die Imitation eines Ausdrucks Erwachsener, alles wird als *chochme*, Zeichen außergewöhnlicher Intelligenz, gewertet, und die Eltern und Nachbarn äußern sich lauthals über das kleine Wunderkind.

Sobald das Kind zu sprechen anfängt, bringt ihm die Mutter religiöse Segenswünsche bei. Wichtiger jedoch ist, daß das Kind von der Atmosphäre und dem Geist der Gelehrsamkeit umgeben ist. Zumeist nimmt der Vater wenig teil am Leben und an den Aktivitäten eines sehr kleinen Sohnes. Ist er jedoch ein gelehrter Mann, so ist er gewöhnlich zu Hause mit seinen Büchern beschäftigt, und während er studiert, nimmt er den kleinen Jungen auf seinen Schoß. Bevor das Kind sprechen kann, sind ihm die «kleinen schwarzen Punkte», die

Buchstaben auf den Seiten, schon vertraut. Es gewöhnt sich an die Art und Weise des Lernens – den Singsang, in dem der Studierende das Gelesene von sich gibt, begleitet von fortgesetztem Hin- und Herschaukeln – und allgemein an den Anblick eines Buches.

Der Vater duldet es, wenn das Kind die Seite umblättert oder sogar das Buch schließt oder öffnet; nur eines ist strikt untersagt: das Buch zu beschädigen oder es auf den Boden zu werfen. Von ganz früh an wird ein Buch als ein Gegenstand großer Ehrfurcht hochgehalten, und der ganze Vorgang des Studierens ist von einer Aura der Verehrung umgeben. Wenn der Vater studiert, müssen alle ruhig sein. Laute Spiele sind nicht erlaubt. Das Kind bemerkt, wie seine Mutter und die anderen Mitglieder der Familie jedes Geräusch vermeiden, denn «der Vater studiert», «der Vater schaut in ein Buch».

Kommt ein gelehrter Verwandter oder Gast ins Haus, so sieht das Kind, mit welchem Respekt dieser überschüttet wird, und die Mutter vergißt nicht, ihrem Sohn zu sagen: «Wenn du groß bist, mußt du auch so ein talmid chochm sein, so wie er.»

Ein Junge wird gewöhnlich nach einem verstorbenen Großvater oder einem anderen Vorfahren benannt, und den Gelehrten darunter wird der Vorzug gegeben. Der Namensvetter wird ständig erinnert, dem Beispiel zu folgen und ein lamdn, ein ben tojre zu werden. Auf diese Weise ist Studieren ein häufiges Thema: im Familiengespräch, in den Wiegenliedern der Mutter, den Segenswünschen, den allgemeinen Wünschen und Ermahnungen, die ein Kind täglich hören muß.

Geht er erst einmal in die Schule, so ist der Junge das «Juwel» der Familie. Jeden Samstag, wenn der Vater seine wöchentliche «Abhörung» im Beisein des Lehrers vornimmt, hat die Mutter das Gefühl, daß auch ihr Schicksal damit verbunden ist. Ist er gut, so ist sie stolz, denn sie «erzieht einen guten Juden». Sie wird nicht nur durch ihren Mutterstolz belohnt, sondern auch durch die Erkenntnis, daß sie – indem sie ihren Sohn zur Erfüllung der mizwe des Lernens anhält – zu ihren eigenen Aussichten, sich einst des ojlem habe zu erfreuen, beiträgt.

Jede neue Stufe im Lehrplan ist eine Gelegenheit zu einem Familienfest, zu Hause und in der Synagoge. Bei solchen Feiern muß der Junge sein intellektuelles Stehvermögen zeigen und seinen Fortschritt durch eigene Interpretation eines Satzes aus der Thora.

Zeigt er Befähigung und Enthusiasmus, so ist die Familie glücklich, und die Eltern strahlen voll Stolz. Ist er jedoch gleichgültig oder unfähig, so machen sie ihm Vorwürfe und malen seine Zukunft in düsteren Farben: «Was soll aus dir werden?», «Was wirst du werden?», «Ein Schneider, ein Schuster, ein amorez?» Der Vater wird versuchen, seinen Intellekt mit Drohungen, Bestrafung, Schlägen zu stimulieren. Ein Junge, der die Schule schwänzt, kann das Schlimmste erwarten. Hat er einen frommen Vater, so wird dieser ihm zwischen den Schlägen mit der siebenschwänzigen Katze erklären: «Du wirst ein talmid chochm, und wenn ich dich totschlagen muß.»

Nichts darf die Schule stören. «Ich erinnere mich, daß ich keine hohen Stiefel hatte, und der Schlamm auf der Straße war sehr tief in einem Jahr. So hat mich meine Mutter auf ihrem Rücken zum chejder getragen, denn in den chejder mußte ich gehen.» Der wichtigste Posten im Familienetat sind die Schulgebühren, die an den Lehrer für jedes Semester bezahlt werden müssen. «Eltern verbiegen den Himmel, um ihrem Sohn eine Schulbildung zu geben.» Die Mutter, die für die Haushaltskasse verantwortlich ist, kürzt die Ausgaben für Lebensmittel auf ein Minimum, wenn es nötig ist, um den Unterricht ihres Jungen zu zahlen. Sollte es ganz dick kommen, so versetzt sie sogar ihre Perlen, um die Schulgebühren decken zu können. Der Junge muß studieren, er muß ein guter Jude werden – für sie ist das ein Synonym.

# Vom Chejder bis ins Grab

Jede Region, jede soziale oder ökonomische Gruppe, jeder intellektuelle oder religiöse Verband hat in bezug auf Erziehung seine eigenen speziellen Merkmale. In den vielen unterschiedlichen Schichten der Schtetl-Gesellschaft jedoch sind die Abweichungen in den Erziehungsmethoden – wie auch auf anderen Gebieten – weniger offensichtlich als vielmehr die ungebrochene Identität, dieser Kern von Beständigkeit, der ganz Osteuropa umfaßt. «Studieren» hat einen Anfang, aber kein Ende, denn die «Thora hat keinen Boden». Formaler Unterricht beginnt im Alter zwischen drei und fünf Jahren, wenn der Junge zum Kleinkindergarten, dem *dardeki chejder,* gebracht wird.

Der Eintritt in den chejder ist eine schmerzliche Erfahrung für ein kleines Kind, welches nun – ohne die vertraute Gegenwart der Mutter – zehn bis zwölf Stunden am Tag mit Studieren verbringen soll. Das Kind schreit, die Mutter ist vielleicht in Tränen, aber der Junge – eingewickelt in den Gebetsschal des Vaters – wird aus dem Babyalter getragen, hinaus aus dem Haus, aus der umhüllenden Wärme mütterlicher Beschützung. Und wenn die Mutter auch weint, sie würde sich nie dem Gebot widersetzen, das einem Jungen vorschreibt, die Thora zu studieren ... «einem so großen Jungen, der schon drei Jahre alt ist».

Um des Jungen Interesse anzuregen, werden bei der ersten Lektion Bonbons und kleine Münzen von oben in das offene Gebetbuch geworfen, aus dem er seine ersten Buchstaben lernt; die Buchstaben, die die hebräischen Worte für «der Ewige» und «Wahrheit» – schadaj und emess – ergeben. Sein Vater bringt ihn am ersten Tag zur Schule und bleibt während der ersten Stunde bei ihm, in der der neue Status des Sohnes gefeiert wird und Kekse und Bonbons an die Mitschüler verteilt werden.

Nun ist er ein «chejder-Junge», der Mittelpunkt des Interesses und der Bewunderung – immer vorausgesetzt, er macht sich gut in der Schule. Stolz wird er seinen Verwandten und Nachbarn ankündigen: «Heute habe ich alle Buchstaben des Alphabets gelernt.» Aber er hat nicht mehr die Freiheit, herumzutollen und zu spielen, und wenn, dann nur in den kurzen Stunden, die er nicht in der Schule verbringt.

Von acht bis sechs – an fünf Tagen der Woche – und am Freitag halbtags muß er im Hause des Lehrers sitzen, in einem kleinen, ärmlich möblierten Raum, eingezwängt zwischen fünfzehn bis zwanzig Kindern verschiedenen Alters, damit er dort die Grundlagen für ein lebenslanges Studium erwirbt. Um den Eintritt in das erwachsene, männliche Reich des Studierens zu erleichtern, bringt ein Assistent des Lehrers jeden Jungen zur Schule und zurück nach Hause, bis er soweit ist, den Weg allein zu gehen. Der Assistent, der *belfer,* ist oft rüde mit seinen Schützlingen, und er legt es manchmal darauf an, den Kindern die Süßigkeiten und Pfennige abzunehmen, die sie von ihren

Müttern mit auf den Weg bekamen. Jeden Tag bringt der belfer sechs bis sieben Kinder in die Schule; er trägt die Kleinsten, die oft laut schreien und ihn mit den Fäusten bearbeiten, auf dem Arm. Die anderen hängen sich an seinen Kaftan oder laufen Hand in Hand, so daß der ganze Trupp auf dem Wege sicher zusammenbleibt. Die Leute im Städtchen sind die kleine Prozession und das unwillige Gejammer gewohnt.

Der Lehrer, der *m'lamed*, ist bedrohlicher als der belfer, der in seinem Elend täglich nur eine kleine Gebühr als Lohn kassiert. Der m'lamed kann auch kaum von seinen schmalen Unterrichtsgebühren leben, die er von den Eltern einnimmt; so sind er und seine Familie chronisch unterernährt. Es gibt so manche Geschichte wie die von der Frau des m'lamed oder deren Töchtern, die die Butter und das Brot, das die Mütter den Kindern für das Mittagsmahl mitgaben, «wegzauberten» und dann erklärten: «Die Katze hat es gestohlen.»

Zu der traurigen Lage des m'lamed kommt hinzu, daß die ganze Gemeinde auf ihn herabblickt. Den Reichtum des Wissens mit anderen zu teilen, ist die «schönste» aller Taten; von dem kärglichen Bestand des Wissens auch noch zu verkaufen, das ist unwürdig ... «Man soll aus der Thora keine Axt machen», sagt man.

Der *dardeki m'lamed,* der von dem Verkauf dessen lebt, was man frei geben sollte, ist noch nicht einmal ein gelehrter Mann. Wenn er es wäre, so könnte er Rabbiner oder Lehrer fortgeschrittener Studenten sein.

Es wird allgemein angenommen, daß ein Mann, der kleine Kinder unterrichtet, zu diesem Beruf gekommen ist, weil er überall sonst versagte. «Einer, der nicht einmal einen Katzenschwanz knoten kann, der wird m'lamed.»

Nahezu jeder Jude im Schtetl weiß genug, um kleinen Kindern die ersten Anfangsgründe beizubringen. Aber fast jeder der nur wenig Gebildeten zieht es vor, seine eigenen Studien voranzutreiben und durch einen anderen Beruf seinen Lebensunterhalt zu verdienen. Selbst der Rabbiner im Schtetl erhält keine direkte Bezahlung für das Weitergeben seines Wissens von den Gesetzen; andere Mittel – manchmal Umwege – werden gefunden, um ihm den Lebensunterhalt zu ermöglichen. Der dardeki m'lamed, getrieben vom wirtschaftlichen Druck und öffentlicher Verachtung, hat selten pädagogische Fähigkeiten oder Interessen, ist immer bedrückt und ärgerlich wegen seines «ärmlichen und kläglichen Lebens». Er läßt keine Gelegenheit aus, seinem Ärger durch schwere, häufig sadistische Bestrafung Luft zu machen. «Die siebenschwänzige Katze hing selten unbenutzt an der Wand.»

Erinnerungen an die Kindheit schließen oft Aufzählungen der Strafen durch den m'lamed ein – ein Gebiet, auf dem er gewöhnlich mehr Energie und Initiative entwickelte als auf dem der Literatur. «Wenn der m'lamed begann, uns zu schlagen, vergaß er alle Grenzen, und kein Geschrei konnte ihn halten ... Leute versammelten sich am Fenster des chejders, und jemand lief los, um die Mütter der Opfer zu unterrichten.»

Etwas später – wenn das Gesicht eines Jungen zu sehr zerzwickt oder zerkratzt war – «schabte die Frau des m'lamed die Butter von unserem Mittagsbrot und schmierte sie dem Jungen auf die Stellen im Gesicht, damit es heilen konnte und zu Hause nicht mehr so bös aussah.»

«Der schlimmste Tag war der Donnerstag, wenn die Frau des m'lamed diesem wegen des Geldes für die Lebensmittel zum Sabbat zusetzte.» Ein anderer Grund für die Schläge am Donnerstag waren die Samstags-«Abhörungen», denn wenn der Junge schlechte Leistungen zeigte, konnte der m'lamed diesen Schüler verlieren. Sonntag war der beste Tag, dann war der m'lamed entspannt und ausgeruht nach dem Frieden des Sabbats.

Sich zu Hause über die Methoden des m'lameds zu beschweren, bringt nichts. Der Lehrer hat immer recht. Es ist die Art, wie schon der Vater unterrichtet wurde, es ist die Art, wie man sich schmerzvoll und mühsam die Tore zur ewigen Wahrheit und Weisheit öffnet. Es gibt von zuhause keine Unterstützung. Die Mutter mag zur Seite, aus dem Fenster schauen und in ihrem Leid darüber weinen, daß ihr Kind geschlagen wird, weil es seine Lektion nicht wußte oder schwatzte, während ein anderer vorlas, oder lachte, wenn es tief in die heilige Schrift versunken sein sollte. Sie wird keinen Finger rühren oder ein Wort des Protestes verlauten lassen.

Trotz der langen Arbeitsstunden – denen die Peitsche Nachdruck verleiht – sind die chejder-Erfahrungen nicht nur eine Mischung aus Düsternis und Entbehrung. Die Erfahrungen sind vielseitiger, denn das Schtetl lebt nicht in absoluten und kategorischen Kontrasten – es ist selten alles schwarz oder weiß. Realität wird als eine Komposition vieler Elemente erfahren, wobei manches widersprüchlich erscheint. In den chejder zu gehen, ist ein schmerzliches Privileg, aber ein Angehöriger des Auserwählten Volkes zu sein, ist an sich ein Privileg, das schmerzlich und doch kostbar ist.

Es gibt auch erfreuliche Stunden im chejder, besonders die Stunden im Dämmerlicht. Jeden Nachmittag geht der m'lamed zur schul zum Nachmittags- und Abendgebet. Er verweilt dort zwischen den zwei kurzen Gottesdiensten, um mit den Männern, die er dort trifft, zu schwatzen. Im Winter ist die Schule zu der Zeit bereits dunkel, und Kerzen sind zu teuer, um sie während der Abwesenheit des m'lameds zu verschwenden. Die Kinder sitzen auf ihren Bänken vor dem Tisch, an dem sie studieren, oder hocken dicht zusammen am Ofen. Sie essen ein wenig von dem, was sie als Mittagsmahl mit zur Schule brachten und noch nicht verzehrt haben – vielleicht ein wenig Brot mit Marmelade oder sogar Brot mit Gänseschmalz, wenn sie Glück hatten. Man tauscht auch sein Brot mit den anderen und wartet in der freundlichen Stille während des m'lameds Abwesenheit.

Außerdem ist es die Stunde der Geschichten. Zusammengerückt gegen die Kälte des Winters und ein wenig ängstlich vor den Wundern, von denen die Rede ist, erzählt man sich gegenseitig Geschichten, in denen sich Themen aus heidnischen Mythen mit Folklore mischen, die im Talmud wurzelt.

Während der Abwesenheit des m'lameds wird das strikte Programm hebräischer Gelehrsamkeit unterbrochen durch ein Konglomerat aus biblischen Wundern und Geister- und Dämonengeschichten, die dem ganzen Volk gemeinsam sind, Juden und Bauern gleichermaßen. Die Jungen erzählen sich abwechselnd von den Geistern, die in der schul nach Mitternacht wimmeln, und von dem Schabernack, den sie mit denen treiben, die dort übernachten müssen, so daß Bettler lieber auf dem Boden des ärmsten Hauses schlafen als die Ehre zu haben, auf den Bänken der schul zu nächtigen. Sie erzählen sich von den Teufeln, die nachts in den Wäldern ihr Unwesen treiben, den *schejdim*, und wie einige von ihnen sogar in die Straßen des Schtetls kommen, wenn es besonders dunkel ist. Sie erzählen vom *dibuck*, der in die Seele eines Menschen eindringt und von ihr Besitz ergreift, so daß dieser besessen wird und nicht mehr mit eigener Stimme spricht, Blasphemien ausstößt, die weit entfernt sind von seinen eigenen Gedanken. Sie erzählen von Lilith, Adams erster Frau, die Kinder stiehlt, und über Kinder, die ihren Eltern entführt wurden – von Zigeunern oder von bösen Männern, die sie in den Armeedienst verkauften.

Kinder der Chassidim wiederholen Geschichten ihrer Väter, die diese vom Hof des Rebbe mitbrachten und die von den Taten berichten, die die «Wundermänner» vollführten.

Wenn der m'lamed zurückkommt, sind alle froh, die Kerzen entzünden zu dürfen, die sie von zu Hause mitbekommen haben. Für eine oder zwei Stunden sitzen die Jungen ruhig Seite an Seite und setzen ihre Studien fort, jeder mit seiner Kerze vor sich. Dann endlich gehen sie in die kalte Nacht hinaus, in der das Schtetl ganz im Dunkel liegt, abgesehen von dem schwachen Licht, das durch die Läden der Häuser dringt. Jeder Junge trägt seine Laterne, und alle, auch die größeren, halten sich an den Händen. Noch unter dem Eindruck der Geschichten fürchten sie sich vor den bösen Geistern. Sie fürchten auch die nichtjüdischen Jungen, von denen sie manchmal auf dem Wege nach Hause angegriffen werden. Wie sie so durch die dunklen Straßen gehen, ihre Laternen und sich selbst an den Händen haltend, wird ihre Zahl immer kleiner, denn nach und nach biegt jedes der Kinder in sein elterliches Haus ab. Die Gruppe wird kleiner, aber das Tempo wächst, bis der letzte, alleingelassen, zu laufen anfängt und bis zu seiner Tür rennt.

Die Lehrmethoden im chejder verlangen von dem Kind, das fast noch ein Baby ist, außergewöhnliche intellektuelle Anstrengungen. Die Süßigkeiten, die während der ersten Lektion in das Buch geworfen wurden, verschönern auch nur die erste Stunde des Lernens. Von da ab bemüht man sich nicht mehr, den Lehrstoff zu versüßen. Es werden keine Textbücher mit Bildern, keine spannenden Geschichten, keine Spiele mit Erziehungscharakter verwendet. Der einzige Leitfaden, der das Kind durch die «Pforten der Thora» führt, sind schmuddelige, zerfledderte Gebetbücher mit unverständlichen Buchstaben und Wörtern und alte Bibeln, die immer wieder gebraucht werden. Der Vorgang des Lernens ist eine endlose Wiederholung unbekannter hebräischer Wörter, wobei jeder Buchstabe, jede Silbe auswendig zu lernen ist; mechanisch muß der Sinn erfaßt werden, denn die wörtliche Übersetzung nimmt keine Rücksicht auf die Grammatik oder auf Abweichungen.

Wirkliches Verstehen des Textes wird auf später verschoben. Oft wird auch die Erklärung einer Wortbedeutung einfach vernachlässigt, besonders dann, wenn es sich um botanische oder zoologische Bezeichnungen handelt. In solchen Fällen sagt der m'lamed, der oft selbst die genaue Übersetzung des Wortes nicht kennt, anstelle einer Erklärung: «Eine Art Fisch», «eine Art wildes Tier» oder «eine Art Baum».

Sich zu wiegen, während man liest, und die Worte in einem Singsang nach einer unveränderlichen Melodie zu sprechen, nach der *nign*, wird als notwendig für ein erfolgreiches Studium erachtet. Wie Beten, so ist das Lesen eines geistlichen Textes immer von einem unablässigen Schaukeln – vorwärts-rückwärts, vorwärts-rückwärts – begleitet; die Worte werden laut gelesen, mit tiefer Stimme in einem Singsang, der steigt und fällt. «Es ist einfacher zu behalten, was man studiert, wenn man dabei schaukelt.»

Der überfüllte Raum im Hause des m'lameds, in dem die Kinder vom frühen Morgen bis spät abends studieren, ist immer mit einem Brummen und Summen erfüllt, über das sich die schrille Stimme des Kindes erhebt, das gerade vorliest, oder das plötzliche Donnern des m'lameds, wenn er einen Missetäter straft. Das Geräusch des Studierens – «so laut wie ein Markt» – kann bis draußen dringen und auf der Straße gehört werden, wenn man sich dem Hause nähert. Das Schaukeln und der Singsang gehen automatisch in Fleisch und Blut über. Später nehmen die Studenten auch die entsprechenden Gesten mit Zeigefinger und Daumen an. Bei einer Frage beschreiben sie mit dem Daumen einen Aufwärtsbogen und nageln mit dem Zeigefinger die Antwort auf einen Punkt fest. Studieren ist keine passive, sondern eine aktive Tätigkeit, es bringt motorische und vokale Aktivitäten mit sich.

Die Schüler werden trainiert, aufmerksam auf die Worte des m'lameds zu achten und bereit zu sein, das zu wiederholen, was er vorliest, oder blitzschnell ein Wort zu übersetzen, wenn er mit seinem schicksalsschweren Zeigestock darauf weist. Unaufmerksamkeit und Zerstreutheit werden schwer bestraft, und oft werden Wachträumer mit der Peitsche geweckt. Der m'lamed hat gute Gelegenheit, über die Unaufmerksamen herzufallen, denn die Schüler studieren auf verschiedenen Ebenen, und jeder schreitet in seinem eigenen Tempo fort. Während ein einzelner oder eine Gruppe rezitiert, sollen die anderen sich ganz mit ihrer Aufgabe beschäftigen; aber die Würde, «chejder-Jungen» zu sein, kann sie nicht davon abhalten, auch kleine Kinder zu sein. Es gibt geheime Zeichen und Botschaften untereinander, einen Anflug von Spiel, wenn der m'lamed für einen Augenblick den Raum verläßt; gewöhnlich muß dafür bitter bezahlt werden, wenn er zurückkommt.

Trotz alledem, Stück für Stück lernt das Kind lesen und übersetzen. In dem kleinen, schlecht beleuchteten und schlecht belüfteten Raum werden die Grundlagen für die nächsten Schritte gelegt, Schritte, die am Ende in die «Welt der Thora» führen.

In diesem ersten und elementarsten chejder lernen die Schüler die Grundlagen des Lesens und die Gebete. Innerhalb weniger Monate beherrscht das Kind *iwrith*, die Mechanik des Lesens; davon wird unterschieden *iwrith-tajtsch*, das Lesen mit Übersetzung.

Dann ist der Junge weit genug fortgeschritten, um mit dem Studium des Pentateuch – oder des *chumesch* – zu beginnen, ein neuer Abschnitt, der nach umfangreichen Vorbereitungen im Hause mit einer Zeremonie gefeiert wird.

Es ist eigentlich eine doppelte Feier, denn die Eltern bitten ihre Freunde zu der Zeremonie, und für später werden die Jungen des chejder eingeladen.

Im Mittelpunkt vor einer Tafel, gedeckt mit Kuchen, Pasteten, Nüssen und

Wein, steht der Junge, nun etwa fünf oder sechs Jahre alt. Er trägt seine Feiertagskleidung, manchmal ist er auch mit Uhren und Schmuck behangen, mit so viel, wie die Familie besitzt oder borgen kann. Um ihn herum, ihre Hände auf seinem Kopf, stehen drei «Segner», Jungen, die chumesch beherrschen und denen man die besonderen Segenswünsche zu dieser Gelegenheit beigebracht hat. Alle vier Jungen sind mit einem taliss bedeckt. Der Vater und dessen Freunde sitzen um den Tisch, der Vater an der rechten Seite des m'lameds. Da es sich um eine Zeremonie der Männer handelt, sehen die Mutter des Jungen und ihre Freundinnen aus der Entfernung zu.

Ein komplizierter Dialog findet zwischen dem Lehrer und den Kindern statt:°

Lehrer: Kleiner Junge, kleiner Junge, was machen deine Eltern jetzt?

Junge: Mein Vater und meine Mutter begehen eine schöne Feier.

Lehrer: Wird gefeiert, weil du beginnst, chumesch zu studieren?

Junge: Ja, Herr Lehrer, Sie haben es richtig vermutet.

Lehrer: Vielleicht möchtest du uns etwas Thora aufsagen?

Junge: Natürlich, das ist es, wofür ich geschaffen wurde; obgleich ich es noch nicht wert bin, Thora vor Ihnen aufzusagen, so will ich doch einige Worte sagen. Meine Lehrer und Freunde ... (der Junge gibt eine Erklärung der ersten Sätze der Genesis).

Der 1. Segner: Beuge deinen Kopf, ich werde dich segnen. Du sollst eine Frau bekommen mit zwölf Locken, und jede Locke soll die Heiligkeit der zwölf Stämme in sich tragen.

Der 2. Segner: ... mögen unsere Segenswünsche sich erfüllen, und so, wie du die Uhren auf deinem Herzen trägst und unsere Hände auf deinem Kopf sind, so sollen diese Segenswünsche wahr werden.

Der 3. Segner: Ich wünsche, daß die Segnungen, die von den beiden Segnern ausgesprochen wurden, sich erfüllen; aber ich werde noch einen weiteren Wunsch hinzufügen: möge dein Leben und das deiner Familie so süß sein wie die feinen Früchte des Baumes, der neben einer Quelle wächst.

Und alle Gäste, die bisher geschwiegen haben, sagen: Glückwunsch! An dieser Stelle schütten die Frauen Bonbons und Nüsse über die Kinder aus. Der chumesch-Anfänger setzt sich dann neben seinen Lehrer vor ein geöffnetes Buch, und folgender zweiter Dialog beginnt:

Lehrer: Was studierst du, kleiner Junge?

Junge: Chumesch, Herr Lehrer.

Lehrer: Was heißt chumesch?

Junge: Fünf.

Lehrer: Fünf was?

Junge: Fünf Bücher in der Heiligen Thora.

Lehrer: Welches sind ihre Namen.

Die Zeremonie, einschließlich Dialog, ist recht typisch für ganz Osteuropa. Die hier wiedergegebene Fassung stammt aus einer Monografie von Jechiel Stern: «Ein Chejder in Tischewitz», YIVO Annual of Jewish Social Science, Bd. 5, S. 159 ff., Yiddish Scientific Institute – YIVO, New York, 1950.

Junge: (nennt die Namen)
Lehrer: Welches Buch studierst du, kleiner Junge?
Junge: Ich studiere das dritte Buch.
Lehrer: Wie ist sein Name?
Junge: Faikro (Leviticus)
Lehrer: Was heißt Faikro?
Junge: Er rief.
Lehrer: Wer rief? Der Hahn oben auf dem Herd?
Junge: Nein. Der Herr rief Moses, um ihm das Gesetz der Opfergabe zu offenbaren.
Der Dialog setzt sich fort mit einer Diskussion über das Gesetz der Opfergabe.

Nach der Zeremonie laben sich die Gäste an den Erfrischungen, die die Mutter bereitet hat, besonders an dem Kuchen, der speziell für diese Feier gebacken wurde. Der Junge ist nun in den zweiten chejder aufgenommen und wird «chumesch-Junge» genannt.

Der chumesch-Junge beginnt seine Studien des Pentateuch nicht mit dem ersten Buch Genesis, mit seinen wunderbaren Geschichten, sondern mit Leviticus, der langweiligen und schwierigen Theorie des Opferns. Er beginnt damit, jedes Wort einzeln zu lernen, aber stufenweise schreitet er fort bis zur Übersetzung ganzer Sätze. Das ist iwrith-tajtsch, Lesen mit Übersetzung. Wenn er diese Stufe erreicht hat, beginnt er, einige elementare Kommentare auswendig zu lernen. Der populärste Talmud- und Thora-Kommentator ist Raschi (Anfangsbuchstaben des Namens R(abbi) Sch(lomo) J(izchaki)). Er lebte im 11. Jahrhundert. Es ist aber für den jungen Studenten nicht ausreichend, nur den Text des Pentateuch zu lesen und zu übersetzen; das ist ein Kinderspiel und unter der Würde eines chumesch-Jungen. Zusätzlich müssen der Kommentar und die Auslegung studiert werden. Die Worte und Sätze haben über ihren einfachen und direkten Sinn hinaus eine spezielle Bedeutung; um diese jedoch genau zu verstehen, ist es notwendig, sich in den Kommentar von Raschi zu vertiefen. Zum Beispiel steht in der Bibel: «Als Sarah starb im Alter von hundert und zwanzig und sieben Jahren ...» Raschi fragt: «Warum die Wiederholung des ‹und›?» Die Antwort, die er anbietet, besagt nicht nur, daß sie bei ihrem Tode hundertsiebenundzwanzig Jahre alt war, sondern daß sie in diesem Alter so hübsch und jung aussah wie im Alter von zwanzig, und im Alter von zwanzig so hübsch und so jung wie im Alter von sieben.

Durch das Studieren im chumesch chejder wird das Kind nicht nur mit der direkten Erklärung direkter Darstellung vertraut gemacht, sondern es wird auch an die Interpretation und die Suche nach versteckter Bedeutung herangeführt.

Chumesch und Raschi stellen nur die elementare Phase des Studierens dar, in der die Schüler direkt durch den m'lamed unterrichtet werden, wie es kleineren Kindern und Anfängern zukommt. Im höchsten chejder, dem *g'more chejder*, wird diese Art von Unterricht allmählich ersetzt durch das Prinzip des selbständigen Studiums unter der Führung eines Lehrers. Dieser m'lamed ist von anderer Klasse als der verachtete Lehrer des dardeki chejder. Die intellektuelle Stärke und der Status des Lehrers wachsen mit dem steigenden Niveau der Schule. Der g'more chejder widmet sich hauptsächlich dem Studium des Talmuds, der eine unendliche Vielfalt von Aspekten und Problemen, historischen wie zeitgenössischen, religiösen und weltlichen, umfaßt. Talmudische Studien bestehen aus fortlaufenden Diskussionen, Erörterungen und Interpretationen unter Zuhilfenahme von unzähligen Kommentaren und Übersetzungen. Mit gleichbleibender Konzentration muß ein Kind von acht oder neun Jahren die Festtagsrituale im Tempel Salomons, die Ethik des Umgangs von Mann zu Mann, die Gesetze der Scheidung oder die Vorschriften, die das eheliche Verhalten während der Menstruation betreffen, studieren.

Während der talmudischen Studien wird das wahre Vergnügen am Studieren geboren. Im dardeki chejder und auch noch im chumesch chejder war die Arbeit Routine, mechanisch, langweilig, sich immer wiederholend, und basierte mehr auf dem Gedächtnis als auf dem wirklichen Verstehen. Talmudische Studien öffnen den Weg, individuelle Fähigkeiten und Vorstellungen zu entwickeln.

Der Anfang dieser Phase wird nicht so spektakulär gefeiert wie der Eintritt in den chumesch chejder. Trotzdem ist der g'more chejder eine äußerst wichtige Erziehungsphase, in der der Junge von zehn oder elf damit beginnt, den Hauptkodex jüdischer Weisheit zu studieren. Hier beginnt er, die wahre Kapazität seines Gedächtnisses zu zeigen und seine Kraft, lange Stunden über einem komplizierten Problem auszuharren und die zahllosen Kommentare und Deutungen mit Treffsicherheit und Verständnis zu benutzen. Hier zeigt es sich, ob er das Format hat, ein richtiger talmid chochm zu werden.

Die Beurteilung durch seinen Lehrer genügt nicht. Sein Vater wird ihn von Zeit zu Zeit an einem Sabbat zu einem anderen Familienangehörigen mitnehmen, der als ein lamdn, ein Belesener, bekannt ist, oder zu einem berühmten Gelehrten der Gemeinde, um ihn prüfen zu lassen, und das Urteil wird dann ängstlich erwartet. Falls ein gelehrter Gast von außerhalb im Hause einen Besuch macht, wird der Vater versuchen, eine gelehrte Diskussion herbeizuführen, um herauszufinden, was der Gast von der Begabung des Sohnes hält. Die ganze Familie hört dann der Unterhaltung zu, besonders die Mutter; denn die Ansicht eines gelehrten Mannes bedeutet eine ganze Menge für die Zukunft ihres Sohnes. Die große Frage lautet: hat er das Talent für ein lebenslanges Studium oder soll er es unterbrechen, um in das Handwerks- oder Geschäftsleben einzutreten?

Falls der Junge für fähig befunden wird, ein talmid chochm zu werden, so wird er von dem g'more chejder auf die höchste Lehrinstitution geschickt – auf die j'schiwe, die Rabbiner-Akademie. Dort wird er – zwischen Hunderten von anderen Jungen aus verschiedenen Städten und Provinzen – unter der Führung bedeutender Gelehrter seine Tage und einen großen Teil der Nächte dem Studium widmen. Ein j'schiwe-Junge schläft gewöhnlich nicht mehr als vier bis fünf Stunden.

Er steht in der Dämmerung auf – oder auch früher – und sitzt über seinen Büchern bis lange nach Mitternacht.

Das allgemeine Prinzip der j'schiwe ist Unabhängigkeit und Selbständigkeit. Das Studienprogramm erlaubt eine unendliche Vielfalt. Das Basisstudium verlangt die ausführliche Analyse des Talmuds und der Kommentare. Zusätzlich ist jeder Student berechtigt, einen Großteil seiner Zeit dem Gebiet der jüdischen Weisheit zu widmen, das ihn am meisten interessiert. Wird er von mystischen Problemen besonders angezogen, so studiert er die *kabala*, ist Philosophie sein Gebiet, so wird er sich in die Werke der Philosophen vertiefen, wenn er an Rechtsfragen interessiert ist, wird er sich auf den Talmud und seine Kommentatoren konzentrieren. In allen Fällen ist die Annäherung die gleiche: Kommentare, Interpretationen, Rückführung der verschiedenen Texte auf die biblischen Zitate, die die höchste Quelle darstellen.

Talmudische Studien werden oft *pilpul*, Pfeffer, genannt, und sie sind so scharf, so gewürzt und so stimulierend, wie der Ausdruck unterstellt. Das Studium umfaßt Vergleiche verschiedener Auslegungen, die Analyse aller möglichen und unmöglichen Aspekte des gegebenen Problems und – durch eine glänzende intellektuelle Verknüpfung – die endgültige Lösung eines anscheinend unlösbaren Problems.

Denkfähigkeit, Wissen, Vorstellungskraft, Gedächtnis, Logik, Witz und Subtilität – alles wird ins Spiel gebracht, um eine talmudische Frage zu lösen. Die ideale Lösung ist der *chidusch*, eine eigene Synthese, die noch nie vorher dagewesen war. Diese geistige Betätigung ist sowohl eine Freude für den Redenden als auch für sein Publikum. Beide genießen die Vehemenz und die Gewandtheit der Ausführung. Und zur gleichen Zeit finden beide Gefallen an der Demonstration ihrer Fertigkeit, sich auf einem so hohen wie esoterischen Niveau zu produzieren. Wenn sich zwei fähige Gelehrte in einen pilpul verwickeln, so sind sie schnell von einer bewundernden Gruppe umgeben, die jeder Tirade mit erwartungsvollem Schweigen folgt und später untereinander die feineren Punkte diskutiert – und möglicherweise noch neue Argumente erarbeitet über die hinaus, die die Gelehrten den Tag über schon beschäftigten.

Der j'schiwe-Lehrer hat einen Status, der an den eines Rabbiners dicht heranreicht, denn seine Tätigkeit erfordert unaufhörliches Studieren und die Fähigkeit, die fortgeschrittenen Studenten zu leiten. Wenn der j'schiwe-Lehrer andere Einkommensquellen hat, so wird er nur dadurch belohnt, daß er die mizwe der Weitergabe der Weisheit an andere erfüllt. Wenn ihm eine Vergütung gezahlt wird, so erfolgt die Zahlung nicht durch die Eltern der Studenten wie beim m'lamed der kleinen Kinder, sondern durch die Institution.

Der verehrte Lehrer einer j'schiwe ist strenggenommen nur ein Leiter. Er stellt eine Aufgabe aus dem Talmud, gewöhnlich ein komplexes, paradoxes Problem, das die Studenten auszuarbeiten haben, wobei sie sich auf eine stattliche Reihe von Kommentaren beziehen und das Thema untereinander analysieren als Übung für die Klausur. Während der Vortragsphase wird das Problem dann von Studenten und Lehrern diskutiert, eine Übung, bei der sowohl Lehrer als auch Studenten sich Mühe geben, sich hervorzutun. Derartige Aufgaben kommen zu den Studienprojekten der einzelnen Studenten hinzu.

Viele j'schiwess haben keine eigenen Klassenräume, sondern benutzen die bejss-medresch mit der bima in der Mitte. Aber auch in einem richtigen Klassenraum springen die Studenten oft hoch in ihrer Erregung oder verlassen ihren Platz, um sich um den Lehrer zu scharen. Die große Achtung, die sie vor ihm haben, hält sie nicht davon ab, ihre Argumente mit Vehemenz vorzutragen, so wie sie es untereinander tun. Ein guter Lehrer leitet eine Debatte mit Würde und Festigkeit, er bevorzugt die aktiven Studenten gegenüber den passiven und ruhigen.

Um sein Leben mit Studien zu verbringen, muß der *j'schiwe-bocher,* der j'schiwe-Junge, seines materiellen Lebensunterhaltes sicher sein. «Im ejn kemach, ejn thora», sagt das Sprichwort – «kein Brot, kein Studieren». Nur sehr wenige Studenten haben Eltern, von denen sie unterhalten werden. Die Lösung dieses Problems beweist wieder die Wichtigkeit des Studiums: die Gemeinde übernimmt die Last des Unterhaltes, nicht nur der j'schiwe, sondern auch jedes einzelnen Studenten.

Spezielle Gesandte reisen in die Städte und Dörfer Osteuropas, um Geld für den Unterhalt der j'schiwess zu sammeln. Die Mitglieder dieser Delegationen sind geehrte Gäste in den Städten, die sie besuchen. Darüber hinaus beherbergen die Bewohner einer Gemeinde, in der eine j'schiwe unterhalten wird, die einzelnen Studenten. Bei Semesterbeginn bieten die Haushalte «Tage» an, d.h. sie verpflichten sich, gemäß ihrem wirtschaftlichen Status an einem oder mehreren Tagen der Woche einen oder mehrere Studenten zu beköstigen. Ein reicher Mann bietet für eine Anzahl von Studenten eine Reihe von Tagen an, ein armer Mann nur eine dürftige Mahlzeit an einem Tag. Diejenigen, die – aus welchen Gründen auch immer – nicht in der Lage sind, einen Studenten in ihrem Hause zu beköstigen, geben Geld anstelle einer Mahlzeit – allerdings nicht immer genug. Auf irgendeine Weise muß jeder der Verpflichtung nachkommen, das Studium der Gesetze für das Volk Israel zu unterstützen.

Eine große Zahl solcher Studenten ernährt sich durch diese «Essenstage» bei verschiedenen Mitgliedern der Gemeinde, und man sagt, der Traum eines j'schiwe-bocher sei: «Ein Haus mit sieben Stockwerken; auf jedem lebt ein nogid und bei jedem nogid bin ich einen Tag.» Unzählige Geschichten werden von den Abenteuern und den Entbehrungen der j'schiwe-bocher während ihrer «Essenstage» erzählt.

Es sind verhältnismäßig wenige, die eine j'schiwe besuchen; eine besondere Elite von hervorragenden Studenten aus dem g'more chejder. Die Zahl der fortgeschrittenen Studenten wird außerdem begrenzt durch die Entfernung vieler Städte und Orte von den Zentren, in denen sich die j'schiwess befinden.

Für jene, die nicht in der Lage sind, ihre Studien auf der j'schiwe fortzusetzen, ist der Platz für das weitere Studium die bejss-medresch, das Haus des Studierens. Es ist meistens die örtliche Synagoge, die Studium wie Gebete unter ihrem Dach vereint. In der bejss-medresch, zwischen den Gottesdiensten, studieren Alte und Junge die gleichen Themen wie in der j'schiwe, mit dem gleichen unabhängigen und individuellen Lehrplan. Einer der gelehrten Männer der Gemeinde übernimmt die Rolle des Lehrers und hilft den Studierenden bei der Arbeit. Er arbeitet ohne Bezahlung, denn sein Unterricht ist eine mizwe. Da die Rolle des Lehrers im fortgeschrittenen Studium unbedeutend ist, leidet die Arbeit auch nicht, wenn kein Lehrer vorhanden ist. In der bejss-medresch werden arme befähigte Studenten – wie in der j'schiwe – von der Gemeinde unterstützt. Unter den Studenten der bejss-medresch sind jedoch einige, die man in der j'schiwe nicht findet. Es sind Männer, die ihr Studium an der j'schiwe wegen ihrer Heirat unterbrachen. Unterstützt von ihren Schwiegervätern setzen sie ihr Studium an der örtlichen bejss-medresch fort. Zu dieser Gruppe gehören auch Männer, die ihre Zeit dem Studium widmen, während ihre Frauen den Lebensunterhalt für die Familie verdienen.

Eine andere Gruppe besteht aus Handwerkern, Geschäftsleuten und Reisenden, die danach streben, sich nach ihrer täglichen Arbeit noch dem Studium zu widmen, obgleich sie nicht zu den wirklich «Belesenen» gehören. Diese «nichtgelehrten» Studenten, die auch nicht qualifiziert genug sind, um unabhängig zu studieren, sind in Arbeitsgruppen oder Teams zusammengefaßt, die *chewre* genannt werden. Jeder chewre studiert einen bestimmten Teil jüdischer Überlieferung; die Aufgaben sind dem Hintergrund und der Ausbildung der einzelnen Mitglieder angepaßt. Diese Gruppen werden nach dem Thema benannt, das sie studieren. Es gibt z.B. eine *chewre mischnajess,* die die Mischna studiert, den Gesetzescode ohne die talmudischen Kommentare; eine *chewre schulchn oruch,* die sich beispielsweise nur mit dem populären Kompendium jüdischer Gesetze beschäftigt, etc. Die Mitglieder einer chewre stellen von Zeit zu Zeit einen m'lamed an, um sich bei den Schwierigkeiten ihrer Studien helfen zu lassen. Manchmal ist der m'lamed ein Junge, der für sein Wissen und seine Gelehrsamkeit berühmt ist und Ehre und Prestige gewinnt, indem er beides mit anderen teilt.

Ob ein Mann nun ein großer Gelehrter ist oder einer, der seine Worte mühsam Silbe für Silbe zusammenbuchstabieren muß, in der chewre wird das Wissen, das er durch sein Studium erwirbt, nicht offiziell bezeichnet. Es gibt keinen Grad, der die Vollendung einer bestimmten Phase des Studiums anzeigt, denn Vollendung gibt es nicht – «die Thora hat keinen Boden». Das Diplom, das der Student nach einigen Jahren Studium auf der j'schiwe erhält, besagt nur, daß er das Recht hat, die Funktion eines Rabbiners auszuüben. Er erhält weder einen akademischen Grad noch irgendeinen Titel.

Im Gegenteil, jeder Jude, ob es der Schneider ist, der wöchentlich ein Kapitel des Pentateuch studiert, oder der intellektuelle «Bergeversetzer», der die j'schiwe mit seinem pilpul blendet, jeder Jude wird *rebbe* genannt, mein Lehrer. Diese Form der Anrede ist im Schtetl das Äquivalent von «Herr» geworden und wird allgemein verwendet. Wenn Gelehrte andere Formen der Anrede benutzen, so beschreiben diese das Niveau und die Qualität der intellektuellen Eigenschaften des Angeredeten und nicht den offiziell beglaubigten Umfang des Wissens; der Titel *row,* Rabbiner, ist eher funktional als akademisch und wird erst angenommen, wenn jemand seinen Dienst in diesem Amt ausübt.

Jeder Student setzt sich sein eigenes Tempo und konzentriert sich auf das Gebiet, das ihm am meisten liegt. Jeder ist gleichermaßen stolz auf die Tatsache, daß er studiert. Wenn er die Lesung des Talmud oder eine von ihm selbst gestellte Aufgabe abgeschlossen hat, so wird dieser Erfolg gefeiert, ob die Arbeit nun mehr elementarer Art ist oder hochgradig fortgeschritten. Die ganze Gemeinde nimmt an einer solchen Feier teil, man nennt sie *ssijum*, Beendigung oder Abschluß.

Ein Mann gibt nach der Sabbatlesung der Thora stolz bekannt, daß er ein «ssijum machen wird», und er lädt die Gemeinde ein, mit ihm zu feiern. Nach dem Gottesdienst bleiben alle, um sich an Kuchen und Branntwein gütlich zu tun, den der Synagogendiener, der schamess, bringt. Der schamess der bejssmedresch hat solche Dinge für die vielen Feiern, die abgehalten werden, immer zur Hand. Handelt es sich um einen wichtigen Mann, so wird sein ssijum durch den schamess abgekündigt, und falls eine Arbeitsgemeinschaft feiert, wird die Feier im Namen der chewre begangen. Hat jemand den Abschluß eines Teils des Talmuds gefeiert, so beginnt er damit, den nächsten Teil zu bearbeiten; nach der Abschlußfeier der Gesamtlesung beginnt er von vorn mit der Talmudlesung.

Das Studium der Heiligen Bücher kann unterbrochen werden, oder die Intensität kann nachlassen, aber es hört nie auf. Es spielt keine Rolle, wie lange man lebt, die Entdeckung neuer Wunder in der grenzenlosen Komplexität und den zahllosen Sichtweisen des Gesetzes nimmt kein Ende.

Im mittleren Alter muß der Mann Zeit finden, seinen Lebensunterhalt zu verdienen – es sei denn, er ist einer aus der gelehrten Elite. Nach dem Ausscheiden aus dem Arbeitsleben jedoch wird der fromme Mann sich von früh bis spät dem Studium widmen und sich nur noch von den Stunden des Gebetes unterbrechen lassen. Und von früh bis spät ist eine lange Zeit. Er steht vor der Dämmerung auf und studiert schon vor dem Morgengebet, eilt dann zur Synagoge, zurück nach Hause zum Frühstück und sogleich wieder in sein Studierzimmer. Sein Studientag wird nur durch zwei Synagogenbesuche aufgelockert, durch die Mahlzeiten und vielleicht noch durch gelegentliche Diskussionen mit anderen. Erst nach Mitternacht hört er auf, um zu schlafen, und am frühen Morgen beginnt wieder ein neuer Tag mit Studium und Gebet. Von einem solchen Mann sagt man: er ist immer «über der Thora und bei seinen Gebeten».

Nicht jeder Jude im Schtetl ist ein Gelehrter oder auch nur ein gelehrter Mann, aber intellektuelle Leistung ist das universell anerkannte Ziel. Es gibt nur wenige Juden aus Osteuropa, die nicht den chejder wenigstens für kurze Zeit besucht haben. Selbst diejenigen, die die traditionellen Verhaltensweisen fast ganz abgelegt haben, sprechen mit Stolz von ihren Kindheitsstudien. Traditionell erwartet man von einem Jungen im Schtetl nun einmal, daß er vom chejder bis zum Grab einen Teil seiner Zeit dem Studium widmet.

Unter den Ausnahmen, deren früheste Erziehung nicht im chejder erfolgte, sind die Jungen, die die talmud-tojre, die öffentliche, von der Gemeinde unterhaltene Schule besuchen. Es gilt fast als Grundsatz, daß kein jüdischer Junge ohne Schulung ist, und in jedem Schtetl von namhafter Größe gibt es eine talmud-tojre, in die jene Familien ihre Jungen schicken, die nicht in der Lage sind, den chejder-Unterricht zu bezahlen. Diese Kinder sind allerdings meistens Waisen, denn Eltern und Verwandte würden sich bis zum Zusammenbruch und darüber hinaus krummlegen, um die Notwendigkeit und die damit verbundene Demütigung zu vermeiden, ein Kind auf die talmud-tojre schikken zu müssen. Alles an dieser Institution ist vom Standpunkt des Schtetl aus gesehen unerwünscht. Der reguläre Lehrplan enthält nur elementares Hebräisch und zu wenig an religiösen Studien; auch die Qualität des Unterrichts ist fragwürdig. Zusätzlich wird die Landessprache gelehrt und mehr Rechnen, als für das Studium der Gesetze nötig ist. (Selbst der orthodoxeste chejder lehrt allerdings Rechnen, denn auch der Gelehrte kann sein Leben nicht ohne diese Kenntnis führen.) Der Lehrplan der talmud-tojre schließt manchmal auch den Unterricht in einem Handwerk ein, den bescheidenen Lebensaussichten derer angemessen, die dort hingehen müssen.

Da die meisten Schüler Waisen sind, werden die Kinder der talmud-tojre auch von der Gemeinde ernährt und gekleidet, manchmal sind sie sogar auf Gemeindekosten untergebracht. Ihre Kleider sind noch trister und die Köpfe noch knapper geschoren als die der anderen Jungen – ausgenommen jedoch immer die gehegten Schläfenlocken, die an beiden Seiten des geschorenen Schädels wippen.

Der talmud-tojre-Junge ist auf den ersten Blick zu erkennen – in seiner steifen, schweren Uniform. Er fühlt seine mißliche Lage deutlich, und die Feindseligkeit auf beiden Seiten führt gelegentlich zwischen den chejder-Jungen und denen des talmud-tojre zu Kämpfen, bei denen mit viel Geschrei Schimpfnamen und Schläge ausgetauscht werden.

Ein j'schiwe-Junge zu sein, ist eine stolze Position, obgleich er – wie der talmud-tojre-Junge – hungrig und schäbig ist, von der Gemeinde genährt und gekleidet. Der j'schiwe-Junge ist potentiell einer der schejnen, er hat seine Chance durch geistige Fähigkeit erworben, er wird durch seine ihn abgöttisch liebende Familie oder durch die Gemeinde unterstützt und gefördert. Eines Tages wird er Rabbiner sein oder ein großer Gelehrter, und vielleicht wird er die Tochter eines reichen Mannes heiraten.

Das Los eines talmud-tojre-Jungen ist schwer, im Laufe seines Lebens und im Rückblick. Er ist eine Waise, das bemitleidenswerteste Wesen, oder ein Sohn von Eltern, die ihm die erforderliche Ausbildung für ein würdiges Leben nicht geben können oder wollen. Seine Zukunft ist blockiert. Er wird ein Handwerk erlernen, kann nur die knappsten Notwendigkeiten hebräischer Überlieferung studieren und wird nie die Möglichkeit haben, das Ideal des Schtetls zu erfüllen.

Männer, die als Kinder die talmud-tojre besuchten, ziehen es vor, dies nicht zu erwähnen und nicht daran erinnert zu werden. Die gesamte Gesellschaft scheint nicht sehr gesprächig zu sein, wenn es um das Elend der talmud-tojre-Kinder geht. In der Literatur und in den Gesprächen mit Informanten wird stets vorwiegend auf die Spenden für diese Organisation hingewiesen, selten auf die Erfahrung jener, die sie besuchten. Beklommenheit scheint mit der talmud-tojre verbunden zu sein, die – obgleich sie das Gebot des Schtetls, den Bedürftigen zu helfen, erfüllt – doch die Verschmelzung von sakralen und weltlichen Lehren gutheißt und damit den traditionellen Geist des Studierens verletzt.

Das Ziel der Buchgelehrsamkeit – angestrebt vom chejder bis zum Grab – war für Jahrhunderte die traditionelle Basis des Schtetls. Dieses Muster ist jahrhundertelang geprüft worden und niemals zerbrochen, weder Infiltration noch Angriffe von außen haben ihm etwas anhaben können. Es blieb die führende Kraft der Kultur trotz der Tatsache, daß eine Brücke zur Außenwelt – durch Handwerker und Arbeiter, durch Frauen und antiorthodoxe Gruppen, durch von der Aufklärung geprägte Kräfte – immer vorhanden war.

# Besiegelt am Berge Sinai

Wichtigkeit, Prestige und Glanz, die dem Studium beigemessen werden, kommen vom Berge Sinai. Aus der Sicht des Schtetls wurden hier die Werte geschmiedet, nach denen das Volk lebt, und die sozialen Strukturen, durch die diese Werte ausgedrückt werden. Denn es war hier, wo Israel in den Bund eintrat; in den Bund, der das Verhältnis zu Gott definiert und das Muster für das Verhältnis zu den Mitmenschen darstellt.

Dieser ewige Vertrag, *b'riss,* geschlossen mit Abraham, erneuert mit Isaak und mit Jakob, wurde endgültig für alle Zeiten mit allen Juden besiegelt durch die Übergabe der Gesetze am Berge Sinai. Es ist per definitionem ein doppeltes Abkommen. Einerseits akzeptieren die Juden Gott als ihren einzigen Gott, akzeptieren «das Joch der Gesetze», das von allen anderen Nationen der Erde abgelehnt wurde, und sind bereit, alle Seine Gebote zu erfüllen. Andererseits verspricht der Herr, das Volk Israel liebevoll zu umsorgen als Sein Auserwähltes Volk, Träger der Wahrheit, und es am Ende zu belohnen, wenn es sich bemüht, die Verpflichtungen seinerseits zu erfüllen.

Nicht nur die Generation des Exodus aus Ägypten stimmte zu, die göttlichen Gebote, die mizwess, zu erfüllen. Alle kommenden Generationen waren präsent am Berge Sinai, als der Herr – mit Blitz und Donner – Moses die Gesetzestafeln übermittelte. Jeder Angehörige des Schtetls war dort, und jeder ist so ausdrücklich wie Moses selbst dem Bunde verpflichtet. Die 613 Gebote, mizwess, nennen gewisse Pflichten, die auf drei Hauptverpflichtungen basieren. Eine ist die Verpflichtung, ständig das Wort Gottes zu studieren, um mehr Wissen über die Gebote zu erlangen und sich der Wahrheit zu nähern, die in den Heiligen Büchern liegt. Gleichermaßen wichtig ist die Verpflichtung, eine Familie zu gründen, um jene, die sich dem Dienste an dem wahren Gott widmen, zu erhalten und ihre Anzahl zu vermehren. Die dritte Hauptverpflichtung ist die Einhaltung der unzähligen sozialen, wirtschaftlichen und rituellen Handlungen, die sich auf die Gebote Gottes beziehen, welche das Verhältnis zwischen Mensch und Gott, zwischen Mensch und Mitmensch und das Verhältnis des Menschen zu sich selbst regeln. Alle mizwess sind auf eine oder mehrere dieser fundamentalen Verpflichtungen rückführbar.

Als Gegenleistung erwarten die Leute, die sich der Erfüllung der mizwess widmen, drei spezifische Privilegien, die auf dem Bund basieren. Die Befolgung der Gebote gibt ihnen das Recht, um Gesundheit und Lebensunterhalt, *gesunt un parnosse,* zu bitten, in der Hoffnung, daß dieser Wunsch auch in Erfüllung gehen möge. Gesundheit und ein angenehmes Leben werden zusammengenommen *ojlem-hase,* «diese Welt», genannt. Darüber hinaus rechnen sie mit ojlem-habe, der zukünftigen Welt, dem Jenseits. Schließlich erwarten sie die Ankunft des Messias und die Rückkehr der Juden in das Gelobte

Land. Die Ankunft des Messias wird die Leiden der Diaspora beenden, das Exil, das ihnen als Strafe für vergangene Verletzungen des Vertrages auferlegt wurde. Der Vertrag ist durchdrungen von der Idee von Belohnung und Bestrafung. Jeden Tag wiederholt der gläubige Jude unter den 13 Glaubensartikeln: «Ich bin vollkommen überzeugt, daß der Schöpfer, gelobt sei sein Name, denen Gutes erweist, die seine Gebote hüten, und diejenigen bestraft, die seine Gebote übertreten.»

Die Worte der Propheten, die Predigten der Geistlichen, die Grundsätze der Moral-Bücher, alle wiederholen sie das Konzept des Vertrages mit seinen Belohnungen und Strafen: wenn du das tust, wirst du belohnt, aber tust du es nicht, so wirst du bestraft. Strafen und Belohnungen werden im Detail beschrieben.

Respektvoll und immer wieder erinnern die Juden in ihren täglichen Gebeten Gott an den Vertrag, an ihre Bemühungen, ihn zu erfüllen, und an ihre sich daraus ergebenden Ansprüche an Ihn.

«Wir sind Dein Volk, die Kinder Deines Bundes ...»; «Habe Erbarmen mit uns, Deinem Bunde zuliebe ...»; «... so gedenke uns des Bundes mit den Vätern und unseres Bekenntnisses täglich, daß der Ewige einzig. Schaue auf unser Elend, denn zahlreich sind unsere Schmerzen und die Leiden unseres Herzens. Schone uns, Ewiger, im Lande unserer Gefangenschaft, gieße Deinen Grimm nicht über uns aus, denn wir sind Dein Volk, die Kinder Deines Bundes.» «Oh, Herr der Wahrheit, gewähre Segen und Wohlstand allen Werken meiner Hände, denn ich vertraue in Dich, daß Du mich segnen wirst durch meinen Beruf und meine Berufung, so daß ich in der Lage sein werde, mich selbst und die Angehörigen meines Haushaltes mit Leichtigkeit und ohne Schmerz, durch Gesetzestreue und nicht verbotene Mittel zu unterhalten, um Leben und Frieden zu bewahren. Erfülle durch mich auch die Schrift: Wirf die Last auf den Herrn und Er wird dich tragen. Amen.» (Aus den Morgengebeten)

Der am Berge Sinai vollzogene Bund verpflichtet jeden Juden zu allen Zeiten. Er wird jedoch mit der Geburt eines männlichen Juden erneuert, und zwar durch den Akt der Beschneidung. Das Ritual ist nach dem Vertrag genannt, *b'riss mile*, Bund durch Beschneidung; es unterwirft den neugeborenen Juden all den Verpflichtungen des jüdischen Volkes, gibt ihm aber auch alle Privilegien. Die Bedeutung der Zeremonie wird in den rituellen Segnungen ausgedrückt, die den Akt der Beschneidung begleiten: das Kind wird in die Thora (das Studium der Gesetze), in die *chupe* (Ehe) und in die *majssimtowjim* (die guten Werke) eingeführt.

Es gibt keine Entschuldigung für die bewußte Verletzung der Gebote, auch ist Unwissenheit keine Entschuldigung, denn der Vertrag mahnt jeden männlichen Juden eindringlich an die mizwe des Studiums der Gesetze. Die Originalgebote machen einige Zugeständnisse an die Schwäche des Menschen; aber die Ausnahmen unterliegen besonderen Regeln und Bedingungen, die man kennen muß, um sicher zu sein, daß das Verhalten nicht ein Anlaß zur Bestrafung ist – in dieser Welt oder in der nächsten. Da jede Regel ihre Ausnahme hat und jede Ausnahme ihre Grenzen, ist ein ständiges Studium der Gebote, Verbote und Regeln für die korrekte Einhaltung des Vertrages notwendig. Unwissenheit über die herrschenden Umstände ist nicht zu vergleichen mit Unwissenheit hinsichtlich des Gesetzes, denn Gott wird nicht als ein unbeugsamer Dogmatiker verstanden. Es wird ihm unterstellt, daß er versteht, daß Menschsein menschliche Grenzen hat. Dementsprechend hat eine Person, die die Gebote verletzt, weil sie getäuscht oder irregeführt wurde, nicht die Schuld an der Verletzung zu tragen, sondern derjenige, der sie getäuscht oder irregeführt hat. Wenn eine Frau z. B. Fleisch in einem Geschäft kauft, welches das Zeichen «koscher» trägt, d. h. welches anzeigt, daß es nur rituell anerkanntes Fleisch verkauft, der Verkäufer ihr jedoch rituell nicht anerkanntes Fleisch gibt, so ist dies eine Sünde des Verkäufers und nicht eine der Frau. Oder eine wohlhabende Familie im Schtetl stellt z. B. fest, daß ihnen die Hausangestellte monatelang «unkoscheres» Fleisch vorsetzte, weil es billiger war und sie die Differenz selbst einsteckte. Sie reinigen daraufhin alle Schüsseln und Utensilien, die entweiht waren, und sind damit – nach Rücksprache mit dem Rabbiner – von dem Gefühl befreit, etwas Entwürdigendes getan zu haben, was Gott ihnen vorhalten könnte. Trotzdem, eine gute Hausfrau – wie wohlhabend sie auch sein mag – hält es für ihre Pflicht, ständig aufzupassen und «die meiste Zeit in der Küche zu verbringen, um sicherzugehen, daß die Hausangestellten alles richtig machen».

Der gesamte Gesetzeskomplex in seiner kategorischen Originalform ist in den fünf Büchern des Pentateuch enthalten, die man die Thora nennt. Diese fünf Bücher, oft chumesch, «fünf», genannt, sind auf Schriftrollen geschrieben und werden in der Synagoge immer und immer wieder gelesen. Auch die Heiligen Schriftrollen, die in der Lade der Synagoge aufbewahrt werden, nennt man Thora.

Das Wort Thora wird im Schtetl auch verwendet als Bezeichnung für die gesamte Bibel – den Pentateuch, die Propheten und die Hagiographen. Der Begriff der Thora wurde sogar noch weiter ausgedehnt. Die Gebote in ihrer urspünglichen Form, wie im Pentateuch dargelegt, sind nicht immer klar in der Anwendung hinsichtlich besonderer Aspekte und Situationen. Die Gefahr ihrer Übertretung ist so unmittelbar und die Konsequenzen daraus können für die Gemeinde und auch für den einzelnen so abträglich sein, daß die Weisen – während der Jahrhunderte vor der Zerstörung des Tempels und in den drei Jahrhunderten danach – ständig damit beschäftigt waren, die Gebote durch Erklärungen und Interpretationen zu erläutern. Sie konstruierten auch einen «Zaun» – sjag oder geder – um die ursprünglichen Gesetze, bestehend aus zusätzlichen Regeln und Verboten. Dieser «Zaun» räumt einen Spielraum für den Irrtum ein, so daß derjenige, der die «Zaun»-Regeln einhält, gegen jede nur mögliche Verletzung der Originalgebote gesichert ist.

Die «Zaun»-Regeln wurden so verbindlich wie die Originalgebote, und in der Praxis im Schtetl macht man keinen Unterschied zwischen beiden. In der Diskussion Belesener jedoch und in kritischen Situationen erkennt der gelehrte Mann die Unterscheidung und wird den «Zaun» niedriger setzen, um den Originalkern zu erhalten.

Der Hauptteil der Interpretationen, Erklärungen und zusätzlichen «Zaun»-Gebote – so, wie die Weisen ihn ausgearbeitet haben – ist der Talmud. Obgleich in schriftlicher Form vorhanden, wird er als «gesprochenes Recht» betrachtet, um ihn von der Thora – dem «geschriebenen Gesetz», der Original-Thora, wie sie Moses auf dem Berge Sinai diktiert wurde – zu unterscheiden. Der Talmud stellt die mündliche Interpretation der Thora dar, niedergeschrieben nicht im ursprünglichen Wortlaut, sondern später rekonstruiert von den Schülern der Weisen, die ihn erarbeiteten. Die Studenten mußten sich ganz auf ihr Gedächtnis verlassen, denn es wird als eine Respektlosigkeit gegenüber den Heiligen Schriften betrachtet, sich während einer Diskussion darüber Notizen zu machen. Die Angewohnheit, sich etwas einzuprägen, anstatt schriftliche Notizen zu machen, hat sich erhalten; sogar im chejder, wo die Schüler die Worte des m'lameds in ihren Köpfen «aufzeichnen» und nicht in ihren Heften. Die Rekonstruktion erfolgte dann mehr in Form von Fragmenten als in fließender Prosa, so daß der Talmud und seine frühen Kommentare in einem lakonischen und manchmal sogar kryptischen Stil geschrieben sind. Dieser Stil gab das Vorbild für die kommenden Jahrhunderte und beeinflußt sowohl den gesprochenen Diskurs als auch das geschriebene Wort.

Das «mündliche Gesetz» ist so heilig und so umhegt wie das «geschriebene Gesetz», und der Begriff «Thora» umschließt sowohl den Talmud als auch die ursprünglichen fünf Bücher des Pentateuch.

Seit der Vervollständigung des Talmuds haben Gelehrte das Studium der Originalgebote und ihrer späteren Erläuterungen fortgesetzt, die Interpretationen der Weisen neu ausgelegt und die Kommentare der Übersetzer kommentiert. Ihre Werke und Schriften wiederum wurden auch zur sakralen Literatur. Die Gelehrten-Version der Thora und des Talmud gleicht graphologischer Goldschmiedearbeit: das Juwel des Textes, eingefaßt von dem Rahmen der umschließenden Kommentare.

In der Standardausgabe des Talmud besteht der Zentraltext aus Vorschriften aus der Mischna, den Originalgeboten, wie sie im Pentateuch niedergelegt wurden. Diesem knappen Text aus der Mischna folgt eine lange Erörterung und ein Kommentar, der von späteren Weisen verfaßt wurde und als die Gemara bekannt ist. Die Texte der Mischna und der Gemara, die die Essenz des Talmuds darstellen, werden durch Spalten von Kommentaren an beiden Seiten umrahmt. Am inneren Rand erscheint der Kommentar von Raschi, dessen Name untrennbar mit dem urspünglichen jüdischen Text verbunden ist. Am äußeren Rand stehen zusätzliche Kommentare späterer Gelehrter, die *tosfos*. Diese Kommentarspalten werden umsäumt von verstreuten Anmerkungen – *chiduschim* oder novellae –, verfaßt von späteren Autoritäten in einer derart abgekürzten und kondensierten Form, daß man sie fast als einen gelehrten Code bezeichnen muß.

Jede Vorschrift aus der Mischna liegt separat vor mit einem Diskussionsteil einschließlich der Hinweise zum Pentateuch. Das Schema vom zentralen Text mit den ihn umgebenden Kommentaren wiederholt sich in anderen grundlegenden Werken wie der Mischna selbst, den Arbeiten des Maimonides und dem schulchn-oruch. Diese Standardausgaben sind Bezugspunkte für die zahllosen Bände gelehrter Schriften, die durch die Jahrhunderte verfaßt wurden und noch verfaßt werden. Einige Gelehrte widmen sich ganz dem Studium ausschließlich eines Textes; diese Männer werden «Junker» oder «Waffenträger» des Werkes genannt. Die Arbeit wie auch der Mann heißen «Junker», denn ein Autor ist unter dem Titel seines Hauptwerkes bekannt, der Titel wird als sein Name verwendet.

Auch unter gebildeten Leuten weist ihn der Name seines Werkes und nicht sein persönlicher Name aus. Er wird z. B. als der Enkel von Arbe Turim, «Die vier Berge», vorgestellt und nicht als Enkel von Jakob Ben Ascher, der dies bekannte Werk schrieb. Der Autor einer wichtigen Abhandlung über Ethik ist bekannt als Menoras Ha-Maor, «Die Menora des Lichts», und die meisten, die dieses Buch studieren, wissen nicht, daß sein Name Isaak Aboav ist. Man kann z. B. hören, daß Soundso mit einem Nachkommen von Chofets Chaim, «Der, der leben wollte», verheiratet sei. Der Autor ist nicht als Persönlichkeit wichtig, sondern durch das Wirken seines Buches. Seine Person und sein privates Leben sind nebensächlich. Autoren, die ihren Namen unsterblich machen möchten – und viele möchten das – bemühen sich, ihren Namen im Titel einzuschließen. Mogn Abraham, «Der Schild Abrahams», geschrieben von Rabbiner Abraham Abele; Pnej Joschua, «Das Gesicht Joschuas», geschrieben von Rabbiner Jakob Joschua. Auf diese Art verbindet man ununterdrückbares Streben nach persönlicher Unsterblichkeit mit der Tendenz dieser Kultur, das Werk über den einzelnen zu stellen.

Oft bezieht man sich auf Autoren, indem man nur ihre Initialen nennt – entweder ihre eigenen oder die ihrer Werke. Manche richten es so ein, daß beide gleich lauten. So wurde z. B. das Buch «Die Worte eines Priesters» von Rabbiner Schabtai Ben Meir Ha-Cohen geschrieben, und die Initialen für beide, Buch und Autor, sind SCHACH. Genauso ist der Autor Rabbiner Joschua Mellk Ben Alexander Cohen bekannt als SME – nach den Anfangsbuchstaben seines Hauptwerkes Ssefer Mejras Ejnaim, «Das Buch des Augenlichts».

Schließlich wurde die gesamte religiöse jüdische Literatur, all die Weisheit, die in den gelehrten Kommentaren aus Jahrhunderten enthalten ist, Thora genannt. Somit bedeutet «Thora studieren» nicht nur das Studium der ursprünglichen fünf Bücher, sondern das Studium abertausender Bücher, die in den langen Jahrhunderten jüdischer Geschichte veröffentlicht wurden. Es ist genauso wichtig, die Bücher gegenwärtiger Autoren zu studieren wie die Schriften der Vorfahren; denn es könnte sein, daß neues Licht auf eine traditionelle mizwe fällt – da sich ändernde Bedingungen neue Situationen hervorbringen. Jede bejss-medresch oder j'schiwe hat Bibliotheken, die die Basiswerke besitzen und darüber hinaus so viele zusätzliche Bände, wie durch das Bemühen der Jungen, die für die Bücherfonds sammeln, angeschafft werden konnten. Da die Bücher durch ständigen Gebrauch zerlesen und zerfleddert sind, sind die Sammlungen für Neuanschaffungen eine Notwendigkeit.

Letztendlich bezeichnet das Wort «Thora» die ganze jüdische Überlieferung, die das gesamte jüdische Leben umschließt. Die Wahrheit, die in ihr liegt, ist für das Schtetl die einzig mögliche und annehmbare.

Die Haltung gegenüber der Wahrheit findet ihren Ausdruck in der äußerlichen Behandlung der Thora, die die Essenz des Gesetzes enthält und symbolisiert. Es ist keine tote Doktrin, die in Büchern einbalsamiert ist und in Regalen aufbewahrt wird; es ist ein lebendiges Ding, und entsprechend werden die Heiligen Schriftrollen der Thora wie ein lebendes Wesen behandelt. Sie besetzen den höchst geehrten «Sitz» in der Synagoge, an der Ostwand. Wenn ein Feuer in der Synagoge ausbricht – und Feuer sind im Schtetl häufig –, so stürzt sich Alt und Jung in die Flammen, um die Thora vor dem «Tode» zu retten. Eine Thora, die von Flammen zerstört oder bei einem Pogrom entweiht wurde – in den Schmutz gezerrt, übel zugerichtet durch profane Hände –, wird auf dem Friedhof begraben, eingewickelt in einen taliss wie die Leiche eines frommen Mannes. Sie wird mit Tränen und Schreien beklagt, mit Fasten und Gebet, und ihrer wird schließlich gedacht durch die Rezitation des *kadisch*, des Totengebets. Auch in Zeiten des Jubels wird die Thora wie ein menschliches Wesen behandelt, wird umarmt und wie ein Partner beim Tanz herumgewirbelt. Der Mann, der zur Lesung des letzten Kapitels der Thora aufgerufen wird, wird «Bräutigam der Thora» genannt, und jener, der den jährlichen Zyklus des Lesens beginnt, heißt «Bräutigam ‹Am Anfang›».

Die sakrale Literatur, die Thora genannt wird, stellt all die Texte, die der Junge im chejder zu studieren beginnt und deren Studium er fortsetzt bis zum Ende seiner Tage. Sie sind mehr als ein Gesetzeskodex, nämlich auch ein Handbuch der Ethik und des täglichen Verhaltens. Jede Einzelheit – ob sozialer, religiöser, wirtschaftlicher oder moralischer Natur – ist darin geprüft, definiert und in endgültigen Regeln festgelegt – mit Ausnahmen, Begrenzungen und erläuterten Auswirkungen.

So besteht ein grundsätzliches Verbot, Schweinefleisch zu essen. Ein «Zaun»-Verbot ist es, mit Frauen zu sprechen, um jede Möglichkeit von Ehebruch auszuschließen. Es ist grundsätzlich verboten, einen Mord zu begehen; ein «Zaun»-Gebot ist es, niemals ohne Gürtel zu studieren, um den oberen sakralen Teil des Körpers von dem unteren profanen zu trennen. Es ist eine Anordnung, Waisen beizustehen; es ist ebenfalls eine Anordnung, am Sabbat nicht über Geschäfte nachzudenken. Keine Frage ist zu groß oder zu klein, um nicht in die allumfassende Aufmerksamkeit des Studierenden einbezogen zu sein.

Ein großer Teil dieser gewaltigen Literatur ist den menschlichen Beziehungen gewidmet. Situationen, die nicht durch Verordnungen geregelt werden können, werden im Talmud und seinen Kommentaren behandelt; Situationen, die z. B. die Ehrlichkeit, die Liebe, die Bindungen zwischen Mann und Frau, Kind und Eltern, die Tischmanieren, das Verhalten bei öffentlichen Versammlungen etc. betreffen. Die gesamte jüdische Kultur ist der Gegenstand jüdischen Studiums. Jede Einzelheit des Lebens bietet eine Gelegenheit, Gottes Gebote zu erfüllen, und ist zu gleicher Zeit mit der Gefahr verbunden, eine Regel zu verletzen, die im Vertrag mit Gott festgelegt ist.

Der Bund, den Gott mit Israel geschlossen hat, ist ein gegenseitiger Wohlfahrtsvertrag; und so wird er auch gedeutet. Der Zweck ist nicht nur, dem Allmächtigen Anerkennung und Gehorsam zu geloben, sondern auch, dem sterblichen Menschen Freude auf dieser Welt zu sichern, ojlem-hase, und Glückseligkeit in der zukünftigen Welt, dem Jenseits, ojlem-habe. Die Autorität des Bundes ist absolut, sein Geist human und rational. «Das Gesetz wurde für die Menschen geschaffen und nicht die Menschen für das Gesetz», ist ein ständiger Refrain; «das Gesetz ist zum Leben da und nicht zum Sterben». Es gibt allerdings eine pauschale Befreiung von den Regeln: man darf nämlich alles tun, um Leben in Todesgefahr zu retten, *pikuach-nefesch*. Drei einschränkende Ausnahmen auch hier: selbst bei drohender Todesfolge sind Konversion, Blutvergießen und Unsittlichkeit verboten. In diesen drei Punkten ist die Ethik des Schtetls unbeugsam. Abgesehen davon, wird die Thora als ein Kodex betrachtet, der absolut bindend ist, jedoch zur gleichen Zeit der Interpretation und Anpassung unterliegt. In dem Maße, in dem der Lauf der Geschichte Veränderungen der sozialen, geograpischen und wirtschaftlichen Bedingungen mit sich bringt, muß das Gesetz angepaßt werden, so daß die Menschen nicht in die unmögliche Position gedrängt werden, zwischen dem Gesetz und dem Leben wählen zu müssen.

Der gelehrte Mann ist der Schiedsrichter bei diesem Prozeß der Anpassung, der durch die Geschichte zu einem ständigen und entscheidenden Problem für die Juden geworden ist. Es ist seine Aufgabe, historische Verpflichtungen in gegenwärtige Erfüllung zu übersetzen – durch eine angemessene Auslegung ewiger Gesetze im Lichte des kurzlebigen Status quo. Wenn die Auslegung geschickt genug ist, kann sie Härten von allen Betroffenen abwenden und zur gleichen Zeit dem Geiste des Gesetzes treu bleiben.

Mit Findigkeit sind viele Auslegungen möglich, ohne daß Respektlosigkeiten gegenüber dem Gesetz begangen werden, denn der Menschlichkeit zu dienen, ist eine unanfechtbar gute Tat. Dieses Korrigieren göttlicher Grundsätze durch den Menschen erscheint jemandem, der nicht in dieser Tradition geschult ist, oft paradox. Einerseits gibt es eine legalistische Beschäftigung mit den Buchstaben des Gesetzes, verbale Übungen, die äußerste Virtuosität erreichen – oft bis zu dem Eindruck, daß die Sache nur noch um der Sache willen verfolgt wird. Andererseits ist die grundlegende Besorgnis vorhanden, den Geist des Gesetzes zu erhalten, wie er in den Heiligen Schriften ausgedrückt wird.

Was auch immer der Gegenstand der Diskussion sein mag – ob die Entgegennahme von Post am Sabbat, ein geschäftlicher Disput, die korrekte Art, wie der Text im Gebetsriemen zu falten ist – die endgültige Instanz wird immer ein Zitat aus dem Pentateuch sein. Wie kompliziert die Argumentation auch ist, wie weit hergeholt die Anspielungen, Zitate und Syllogismen, alles bezieht sich schließlich auf den grundlegenden Glauben, daß der göttliche Wille von Intelligenz und Angemessenheit bestimmt ist und daß unter extremen Anforderungen der Buchstabe des Gesetzes dem Geist weichen muß, der die Erhaltung menschlichen Lebens und die Pflege menschlichen Wohlseins vorschreibt.

Die Starre der Originalvorschriften wird oft durch die «aber-wenn»-Formel aufgeweicht, die die Tür öffnet, um ein drastisches Gebot einem besonderen menschlichen Fall oder den universellen menschlichen Grenzen anzupassen. Zum Beispiel ist die Einhaltung des Sabbat eine der wichtigsten mizwess –

aber wenn jemand im Gefängnis ist oder auf einer einsamen Insel – ohne Kenntnis des Kalenders –, braucht er nur die Tage zu zählen und jeden siebten Tag einzuhalten, bis seine Entlassung oder Rettung ihm gestattet, zum Rhythmus des Kalenders zurückzukehren.

Die Thora muß in der schul von einem Erwachsenen mit Bart gelesen werden – aber wenn nun kein Erwachsener mit Bart anwesend ist, kann sie von einem Jungen von dreizehn Jahren gelesen werden. Am Sabbat sollte niemand außerhalb der «Grenze des Sabbats» etwas tragen – aber wenn der ejrew, das rituelle Band, mit der erforderlichen Zeremonie und den Gebeten um das ganze Schtetl gezogen wurde, so kann das ganze Schtetl innerhalb der «Grenze» liegen. Die Frau muß die Sabbatkerzen entzünden und segnen – aber wenn der Mann keine Frau hat, so zelebriert er selbst das Ritual. Falls die Frau blind ist, muß der Mann die Kerzen anzünden – aber wenn die blinde Frau eine Witwe ist, so muß sie selbst das Ritual durchführen. Das Kochen am Sabbat ist verboten – aber wenn die Gesundheit einer Person es erfordert, ihr frisches Essen zu bereiten, so ist die Ausnahme gestattet. In der Tat darf man innerhalb gewisser Grenzen essen, wann immer und was auch immer der Arzt vorschreibt. Die Gesundheitsklausel ist keine Blankoausnahme, jede Krankheit hat bestimmte Stufen und Grade, und die Sonderregelung muß in jedem einzelnen Fall studiert werden. Auch ohne die Gesundheitsrücksichten bieten die Speisegesetze endlos Raum für Gelehrsamkeit und «aber-wenns». Ein orthodoxer Rabbiner wird täglich aufgesucht, um die strikte Einhaltung der Gesetze mit den menschlichen Nöten und Grenzen in Einklang zu bringen. Einer von ihnen hat das Prinzip erklärt, nach dem er Fragen zu diesem Thema beantwortet: «Wenn jemand ein Huhn für den Sabbat gekauft hat und Zweifel hat, ob es koscher ist, so bringt er es mir, und ich untersuche es. Es gibt immer die Möglichkeit, es entweder für koscher oder für *t'rejfe* (unkoscher) zu erklären. Man findet in den Büchern stets eine Autorität, auf die man sich bei der Entscheidung so oder so beziehen kann. Also ist es deine Pflicht, in Betracht zu ziehen, wer zu dir gekommen ist. Ist es ein armer Mann, der sein letztes Geld für ein Sabbathuhn ausgegeben hat, oder ist es zu spät, um noch ein neues Huhn für den Sabbat zu kaufen, so daß die Leute ohne Huhn sein müßten, so wirst du versuchen, in den Büchern eine Ansicht zu finden, die dir die Möglichkeit gibt, es für koscher zu erklären. Wenn die Person, die zu dir kommt, jedoch reich ist und nicht besonders betroffen sein wird, so kannst du es als *t'rejfe* erklären. Hier liegt der Grund, warum es keine Möglichkeit gibt, die Entscheidung eines örtlichen Rabbiners durch die eines anderen Rabbiners anzufechten. Der andere Rabbiner muß annehmen, daß der örtliche Rabbiner die Gesetze genauso kennt wie er selbst, und wenn der örtliche Rabbiner diese spezifische Entscheidung traf, dann hat er nicht nur das Gesetz in Erwägung gezogen, sondern eben auch andere, besondere Gründe.»

Um menschliches Leben zu schützen, ist es notwendig, die Mittel zu schützen, durch die menschliches Leben erhalten bleibt. Deshalb ist es richtig, das Gesetz so auszulegen, daß der Lebensunterhalt eines Menschen nicht gefährdet ist.

Zum Beispiel ist es ein jährlich auftauchendes Problem für den Getreidehändler, den Großhändler und andere, daß Juden gemäß der Vorschrift über *pejssach* kein Getreide und keine Getreideprodukte in ihrem Besitz haben dürfen. Nach dem Gesetz müssen sie solche Produkte vor den Feiertagen verkauft haben. In der Praxis jedoch ist es – als Resultat einer geschickten Auslegung – anerkannter Brauch, die Ware an einen Nicht-Juden zu einem symbolischen Preis zu «verkaufen», um sie nach den Feiertagen für den gleichen Betrag wieder «zurückzukaufen». Der «Verkauf» wird mit einem offiziellen Vertrag besiegelt, der in Gegenwart eines Rabbiners von beiden Seiten unterzeichnet wird.

Ein großer Teil der Literatur besteht aus Sammlungen von Regeln und Auslegungen, die ein weites Feld von Eventualitäten berücksichtigen. Das elementare Handbuch dafür ist der schulchn-oruch, «Die gedeckte Tafel», mit einem Kommentar namens: «Das Tischtuch». Nur der sehr Belesene kann mit dem schulchn-oruch umgehen, seinen vier schweren Wälzern und seinen unzähligen «Junkern». Für weniger tiefschürfend Studierende gibt es abgekürzte

Ausgaben mit weniger Text und weniger Kommentaren. Je nach dem intellektuellen Niveau des Lesers sind verschiedene Versionen auf dem Markt, von unterschiedlichem Schwierigkeitsgrad, was Form und Inhalt betrifft; bis zu den Ausgaben für die Frauen und die proste – kleinen Handbüchern, in jiddisch geschrieben, ohne Kommentare, aber mit eingestreuten Maximen und Ermahnungen.

Eines der populärsten dieser Handbücher ist Joseph Danzigs «Leben eines

Mannes», cheij odom, das seit seiner ersten Veröffentlichung im achtzehnten Jahrhundert eine große Anzahl von Auflagen hatte. Möglicherweise ist es das «Leben eines Mannes», das ein frommer Handwerker an einem Sabbatnachmittag liest; und fragt man ihn dann, wer das Buch geschrieben hat, so antwortet er vermutlich: «Warum? Cheij Odom natürlich!»

Die Haltung gegenüber den erlaubten Erleichterungen und Veränderungen der Regeln ist sehr unterschiedlich. Einige wenden sie als eine Art Ausrede an und biegen sich das Originalgebot zu ihrer Annehmlichkeit zurecht. Bei der Wiederkehr eines Todestages z. B. wird erwartet, daß man zum Angedenken des Verstorbenen ein Kapitel der Mischna studiert oder wenigstens ein paar Psalmen liest. «Aber wenn» man nicht in der Lage ist zu studieren, so ist es erlaubt, jemand anderen zu «mieten», der es tut. Einige Leute, die nun durchaus dazu in der Lage wären, «mieten» sich trotzdem jemanden, um sich selbst den Aufwand zu ersparen.

Andererseits sträubt sich ein wirklich frommer Jude oftmals, dem Rat von Freunden und Verwandten zu folgen, doch «Nachsicht» walten zu lassen. Ein leidender alter Mann z. B. lehnt vielleicht am *Jojm-Kiper* Nahrung und selbst Medikamente ab, obgleich der Rabbiner selbst ihn zu essen mahnt, um sein Leben zu erhalten, und ihm zeigt, wo «es geschrieben steht», daß er seine Gesundheit erhalten müsse.

Aufzeichnungen der Nazis während der Besetzung Polens sprechen von «sturen» Juden, die eher sterben wollten, als den Sabbat zu verletzen – obgleich sie wußten, daß Gott ihnen die Verletzung Seiner mizwe angesichts der tödlichen Gefahr verzeihen würde. Es gibt Berichte darüber, daß Juden ihren weißen Gebetsschal trugen und in der Öffentlichkeit beteten, obgleich viele von ihnen deswegen deportiert wurden.

Der «Heiligkeit des Namens» zuliebe, *kidusch haschem,* wurde mit Leidenschaft die Blankovollmacht beiseitegefegt, die es erlaubt, religiöse Gesetze zu opfern, wenn das Leben von tödlicher Gefahr bedroht ist.

Da das Reich des Lebens von dem Gesetze der Heiligen Bücher nicht zu trennen ist, zieht man im Schtetl keine Grenze zwischen dem Religiösen und dem Säkularen. Genauer gesagt: es gibt kein säkulares Element, denn alles Leben ist aus einem Guß, und alle Wahrheit liegt in den geistlichen Schriften. Für das Schtetl heißt der Gegensatz nicht so sehr sakral – weltlich, er heißt eher jüdisch – nichtjüdisch.

Die geistlichen Schriften stammen direkt vom Berge Sinai, von Gott, und man kann nichts lernen, was nicht lange vorher schon von den Weisen in ihren Kommentaren und grundsätzlichen Werken niedergelegt oder angedeutet wurde. «Es ist eine Schande, daß so viele Juden anderes studieren als die Thora, um Antworten zu finden; es ist doch alles in der Thora. Die Heiligen Bücher decken jeden Teil des Lebens ab.»

Das Charakteristische am jeweiligen historischen Zeitpunkt wird in der Tradition jüdischen Lernens vernebelt oder vermischt. Der ständige Bezug auf den alten Text bei der Behandlung gegenwärtiger Probleme und auf den modernen Text bei der Erforschung des Altertums hat eine unzerreißbare Kette geschmiedet, die die Vergangenheit mit der Gegenwart vereint, und die

Werke jedes einzelnen Gelehrten sind ein Glied dieser Kette. Die Diskussion zweier Talmudisten aus dem zweiten Jahrhundert darüber, welcher Teil eines geopferten Lammes den Hohen Priestern im Tempel zusteht, hat seine Aktualität nicht verloren, obgleich der Tempel, die Opferung und die Priester nicht mehr existieren. Ein kluger Student aus dem Schtetl wird zu diesem Problem einen neuen Aspekt entdecken und sich dabei auf die brillante Auslegung eines mittelalterlichen Gelehrten berufen. Ein emsiger j'schiwe-Junge nimmt an den Diskussionen von Rabbi Hillel und Rabbi Schamai teil, die beide im ersten Jahrhundert n. Chr. lebten; er analysiert dazu die Argumente eines Rabbiners, der im siebzehnten Jahrhundert lebte und der einen gegen den anderen unterstützte, und kommt so zu seinen eigenen Schlüssen. Die Responsa der mittelalterlichen Rabbiner geben die Antwort auf Fragen zu gegenwärtigen Geschäftstransaktionen.

Nicht nur die Vergangenheit und die Gegenwart sind in diesem Lernkontinuum verwoben, selbst die Zukunft ist einbezogen. Wenn der Messias alle Juden zusammenbringen und den Tempel wieder aufbauen wird, werden die Gelehrten zusammen die Thora studieren, und der Herr selbst wird die Probleme diskutieren, die nicht gelöst werden konnten und zurückgestellt wurden, «bis der Messias kommt». Dieses Kontinuum von Moses bis Messias verbindet den Rabbi Akiba, den Gelehrten, den die römischen Legionäre zu Tode folterten, Don Isaak Arbanel, der die exilierten Juden aus Spanien führte, in dem Jahre, in dem die Neue Welt entdeckt wurde, und den ausgehungerten j'schiwe-Jungen, der unter der Naziherrschaft in Polen studierte und hungerte. Es gibt keine Daten in der jüdischen Geschichte der Gelehrsamkeit. Um die Lebenszeit eines jüdischen Gelehrten festzustellen, muß der moderne Geschichtsforscher die geschichtlichen Ereignisse rekonstruieren; Anhaltspunkte sind z. B. Anspielungen auf einen religiösen Schiedsspruch, der sich auf eine Katastrophe bezieht, die über die jüdische Nation während der Regierungszeit eines bekannten Königs oder Kaisers hereinbrach.

Das Kontinuum setzt sich über Grenzen des Raumes und der Zeit hinweg. Die Seite des Talmud sieht immer gleich aus, ob zweihundert Jahre alt oder von heute, ob in Wilna oder in Shanghai. Auf der ganzen Welt beugen sich Studenten über die gleiche Thora, den gleichen Talmud, den gleichen Kommentar von Raschi; und mit der gleichen Melodie piepsen kleine Kinder den gleichen Text, wenn sie das Studium der Mischna beginnen: «Zwei haben ein Gewand ergriffen ...». Es spielt keine Rolle, wohin der Gelehrte wandert – wo immer er eine traditionelle Gemeinde antrifft, findet er die gleichen Studien und die gleichen Probleme, die mit dem gleichen Eifer und der gleichen Begeisterung debattiert werden.

Darüber hinaus werden Probleme, die durch die Bedingungen jüdischen Lebens in einem bestimmten Lande entstanden, von den Gelehrten eines anderen Landes diskutiert. Historiker entdeckten einen großen Teil des sozialen und wirtschaftlichen Lebens der Juden des Mittelalters in der Responsa der Meister, die die j'schiwess in Persien leiteten. Ein Rabbiner in Deutschland konsultierte seinen Kollegen in Polen wegen eines schwierigen Problems, das ihm ein Student aus Frankreich einschickte.

Somit dient die gelehrte Tradition nicht nur der Vermittlung von Kultur, sondern ist auch eine bindende Kraft, die Einheit und Kontinuität in Zeit und Raum bewahrt. Des gemeinsamen Gebiets und der gemeinsamen nationalen Geschichte beraubt, haben die Juden sich ein stabiles Reich des Intellekts bewahrt. Wenn ein Gelehrter ein geistliches Buch zur Hand nimmt, so taucht er in eine Tradition ein, die sich von der fernen Vergangenheit bis in die lebendige Gegenwart erstreckt. Im Studium freut er sich an der Identifikation mit seinem Gott, seiner Tradition und seiner Gruppe, denn «Thora, Gott und Israel sind Eins».

Das gelassene Ignorieren westlicher Zeit- und Raumgrenzen führt zu der Annahme, daß die Einheit der Tradition stärker ist als jeder Bruch in der physischen oder zeitlichen Kontinuität. Diese Annahme hilft erklären, warum der talmudische Gelehrte seine Disziplin als realistisch und praktisch versteht, während sie den Außenstehenden abstrakt und theoretisch erscheint. Jede Diskussion dreht sich um eine konkrete Situation, die zwar imaginär sein mag, aber niemals ganz unwahrscheinlich ist. Um ein gegebenes Problem anschaulich zu machen, wird eine Parabel, ein Beispiel oder eine Legende verwendet. Für den echten talmudischen Gelehrten – daran muß man erinnern – ist ein Problem wie z. B. die korrekte Zerlegung eines Opferlamms keine Abstraktion, sondern ein konkreter Fall, der stattgefunden hat und wieder stattfinden kann, wenn der Tempel wieder aufgebaut ist.

Solch ein Gelehrter klassifiziert seine Studien als angewandte Wissenschaft – als Wissenschaft von der Anwendung göttlicher Gebote im täglichen Leben. Er hat wenig Achtung für reine Wissenschaft, reine Literatur, reine Poesie. Er kann in solchen Studien kein direktes Ziel oder einen Zweck sehen oder – wie er sagen würde – keinen *tachlis*. Alles muß einen tachlis haben, oder es hat keinen Grund zu existieren. «Was ist der tachlis?» ist die prompte Entgegnung auf eine als albern empfundene Frage, und mit dem Verdikt: «darin ist kein tachlis» entzieht man dem Gegenstand jegliche Aufmerksamkeit.

Es ist unwesentlich, ob man seine Studienergebnisse jetzt oder in der Zukunft anwendet, ob im tatsächlichen Umgang mit anderen Menschen oder in der Analyse des Verhaltens eines hypothetischen Vorfahren, der eine bestimmte Tat beging – sie müssen nur angewendet werden.

Es gibt keine reine Philosophie, keine reine Ästhetik, keine reine Mathematik in der gelehrten Tradition des Schtetls. Mathematik wird studiert im Zusammenhang mit biblischen Problemen der Landwirtschaft oder der Architektur, Ästhetik im Hinblick auf die Ausschmückung des Tempels, Philosophie in Verbindung mit Ethik oder mit dem Verständnis der Natur Gottes.

Dementsprechend muß Erzähl- oder Prosaliteratur eine Moral haben. Poesie ist nicht nur ein ästhetisches Arrangement von Worten und Sätzen, sondern ein wunderschön gesetzter Ausdruck zum Lobe des Herrn oder einer moralischen Idee. Das Lied der Lieder wird nicht als ein Liebesgedicht betrachtet, sondern als eine allegorische Darstellung der Beziehung zwischen dem Herrn und Seinem Volk, Israel. Lediglich als Lobgesang auf die Liebe hätte das Lied der Lieder keinen tachlis und keine Moral.

Das Erlernen der Tradition und die Betonung, die darauf gelegt wird, tragen zu einer paradoxen Haltung gegenüber den Autoritäten bei, die ständig zitiert werden. Einerseits ist die ständige Bezugnahme auf die Dicta der Weisen das Rückgrat und das Maß aller gelehrten Technik. Ein Mann wird an der Tiefe seiner Kenntnis der Autoritäten gemessen und an seiner Fähigkeit, sich auf sie zu beziehen, um sich seine eigene Meinung zu bilden. Andererseits ist da aber auch das unablässige Prüfen und Überarbeiten ihrer Thesen im Vergleich mit dem eigenen Urteil.

Die Wahrheit – so, wie sie von einem unvollkommenen, aber immer suchenden Geist erkannt wird – ist niemals eine einfache und einzige. Es ist niemals die Wahrheit, sie ist immer der Deutung unterworfen. Die absolute Wahrheit, wie sie sich durch das göttliche Gesetz darstellt, ist in ihrer Gesamtheit unerreichbar, selbst durch den stärksten menschlichen Intellekt. Jedes Wort der Thora hat nach esoterischer Tradition vier Arten von Bedeutung: die direkte, die gedeutete, die assoziierte und die geheime. Kein sterblicher Intellekt kann alle vier Ebenen aller denkbaren Themen beherrschen und behalten.

Da die endgültige Wahrheit bei Gott liegt, liegt auch die endgültige Autorität bei Ihm, und kein Mensch kann sich anmaßen, im Besitz der ganzen Weisheit zu sein. Alle Menschen teilen sich die Fähigkeit, einen Teil der Wahrheit zu erkennen – einen größeren oder kleineren Teil –, und alle teilen sich die Unfähigkeit, das endgültige Ganze wahrzunehmen. Aus diesem Grunde ist die Entscheidung auch der höchsten Autorität auf Erden in einem gewissen Maße provisorisch und relativ. Indessen ist jeder, der studiert, in der Lage, dem Verständnis näher und näher zu kommen, an den göttlichen Geboten zu arbeiten, sie auszulegen im Sinne zeitgemäßer Notwendigkeiten und auf diese Weise eine relative Autorität zu werden. Einerseits gibt es zwar eine komplizierte Rangfolge in der Gelehrsamkeit, andererseits ist der Meistergelehrte, wie blendend seine Leistungen auch sein mögen, in einem gewissen Sinne immer «primus inter pares».

Es ist unerheblich, wie klug ein Gelehrter auch sein mag, seine Worte werden gewogen, geprüft und hinterfragt – nicht nur von seinesgleichen, sondern auch von jenen, die zugeben, daß seine Gelehrsamkeit die ihrige in den Schatten stellt. Der Bescheidenste verfolgt und kritisiert die Diskussion der Belesenen und diskutiert mit anderen die feinen Einzelheiten, die Frage, wer die überzeugendsten Autoritäten zitierte und wo beide gefehlt haben. Mehr noch, keine Autorität hat das letzte Wort, denn irgend jemand könnte einen Aspekt sehen, der sich bisher noch nicht eröffnet hatte. Deshalb ist jede Antwort einer weiteren Prüfung und Revision zu unterziehen.

Der einzelne bildet sich lieber sein eigenes Urteil unter Berücksichtigung dessen, was die Autoritäten sagen, als deren Dictum gleich ohne Vorbehalt zu akzeptieren. «Selbst Gott wird diskutiert, und wie du sehen kannst, diskutiert man nach so vielen Jahrhunderten die Heiligen Bücher immer noch; man argumentiert weiter, denn der Herr möchte nicht, daß die Menschen blind werden.»

Außerdem sind die Leute des Schtetls sicher, daß der gegenüber den göttlichen Gesetzen angewandte Argumentationsprozeß auch geeignet ist, mit jedem menschlichen, weltlichen Problem fertigzuwerden. Die Gelehrten in der bejss-medresch führen dementsprechend ihren Diskurs offen über die diplomatischen Beziehungen der Nationen, die militärischen Strategien berühmter Generäle oder die Kompetenz und den Wert hervorragender Staatsmänner; sie messen das Verhalten aller an ihrem eigenen Urteil, das an talmudischer Disziplin geschärft ist. Der Geist talmudischen Trainings ist der Geist des Schtetls. Es gelten die gleichen Grundsätze sowohl in der Einstellung zu scholastischen Autoritäten als auch in der Einstellung zu sozialem Status. Auf jedem Gebiet ist die Anerkennung einer klar definierten und genauestens gegliederten Hierarchie verbunden mit der ebenso klaren Überzeugung, daß alle Menschen potentiell gleich sind. Der Mann an der Spitze der sozialen oder wirtschaftlichen Leiter ist den Beurteilungen und der Ablehnung durch die Bescheidenen und Armen ausgesetzt. Die Taten und Worte jedes Führenden unterliegen der Kritik und der Diskussion – wenn nicht offener, so doch heimlicher – zu Hause oder in der bejss-medresch. Für jeden einzelnen liegt der letzte Schluß in seinem eigenen Urteil; falls die betreffende Sache über ihn hinausgeht, muß er mit sich selbst die Zuverlässigkeit der streitenden Autoritäten «klären». Die charakteristischen Anschauungsweisen und Denkgewohnheiten der gelehrten Tradition sind auf dem Markt und der Straße so offensichtlich wie in der j'schiwe.

Das allgemein verbreitete Bild der Juden in Osteuropa – wie es Juden und Nicht-Juden sehen – erwächst aus der talmudischen Tradition. Das Bild schließt die Neigung ein, zu prüfen, zu analysieren und wieder zu analysieren, Bedeutungen hinter Bedeutungen zu suchen, nach Auswirkungen und den daraus resultierenden Konsequenzen zu forschen. Es schließt auch die Anwendung deduktiver Logik ein, Grundlage praktischer Schlußfolgerungen und Handlungen.

Die Situation ist niemals einfach. Die Polen behaupten: fragt man einen Juden nach dem Weg zu einem bestimmten Ort, so muß man sich eine lange Rede anhören über all die Wege, die man nicht gehen sollte – mit der Begründung, weshalb nicht –, bevor er mit der Antwort herausrückt. Sie haben sogar ein Sprichwort: «Das ist so schwierig, wie einen Juden nach dem Weg zu fragen.» Andererseits behaupten sie auch, daß ein Jude, wenn er zu einem bestimmten Ort wolle, sich über die kleinsten Details der Route erkundige und nie mit einer klaren Antwort zufrieden sei, sondern auf dem Weg jede erreichbare Person noch einmal frage und prüfe und prüfe. «Ist dies auch wirklich der richtige Weg zu dem Laden von …?» und «Gibt es nicht einen besseren Weg, einen kürzeren?» Von jemandem, der sehr neugierig ist, sagen die Polen denn auch: «Du benimmst dich wie ein Jude, der nach dem Weg fragt.»

Im Leben – wie in der Thora – wird angenommen, daß alles eine tiefere, eine zweite Bedeutung hat, die untersucht werden muß. Alle Themen haben Auswirkungen und Verästelungen. Außerdem – wenn jemand zu etwas Stellung nimmt, so hat er einen Grund dafür, und der muß auch untersucht werden. Oft ruft eine Bemerkung eine Antwort auf die dahinter vermutete Bedeutung hervor bzw. auf den Grund, den man hinter der Bemerkung annimmt, oder auf eventuelle Konsequenzen, zu denen sie führen könnte. Der

Vorgang, der zu einer solchen Antwort führt – oft blitzschnell –, ist die kleine Ausgabe eines pilpul-Prozesses.

Eine Frau, die zu ihrer Nachbarin läuft, um sich einen Kochtopf für Fleisch zu leihen, erhält die freundliche Antwort: «Gratuliere, *masel-tow!* Wann ist denn die Hochzeit?» Überrascht fragt sie: «Aber woher wissen Sie?» «Nu, warum sollte ich nicht wissen? Sie haben selbst einen Fleischtopf; wenn Sie also meinen borgen, so wollen Sie eine Menge Fleisch kochen. Aber da Sie außer am schabbes und an Feiertagen kein Fleisch essen und es nun mitten in der Woche ist, haben Sie also etwas zu feiern. Nun, was könnten sie wohl feiern? Sie sitzen mit einem kranken Mann und zwei arbeitslosen Söhnen. Aber Sie haben ja noch die Tochter, der böse Blick möge nicht auf sie fallen, und die ist in einem Alter, um zu heiraten. Also muß es das sein; masel-tow, möge sie mit ihrem Bräutigam in guter Gesundheit leben, und mögen Sie viel Freude an ihnen haben und viele liebe Enkel.»

Ein ähnlich blitzartiger Vorgang von angewandter pilpul-Logik löste die Reaktion auf einen Anschlag aus, der besagte, daß durch Verordnung der örtlichen Behörden jedes Haus in einem bestimmten Schtetl neu angestrichen werden müsse. Sofort fingen die Männer an, landwirtschaftliche Erzeugnisse und andere Waren aufzukaufen und Läden zu eröffnen, während in der bejss-medresch die Gelehrten bis tief in die Nacht hinein klärten – unter Zuhilfenahme von abstrusen Zitaten aus dem entfernten Altertum und aller Jahrhunderte: «Bricht Krieg aus mit der Türkei oder mit Deutschland?»

Die Argumentation war die folgende: Warum müssen alle Häuser frisch gestrichen werden? Offensichtlich weil ein wichtiger Regierungsbeamter in das Schtetl kommt. Aber warum soll ein so wichtiger Beamter in einen Ort wie diesen kommen? Offensichtlich kann nur ein Grund ihn hierher bringen: militärische Manöver. Aber warum sollten militärische Übungen ausgerechnet hier stattfinden? Offensichtlich nur bei Bedrohung durch einen richtigen Krieg. Aber gegen wen könnte ein solcher Krieg gerichtet sein? Offensichtlich nur gegen die Türkei oder Deutschland. Und das war dann die Frage, die einzige Frage, die unbeantwortet blieb. Offensichtlich war, daß – wenn man Soldaten einquartierte – diese auch einkaufen würden, und das Schtetl bereitete sich fieberhaft vor, die neuen Kunden zu empfangen. Es war das Jahr 1914.

In der Politik und im Geschäft weisen die Beratungen mit Mitarbeitern und Teilhabern eine beträchtliche Ähnlichkeit mit der Diskussion eines Problems in der j'schiwe auf. Geschäftliche Teilhaberschaft im Schtetl bringt ständige Diskussionen mit sich und oft den Vorwurf, Fehler wegen mangelnder Logik gemacht zu haben, hinter dem Äußeren die richtige Bedeutung nicht erkannt und deshalb nicht richtig gehandelt zu haben.

Verbunden mit der analytischen Denkweise des Schtetls ist die sprichwörtliche Zurückhaltung, einfachen Verallgemeinerungen nachzugeben, und eine mehr relativistische als positivistische Betrachtungsweise. Da die Wahrheit so viele Aspekte und Ebenen hat, muß jede Situation nach ihren eigenen Bedingungen analysiert werden. Mit Hilfe von viel Wenn und Aber müssen alle möglichen Pros und Contras erwogen werden, bevor eine Antwort akzeptiert ist.

Die Abneigung gegenüber der Verallgemeinerung und der Vorzug, der dem Konkreten gegenüber dem Abstrakten gegeben wird, wird in Antworten auf direkte Fragen offensichtlich: «Hat jeder den gleichen Anteil am ojlem-habe?» «Das weiß ich nicht, ich war noch nicht dort.» Der relativistische und provisorische Standpunkt verhindert die klassische Opposition von «Ja» und «Nein», denn alles enthält ja Elemente von beidem. Es ist in Osteuropa sprichwörtlich, daß ein Jude es vermeiden wird, mit einem einfachen «Ja» oder «Nein» zu antworten. Seiner Tradition nach ist es die Aufgabe eines Denkers, Unvereinbares und Gegensätzliches zu erkennen und miteinander in Einklang zu bringen – im Reiche des Geistes und in der Welt der Praxis, Bereiche, die voneinander untrennbar sind. Darüber hinaus sind unterschwellig mitschwingende Bedeutungen oder Annahmen ein eigener Bestandteil von Frage und Antwort.

Zahllose Anekdoten, erzählt von oder über osteuropäische Juden, beruhen auf der tief verwurzelten Überzeugung, «daß es in jeder Situation immer zwei Möglichkeiten» gibt. Sollte das Schlimmste kommen, so gibt es immer noch zwei Möglichkeiten; und sollte das Schlimmere dann eintreten, so liegen darin auch noch zwei Möglichkeiten – und so weiter ad infinitum. Man sollte niemals vergessen: «Jeder Stock hat doch zwei Enden.»

Da er sich an die eigene Konzeption der widersprüchlichen Realität hält, ist der Mann des Schtetls für beides bekannt, für seine Redseligkeit und für seine anspielungsreiche Sprache. Beide Bilder stimmen und beide Bilder sind charakteristisch sowohl für die j'schiwe als auch für den Marktplatz.

Wenn der Gelehrte sich mit seinesgleichen unterhält, so können unvollständige Sätze, eine Andeutung oder eine Geste einen ganzen Absatz ersetzen. Vom Zuhörer wird erwartet, daß er die volle Bedeutung bereits durch ein Wort oder den Ton versteht. Es wird erwartet, daß ein wirklicher Gelehrter nicht nur mit Thora- und Talmudzitaten vertraut ist, sondern auch mit der Richtung, die Kommentar und Ausdeutung nehmen können.

Dementsprechend nennt der Gelehrte – in Schrift und Sprache – nur die ersten Worte des Satzes und erwartet, daß der Zuhörer in der Lage ist, den Satz in Gedanken fortzusetzen. Eine solche Unterhaltung, wenn sie sich angeregt über einen längeren Zeitraum hinzieht, kann für den Nichteingeweihten so unverständlich sein, als sprächen die erregten Diskutanten eine fremde Sprache. Die gleiche verbale Sparsamkeit kann man in häuslichen und auch in geschäftlichen Kreisen finden.

Der Gelehrte in seinem Elfenbeinturm – dem Marktplatz fern und vor dessen profaner Betriebsamkeit geschützt – ist aber trotzdem beides: der Mittelpunkt und das Modell der Gemeinschaft. In seinem Refugium teilt er die Haltung und die Denkweise seiner mehr weltlichen Mitmenschen. Der gleiche Bund, der seine Taten und Gedanken beherrscht, übt seinen Einfluß auch auf ihr Verhalten aus – angefangen mit dem Gebet, mit dem sie den Tag begrüßen, bis hin zu dem Gebet, mit dem sie in den Schlaf versinken.

95

## Der Anteil der Frauen

Die Thora bietet zwei Schöpfungsgeschichten an, die sich beide im Schtetl widerspiegeln. Nach der ersten, wie sie im Talmud näher ausgeführt ist, war das erste menschliche Wesen männlich und weiblich in einem. Aber Gott teilte die beiden Elemente, und von da an waren sie getrennte Wesen, von denen keines vollständig ohne das andere ist und jedes ständig das andere sucht, um vollständig zu sein. Wie auch die Wahrheit aus positiven und negativen Elementen besteht, so setzt sich die Realität aus entgegengesetzten Teilen zusammen, von denen jedes unentbehrlich ist. Der vollständige Jude ist ein Erwachsener mit Weib und Kind. Kein Mann ist vollständig ohne eine Frau, keine Frau ist vollständig ohne einen Mann. Für jeden einzelnen liegt der ideale Schwerpunkt nicht in ihm selbst, sondern im Ganzen, wovon er ein notwendiger Teil ist.

Der Bereich des Mannes ist die schul, das Studier-, Gebets- und Versammlungshaus. Hier herrscht er absolut. Der Bereich der Frau ist das Haus, und hier ist sie relative, wenn nicht sogar absolute Herrscherin. Das Gleichgewicht der mizwess spiegelt die Verteilung der Bereiche. Die mizwe des Studierens, eine der wichtigsten für Männer, gilt nicht für Frauen. Im Gegenteil: «Eine jüdische Frau, die im Talmud unterwiesen ist, ist keine gute Partie.»

Ein Mädchen geht in den Mädchen-chejder, wo es ein wenig jiddisch lesen und schreiben lernt. Es lernt auch etwas hebräisch lesen, denn dafür werden die gleichen Schriftzeichen verwendet, aber das Lesen erfolgt mechanisch und der Text bleibt unverstanden, wie auch die kleinen Jungen zuerst lesen, ohne zu verstehen. «Wenn ein Mädchen lesen kann und ein wenig beten, dann ist es schon eine richtige ‹Intellektuelle›.»

Die meisten Gebete sind für das Mädchen ins Jiddische übersetzt, falls es sie nachlesen möchte. Gewöhnlich jedoch wiederholt es den hebräischen Text, ohne ihn zu verstehen, buchstabiert ihn für sich, wenn es allein ist, und in der schul folgt es der zogerke, der Frau, die den Gottesdienst anführt. Für jene, die selbst diese elementaren Voraussetzungen nicht erfüllen, gilt das alte Wort: «Wenn eine jüdische Frau nicht beten kann, so kann sie wenigstens die Fenster der Synagoge zählen.»

Ihre Erziehung hat einen etwas halbherzigen Charakter. Manchmal lernen die Mädchen zusammen mit den Jungen, manchmal in einem separaten Raum. Sie können den gleichen m'lamed haben oder einen anderen, vielleicht die Frau des m'lameds der Jungen. Ihre tägliche Schulzeit ist viel kürzer als die der Jungen, oft nicht länger als zwei Stunden; denn sie müssen nach Hause und der Mutter helfen oder sich um die jüngeren Geschwister kümmern. Für sie ist das Lernen ein Randgebiet ihrer Tätigkeiten, während es für die Jungen das Ziel und damit die Hauptbeschäftigung ist.

Die Durchschnittsfrau lernt, einen Brief zu schreiben – wenn auch mit einigen Schwierigkeiten – und einen Roman in jiddisch zu lesen, das mit großem Vergnügen. Zwei parallele Literaturen existieren im Schtetl. Für die Gelehrten gibt es die geistlichen Schriften in hebräisch. Für die Frauen und die proste Männer ist eine umfangreiche Literatur auf jiddisch vorhanden, die allein zu ihrem Nutzen entstand. Sie schließt religiöse und nichtreligiöse Bücher ein, alle einfach und klar geschrieben und somit unter der Würde eines wahren Gelehrten.

Das populärste jiddische Buch, das in jedem Schtetl-Haushalt vorhanden ist, ist die jiddische Fassung des Pentateuch, aufgeteilt in wöchentliche Kapitel, genauso wie die richtige Thora in der schul. Die jiddische Version heißt *tsi'ino u- ri'ino*, «Gehe hin und sieh». Es lädt die Seele ein, in die große Weite des wahren Glaubens einzutreten, in die Welt der Weisen, um die Freude am Leben in diesem Reiche zu schauen. Die Abschnitte der Thora sind verwoben mit Legenden und Predigten, und durch sorgfältiges Lesen dieser Haushalts-Thora lernen die Frauen ein Großteil der Legenden des Pentateuch kennen, wenn auch nicht den Gesetzesteil. Eine fromme Frau kann zu Hause die wöchentlichen Lesungen in der schul verfolgen. Sie mag auch in der Lage sein, Passagen zu zitieren und Autoritäten anzuführen. Sie weiß zum Beispiel, daß es eine große mizwe ist, eine Spinne zu töten, und daß dafür siebenundsiebzig Sünden vergeben werden. Und sie weiß auch, daß der große Hillel zu arm war, die Gebühren eines j'schiwe-Studiums zu bezahlen, und auf dem Dach durch ein Fenster den Vorlesungen zuhörte, bis er ganz mit Schnee bedeckt war und im letzten Moment vor dem Erfrieren gerettet wurde.

Viele ältere Frauen lesen häufig, und der tsi'ino u-ri'ino ist in manchen Haushalten schon ganz zerlesen. Die Seiten haben Flecken von den Tränen, denn Tränen sind die passende Begleiterscheinung weiblichen Lesens, wie es beim männlichen Studieren das Hin-und-Her-Schaukeln ist. Man weint, wenn man von der Zerstörung des großen Tempels liest oder von den anderen Katastrophen, die über die Kinder Israels kamen. Auch Frauen denken sich in den Text hinein, den sie lesen, und identifizieren sich damit. Die Sorgen der Israeliten werden mit den eigenen Kümmernissen, den *zoress*, identifiziert, der Kummer der Diaspora wird vermischt mit dem des eigenen Herdes. Die Identifikation bringt Trost, denn «geteiltes Leid ist halbes Leid».

Eine Frau weint noch mehr, wenn sie in den *tschinoss* liest, den für Frauen auf jiddisch geschriebenen Prosagedichten von Rabbinern, die sich gnädig in die Mundart herabließen, um erbauliche Gedanken für die Festtage, den Sabbat und andere Gelegenheiten zu vermitteln.

Dies sind nur einige der Bücher, die der fliegende Buchhändler, *mojcherss'forim*, auf seinem Wege von Schtetl zu Schtetl mitbringt. Wenn er auf den Marktplatz kommt mit seinem knochigen, heruntergekommenen Klepper, der den klapprigen, mit Büchern und Devotionalien überladenen Karren zieht, kommen die Mädchen gelaufen, schubsen und drängen, um die erste Wahl zu haben, während er ruft: «Bücher für Frauen und geistliche Bücher für Männer!» Die «Bücher» sind jiddisch, die «geistlichen Bücher» hebräisch geschrieben. Er hat sicherlich auch eine Version dabei von *majsse buch*, dem «Geschichten-Buch», und Erzählungen der Abenteuer des Prinzen Bovo. Er hat Übersetzungen fremder Volksmärchen oder halb religiöse und halb volkstümliche Schilderungen des wunderbaren Lebens der Seher und Wundertäter. Doch die Mädchen und Frauen sind noch mehr interessiert an den romantischen Novellen von Schomer und Isaak Mayer Dik.

Bis zum neunzehnten Jahrhundert war die verfügbare Belletristik von einer Qualität und einer Art, daß sie den ernsthaften Leser, der einen Blick hineinwarf, mit Entsetzen erfüllte. Die jiddische Literatur, die schließlich in Westeuropa und den Vereinigten Staaten bekannt wurde, begann als Reaktion auf jene geschmacklose Erzähl- und Romanliteratur, die jiddischen Lesern angeboten wurde, und war ein Bemühen um etwas Besseres.

Einer der bekannten jiddischen Autoren des neunzehnten Jahrhunderts, Mendele Mojcher-Ss'forim, legte sich das Pseudonym «Buchhändler» zu. Wie Scholem Aleichem schrieb er jiddisch unter einem Pseudonym, um seinen Status unter Intellektuellen zu erhalten, denn unter seinem richtigen Namen schrieb er auf hebräisch für ernste Magazine und Zeitungen – für eine männliche Leserschaft. Trotz der Vorsicht waren diese Männer stolz darauf, gute Bücher für jene zu schreiben, denen das «wirkliche Studieren» vorenthalten war. Es war Schreiben zu einem Zweck, einem tachlis, wobei die wichtigste Funktion, die es erfüllte, über das eigentliche Ziel sogar hinausging. Es waren nämlich diese Romane, die zuerst Kunde vom Schtetl in die westliche Welt brachten. Scholem Aleichems Grabinschrift, die er selbst verfaßt hat und die man auf seinem Grab in New York sehen kann, faßt seine Aufgabe und die soziale Spaltung, der sie Ausdruck verlieh, zusammen:

Hier ruht ein Jude, ein einfacher.
Er schrieb in jiddisch für Frauen
und für das proste Volk, er war
ein Humorist, ein Schreiber.

Nicht weniger populär als die Geschichtenbücher sind die Traumbücher des Händlers, aus denen man die Bedeutung eines Traumes erfahren kann. Unter den Bestsellern jedoch ist vor allem der *briefschteller*, der Briefsteller, mit Modellbriefen für jede Gelegenheit. Hunderte von Frauen in Hunderten von Städten schreiben an ihre Männer gleichlautende Briefe, kopiert aus einem *briefschteller*; jede spricht ihrem Mann von ihrer besonderen Zuneigung und Bewunderung und von der Gesundheit ihrer Kinder. Jene, die des Lesens und Schreibens nicht kundig genug sind, um einen Brief aus dem Buch kopieren zu können, müssen den örtlichen Briefschreiber beauftragen, dies für sie zu tun. Wenn dann die Antwort kommt, können viele Frauen sie auch nicht selbst lesen und müssen zu irgendeinem Mann gehen, damit er ihnen vorliest, welche Neuigkeiten ihre Männer aus Amerika oder ihre Söhne in der Armee berichten.

Die Frau wird ihn bitten, den Brief ein paarmal vorzulesen, bis sie jedes Wort auswendig kennt. Dann wird sie den Brief ihren Freunden und Nach-

barn «vorlesen»; sie wird die Seite genau an der richtigen Stelle umblättern
und zeigen: «Sieh, hier schreibt er, wie sehr er seine Mamme vermißt.»
    Wenn der Buchhändler die Frauen und die proste Männer bedient hat, fährt
er zum Hof der schul, wo er die gelehrten Männer findet. Hier wird er seine
hebräischen Bände verkaufen und die Devotionalien – Gebetsschals, Gebetsriemen, m'susess sowie viele kleine Artikel, die für die Frömmigkeit erforderlich sind.
    Der Ortswechsel des Buchhändlers zeigt den Unterschied im Mittelpunkt
der beiden Welten. Die Welt der Frauen liegt außerhalb des chejders und der
bejss-medresch. Nichtsdestotrotz lernen einige Mädchen doch hebräisch, wie
die Tatsache beweist, daß es eine zogerke gibt, die in der schul den Gottesdienst der Frauen anführt. «Jeder möchte gern in den chejder gehn», und
einige Mädchen erreichen es auch, wenigstens für eine kurze Zeit. Ein chejder-Junge kann durch seinen Vortrag am Sabbatnachmittag, wenn er examiniert wird, Glanz ins Haus bringen – zum Stolze aller. Hat eine Familie keinen
Sohn, wird der Vater, der so gern einen intellektuellen Erben hätte, versuchen,
seine Tochter entsprechend zu motivieren. Einige Mädchen zieht es so sehr
zum Studieren, daß ihre Hartnäckigkeit schließlich zum Erfolg führt. Einige
sind auch in der glücklichen Lage, ihren Brüdern beim Lernen zuhören zu
können, und zwar in gutsituierten Familien, die sich einen Hauslehrer halten.
So kommt es, daß auch einige Frauen in der traditionellen Überlieferung
geschult sind.
    Hiervon einmal abgesehen, ist die Welt des nicht-talmudischen Studiums
den Mädchen viel eher zugänglich als ihren Brüdern. Da ihnen das Studium
der göttlichen Gesetze verschlossen ist, unterliegen sie auch nicht der Vorschrift über Studien, die *trejf-possel,* ungeeignet und verboten sind. Während
der Sohn einer reichen Familie im chejder ist, hat seine Schwester vielleicht
die Möglichkeit, Musik und Sprachen zu erlernen; sie ist auch in späteren
Jahren freier als er, um ins Theater und ins Konzert zu gehen. Vergleichsweise
wenige können von dieser Freiheit profitieren, aber viele Töchter aus gutem
Hause haben das Beste daraus gemacht. Mädchen gelang es früher als den
Jungen, in die höhere Schule zu gehen. Ein Mädchen, das in der Lage war zu
studieren, hatte mehr Freiheit in der Wahl ihres Faches, denn um ihre intellektuelle Entwicklung kümmerte man sich sehr viel weniger – «sie ist doch nur
ein Mädchen» und «ja, ein Mädchen, das ist doch etwas anderes».
    In einem gewissen Rahmen erhöht die Erziehung eines Mädchens ihren
Wert als Braut, doch dieser Rahmen wird gesteckt durch ihre Funktion als
Gefährtin des gelehrten Mannes. Zu viel Lernen ist unweiblich, und das
Schtetl bevorzugt Frauen, die bei ihrem Leisten bleiben. Wenn sie zu «willensstark» ist, so sagt man zwar mit Respekt, aber auch mit Mißbilligung: «Sie
hat den Kopf eines Mannes.»
    Da das Studium der göttlichen Gesetze, dieses primäre Statuskriterium,
Frauen verschlossen ist, sind sie automatisch von den Ehrungen der Gemeinde
ausgeschlossen. Der äußere Status der Frau bestimmt sich indirekt. Er bezieht
sich nicht auf sie selbst als Individuum, sondern auf ihre Position als Frau und
Mutter.

Für den Mann gibt es die Anrede «Reb», aber für die Frau gibt es keine allgemein gebräuchliche entsprechende Anrede. Man bezieht sich auf sie als die Frau ihres Mannes, «Isaaks Sara», und sie wird mit ihrem Namen angeredet oder gar als «Hausfrau», *bal-bosste*.

Eine alte Jungfer zu sein, ist ein schreckliches Schicksal, das glücklicherweise eher in den ängstlichen Vorahnungen der Mädchen und ihrer Eltern vorkommt als in der Wirklichkeit. Das Schtetl hat keinen Platz für eine *alte mojd*.

Was mit einer alten Jungfer im Jenseits geschieht, ist eine Frage, die unterschiedlich und mit verwirrtem Zögern beantwortet wird, was beweist, wie wenig Aufmerksamkeit darauf gerichtet wurde. Ojlem-habe, die zukünftige Welt, das Jenseits, wird traditionell in maskulinen Bildern als eine verherrlichte, ewige j'schiwe dargestellt. Die gehorsame Frau sitzt zu Füßen ihres Ehemannes und genießt ewige Glückseligkeit durch ihn. Was sie tut, während er die Ewigkeit mit ekstatischem pilpul verbringt, ist nicht näher ausgeführt. Wahrscheinlich bietet das Paradies für sie, wie auch für die proste, andere, angemessenere Tätigkeiten an.

Sogar auf Erden hören die Frauen in gespanntem Schweigen den gelehrten Disputen der Männer zu, und vielleicht ist die Rolle der ewigen Zuhörerin für sie die beste Belohnung. Die Verschwommenheit, mit der diese Angelegenheit in der Schtetl-Öffentlichkeit behandelt wird, und das Fehlen von Interesse seitens der Frauen sind beeindruckender als die Vielfalt der Paradiese, die einem auf Wunsch beschrieben werden. Die Tatsache der zukünftigen Glückseligkeit und die Mechanismen, durch die sie gewonnen oder verloren wird, sind genau festgelegt und erfordern Einigkeit, Einstimmigkeit. Der Ehemann als eine Art Gefäß, aus dem die Frau ihre himmlische Belohnung erhält, ist ein Bild, das allgemein akzeptiert wird. Aber der genaue Inhalt himmlischer Freuden ist sowohl vage als auch wechselnd.

Was die Zukunft für ein nicht verheiratetes Mädchen im Jenseits bereithält, ist eine Frage für die Gelehrten, wie auch das Problem der zweiten Frau, wenn ein Witwer sich wieder verheiratet. Keiner ist ganz sicher, und keiner scheint sich darum wirklich zu sorgen. In einem Punkt jedoch sind alle zuversichtlich: wenn eine Frau eine gute Jüdin war, so wird sie im ojlem-habe glücklich gemacht werden, und es besteht keine Gefahr, daß sie wegen einer Formalität leiden wird. Vorbereitungen für einen angemessenen und angenehmen Aufenthalt werden für sie getroffen; aber dies sind Details, die man den Belesenen und einem Gott überlassen kann, der sowohl gerecht als auch barmherzig ist. Wichtiger als genaue Einzelheiten ist die fundamentale Versicherung, daß «jeder Jude einen Anteil hat an der zukünftigen Welt».

Die ideale Frau, die gerade so viel traditionelle Gelehrsamkeit besitzt, um ihre Gebete lesen zu können, trägt dennoch dazu bei, die mizwe des Lernens mit all ihren Folgen zu erfüllen. Ohne sie kann ihr Ehemann den Verpflichtungen nicht nachkommen und damit kein guter Jude sein. Als Braut bringt sie ihm Mitgift und vielleicht Unterhalt durch ihre Eltern, um ihm die Fortsetzung seines Studiums zu ermöglichen. Als Ehefrau verdient sie vielleicht den Lebensunterhalt, während er seine mizwe erfüllt.

Als ideale Frau ist sie eine gute Ehefrau und Mutter, und die drei weiblichen mizwess betreffen ihr eigenes Gebiet, das Haus. Um eine gute Jüdin zu sein – abgesehen davon, was sie sonst tut oder unterläßt – muß sie «chale nehmen», die Sabbatkerzen anzünden und sich im rituellen Bad nach der Menstruation reinigen. Und da ist noch einiges mehr, denn sie ist nur von den speziell maskulinen mizwess befreit.

Die gute Frau und Mutter hilft ihrem Mann, seine Verpflichtungen zu erfüllen. Sie ist verantwortlich für die Einhaltung der Speisegesetze und für die Aufrechterhaltung und Durchführung aller häuslichen Rituale. Selbst wenn ihr Mann die Zeremonie abhält, ist sie dafür verantwortlich, daß das Glas Wein, der Laib Brot, das Messer, das Handtuch, der Weihrauch und alles, was sonst noch benötigt wird, bereit und greifbar ist. Sie ist an den Ritualen außerhalb des Hauses nicht beteiligt, und es wird nicht erwartet, daß sie damit vertraut ist. Außerdem hat sie auch keinen Ermessensspielraum, auch nicht bei den häuslichen Zeremonien. Über jedes Problem der korrekten Einhaltung muß sie einen Mann befragen – ihren Ehemann, den Rabbiner oder einen angesehenen Gelehrten; selbst wenn sie die Antwort aus Erfahrung kennt, hat sie doch nicht das Recht, allein zu entscheiden.

Die Ansprüche an Frauen werden wiederholt in Kommentaren über die Tugenden der Frau erläutert. «Sie war eine perfekte jüdische Frau, sauber, geduldig, schwer arbeitend und schweigsam, demütig gegenüber Gott und ihrem Manne gehorsam, ihren Kindern ergeben ... ihr eigenes Wohlsein war unwichtig ... Ich erinnere mich nicht, daß meine Mutter beim Essen mit am Tisch saß, außer freitagabends und sonnabends. An diesen Tagen saß sie sogar ganz auf dem Stuhl. Sonst setzte sie sich immer nur auf die Kante des Stuhls, wenn sie sich wirklich mal hinsetzte. Ich glaube, sie hat nie eine volle Mahlzeit gegessen, immer nur Reste. Als ich älter war, fragte ich sie, warum sie sich so verhalte, und sie antwortete: ‹Freitagabend, am Vorabend des Sabbats, bin ich eine Königin wie jede jüdische Frau. Wochentags bin ich nur eine Frau ...›.»

Der praktische Status der Frau ist anspruchsvoller und geht über das hinaus, was ihr formell übertragen ist, denn im wirklichen Leben steht der ergänzende Charakter ihrer Rolle ganz im Vordergrund. Sie ist die Ehefrau, sie bringt den Haushalt zum Funktionieren und bestimmt den Rahmen, in dem jedes Familienmitglied seine Rolle zu spielen hat. Sie ist auch die Mutter, die Schlüsselfigur in der Familienkonstellation. Je mehr ihr Mann dem Idealbild des Gelehrten entspricht, um so notwendiger ist die Frau als Realistin und Vermittlerin zwischen seinem Elfenbeinturm und dem Getümmel des täglichen Lebens.

Die Frau ist es, die die Geldangelegenheiten der Familie besorgt, denn es ist sprichwörtlich, daß ein echter Gelehrter «eine Münze nicht von der anderen unterscheiden kann». Selbst in proste Familien hat die Frau die Haushaltskasse und entscheidet größtenteils darüber, wie sie verwendet wird. Sie ist der Chefberater, sie hat die Kraft der Überzeugung und das Vetorecht in allen Dingen – außerhalb der Welt der Thora. «Was meinst du dazu?» ist die bekannte Frage des Ehemanns, und die übliche Antwort lautet: «Was soll eine dumme Frau sagen? Ich habe ja nur das Gehirn einer Frau, aber wenn ich an deiner Stelle wäre ...» Oft genug ist die so bescheiden vorgebrachte Meinung dann ausschlaggebend.

Der Erwerb des Lebensunterhaltes ist nicht vom Geschlecht abhängig; eine große Mehrheit der Frauen, sogar unter den schejnen, beteiligen sich mit einträglicher Beschäftigung, wenn sie nicht sogar die Hauptlast des Unterhalts tragen. Die Frau eines «ewigen Studenten» bestreitet oft allein den Unterhalt der Familie. Das Problem, sowohl ein Geschäft als auch den Haushalt zu führen, ist so verbreitet, daß niemand darin etwas Besonderes sieht. Der wirtschaftliche Bereich ist eher eine Ausweitung der Domäne der Frau als der des Mannes. Das Hin-und-Hereilen auf der Jagd nach dem Gelde ist nur eine andere Form des Hin-und-Hereilens im Haushalt; beides sind Aspekte von gesunt und parnosse, Gesundheit und Lebensunterhalt.

Natürlich sieht eine Frau danach, daß ihr Haus sauber ist, die Kinder ernährt und alle Vorschriften eingehalten – selbst, wenn sie gleichzeitig einen Laden unterhält, einen Stand auf dem Markt hat oder nur ihrem Mann im Geschäft hilft. Sie wird sich auch ständig wegen der Last beklagen, die sie zu tragen hat, die ojl; aber ihre Klage ist auch eine Art Prahlerei: «Schau doch, was ich alles tun muß, schau, wie mich das beschäftigt, schau, was man mir alles abverlangt, wie doch alles auf meinen Schultern lastet.»

Die Bedeutung ist nicht: nimm es mir ab, sondern eher: schau, was ich alles kann – und – verdien ich nicht großes Lob? Sie ist zu sehr damit beschäftigt, ihre Kraft mit der Last der ojl zu messen, um darüber nachzudenken, ob sie es auch wirklich schaffen kann. Die Fürsorglichkeit und Geschäftigkeit liegen in der Natur der Dinge, wie auch das ständige Vorbringen ihrer Beschwerden darüber. Wenn man auf vollen Touren läuft, hechelt man; wenn man schwer arbeitet, beschwert man sich. Es ist alles ein Teil des Prozesses.

Obgleich das Leben der Frau sich um das Haus dreht, ist es doch keinesfalls auf das Haus beschränkt. Sie macht den Einkauf und oft auch den Verkauf. Sie kennt den Markt und die Händler, die dort sind. Aus diesem Grunde beherrschen die Frauen im allgemeinen die Landessprache besser als die gelehrten Männer. Die Frauen und die proste Männer sprechen ohne Schwierigkeiten die Sprache der Bauern – russisch, polnisch oder ungarisch. Die gelehrten Männer sprechen die Landessprache nur stockend, wenn überhaupt.

Da sie die Hauptlast des ökonomischen Unterhalts trägt, bleibt der Frau die «Last» eines behüteten Lebens «erspart». Wenn jemand behütet ist, so ist es der studierende Mann. Frauen und selbst Mädchen bewegen sich freier. Falls das Geschäft die Frau in eine andere Stadt führt, so wohnt sie dort natürlich bei Verwandten, denn Verwandte hat man dort immer. Jeder nimmt an, daß sie selbst auf sich aufpassen kann, und obgleich auf die weibliche Tugend hoch gesetzt wird, gibt es keine übertriebene Furcht, daß die Frau nicht in der Lage sei, sie zu bewahren.

Es gibt auch viele Fälle, in denen der Mann hauptsächlich oder ganz für den Unterhalt der Familie sorgt. Ist er kein Gelehrter, so ist es selbstverständlich, daß er die wirtschaftliche Verantwortung übernimmt. Der wichtige Punkt ist, daß im Gegensatz zur schul, die von Männern dominiert ist, und zum Haus, welches das Reich der Frau ist, der Marktplatz beiden gehört und daß die Konsequenzen aus dieser Dreiteilung jeden Aspekt des Lebens im Schtetl durchdringen.

Dieses Arrangement beweist das funktionierende Gleichgewicht der Kräfte zwischen den Geschlechtern. Mündlich mag es anders dargestellt werden, denn das Schtetl sieht sich selbst durch die Augen der Männer und spricht von sich selbst mit den Worten der Männer. Es ist als eine Männerkultur angelegt, in der die Frauen offiziell untergeordnet und minderwertiger sind. Der Mann begrüßt jeden Tag, indem er seinem Gott dankt, «... daß DU mich nicht zur Frau gemacht hast». Jeden Tag lobt die Frau Gott in ihrem Morgengebet dafür, «... daß DU mich gemacht hast nach DEINEM Willen».

Der Stellenwert der Frau ergibt sich aus der zweiten Schöpfungsgeschichte der Thora, der Geschichte von Adam und Eva. Die Frau ist minderwertiger als der Mann, denn sie wurde nach ihm geschaffen und aus seinem Körper geformt. Talmudische Legenden erklären, daß viele physische und psychische Unterschiede zwischen den beiden Geschlechtern der Tatsache zuzuschreiben sind, daß der Mann aus der Erde geformt wurde, die Frau jedoch aus Knochen. «Frauen brauchen Parfums, Männer nicht; Staub der Erde bleibt unverändert, wie lange er auch aufbewahrt wird; Fleisch jedoch benötigt Salz, um frisch zu bleiben. Die Stimme der Frauen ist schrill, die der Männer nicht; wenn weiche Lebensmittel gekocht werden, hört man kein Geräusch, aber wenn ein Knochen in den Topf kommt, prasselt es auf einmal. Ein Mann ist leicht zu beschwichtigen, eine Frau aber nicht; ein paar Wassertropfen genügen, um einen Erdklumpen zu erweichen, ein Knochen aber bleibt hart, selbst wenn er tagelang ins Wasser gelegt wird. Der Mann muß die Frau fragen, ob sie ihn heiraten will und nicht umgekehrt, denn es ist der Mann, der den Verlust seiner Rippe ertragen mußte, und er macht sich auf, seinen Verlust wieder einzuholen ...»

Außerdem ist nach den Legenden des Talmuds und den Lehren des Schtetls die Frau von Natur aus sündig. Die perfekte Frau wird wöchentlich in den Sabbatgebeten beschrieben, aber – «wer findet sie?» Mangelnde Vorsicht war bestimmt nicht daran schuld, daß die Frau allzu menschlich wurde: «Als Gott soweit war, Eva zu machen, sagte ER: ‹Ich will sie nicht aus dem Kopfe des Mannes machen, damit sie ihren Kopf nicht in arrogantem Stolz hochtrage; nicht aus dem Auge, damit sie nicht schamlos blicke; nicht aus dem Ohr, damit sie keine Lauscherin werde; nicht aus dem Hals, damit sie nicht unverschämt werde; nicht aus dem Mund, damit sie kein Klatschmaul werde; nicht aus dem Herzen, damit sie nicht neidisch werde; nicht aus der Hand, damit sie sich nicht in die Angelegenheiten anderer einmische; nicht aus dem Fuß, damit sie kein rastloser Geist werde. Ich werde sie aus einem keuschen Teil des Körpers formen!› Und zu jedem Glied und Organ sagte Er, als er es formte: ‹Sei keusch, sei keusch!› Nichtsdestotrotz, entgegen aller Vorsicht, die angewandt wurde, hat die Frau alle Fehler, die Gott zu vermeiden suchte. Die Töchter Zions waren hochmütig und gingen hocherhobenen Hauptes mit lüsternem Blick; Sara war eine Lauscherin in ihrem eigenen Zelt, als der Engel mit Abraham sprach; Miriam war eine Petzerin und beschuldigte Moses; Rachel war neidisch auf ihre Schwester Lea; Eva streckte ihre Hand nach verbotener Frucht aus, und Dina war eine Reisetante.»

Frauen sind gefährlich, nicht nur, weil sie selbst keine Tugenden haben, sondern mehr noch, weil sie im Manne ein Begehren wecken, das stärker als sein Wille und sein Urteilsvermögen ist. Es wird erzählt, daß Adam, als er aus seinem tiefen Schlaf, in den er versenkt worden war, erwachte «und Eva sah – in ihrer überraschenden Schönheit und Grazie –, ausrief: ‹Das ist sie, die mein Herz manche Nacht schlagen ließ!› Trotzdem erkannte er sofort, welcher Natur die Frau war. Sie würde, das wußte er, ihren Willen gegenüber dem Manne durchsetzen – mit flehentlicher Bitte und mit Tränen, mit Schmeichelei und Zärtlichkeiten. Und deshalb sagte er: ‹Dies ist meine nie verstummende Glocke.›»

Nach Ansicht des Schtetls ist das Begehren an sich nicht sündhaft; es ist auch nicht unrecht, ein so unvollkommenes Wesen wie eine Frau zu lieben. Die Gefahr ist vielmehr, daß eine so undisziplinierte und dem Exzeß verfallene Kreatur einem Mann nicht helfen wird, Mäßigung und Rechtschaffenheit zu bewahren, sondern im Gegenteil ihn verleiten wird, die Regeln zu übertreten, die er angenommen hat – genauso wie Eva Adam verleitet hat, die verbotene Frucht zu kosten. Die Gefahr, die von Frauen ausgeht, ist weniger eine persönliche Bedrohung des Mannes als vielmehr eine Bedrohung seiner Pflicht, die Gesetze zu erfüllen. Wenn sie ihn zu Übertretungen veranlaßt, so bringt sie sich selbst auch in Gefahr, denn ihre persönliche Zukunft ist vom dem ojlem-habe ihres Mannes abhängig, und die endgültige Rückkehr in das Gelobte Land hängt von der Erfüllung der mizwess durch alle Juden ab. Eva mußte selbst mit ihrem Adam leiden. Dementsprechend bestehen die Verbote, die die Beziehungen zwischen den Geschlechtern regeln, zum Schutze beider gegen Fehlverhalten und nicht zum Schutze voreinander. Sie bestehen gleichermaßen – oder darüber hinaus – zum Schutze des ungeborenen Kindes und der jüdischen Gemeinschaft. So ist es im Interesse aller, den Bund zu schützen.

Die unermüdliche Anteilnahme der Familie und der Gemeinschaft am Verhalten des einzelnen ist nirgends so deutlich wie in den Stellungnahmen und Haltungen, die sich auf die Verhaltensregeln zwischen Mann und Frau beziehen. Einer der «Zäune», die errichtet wurden, um die mizwe des Lernens und die der Heiligkeit des Hauses zu schützen, ist jener, der die Geschlechter in ihrer täglichen Tätigkeit trennt. Daß die Männer die Frauen so gut wie möglich meiden, ist das vorgeschriebene Muster im Schtetl. Die Anwendung dieser Regel variiert von fanatischer Einhaltung bis zum nonchalanten Semi-Konformismus und demonstriert die Leichtigkeit, mit der die Distanz zwischen dem Geist und den Buchstaben des Gesetzes durch das Verhalten überbrückt wird.

Die Menschen des Schtetls geben eine Reihe von Gründen für die Meidungsregel an, die alle von der Notwendigkeit sprechen, die Erfüllung der beiden führenden mizwess zu sichern. Eine Frau, die sich den Blicken preisgibt, würde die Gedanken des Mannes auf Sex richten, wo er sich doch auf das Studieren konzentrieren soll. Es ist aber überraschend, daß – trotz der strengen Meidungsregel – sexuelles Vergnügen als gesund und gut empfunden wird: zur richtigen Zeit, am richtigen Ort und im richtigen Zusammenhang. Kindern zur Welt zu verhelfen, ist die Pflicht eines jeden Juden, und es ist das gute Recht von Mann und Frau, den Geschlechtsverkehr zu genießen, als ein Mittel zur Fortpflanzung. Dies Vergnügen ist nicht nur erlaubt, es ist sogar vorgeschrieben. Gott tut nichts ohne einen Grund, und da ER die Menschen mit Geschlechtsorganen und Begierde ausgestattet hat, muß deren Anwendung gut sein.

Übermaß von allem ist jedoch schlecht, und mehr noch, es ist auch unjüdisch. Der ideale Jude ist maßvoll in allen Dingen. Es ist gut für ihn, den Verkehr mit seiner Frau zu genießen, jedoch unter den richtigen Umständen. Es ist nicht richtig, sexuelle Gedanken oder Impulse gegenüber seiner eigenen oder einer anderen Frau außerhalb des eigentlichen Verkehrs zu haben. Das Studium der Gesetze mit von außen kommenden Gedanken zu verunreinigen, ist von Übel, besonders wenn es sich dabei um fleischliche Gedanken handelt. Der Talmud sagt: «Wenn jemand die Worte Gottes studiert und dabei seine Augen erhebt und sagt: ‹Oh, wie schön ist dieser Baum!›, so verdient er die Todesstrafe.»

Das Schtetl mit seiner Ehrfurcht vor der Kraft des Geistes legt großen Wert auf die Vermeidung von ungehörigen Gedanken. Es gibt sogar Regeln, die einem helfen, seine Gedanken in Harmonie mit den Pflichten eines Juden zu halten. Gedanken über Geschäfte werden empfohlen, um in unangemessenem Rahmen Gedanken an Gott zu vermeiden. Am Sabbat, wenn Gedanken an Geschäfte verboten sind, kann man diese ausschließen, indem man harmlosen Klatsch in Gedanken wiederholt. Sollte sich jemand in Gefahr sehen, plötzlich ausschweifend fröhlich oder ausgelassen zu werden, so raten ihm die Verhaltensvorschriften, an einen traurigen Vorfall zu denken – vielleicht an die Zerstörung des Tempels.

Da es sündig ist, sich während des Studiums der Gesetze von Gedanken an Sex ablenken zu lassen, werden Jungen früh verheiratet, so daß ihre Bedürfnisse befriedigt sind und sie sich ohne Schwierigkeiten auf ihre Bücher konzentrieren können. Je talentierter der Studierende ist, um so mehr Anstrengung wird unternommen, ihn jung zu verheiraten, manchmal schon im Alter von vierzehn oder fünfzehn Jahren. Mit anderen Worten: Reinheit wird eher durch Immunisierung als durch Quarantäne gesucht. «So etwas wie ein jüdisches Kloster gibt es nicht», sagt ein Sprichwort. Die Vorsichtsmaßnahmen werden auch nicht gegen den Sex an sich getroffen, sondern gegen Störung durch Sex zur falschen Zeit und im falschen Rahmen.

Die Vorsichtsmaßnahmen selbst sind streng. Die Haare der Braut werden abgeschnitten, und für den Rest ihres Lebens trägt sie eine Perücke, den scheitl, um ihren gefährlichen Charme zu verringern. Es wird erwartet, daß eine Frau keine kurzen Ärmel trägt; außerdem darf ein Mann nicht in einem Raum studieren, in dem eine Frau ihre Arme entblößt. Er sollte dem Gesang einer Frau nicht zuhören, da dieser seine Begierde erwecken könnte.

Das Meidungsverhalten schützt auch das Haus; denn sollten unreine Gedanken aufkommen, könnte die Sünde der Unzucht folgen. Der Horror vor dieser Sünde wird verstärkt durch die Furcht vor der Zeugung unehelicher Kinder. Es ist für einen Erwachsenen böse genug, seine eigene Seele durch Verletzung der Gebote zu entweihen, aber es ist um vieles schlimmer, Gottes

Bund mit dem ungeborenen Kind zu gefährden. Es besteht doppelte Gefahr für das Kind, denn es ist nicht nur unehelich, es könnte auch deformiert oder anormal geboren werden. Vor der Begierde des Mannes muß sogar die eigene Frau geschützt werden, denn Verkehr ist während der Menstruation verboten. Die Verletzung dieser Regel zieht die gleichen Gefahren für das Kind nach sich, wie wenn die beiden Schuldigen nicht verheiratet wären.

Die Frau wird als eine so mächtige Quelle des Reizes betrachtet, daß der Mann seine Augen von ihr wenden muß, um sie beide zu schützen. Einige Männer sprechen nicht einmal direkt zu einer Frau. Die meisten vermeiden es, zwischen zwei Frauen hindurchzugehen. Und alle frommen Eltern wünschen, daß ihre Töchter zur strengsten Einhaltung der Regeln erzogen werden. Ein ungewöhnlich verliebtes Ehepaar hatte seine einzige Auseinandersetzung, als die Frau – offen für fortschrittliche Ideen – für ihre zwei Jahre alte Tochter ein Hemdchen mit kurzen Ärmeln schneiderte.

«Ich werde sterben, wenn sie es jemals trägt!», brüllte der empörte Ehemann. Die Last des Meidens liegt mehr auf dem Manne als auf der Frau. Von ihr wird erwartet, daß sie die Kleiderordnung befolgt und davon absieht, sich aufzudrängen; doch er muß darauf achten, sie nicht anzuschauen, nicht zu ihr zu sprechen und sie nicht zu berühren; er trägt die Verantwortung.

Die Teilung der Geschlechter bei gesellschaftlichen Anlässen folgt logischerweise der Teilung von Interessen und Verantwortlichkeiten sowie den Vermeideregeln und dem Konzept der Minderwertigkeit der Frau. Bei der chumesch-Zeremonie, wenn der Junge aus der Grundschule in die mittlere Studierklasse aufsteigt, sitzen die Männer am Tisch zusammen mit dem Vater und dem Rabbiner, während die stolze Mutter und ihre Freundinnen aus der Ecke zuschauen. Bei Hochzeiten stehen die Frauen und die Männer während der Zeremonie in getrennten Gruppen und sitzen während des Festessens an getrennten Tischen. Die Trennung der Geschlechter ist obligatorisch, und Männer stehen über Frauen. Kommen Freunde am Sabbatnachmittag zu Besuch, so sitzen die Männer in der Regel zusammen und unterhalten sich über männliche Angelegenheiten, während die Frauen über ihre eigenen Dinge klatschen. Früher war es undenkbar, daß Männer und Frauen zusammen tanzten, aber in späteren Jahren brach dieses Verbot bei den «Liberalen» und Fortschrittlichen auf.

Natürlich war der Grad des Gehorsams immer unterschiedlich. Viele der proste haben die Regeln gelassen ignoriert, während unter den schejnen diese – wie auch alle anderen Traditionen – rigoroser eingehalten wurden. Das kleine Hemdchen, über das sich die Eltern stritten, wurde schließlich weggegeben, wahrscheinlich an eine arme Familie; es entspricht der vorherrschenden Auffassung, daß die Pflicht der strengen Einhaltung eher bei den Gebildeten und Bemittelten liegt als bei den Unwissenden und Armen.

Die Befolgung der Gesetze wird auch strenger unter den Älteren als unter den Jüngeren gepflegt, mehr unter den Chassidim als unter den anderen Juden. Das Gebot des Meidens führte zu einiger Verlegenheit, als ein alter Chassid, der in die Stadt gezogen war, eines Tages seine Nichte besuchte, sich hinsetzte und wie üblich bat: «Gib mir ein Glas Tee.» Seine Augen sorgfältig von der Frau, die ihn bediente, abgewandt, begann er schweigend zu trinken. Erst als ihn eine fremde Stimme fragte: «Ist er stark genug?», wurde ihm klar, daß er in eine fremde Wohnung gegangen war und von einer Fremden bedient wurde.

Diese Mißgeschicke sind selten, denn die meisten Männer, die die Vermeideregeln streng einhalten, haben es gelernt, solchen Zwischenfällen aus dem Weg zu gehen. Sie lernten, seitlich zu schauen, mit einem Blick, der sieht und nicht sieht. Einige Frauen behaupten, daß die Chassidim eine Menge sehen mit diesem flüchtigen, wie unbeabsichtigten Blick, und daß es sie erfreut, was sie sehen. Wenn eine schwierige gesellschaftliche Situation einen sehr orthodoxen Mann zwingt, einer Frau die Hand zu geben, so zieht er flink seinen Kaftan über die Hand, um den Kontakt zu vermeiden. Er vermeidet direkten Körperkontakt auch mit Männern; die Hand gibt er nur mit den Fingerspitzen, oder er zieht seine Hand blitzschnell weg, bevor der andere sie herzlich drükken kann – wie um den Kontakt der Körper auf ein Minimum zu reduzieren, wo der Kontakt des Geistes wichtig ist.

Die ständige Angst, mit einer Frau konfrontiert zu werden oder sie gar zu berühren, hat sich bei einigen extrem frommen Männern zu einem fast heimlichtuerischen Benehmen entwickelt. Sie betreten einen Raum mit seitwärts abgekehrtem Blick, so daß die Leute von einer schüchternen Person sagen: «Er kommt herein wie ein j'schiwe-Junge.»

Das Ideal maskulinen und femininen Aussehens und Benehmens zeigt den zu den unterschiedlichen Rollen passenden Gegensatz. Die «überraschende Schönheit» Evas, wie das Schtetl sie zeichnet, ist eine verhältnismäßig üppige. Der ideale Mann ist der Gelehrte, blaß und asketisch, aber die Frau seiner Träume sollte mollig mit vollen Hüften und Brüsten sein. «Eine schöne Frau», sagt man, «mit so einem hübschen Doppelkinn.» Eine Matrone, die von der Natur nicht verwöhnt wurde, hält ihr Kinn zurück, wenn sie in Gesellschaft ist, um ihm ein fülliges Aussehen zu geben. Das Gesicht einer Frau sollte gepflegt, glatt und rosig sein; Falten, gegen die sie mit Salben und Behandlungen kämpft, vergällen das Leben, und sie wird vergeblich versuchen, sie vor neugierigen Augen zu verbergen. Kurz gesagt, eine Frau sollte einen soliden, gesunden Körper besitzen, während der Mann von starkem, hervorragendem Geist sein soll.

Da sie ein körperliches Wesen ist, trägt die Frau Schmuck, um ihre Schönheit zu unterstreichen. Ein Mann, der selbst keinen Schmuck tragen würde, setzt alles daran, einen Edelstein an der Hand seiner Frau zu sehen. Wenn sie am Sabbat zur schul geht, trägt sie den Schmuck für die ganze Familie. Vermutlich ist sie lediglich geschmückt, um die Bewunderung der anderen Frauen zu erregen, denn kein Mann, außer ihrem eigenen, sollte sie ja anschauen. Eine genaue Beschreibung jedes Schmuckstücks jeder einzelnen Frau wird jedoch am Abend im Schtetl herumgehen. Wenn ein ganz besonders elegantes Stück an Reb Kalmans Rachel prangte, werden viele Frauen ihrem «Mann den Tod machen» oder «seine Jahre verkürzen», sie werden ihm zusetzen und ihm die Schönheit des Schmuckes beschreiben und klagen, daß sie so etwas nicht besitzen.

Der vorbildliche Mann ist in seinem Verhalten zurückhaltend, selbstsicher und lakonisch. Es wird hingenommen, daß Frauen erheblich extrovertierter sind und sich in Tränen, Gelächter und Redseligkeit Luft machen. Sicher, die ideale Frau ist schweigsam und demütig, jedenfalls gegenüber ihrem Ehemann. Aber dieses Ideal wird – anders als das des Mannes – nicht allzustreng an der Realität gemessen.

Wer durch die Straßen des Schtetls geht, wird mehr weibliche als männliche Stimmen hören, die aus den Fenstern schallen. Das Geschnatter der Frauenabteilung in der Synagoge wurde zum Sprichwort, so daß man von Lärm sagt, er sei «so laut wie ezras noschim».

Wenn das Geschwätz, Gezänk oder sogar das rituelle Klagen und Weinen aus dem oberen Stockwerk droht, den Gottesdienst zu übertönen, schlagen die Männer unten auf die Pulte, werfen ärgerliche Blicke zu dem schmalen vergitterten Fenster hinauf und rufen: «Ruhe, Frauen!»

Die schejnen Männer würden sich schämen, in laute Auseinandersetzungen – ausgenommen über gelehrte Fragen – verwickelt zu sein, denn man würde sagen, daß sie sich stritten «wie Frauen auf dem Markt.» Frauen streiten sich auch zu Hause – über die Kinder und Haushaltsangelegenheiten oder sogar über das Feiertagsgedenken, das man anderen schuldet. Ehemänner schauen dann zu, weder beschämt noch besorgt, denn schließlich «sind sie ja nur Frauen.» Kein Mann möchte jedoch, daß seine Frau zu weit geht. Eine wilde, streitbare, dominierende Frau wird «Kosakenfrau» genannt, und obgleich ein Unterton neidischer Bewunderung für ihre Energie sich einschleichen mag, zieht man es vor, sie aus der Ferne als Familienmitglied eines anderen anzuerkennen.

Trotz des ausgewogenen Kontrastes von maskulinen und femininen Rollen ist der wechselseitige Ausschluß des einen Geschlechts von den Aktivitäten des anderen nicht zwingend. Das Schtetl neigt nicht zum Rigorismus. In dieser wie in manch anderer Hinsicht ist Flexibilität vorhanden und ein gewisses Maß von Austausch möglich.

Studieren ist für die Männer, dennoch eignen sich einige Frauen eine ganze Menge Gelehrsamkeit an. Wenn kein Mann anwesend ist, spricht die Frau den Segen über den Sabbatwein. Ist keine Frau anwesend, so entzündet auch ein Mann die Sabbatkerzen. Traditionell trägt eine Frau kein gefranstes Tuch, trotzdem gibt der schulchn-oruch an, was eine Frau tun muß, falls sie doch eines trägt. Es gab sogar eine chassidische Frau, die zum religiösen Führer wurde und es zu einigen Anhängern brachte. Es ist typisch für diese Kultur, daß erstens so etwas geschehen konnte und daß man zweitens nicht wußte, wie man mit dem Problem fertig werden sollte. Ja, sie war ein «Rebbe»; daß sie auch eine Frau war, lief dem Verstand und dem Anstand zuwider. Schließlich heiratete sie, hörte auf, ein Rebbe zu sein, und wurde eine «richtige Frau», d. h. Ehefrau und Mutter. Das war die Lösung.

Die tatsächliche Bedeutung, die den maskulinen und femininen Funktionen zugeschrieben wird, ist unterschiedlich; es kommt auf den jeweiligen Standpunkt des einzelnen an, und selten wird eine Angelegenheit zum Gesprächsthema. Das Schtetl ist an die Ordnung gewöhnt, und außerdem sind die meisten viel zu sehr beschäftigt, um sich darüber auch nur Gedanken zu machen. «Was soll ein Mann denn ohne eine Frau machen?» ist mehr als ein populärer Ausspruch, es ist der ständige Grundton. Und wie kommt eine Frau ohne den Mann aus? Und überhaupt – es ist nun einmal wie es ist, und das Volk des Schtetls ist es gewohnt, den Status quo zu akzeptieren, den es wohl kaum gewählt hätte, wenn es vorher gefragt worden wäre. Sicherlich würden nur wenige gelehrte Männer mit einer vielbeschäftigten Hausfrau tauschen und ihre Pflichten übernehmen wollen: Kochen, Saubermachen und vielleicht nebenbei noch die Familie durch den Betrieb eines kleinen Ladens unterhalten. Andererseits würden wahrscheinlich nur wenige Frauen es begrüßen, die Pflichten und Verantwortlichkeiten auf sich zu nehmen, die ein talmid chochem hat – die zahllosen Rituale, das endlose Studium, die nicht abreißenden Diskussionen, fernliegende und komplizierte Themen betreffend, und seine ständige Angst, eine Vorschrift zu übersehen.

Zu einem großen Teil wird der offizielle Status lediglich als Formsache abgetan. Ja, so wird die Frau sagen, Männer denken, wir Frauen zählen nicht; aber sie – die Männer – sind dumm, was sollten sie ohne uns machen? Könnten sie sich verheiraten? Könnten sie Kinder bekommen? Könnten sie sich vielleicht ernähren, sich kleiden und anständig wohnen?

Und was das Leben nach dem Tode betrifft – laßt sie doch sagen, wir könnten ohne sie nicht dorthin gelangen. Sie könnten doch das Leben dort nicht allein bewältigen; kein Zweifel, auch dort werden wir doch alles für sie tun müssen. Einige sagen, wir hätten keine eigenen Seelen, aber das ist albern. Es wäre läppisch, darüber zu streiten – denn wir wissen es. Nur wenige würden dem Argument einer Schtetl-Feministin beipflichten, die erklärte: «Frauen haben richtige Seelen, und Männer haben anerkannte Seelen.»

Wenn die Frau das Los ihres Geschlechtes beklagt, so neigt sie dazu, sich über ihre formale Stellung zu beschweren, über den Ausschluß aus der Welt der Thora, über die Zuweisung an die Welt der Woche. Wenn sie ihren Status dem des Mannes ausdrücklich vorzieht, so meint sie ihre praktische Stellung. Dem entspricht die Betrachtungsweise des Mannes. Hält ein Mann die Rolle der Frau für sich nicht wünschenswert, so spricht er vom formalen Status, und wenn er sie beneidet, so meint er ihren praktischen Status. Die Sicht, die der Mann vom Universum hat, ist die, die «in den Büchern steht». Die Ansicht der Frau über diese Sicht des Mannes ist ihre eigene Sache.

Viele Frauen akzeptieren einfach die Ansicht des Mannes und sehen sich selbst in einer unterstützenden Rolle. Diese Rolle kann dann sehr erfreulich sein, wenn man die Frau eines Gelehrten ist, den man stolz unterstützen kann und dadurch für beide Glückseligkeit gewinnt. Sie bietet auch passende Hintertürchen: «Was erwartest du? Was bin ich schließlich, nur eine sündige Frau. Natürlich mache ich Fehler.»

Das Muster, das von der Kultur festgelegt ist, erlaubt jedoch «der nie verstummenden Glocke» ein breites Spektrum – vom demütigen Partner bis zur dynamischen Macht im Hause und in der Gemeinschaft. Eine Frau kann allen formellen Ansprüchen entsprechen und auch noch eine gute Hausfrau, eine erfolgreiche Geschäftsfrau und ein aktives Mitglied ihrer Gemeinde sein.

Es ist Raum sowohl für das Matriarchat als auch für das Patriarchat, und es ist schwer zu sagen, welches von beiden überwiegt. «Meine Großmutter war eine wunderbare Frau ... wenn wir durch die Straße gingen, sagten die Leute ‹da geht Großmutter Leyas Enkel› ... Mein Großvater Josef, naja, der zählte nicht viel.»

Die Frau eines nogid verfügt möglicherweise über eine private Lade voller Schmuckstücke und Kleingeld, aus der sie Bedürftigen hilft, und es könnte eher sie sein als er, an die sich die Leute wegen Rat und Hilfe wenden. «Sie war immer beschäftigt ... ihre guten Werke beanspruchten so viel Zeit.» Es kommt vor, daß ein Mann seine Frau auf dem Sterbebett bittet, ihm die Hälfte ihrer mizwess zu übertragen mit der Begründung, daß diese ja mit seiner Hilfe zustandegekommen seien.

In erheblichem Maße ist in der täglichen Hast des Lebens jedes der beiden Geschlechter nach der eigenen Realität ausgerichtet. Wenn sich die Welt des einen um die Geschäftigkeit in der schul dreht, so wird von ihm die häusliche Wirtschaft als ein notwendiges, aber zweitrangiges Anhängsel gesehen. Wenn das Heim der Nabel des Universums ist, so ist die schul mit ihren Aktivitäten ein notwendiger Luxus – und wird manchmal als Last und manchmal als ein Privileg eingeschätzt. In beiden Fällen kann man spüren – es ist meine Arbeit, auf die es in der Welt wirklich ankommt.

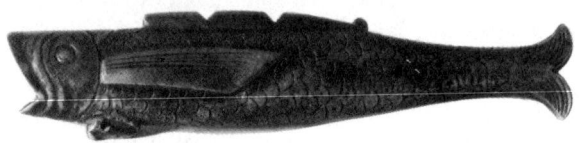

# Die Leute der Woche

Für die stumpfsinnige tägliche Routine, im Gegensatz zum Geist des Sabbats, stehen die «Leute der Woche», *wochendige mentschen*. Sie sind in erster Linie die «Ungeschulten», die Arbeiter, die Handwerker, die Händler – jene, die allgemein «proste» genannt werden.

Den proste fehlt es nicht unbedingt an Frömmigkeit oder elementarer Gelehrsamkeit. Jeder Ignorant ist proste, aber nicht jeder proste ist ein Ignorant. Im Gegenteil, einige verbringen ihren Sabbat und ihre Abende mit dem Studium, in Gruppen oder Vereinen, ihrer bescheidenen Position entsprechend. Einige halten die Regeln und Rituale – wie jeder Rabbiner – genau ein; sie suchen ständig Rat hinsichtlich der korrekten Auslegung oder des richtigen Verhaltens, wenn die Regeln für ihren Wissensstand zu subtil sind.

Sie sind jedoch nicht die Mehrheit. Aber auch das andere Extrem ist nicht übermäßig häufig, die prostak, diejenigen, die offensichtlich unwissend sind und unverfroren ordinär. Erwartungen und Verallgemeinerungen über die proste bilden sich teilweise nach dem Verhalten der Mehrzahl, teilweise nach dem Verhalten der prostak und teilweise nach den Vorurteilen, die durch ein Verhalten erzeugt werden. Wer proste ist und was diese Bezeichnung genau meint, hängt natürlich von der Stellung desjenigen ab, der spricht. Alle werden jedoch darin übereinstimmen, daß eine proste Person nicht gelehrt sein kann und daß es ihr an Lebensart fehlt. Kurz gesagt, es fehlen ihr die Qualitäten, die jemanden «schön» machen. Es ist bezeichnend, daß es gar nicht so unüblich ist, wenn proste Leute reich sind.

Bei den proste zeigen sich die gleichen subtilen Unterscheidungen – von den Frommen bis zu den prostak –, die die verschiedenen Stufen unter den schejnen markieren. Das obere Niveau der proste ist mit den balabatischen verschmolzen, den respektierten Bürgern, genau wie das niedrige Niveau der schejnen von diesen nicht zu trennen ist. Die balabatischen, die ihre meiste Zeit den Geschäften widmen, sind in der Regel wohlhabender als die gelehrten Männer, die sich dem Studium widmen und die die Last der parnosse ihren Frauen überlassen.

Die Mehrzahl der balabatim sind Kaufleute oder Kleinhändler. Sie sind die Männer, die gewöhnlich in der Synagoge in der ersten Reihe sitzen – dem «Spiegel» – mit dem Gesicht zur Ostwand. In ihren Zielen identifizieren sie sich mit den schejnen leit. Weniger traditionsgebunden, sind sie jedoch freier, ihr Hauptaugenmerk auf ihr Geschäft zu richten, und können auch ihren Kindern mehr Freiheiten in der Erziehung gewähren. Dementsprechend kommen viele Ärzte und Rechtsanwälte aus den balabatischen Familien.

Während die schejnen leit die «vom Sabbat» sind und die proste leit die «von der Woche», gehören die balabatischen zu beiden. Sie mögen am Sabbat zu den schejnen gezählt werden, doch während der Woche gehören sie zum

Marktplatz. Als eine soziale Gruppe haben sie keine eigenen Regeln, aber sie verbinden in verschiedenen Graden die Elemente, die für die schejnen und die proste charakteristisch sind.

Ganz unten gibt es noch feine Nuancen des Unterschiedes, wie zwischen dem Schuhmacher, der das Oberleder macht, und dem, der die Sohlen macht. Wem daran gelegen ist, der findet gewöhnlich einen Grund, sich selbst nicht als ganz proste zu sehen, und legt Wert darauf, auch nicht so genannt zu werden. Viele werden ihren Nachbarn als «wirklich proste» charakterisieren, sich selbst aber eine Stufe höher stellen, vielleicht mit vorsichtigem Anspruch sogar als balabatisch. Selbst wenn das sichtbare Merkmal Benehmen, Beruf oder jichuss ist, das unterschwellige Kriterium ist die Bildung.

Ein Mann, der wirklich gelehrt ist, kann kein Rüpel sein, egal welchen Beruf er ausübt; er wird auch nicht als proste klassifiziert. Ordinäres Benehmen oder ein niederer Beruf mögen als Beweis dafür genannt werden, daß ein Mann proste ist, aber es wird als selbstverständlich angenommen, daß er – wäre er gelehrt – ein anderes Benehmen und einen anderen Beruf hätte. Bei den schejnen jedenfalls werden diese Kriterien als Zeichen, aber nicht als ausschlaggebende Faktoren des sozialen Status genommen; der entscheidende Faktor bleibt die Bildung. Einige der proste sind mit den schejnen – sogar über den Klassenunterschied hinweg – einer Meinung, andere sind es nicht.

Der Unterricht der proste beginnt genau wie der der anderen Jungen, aber er ist nach ein paar Jahren schon zu Ende. Er entläßt den durchschnittlichen Jungen mit einer Erziehung, die knapp über der liegt, die man einer Frau zugesteht – Lesen und Schreiben in jiddisch, die Fähigkeit, hebräische Worte lesen zu können, ohne deren Sinn zu verstehen. Die pädagogische Theorie sieht vor, daß Frauen und kleine Kinder mechanisch unterrichtet werden – in der Gewißheit, daß in dem Maße, in dem sich der Intellekt entwickelt, Erleuchtung und Interesse gleichermaßen kommen. Bis dahin schützt den Schüler das ihm auferlegte Verhalten davor, Falsches zu tun – ein Verhalten, das er freiwillig und gern praktizieren wird, wenn er das Verständnis dafür erreicht hat. Dem Lernen aus Büchern könnte dann die Lehre irgendeines Handwerks folgen, auch für die Jungen, die nicht so arm sind, daß sie die talmud-tojre besuchen müssen.

Nichtsdestoweniger gibt es für einen Sohn von proste Eltern immer noch die Möglichkeit, sich durch die Pforte der Thora zu drängen und durch eine blendende Heirat den Status eines schejnen zu erlangen. Selbst der große Hillel stammte aus einer bescheidenen Familie und begann sein Leben als Wasserträger.

Sogar die Ungebildetsten lieben es, zu zitieren, und ihre Sprache ist reich an Bezügen und Anspielungen – oft voller Verdrehungen, falscher Zitate oder auch Erfindungen. Scholem Aleichems berühmte Figur Tevje ist typisch in der Art, wie er die gelehrten Autoritäten zurichtet. Die Hauptquellen, aus denen die Ungeschulten für ihre sprachlichen Verzierungen schöpfen, sind jedoch eher Sprichwörter und Sprüche des Volkes als die Heiligen Schriften: nicht nur die zahllosen jiddischen Sprüche, sondern auch die Volksweisheiten der benachbarten Bauern. «Ein Sprichwort der Bauern», so sagen sie manchmal, «ist so wahr wie die Thora». Trotzdem liegt in einer solchen Bemerkung doch immer eine Differenzierung; *l'hawdil*, sagt man, «laß es getrennt sein», was bedeutet, daß zwischen dem Heiligen und dem Profanen zu unterscheiden sei. Die Weisheit der «anderen» ist wahr, doch diese Weisheit steht auf einer anderen Stufe als die göttliche Verkündung. Die Phrase l'hawdil wird oft gebraucht, wenn «ihres» und «unseres» in einem Atemzug genannt wird.

Das Wort proste mag als einfache Definition verwendet werden, um einen einzelnen in eine soziale Gruppe einzuordnen. Man kann es auch als eine Bewertung verstehen, die vom Abfälligen bis zum Ehrenwerten reicht – so, wie das Wort «gemein» eine Bedeutungsspanne vom Schimpfwort wie «unanständig» bis hin zu der Assoziation vom ehrenwerten «gemeinen Mann» abdeckt. Die Nuancen der Bedeutung hängen von der Situation ab und von den Wertvorstellungen des Sprechers.

Die schejnen neigen dazu, die proste wie im Klischee zu sehen. Sie erwarten, daß ein «typischer proste» laut und derb ist, von aufbrausendem Temperament wie eine Frau, grob und gewalttätig wie ein Bauer. Ein «typischer proste» ist groß, stark, breitschultrig und zu körperlicher Arbeit geeignet – oder aber er ist verhutzelt, unterernährt und erbärmlich. Seine Hände sind verdreckt und schwielig von der Arbeit.

Es ist kaum zu erwarten, daß er der beste Vater ist, denn er kann seinen Sohn nicht in die Gesetze einführen. Auch ist nicht zu erwarten, daß er der beste Ehemann ist; und wenn je ein Jude die Untat begehen würde und seine Frau schlüge, so nähme man es als selbstverständlich, daß er ein proste ist. Man ist davon überzeugt, daß die schejnen zutiefst von Respekt vor der Heiligkeit des Hauses und von Abscheu gegen jede Form von physischer Gewalt durchdrungen sind, die fromme Bestrafung der Kinder ausgenommen.

Ein Blick auf den Marktplatz hat gezeigt, daß die proste in ihrer Bekleidung zwischen den schejnen und den Bauern stehen. Um besser der «parnosse nachjagen» zu können, haben die Männer ihren Rock entweder gekürzt oder ihn abgelegt und sich hohe, schwere Stiefel angezogen. Manche halten es auch für angebracht, ihre Bärte und Schläfenlocken zu stutzen.

Die schejnen mögen diese praktischere Aufmachung und auch das Rasieren des Bartes verdammen – doch was dieses einfache Volk tut, ist von sekundärer Bedeutung, sie sind ja «nur proste», so wie ein Mädchen «nur ein Mädchen» ist; und wie die Mädchen sind sie «wieder etwas anderes». Um so mehr Anlaß besteht für die aufgeklärten und verantwortlichen Mitglieder der Gruppe, ihren eigenen Traditionalismus zu intensivieren. Sie müssen als Modell und auch als Ersatz für alle stehen.

Die Qualitäten, die man den proste zuschreibt, werden bei der Verwendung dieses Begriffes als Schimpfwort offenbar. «Sei nicht proste», ist das Äquivalent von «sei nicht vulgär!» «Er hat Pranken wie ein proste», wird von einem Manne gesagt, der unglücklicherweise breite und kurze Hände hat. Chejder-Jungen, die sich mit einer Bande aus einem anderen Stadtteil prügeln, beschimpfen diese mit «prostak!»

Die proste pflegen im Austausch dazu ihre eigenen Stereotypen von den schejnen, und ein wesentliches Vorurteil ist das Klischee von der Scheinheiligkeit. Im allgemeinen kann man sich erlauben, sich nicht davon betroffen zu fühlen, was die Gemeinschaft denkt und sagt, wenn man nicht verpflichtet ist, ein Vorbild zu sein. «Ich bin ein proster Mensch», wird der Rebell mit soviel Stolz wie Bescheidenheit sagen. «Ich sage offen, was ich denke. Ich mach' kein verdammtes Gelaber und keine Purzelbäume mit gelehrten Worten.» Ein solcher Mann sieht die schejnen Gelehrten als Pedanten, die Formalitäten und Äußerlichkeiten preisen und sie über die warmen, menschlichen Qualitäten stellen. Er nimmt die Unterstellung übel, daß er geringer sei, nur weil er «von der Woche» ist und nicht aus der Sabbatwelt. «Lieber ein Jude ohne Bart als ein Bart ohne Jude», behauptet er.

Der «Bart ohne den Juden» ist vielleicht ein Pendant zu einem «jüdischen Kopf» aber nicht zu einem «jüdischen Herzen». Die Bezeichnung wird auch gebraucht für jemanden, der nur eine «Imitation» ist, einer, der es in der Welt zu etwas gebracht hat, jedoch notwendigerweise proste bleibt – trotz seiner Ambitionen. Für so einen haben beide, schejne und proste, nur Verachtung übrig, und wenn sie ihn als schejn bezeichnen, so ist das ironisch und herabsetzend gemeint. Im Gegensatz zu dem Bild der schejnen als Scheinheilige bezeichnen sich die proste manchmal als *amcho,* SEIN Volk. Einigen proste erscheinen die beständig Lernenden als Parasiten, die Tag und Nacht nur über den Büchern sitzen. «Was tun sie schon? Sie drücken nur den Stuhl – den ganzen Tag.» Die «wochendigen mentschen» dagegen tun die Arbeit der Woche, die bescheidene, schmutzige, beschwerliche Arbeit, die den erhabenen Glanz des Sabbats möglich macht.

Und welchen Gebrauch machen die Stuhldrücker von ihrem Wissen? Man hat doch den Verdacht, daß sie ihre «Ernten horten». Es gibt da die Erzählung von dem proste «Commissionaire», der sein geschäftliches Problem dem Rabbiner vortrug: seine Kunden würden an seinem langen schwarzen Kaftan Anstoß nehmen, er hätte deswegen Geschäftseinbußen, seine parnossse stehe auf dem Spiel, was solle er tun? Der Rabbiner studierte die Angelegenheit, wälzte darüber viele Bände, angefüllt mit Kommentaren, und endlich – bemüht, eine möglichst menschliche Entscheidung zu treffen – ordnete er an: wenn also die parnosse gefährdet sei, dürfe der Mann einen kürzeren Rock während seiner Geschäfte tragen. Voller Freude rannte der «Commissionaire» auf die Straße, sprang auf und nieder und rief: «Ich darf, ich darf! Oh, diese Räuber! Was mögen sie noch alles wissen und uns nicht erzählen!»

Die Lebendigkeit der Klassenstereotypie kann die Tatsache nicht verdecken, daß die schejnen und die proste grundsätzlich nach dem gleichen Kodex leben. Von beiden Gruppen wird die Vorherrschaft des traditionellen Musters anerkannt, wenn auch mit unterschiedlicher Resonanz, die von Zustimmung über Murren bis zum Widerstand reicht. Die negative Reaktion ist häufiger unter den proste; dennoch – jeder proste Vater möchte gern einen gelehrten Sohn haben, selbst wenn er fluchen mag, Gelehrte seien Parasiten und lebten von der Mühsal der ehrlichen Burschen, wie er einer sei. Ein Sprichwort sagt: «Jeder Jude würde gern an der Ostwand seiner schul sitzen.» Während nun aber jede Gruppe das Klischee der anderen hegt, sieht jede jedoch die andere als notwendigen Partner im Leben der Gemeinschaft. Der eine ist der Mann des Handelns, der andere der Mann der Gedanken. Der Studierte und der Vermögende sind einander ständige Berater und Helfer. Die proste leisten nicht nur die schwere Arbeit, sondern sind in Zeiten der Gewalt die starken Verteidiger. Und die Gewalt ist dem Schtetl nicht fremd.

Die proste in entsprechender Anzahl werden zur Masse, zur Plebs – hamojn. Sie sind diejenigen, die von der Elite geführt, geleitet und regiert werden. Sie sprechen nur selten auf Versammlungen und Zusammenkünften. Sie werden nur zur Sabbatlesung der Thora gerufen, wenn sie sich durch Erfüllung ihrer Pflicht als Jude das Recht dazu erwerben, d.h. wenn sie heiraten oder ein Baby bekommen.

Während der Woche sind es eher die einfachen Arbeiter, die die sehr frühen Gottesdienste in der schul besuchen; jene, die es sich leisten können, die tägliche «Jagd nach der parnosse» etwas später zu beginnen, gehen zum «zweiten minjen». Der «erste minjen» geht etwas schneller durch die Gebete, mit weniger Aufwand im Vergleich zum zweiten, denn die Gläubigen müssen so schnell wie möglich fertig werden, um zu ihrer Arbeit zu kommen. Da die «Gesichter» der Gemeinde nicht anwesend sind, um ihre Plätze an der Ostwand einzunehmen, werden diese Ehrenplätze von den Aufdringlicheren des ersten minjen vor-besetzt. Die Vernünftigen und Frommen sind – wie die schejnen – nicht geneigt, «sich selbst vorzudrängen», so daß die Ehrenplätze von den Unverschämten «geschnappt» werden, von denen, die es gewohnt sind, ihren Weg durch das Leben mit Hilfe ihrer Ellbogen zu gehen. Dementsprechend kehrt der erste minjen während der Woche die genau eingeteilte Sitzordnung des Sabbats um, und jene, die am wenigsten gelehrt, am wenigsten verhalten, am wenigsten «jüdisch» sind, blicken von der erhabenen Position der misrech aus auf die Gemeinde.

Doch es ist die Sabbatordnung, die zählt. Das ganze Schtetl einschließlich der wochendigen mentschen lebt von Sabbat zu Sabbat, kämpft sich zum Höhepunkt der Woche, der alle Juden gleich macht und jeden Mann zum König. Für die proste nimmt die Welt der Woche jedoch einen breiteren Raum ein, und in dieser Welt lernen sie oft, sich besser durchzusetzen als der ideale schejne. Sie sind die Realisten, die Arbeitstiere.

Für beide – die schejnen und die proste – gilt das doppelte Sprichwort: «Es ist gut, ein Jude zu sein» und «Es ist schwer, ein Jude zu sein». Am Sabbat ist die Freude offensichtlicher, und in der Welt der Woche gibt es mehr, was einen an die Not, den Kummer, das Joch – das ojl – erinnert. Während der Woche lebt man im *goless*, der Diaspora. Sabbat ist die Zeit, sich an die Privilegien des Auserwählten Volkes zu erinnern und an die Versprechungen für die Zukunft. Die Leute der Woche, die von Sabbat zu Sabbat leben, haben nicht den «Panzer» der Gelehrsamkeit, der die schejnen schützt; sie sind allem auch viel mehr ausgesetzt, besonders durch ihren Kontakt mit den Bauern, die für sie die Welt außerhalb des Schtetl-Systems repräsentieren. Die Folge ist, daß die Außenwelt das Schtetl hauptsächlich durch die proste kennt. Sie sind der Vorposten der Kultur. Genauso, wie sich für den Juden der Nichtjude hauptsächlich durch den Bauern darstellt, ist für den Bauern «der Jude» – von bemerkenswerten Ausnahmen abgesehen – proste.

Das auffälligste und am meisten genannte Kennzeichen der proste ist ihre Sprache. «Sprechen wie ein proster» heißt nicht nur, ungehobelt und grammatikalisch falsch zu sprechen, sondern es heißt auch, «häßliche Worte» zu verwenden. Das Vokabular schließt Ausdrücke und Betonungen ein, die dem schejnen «verboten» sind. In der Welt der Woche sind «häßliche Worte» etwas Übliches, desgleichen Auseinandersetzungen, die nicht selten auch in Schlägereien ausarten. Schon Streiten wird von den schejnen als «unjüdisch» betrachtet. «Sie schlagen sich wie die proste» ist eine so häufige Bemerkung wie «sie streiten sich wie Frauen», und es hat den gleichen Aussagewert hinsichtlich des Gruppenverhaltens.

Wenn die schejnen sich streiten, so sollte es sich nur um eine Angelegenheit der Gelehrsamkeit handeln. In einem gelehrten Disput kann man auch sehr ärgerlich werden, jedoch ohne verletzende Ausfälle. Man kann in einer extrem heftigen Auseinandersetzung sogar so ärgerlich werden, daß einem der Schaum vor dem Munde steht. Zwei Diskutanten können sich dicht gegenüber stehen, gestikulieren, schreien und vielleicht an einem Knopf am Rock des anderen zerren und drehen, um die Worte zu unterstreichen. In solchen Fällen bleibt es jedoch bei dem Kontakt zwischen Haut und Gewebe, es entsteht keine Berührung von Haut mit Haut.

In den allgemeinen Angelegenheiten des täglichen Lebens wird jedoch erwartet, daß der «schöne Jude» ein Muster an Zurückhaltung und feinem Benehmen ist, und sollte er sich von dieser Haltung entfernen, so kann das nur passieren, wenn er sich selbst «vergißt». Wenn er so ärgerlich wird, daß er «außer sich» gerät, so schämt er sich hinterher sehr, es sei denn, das Thema war unpersönlich und gelehrt. Nur in einem solchen Fall kann Streiten toleriert werden, unter dem Deckmantel von Argumentation und Diskussion. Es sind nur Frauen und proste, die «wirklich streiten». Zwischen den proste kann jede Unterhaltung zum Streit führen, obgleich das Schtetl sich darin einig ist, daß physische Gewalt als «unjüdisch» zu betrachten ist. Trotz des Gegensatzes in der Haltung zeigen die Auseinandersetzungen jedoch eine Reihe von gemeinsamen Wesenszügen; im allgemeinen streitet man nur mit seinesgleichen. Zwischen Leuten von unterschiedlichem Status wird Streit vermieden. Einer von beiden reagiert mit körperlichem Rückzug oder mit Schweigen.

Wortwahl und Intonation können auf den verschiedenen sozialen Stufen variieren, auf jeden Fall aber ist die Sprache der Auseinandersetzung farbig und flüssig.

Worte sind mächtige Waffen, Ausdruck eines hohen Grades von Virtuosität. Sie sind tatsächlich die einzigen anerkannten Waffen, ausgenommen das Schweigen. Ein geradezu erstaunliches Maß an Phantasie wird bei ihrer Anwendung entfaltet, ob der Gegenstand der Diskussion nun blaue kontra weiße Fransen am Gebetsschal ist oder die korrekte Grenzlinie zwischen dem Schuh- und dem Kurzwarenstand auf dem Markt.

Wie auch immer der Status der Streitenden, was auch immer die Ursache ihres Disputes sein mag, es liegt außerhalb der Grenzen der Schicklichkeit, jemanden wirklich tief zu treffen. Man brandmarkt eine Person für jede Sünde, die sich denken läßt, aber man hält sich zurück, die eine Sache zu erwähnen, die ihm die Schamesröte ins Gesicht treiben würde. Scham ist schrecklich für das Schtetl. Eine der Regeln, die der schulchn-oruch festlegt, ist das Verbot, irgend jemanden zu beschämen. Jemanden zu beschämen ist übler, als ihn zu berauben. Man nennt es «sein Gesicht in Blut tauchen», und jede Form von grausamen Blutvergießen hat keinen Platz im menschlichen Verhalten. Wenn die Tochter ein uneheliches Kind hat, wenn der Sohn konvertierte, wenn jemandes Frau der Untreue verdächtig ist – dies alles sind Dinge, die man nie jemandem in einer Auseinandersetzung vorwirft. Jede Woche, wenn die Frau des Hauses am Sabbat für das Wohlergehen ihrer Familie in der kommenden Woche betet, bittet sie Gott: «... mögen wir nicht beschämt werden».

Die Flüche der Hemmungslosen sind zahlreich und zeugen von Erfindungs-reichtum, aber sie meiden sorgfältig das Wahrscheinliche. «Du sollst alle deine Zähne verlieren, bis auf einen, und der soll schmerzen!» «Sie sollen eine Feder in deine Nase stecken!» «Du sollst wie ein Docht brennen, und sie sollen dich mit Benzin löschen!» «Du sollst wie eine Zwiebel wachsen, mit deinem Kopf in der Erde!»

Alles wird in echter Wut ausgestoßen; aber selbst auf dem Höhepunkt des Zorns wird niemals ein Fluch ausgesprochen, von dem anzunehmen ist, daß er eintreten könnte. Körperliche Defekte gehören nicht in die Kategorie, die von der Erwähnung ausgeschlossen ist, denn das rein Körperliche steht nicht an erster Stelle der Wichtigkeiten. Eine Verunstaltung zu erwähnen, ist nicht gleichbedeutend mit Beschämung. Im Gegenteil, die zahlreichen Schtetl-Spitznamen basieren vorwiegend auf physischen Charakteristika sowie auf dem Beruf, dem Status, dem Temperament und der Verwandtschaft. «Berl, der Bucklige», «Schimen Floh», «Jente mit dem dicken Hintern» sind einfache, klare Kennzeichnungen, die so nonchalant gebraucht werden wie «Selig, der Schneider» oder «Mottl, der Schuhmacher».

In einer Gemeinschaft, in der Nachnamen keine funktionale Existenz ha-ben, sondern eine späte, niemals ganz angenommene Bürde darstellen, sind Spitznamen fast eine Notwendigkeit für das einfache Gespräch. Männer kön-nen ohne Namen benannt werden, d. h. nach ihrer Position oder ihrem Beruf, z. B. der Rabbiner oder der nogid (der Reiche). Auch werden sie nach dem Ort genannt, aus dem sie stammen: Mordechai Pinsker oder der Kotsker Rabbiner. Individuelles Temperament oder persönliche Geschichte können den Namen geben: Avrom Stiller oder Jankel Soldat.

Obgleich die proste mehr als die schejnen dazu neigen, sich auf körperliche Auseinandersetzungen einzulassen, vermeidet im allgemeinen jeder Angehöri-ge des Schtetls unverhohlenen Unmut und Angriff, besonders gegenüber Nicht-Juden. Feindseligkeit findet oft ihr Ventil im Humor, dem Humor der Unterdrückten mit der besonderen Pointe, die typisch ist für jiddische Witze. Sowohl schejne als auch proste erzählen zahllose Witze übereinander und über sich selbst, das Schtetl witzelt allgemein und spottet auf Kosten der gojim – und nicht weniger auf Kosten der Juden. Lachen ist sicher, und zusätzlich dient es als Sicherheitsventil.

Es ist zu erwarten, daß der Aberglaube der Nachbarvölker den stärksten

Einfluß auf den Teil der Bevölkerung gewonnen hat, der am wenigsten mit den Lehren der Thora vertraut ist. Ein großer Teil osteuropäischer Folklore wurde zwar in die talmudischen Legenden integriert, und viele rituelle jüdische Praktiken haben ihre Parallelen in den Festen der Bauern. Nichtsdestotrotz gibt es eine Reihe von Dämonen, Geistern und Hexen im Schtetl, die im Leben der proste eine viel größere Rolle spielen als in dem der schejnen. Die Unwissenden – ob Jude oder Nichtjude – neigen mehr als die schejnen dazu, einen Wahrsager aufzusuchen. Sie haben mehr Furcht vor den Hexen, deren Identität niemand genau kennt, die sich aber in jede gewünschte Form verwandeln und jedem, der sie ärgert, ernsten Schaden zufügen können. Sie schlottern schon eher vor Angst vor *rusalkes*, Wesen, halb Frau, halb Fisch, die in den Sümpfen leben und den unachtsamen Wanderer im Dunkeln ergreifen und ihn «zu Tode kitzeln».

Der Unterschied ist jedoch nur graduell, und ein Großteil des Aberglaubens wird von allen geteilt. Ein Kind jeder sozialen Stufe zum Beispiel wird aufwendig vor dem bösen Blick geschützt; ein gelehrter Mann geht so ängstlich wie jeder andere am Abend in die Synagoge, denn dann gehen auch die Geister der Toten zur schul, um zu beten.

Das Meiden von Frauen wird von den proste weniger praktiziert. Sie lassen es außer acht – wie den langen Bart und den langen Kaftan –, es ist zu unpraktisch für die «Jagd nach parnosse». Der Betrieb auf dem Markt, dem Frauen und die proste Männer gleichermaßen angehören, gibt Gelegenheit zu Begegnungen freundlicher und streitbarer Natur, aber nicht zu komplizierten Umwegen und Augenzwinkern. Auch hier gibt es natürlich eine Minderheit, die die Kontaktvermeidung mit äußerstem Eifer praktiziert. In der Regel jedoch ist die moderate, subtile und nahezu instinktive Trennung der Geschlechter, wie sie unter den schejnen selbstverständlich ist, unter den proste nicht gegeben. Im Gegenteil, ein ungezwungenes Sichmischen ist die Regel, und der gelegentliche Fanatiker liefert die Ausnahme dazu.

Es paßt ins Bild, daß die Barrieren zwischen proste Männern und den Frauen niedriger sind, denn Frauen jeder Klasse haben vieles gemein mit den proste Männern. Beiden fehlt die Gelehrsamkeit; sie sind gezwungen, einfache jiddische Bücher zu lesen anstatt der gelehrten hebräischen *ss'forim*. Beide sind bekannt für ihren Mangel an Zurückhaltung und dafür, redselig und leicht erregbar zu sein. Sie teilen die Vertrautheit mit der Landessprache und eine Einstellung, die von der der j'schiwe abweicht; sie sind mehr nach der Woche orientiert als nach dem Sabbat. In all diesen Qualitäten sind sie nach den Maßstäben des Schtetls weniger «jüdisch» als die schejnen jidn und dadurch dem Nichtjuden näher, dem goj.

Der Gegensatz zwischen jüdisch und nichtjüdisch ist die logische Folge des Kontrastes zwischen gelehrt und unwissend, wenn auch nicht identisch damit. Zu Hause und in der Synagoge werden proste wie auch schejne ständig mit der sozialen Überlegenheit des Geistigen über das Körperliche konfrontiert, und der Gelehrsamkeit über die Unwissenheit. Dieser Vergleich ist gleichzusetzen mit der Überlegenheit des jüdischen über den nicht-jüdischen «way of life» und folglich der Juden über die Nichtjuden. Im Schtetl unterstützt die Realität den Vergleich, denn die benachbarten Bauern sind Analphabeten und an den Werten, die die Juden am höchsten schätzen, nicht interessiert. Auch neigen sie mehr als die Juden zu Exzessen beim Trinken und zu Gewalttätigkeiten. Es wird dadurch leicht, das Verhalten der prostak mit dem der Nichtjuden gleichzusetzen.

Eine Reihe von Gegensätzen setzt sich schon in der Denkweise eines Schtetl-Kindes fest, das mit der Gewohnheit aufwächst, gewisse Verhaltensmuster als charakteristisch für Juden zu betrachten sowie das Gegenteil davon als charakteristisch für Nichtjuden. Bei den Juden erwartet es den Schwerpunkt auf dem Intellekt, einen Sinn für Mäßigung, Hervorhebung der geistigen Werte, Kultivierung von rationaler, zielbewußter Tätigkeit und ein «schönes» Familienleben. Bei den Nichtjuden sucht es das Gegenteil: Betonung des Körperlichen, Exzesse, blinden Instinkt, sexuelle Zügellosigkeit und rücksichtslose Macht. Die erstgenannten Merkmale sind in seinem Geiste mit jüdisch verbunden, die anderen mit gojisch.

Nicht nur der Charakter der benachbarten Nichtjuden hat diese Reihe von Annahmen bestätigt und erhalten. Auch die Art des Kontaktes zwischen den beiden Gruppen – vom Mittelalter bis zum Zweiten Weltkrieg – hat sie unterstützt. Der Kontakt, der sich fast ausschließlich auf Geschäfts- oder Verwaltungsangelegenheiten beschränkte, war meistens friedlich, in vielen Fällen sogar freundlich. Dennoch gab es Ausbrüche, in denen die Nichtjuden die Gewalttätigkeiten, den Exzess und die Unberechenbarkeit zeigten, die man ihnen unterstellte. Die meisten Juden wußten von Pogromen, entweder aus eigener Erfahrung oder aus Berichten von Augenzeugen. Sie hatten direkte Beweise dafür, daß ihre Nachbarn auf merkwürdige Art und Weise plötzlich zu Plünderern und Mördern werden konnten. Sie kannten genausogut die Rückverwandlung; wenn das Pogrom vorbei war, wurden die gleichen Mörder wieder zu Nachbarn, Kunden, Vertretern, und die Beziehungen wurden wieder aufgenommen – in alter Routine, «so, als sei nichts geschehen». Nichts war geschehen – lediglich ein Freund, ein Onkel, eine Schwester oder der Vater waren tot.

Gelegentlich hatte das Haus eines Reichen geheime Gänge zu einem anderen wichtigen Gebäude, zur Benutzung während eines Pogroms. Die Gänge mochten unbenutzt bleiben, verstopft von Sand und Staub, aber sie waren Teil der Metaphorik der Kinder, die darin herumspielten – genauso, wie die halb ausgelöschte Erinnerung Teil des geistigen Rüstzeugs eines jeden Juden war. Solche Häuser hatten auch einen Dachboden, der als Zuflucht wie auch als Lagerraum gedacht war. In Zeiten des Terrors war es dann eine instinktive Reaktion, sich im Keller oder auf dem Dachboden zu verstecken, obgleich die Pseudosicherheit, die diese Plätze boten, Isolation bedeutete und Abgeschnittensein vom Fluchtweg.

Es mag Schtetl gegeben haben, die nie ein Pogrom erlebten. «Es gab nicht viel Antisemitismus in unserem Schtetl. Jedenfalls berührte er uns nicht. Wir pflegten allerlei Geschichten zu hören, aber wir waren gut Freund mit allen unseren nichtjüdischen Nachbarn ... Ich wurde auch niemals von den nichtjüdischen Jungen verletzt oder angegriffen.» Es gab viele Juden, die für lange

Zeiträume verschont blieben. Für nicht wenige gab es aber auch Perioden, in denen sich die Kinder an Schreie von draußen gewöhnt hatten, den Lärm der eingeschlagenen Türen und den Ruf nach nicht existierender Hilfe. «Ich saß auf meinem Stuhl und las, während die Erwachsenen lauschten und zitterten.» Ein solches Kind konnte möglicherweise am nächsten Tag aus dem Fenster schauen und zusehen, wie die Schweine der Nichtjuden die Leichen jener Leute fraßen, die bis gestern noch mit ihm Tür an Tür gelebt hatten. Es paßte in das Charakterbild dieses unreinen Tieres, sich so zu verhalten, und es war unvermeidlich, daß dieses Aasfressen die Symbolik des Schweines als Objekt des Ekels noch verstärkte.

Solche Erfahrungen und Erinnerungen werden schnell in den Hintergrund gedrängt, trotzdem tragen sie zu dem Gesamtbild bei, das der Jude von den gojim hat. Es konnte kein einfaches, homogenes Bild sein. Wie alle Vorstellungen des Schtetls setzte es sich aus verschiedenen Facetten und Nuancen zusammen. Denn es gab auch gojim, die Juden während eines Pogroms schützten, selbst auf ihr eigenes Risiko hin. «Wir wurden von den Bauern versteckt, von Polen. Der Dorfälteste wollte das Geld nicht annehmen, das mein Vater ihm anbot für unsere Rettung.» Es gab auch viele, die bestochen oder gekauft werden konnten, um einen drohenden Totschlag zu verhindern.

Die Haltung des Schtetls zu sich selbst und zu den Nachbarn kann nur von den Lebensbedingungen einer Minderheitsgruppe her verstanden werden. Grundlegend für die Sicht des Schtetls von sich selbst ist die eigene Anerkennung als eine Minderheit, die nicht durch Zufall entstand, sondern auf göttlicher Absicht beruht. Das Auserwählte Volk ist klein zwischen den Horden der Ungläubigen, und das ist so, weil Gott es so wollte. Es ist nicht Aufgabe der Juden, die Menschen zu bekehren, bis alle die Wahrheit glauben; sie sollen nur ihre eigene Fackel tragen und ihre eigene Last sowie Gottes Gebote erfüllen, bis in Seiner Zeit der Messias kommen wird.

Es gibt deshalb keine Bemühungen, andere zum jüdischen Glauben zu bekehren. Im Gegenteil, es ist die Pflicht eines jeden Rabbiners, potentielle Konvertiten zu warnen, ein so schweres Joch auf sich zu nehmen, und sie möglichst davon abzubringen, sich den Reihen der Verfolgten anzuschließen. Diese Pflicht wird um so uneingeschränkter ausgeübt, als die Erfahrung gezeigt hatte, daß die Bekehrung zum Anlaß offener Feindseligkeiten gegen die Juden werden konnte.

Die Mehrheitsgruppe ist so sehr Teil des Bildes wie die Minderheit. Sie lebt ohne den Vorteil der göttlichen Wahrheit und des Gesetzes, das sie – gemäß der Legende – ablehnte. Deshalb bleiben die gojim Opfer ihrer eigenen blinden Impulse und ihrer eigenen Auswüchse. Mehr kann von ihnen nicht erwartet werden, denn sie leben im Dunkeln. Aus diesem Grunde verdient ein «guter» Nichtjude mehr Anerkennung als ein guter Jude, und ein schlechter Jude ist unendlich viel verwerflicher als ein schlechter Nichtjude.

Die Nichtjuden werden als unentbehrlicher Teil des Universums und als Opfer ihrer eigenen Beschränkung gesehen; das hilft, den Mangel an Entschiedenheit in der Haltung des Schtetls gegenüber der dominierenden Mehrheit zu erklären. Die gojim vertreten – ganz wörtlich – Höhere Gewalt. Wenn sie Verfolger sind, so sind sie auch ein Instrument der Gerechtigkeit, das die Juden für die Übertretung der Gesetze bestraft; in jedem Falle wissen sie es offensichtlich nicht besser.

Die Vorstellung von den Rollen, die beide Gruppen spielen, wird durch die Vorstellung vom Leben nach dem Tode illustriert. Den Himmel gibt es nicht nur für Juden, er ist für die «Rechtschaffenen unter den Menschen». Sie dürfen vielleicht nicht an dem ewigen pilpul teilnehmen, für den sie nicht vorbereitet und an dem sie auch nicht interessiert sind. Aber sicherlich werden sie eine Unterhaltung finden, die ihren Fähigkeiten und Vorzügen entspricht – wie die proste Männer und die Frauen.

Mit anderen Worten: Erlösung ist nicht abhängig von der Annahme des gutgeheißenen Glaubens. Sie hängt eher von der rechtschaffenen Erfüllung der Rolle ab, auf die man festgelegt wurde. Die Bedingungen sind für einen Juden viel rigoroser als für einen Nichtjuden, und die Strafen für Fehler, die ein Jude macht, sind viel härter. Das ist so, wie es sein soll, denn das Auserwählte Volk trägt die Verantwortung – noblesse oblige. So wie ein Jude – besonders, wenn er gelehrt ist – die Verantwortung für seine Gruppe trägt, so tragen die Juden als Gemeinschaft – nach der Sicht des Schtetls – die Verantwortung für jene Menschen, die nicht «auserwählt» sind.

Jene, die nicht durch den Bund verpflichtet sind, stehen außerhalb des engmaschigen Systems des Schtetls, und in dieser Hinsicht werden sie alle über einen Kamm geschoren. Da sie außerhalb sind, haben sie auch mit den Anforderungen nichts zu tun, die an die Mitglieder gestellt werden. Sie werden nicht nach ihrer Gelehrsamkeit eingestuft oder beurteilt – mizwess werden von ihnen nicht gefordert. Innerhalb der breiten Kategorie der Ungläubigen differenziert das Schtetl jedoch zwischen verschiedenen Arten von gojim und auch zwischen den Charakteren eines einzelnen Individuums in wechselnden Situationen. Der Bauer, der die Geschäfte auf dem Markt macht, unterscheidet sich von derselben Person, die am gleichen Abend in der Kneipe betrunken eine Schlägerei beginnt. Jeder Bauer unterscheidet sich von dem mächtigen Regierungsbeamten, der Steuern, Militärdienst oder einen Pogrom verfügt. Und sie alle unterscheiden sich wieder von dem hilfsbereiten «schabbes-goj», der kommt, um Sabbatlichter zu löschen und dankbar ist für ein Stück weißes Feiertagsbrot.

Das ländliche Dienstmädchen ist eine bekannte Figur im Schtetl; oft hat es ein herzliches Verhältnis zu der Familie, für die es arbeitet, und oft spricht es sogar fließend jiddisch. So ein Faktotum kann unter Umständen die Einhaltung religiöser Formen genauer nehmen als einige Mitglieder des Haushaltes. Es paßt dann auf, daß die Jungen nicht vor dem Gebet essen, erinnert die Kinder streng daran, ihre Kappe, die jarmelke, zu tragen und setzt ihre Ehre daran, die Milchtöpfe und die Fleischtöpfe rigoros voneinander zu trennen. Es gibt sogar einen Spruch: «Ein Bauernmädchen im Haushalt eines Rabbiners weiß in Fragen der Speisegesetze zu entscheiden.»

Andererseits nehmen die jüdischen Kinder von den Dienstboten aus dem Schtetl einen großen Teil ihrer Eindrücke von der Welt der Nichtjuden auf. Diese Eindrücke sind nicht nur den Kindern der Reichen zugänglich, denn auch Frauen in kleinen Verhältnissen, die in einem Laden arbeiten oder einen Stand auf dem Markt führen, haben oft eine Hilfe, ein Bauernmädchen, im Hause. Die Mädchen erzählen den Kindern wunderbare Märchen, singen ihnen Wiegenlieder in russisch oder polnisch und beginnen damit, sie mit der Landessprache vertraut zu machen. Manchmal nehmen sie das Kind auch mit in das Haus ihrer Eltern, passen aber scharf auf, daß niemand ihm verbotenes Essen gibt. Zuweilen nehmen sie es sogar mit in die Kirche, wobei kindliche Neugier mit der Schtetl-weiten Furcht in Konflikt gerät, in das Haus hineinzugehen, das zur Andacht für «deren» Gott dient. Gewöhnlich wird jedes Mitglied des Schtetls versuchen, nicht einmal daran vorbeigehen zu müssen, und falls es unvermeidlich ist, murmelt man eine Schutzformel, während man vorbeijagt. Nichtsdestotrotz wurden viele Juden bei Pogromen von humanen Priestern gerettet, die sie auf dem Kirchhof in Sicherheit brachten.

Bäuerliche Dienstboten waren oft die Hilfe in der Not, wenn Pogrome zuschlugen. Einmal wurde ein reicher Mann, ein nogid, von einer Bande von Aufrührern abgeführt, die mit Vergnügen den Regierungsauftrag: «Erschießt alle Juden!» ausführten. Einer von der Truppe war aber der Liebhaber der Dienstmagd des Mannes und hatte oft ein Gläschen Tee und ein herzhaftes Mahl in der Küche des Mannes genossen. Als er sah, wer zum Erschlagen vorgeführt wurde, rief der Junge: «Laßt ihn laufen, laßt ihn laufen, er ist ein guter Jude!» So wurde dem nogid erlaubt, nach Hause zurückzukehren. Er fand seine verletzte Frau auf dem Boden liegend, wohin man sie geworfen hatte. Sie beweinte seinen Tod, und er hatte Mühe, sie davon zu überzeugen, daß dieser zerlumpte und geschlagene Mann ihr Ehemann war und kein lebendiger Leichnam. Ein paar Tage später trank der Bauernjunge wieder sein Glas Tee in der Küche. «Wir waren betrunken», sagte er schulterzuckend. «Jetzt ist es vorbei.»

Der Druck der allgegenwärtigen Angst wird so wenig wahrgenommen wie eines Mannes Bart. Er ist immer vorhanden, doch wird er selten erwähnt, und man hat ihn für lange Zeiträume kaum im Bewußtsein. Dennoch, derjenige, auf dem er lastet, weiß, daß er ein Teil von ihm ist, ein Charakteristikum, das ihn zeichnet. Mit Blick auf den Bauern sagen die Juden oft: «Er hat keine Sorgen, wovor soll er sich fürchten? Er betrinkt sich, er schlägt seine Frau, er singt ein kleines Lied.»

Der Bauer, wenn er den Blick über die unsichtbare, allgegenwärtige Barriere wirft, die die beiden Gruppen trennt, findet den Juden auf die gleiche Weise fremd und unberechenbar wie der Jude ihn. «Juden sind widersprüchliche Leute», sagen die Polen. Es ist schwierig zu verstehen, daß ein ganzes Volk Christus ablehnen kann; wahrscheinlich ist dies für die Nichtjuden schwieriger zu verstehen als umgekehrt für die Juden, daß die Nichtjuden den Bund ablehnten. Es ist doch auch abwegig, darauf zu bestehen, daß Sonnabend der Sabbat ist, und den Sonntag so zu behandeln wie jeden Wochentag. Ihre Kleidung ist ganz anders und in den Augen der Bauern abstoßend trist. Ihre Bärte und langen schwarzen Mäntel erscheinen langweilig und unpraktisch. Ihre Eßgewohnheiten muten pervers an, besonders ihre Weigerung, das beliebte Grundnahrungsmittel der Bauern zu essen – Schweinefleisch. Wenn jede Einzelheit ihres körperlichen Daseins so sonderbar ist, können dann ihre Körper, ihre Organe ganz die gleichen sein wie die eines Christen? Das Ritual der Beschneidung erscheint barbarisch – warum foltern sie Babies? Es spielt seine Rolle in dem mächtigen Klischee vom «blutigen Juden», das sich von einem Volk entwickeln konnte, das so leidenschaftlich gegen das Zufügen von Schmerz und gegen Blutvergießen opponiert. Die Regierung verbietet dem Juden, Landwirtschaft zu betreiben oder Ackerland zu besitzen, und das ganze Leben des Bauern dreht sich um Äcker und Ernte, so daß es ihm scheinen muß, als lebe der Jude ohne grundlegende Bedürfnisse. Der Bauer hat einigen Respekt vor der Gelehrsamkeit des Juden und seiner geistigen Aufgewecktheit. Unter besonderem Druck wird er sogar einen sehr gelehrten Juden um Rat bitten. Mehr noch, wenn er auf eine Reise geht, vertraut er sein Geld einem frommen Juden zur sicheren Aufbewahrung an. Dennoch, wenn er ihn auch bewundert, mißtraut er sowohl dem Interesse am Lernen als auch der Gewitztheit, die er ihm zuschreibt. Die Geschichten des gegenseitigen Vertrauens überwiegen jedoch gegenüber Geschichten der Täuschung.

Gegensätzliche Haltungen spiegeln sich im Gebrauch der Sprache wider. Jede Gruppe benutzt auf Tiere gemünzte Ausdrücke, wenn sie von der anderen Gruppe spricht, um anzudeuten, die anderen seien unmenschlich. Stirbt ein Jude, so wird der Bauer das Wort für den Tod eines Tieres benutzen, wenn er die Begebenheit kundtut, und der Jude wird das gleiche tun beim Tode eines Bauern. Der Bauer wird sagen, daß ein Pole «umiera» und ein Jude «zdechl». Der Jude wird sagen, daß ein Jude «schtarbt» und ein Bauer «pejgert». Ein Bauer «ißt» und ein Jude «frißt», wenn der Bauer spricht. Wenn ein Jude spricht, ist es umgekehrt. Der Bauer wird sagen: «Das ist kein Mann, das ist ein Jude», und der Jude: «Das ist kein Mann, das ist ein goj.»

Für jede Gruppe repräsentiert die andere die Ungläubigen. «Ein Jude und ein Hund haben das gleiche Glaubensbekenntnis», sagen die Ukrainer. Und die Juden sagen: «Die Bauern haben keinen Gott, sie haben nur ein Brett, das nennen sie Ikone und beten es an.»

Die zwei Welten, die – verkettet und dennoch separat – in einem geografischen Raum eingeschlossen sind, sehen einander jeweils im Vorteil bei den nicht notwendigen Dingen und als unterlegen in allen Dingen, die wichtig sind. Ob nun jeder die Notwendigkeiten so definiert, daß sie zu seinen Charakteristika passen, ist irrelevant für die Überzeugungskraft oder den Effekt des gegenseitigen Verhaltens.

Über die Jahre hat jede Gruppe ihren Eindruck bei der anderen hinterlassen, und die jüdische Kultur, die nur eine kleine Fraktion der osteuropäischen Bevölkerung repräsentiert, ist unvermeidlicherweise die gewesen, die am meisten davon berührt wurde. Verschiedene Kräfte aus unterschiedlichen Richtungen haben ständig an den Rändern des harten, bleibenden Kerns der Kultur genagt. Jede Klasse und jede Gruppe hat auf ihre eigene Weise auf die besonderen Einflüsse, von denen sie berührt wurde, reagiert. Aber die gleichen Kräfte, die die Peripherie abschliffen, stärkten den Kern durch Mobilisierung und Erhärtung des Widerstandes gegen Veränderungen.

Trotz der vielen Eindrücke von außerhalb wuchs ein sehr großer Teil der Schtetl-Bevölkerung bis zum späten 19. Jahrhundert in Unwissenheit über die weitere Welt auf. Ein Junge von siebzehn, dem in den neunziger Jahren ein ins Hebräische übersetztes Buch der Geschichte Europas in die Hände fiel, erfuhr voller Verwunderung, daß es so viele Lebensarten gibt. Einer, der ein paar Jahre jünger war, weigerte sich zu glauben, daß es einen Ort gibt, in dem niemand jiddisch sprechen kann. Eine solche Haltung beschränkte sich nicht auf Jugendliche. Es wurde allgemein angenommen, daß die ganze Welt nur aus einem Schtetl am anderen bestand, bis man nach Jerusalem kam, dem größten aller Schtetl. «... die ganze Welt bestand aus Slonim, Warschau und ein paar Städten dazwischen und noch Amerika. Und was war Amerika? Amerika war New York ... Was uns betraf, lebten die Leute nur in Slonim und in ein paar Orten darum herum. Wir hatten von Moskau gehört, aber es war nur ein Name. Leute lebten dort nicht.» Raum und Zeit waren für den Unwissenden wie für den Gelehrten fließende, vage Begriffe, stets weniger real als Menschen und Gott. Die geographischen Daten der Bibel verschmolzen und wurden verwechselt mit den Namen der zeitgenössischen Länder und Städte, die von Zeit zu Zeit auftauchten. Ein paar Tage Fahrt mit dem Ortskutscher hätten einen wohl zu dem mythischen Fluß Sambation bringen können, hinter dem die zehn verlorenen Stämme Israels wohnen, die nur einmal von einem Rabbiner im Mittelalter besucht wurden.

Die Isolation war am vollständigsten während des siebzehnten und frühen achtzehnten Jahrhunderts. Von da an schlugen die Wellen von außerhalb verstärkt an die Pforten der Thora. Am Ende des neunzehnten Jahrhunderts war die Auswanderung in vollem Gange, und selbst die abgelegensten Schtetl erhielten Briefe mit amerikanischen und deutschen Briefmarken. Dennoch blieb der harte Kern im ersten Drittel des zwanzigsten Jahrhunderts erhalten, wenn auch das periphere Gebiet größer wurde. Der Kern blieb fest im Heimat-Schtetl; in anderen Teilen der Welt wurde ihm in Miniatur ein Denkmal gesetzt durch bärtige Männer in langen Kaftanen, die aus dem Herzen Manhattans mit der Untergrundbahn nach Williamsburg in ihre j'schiwe hetzen.

Die Welt der Woche ist der Welt draußen am nächsten, und sie bietet deshalb die naheliegendste Angriffsfläche für Erosionen. Nicht nur, daß die Arbeiter im Schtetl ihre traditionelle Kleidung im Interesse der parnosse veränderten; ihre Arbeit machte es erforderlich, das Schtetl zu verlassen, von einer Stadt in die andere zu reisen oder auch für eine Zeitlang Arbeit in einer anderen Stadt anzunehmen. Da sie äußeren Einflüssen ausgesetzt waren und mit traditionellen Bräuchen weniger intensiv in Berührung kamen, waren sie mehr als die schejnen leit bereit, andere Kleidung anzuziehen und andere Sitten anzunehmen.

Von der Mitte des neunzehnten Jahrhunderts an begannen Handwerker und Arbeiter, aber auch die intellektuelle Jugend, auf die Einflüsse der Arbeiterbewegungen in Rußland und Finnland zu reagieren. Die Aktivitäten der im Entstehen begriffenen Gewerkschaften trafen zusammen mit dem Aufkommen der jüdischen Sozialdemokratischen Bewegung, bekannt als der *Bund*, nicht zu verwechseln mit dem Deutschen Bund. Streik gegen die sozialen und wirtschaftlichen Traditionen wurde von den Rebellen gleichgesetzt mit Streik gegen Ausbeutung; die verschiedenen Arbeiterbewegungen richteten sich auch gegen die traditionelle Orthodoxie. Sie eröffneten sogar Schulen, um den Einfluß des traditionellen chejders zu bekämpfen – Schulen, die die hebräische Sprache und die traditionelle Lehrweise ablehnten.

Die Sprache dieser Schulen war jiddisch, die Sprache der Leute der Woche, und der Lehrplan war der einer säkularen nicht-jüdischen Schule. Viele reagierten darauf positiv, viele klammerten sich jedoch zur gleichen Zeit noch frommer an die Art und den Glauben ihrer Väter.

Einige der wohlhabenden balabatischen Kaufleute fanden es zweckdienlich, bei Gelegenheit ihren langen, einhüllenden Kaftan etwas zu lüften. Wer oft geschäftlich in der Stadt zu tun hatte, änderte seine Kleidung, jedenfalls wenn er von zu Hause weg war. Unvermeidbar zwangen ihn seine Reisen, andere Lebensart zu erlernen und einige Konzessionen gegenüber seiner Orthodoxie zu machen. Viele dieser reichen Geschäftsleute blieben trotzdem unbeugsam fromm. Jene Männer mochten noch so viel auf Reisen sein, aber kein Versprechen von noch so großem Profit konnte sie dazu bewegen, am Sabbat zu reisen. Und traf der Morgen sie in einem Eisenbahnabteil an, das voller Nichtjuden war, so banden sie ihre Gebetsriemen um und den Gebetsschal, wandten sich nach Osten und verrichteten ihre Morgengebete, ohne einen Gedanken an ihre Mitreisenden zu verschwenden.

Wirtschaftliche Kräfte waren nur ein Aspekt des Angriffs von außen gegen die Tradition. Vom frühen neunzehnten Jahrhundert an war das Schtetl durch Regierungserlasse betroffen, die das Ziel hatten, die Juden zu «verwestlichen». Bei verschiedenen Gelegenheiten an verschiedenen Orten ordneten Erlasse an, die charakteristische Kleidung abzulegen – zumeist mit mittelmäßigem Erfolg. Effektiver und einschneidender waren die Erlasse an bestimmten Orten, die verfügten, daß Kinder die Regierungsschulen zu besuchen hatten, in denen sie in säkularen Fächern und der Landessprache unterrichtet wurden. Zeitweilig gab es in Rußland eine Verordnung, nach der jeder Rabbiner in der Lage sein mußte, die Sprache des Landes zu sprechen – eine Forderung, die gegen rabbinische Doktrin und Praxis war; denn es waren die Gelehrten, die am wenigsten mit der offiziellen Sprache vertraut waren. Eine Reaktion darauf war, daß der Rabbiner seinen besonderen Hut, das Abzeichen seiner Würde, beiseitelegte und auf der Straße einen gewöhnlichen Hut trug; so wurde er nicht erkannt und herausgefordert, das Recht auf die Position eines Rabbiners demonstrieren zu müssen. Zu einer bestimmten Zeit mußte in Galizien jedes jüdische Brautpaar eine Prüfung in der offiziellen Sprache ablegen, ohne die eine Eheschließung nicht möglich war.

Einige Eltern, die es sich leisten konnten, kauften ihre Kinder vom Besuch der säkularen Schule frei, indem sie den örtlichen Beamten bestachen; genauso wurden Jungen vom Militärdienst freigekauft. Andere Jungen gingen einen halben Tag in den chejder und die andere Hälfte des Tages in die Regierungsschule; wer es sich leisten konnte, hatte einen Hauslehrer für die geistlichen Studien.

Viele Jungen, die die säkulare Schule besuchten, lebten ein Doppelleben, was die Kleidung betraf. Während der Woche trugen sie die gleiche Kleidung wie die anderen Schulkollegen, sie legten sogar die jarmelke beiseite. Am Freitagabend legten sie wieder die traditionelle Kleidung an und identifizierten sich mit der Familie bei der Sabbatfeier. Danach kehrten sie in die Welt der Woche zurück – mit der verbotenen Kleidung und den verbotenen Büchern.

Es gab aber immer auch Jungen, die den chejder verließen und sich auf Studien konzentrierten, die traditionell als «t'rejfe» und «possel» verdammt waren. Ironischerweise gaben die offiziellen Unterdrücker damit den Jungen die Gelegenheit, ihre jugendliche Revolte gegen die Autorität zu Hause zu richten und etwas von der Freiheit zu genießen, die bis dahin nur ein paar besonders privilegierte Mädchen besessen hatten.

Die wirtschaftlichen und die von der Regierung verhängten Beschränkungen stellten einen äußeren Angriff gegen die geheiligten Traditionen dar. Von der Mitte des achtzehnten Jahrhunderts an kam es jedoch auch zu immer stärkeren Angriffen von innen. Ihre wirkungsvollste Manifestation war die Aufklärung, die *Haskala*, die von Deutschland ausging und ganz Osteuropa überschwemmte. Es war die intellektualisierte Form der Rebellion gegen Legalismus und engstirniges Dogma, die im Volk durch den Chassidismus Ausdruck fand. Charakteristischerweise wurde die Revolte der Intellektuellen gegen die geistige Tyrannei mit den Waffen des Intellekts geführt.

Die Haskala wurde auf hebräisch, in der «heiligen Sprache», verbreitet. Nur durch dieses Medium konnte man die Gelehrten erreichen, denn jiddisch oder eine andere säkulare Sprache hätten sie nicht gelesen. Zum ersten Mal wurden Zeitungen und Magazine auf hebräisch geschrieben, auch Bücher über Geografie, Geschichte und sogar Romane und Gedichte – bekannt als die «Bücher mit den kurzen Zeilen». Die belles lettres wurden akzeptiert, nicht als l'art pour l'art, sondern wegen ihres Ziels, ihres unvermeidlichen tachlis, den Horizont jener zu erweitern, die in einer engen Welt gelebt hatten.

Die jüngeren Gelehrten und einige ältere, die durch den Reiz von Musik, lebhafter Kleidung und sorgenfreiem Vergnügen nicht beeinflußt werden konnten, reagierten auf den Reiz des intellektuellen Wachstums und Abenteuers. Mit Stirnrunzeln betrachtet und sogar von den überzeugten Traditionalisten verfolgt, drängten sie trotzdem zu den Normen der Aufklärung. Es entwickelte sich ein mächtiger «Untergrund» von Verstand und Geist, der dem erregenden Gefühl von Rebellion und neuer Erfahrung den Reiz der Konspiration hinzufügte.

Gruppen von Jungen trafen sich heimlich, um im Wald Schillers Gedichte zu lesen. Volkstümliche Darstellungen von Darwins Theorie, in kleinen Büchern auf hebräisch gedruckt, wurden in die j'schiwe geschmuggelt und unter der schützenden Gemara gelesen.

Auf Dachböden und Aborten las man die Romane von Mapu, einem populären und verbotenen Schriftsteller, dessen Fiktionen auf biblischen Themen basierten und der die Juden als stolz, hitzig und unabhängig schilderte – weit entfernt von der allgemeinen Resignation des Schtetls –, als glanzvolle Vertreter romantischer Liebe, die den Vorstellungen des Schtetls von der Familie und von den korrekten Studieninhalten durchaus zuwiderlief. In der Stille der Nacht, zusammengekauert über seiner schummrigen Kerze, hockte möglicherweise ein blasser j'schiwe-Junge mit jarmelke auf dem Kopf und traditionellen Schläfenlocken über den Seiten von Anna Karenina; hin- und herschaukelnd sprach er die Worte in melodischem Singsang, nur so war ihm Lesen geläufig, und dachte sich in die Identifikation mit dem schneidigen Grafen Vronsky hinein.

Gelegentlich wurde auch ein Lehrer von der Aufklärung berührt und schmuggelte ein Lehrbuch in hebräischer Sprache in die j'schiwe, vielleicht über Geschichte oder Naturwissenschaften. Anekdoten werden erzählt von einem solchen Mann, der – selbst auf das Risiko hin, seine Stellung zu verlieren – so weit ging, die interessantesten Passagen von der Klasse laut lesen zu lassen. Da alles Lesen im talmudischen Singsang vor sich ging, konnte ein Vorbeigehender annehmen, es würde ein geistlicher Text studiert.

Die Haskala hatte in der Stadt viel stärkere und weitgehendere Auswirkungen als im Schtetl. Sie war auch in einigen Regionen ausgeprägter als in anderen – in Rußland mehr als in Polen, zum Beispiel. Einige Gebiete blieben davon so gut wie unberührt. Dennoch, auch das kleinste Schtetl beherbergte wahrscheinlich wenigstens einen der *maskilim*, der Aufgeklärten – mutmaßlich eine isolierte und als etwas suspekt angesehene Person. Das Merkmal, an dem man einen maskil erkannte, war: «Er hat eine Zeitung abonniert», und die Dörfler kamen zu ihm, um die Nachrichten zu hören, selbst wenn sie gegen den Bilderstürmer wetterten, der ihnen die Informationen lieferte.

Die «Aufgeklärten» waren auch als die «Zaunbrecher» bekannt, als jene, die die schützende Barrikade gegen die Sünde niederrissen, und als *apikojrssim*, Ungläubige – ein Wort, das von dem Begriff «Epikureer» abgeleitet wurde.

Respekt vor Gelehrsamkeit jeder Art mischte sich mit dem Ärger und der Ablehnung, mit denen man die Zaunbrecher überschüttete. Ein Diplom ist immer ein Kennzeichen für Leistung – wie fehlgeleitet sie auch sein mag. Es gab sogar einen sonderbaren Spruch: «Ein Gelehrter kann kein Chassid sein, und ein Ignorant kann kein apikojress sein.»

Intensivere Schmähung wurde ausgedrückt mit dem begriff *dajtsch*, womit jemand bezeichnet wurde, der sich wie ein Deutscher kleidete. Denn es waren die deutschen Juden, die wahrscheinlich zuerst die Lebensart und die Kleidung der Mehrheit annahmen. Der Name bedeutet also: jemand, der sich assimiliert hat.

Die j'schiwe, die historische Hochburg jüdischer Tradition, war auch der Ort, an dem die Haskala am stärksten Fuß faßte. Da viele der j'schiwess in den größeren Zentren lagen, waren sie auch den dortigen Einflüssen ausgesetzt, und der intellektuelle Eifer der j'schiwe-Jungen reagierte auf den weiteren Horizont. Viele von ihnen wurden *externikes*, sie besuchten keine Klassen, sondern studierten außerhalb, um das Schlußexamen zu bestehen und dann an die Universität zu gehen. Einige gaben ihr j'schiwe-Studium ganz auf, andere setzten ihr Studium an der j'schiwe am Tage fort und studierten nachts ihre weltlichen Fächer.

Die meisten von ihnen mußten erst zusätzlich zu ihrem Studium die Landessprache erlernen, denn die jungen «Genies» waren die letzten, die die Sprache der «Ungelehrten» beherrschten. Einige der heutigen hervorragenden Gelehrten, die höchste akademische Grade europäischer Universitäten besitzen und sich großer Reputation erfreuen, waren in ihrer Jugend j'schiwe-Jungen und kannten nicht ein Wort der Landessprache.

Es wurde für die Jungen an den Gymnasien üblich, den j'schiwe-Jungen Nachhilfeunterricht zu geben. Schüler von vierzehn oder fünfzehn unterrichteten flaumbärtige j'schiwe-Jungen von neunzehn oder zwanzig Jahren. Die maskilim wendeten sich Physik, Latein und Algebra mit dem gleichen Eifer zu, mit dem sie sich dem Talmud und pilpul gewidmet hatten. Diese Jungen schafften es üblicherweise, in ein paar Jahren das achtjährige Programm des Gymnasiums zu absolvieren. Sie waren begabt genug, in den Examina den allgemeinen Widerstand gegen ihre Zulassung zu überwinden. Auch die Reaktionen auf ihre eigene befremdliche Wirkung – wenn sie etwa Latein mit talmudischem Singsang lasen oder geschichtliche Begebenheiten in gebrochenem Russisch mit starkem jiddischen Akzent aufsagten – lernten sie hinzunehmen.

Sicher war der intellektuelle Aufwand, der nötig war, diese Aufgaben zu bewältigen, nicht größer als der für die tägliche neunstündige Studienroutine, wie sie im chejder von einem Dreijährigen schon verlangt wird. Allerdings waren dort alle Umstände und alle Leute darin vereint, ihn seinem Ziel näher zu bringen. Hier versuchten alle – außer seinen Mitverschwörern – ihn davon abzubringen, einschließlich seiner Prüfer mit ihren hochgezogenen Augenbrauen, ihren beleidigten Ohren und ihrem offiziellen Antisemitismus.

Die Aufklärung eröffnete zusätzlich den Weg zu politischem Bewußtsein. Fast jeder Student, der sich von der j'schiwe trennte, wurde in die Bewegungen verwickelt, in denen Universitätsstudenten aktiv sind. Einige wurden von der Arbeiterbewegung angezogen und schlossen sich dem Bund an. Andere sahen sich von der russischen antizaristischen Bewegung inspiriert. Alle diese Einflüsse wurden von der Universität in das Schtetl getragen und entwickelten ihre widerstreitenden Strömungen, zogen Anhänger an und mobilisierten zugleich die traditionellen Kräfte.

Die jungen Leute trafen sich in Gruppen, oft unter großem Risiko, um ihre neuen Ideen und Pläne zu diskutieren. Sie lasen verbotene Literatur, die auf Zwiebelhautpapier geschrieben war, um sie leicht in den schweren, gelehrten Wälzern der j'schiwe oder in der Universität verbergen zu können. Diese Literatur war jiddisch geschrieben, so daß auch Arbeiter sie lesen konnten. Oft waren der Umschlag und die ersten Seiten die eines religiösen Buches, um es entsprechend unverdächtig erscheinen zu lassen.

Viele, die von diesen Bewegungen nicht angezogen waren, wurden Zionisten. Verglichen mit der Haskala war der Zionismus ein späterer und ganz anderer Angriff von innen, der ein materialistisch-nationalistisches Ziel anstrebte, das ganz und gar im Gegensatz stand zum Konzept des Schtetls. Die Unvereinbarkeit war so groß, daß der Zionismus bis nach dem 1. Weltkrieg einen vergleichsweise geringen Einfluß hatte. Die verlockenden Dimensionen des Geistes, die die Haskala eröffnete, waren ein Neu-Jerusalem, auf das die lernbegierigen Intellektuellen mit Begeisterung reagierten. Schließlich war es eine neue Entwicklung der Lerntradition, der Auffassung ebenbürtig, die diese Tradition genährt hatte.

Im Gegensatz dazu richtete der Zionismus seinen Appell an einen anderen Teil der Bevölkerung und bot andere Inhalte. Er bot keine Erleuchtung an, sondern einen Morgen Land, den Morgen, der durch ein Jahrtausend voll Kummer und Not erworben worden war. Diese Sichtweise erzeugte aber das Gefühl, den Wert der ausgestandenen Leiden zu vermindern wie auch das Vorrecht Gottes, zu Seiner Zeit und auf Seine Art zu wirken. Der Zionismus unternahm es, dem Messias den Rang abzulaufen. Die anfängliche Reaktion des Schtetls war deshalb, den Zionismus als eine kraß gottlose Doktrin abzulehnen. Im Laufe der Zeit – besonders nach dem 1. Weltkrieg – schlug der Zionismus jedoch in der jüngeren Generation tiefere Wurzeln.

Es war davon die Rede, daß die Kräfte von außen die Peripherie der Schtetl-Kultur angriffen, während der harte Kern blieb. Die Peripherie jedoch ist ein wesentlicher Teil der Kultur. Die Geschichte der Juden ist eine Geschichte der Akkulturation. Seit biblischer Zeit waren sie – in welcher Umgebung auch immer – eine Minorität. Das Randgebiet fungiert auf verschiedene Art und Weise als Brücke zur umgebenden Kultur. Es ist das erste Ziel für Übergriffe, eine Pufferzone und eine Quelle sich erneuernder Energie. Jeder Schlag, der an der äußeren Kante etwas abbröckeln läßt, kann gleichzeitig dazu dienen, den Kern zu stärken.

# Der Rebbe vollbringt Wunder

Unter denen, die fanatisch gegen die Einwirkungen der Außenwelt kämpften, waren die Chassidim, «die Frommen».

Über ganz Osteuropa, in Hunderten von kleinen Städtchen, sind die Residenzen der chassidischen Führer, der *zadikim,*° verstreut. Sie werden «Höfe» genannt, und ein wirklich wohlhabender Hof ist «ein Königreich für sich». Sie bestehen aus den Wohnungen des «heiligen Mannes» und seiner Familie, seiner Söhne, Töchter und deren Familien, der Dienstboten und denen für die Gäste. Eine bejss-medresch, ein Badehaus mit einer mikwe, Lagerhäuser, Ställe für die Pferde und eine gewaltig große Küche sind die notwendigen Bestandteile des Hofes. «Das Haus und der *hojf* (Hof) waren sehr groß. Stellen Sie sich vor, man brauchte eine Stunde, nur um durch den Garten zu gehen. Sie hatten ihr eigenes Treibhaus, in dem sie Feigen und Datteln zogen und alle möglichen Sorten Gemüse, die es nicht einmal in der Stadt gab. Dann hatten sie ihre eigene mikwe, ihren Zimmermann, ihren Schuhmacher, ihren eigenen *schojchet* (Schlächter); es gab alle möglichen Leute, die für sie arbeiteten. Und die Leute, die für sie arbeiteten, wurden immer mit ‹Reb› angeredet. Der schojchet, der auf dem hojf arbeitete, wurde ‹Reb Schmul› angesprochen, und der, der für die Leute arbeitete, wurde nur mit seinem Namen angesprochen. Der Rebbe und seine Frau brauchten das Gut nie zu verlassen. Und jedes Kind hatte natürlich seine eigene Zimmerflucht.»

Der Hof ist immer voll von Leuten, die dort arbeiten oder einen Besuch machen. Die ständigen Mitglieder sind die Familie des zadiks, seine verheirateten Töchter und Söhne mit ihren Familien, Hausangestellte, Lehrer der Kinder des zadiks, Kantoren und Verwalter. Die meisten zadikim haben wenigstens zwei Begleiter, einer – der gabaj – verwaltet die Angelegenheiten des «Wundermannes», und der andere erfüllt die Funktion eines persönlichen Dieners. Unter den ständigen Mitbewohnern sind auch Leute, die von den Besuchern des zadiks leben: Händler mit Devotionalien und Büchern, Straßenhändler mit Lebensmitteln und Spirituosen, Gastwirte und jene unvermeidlichen Mitläufer jeder Menschenmenge – die Bettler. Und da sind auch noch die ansässigen Nichtstuer, die davon existieren, daß sie sich «um den Hof drehen», sich den verschiedenen Feiern anschließen, am Tische des zadiks essen und auf die Gelegenheit warten, einen Extraschluck zu «ergattern».

---

° Wie bereits in der Einleitung gesagt, ist das Präsens, das in diesem Buch verwendet wird, immer die historische Gegenwart und beschreibt das Schtetl vor dem 2. Weltkrieg. Diese Verwendung sollte beachtet werden, besonders bei der Beschreibung faßbarer Erscheinungen wie z.B. des Hofs des zadik; viele allgemeine Ansichten dagegen haben in mehr oder weniger veränderter Form durch Akkulturation überlebt.

Der wichtigste Teil der Menge sind die Besucher – aus dem gleichen Ort oder von anderswo. Es sind Besucher dabei, die gekommen sind, um einige Zeit «in der Nähe des zadiks» zu verbringen, und solche, die um eine Audienz nachsuchen, um besondere Hilfe oder speziellen Rat zu erbitten. Die Größe des Hofes hängt von der Popularität des zadiks ab. Während der hohen Feiertage sind in der Residenz eines berühmten polnischen zadiks einige Tausend Chassidim, um die Tage der Ehrfurcht mit ihrem geliebten Führer zu verbringen. Einige der zadikim zählen ihre Anhänger nicht nach Tausenden, sondern nach Hunderten, und ihre Höfe sind kleiner, weniger aufwendig, jedoch auch stets mit Anhängern gefüllt. «Der Rebbe war sehr bekannt. Auf der ganzen Welt. Die meisten Leute der Stadt lebten davon, daß der Rebbe dort lebte. Sie alle machten ihr Geschäft seinetwegen ... Die Hotels, der schojchet, der Schuhmacher etc. Die Leute kamen aus der ganzen Welt, um ihn zu sehen, und gewöhnlich blieben sie recht lange dort.»

Wenn das Schtetl keinen Hof hat, so ist bestimmt eine kleine Synagoge vorhanden, in der die Anhänger des Rebbe zu Gebeten, Gesprächen und Feiern zusammenkommen können. Wenn die Anhänger verschiedener Führer dorthin kommen, so gibt es so viele Versammlungsplätze, wie es chassidische Gruppen gibt. Gelegentlich kommt auch ein zadik von seinem Wohnort in ein kleines Schtetl, um seine Anhänger zu besuchen, und verleiht dann einem seiner Chassidim die besondere Ehre, in dessen Haus zu wohnen.

Der Mittelpunkt des Hofes ist natürlich der zadik oder Rebbe, oft auch «der gute Jude» genannt. Für seine Anhänger ist er der «heilige Mann», der «Meister der Wunder», «der Vermittler». Für einige ist er gleichzusetzen mit einem Heiligen. «Weißt du, was ein zadik ist? Ich werd' es dir sagen. In der jüdischen Religion gibt es 613 mizwes. Ein durchschnittlicher Mensch kann die nicht alle befolgen. Aber einen, der all diese Dinge tun kann, alle 613 befolgt, einen solchen nennt man einen zadik.»

Gewöhnlich ist er ein Angehöriger einer Dynastie von zadikim, die ihren Stammbaum bis zurück zu dem Gründer des Chassidismus verfolgen können, dem Bal Schem Tow, oder zu einem seiner ersten Jünger. Jeder zadik ist ein «Enkel» eines berühmten Begründers einer Dynastie.

Die Hauptbeschäftigung eines zadiks ist es, Leuten zu helfen, die um Rat und Hilfe bitten und denen er Beistand leistet, indem er ihnen seine «tojre», seine Lehre, erläutert. Er mischt sich nicht in das rituelle Leben des Schtetls ein, dies verbleibt unter der Jurisdiktion des offiziellen Rabbiners, des Row. Ein zadik hat selten das Diplom, das dem Row erlaubt, seine rabbinische Funktion auszuüben, und das durch ein Kollegium von Rabbinern verliehen wird, nachdem die Studien an einer j'schiwe beendet sind. Deshalb trifft er auch keine Entscheidungen in Rechtsangelegenheiten. Im Gegensatz zu dem offiziellen religiösen Führer des Schtetls erreicht der Rebbe seine hohe Position auch nicht durch Gelehrsamkeit. Dieser Mangel an Bildung bei einigen der zadikim lieferte populären Stoff für viele Witze und für den Spott derjenigen, die den Glauben an diesen Mann nicht teilten. «Ein chassidischer Rebbe konnte ein Ignorant sein. Er war niemals examiniert, und außerdem war seine Position ja ererbt, so waren sie gewöhnlich Ignoranten. Es war wie in einer Dynastie.»

Der Grad der Beliebtheit oder die «Stellung» liegt der Position eines zadiks bei seinen Anhängern zugrunde. Er ist derjenige, der durch seine eigenen mystischen Übungen, durch seine Herkunft von und geistige Verwandtschaft mit dem großen Lehrer Bal Schem Tow oder dessen Jüngern die höchste Stellung erreicht hat, die ein Sterblicher erreichen kann, die «Stellung» eines Mittlers zwischen Gott und Seinen sündigen, unglücklichen Kindern – dem Volke Israel.

Diese Position und die Autorität, mit der sie ausgestattet ist, kann nicht durch Buchwissen erreicht werden, sondern nur durch mystische Zwiesprache mit Gott. Jedes menschliche Wesen hat einen göttlichen Funken, doch nur der zadik hat die Stufe erreicht, auf der aus dem Funken eine göttliche Flamme wird, die ihm die Macht gibt, seine Anhänger mit «Kindern, Leben und Auskommen» zu versehen.

Der zadik nähert sich Gott durch seine eigenen Bemühungen, und es ist eine Notwendigkeit für ihn, sich von den Problemen des täglichen Lebens zu lösen, ständig zu beten, zu meditieren und unablässig die Ehrfurcht vor Gott und die Liebe zu Ihm und zu Israel zu kultivieren. Er wird in seinen Bemühungen unterstützt durch seinen jichuss ovus, die Verdienste seiner Ahnen, die Nachkommen des Bal Schem oder seiner Jünger waren. Die mystischen Kräfte, sind sie einmal erlangt, werden weitergegeben vom Vater auf den Sohn und über die Tochter des zadiks sogar auf den Schwiegersohn. Sie mögen in einer Generation schwächer sein als in der nächsten, aber sie gehen niemals ganz verloren.

Jede Dynastie und damit jeder zadik hat ein besonderes *derech*, eine besondere Art, mit Gott und mit den Chassidim umzugehen; dieses derech drückt sich in den Gebeten, Melodien, Unterweisungen und im alltäglichen Verhalten aus. Der eine betet mit seinen Anhängern, ein anderer in einem separaten Raum. Einer improvisiert seine «tojre» am Tisch in Gegenwart seiner Chassidim, ein anderer isoliert sich für ein paar Stunden und kommt dann mit einer fertigen Rede wieder. Gemeinsam haben alle zadikim jedoch die grundlegende Verpflichtung, am Leben ihrer Leute teilzunehmen, sich ihre Probleme anzuhören, ihnen in ihrem Kummer zu helfen; sie haben ihre Kräfte dafür zu verwenden, das Los der Juden zu erleichtern und bei Gott etwas zu erreichen – für Seine Kinder. Der zadik muß der *melits jojscher* sein, derjenige, der für die Verteidigung der Juden eintritt, die von Gott ständig dafür bestraft werden, daß sie das Gesetz verletzen.

Die menschliche Seite des Schtetls – die Sorgen, die Krankheiten, der Kummer und die Armut – das ist sein Reich. Er hört sich das Schluchzen einer kinderlosen Frau an, sie kann sich bei ihm ausweinen. Er teilt mit seinen Chassidim die Last der parnosse, den Kampf um den Lebensunterhalt der Familie. Es ist seine Pflicht, sich Beschwerden anzuhören und die Bitten um Hilfe und Trost. Mit einem Wort der Hoffnung, mit einem Wunsch, einer magischen Formel – so tröstet der zadik den unglücklichen Chassid. Während seiner wöchentlichen Belehrungen predigt er – in der Mundart und in einfachen Worten, nicht im Stil pilpulistischer Beweisführung – Hoffnung und freudige Liebe Gottes. Bei ihm verliert Gott die ernsten Züge, mit denen er im

Talmud und im schulchn-oruch dargestellt wird. Die Merkmale von Gerechtigkeit und Bestrafung, die ständig von rabbinischen Gelehrten betont werden, werden hier durch Attribute des Erbarmens und der Liebe überdeckt.

Trotz all seiner Kraft kann ein zadik nicht allein wirken. Er muß Anhänger haben, und je mehr er hat, desto stärker ist er. Um dem Himmel näher zu sein, muß er die Last der Erde fühlen; das irdische Element sind im Leben die zoress, die Sorgen der Chassidim.

Ein zadik, der die höchste Stellung erreicht hat, «spricht buchstäblich mit Gott», direkt. Durch seinen erhabenen Status, seine Vertrautheit mit der Kabbala, seine Kenntnis des mysteriösen geheimen «Namens» (Gottes) ist er in der Lage, für seine Anhänger Wunder zu vollbringen. In dem Gebiet Osteuropas, in dem Polen und Ukrainer für jede Art von Katastrophe einen besonderen Heiligen haben, erwarten die Chassidim direkte Hilfe in jeder Krise von ihrem Wundermann.

Die wundersamen Taten des zadiks sind der Gegenstand zahlloser Geschichten, die von den Chassidim in den Pausen zwischen den Gebeten oder an den Festtafeln erzählt werden. Der zadik hat die Energie, die «Straße zu überspringen», was ihn befähigt, gewaltige Entfernungen zu überwinden, um seinen Chassidim zu helfen, wenn sie in Schwierigkeiten sind. Er hat den *kuck*, das «Gesicht», das ihm erlaubt zu sehen, was meilenweit entfernt passiert: und wirklich Gläubige sind weniger von der Genauigkeit seiner «Gesichte» berührt als von der wunderbaren Sehergabe selbst.

Besucher, die nur kommen, um in der Nähe des zadiks zu sein, bleiben manchmal für eine lange Zeit und werden unterdessen Teil der «ständigen Menge». Sie essen am Tische des zadiks, beten in seiner bejss-medresch, nehmen an den Feiern teil und hören seine tojre. Ein guter Chassid muß jedes Jahr eine gewisse Zeit im direkten Kreise seines zadiks verbringen. Sie kommen zu jeder Zeit, doch die meisten kommen zu den Feiertagen, besonders an den Tagen der Ehrfurcht. In der Saison, wenn die Chassidim von Ger ihre jährliche Pilgerreise zum Hofe ihres Führers machen, setzt die polnische Eisenbahn Sonderzüge ein, um Tausende von Gläubigen zu befördern.

Ein leidenschaftlicher Chassid verläßt oft die Familie und bleibt monatelang fort. «Ein armer Chassid, der kaum seine Frau und Kinder ernähren konnte – wenn far jontef oder far schabbes kam, verließ dieser arme Chassid seine Familie und reiste manchmal fünfzehn bis zwanzig Meilen, um ‹an den Tisch des Rebbe› zu kommen und zu feiern; und fünfzehn Meilen im Schtetl, das ist wie hundert Meilen hier per Pferd. Er nahm das bißchen Geld, das er besaß, um es als ‹Einlösung› mitzubringen. Als seine Söhne etwas älter waren, nahm er sie mit ‹an den Tisch›. Seine Frau und seine Töchter blieben zurück und mußten die Feiertage allein verbringen, oft ohne einen Pfennig, um sich etwas kaufen zu können. Die Frauen der Chassidim gingen auf die Straße und baten die Leute um Geld, um Aushilfe über die Feiertage. Und an den Feiertagen wurde ihnen das selten verweigert.»

Einige versetzen den Schmuck ihrer Frauen, um das Reisegeld zu haben. Manchmal veranstaltet eine Gruppe eine Sammlung für die Reisekosten ihrer verarmten Freunde. Arme Chassidim laufen Wochen und Monate, um den

Hof ihres Rebbe zu erreichen, bettelnd, wenn nötig; und sie legen übers Wochenende bei ihren Mitgläubigen Zwischenaufenthalte ein. Vor den Hohen Feiertagen sind die Straßen in Polen und in der Ukraine mit Chassidim verstopft, die in Gruppen marschieren oder mit Pferd und Wagen reisen. Sie halten vor den Gasthöfen und trinken, singen und tanzen voller Freude und Enthusiasmus.

«Seine Frau akzeptierte das alles als völlig natürlich, sie unterstützte es sogar. Sie glaubte, wenn ihr Mann zum Rebbe geht, und er kommt nach Hause und bringt ihr die Segenswünsche des Rebbe – so ist das viel mehr wert als Essen und Geld.» Jedoch nicht alle Frauen reagieren so. Einige von ihnen kommen zum Hofe des zadiks und schauen nach ihren Männern, auch Mütter nach ihren Söhnen. Es ist nicht ungewöhnlich, daß eine verlassene Frau kommt und ihren Mann auszankt, der mit einer Gruppe von Chassidim sitzt und feiert. Sie verflucht ihn und versucht, ihn vom Hofe zu holen, erinnert ihn an seine hungrigen Kinder und läßt sich wütend über den Einfluß des Wundermannes aus.

Da der Hof des zadiks der Treffpunkt für alle Chassidim aus dem ganzen Lande und sogar von Übersee ist, bahnen die Leute dort oft Geschäfte an oder Ehen. Ein Geschäft, eine Teilhaberschaft, eine Ehe, abgeschlossen am Hofe, haben den Vorteil, daß sie zwischen Leuten zustandekamen, die sich gleich sind, verbunden durch die Verehrung des gleichen Führers, und daß sie außerdem direkt vom zadik abgesegnet wurden.

Die zeitweiligen Besucher, die wegen eines Rates oder einer Hilfe kommen, bleiben nur so lange, bis sie den zadik gesehen und Rat und Segen empfangen haben. «Der Rebbe wurde von seinen Anhängern wegen jeder wichtigen Sache konsultiert. Er gab Rat in allen Fragen, die die Leute quälten, und er war ein sehr gelehrter Mann. Mein Vater wurde aufgrund seines Rates Schneider.»

Die meisten Probleme, die ihm vorgetragen werden, beziehen sich auf gesunt und parnosse, Gesundheit und Lebensunterhalt. Es ist einer krank in der Familie, ein Mann kommt mit seiner Frau nicht zurecht, Geschäftspartner streiten sich, ein Kaufmann steht vor dem Abschluß eines wichtigen Geschäftes, ein Vater möchte seinen Sohn vor der Einberufung bewahren – jeder kommt zum zadik und erwartet Heilung, ein Amulett, den Segen und einen Ratschlag.

«Chassidim pflegten zu ihrem Rebbe zu gehen, um ihn um Rat zu fragen; Rat wegen einer Tochter, die heiraten muß und deren Vater keine Mitgift für sie hat; Rat wegen einer ‹Partie› für seinen Sohn, und so weiter...»

Auch Frauen kommen mit ihren Sorgen zu dem Wundermann, manchmal mit ihren Kindern. Die Kranken kommen in der Hoffnung auf Wunderheilungen. Geisteskranke Jungen und Mädchen werden auf den Hof gebracht, damit der Rebbe «den dibuck austreibt». Man sagt, daß sogar Nichtjuden zu einem berühmten zadik kommen, um sich Rat oder Hilfe zu holen, und der Assistent des heiligen Mannes zeigt stolz einen Brief, in dem ein polnischer Adliger um Rat bittet. «Ich will dir sagen, selbst die Christen glaubten an unseren Rebbe. Zu Feiertagen kamen der Bürgermeister und alle die Offiziellen, um unseren

Rebbe zu begrüßen. Die ärmeren Leute kamen öfter, um sich Rat zu holen, wenn ein Baby krank war und ihre Leute es nicht heilen konnten, zum Beispiel. Der Rebbe war auf der ganzen Welt bekannt, und jedermann respektierte ihn.» Wie hochgestellt oder bescheiden der Bittsteller auch sein mag, sobald er auf dem Hofe ankommt, geht er zum gabaj, dessen Amt es ist, die *kwitl* auszuschreiben, eine kurze Notiz mit der Formulierung der Bitte. Die kwitl hat eine Standardform und muß vom gabaj ausgestellt werden, der dafür bezahlt wird. Sie identifiziert den Bittsteller mit dem Namen seiner Mutter und nicht, wie sonst üblich, mit dem des Vaters: «Nojach, Sohn der Esther, aus der Stadt Lodz, bittet um ... (ein Kind, Heilung, den Segen über ein Geschäft etc.).» Nachdem er den Bittsteller über seine Familie befragt hat, über seinen Hintergrund und seine Schwierigkeiten, gibt der gabaj die kwitl und einen mündlichen Bericht an den Rebbe weiter.

Am Tag der Audienz hat der Rebbe dann alle Notizen von sich auf dem Tisch liegen, und der gabaj ruft die Bittsteller auf, einen nach dem anderen. Der heilige Mann behandelt jeden Fall. Einer erhält ein Amulett, gewöhnlich eine geweihte Münze, oder ein Stück Pergament mit einer kabbalistischen Formel. Jener erhält eine Medizin, ein anderer die Versicherung «Gott wird dir helfen!» «Der Rebbe verspricht niemals Wunder. Er wünscht nur, daß etwas passiert und sagt: ‹Gott wird helfen›. Aber er verspricht niemals, daß ein Wunder geschehen werde. Es waren die Leute, die Anhänger, die glaubten, er könne Wunder vollbringen ... Mein Vater pflegte mir diese Geschichten zu erzählen ... Es passierte, bevor ich geboren wurde, und mein ältester Bruder, noch ein Kind, war an Diphterie erkrankt ... Der Junge erstickte langsam, und sein Tod wurde erwartet. Eine Frau wurde angestellt, die ständig bei dem Kind blieb; meine Mutter weinte und rang die Hände. Aber mein Vater bestand darauf, zum Rebbe zu gehen. Nun kann man nicht so einfach zum Rebbe gehen, wenn man meint; es gibt gewisse Zeiten, an die man sich halten muß, selbst wenn man mit ihm verwandt ist. Mein Vater ging jedoch. Der Rebbe sprach gerade die Sabbatgebete, als mein Vater hineinstürmte und rief: ‹Rebbe, mein Kind stirbt!› Alles, was der Rebbe sagte, war: ‹Geh' nach Hause, Gott wird helfen.› Und so erzählte mein Vater die Geschichte: ‹Ich kam nach Hause, und da schabbes war, hatte ich den Feiertag im Hause auszurichten. So nahm ich den *ssejfer* (religiöses Buch) und fing an zu lesen und zu singen. Plötzlich hob das Kind seinen kleinen Kopf und sagte: ‹Tate, ich bin hungrig.› So gab ich ihm ein hartes Stück Brot, und er schluckte es, und es nahm all das Zeug mit, das ihn ersticken ließ. In ein paar Tagen ging es ihm schon besser ... Ist das kein Wunder?»

Bei schwierigen Problemen, die Verwandtschaft, die Familie oder das Geschäft betreffend, kann der Rebbe Rat geben: bei Scheidung von der Frau, Eheschließung oder Auflösung einer Verlobung, Auflösung einer Teilhaberschaft, Kauf oder Ablehnung einer Ware, die einem angeboten wird. Jeder Ratschlag ist mit einem Segen verbunden. «Aberhunderte von Leuten kamen zu ihm, um sich Rat zu holen. Für jeden hatte er ganz persönliche Aufmerksamkeit. Er hörte sich jedermanns zoress an und auch die Lebensgeschichte eines jeden.» Wenn ein Chassid ein sehr wichtiges Geschäft plant, so kann er tatsächlich auch den Rebbe zum Teilhaber machen. Bei einer solchen Vereinbarung gibt der Chassid das Geld, der Rebbe seinen Segen, und der Verdienst wird gleichmäßig aufgeteilt. Viele zadikim haben ein beträchtliches Einkommen aus solchen «Beteiligungen» an Unternehmungen ihrer Anhänger. Für den Rat oder die Hilfe des Rebbe müssen die Chassidim einen *pidjan*, eine «Einlösung», zahlen, der dem gabaj gegeben wird und nicht dem Rebbe direkt. Es ist gewöhnlich ein Geldbetrag, der in irgendeiner Weise die Zahl achtzehn variiert, die in hebräisch den numerischen Wert des Wortes *chaj* darstellt, Leben oder lebendig. Einer gibt achtzehn kleine Münzen, ein anderer achtzehnhundert, ein Dritter achtzehn mal achtzehn, je nach den eigenen finanziellen Mitteln oder der Wichtigkeit der Bitte. Ein anderes System für die Berechnung der «Einlösung» ist der numerische Wert des Namens der Person, für die um Heilung oder um Rat gebeten wird. Der numerische Wert der hebräischen Buchstaben des Namens Joseph ist 156, so daß ein Vater, der kommt, um Heilung für seinen kranken Sohn Joseph zu erbitten, einen pidjan von 156 Zloty bezahlt. Die «Einlösung» sollte freiwillig angeboten werden, aber Streit, Auseinandersetzungen und Feilschen um die Höhe zwischen dem Bittsteller und dem gabaj sind gang und gäbe, besonders wenn der gabaj weiß, daß der Chassid reicher ist, als er vorgibt. «Und wenn sie dann zum Rebbe gehen wegen Rat, bringen sie ihm meistens einen pidjan. Manchmal ist es der letzte Pfennig, den sie haben. Einige Rebbe lebten nur davon und wollten keinen Rat geben ohne pidjan. Andere lehnten es ab, von Leuten, die selbst kaum etwas hatten, Geld zu nehmen.»

Zadikim, die berühmt waren und große Scharen von Anhängern hatten; besonders jene, die «Enkel» des Bal Schem Tow oder seiner nächsten Jünger waren, wurden oft ausgesprochen reich. Ihre Höfe wurden als «Königliche Höfe» bezeichnet. Chassidim erzählten dann stolz von dem «goldenen Sessel» des zadiks, von einem siebenarmigen Leuchter, der so hoch war, daß der zadik eine silberne Treppe hinaufgehen mußte, um die Kerzen anzuzünden. Solche zadikim fahren in Satin und Pelze gekleidet von Stadt zu Stadt, in eigenen luxuriösen Kutschen, gezogen von vier oder sechs Pferden. Ihre Frauen, Töchter und Schwiegertöchter tragen teuren Schmuck und sind in Samt und Seide gekleidet.

«Der Rebbe war sehr reich, und ich meine *sehr.* Die Frauen des Rebbe waren immer nach letzter Mode aus Wien, Paris und so weiter gekleidet. Alles, was sie hatten, war importiert. Sogar ihre scheitl waren aus seltener importierter Seide gemacht. Sie hatten drei oder vier davon, und jeden Monat wurden sie irgendwo nach Rußland zu einem der besten Haarkünstler gesandt, um nach der letzten Mode frisiert zu werden. Und ihre Kleider waren einfach exquisit, aus Hermelin, Samt und den teuersten Seiden. Die Rebezen, die Frau des Rebbe, hatte in ihrem Haus vierzehn Zimmer. Das Haus war mit den teuersten Landschaftstapeten dekoriert, mit Bildern von der Größe einer ganzen Wand. Ich erinnere mich, sie hatten ein weißes Wohnzimmer, es hieß ‹der weiße Salon›. In jeder Ecke hatten sie einen Ofen aus weißen Kacheln. Der Raum war so groß, daß vier Sitzgruppen Platz hatten. Eine war aus grünem Samt, den die Rebezen selbst bestickt hatte. Eine war mit echtem Silber

bestickt. Über einer Gruppe aus vier Stühlen und einem Tisch hing eine antike Sonnenuhr. Sie war aus der Zeit Kasimirs von Polen. Eine andere Gruppe war mit Perlmutt ausgelegt. In der Mitte der Decke hing ein riesiger Kristallüster, und kleine hingen an den Wänden. Sie hatten blaue Orientteppiche, sehr teure.»
Das Leben auf dem Hofe ist anders als das alltägliche Leben. Es ist so etwas wie ein ständiger Sabbat, ein dauernder «Vorgeschmack auf die zukünftige Welt».
«Es war eine Feiertagsstimmung auf dem Hofe des Rebbe, und alle vergaßen ihre Sorgen. Selbst wenn sie ihr Geld dem Rebbe gaben, so hatten sie doch Freude und Vergnügen, denn es war ihnen möglich, seinen Segen zu erhalten.» Dort kann der gläubige Chassid das «Joch» von seinen «Schultern schütteln», das den Kreislauf des Lebens bestimmt: Familie, Kinder und die «Jagd nach parnosse». «Du fragst mich, warum ich meine Frau und Kinder in Armut sitzenlasse und an den Tisch des Rebbe komme. Nu, ich werd' dir sagen, warum. Ich bin ein Mann mit acht Kindern. Ich verdien' durch meine schwere Arbeit ungefähr acht Rubel die Woche. Könnte ein *kabzn* (armer Teufel) wie ich mitten im Jahr vielleicht feiern, ohne einen Grund? Könnte ich schabbes machen zu Hause mitten in der Woche? Nein, niemals! Aber wenn ich eine Chance habe, komm' ich zum Rebbe, um zu singen und zu tanzen und ein bißchen Freude am Leben zu haben.»
Der Brennpunkt des Lebens am «Hofe» ist die fanatische Ergebenheit dem zadik gegenüber. Alles, was dort getan wird, ist mit ihm verbunden. Die Chassidim beten in seiner bejss-medresch, essen an seinem Tisch, lauschen seiner tojre, reden über seine Wunder. Sie warten auf sein Erscheinen in der Öffentlichkeit, und wenn es dann passiert ist, tauschen sie ihre Eindrücke aus. Häufige Feiern kennzeichnen das Leben am Hofe; immer wird dabei getrunken und häufig auch getanzt. Wenn ein Chassid ankommt, um ein paar Tage zu bleiben, so wird diese Gelegenheit mit einer Runde gefeiert, die er zahlt. Wenn einer glücklich ist, weil der zadik ihn empfing, so ist das wieder eine Gelegenheit zu *lechajim*, einem Schluck «auf das Leben.» Eine Verlobung, eine Hochzeit, der Abschluß eines Geschäftes – alles ist ein Grund, «einen zu nehmen». Je mehr sie trinken, um so freudiger und glücklicher sind sie, denn groß ist ihr Rebbe. Sie sind teils vom Alkohol und teils von ihrer Liebe und Ergebenheit trunken. Sie beginnen zu tanzen und «Rebbe nign» zu singen, die besondere Melodie des Rebbe, entweder von ihm oder für ihn komponiert.
Alt und jung, arm und reich – die Köpfe nach hinten geworfen, beginnen sie den Reigen um den Tisch, immer schneller und schneller und singen dabei den Lieblings-«Marsch» des Rebbe oder einen nign. Manchmal ist es nur eine Melodie ohne Worte, nur aus «ai, ai, ajajajai» bestehend, und manchmal sind es Worte zur Ehre Gottes und ihres zadiks. Sie singen es wieder und wieder. Sie trinken, aber sie betrinken sich nicht derart, daß sie ihre «Jiddischkeit» verlieren, ihren «menschlichen» Anblick. Wenn ein Chassid trinkt, dann prügelt und streitet er sich nicht «wie ein brutaler Kerl», er wird nur immer fröhlicher und froher. Alkohol, so sagen alle, erhebt die menschliche Seele auf ein höheres Niveau, bringt den Chassid seinem zadik näher, der doch nur ein paar Stufen

niedriger steht als Gott. Die Erhebung ist ein Gruppenerlebnis, ein Chassid trinkt niemals allein. «Wenn zehn Chassidim lechajim trinken, dann heben sie die Todesstrafe auf», denn die Emotionen, die bei diesem Trinkgelage frei werden, sind überzeugender als das Schicksal.

Manchmal weicht das Verhalten der Chassidim am Hofe verblüffend von dem tagtäglichen im Schtetl ab, wo sie sich allen Regeln der Respektabilität unterwerfen. Am Hofe des zadik darf ein Mann sich benehmen wie ein Chassid, auch wenn er woanders ein «schulchn-oruch-Jude» ist. Bärtige Männer, «Familienväter», respektierte Bürger dürfen während einer wichtigen Feier am Hofe jeden Sinn für Zurückhaltung verlieren, wie z. B. auf der Hochzeit eines Familienangehörigen des zadiks. Bei einer solchen volksfestähnlichen Gelegenheit strafen Ekstase und Exzeß die normalen Verhaltensstandards Lügen. Chassidim, die Bärte hinter Hals- oder Taschentüchern versteckt, die Hüte verkehrt herum auf dem Kopfe, die Ecken des langen Kaftans unter den Gürtel gesteckt, reiten schreiend auf Pferden und schwingen hölzerne Schwerter oder Peitschen. Sie galoppieren meilenweit der Hochzeitsgesellschaft entgegen, verursachen unter den Bauern Gelächter – und Verachtung bei einigen der anderen Juden, die sie als «jüdische Kosaken» verhöhnen. Am Purimfest, dem verrücktesten und lustigsten aller Feiertage, tanzen ehrwürdige Patriarchen burleske Travestien, die Gesichter mit Ruß geschwärzt, und machen ihre Späße mit jedem, den sie auf der Straße treffen.

Selbst die Sprache ist in diesem Überschwang anders als das übliche Jiddisch. Worte, Redewendungen, ganze Sätze aus dem Dialekt der benachbarten ukrainischen und polnischen Bauern sind in die Sprache der Chassidim eingeflossen, besonders in ihre Lieder. Sentimentale Strophen aus ukrainischen Liebesliedern werden unverändert übernommen und zum Lobe Gottes neu interpretiert, manchmal wegen einer Ähnlichkeit mit gewissen hebräischen Ausdrücken, manchmal wegen der mystischen Deutung, die man in sie hineinlegt. Zum Todestag des großen zadiks von Kotsk singen seine Anhänger ein volkstümliches polnisches Lied: «Er ist gestorben, der alte Schmied, der die Absätze unserer Stiefel besohlte.»

Sie feiern und trinken allerdings nicht immer. Meistens sind die Tage von ruhiger Monotonie, unterbrochen nur durch die regelmäßigen Gebete. Die Chassidim, die ihre Ersparnisse zum Feiern und Trinken ausgaben, müssen ihren Hunger nun mit trockenem Brot und eingelegten Heringen stillen. Aber selbst an diesen grauen, ruhigen Tagen hat der Chassid die Freude, mit anderen Chassidim zusammenzusein und die phantastischen Geschichten von den Leistungen seines zadiks und von der Größe des «alten Rebbe», seines Ahnen, zu hören.

Wie im Schtetl ist der Höhepunkt der Woche der Sabbat, aber dieser Sabbat ist anders. Hier ist es der Rebbe, der für den ganzen Hof «Sabbat macht» und nicht jeder Chassid für sich selbst. Jeder, der anwesend ist, wird als ojrach betrachtet, als Gast des zadiks.

Mit geringfügigen Abweichungen, je nach der «Art» des zadiks, ist der reguläre Sabbatgottesdienst der gleiche wie in jeder Synagoge. Der Hauptunterschied liegt im Verhalten der Teilnehmer. Die Chassidim sind viel inbrünstiger im Gebet, das Schaukeln ist viel intensiver, manchmal fast vehement, die Gebärde ist lebhaft – man könnte zu dem Schluß kommen, daß sie nicht zu Gott beten, sondern mit ihm streiten. Während jeder Sabbatmahlzeit sitzt der zadik «dem Tische vor». Ganz in weiß gekleidet, sitzt er am Kopfende, die männlichen Angehörigen seiner Familie neben sich, dann folgen die wichtigsten Chassidim in der Reihenfolge ihres Status nach Gelehrsamkeit oder Reichtum. Die Menge sitzt oder steht darum herum. «Der Rebbe pflegte am Kopf der Tafel zu sitzen, und es waren manchmal so zweihundert Chassidim, die mit ihm aßen. Keine Frauen, nicht einmal die Frau des Rebbe. Neben dem Rebbe saßen die wichtigen Besucher – meistens die reichen Leute, die ihm eine Menge pidjan gaben. Diese reichen Leute kamen aus der ganzen Welt – aus Amerika, aus Südafrika und von überall sonst her. Die ärmeren Leute und die mit weniger jichuss saßen am anderen Ende der Tafel, je nach ihrem Rang.»

Die Speisenfolge dieser Mahlzeit ist die jeder jüdischen Familie am Sabbat. Sowie ein Gericht serviert ist, nimmt sich der zadik davon und schiebt es dann weiter. Das ist das Signal für die Chassidim, zuzugreifen und sich die «Reste» zu nehmen, die *schrajim*. Die «schrajim zu greifen» ist das Wichtigste bei diesem Mahl. Haufen von Chassidim springen, schieben, kämpfen, um etwas von den schrajim zu ergattern, denn es ist eine mizwe, etwas davon zu probieren, und eine Medizin gegen alle Schwierigkeiten. «Der Rebbe machte kidusch und schnitt ein kleines Stück von der chale. Dann verteilte er an die neben ihm sitzenden prominenten Chassidim einige Stücke. Dann warf er kleine Stücke über den Tisch zu den anderen Chassidim. Sie griffen danach und hielten es fest, als ginge es um ihr Leben. Es ging nicht um das kleine Stück chale, sondern der Rebbe hatte es berührt, und deshalb war es heilig.»

Der Ablauf ist an den verschiedenen Höfen unterschiedlich organisiert. An einigen holen sich die Chassidim alles, was der zadik berührt hat, an anderen teilt der Heilige Mann den Fisch, das Fleisch und die chale und verteilt dann die Stücke eigenhändig «an die Auserwählten», während die anderen Chassidim «greifen», was übrig bleibt. Woanders wiederum gibt der zadik die schrajim für jeden Chassid aus, indem er ein Stück an den nächsten gibt, der es dann weiterreicht und so weiter bis an den Letzten. Auf diese Art und Weise wird das Stück schrajim fast von jedem Chassid an der Tafel berührt. «Nachdem der Sabbat gegangen war, hatten die Chassidim noch ein großes Fest im Hause des Rebbe. Ein großer Tisch war gedeckt, auf dem diverse Schüsseln mit verschiedenen Speisen standen. Der Rebbe ging herum und probierte von jedem etwas, und dann rannten die Chassidim zum Tisch und griffen sich, was übrig geblieben war. Das nannte man schrajim.»

Ein wichtiger Moment von ganz anderem Charakter ist das «tojre sagen», die Verkündung der Lehren des zadiks. Gewöhnlich findet das «tojre sagen» des Heiligen Mannes beim dritten Mahl des Sabbats statt. Der gabaj schlägt mit der Handfläche auf den Tisch, bittet um Ruhe und kündigt an: «Seid ruhig, der Rebbe möchte tojre sagen.» Die Menge wird still, hört beinahe auf zu atmen. Alle Köpfe drehen sich zum zadik, einige beugen sich vor, um besser hören zu können, einige halten die Hand hinters Ohr. Der Rebbe beginnt jiddisch zu sprechen, ruhig und langsam. Seine Augen sind halb geschlossen. Manchmal bedeckt er sie mit den Händen, manchmal streicht er seinen Bart. Während er spricht, schaukelt er mit dem Oberkörper leicht vor und zurück. Gewöhnlich ist seine Rede eine Improvisation, die auf einigen Zitaten aus dem wöchentlichen Abschnitt des Pentateuch basiert. Es ist eine Interpretation des zitierten Textes in mystisch-ethischer Richtung. Der Rebbe kümmert sich wenig um die Grammatik, um die genaue Übersetzung der Worte, um logische Verbindungen zwischen den Zitaten und dem ganzen Text. Seine Erklärungen gründen auf der «geheimen» Bedeutung der Zitate, die für gewöhnliche Sterbliche verborgen bleibt und die sich nur ihm aufgrund seiner «Stellung» eröffnet.

Seine einfachen Worte geben jenen Hoffnung, die von frühester Kindheit an in ständiger Furcht, eine der zahllosen Regeln zu verletzen, erzogen wurden. In der schul haben sie von den rabbinischen Gelehrten gelernt, daß Gelächter und übermäßige Freude «unjüdisch» seien, daß sie wegen der zahllosen Sünden im Exil lebten und ständig auf der Hut sein müßten, nicht noch weitere Sünden zu begehen. Am Hofe predigt der zadik, daß die Grundlage menschlicher Verbindung mit Gott die freudige Hoffnung ist auf Sein Erbarmen, daß Überschwang nur menschlich ist, und wenn man diesem Impuls in Frömmigkeit nachgibt, so ist dies nicht nur erlaubt, sondern geboten. Selbst in der Sünde ist ein «Funken Gottes».

Tanzen, Singen und Trinken kann echter Ausdruck der Hingabe an Gott sein. Jede Bekundung tiefer religiöser Inbrunst, egal wie unorthodox sie auch sein mag, wird von Gott beachtet. Eine chassidische Legende erzählt von einem jüdischen Hirtenjungen, der das Gebetbuch nicht lesen konnte. An dem ehrfurchtsgebietenden Versöhnungstag drückte er seine Gefühle in der Synagoge durch lautes Pfeifen aus. Die Gemeinde wollte ihn wegen seines «gojischen» Benehmens hinauswerfen, aber der zadik, der anwesend war, widersprach und erklärte, daß das «Gebet» des unwissenden Jungen die «Tore des Erbarmens» geöffnet habe – wegen seines tiefen religiösen Gefühls.

Es gibt viele Geschichten von zadikim, die menschliche Erfordernisse über rituelle Pflichten stellten. Von dem großen zadik Moische Leib Sasower wird erzählt, er sei zu dem allerwichtigsten Gebet des Jahres, dem kol-nidrej, am Versöhnungstag zu spät gekommen. Der Grund sei gewesen, daß er auf seinem Wege ein Kind habe schreien hören. Er betrat das Haus und fand das Kind allein, die Eltern waren zur schul gegangen. Er blieb bei dem Kind, spielte mit ihm, bis es eingeschlafen war, und setzte dann seinen Weg zur schul fort.

Die Worte eines zadik stehen außer jedem Zweifel, seine Taten außerhalb jeder Kritik. Er hat absolute Autorität, die kein rabbinischer Gelehrter je erreicht. Sie ist nicht auf der Gelehrsamkeit eines talmid chochm gegründet, und deshalb ist sie auch nicht Gegenstand von Diskussionen. Sie basiert auf dem reinen Glauben an des zadiks direkten Kontakt zu Gott. Falls etwas in der jüdischen Kultur die gleiche Autorität hat, so ist es die Thora, die Moses direkt von Gott diktiert wurde. Deshalb ist die Verbindung eines Chassids zu seinem Führer von der unkritischen Einstellung eines Liebhabers zu dem Objekt seiner Liebe, wie die eines ergebenen Sohnes zu seiner Mutter. Das rationale Element wird beiseite gelassen.

Diese unkritische Haltung gegenüber dem Führer ändert nicht die allgemeine Haltung gegenüber Autorität; der Chassid hebt diese besondere Verbindung vielmehr als eine Ausnahme heraus. Er zeigt sonst das übliche Verhalten eines Bürgers in einer Gemeinschaft, eines Schülers der bejss-medresch oder j'schiwe, eines Angehörigen der Gemeinde. Es gelingt ihm, seine chassidische Ergebenheit gegenüber dem zadik mit seinen traditionellen Pflichten und Einstellungen in Einklang zu bringen.

Die charakteristische Einstellung des Schtetls gegenüber Autorität spiegelt sich in der großen Anzahl von zadikim, deren «Art» erheblich variiert. Jeder hat seine Anhänger, die blind an seine Macht glauben und gegen andere Chassidim kämpfen. In endlosen Diskussionen schleudert man sich Schimpfwörter wie Ignorant, amorez, Ungläubiger, Ketzer an den Kopf, wenn verschiedene Gruppen versuchen, sich gegenseitig davon zu überzeugen, daß ihr zadik der Größte und seine «Art» die einzig wahre sei. In der Geschichte der Chassidim wimmelt es von Beschreibungen der Kämpfe zwischen Bewunderern der verschiedenen zadikim. «Es gab Kämpfe, jedoch nicht zwischen den Chassidim und ihren Gegnern. Die Kämpfe fanden zwischen den Anhängern verschiedener Rebbes statt. Eine Gruppe steht hinter dem einen Rebbe und die andere hinter dem anderen, und dann beginnen sie zu kämpfen, jede für ihren Rebbe. Ich meine nicht, daß sie sich wirklich schlugen. Nein, das gab es nicht. Aber sie redeten mit den Händen und zerrten sich an den Jacken.»

Die «Umaner Chassidim» litten unter regelrechter Verfolgung, wenn sie ihre jährliche Pilgerfahrt zum Grabe ihres geliebten Führers machten, der in der ukrainischen Stadt Uman begraben lag. Kinder der «Skverer Chassidim», die die Mehrheit in dieser Stadt stellten, warfen Steine durch die Fenster der Synagoge und störten die «Umaner» bei ihren Gebeten durch Schreie und Witze.

Ein anderer Aspekt der Haltung des Schtetls gegenüber Autorität macht die Grenzen offenbar, die sogar der Anhängerschaft der Chassidim zu ihrem zadik gesetzt sind. Wenn die «Art des Rebbe» zu weit abweicht, kommt es vor, daß die Anhänger den Führer verlassen und sich einem anderen anschließen. Der große zadik Mendel von Kotsk sah viele von ihnen seinen Hof verlassen – trotz seines gewaltigen Einflusses auf seine ergebenen Jünger. Man erzählt von ihm, er habe es gewagt, einmal die Sabbatkerzen mit seinem Pelzhut zu löschen. Obgleich viele Chassidim diese Handlung guthießen und darin so etwas wie «unverständliche Größe» und eine esoterische Bedeutung sahen, konnte eine große Anzahl diese Entweihung des Sabbats und die Verletzung eines der ernstesten religiösen Verbote nicht tolerieren.

Die Einstellung zur Autorität des zadik, die Toleranz gegenüber emotionalem Exzeß und der Sieg des religiösen Gefühls über den Gedanken weichen von alledem ab, was von der jüdischen Tradition idealisiert wird. Dennoch wurde der Chassidismus in die Tradition integriert; die von seinen Gegnern, den *misnagdim*, vertretene strenge rabbinische Form wurde durch den Chassidismus ausbalanciert und abgerundet, aber er verschmolz nie mit ihr.

Die jeweiligen Rollen dieser beiden sozio-religiösen Strömungen und ihre seltsamen Verschlingungen können nur im Zusammenhang mit dem Ursprung und der Entwicklung der chassidischen Bewegung betrachtet werden. Diese begann im frühen achtzehnten Jahrhundert und umfaßte die Mehrheit der Schtetl-Bewohner. Von den vielen Elementen, die zu ihrem Erfolg beitrugen, sind ein paar klar erkennbar. Einerseits war Chassidismus eine Reaktion auf das außerordentliche Elend der ukrainischen und polnischen Juden nach den Jahren der Zerstörung, Zerschlagung und der Pogrome am Ende des siebzehnten Jahrhunderts, als während der Revolte der ukrainischen Kosaken Tausende von Städten und Dörfern – und damit die wirtschaftlichen Grundlagen des Schtetl-Lebens – vernichtet wurden. «Ein Drittel der jüdischen Bevölkerung Osteuropas wurde ermordet, und die Juden waren in verzweifelter Verfassung.»

Andererseits war die moralische Grundlage jüdischen Lebens schwer erschüttert durch das tragische Versagen des «falschen Messias» Sabbatai Zevi, der den erschöpften Massen osteuropäischer Juden die Verwirklichung ihres ewigen Traumes versprach, um dann selbst mit dem Übertritt zum Islam zu enden. Nach diesem kurzen, hellen Feuer der Hoffnung erschien das Leben im Schtetl noch hoffnungsloser, die Zukunft noch düsterer. Die rabbinische Reaktion auf den Mystizismus und die Gefühlsbetontheit, auf die der falsche Messias seine Popularität baute, erhöhte den «Zaun» um die Thora noch durch zusätzliche Bestimmungen. Die talmudischen Gelehrten stärkten ihre Vorherrschaft, indem sie die Masse der proste praktisch zu Gefangenen zahlloser Vorschriften machten, die für die Unwissenden unverständlich waren. Das Volk im Schtetl hatte nur die Wahl zwischen verzwicktem pilpul oder blindem Gehorsam. Die reisenden Prediger, die magidim, drohten für jede Verletzung einer mizwe schreckliche Torturen in der Hölle an. Gott war den Unwissenden gegenwärtig als ein rachedurstiger und eifersüchtiger Hüter des Bundes, es gab keine Hoffnung für den Sünder.

Das gesamte Leben im Schtetl war in die «vier Quadratmeter der halacha» gezwängt, der kopflastigen Ausdeutung der Talmudregeln. Es gab keinen Platz für menschliche Gefühle, für die Nöte des «sündigen Fleisches und Blutes». Es war die Periode der unbegrenzten Macht und Autorität des schulchn-oruch und seiner Exponenten, der Rabbiner.

Dieser extreme Absolutismus lag im Gegensatz zu der langen Tradition des Judaismus, in welcher Gottes Attribute der Gerechtigkeit und Vergeltung ausbalanciert wurden durch Erbarmen und Vergebung, die ernsten Wesenszüge eines fernen Vaters gemildert wurden durch die Wärme und Nachsicht einer idealen Mutter. Die gelehrte Tradition schließt nicht nur eine rationale Erläuterung der Pflichten des Menschen gegenüber Gott ein, wie sie das Gesetz ausdrückt, sondern parallel und ergänzend auch eine literarische Tradition des emotionalen und poetischen Ausdrucks. Von der Thora, wo die trockene Aufzählung der Regeln und Vorschriften gespickt ist mit Geschichten menschlichen Leides und menschlicher Leidenschaften, über den Talmud, in dem die rationale Ausdeutung der Gesetze, die halacha, untrennbar verbunden ist mit den poetischen Legenden und Geschichten der agada, bis hin zu der parallelen Entwicklung der rabbinischen Kommentare und des Mystizismus der Kabbala stehen beide Linien nebeneinander: «schulchn-oruch-Art» und Chassidismus.

Die chassidische Bewegung begann als eine «Revolte der Ungelehrten» gegen das Regiment der Rabbiner. Ihr erster Führer war Israel Bal Schem Tow, der Meister des guten Namens, auch «Bescht» genannt – nach seinen Initialen B-Sch-T. Bescht begann seine Tätigkeit als Vertreter der unwissenden Handwerker und Arbeiter, die von den Gelehrten verabscheut wurden. Nach Ansicht der Gelehrten konnte nur Lernen das ojlem-habe sichern, so daß der ungelehrte Wirt oder Straßenhändler kaum Hoffnung auf Erlösung hatte. Bescht und seine Jünger lehnten die Vorstellung, daß Gelehrsamkeit der einzige Weg in den Himmel sei, ab. Dagegen betonten sie die Annäherung an Gott durch individuelle Gebete, durch gefühlsstarke Liebe, durch gute Werke, die nicht im Studium entstehen, sondern durch Demut gegenüber Gott und dem menschlichen Wesen. «Der Bal Schem kam und machte sie glücklich – er fand etwas Freude für sie in ihrer Existenz.» Einer der chassidischen Führer drückte den Unterschied zwischen einem Chassid und einem Misnagid wie folgt aus: «Der Misnagid fürchtet den schulchn-oruch, der Chassid fürchtet Gott.» Anstelle der bedrückenden und drohenden Reden der magidim predigten die chassidischen Führer Freude und Hoffnung, anstelle von Rache und Bestrafung Barmherzigkeit und Liebe.

Am Anfang erhoben die Chassidim die proste in eine Stellung in der Schtetl-Hierarchie, die zu erreichen sie nie zu träumen wagten. Dies wird in einer Äußerung offenbar, die man Bescht zuschreibt: «Juden sind wie eine Weinrebe; die Trauben sind die Gelehrten und die Blätter das einfache Volk. Die Blätter eines Rebstocks haben zwei wichtige Funktionen: sie sind erforderlich für das Wachstum der Rebe, und sie haben die Aufgabe, die Trauben zu schützen. Deshalb sind sie von größter Wichtigkeit, denn die Macht des Beschützers ist größer als die des Beschützten.»

Als eine religiöse Bewegung und gleichzeitig als eine Revolte gegen die «Ostwand» sah sich der Chassidismus gewaltigem Widerstand seitens der rabbinischen Gelehrten und der «upper classes» des Schtetls gegenüber. Die misnagdim waren bereit, jedes Mittel gegen den «gefährlichen Abfall» anzuwenden – Denunziation, Gefängnis, Ächtung. Eine Zeitlang betrachtete jede Gruppe eine Einheirat in die andere als fast so verwerflich wie die Heirat mit einem Nichtjuden.

Trotz ihrer offensichtlichen Unvereinbarkeit jedoch waren die beiden sozioreligiösen Strömungen – die chassidische und die rabbinische – nur zwei Aspekte der gleichen grundlegenden Verbindung der Juden mit Gott, basierten auf dem gleichen Bund. Der Chassidismus betonte das Element der Barmherzigkeit Gottes, die Hoffnung auf Seine Gnade und Sein Verständnis. Der studierte Gelehrte betonte das Element der göttlichen Gerechtigkeit und den Auftrag der Juden, ihre Pflichten zu lernen. Beide Prinzipien ergänzten einander im Grunde, und beide kamen aus der Tradition. Jedes Prinzip allein dagegen stand für einen Extremismus, der dem Grundsatz und dem Geist der Tradition widersprach.

Dementsprechend konnte keine der beiden Richtungen unverändert bleiben. Nach einer Periode extremer Antigelehrsamkeit begannen die Chassidim, in ihre Ideologie die alten Traditionen des Buchwissens und der Bewunderung des gelehrten Strebens einzuschließen. Der alte Respekt gegenüber Büchern und ihren Inhalten hatte wieder Geltung, und viele Chassidim prahlten nicht nur mit den magischen Kräften ihrer Führer, sondern auch mit deren Vertrautheit mit der geistlichen Literatur. Der Hof des zadik erfüllte weiter seine Funktion als Trost und Stütze für die Einfachen, aber er hörte auf, ein Refugium für diese allein zu sein. Gelehrte und Unwissende, Handwerker und Rabbiner, proste und schejne fingen an, zum «Rebbe zu reisen», um die Worte der Ermunterung und Hilfe zu hören, während sich alle wegen der Auslegung der Gesetze, die das tägliche Leben im Schtetl regelten, weiterhin an den row wendeten. Am Ende waren die beiden Elemente zwar miteinander zu einem Traditionsstrang verflochten – jedoch auf keinen Fall verschmolzen. Zadik und row, kabala und schulchn-oruch führten eine komplementäre Koexistenz.

Die Übereinkunft wurde durch eine Gegenströmung erleichtert, die beide bedrohte, die haskala oder Aufklärung. Die beiden Varianten des Traditionalismus erkannten die Bedrohung durch den Antitraditionalismus der haskala und rückten eng aneinander, um sich dem entgegenzustellen. Dadurch wurde aus einer Spaltung, die alle Mitglieder des Schtetls betroffen hätte, nur die Abtrennung einer Minderheit.

Der Vorgang der Integration der Chassidim in das Schtetl ist in verschiedenen Schüben vor sich gegangen und hat sich in verschiedenen Formen manifestiert. Bis zu einem gewissen Grade standen die Unterschiede im Zusammenhang mit der unendlichen Anzahl chassidischer Führer und der Vielfalt ihrer «Art». In gewissem Maße korrespondierten sie auch mit den sozialen und wirtschaftlichen Unterschieden. Sie spiegelten aber auch individuelle Unterschiede wider. Je nach seinem Temperament konnte ein Mann ein «scharfer Chassid» sein, alles seiner Leidenschaft für Gott und seinen zadik unterordnen. «Selbst wenn er wußte, daß er für die nächste Woche nichts zu essen hatte, konnten ihn keine tausend Pferde vom Tisch des Rebbe wegholen.» Oder er war nur ein «kleiner Chassid». «Mein Vater wurde manchmal ‹der kleine Chassid› genannt … Sein Chassidismus stellte sich in religiöser Exstase dar und nicht in Fanatismus. Aber es gab etwas, was er niemals tat; er ging nie weg und nahm alles Geld mit für den Rebbe. So etwas betrachtete er als völlig falsch, und darum war er eben nur ein kleiner Chassid und kein richtiger.»

Die regionalen Varianten des Chassidismus zeigten eine eigenartig klare Verwandtschaft zu dem vorherrschenden Charakter der Hauptregionen Osteuropas. Bis zu seiner Zerstörung durch die russische Revolution konnte der ukrainische Chassidismus seine ursprünglichen Charakteristika als Zuflucht für die proste und die Ungebildeten erhalten. Die ukrainischen zadikim waren selten für ihre Belesenheit bekannt, und ihre Anhänger blieben der klassische Typus des «Ignoranten», blindgläubige Anhänger der Wundermänner mit den magischen Kräften. Bis in seine letzten Tage zeugte das ukrainische Schtetl von dem traditionellen Konflikt zwischen dem rationalistischen, gelehrten Misnagid und dem emotionalen, ungeschulten Chassid.

Die Koexistenz der bejss-medresch und des Hofes war am harmonischsten in den polnischen Schtetl mit dem typischen polnischen zadik, der ein großer Gelehrter war, und seinen Anhängern, die gewissenhaft die zahllosen Ge- und Verbote des schulchn-oruch befolgten. Es ist das polnische Muster, nach dem ein Chassid sein Leben über den Büchern verbringt, wenn er nicht am Hofe des zadiks ist, und nach dem ein Kind das traditionelle System im chejder annimmt ebenso wie die chassidische Ideologie am Hofe des Rebbe, wohin der Vater es mitnimmt.

Die Litauer, die «Litwak», bekannt als kühle, rationalistische Skeptiker, waren am resistentesten gegenüber der chassidischen Ideologie. Wilna blieb eine anti-chassidische Festung, umschlossen von einem Wall dicker Wälzer. Die ekstatischen Gesänge der Chassidim machten wenig Eindruck auf die litauischen talmid-chochem, und die Wunder des Rebbe waren nur gut als Stoff für Witze über die «chassidischen Ignoranten». Nichtsdestotrotz, nach und nach drangen die ethischen Aspekte der Lehren des Bescht, die Ideale der Liebe zu Gott und Israel, sogar in die litauischen Schtetl ein und trugen zur Formierung eines merkwürdig intellektualisierten Chassidismus bei. Der Rabbiner Schneour Zalman aus Lady, «der alte Row», war der Gründer dieser Form von rationalistischem Chassidismus, der vollkommen frei war von magischen Elementen und auf der Grundlage von drei Prinzipien ruhte: chochme, bina, daat – Intelligenz, Verständnis, Wissen. Die ersten Buchstaben der drei hebräischen Worte formten das Wort *chabad,* welches der offizielle Name der Bewegung ist, die allerdings besser unter dem Namen Lubawitscher Chassidismus bekannt ist. Die Dynastie stammt nämlich vom «alten Row» ab, der in dem Schtetl Lubawitsch sein Amt ausübte. Im Chabad-Chassidismus ist die mystische Verbindung der Menschen mit ihrem Schöpfer aufs höchste intellektualisiert, und die chassidischen Prinzipien der Liebe und des Erbarmens gegenüber menschlichen Wesen beruhen dort nicht auf emotionaler Sentimentalität, sondern auf den rationalen Prinzipien der Ethik und Philosophie.

Da jede Gruppe, Misnagdim und Chassidim, ihren Extremismus mäßigte und der anderen einen Platz in der Schtetl-Welt ließ, verlor der Gegensatz zwischen ihnen unvermeidlich an Heftigkeit. Heiraten zwischen den Gruppen wurden weniger übelgenommen als vorher, obgleich manche noch immer dagegen waren. «Es gab wegen meiner Hochzeit Einwände von beiden Seiten. Zuerst wollte seine Familie es nicht, denn Chassidim sind im allgemeinen nicht sehr glücklich, wenn ihre Töchter und Söhne in misnagdische Familien hineinheiraten. Sie ziehen es vor, daß ein Chassid einen Chassid heiratet. Und ich nehme an, man darf ihnen keinen Vorwurf machen.» Dennoch sind solche Hochzeiten üblich und erregen keineswegs immer Widerstand. «Meine Schwester ist mit einem Chassid verheiratet und auch noch einem guten … Ich kann mich nicht erinnern, daß irgend jemand etwas gegen die Heirat hatte.»

Daß etwas von dem Antagonismus blieb, wird durch Ausdrücke offensichtlich, die jede Gruppe für die andere verwendet, und durch Charakteristika, mit denen jede die andere ausstattet. «Der misnagid hält die trockene Thora hoch, die Fakten der Lehre, er hat keine Sabbatseele, er hat keine innere Flamme.

Und natürlich hat er nicht die fanatische Auffassung von Religion, wie sie der Chassid hat.» Auf der anderen Seite: «Die Chassidim haben eine vollkommen andere Auffassung von Religion. Sie dienen Gott mit Freude und Vergnügen, und deshalb sind sie so gefühlsbetont, wenn sie beten. Sie sind jedoch im Ganzen nicht so gebildet ... Meine persönliche Meinung ist, daß die Chassidim glücklicher sind als die Misnagdim. Sie sorgen sich um nichts.» Im Extremfall stellt das Bild, das sich ein Chassid von einem Misnagid macht, immer noch den «Bart ohne den Juden» dar, während das Bild des Misnagid von einem Chassid leicht zu Witz und Karikatur verzerrt wird. «Weißt du, vor der Neujahrsfeier, wenn du zum Fluß gehst und deine Taschen leerst. Also, da ist ein großer Fluß nahe S., und der Rabbiner und der Rebbe gingen dorthin mit ihren Anhängern. Unser Rabbiner, das ist der misnagdische Row, pflegte zusammen mit den Offiziellen der Stadt dorthin zu gehen. Sie trugen dann ihre jontef-Kleidung mit hohen schwarzen Hüten, und alle gingen sehr würdevoll an den Fluß. Aber die Chassidim, die machten mit den Händen einen Sitz für ihren Rebbe und trugen ihn an den Fluß. Er pflegte einen braunen Pelzhut zu tragen und lange weiße Socken und einen Satinkaftan mit Pelzbesatz. Aber sie gingen an den Fluß lieber hinten herum, denn sie wußten, wenn die Leute sie sehen, dann lachen sie. Es war auch wirklich ein lächerlicher Anblick.»

Solche Betrachtungsweise macht es leicht, zu sagen: «Chassidismus erschien unserer Familie sehr fremd.» «Die Chassidim waren recht verrückt, bei ihnen galt das Wort des Rebbe für alles.»

Der bedingungslose Glaube an den Rebbe ist für einen Misnagid schwer zu akzeptieren. «Es war sehr schwer für uns, einem zadik zu glauben, denn wir glaubten nur unserem Rabbiner. Wir glaubten zwar nicht, daß er Wunder vollbringen könnte, aber wir glaubten an seine Ehrlichkeit und an seinen Rat. Er war ein sehr ehrlicher Mann. Er nahm niemals einen Pfennig von der Gemeinde, und deshalb war sein Rat immer vorurteilsfrei.»

Vergessend, daß viele Rabbiner auch zum Hofe des zadiks gingen, ist der misnagid geneigt, die Unentbehrlichkeit des Rabbiners als Beweis für seine Überlegenheit zu nennen. «Selbst die Chassidim gehen zu dem Row, wenn ein schwieriges religiöses Problem auftaucht, und lassen es von ihm lösen. Ihr Rebbe weiß einfach nicht, wie man Entscheidungen trifft. Wissen Sie, auch die Chassidim halfen, den misnagdischen Rabbiner zu unterstützen. Sie mußten einfach zu ihm kommen, wenn sie Hilfe brauchten.»

Eine häufige Schlußfolgerung ist jedoch: obgleich «es große Unterschiede zwischen beiden Gruppen gibt ... glauben sie beide an Gott». Außerdem ist für viele die Grenze zwischen ihnen verschwommen. «In meinem Schtetl gab es keine Misnagdim und keine Chassidim. Sie waren einfach orthodoxe Juden, die zur schul gingen und zu Gott beteten.» In welchem Maße die beiden Richtungen in die Schtetl-Gesellschaft integriert sind, wird in der häufigen Umkehr der ihnen zugeschriebenen Attribute deutlich. Obgleich der Chassidismus als eine Revolte der Ungelehrten begann, gibt es Orte, wo man annimmt, daß «proste Leute Misnagdim waren. Misnagdim waren gewöhnlich nicht gebildet, sie waren arm und proste, obgleich sie nette Leute gewesen sein mögen.» In einem solchen Schtetl würden die Chassidim wild gegen die «verleumderische» Behauptung protestieren, Chassidim seien gegen das Buch-wissen.

Das Verschwinden der Grenzlinien und der gelegentliche Austausch von Wesenszügen hebt den Kontrast zwischen den grundlegenden Charakteristika der Chassidim und der Misnagdim nicht auf, sondern zeigt vielmehr, in welchem Ausmaß beide vom Schtetl absorbiert wurden. Jedes Gebiet, jede Stadt und jedes Individuum integriert in irgendeiner Weise die beiden sich gegenüberstehenden und sich doch ergänzenden Aspekte: Gerechtigkeit und Erbarmen, Rationalismus und Gefühlsbetontheit, Lehre und Glaube. Die beiden Worte «Chassid» und «Misnagid», die am Anfang die beiden gegnerischen Lager symbolisierten, wurden zu populären Persönlichkeitssymbolen. Chassid heißt der Glaubensfanatiker, er ist herzlich und emotional. Misnagid wird der genannt, der rationalistisch, kühl und skeptisch ist – und vielleicht von zweifelhafter Frömmigkeit.

# III

## . . . IN DIE GUTEN WERKE . . .

# Barmherzigkeit bewahrt vor dem Tode

Die umfassende Bedeutung des Wortes mizwe zeigt sowohl die Wichtigkeit der Gebote im täglichen Leben des Schtetls als auch die zentrale Rolle, welche «die guten Werke» innerhalb der Gebote spielen. Mizwe heißt Gebot, aber es kann auch die Handlung sein, die das Gebot erfüllt. Es ist eine mizwe, eine Waise mit einer Mitgift auszustatten, jemandem eine Anstellung zu beschaffen, die Kranken zu pflegen. Die helfende Tat kann groß oder klein sein. «Tu' mir eine mizwe», sagt ein Freund, «bring diesen Brief zum Postamt». Oder er könnte auch sagen: «Verdien dir eine mizwe», was soviel heißt wie: verdiene dir den Kredit, den du für diese mizwe erwirbst. Es ist eine mizwe, zu lernen, aber es ist auch eine mizwe, das gute Wetter auszunutzen und an einem sonnigen Tag einen Spaziergang zu machen. Eine ermüdete Frau mag nach einem schweren Tag zu Hause oder auf dem Markt sagen: «Es ist eine mizwe, daß ich heute früh zu Bett gehen werde.»

Wenn man plötzlich Glück hat, sagt man: «Es ist eine mizwe!» Wenn das Gerechtigkeitsgefühl durch die Taten eines anderen verletzt wurde und später durch dessen Niedergang wieder hergestellt wird, so sagt man: «Es ist eine mizwe auf ihn», was heißen soll: es geschieht ihm recht. Eine Mutter sagt zu ihrem Kind, das von einem Baum fiel: «Es ist eine mizwe auf dich, ich habe dich so oft gebeten, nicht auf die Bäume zu klettern.»

Eine Verletzung der Gebote, eine *awejre,* ist umgangssprachlich gleichbedeutend mit einer negativen, unerwünschten Handlung. Es ist eine awejre, am Sabbat Feuer zu entzünden, aber es ist auch eine awejre, einen unangemessenen Preis für etwas zu zahlen oder bei dreckiger Arbeit saubere Kleidung zu tragen. Nach der gleichen semantischen Logik drückt man Mitgefühl durch das Wort awejre aus, wenn etwas ungerecht erscheint. «Was für eine awejre, daß er so jung sterben mußte.»

So haben mizwe, und das Gegenteil, awejre, Bedeutungen angenommen, die über den engen Begriff Gebot oder Verletzung eines Gebotes hinausgehen, und stehen nun auch für etwas, das gesellschaftlich und kulturell gut oder nicht gut ist. Die mizwess, genau: die Befehle Gottes, sind traditionell nach Form und Funktion gruppiert. Formal sind sie getrennt nach dem obligatorischen «du sollst» und dem verbietenden «du sollst nicht». Funktional sind sie in drei Kategorien aufgeteilt, die die Beziehungen des Menschen zu Gott, zu seinen Mitmenschen und zu sich selbst definieren. Die zweite Gruppe ist der Bereich, der auch die «guten Werke», majssim-tojwim, beinhaltet. Im umgangssprachlichen Gebrauch wurde der Begriff mizwess fast zu einem Synonym von majssim-towjim.

Mit den Geboten, die das Verhältnis von Mensch zu Mensch regeln, müssen die Menschen untereinander fertig werden, obgleich Gott die Beziehungen überwacht und Verletzungen der Gebote bestraft. Sünden gegen Gott können durch Ihn am Versöhnungstage verziehen werden, wenn das ganze Schtetl Reue empfindet – mit Fasten und Tränen. Sünden, am Menschen begangen, müssen von Menschen vergeben werden, auch wenn sie durch Gott bestraft werden. «Gott vergibt, wenn sich jemand gegen Ihn versündigt, aber Er vergibt nicht, wenn sich zwei Menschen gegeneinander versündigen und einander nicht vergeben.» Dementsprechend gehen die Bewohner des Schtetls am Vorabend des großen Tages von einem Haus zum anderen, von einem Nachbarn zum anderen, machen die Runde bei allen Verwandten und bitten um Vergebung für Beleidigungen und Missetaten. Leute, die das ganze Jahr nicht miteinander sprachen, treffen sich und bitten um Verzeihung, schütteln sich die Hände, umarmen einander und gehen gemeinsam zur schul, um um Vergebung zu bitten für ihre Sünden, die sie gegen Gott begangen haben.

Zwar können nur die Menschen das Unrecht vergeben, das ihnen andere Menschen angetan haben – die «guten Werke» hingegen, die *majssim-towjim*, werden durch Ihn wie auch durch die Mitmenschen angerechnet. «In der Stunde des Hinscheidens eines Menschen begleiten ihn weder Gold noch Silber noch Edelsteine oder Perlen, sondern nur die Thora und die guten Werke.» In der letzten Abrechnung, die sein Schicksal im Jenseits bestimmt, wird er an seinen mizwess gemessen, und ein großer Posten in der letzten Bilanz werden die majssim-towjim sein, die er auf der Haben-Seite angesammelt hat.

«Gute Taten» schließen spirituelle wie auch materielle Wohltaten ein. Man kann Almosen geben, Worte des Mitgefühls, ein Darlehen, Segenswünsche, einen Rat, einen Topf heißer Suppe, und alles sind «gute Taten» – majssim-towjim oder mizwess.

Barmherzigkeit ist nur ein Teil von majssim-towjim, jedoch ein wichtiger Teil. Das meistgebrauchte Wort dafür im Schtetl ist *z'doke*. Es ist eines der hebräischen Worte, die in die jiddische Sprache eingegangen sind, und seine richtige Bedeutung ist nicht Barmherzigkeit, sondern Gerechtigkeit – «soziale Gerechtigkeit» wäre genauer in diesem Zusammenhang. Z'doke schließt alle Handlungen des Gebens ein, von der *n'dowe*, den Almosen für die Bettler, bis zu den *g'miluss-chassodim*, Wohltaten, bei denen rein materielle Hilfe verbunden ist mit dem «Zuteilwerdenlassen von liebenswürdiger Güte» und die deshalb von einer noch höheren Qualität sind.

Das Leben im Schtetl beginnt und endet mit z'doke. Wenn ein Kind geboren wird, so spendet der Vater eine bestimmte Summe zur Verteilung unter den Bedürftigen. Bei einer Beerdigung verteilen die Trauernden Münzen unter den Bettlern, die den Friedhof umschwärmen und «z'doke bewahrt vor dem Tode» skandieren.

Bei jeder Wende im Leben ist die Mahnung zu geben gegenwärtig. Bei der Beschneidungszeremonie wird der Knabe, der dem Bunde geweiht wird, im besonderen den «guten Taten» gewidmet. Jede Feier, jeder Feiertag wird von Gaben an die Bedürftigen begleitet. Jedes Haus hat seine Blechdose, in die Münzen für die verschiedenen guten Zwecke gesteckt werden. In einem Hause, das nicht so arm ist, hat man eine Reihe solcher Dosen: für die Synagoge, für die j'schiwe in der entfernten Stadt, für die Kleidung der «Nackten», für die

Pflege der Kranken usw. Passiert etwas Gutes oder etwas Schlechtes, wirft man eine Münze in die Dose. Vor dem Anzünden der Sabbatkerzen wirft die Hausfrau eine Münze in eine der Dosen.

Es wird als «unjüdisch» betrachtet, Karten zu spielen, und die schejnen leit tun es selten, es sei denn an Chanike, wenn es Brauch und deshalb richtig ist. Die proste leit, die oft spielen, haben eine separate «Bank» für die Armen. Wenn gewettet wird, so geht der Einsatz manchmal an einen der vielen Gemeinschaftsdienste. «Ich wette, daß es morgen regnet; wenn ich verliere, gebe ich so-und-so-viel an das Altersheim.»

Kinder werden zu der Gewohnheit des Gebens erzogen. Väter lassen die Söhne Almosen an die Bettler aushändigen, anstatt es selbst zu tun. Ein Kind ist oft für die wöchentlichen Spenden verantwortlich, wenn die Schnorrer ihre üblichen Runden machen. Die Geste des Gebens wird fast zum Reflex. Wenn etwas außerhalb des Üblichen passiert, sagt man einen Segensspruch und wirft eine Münze in die Dose.

Die «soziale Gerechtigkeit» des Schtetls ist nicht völlig freiwillig und nicht völlig individuell. Überwiegend allerdings ist sie das, und es gibt eine große Bandbreite für individuelles Vorgehen. Trotzdem ist sie mit der Organisation der Gemeinschaft ganz verwoben – oder stellt vielmehr den zentralen Mechanismus dar, durch den die Gemeinschaft funktioniert. Die Verbindung von individueller Wohltat mit den kollektiven Diensten der Gemeinde, die Verbindung von Freiwilligkeit mit Pflicht, von religiöser Anordnung mit bürgerlicher Verpflichtung ist für die Organisation und die Eigenart des Schtetls eine Notwendigkeit.

Das Geben einer z'doke, die Ausübung von majssim-towjim ist nicht nur die Grundlage dafür, ein guter Jude zu sein. Eine Auswahl von Sprichwörtern und Kommentaren definiert die Bereitschaft, gute Werke zu tun, als ein Merkmal des «wirklichen Juden». «Man erkennt einen Juden an seinem Mitleid», wird gesagt; man erkennt ihn an seinem «jiddischen Herz», das weich, warm und offen ist für jede Bitte; «ein Jude ist ein mitleidiger Mann»; «Mitleid zeigen mit dem Kummer anderer ist ein typisch jüdischer Wesenszug.» Dieses Merkmal der Gruppenzugehörigkeit wurde so in die Struktur der Gesellschaft eingearbeitet, daß es wie ein Kanal wirkt, durch den Besitz, Gelehrsamkeit und Dienste strömen.

Das Muster von Geben und Empfangen stellt einen Schlüsselmechanismus im Schtetl dar, grundlegend für individuelle und gemeinschaftliche Verbindungen und von höchster Wichtigkeit in dem ethischen System, auf das sich alle Verbindungen beziehen. Geben ist beides, eine Pflicht und ein Vergnügen; es ist eine Quelle himmlischer Zustimmung, aber auch eine Quelle irdischen Prestiges. Ein glücklicher Mensch ist jemand, der in der Lage ist, zu geben. Ein unglücklicher Mensch ist derjenige, der unter dem Druck steht, annehmen zu müssen. Die richtige Situation vorausgesetzt, ist das Annehmen nicht unbedingt schmerzlich – aber unter allen Umständen gilt das Geben als eine der großen Genugtuungen des Lebens.

Die guten Dinge der Welt werden als unbegrenzt und erreichbar betrachtet. Sie werden nicht für einen selbst erworben, nicht für den einzelnen allein;

daß sie weitergegeben werden, ist Teil ihres Zweckes und ihrer Natur. Wohlstand, Gelehrsamkeit und andere materielle und immaterielle Besitztümer sind fließend und werden kanalisiert, so daß sie von den Starken und Gelehrten, Reichen und Gesunden zu jenen fließen, die schwächer, ärmer, unwissender, jünger oder krank sind. Hilfe irgendeiner Art, die «aufwärts» fließt, ist «unnatürlich». Geben ist jedoch keine einfache Handlung von Altruismus, denn der Gebende profitiert davon viel mehr als der Empfänger. Die Belohnungen für Wohltaten sind vielfach und werden in diesem Leben wie auch im kommenden empfangen. Auf Erden kommt der Prestigewert der guten Taten gleich hinter dem der Gelehrsamkeit. Es ist hauptsächlich durch die Wohltaten möglich, mit Geld Status und Ansehen zu «kaufen». Einem Menschen, der als große Wohltäter bekannt ist, wird ehrenvolle Achtung, *kowed,* entgegengebracht. Nach «kowed zu jagen» ist eine Beschäftigung im Schtetl, die fast so wichtig ist, wie «nach parnosse zu jagen». Für die «Liebe zum kowed» gibt man sein Letztmögliches an Wohltätigkeit – wie auch für den «Kauf» des bevorzugten Abschnittes der Thora während der Sabbatlesung.

Eine mizwe zu erfüllen, indem man jemand Güter, Gelehrsamkeit oder andere Dienste zuteil werden läßt, bringt einem außerdem «bei dem buchführenden Engel ein Guthaben» ein. Die gesamte «Summe», die man ansammelt, bestimmt den *s'chuss,* d. h. himmlische Verdienste, von denen kowed das irdische Pendant ist. Das Los eines jeden im Leben nach dem Tode hängt mehr von der Anzahl und Qualität seiner guten Werke ab, als von irgend etwas anderem. Deshalb geht der, der gute Werke vollbringt, eine «Nachlebensversicherung» für ojlem-habe, das Jenseits, ein.

Eine populäre Legende erzählt, daß, wenn ein Mensch stirbt und seine Seele in den Himmel eintritt, sie dort von seinen guten und schlechten Werken empfangen wird und daß es von der jeweiligen Anzahl abhängt, ob die Seele im Himmel bleiben darf oder in die Hölle geschickt wird. Ein beliebter Spruch, den man als Segen oder Fluch benutzen kann, ist: «Möge dies aufsteigen, um dir wieder zu begegnen», das heißt: wenn deine Seele in den Himmel eintritt, soll sie daran gemessen werden, was du mir angetan hast.

Jemand, der reichlich spendet, wird *bal z'doke* genannt, Meister der Wohltätigkeit. Es ist einer der ehrenwertesten Titel, die man erwerben kann.

Sagt jemand mit großem Respekt: «Oh, Reb Dovidl is a grojser bal z'doke», Reb David ist ein großer Meister der Wohltätigkeit, so heißt das, daß Reb Dovidl zu der Gemeindewohlfahrt Erhebliches beiträgt, daß er immer einen ojrach hat, einen fremden Gast zu den Sabbat- und Feiertagsmahlzeiten, daß er bereit ist, ein Darlehen zu geben, wenn sein Nachbar knapp an Geld ist, daß er niemals einer Einladung zu einer Hochzeit oder Beschneidung ausweicht, daß er an allen Beerdigungen teilnimmt, die Kranken und die Trauernden besucht und ihnen Tröstliches sagt. Wenn er wohlhabend genug ist, bringt seine Frau einem Kranken Himbeersirup, die Wundermedizin des Schtetls; sie verteilt auch Borschtsch oder Mazes vor dem Passahfest. Reb Dovidls Haus ist ein «offenes Haus». Ein Almosenempfänger, ein armer Verwandter, ist immer willkommen und verläßt das Haus nicht «mit leeren Händen». Außerdem gibt der Meister der Wohltätigkeit manches, wovon nur er und Gott weiß.

Der Meister der Wohltätigkeit, der kowed auf Erden empfängt, wird im Himmel zum Meister des s'chuss. Auf Erden und im Himmel wird der durch einen selbst und die Vorfahren angesammelte s'chuss zum großen Aktivposten. Jeder einzelne muß ständig die Summe seiner Meriten durch Erfüllung von mizwess und majssim-towjim erhöhen, und meistens wird er dafür sorgen, daß andere Zeugen seiner Betätigung werden. Jeder in der schul soll sehen, wieviel Wohltätigkeit er stiftet, wie er seinen Verpflichtungen gegenüber seiner Frau und seinen Kindern nachkommt – ihr gutes Sabbatkleid, ihre Perlen, ihr Schmuck bezeugen es und die Erziehung, die er seinen Söhnen gewährt. Ob gern oder widerwillig – der fromme Jude besucht seine armen Verwandten an Feiertagen, und das Schtetl weiß dann: «Der nogid besucht sajne misch-poche.» Er trägt seinen kleinen Sohn zum chejder, und das Schtetl kommentiert mit Befriedigung: «Reb Nuchem tregt sajnen son zum m'lamed.» Für jede mizwe, ob groß oder klein, erhält er kowed, die Bestätigung der Gemeinschaft, daß er gemäß seiner Position und seinem Status lebt. Indem er Pflichterfüllung demonstriert, zeigt er der Gemeinschaft, daß sein Guthaben an s'chuss wächst.

Ideal ist es jedoch, wenn die Gemeinschaft so überzeugt von jemandes s'chuss ist, daß dieser ihn nicht zu demonstrieren braucht. Der Mann, dessen Position so frei von jedem Zweifel feststeht, kann es sich leisten, auf jeden Beweis zu verzichten. Der Gelehrte kann es sich leisten, sich und seine Frau bescheiden zu kleiden; der nogid, der dafür bekannt ist, großzügig zu spenden, kann sich etwas leisten, was man z'doke besejter nennt, verborgene Wohltätigkeit. In der Klassifizierung der verschiedenen Grade sozialer Gerechtigkeit setzt Maimonides die anonyme Spende als Nummer Sieben neben den höchsten Grad, der Verhinderung von Armut. Der große Meister der z'doke kann sich den Luxus heimlicher Wohltätigkeit leisten. Die Geschichten, die von den Wohltätern der Gemeinde erzählt werden, handeln hauptsächlich von den guten Taten, bei denen dem Begünstigten die «Schande» des öffentlichen Wissens erspart oder ihm sogar der Helfer unbekannt blieb.

Die Wichtigkeit des s'chuss wirft weiteres Licht auf die Vorstellung vom jichuss. S'chuss, die Gesamtheit himmlischer Verdienste, angesammelt durch die ganze Familie, spiegelt sich in ihrem jichuss. Gelehrsamkeit ist zwar das erste Kriterium von jichuss, aber als nächstes kommt Wohltätigkeit. Eine reiche Familie kann jichuss erwerben, denn der nogid hat die Mittel, z'doke zu verteilen, mizwess zu erfüllen und majssim-towjim zu spenden. Auffällige Wohltätigkeit wurde dadurch ein Mittel zum «sozialen Aufstieg». Es darf nicht gefolgert werden, daß die Armen von der Verpflichtung, majssim-towjim zu leisten, befreit sind. Es ist zwar offensichtlich, daß die von Fortuna Begünstigten eher in der Lage sind, Spektakuläres zu leisten, als die Armen, aber im Jenseits werden alle an den wahren Meriten gemessen. Nach den Regeln, wie sie im schulchn-oruch festgelegt sind, ist «selbst ein Armer, der Unterstützung durch Verteilung von Spenden erhält, ... verpflichtet, Wohltätigkeit zu stiften von dem, was ihm gegeben wurde». Ungeachtet der wirtschaftlichen Lage drückt sich Bewunderung oder kindlicher Stolz oft in der Darstellung der guten Taten aus: «Meine Eltern waren sehr großzügig. Selbst in schlechten

Zeiten, als wir mehrere Zusammenbrüche mit unserem Geschäft hatten, hat Vater immer noch Gäste zum Essen mit nach Hause gebracht, auch wenn wir selbst nicht mehr viel hatten ... Mutter ... sie gab im wahrsten Sinne des Wortes das letzte Hemd an die Armen.» Theoretisch ist die Ansammlung von Verdiensten im Himmel der wesentliche Grund dafür, gute Taten zu verrichten. Realer und direkter jedoch ist die soziale und psychologische Genugtuung, die auf Erden zu erlangen ist. Abgesehen vom irdischen Prestige und der himmlischen Belohnung, die einem für Großzügigkeit gutgeschrieben wird, ist da außerdem noch der Zuwachs an reinem Vergnügen. Ein Aspekt des Schtetl-Lebens, der am wenigsten verstanden wurde, ist die ausgesprochene Freude, die sich an religiöse und weltliche Pflichterfüllung knüpft. Einhaltung des Sabbats ist eine Freude und eine Pflicht; Kinder sind eine Freude; Erfüllung einer mizwe ist eine Freude. Es ist ja keineswegs so, daß einer, nur weil er die Regeln kennt, sie eben auch befolgt. Es ist auch nicht so, daß jemand, der von Kind an dazu erzogen wurde, sich – wann immer möglich – eine «mizwe zu verdienen», es nur deswegen tut. Es ist eine Empfindung von Freude damit verbunden, die aus der Tat selbst kommt und aus dem Gefühl der Identifikation mit jenen Leuten, deren Haupteigenschaft das Mitgefühl für die in Not Geratenen ist.

Im Schtetl verdecken oder verschleiern viele Faktoren die Freude an der Erfüllung von mizwess. Trotzdem ist in der Theorie die Freude immer gegenwärtig – und oft auch in der Realität. Wenn jemand dieses Vergnügen genießen kann, so wird er zu sich selbst sagen: «Es ist gut, ein Jude zu sein.»

Die weltlichen Belohnungen für majssim-towjim sind nicht auf den Prestigegewinn beschränkt. Da «Wohltätigkeit das Übel verzögert und das Leben verbessert», sind praktische Vorteile zu erwerben, indem man Gutes tut. Der schulchn-oruch nennt darüber hinaus noch ein sehr realistisches Argument, das die Wechselhaftigkeit menschlichen Geschicks betrifft: «Man sollte auch bedenken, daß das Glücksrad sich dauernd dreht, und daß man selbst oder der Sohn oder der Enkel letzten Endes vielleicht um Wohltätigkeit bitten muß.»

Die Erfahrung der Leute im Schtetl, die politische und wirtschaftliche Instabilität und Unsicherheit, bestätigt dieses Argument der Gelehrten. Es spielt vielleicht auch der Glaube daran eine Rolle, daß Gott einen Tugendhaften und Freigiebigen davor bewahren wird, ein Empfänger statt ein Gebender zu werden.

Gute Taten liegen im Bereich Mensch-zu-Mensch; und dennoch ist dieses Verhältnis – wie auch alle anderen – bestimmt durch das grundlegende Verhältnis des Menschen zu Gott. Der schulchn-oruch mahnt:»Ein Mensch sollte die Tatsache bedenken, daß er ständig den Ewigen, gesegnet sei Er, um Nahrung bittet. Und so, wie er betet, daß der Ewige sein Rufen und Flehen erhören möge, so sollte er auch das Flehen der Armen erhören.» Die Namen, die für Gott verwendet werden, legen die Parallele offen. Gott wird angerufen als «Er, der die Hungrigen speist», «Er, der die Witwen tröstet», «Er, der die Nackten kleidet», «Er, der die Kranken heilt».

Außerdem empfindet der Begüterte, daß sein Geld von Gott kommt. Es war Gott, der ihm ermöglichte oder sogar dazu verhalf, zu seinem Besitz zu kom-

men. Deshalb steht er in Gottes Schuld, und Wohltätigkeit ist der Weg, zu-
rückzuzahlen.

Es ist klar, daß die vornehmliche Belohnung für Wohltaten eher in der
Genugtuung liegt, der Geber zu sein, als in der Dankbarkeit des Empfängers.
Gleichwohl kann dieser sich direkt erkenntlich zeigen. Das erfolgt niemals in
Geld oder Naturalien, denn Geben ist immer ergänzend und selten symme-
trisch. Die Tat selbst wird nicht erwidert, aber der Empfänger hofft doch, sich
einmal in der Lage zu befinden, einem anderen gleiche Hilfe leisten zu kön-
nen. Dies ist ein positives Ziel; ist es doch eine der größten Segnungen dieser
Welt, das, was man hat, mit anderen teilen zu können – sei es Wohlstand,
Gelehrsamkeit oder Schaffenskraft.

Der Empfänger «revanchiert» sich im wesentlichen durch Achtung. Derjenige, der etwas erhält, befindet sich in der Position des Rangniedrigeren und
schuldet dem Geber Respekt, Anerkennung und eine gewisse Unterwürfig-
keit. Wo man Achtung gewährt, bietet man keine Hilfe an, jedenfalls nicht
offen, und wo man öffentlich spendet, verbeugt man sich nicht. In besonderen
Fällen wird wohl eine «Rückgabe» erwartet, aber von anderer Art.

Die Achtung und der Respekt, der dem Alter von den Jungen erwiesen wird,
zeigt wieder einmal, wieviel Wert auf das Erwachsensein gelegt wird. Das
Leben wird als ein sich ständig ausdehnendes Feld möglicher Freuden betrachtet. Es ist auch ein sich ständig erweiterndes Feld der Verantwortlichkeit;
aber die Übernahme und Erfüllung von Verantwortung ist in sich selbst eine
Freude. In dem Maße, wie man erwachsener wird – d.h. älter und älter –, ist
man in der Lage, mehr und mehr zu tun und mehr und mehr Respekt zu
erwerben. Aus solchem Blickwinkel gesehen, bedeutet Empfangen statt Geben eine Rückentwicklung vom Erwachsensein und wird deshalb als katastro-
phal angesehen. Es mag eine einfache und erfreuliche Erfahrung sein, von
jemandem etwas anzunehmen, der wesentlich gelehrter, älter und wohlhabender ist – von jemandem, der unverwechselbar der «Senior» ist. Jedoch öffentlich von jemandem etwas zu bekommen, der offensichtlich nicht der Senior ist,
kann als tief schmerzlich empfunden werden. Dementsprechend wird man
große Sorge tragen, das Gesicht des Empfängers zu wahren, wenn dieser älter
oder gelehrter ist. Zum Beispiel wird ein begüteter junger Mann, der einen
ehrwürdigen Gelehrten unterstützt, seine Spende vertraulich geben – vielleicht in einem Umschlag durch einen Boten, oder indem er den Umschlag bei
einem Besuch unauffällig auf der Tischecke liegen läßt; oder indem er ihn der
Frau des Älteren gibt. Diese Spende wird weniger als eine individuelle Wohltat betrachtet, sondern mehr als eine Verpflichtung gegenüber der Gemeinschaft. Der reiche Mann erntet mehr Kritik, wenn er sich in seiner Freigiebigkeit zurückhält, als er je Lob für seine Spende erhalten kann.

Die Armen, die Schwachen und Unwissenden fühlen, daß sie ein Recht
haben, um Hilfe zu bitten, denn die «Habenden» sind verpflichtet, mit den
«Nichthabenden» zu teilen. Es ist durchaus korrekt, um Gefälligkeiten und
Hilfe zu bitten, wenn nötig mit Protest, Geschrei und Tränen. Obgleich es
durchaus korrekt ist – übt man dennoch äußerste Zurückhaltung bei der Bitte
um materielle Hilfe, und selbst die Ärmsten leiden eher und stellen alles

mögliche an, um diese Bitte zu vermeiden. Mit vergleichsweise geringer Zurückhaltung wendet man sich an jemanden, der klüger und gebildeter ist, um ihn um Rat und Information zu bitten oder um seine Vermittlung bei der Beilegung von Streitigkeiten. Um Geld oder Güter zu bitten, das ist jedoch «etwas anderes». Es besteht geringe Gefahr, daß eine Bevölkerung verelendet, die es gewohnt ist, Wohltätigkeit als soziale Gerechtigkeit zu betrachten – denn das Empfangen kann so schmerzlich sein und das Geben so lohnend.

Das Grauen davor, eher der Empfänger als der Geber sein zu müssen, wird in vielen Sprichwörtern und Sprüchen, sogar in Gebeten ausgedrückt. Der Talmud empfiehlt: «Mach deinen Sabbat zu einem normalen Wochentag (im Hinblick auf die Mahlzeiten, fügt der Kommentator hinzu), aber nimm nicht Zuflucht zu der Hilfe deiner Mitmenschen.» Das Gebet nach den Mahlzeiten schließt die Bitte ein: «Wir flehen Dich an, o Herr, unser Gott, o laß uns nicht angewiesen sein, Ewiger, unser Gott, nicht auf die Gabe von Fleisch und Blut und nicht auf ihr Darlehn, sondern nur auf deine Hand, die volle, offene, heilige und reiche, daß wir nicht zuschanden werden und nicht beschämt werden in Ewigkeit.»

Eine Familie, die sich wirtschaftlichen Problemen gegenübersieht, wiederholt immer wieder: «Mögen wir nicht beschämt werden, und mögen wir nicht anderen Menschen zur Last fallen.» Ein Empfänger materieller Hilfe zu sein, heißt, in der Lage eines Schwachen, Untergeordneten, Abhängigen zu sein, und das heißt, beschämt zu sein.

«Wir hatten einen Gemüseladen, der manchmal recht gut ging und manchmal schlechter, weil die Leute einfach nicht bezahlten. Mutter betrieb den Laden und lehrte uns alles, was in diesem Geschäft nötig war. In der Hauptgeschäftszeit halfen wir alle ... Einige arme Juden kamen auch regelmäßig. Wir bedienten sie wie all die anderen Kunden, aber sie brauchten nicht zu zahlen. Das durfte jedoch niemand anderes merken, und doch wurde ihnen geholfen. Mutter sagte immer: um großzügig zu sein, braucht man drei Dinge: erstens die Mittel, um überhaupt geben zu können, zweitens ein gutes Herz und drittens gesunden Menschenverstand. Mit gesundem Menschenverstand kann man die Güte verdreifachen. Deshalb wurden die armen Juden auch bedient wie alle anderen Kunden, damit sie sich nicht zurückgesetzt fühlten und sich deshalb schämen mußten.»

Es ist eine mizwe, jemanden davor zu bewahren, sich schämen zu müssen, und es ist eine awejre, jemanden zu beschämen. Vollbringt man eine gute Tat – individueller oder auch kollektiver Art – so ist unbedingt zu vermeiden, daß der Begünstigte erst um Hilfe bitten muß. Das ideale Vorgehen ist, dem Bedürftigen schon Hilfe anzubieten, bevor er eine Chance hat, darum zu bitten. Im Falle eines erforderlichen Darlehens sollte idealerweise der Darlehensgeber zu dem in Not Befindlichen gehen und sagen: «Ist das ausreichend?» Die Wohltat sollte immer angeboten statt erbeten werden.

Krankheit ist jedoch ein besonderer Fall. Wenn jemand krank ist, so ist es angebracht, nach seinen Wünschen zu fragen. «Du gibst den Gesunden, du fragst die Kranken.» Die Gesunden haben die Verpflichtung, den Kränklichen beizustehen; bei einem Leiden darf man alles annehmen. Die Kranken erwarten Dienstleistungen von den Gesunden und müssen sich nicht verpflichtet fühlen, eigene Anstrengungen zu unternehmen. Man kann voraussetzen, daß für Pflege, Ernährung und ärztliche Betreuung gesorgt wird. Selbst der Kampf ums Leben sollte durch ständige Anwesenheit mitfühlender Angehöriger unterstützt werden, durch ihre Klagen und Gebete. Wenn jemand unbedacht fragt: «Möchtest du ein Glas Tee?», so könnte die Antwort sein: «Warum fragst du, stell es auf den Tisch. Bin ich krank?»

Wenn jemand Hilfe nötig hat, aber keine angeboten bekommt, so läßt er besser jemand anderen darum bitten. Es ist beschämend, für sich selbst zu bitten, aber es ist eine mizwe, für andere etwas zu erbitten. Eine Frau würde bei dem Gedanken zusammenzucken, Geld für die Aussteuer ihrer Tochter erbitten zu müssen; aber sie würde nicht zögern, es für die Tochter ihrer Nachbarin zu tun.

Vorbildliche Eltern sollten in der Lage sein, für ihre Kinder zu sorgen, aber wenn sie es nicht können, kann Hilfe von außerhalb für die Kinder angenommen werden. Diese Hilfe sollte auf eine Art und Weise gewährt werden, die die Eltern ihr Gesicht wahren läßt. Eine Waise zu sein, heißt, keine sorgenden Eltern zu haben, ein Umstand, der für die besondere Rolle der Waisen als am meisten bedauerte Wesen der Gemeinschaft verantwortlich ist. Wenn Eltern nicht selbst für ihre Kinder aufkommen können, so sollten Verwandte es übernehmen; sollten diese auch nicht in der Lage sein, dann kann Hilfe von der Gemeinschaft angenommen werden. Verwandte werden alles tun, was in ihrer Macht steht, um die Beschämung zu vermeiden, daß ein Angehöriger Hilfe von außen annehmen muß; und falls es dazu kommt, muß man jede Mühe auf sich nehmen, die Familie und den einzelnen zu schonen. «Kinder nehmen von Fremden keine Lebensmittel oder andere Geschenke an, aber nicht, weil sie ihnen nicht trauen, sondern weil mit der Annahme eine Beschämung verbunden ist. Wenn man aber etwas annimmt, so muß das Gefühl bleiben, ein Geschenk erhalten zu haben, das man nicht benötigt; denn etwas anzunehmen, wenn man es braucht, ist beschämend.»

Ein Junge, der krank wurde, hatte eine «sehr arme Mutter, und sie konnte ihm nicht helfen. Zwei Mädchen taten sich zusammen, gingen von Haus zu Haus und sammelten Geld für den Jungen. Als sie ihm das Geld schickten, sagten sie ihm, er solle seiner Mutter nicht erzählen, auf welche Art es gesammelt wurde … sie würde dann das Gefühl haben, ihr Sohn erhielte Almosen, und das würde sie sehr beschämen.»

Von einem «richtigen Juden» wird erwartet, daß er eine «mizwe sucht». Von dem Mann in der schul, der Frau zu Hause, dem Kaufmann in seinem Laden, selbst von den Kindern auf ihrem Weg in den chejder, von allen wird erwartet, daß sie sich nach einer Gelegenheit umsehen, sich eine mizwe zu «verdienen». Keiner muß sich vergebens umschauen, jeder Tag bringt viele Gelegenheiten. Es ist eine mizwe, der Nachbarin einen Topf zu leihen, einem Studenten eine schwierige Passage des Talmuds zu erklären, auf ein Kind aufzupassen, wenn die Mutter unterwegs ist und «nach der parnosse jagt», eine Einladung zu einer Hochzeit oder einer Beschneidungsfeier anzunehmen.

Jede gute Tat, die vollbracht wird, bringt einem so viel Kredit. Wenn man dagegen eine mizwe unterläßt, verringert sich nicht nur das «Guthaben», sondern es wird auch das Gebot der Hilfe für die Mitmenschen verletzt, was strafbar ist. Das «himmlische Hauptbuch» mag selten im Vordergrund des Gewissens stehen, aber für manche hängt die Erfüllung von majssim-towjim durchaus mit der Angst zusammen, nicht genug getan zu haben. Es gibt die sardonische Redensart über einen ängstlichen Heuchler, der alles, was er vollbringt, eher für die eigene Seele tut als für die Wohlfahrt anderer: «Er ist bereit, jemanden zu töten, um sich eine mizwe zu verdienen.»

Die verschiedenen Erscheinungsformen der z'doke werden nicht dem Glück oder der Laune einzelner überlassen. Das Prinzip der sozialen Gerechtigkeit macht es erforderlich, daß jedes alte, kranke, arme oder gebrechliche Mitglied der Gemeinschaft versorgt wird, immerwährend oder über eine Krise hinweg. Dementsprechend gibt es in jedem Schtetl eine Reihe von Institutionen, die sich solcher Gemeinschaftsdienste annehmen. Selbstverständlich sind sie an die Synagoge angeschlossen, die der Nabel aller Angelegenheiten im Schtetl ist. Jedes Schtetl hat seine Anzahl von Organisationen, und oft hat jede Gemeinde im Schtetl davon mehrere. Da selbst kleine Dörfer oft in mehrere Gemeinden zerfallen, gibt es keinen Mangel an Organisationen oder chewress, die der Wohltätigkeit dienen. Die Anzahl und Ausrichtung mag von Schtetl zu Schtetl variieren, aber ihre Funktionen entsprechen im allgemeinen den klassischen Vorstellungen von dem, was man unter z'doke versteht. Die Organisation Malbesch Arumin, «Einkleiden der Nackten», sorgt für Kleidung für Bedürftige, Ojscher Dalim verteilt Almosen an die Armen, die zu stolz sind, selbst «von Haus zu Haus» zu gehen.

Für ein Mädchen, das keine Aussteuer hat, gibt es den Verband Hachnossasskale, «Sorgt für die Braut», der Sammler von Haus zu Haus schickt oder aus seinem Vermögen die Aussteuer bezahlt, die Kosten der Hochzeit übernimmt und darauf achtet, daß es eine «schöne Hochzeit» wird – mit prominenten Bürgern der Gemeinde als geladenen Gästen. Für eine Waise wird durch den Verband Bejss Jessojmim, «Haus der Waisen», gesorgt, der ein Waisenhaus unterhält, und durch die Talmud-Tojre-Organisation, die die freie Schule für die Waisen und die Kinder der Armen organisiert. Bikur-chojlim deckt die Kosten der Kranken für den Arzt und die Medikamente, wenn die Familien nicht dazu in der Lage sind. Mitglieder dieses Verbandes besuchen auch Kranke und Leidende, um ihnen mit Trost und Geld, vielleicht auch mit Bettwäsche etc. zu helfen. Die Organisation kann zudem für das *hekdesch,* das Stadthospiz, verantwortlich sein, ein kümmerliches Gebäude am Rande der Stadt, «irgendwo noch hinter dem Badehaus». Im Vokabular des Schtetls wurde dieses Wort zum Synonym für den erbärmlichsten Slum. Das hekdesch kann auch von Mitgliedern der Hachnossass Orchim betrieben werden, deren Aufgabe es ist, armen Fremden Unterkunft zu beschaffen, in der Regel dadurch, daß sie sie bei bemittelten Mitgliedern unterbringen, wenn es den Fremden nicht gelingt, selbst einen Gastgeber zu finden.

Das Altersheim, Mojschew Z'kejnim, wird wieder von einer anderen Organisation unterstützt; sie kümmert sich um die sehr alten Leute, denen ihre Familien nicht helfen können, bzw. die nicht wollen, daß ihnen von ihren

Familien geholfen wird. Einige von ihnen betrachten es als das kleinere Übel, von einem unpersönlichen Fond unterstützt zu werden, zu dem alle beitragen, als von ihren Kindern abhängig zu sein – obgleich die Kinder vielleicht darum bitten, sie unterstützen zu dürfen. Die Würde des Alters kann die unpersönliche Wohltätigkeit besser verkraften als die persönliche Barmherzigkeit.

Wer stirbt, wird vom «Heiligen Verband», Chewre Kadischa, begraben, der die Aufgabe hat, «Juden in Israels Grab» zu bringen. An diesen Verband, wie auch an alle anderen gemeinnützigen Wohltätigkeitsorganisationen, zahlt jeder gemäß seinen Mitteln. Im Gegensatz zu den meisten anderen Organisationen dient Chewre Kadischa jedoch allen gleichermaßen, sowohl den Reichen als auch den Armen. Tritt ein Todesfall ein, so übernimmt die Gemeinde das Erforderliche. Die Familie ist möglicherweise vor Gram zu sehr erschüttert, um sich um die praktischen Erfordernisse zu kümmern; es ist ihr «verboten», sich mit den Beerdigungsformalitäten und mit den täglichen Angelegenheiten zu befassen. Sie hat sich mit der Trauer um den Toten, den gebräuchlichen Ritualen und Observanzen zu beschäftigen, während andere die Beerdigung ausrichten, ihr Essen bringen und alle notwendigen Dienste leisten. Ein nogid, der stirbt, hat seine Beerdigungskosten bereits viele Male gezahlt – als Abgaben an die Chewre Kadischa. Aber wenn der Augenblick kommt, wird er durch die Gemeinschaft beerdigt wie jedes andere Mitglied auch; es ist ein Teil seiner automatischen Rechte.

Hilfe – eher als Beistand zur Rehabilitation als zur Entlastung gedacht – spielt eine wichtige Rolle sowohl bei der individuellen als auch bei der kollektiven Wohltätigkeit. Die allerhöchste Form von z'doke ist, nach Maimonides, Verarmung zu verhindern. Bargeld ist immer knapp im Schtetl, und früher oder später tritt in jeder Familie einmal ein Notfall ein, für den Bargeld erforderlich ist – ob wegen Krankheit, der Vorbereitungen für einen Feiertag oder der Abwicklung einer geschäftlichen Transaktion. Dieses Geld muß durch Darlehen aufgebracht werden, und ein kurzfristiges Darlehen, ein *g'miluss-chessed*, ist eine große mizwe. «Jemand, der einem anderen Geld leiht, damit dieser weiter existieren kann, bekommt einen besonderen Kredit». Wenn möglich, wird man es vorziehen, von einem einzelnen zu borgen als von der Gemeinschaft. Jedoch besitzt nicht jeder die erforderliche Kreditfähigkeit. Denjenigen, die kein privates Darlehen bekommen können, schießt das G'miluss-Chessed aus dem Gemeinschaftsfond das Geld vor, auch ohne Zinsen. «Die Leute, die jichuss hatten, gehörten alle dem G'miluss-Chessed an, und wenn du ein Darlehen benötigtest, so mußtest du zu ihnen gehen. Sie bestimmten den Betrag, den du leihen konntest. Von einigen Leuten erbaten sie ein Pfand, aber gewöhnlich hielten sie sich damit nicht auf.»

Wird ein solches Darlehen zurückgezahlt, so erlischt damit keinesfalls die mizwe. Oft jedoch wird das, was man ein Darlehen nennt, ohne jede Erwartung einer Rückzahlung gegeben. Aus Höflichkeit wird so etwas Darlehen genannt, um den Kummer des Nehmenmüssens zu mildern. Dieser Kummer des Nehmens – wie das Verdienst des Gebens – ist besonders groß für einen ehemals reichen und nun verarmten Menschen, denn «er fühlt den Stachel der Armut und Abhängigkeit stärker als jemand, der ihn gewohnt ist».

Eine Organisation, die nur einmal im Jahr hervortritt, ist Mojess-Chitu; sie stellt ungesäuertes Brot, mazess, zur Verfügung für die Leute, die es sich nicht leisten können. Außerdem gibt sie Bargeld, damit auch die Unbemittelten sich für die Passahfeiertage mit dem Notwendigen eindecken können und die strengen rituellen Speisegesetze nicht verletzen müssen. Jeder Jude sollte die Mittel haben, die Feiertage nicht nur einzuhalten, sondern sie auch zu genießen, denn das Vergnügen ist obligatorisch. An einigen Orten gibt es keine solche Organisation für das Passahfest, und den Erfordernissen wird individuell entsprochen, so als wäre es ein immer wiederkehrender jährlicher Notfall.

Die Offiziellen der Verbände, oder chewress, werden durch die Gemeinden gewählt, obgleich die Form der Organisation örtlich und regional wie auch historisch unterschiedlich ist. Es gibt entweder eine zentrale Organisation im Schtetl, oder jede Synagoge hat ihren separaten Verband, der sich nur um die eigenen Mitglieder kümmert. Einige kleine Orte haben nicht das ganze Spektrum verschiedener Organisationen und überlassen gewisse Funktionen der individuellen Initiative. Gilde-Synagogen kümmern sich gewöhnlich nur um ihre Zunftmitglieder und chassidische Höfe nur um die Anhänger ihres eigenen Rebbe. Wie auch immer die Struktur der Organisation aussieht, jeder zahlungsfähige Einwohner des Schtetls nimmt auf die eine oder andere Weise an den guten Taten seiner Gemeinschaft oder seiner besonderen Gruppe teil.

Bei allen Gemeindediensten ist es schwierig, eine scharfe Grenze zu ziehen zwischen individueller und kollektiver Wohltätigkeit. Im Schtetl gibt es eine solche Grenze nicht. Die zwei Arten von Wohltaten – organisierte und informelle – sind hinsichtlich Funktion und Beteiligung miteinander verwoben. Es sind die gleichen Leute, die privat und kollektiv in den majssim-towjim führend sind. Manchmal handeln sie allein, und manchmal mobilisieren sie andere, zu handeln. Oft wird auch die Gruppenaktivität durch eine Gruppenentscheidung in Gang gesetzt, in anderen Fällen wiederum gibt die Initiative eines einzelnen den Anstoß. Manchmal erfolgt die Unterstützung durch einen einzelnen, damit der Empfänger nicht zu einer Organisation gehen muß; dann wiederum gibt die Organisation, so daß der Bedürftige nicht «von Haus zu Haus» gehen muß. Ein einzelner Spender füllt gegebenenfalls auf, was die Organisation nicht aufgebracht hat; oder eine Organisation gibt einen Zuschuß, wenn die Spende eines einzelnen nicht alles deckt, was benötigt wird.

Natürlich sind die aktiven Mitglieder die Gelehrten und die Reichen; die Männer, die an der Ostwand sitzen, die «Gesichter». Ihren Ruf als schejne jidn verdanken sie zum Teil ihrer vorbildlichen Haltung zum Wohle der Gemeinschaft. Wie wir bereits gesehen haben, setzt die genaue Bezeichnung «schejn» u. a. Dienste an der Gemeinschaft und an der Gruppe voraus. In diesem Sinne ist der Status auch eine Berufung. Ein Platz an der Ostwand demonstriert auch die Fähigkeit, der Gemeinschaft in großem Maße zu dienen. Dies gilt sowohl für die Gelehrten als auch für die Reichen. Es wird vorausgesetzt, daß ein gelehrter Mann großzügig ist – nicht nur mit seinem Wissen, sondern auch mit seinen weltlichen Gütern. Ein großer Gelehrter, der kleinlich ist – darin liegt ein Widerspruch, denn Studium heißt Kennen der mizwess, und jeder ist überzeugt: Wissen heißt, entsprechend zu handeln.

Wenn ein Notfall eintritt – z. B. jemandes Haus brennt ab oder die Ausweisung einer Familie droht –, so tritt der Rabbi oder einer der anderen Führer vor die Gemeinde, meist am Sabbat, nachdem die Thoralesung beendet ist. Gibt es mehrere Synagogen im Schtetl, und der Notfall ist akut, besuchen Delegierte eine nach der anderen und mobilisieren die ganze Bevölkerung. Die Beteiligung der weniger aktiven Mitglieder beschränkt sich meistens auf finanzielle Hilfe. Das Einkommen eines Verbandes besteht aus Spenden von einzelnen oder aus Sammlungen. Ein wichtiger Teil kommt aus den Zusicherungen, die von jenen gemacht werden, die zur Lesung der Thora gerufen werden. Eine Möglichkeit, zur Großzügigkeit anzuregen, ist daher auch, jemanden zu den wichtigeren Abschnitten der Lesung zu rufen. Je wichtiger der Thora-Abschnitt, um so größer die zu erwartende Spende. Der Ruf zur Lesung wird gelegentlich durchaus als eine Möglichkeit benutzt, einmal mehr an jemandes Geldbeutel zu gelangen, als zum Zwecke der Ehrung. Derjenige, der gerufen wird, flüstert in das Ohr des gabaj nicht nur die Summe, sondern auch den Verwendungszweck, und später gibt der gabaj bekannt: «Reb Abraham ben Isaak Halevi hot angeboten fir Talmud Tojre finfundzwanzig Rubl, fir Hachnossass Kale zwanzig Rubl», und so weiter durch die ganze Liste. Beides – der Betrag und die Zuweisung – wird noch Gegenstand lebhafter Kommentare während des Sabbatnachmittags sein.

Weitere regelmäßige Einnahmequellen für die Verbände sind all die unzähligen Opfergaben aus erfreulichen oder traurigen Anlässen. Die Gelehrten erklären, daß die Opfer, die früher im Tempel gebracht wurden, im Schtetl fortgesetzt werden in Form von Geldgaben für die Bedürftigen, denn «die Spenden zur Wohltätigkeit sind bedeutender als alle Opfergaben».

Die Armen geben dazu den bitteren Kommentar, daß dieses Arrangement einem erlaubt, «sich von seinen Sünden mit Wohltaten loszukaufen». Wenn ein «Bart ohne Jude» eine üppige Spende gibt, so sagen sie: «Er hat sich eine Versicherungspolice gekauft», einen Platz im Jenseits. Doch selbst solche Zyniker geben zu, daß majssim-towjim nicht unbedingt Geld erfordern – und andererseits, daß der Besitz von Geld mit einem nicht abreißenden Strom von Spenden bezahlt werden muß. Die in den Häusern stehenden Spardosen bringen ein zusätzliches Einkommen für z'doke. Trotzdem ist besonderes Sammeln erforderlich. Für kleinere Notfälle übernehmen eine oder zwei Frauen das Sammeln. Sei es, daß eine arme Frau ein Kind bekommt und eine Babyausstattung erforderlich ist; sei es, daß jemand krank ist und nicht an eine der Organisationen herantreten möchte.

Im allgemeinen sind die guten Werke der Frauen eher persönlicher als offizieller Art. Sie helfen den Verbänden ehrenamtlich, fast wie ein «Frauenhilfskorps». Öfter jedoch geben oder unterstützen sie Hilfe, indem sie auf individuelle Bitten direkt eingehen. «Meine Mutter war immer sehr beschäftigt. Sie war eine menschenfreundliche Frau, und ihre guten Taten beanspruchten einen großen Teil ihrer Zeit ... Sie pflegten sie den ‹Engel› zu nennen.» Immer wieder hört man von Frauen und Müttern, die sich Zeit nehmen und neben ihrer Arbeit anderen kranken Frauen helfen. Eine begüterte Hausfrau, eine bal-bosste, backt oft viel mehr, als sie braucht, um den

Rest den Armen zu geben; oder sie kocht zwei Töpfe Borschtsch, um einen davon zu verteilen. «Meine Großmutter tat eine Menge. Als ich zehn Jahre alt war, fing sie an, für mich eine Aussteuer zu machen. Und für jedes Stück, das ich bekam, wurde ein weiteres für eine arme jüdische Braut angefertigt. Oder sie gab Geld, damit jemand sich ein kleines Geschäft kaufen konnte.» Eine solche Spende wurde nicht als Geschenk betrachtet. «Ein Jude sollte niemals ein Geschenk machen. Der arme Mann leiht sich Geld für einen bestimmten Zweck: um zu überleben. Und er bringt dafür einen Gegenstand mit, ein Schmuckstück, als Sicherheit dafür, daß er das Geld zurückgeben wird. Jedesmal, wenn ein Jude kam und um hundert Rubel bat, um ein Geschäft zu beginnen, erhielt Großmutter einen solchen Gegenstand.» Der Gegenstand wurde weniger als Sicherheit angenommen, eher zur Wahrung des Gesichtes. «Großmutter erklärte mir, daß er damit zeige, er komme nicht als Bettler, daß er ein Ebenbürtiger sei, der das Geld nur borge.» Das Darlehen wurde nicht unbedingt zurückgezahlt. «Jedesmal an Purim schickte die Großmutter Süßigkeiten an einige arme Familien als Geschenk – und dabei den Gegenstand, den sie ihr überlassen hatten. Das war als Geschenk gemeint … nur als ich älter wurde, weigerte ich mich zu gehen; ich wollte, daß ein Bediensteter es abliefere, aber sie sagte, die Segnungen der armen Leute würden auf mich fallen und bestand darauf, daß ich ging.»

Bei wichtigen und offiziellen Sammlungen gehen zwei angesehene Würdenträger des Verbandes von Haus zu Haus und bitten um Geldspenden. Wahrscheinlich sind es diese Haussammlungen, die die volle Last der sozialen Gerechtigkeit am meisten fühlen lassen. Es ist «schön», zu geben, es ist erfreulich, zu geben, Ehre auf Erden zu empfangen und Belohnungen im Himmel anzusammeln, den jichuss der Familie zu vermehren und die Heiratsaussichten der Kinder – und sich an dem Gefühl zu erwärmen «ich bin ein echter Jude, ich befolge das Gesetz». Aber das Schtetl ist ein armer Ort. Der stolzeste nogid von allen ist nach westlichen Maßstäben kein reicher Mann. Und jedesmal muß man etwas geben. Die Münzen, die unaufhörlich in die Blechdosen klappern oder in die ausgestreckten Hände fallen, sind zwar kleine Münzen, aber ihre Anzahl ist erstaunlich.

Man gibt und gibt erneut und wird schon wieder gebeten, zu geben. Die Spendensammler marschieren einem ins Haus, «wir brauchen so-und-so-viel», sagen sie. Sie sind nicht gerade schüchtern mit ihrer Bitte, denn für jemanden zu bitten, ist keine Schande, sondern eine Tugend. «Derjenige, der andere drängt, wohltätig zu sein, und sie veranlaßt, es auch zu praktizieren, verdient eine höhere Belohnung als der, der gibt.» Es wird Streitereien geben, Angebote und Gegenangebote. Es ist zu viel, ich kann nicht. Aber es wird gebraucht, du mußt. Am Ende gehen sie wieder, wahrscheinlich weder mit leeren Händen noch befriedigt.

Jeder – bis hinunter zu den Ärmsten – muß geben. Jeder möchte auch geben. Aber jeder ist selbst in finanziell gespannter Lage, und fast keinem fällt es leicht. Wenn jemand nur zwei Brötchen für die Sabbatmahlzeit hat, wie soll er alle die offenen Münder der kleinen Blechbüchsen stopfen? Wie soll er all den Aufrufen der vielfältigen Organisationen nachkommen, «gar nicht zu reden» von den vielen besonderen Bitten? An diesem Punkt denkt der arme Mann mit Blick auf den nogid: «Mit Geld kann man einen Platz in dieser Welt und im Jenseits kaufen.» Aber selbst der nogid dreht seine leeren Taschen um und zeigt sie den Spendensammlern, um ihnen zu bedeuten, daß er auch nichts mehr zu geben hat. Wenn man über seine Möglichkeiten hinaus gefordert wird, dann ist es «schwer, ein Jude zu sein». Als Belohnung für seine Spenden erhält der nogid von der Gemeinschaft kowed, Ehre; aber – wie die hebräische Wurzel andeutet – kowed (kawód) ist schwer.

Daß die Unterstützung der sozialen Gerechtigkeit soviel Anklang findet, hat seinen Grund in der Tatsache, daß Belohnung zu erwarten ist – selten Strafe. Die Belohnungen reichen weit und liegen auf so vielen verschiedenen Ebenen, daß sie fast unwiderstehlich sind. Als Strafe wird hauptsächlich die Abwesenheit dessen empfunden, was man durch majssim-towjim gewinnen könnte. Die öffentliche Meinung jedoch läßt diesen Mangel so deutlich spüren, daß er zu einer negativen Sanktion wird. Unterstützung wohltätiger Aktivitäten ist «freiwillig» in dem Sinne, daß man erst mehr oder minder freigiebig spenden mag und sich dann laut über das ojl beschweren darf. Es ist auch möglich, alle Beiträge zu verwehren, aber der Ansehensverlust ist so schwerwiegend, daß nur wenige ihn aushalten würden. Die kalte Schulter, Gerede, hochgezogene Augenbrauen sind schlimm genug, aber es kann noch weiter gehen. Da war z. B. ein reicher Mann, der die Hilfe für einige seiner Verwandten verweigerte; die Gemeinschaft war so empört, daß die Beerdigungsunternehmer sich weigerten, ihn nach seinem Tode zu begraben. Schließlich willigten sie ein, aber für einen enormen Betrag, so daß er am Ende posthum zahlen mußte, was er seinen Verwandten vorenthalten hatte.

So wie individuelles und kollektives Handeln miteinander verwoben ist, so ist es auch nicht möglich, eine klare Grenze zwischen dem zu ziehen, was erwiesene Großzügigkeit ist, und was einem zusteht. Was man von der Gemeinschaft erhält, ist Teil der sozialen Gerechtigkeit, auf die man ein Recht hat. Was man von einem einzelnen erhält, muß auf korrekte Art wieder gutgemacht werden; aber nach den Grundsätzen der sozialen Gerechtigkeit hat man das Recht zur Entgegennahme, wie es auch das Recht des Gebers ist, Wiedergutmachung zu erhalten. Dies sind die Rechte eines jeden – aus all den schon erörterten Gründen, wobei besonders die Tatsache zählt, daß Besitz an sich schon eine Verpflichtung in sich birgt. Außerdem hat der einzelne nur als Teil einer Gruppe Bedeutung. Der Zwang, zu geben und zu teilen, ist nicht nur moralisch, nicht nur kalkuliert im Hinblick auf irdischen kowed und himmlischen s'chuss; er entsteht zum Teil auch durch den besonderen Sinn für soziales Umfeld und Identifikation. Isoliert zu sein, ist schlimm, mitleiderregend und gefährlich. Nur wenn er einen Platz in einer Gruppe hat, kann ein Mensch glücklich, «schön» und sicher sein. «Man sollte nicht nur für sich selbst leben. Du muß für andere leben.» Diese Anordnung, ständig wiederholt, könnte so interpretiert werden: «Du mußt mit anderen leben» – anderenfalls lebst du nicht.

Wenn etwa Not durch eine Katastrophe hervorgerufen wurde – Feuer, Überschwemmung, Pogrom –, worüber der einzelne keine Kontrolle besitzt, dann ist es keine Schande, um Hilfe zu bitten. Dann ist man ein Flüchtling. Flüchtlingen aus anderen Gemeinden oder selbst aus anderen Ländern wird auch geholfen. Sie werden womöglich nicht gerade geliebt, aber sie sind Mitglieder der großen Gemeinde, der *Kol-Jissro'ejl*, der gesamten Judenheit, und deshalb ist es ihr Recht.

Während alles im Schtetl sich anstrengt und darum ringt, die Freude des Gebens zu empfinden und der Scham öffentlicher Hilfe zu entkommen, gibt es eine Gruppe, deren Geschäft es ist, zu bitten und zu empfangen: die professionellen Bettler, die *schnorrer* und *betler*. Der Bettler wird gering geachtet, nicht weil er von noch Geringeren nimmt, denn keiner steht unter ihm, sondern weil er um Gaben bittet. Trotzdem hat er eine Funktion, wenn nicht sogar eine Art Status. Er wird als eine Gelegenheit für gute Taten definiert und hilft dadurch den Mitgliedern der Gemeinschaft, «Kredit» im Himmel anzusammeln.

Einem Bettler etwas zu geben, bringt allerdings nur geringen Kredit. Es ist schon obligatorisch an gewissen Feiertagen und zu Festlichkeiten, und wenn sie weniger bekommen, als ihnen zusteht, so zögern sie nicht, zu protestieren. «Die Bettler trugen einen großen Sack, in den sie alles taten, was ihnen gegeben wurde. Wenn sie zu einem Haus kamen, sagten sie: ‹Git a n'dowe› – gib ein Almosen. Und man konnte sich einem Bettler gegenüber nicht verweigern, man mußte ihm etwas geben. Wenn man im Moment nichts hatte, so bat man ihn, später wiederzukommen.» Solche Barmherzigkeiten werden offen gewährt, ohne Bemühen, das Gesicht des Empfängers zu wahren, denn ein Bettler hat kein «Gesicht». Der professionelle Schnorrer hat seine reguläre Runde, und man sagt im Spaß, er würde sie bei seinem Tode einem Nachfolger vermachen oder Teile davon seiner Tochter als Aussteuer mitgeben.

Die Haltung gegenüber dem Bettler ist zweideutig. Als ein Individuum, das bettelt, ist er verabscheuungswürdig. Zu Kindern, die um etwas «betteln», sagt man mißbilligend: «Sei kein Schnorrer!» Als eine Gelegenheit für *mizwess* sind die Bettler jedoch ein Instrument der Gnade. Sie sind sich ihrer Brauchbarkeit durchaus bewußt, und dies trägt auch im großen Maße zur Arroganz der Schtetl-Bettler bei, die bei Fremden immer wieder Verwunderung hervorruft und die auch Gegenstand von zahlreichen Kommentaren und Analysen jiddischer Autoren ist.

Der Bettler ist ein wichtiges Mitglied der Schtetl-Gemeinschaft. Er ist überall – auf dem Markt, in der schul, auf Hochzeiten, wo besondere Tische für ihn gedeckt sind. Wenn die Tochter eines *nogid* mit einem großen Gelehrten verheiratet wird, so verbreitet sich die Nachricht, daß ein großes Bankett gehalten wird, schnell über die ganze Region, und Bettler von nah und fern kommen, um zu schwelgen, Almosen zu erhalten und mit der Braut zu tanzen. Der Friedhof jedoch ist ihr Königreich. An den Wegen zu den Gräbern stehen Schnorrer jeden Alters und beiderlei Geschlechts in geringem Abstand voneinander, strecken ihre Hände aus und wiederholen monoton: «Barmherzigkeit bewahrt vor dem Tode.»

Der biedere Einwohner des Schtetls mag die Schnorrer verachten, aber er läßt sich durch ihre Flüche und Wutanfälle einschüchtern. Der Schnorrer ist ein Künstler im Fluchen; bei der geringsten Herausforderung, besonders wenn man ihm weniger gibt, als er erwartet hat, gibt er eine Probe aus seinem ausgeklügelten und raffinierten Wortschatz. Es ist jedoch nicht nur die verbale Gewalttätigkeit, die die Wohltäter des Schnorrers einschüchtert. Als extremes Beispiel symbolisiert und vergegenwärtigt er auch die gegenseitige Abhängigkeit, die in jedem einzelnen Geber-Empfänger-Verhältnis des Schtetls offenbar wird. Verachtet und gesichtslos, fühlt sich der Bettler dennoch im Vorteil, denn die Bessergestellten brauchen ihn als Objekt ihrer Wohltätigkeit. Er ist es, der ihnen die Pforten des Himmels öffnet. Durch ihre Großzügigkeit ihm gegenüber können sie ihren Weg zur Glückseligkeit im Jenseits erkaufen. Seine Frechheit sagt schweigend: «Ha! Ohne mich kommst du nicht aus», und ihr Einverständnis gibt schweigend zu: «So ist es.»

Bei allen Aktionen dieser Art wäscht eine Hand die andere. Alle majssimtowjim stellen einen kontinuierlichen Strom von Werten dar – materiell und spirituell – von einem, der hat, zu einem, der nicht hat. Es ist jedoch keine Einbahnstraße, denn der Beistand wird kompensiert durch ein Gefüge sozialer und psychologischer Belohnungen. Derjenige, der gibt, und derjenige, der erhält, sind auch durch gemeinsame Notwendigkeit aneinander gebunden. Der eine braucht die Hilfe, die der andere geben kann; umgekehrt braucht dieser die Gelegenheit zu helfen, um Prestige auf Erden und Verdienste im Himmel zu gewinnen. Derjenige, der empfängt, mag weniger direkt sein als der Bettler, der sich der Tatsache bewußt ist, daß der Spender ihn als Ventil für seine Großzügigkeit benötigt. Trotzdem ist die gegenseitige Abhängigkeit klar zu erkennen. Der Privilegierte braucht den Unterprivilegierten.

Gewiß, der ideale Anlaß für Wohltaten sollte «die Sache selbst» sein; aber auch der Wohltätigste und Frommste denkt irgendwann einmal an himmlische Belohnung. «Meine Mutter war sehr gastfreundlich und gut zu Leuten ... sie tat es als eine mizwe ... Sie half einer armen Person, einer Person in Not, um einen Schritt näher am ojlem-habe zu sein.»

Im Hinblick auf majssim-towjim – wie in mancherlei anderer Hinsicht – zeigen sich die Beziehungen von Mensch zu Mensch als ein Muster der Verbindung zwischen Mensch und Gott. Der Bund zwischen dem Menschen und seinem Schöpfer ist ein bilateraler Pakt. Ein Mitglied des Volkes, das diesen Pakt einging, fühlt, daß es das Recht hat, die versprochenen Belohnungen zu erwarten und sie zu erbitten als Lohn dafür, daß es nach den Bedingungen der Vereinbarung lebt. Der Pakt hat jedoch einen Doppelcharakter. Einerseits besteht eine gewisse Gleichheit zwischen den Parteien, und zwar im Hinblick auf die gemeinsamen Rechte und Verpflichtungen. Andererseits ist es eine Vereinbarung zwischen dem Stärkeren und dem Schwächeren, und in dieser Hinsicht ein Verhältnis der Unterordnung. Diese äußerste Ungleichheit bestärkt das Recht des Auserwählten Volkes, um Hilfe zu bitten, denn der Starke hat eine Verpflichtung gegenüber dem Schwächeren.

Gleichzeitig stützt sich der Allmächtige – trotz Seiner grenzenlosen Macht – auf hilflose Sterbliche zur Verbreitung Seines Ruhmes. Das Schtetl glaubt, daß Sein Name auf Erden nur bekannt wurde, weil die Juden Seine Thora annahmen. Hätten sie sich geweigert, wie es andere Völker taten, so wäre Gott auf Erden unbekannt und hätte zusehen müssen, wie die Menschen andere Götter und Göttinnen anbeten.

Um jemanden zu beschreiben, dem es nicht gelingt, Kunden für seine Ware zu finden, sagen die Leute: «Er schleppt seine Ware herum wie der Ewige seine Thora (bevor die Juden sie annahmen).» Seine Verpflichtung, Sein Volk mit Gesundheit, Lebensunterhalt und der «Welt, die kommt» zu belohnen, hat Er nicht umsonst auf sich genommen. Sein eigener Ruhm hängt davon ab. Wieder und wieder sagen die Juden in ihren Gebeten: «Tue es um Deinetwillen, um Deines Namens willen.»

Die vorherrschenden Merkmale der zwischenmenschlichen Beziehungen unter Ungleichen sind Verpflichtung, ergänzende Funktion, formale Unterordnung und funktionale Interdependenz. In allen diesen Aspekten zeigen die Beziehungen zwischen Geber und Empfänger, zwischen reich und arm, eine überraschende Ähnlichkeit mit den Beziehungen zwischen Gott und Israel.

# Man lebt mit «die Leit'»

Das Schtetl stellt soziale Gerechtigkeit durch systematische Wohltätigkeit her; die wirklichen Antriebskräfte aber sind informell, obgleich eine Reihe komplizierter Organisationen vorhanden sind und auch funktionieren. Die gleiche Konstellation zeigt sich in der gesamten Organisation der Gemeinschaftsfunktionen: die grundlegenden Antriebskräfte sind inoffiziell und arbeiten größtenteils ohne Rücksicht auf den offiziellen Apparat – manchmal sogar trotz des offiziellen Apparats. Dieser ist komplex und vielfältig. Er zeigt verschiedene Ausprägungen zu verschiedenen Zeiten an verschiedenen Orten. Für den Außenstehenden erscheint sein detailliertes Bild verwirrend. Für den Bewohner des Schtetls keineswegs – teils, weil jeder an die eigenen Dinge gewöhnt ist, aber hauptsächlich, weil auch die inoffizielle Arbeit zuverlässig funktioniert und ihr zudem Priorität eingeräumt wird. Im übrigen bleibt – abgesehen von örtlichen und zeitlichen Abweichungen besonderer Art – die grundlegende Beziehung der Schtetl-Autonomie zur offiziellen Regierungsmacht ebenfalls konstant.

Als eine «Inselkultur», die in eine Mehrheit eingebettet und ihr unterworfen ist, funktioniert das Schtetl innerhalb eines lenkenden Elements. In gewissen Gebieten und bei bestimmten Gelegenheiten wird diese «Inselkultur» durch die «Ozeankultur» absolut beeinflußt, so wie eine Insel, küstenzerfurcht und sturmumweht, gelegentlich durch die sie umgebende See überflutet wird. Zu jeder Zeit ist das allgemeine Klima durch sie berührt. Trotzdem führt die Insel weitgehend ihr eigenes Leben.

Die beiden Gruppen, Minderheit und Mehrheit, erkennen unterschiedliche Werte an, folgen unterschiedlichen Bräuchen und unterliegen in einem bestimmten Ausmaß unterschiedlichen Gesetzen. In Osteuropa gab es immer besondere Verordnungen, die spezifisch auf die Juden zielten, gewisse Vorschriften verschärften oder – was öfter vorkam – die Bewegungsfreiheit oder das Niederlassungsrecht beschränkten und bestimmte Tätigkeiten verboten. Darin stehen die Juden jedoch nicht allein, denn in ganz Osteuropa – und besonders in Rußland – wurden viele Gesetze erlassen, die allein besondere Gruppen betrafen. Zigeunern, zum Beispiel, war es verboten, die großen Städte Rußlands zu betreten – geschweige denn, darin zu wohnen. Keine andere Gruppe der Region war jedoch so sehr das Ziel diskriminierender Gesetzgebung wie die Juden. Die Art der Ächtung, unter der die Juden lebten, ist allgemein bekannt, wie auch die Tatsache, daß es in verschiedenen Ländern und zu verschiedenen Zeiten durchaus Unterschiede gab; in Rußland, zum Beispiel, waren sie stärker offiziellen Verboten ausgesetzt, in Polen hingegen mehr inoffizieller Einmischung. Wo sie auch lebten, wohin sie auch gingen – was sie für ihren Lebensunterhalt tun durften, war strikt begrenzt, was starke und vieldiskutierte Auswirkungen auf ihre Gewohnheiten, ihr Benehmen und ihre Haltung zur Folge hatte und die Klischees prägte, die allgemein über sie verbreitet waren. Daß zu den gesetzlichen Erlassen bei Gelegenheit noch offiziell geduldete Massaker verschlimmernd hinzukamen, hat die für eine Inselkultur charakteristischen Wesenszüge noch verschärft.

Offiziell waren die Funktionen der Schtetl-Gemeinschaft auf religiöse, erzieherische und wohltätige Aktivitäten begrenzt – auf jene, die im offiziellen Sprachgebrauch als «kulturelle» bezeichnet werden. Aber auch diese waren schwankendem Einfluß von außen und entsprechender Kontrolle ausgesetzt; ob es sich nun um den Besuch von Regierungsschulen handelte, den Erlaß, die Landessprache zu erlernen, oder die Ernennung eines örtlichen Regierungsrabbiners. Schwankungen gab es nicht nur durch die Einführung neuer Regelungen, sondern auch durch die Wiederbelebung älterer Vorschriften. Das ständige Erfordernis, sich plötzlich Auflagen unterwerfen oder sich vorher vernachlässigten Auflagen erneut beugen zu müssen, führte zu einem hohen Grade von Anpassungsfähigkeit und allgemeiner Gewöhnung an Instabilität und Unsicherheit.

In der Praxis wird dem Schtetl ein großes Maß an Autonomie gewährt. Die Regierung behält sich die aktive Rechtsprechung in Sachen des Strafrechts vor, erhebt Steuern, fordert Militärdienst, bestraft Übertretungen der Landesgesetze und erläßt besondere Verfügungen. Das ganze Gebiet der örtlichen Zivilkontrolle ist größtenteils der Gemeinschaft überlassen.

Die örtlichen Vertreter der Nationalregierung sind immer gegenwärtig, wie z. B. die Polizei, die ihren Aufgaben nachgeht und für die Aufrechterhaltung der Ordnung verantwortlich ist. Selbst wenn die Juden die Mehrheit der örtlichen Bevölkerung darstellen mögen – es besteht kein Zweifel an der Macht und Autorität der nationalen Mehrheit. Im unmittelbaren Tagesgeschehen verwaltet das Schtetl sich meistens jedoch selbst – innerhalb von Grenzen, die man während bestimmter Zeiträume aus dem Bewußtsein verdrängen kann.

Das Zentrum der Selbstverwaltung sowie aller Schtetl-Autorität und -Aktivität ist die Synagoge, und in dieser Eigenschaft dient sie als Versammlungshaus. Wenn es eine zentrale Gemeindeverwaltung und einen Rat gibt, so konzentrieren sich diese um die Hauptsynagoge des Schtetls. Dies war der Fall bei dem Gemeinderat, dem *kahal,* der für einige Zeit vor Mitte des neunzehnten Jahrhunderts seine Funktion ausübte. Und dies traf weitgehend auch bei der polnischen *kehila* zu. In den größeren Städten jedoch wurde die kehila zur Arena politischer Auseinandersetzungen zwischen den Parteien sowie auch zwischen den Traditionalisten und den «Fortschrittlichen».

Die Synagoge als Versammlungshaus ist das Rathaus des Schtetls. Von hier werden die Geschäfte der Gemeinde geführt, ob nun in der Haupt-schul für das ganze Schtetl oder in einer kleineren schul, die für die Wohlfahrtspflege dieser einen Gemeinde zuständig ist. Alle wichtigen Ankündigungen erfolgen in der Synagoge, von den neuen Erlassen der örtlichen und nationalen Regierung bis zu der Bekanntgabe von Heirat, Geburt und Tod. Eine scharf trennende Unterscheidung zwischen religiösen und säkularen Funktionen wird nicht gemacht, denn im Schtetl ist Judentum keine Religion, sondern ein «way of life».

Es sind männliche Erwachsene, die an den Tätigkeiten der Gemeinschaft beteiligt sind, und zu den wichtigsten Versammlungen gehören jene, bei denen die Offiziellen und die Delegierten gewählt werden. Der Wahlmodus ist sehr unterschiedlich, aber ein gleichbleibendes Charakteristikum ist die Wahlkampagne, die bei keiner Wahl fehlt, die Formierung von Parteigruppen und die Beeinflussung der einfachen Gemeindemitglieder durch die *schtot balbatim,* die Stadtbosse. Diese sind natürlich Männer der Ostwand, jene, die alle Aspekte der Schtetl-Aktivität beherrschen.

Die Versammlungen sind nicht gerade bemerkenswert hinsichtlich ihrer parlamentarischen Gepflogenheiten. Im Gegenteil, es gibt wenig Systematik, und es wird mehr gesprochen als zugehört. Jede Angelegenheit, die eine Gruppenaktion oder einen Konsens erfordert, ist Anlaß zur Debatte, Auseinandersetzung, Uneinigkeit und zu erschöpfendem Abwägen des Pro und Contra. Es wird als selbstverständlich betrachtet, daß es Meinungsverschiedenheiten gibt und Partei ergriffen wird.

Mehrheitsentscheidungen werden zwar befolgt, aber nicht akzeptiert. Die Minderheit mag zwar den augenblicklichen Sieg einräumen, aber die Angelegenheit wird noch lange nicht als erledigt betrachtet. Es besteht immer eine Tendenz zu der Meinung: wir waren doch im Recht, und es war nur Zufall, daß wir überstimmt wurden; die falschen Leute waren zuhause geblieben. Nichtübereinstimmung wird überzeugend demonstriert durch Verlassen der Versammlung oder durch Nichterscheinen.

Uneinigkeit wird charakteristischerweise mehr mit Ideen als mit Individuen in Verbindung gebracht. Man folgt einem Führer nicht blind nach der Devise: er hat recht, und wir werden ihn unterstützen, was immer er auch sagt. Im Gegenteil, das Diktum des Führers unterliegt immer der Analyse und der Kritik. «Jeder Jude ist sein eigener schulchn-oruch», sagt man und meint damit, er interpretiert das Gesetz auf seine Art. Man folgt keinem einzelnen, sondern einer eigenen Vorstellung von dem Standpunkt, den jener gegenwärtig einnimmt.

Man folgt auch nicht blind irgendwelchen Anweisungen. Selbst der schüchternste Mann im Schtetl nimmt es übel, wenn man ihm etwas zu tun aufträgt, was gegen seine Vernunft und gegen sein Urteil geht. Er sieht es nicht als seine Pflicht an, blind zu gehorchen, sondern will die Gründe jeder Handlung einschätzen können. Unter Druck wird er in gewissen Grenzen gehorchen, aber eine solche Fügsamkeit gibt es nur unter Zwang und ohne Billigung.

Die Synagoge ist der Ort, wo jeder berechtigt ist, Beschwerde oder Klage gegen die Gemeindeverwaltung oder gegen ihre Offiziellen und Vertreter vorzubringen. In dem Moment, in dem das Lesen der Thora beginnt, steht derjenige, der Protest äußern will, vor der Gemeinde auf, schlägt auf den Tisch, auf den die Thorarollen gelegt werden, und ruft: «Ich verbiete die Lesung.» Es bedarf starken Mutes, standzuhalten, denn man wird versuchen, ihn niederzuschreien oder beiseitezudrängen. Mitglieder der Gemeinde schlagen auf die Lesepulte vor sich und bitten um Ruhe. Andere wollen ihre Unterstützung für den Kläger kundtun, indem sie ebenfalls auf die Pulte schlagen und schreien: «Seid ruhig, laßt ihn reden!» Die Gegner rufen zurück:

«Ruhe am heiligen Ort!» und schlagen noch lauter auf die Pulte. Die kleinen Jungen der Gemeinde schließen sich mit Feuereifer an, schreien und klopfen, ohne zu wissen, worum es sich eigentlich handelt; mit Begeisterung nehmen sie jede Gelegenheit wahr, ungestraft Lärm zu machen. Aufgeschreckt durch den plötzlichen Aufruhr klettern die Frauen im oberen Stockwerk auf die Bänke, um einen Blick durch die hohen, schmalen Fenster zu werfen, während unten in der schreienden Menge einige unberührt und leise ihren Gebeten nachgehen.

Auch die Frauen haben ein Recht auf Unterbrechung, und wenn eine zu schwach ist, laut genug zu klopfen, um Aufmerksamkeit zu erregen, so kann sie fordern, daß der Küster, der schammes, es für sie tut.

Innerhalb des Bereiches der Schtetl-Autonomie ist die höchste richterliche Autorität der Rabbiner, der auch die höchste religiöse Lehrautorität besitzt. Er ist der Richter, und das Gesetz, nach dem er Recht spricht, ist in den Heiligen Schriften niedergelegt. Denen, die vor ihn kommen, wird Recht gesprochen – nicht nach dem Landesrecht, sondern nach dem Recht des Gelobten Landes, dem heiligen Recht.

Schul und Gericht sind miteinander verschmolzen innerhalb des Bereiches der Autonomie – nicht nur kraft der Autorität, die das Auserwählte Volk seinem Row, dem Rabbiner, verliehen hat, sondern auch durch ausdrückliche Anerkennung seitens der offiziellen Regierung. In seinem Büro oder Gerichtsraum, dem *bejss-din*, verhandelt der Row streng rechtliche Angelegenheiten wie z. B. Geldstreitigkeiten, sowie streng religiöse Probleme wie die Klärung ritueller Fragen – z. B. die nach einem Fleischtopf, auf den drei Tropfen Milch spritzten –, und auch Scheidungsangelegenheiten, die beide – religiöse und rechtliche – Bereiche berühren. Die Leute, die sich an ihn wenden, können als Bürger vor seinem Gericht erscheinen oder als Mitglieder der Gemeinde zu ihrem Führer kommen, oder beides.

Wenn das Schtetl groß ist, hat der Row einen Assistenten, Richter oder dajen genannt, der ihm bei seinen religiösen und rechtlichen Aufgaben hilft. Ist das Schtetl sehr klein, so kann es sein, daß es nur einen dajen gibt. Manche Städte haben mehrere Rabbiner mit einer Reihe von Assistenten. Sind bei einer Auseinandersetzung alle anderen Mittel ausgeschöpft, so bittet der Kläger den Beklagten zum Rabbiner, *rufn zum Row*, wo dann der Fall entschieden wird. Wenn sich der Beklagte weigert zu erscheinen, gibt es keine Möglichkeit, ihn zu zwingen, abgesehen von dem Druck der öffentlichen Meinung; doch kommt die Weigerung, einem solchen Rufe zu folgen, selten vor. Manche Fälle können sowohl vom Rabbiner als auch vor einem ordentlichen Gericht abgehandelt werden – z. B. Erbschaftsprobleme oder Nichterfüllung von Partnerschaftsverträgen. In solchen Fällen ist jedoch gewöhnlich der Rabbiner die erste Wahl.

Zum Beispiel gewisse Arten von Lohnauseinandersetzungen werden als strikte Rechtsfälle trotzdem nur im bejss-din abgehandelt, da sie vor einem ordentlichen Gericht keinen rechtlichen Status hätten. Das Gesetz schreibt vor, daß einem Manne genug bezahlt werden muß, um leben zu können, und deshalb benötigt einer, der verheiratet ist und sechs Kinder hat, mehr als einer, der gerade geheiratet hat und noch ohne Kinder ist. Ist der Arbeitgeber zu arm, ihm genug zu zahlen, so ist das wieder ein anderes Problem. Dieses sind rechtliche Probleme, über die sich der Row den Kopf zerbricht; sie reichen von der Entscheidung, ob ein Heiratsvertrag gebrochen wurde, bis hin zum klärenden Spruch im Falle eines Huhns mit einer Geschwulst am Muskelmagen.

Der Spruch des Rabbiners wird nur durch den Druck der öffentlichen Meinung wirksam. Ein hervorstechendes Merkmal der zivilrechtlichen Maschinerie ist das Fehlen jeglicher Macht zur Durchsetzung der Funktionen, die an das Schtetl delegiert sind. Es gibt keine Polizei, die den Spruch des Rabbiners oder die Entscheidung eines anderen Offiziellen vollzieht. Die Durchsetzung erzwingt allein die kombinierte Autorität von Gott und Mensch. Solange der Glaube an den Allmächtigen wirksam ist, sind die Heiligen Bücher das Gesetz und hat die Auslegung des Rabbiners Gewicht. Solange die Sorge über das, was die Leute denken mögen, stark ist, kann der allgemein anerkannte Schiedsrichter seine Autorität bewahren – und diese Sorge ist außerordentlich stark im Schtetl.

Es wird als selbstverständlich angesehen, daß die Entscheidungen des Rabbiners nicht durch körperliche Gewalt untermauert werden. Worte sollen regieren, denn sie sind die Waffen der Vernunft, und alles menschliche Verhalten sollte vernünftig sein. Die Strafen, die der Rabbiner auferlegt, sind in der Regel Spenden zu wohltätigen Zwecken oder die Auflage, gewisse Gebete und Psalmen zu lesen oder zu fasten. Gelegentlich empfiehlt er auch eine Anzahl von Schlägen. Da es jedoch keinen Apparat zur Ausführung gibt, bleibt es dem Schuldigen überlassen, den schammes zu bitten, sie zu verabreichen, oder – sollte dieser «Beamte» unerreichbar sein – einen Freund zu überreden, die Empfehlung auszuführen.

Ernster ist schon die Strafe des Boykotts oder der Ächtung und öffentlichen Anprangerung, denn Vergehen und Strafe werden in der Synagoge angekündigt: «Kauft nicht von diesem Manne!» oder «Sprecht nicht mit so-und-so!» – für eine bestimmte Zeit. Eine andere bekannte Strafe ist das Verbot, zum Lesen der Thora aufgerufen zu werden; ein Mann, der gegen die Interessen der Gemeinde gehandelt hatte, wurde damit bestraft, «für ein ganzes Jahr nicht zum Lesen der Thora aufgerufen zu werden».

Die extremste Strafe wird so gut wie nie verhängt und existiert mehr als eine Drohung oder sogar als eine ferne Furcht denn als eine Tatsache. Es ist die Exkommunikation, *chejrem,* die endgültige Form der Ächtung und Isolation, die vollständige Ablehnung durch die Menschen und durch Gott. Nur wenige haben dieser Zeremonie je beigewohnt, aber sie wird als außerordentlich unheimlich bezeichnet; sie findet im Dunkeln statt, nur wenige schwarze Kerzen brennen. Der Schrecken mag mehr von der Tragweite der Strafe als von der Verfahrensweise herrühren. Die Androhung von Exkommunikation ist das sprichwörtlich Äußerste an Drohung – «selbst wenn du mir chejrem androhst, kann ich nicht tun, was du willst», könnte jemand sagen.

Die Autorität des row ist nicht absolut in dem Sinne, daß seine Entscheidung nicht angezweifelt oder Berufung dagegen eingelegt werden könnte. In diesem Sinne ist für das Schtetl keine Autorität absolut. Bezweifelt jemand die Richtigkeit einer Entscheidung, die im bejss-din gefällt wurde, so kann er zu einem anderen Rabbiner gehen, aber der Spruch des ersten wird so lange respektiert, bis eine andere Autorität ihn aufhebt. Man kann einen Fall auch vor ein Regierungsgericht bringen, wenn er unter dessen Jurisdiktion fällt. Der Spruch wird dann endgültig sein und in Kraft gesetzt werden, und ist er einmal ausgesprochen, kann man nicht mehr zum Rabbiner gehen. Außerdem setzt man sich Kritik aus, wenn man zu «ihrem» Gericht geht und es nicht absolut notwendig ist. «Sie betrachteten es als Sakrileg, Rat bei den Behörden zu suchen, und zogen es bei weitem vor, Hilfe von ihrem eigenen Rabbiner zu bekommen. Vor ihn wurden Streitigkeiten aller Art gebracht, gewöhnlich wurde jeder Standpunkt durch einen Sprecher vertreten, und der Rabbi fällte die Entscheidung.»

Die Entscheidung kann nicht nur in die Berufung gehen, es ist einem auch freigestellt, unter den örtlichen Rabbinern einen auszuwählen, zu dem man seinen Fall trägt. Genauso kann man seinen Fall, bevor man zu einem Rabbiner geht, einem oder mehreren Schiedsrichtern vorlegen, deren Entscheidung bindend ist; man nennt dies: *rufn zu mentschen.* Zu Schiedsrichtern werden natürlich die «schönen Juden» gewählt.

Da das bejss-din zum Schtetl gehört, werden Fälle – wenn möglich – immer dort vorgetragen, und so sind es vorwiegend die Kriminalprozesse, die vor den Regierungsgerichten verhandelt werden. Das paßt der Regierung durchaus; wenn lokale Angelegenheiten am Ort verhandelt werden, um so besser.

Die Wahrnehmung der rechtlichen Pflichten ist nur eine der Funktionen des Rabbiners. Er ist auch ein Lehrer und ein vertrauter persönlicher Ratgeber seiner Gemeinde. Darüber hinaus gewinnen diese religiösen Führer oft auch den Respekt und die Zuneigung der Bauern. «Die proste Juden und die Bauern betrachteten meinen Großvater als einen heiligen Mann, sie nannten ihn sogar ‹Heiliger Rabbi›. Sie waren abergläubisch; wenn mein Großvater einen Spaziergang durch die Felder machte, und es regnete am nächsten Tag, dann sagten sie, er habe die Felder gesegnet und den Regen herbeigeführt. Und die Nichtjuden kamen zu ihm, um ihn um Rat zu fragen, sie gingen nie vors Gericht. Er war eine wunderbare Persönlichkeit, und die Bauern waren ihm gegenüber außerordentlich loyal. Einmal, bei einem großen Sturm, sattelte er sein Pferd und ritt zur schul, denn er mußte die Abendgebete sprechen. Als er nach einigen Stunden noch nicht zurück war, wurde meine Großmutter sehr besorgt und ging zu den Bauern und bat sie, nach Großvater zu sehen. Es dauerte keine fünf Minuten und die ganze Stadt der Nichtjuden suchte den Heiligen Rabbi. Sie fanden ihn in der schul, wo er mit einigen anderen Männern studierte. Er hatte total vergessen, wie spät es war.»

Die Bedeutung eines Rabbiners für das Schtetl ist enorm, insbesondere da er auf Lebenszeit ernannt wird und der Mittelpunkt aller Gemeinschaftsaktivitäten ist. Wenn eine Stelle frei wird, gewöhnlich durch Tod, wird der neue Rabbiner von den wichtigen Leuten der Synagoge ausgewählt – nach endlosen Debatten und Untersuchungen. Keine Gelegenheit bringt vehementere Gruppenbildung mit sich; aber auch ohne Neuernennung liefern die jeweiligen

Verdienste der Rabbiner schon Stoff genug zu endlosen Streitereien, die gelegentlich zu offenen und anhaltenden Feindseligkeiten führen.

In einigen Gebieten wird zusätzlich zu dem von den Leuten gewählten Rabbiner noch ein weiterer durch die Regierung ernannt. Dieser «Kron-Rabbi» wird von den Frommen meistens völlig ignoriert, selten um einen Rat oder Richtspruch gebeten – man mag ihn gewöhnlich nicht. Und doch, wenn die Regierung ihn ernennt, so ist es für die Gemeinschaft eine Pflicht, ihn zu unterstützen. Im Gegensatz zu ihren «eigenen» Rabbinern erhält der «Staats-Rabbiner» ein ausgemachtes Gehalt, anstatt von einem anderen Beruf zu leben oder sein Gehalt auf indirekte Weise zu bekommen, die dem Grundsatz entspricht, «die Thora nicht als Axt zu gebrauchen». Er muß von der Gemeinde bezahlt werden, obgleich sie bei seiner Ernennung keine Stimme hat. Seine Funktion ist hauptsächlich amtlich: er soll als Mittel der Kommunikation zwischen der Gemeinschaft und der Regierung dienen und Geburts-, Heirats- und Todesurkunden ausstellen.

Wohltätigkeitsleistungen werden hauptsächlich – wenn auch nicht ganz – durch mehr oder weniger freiwillige Spenden und Beiträge finanziert. Der Rest der Gemeinschaftskosten wird aus Steuern getragen, die auf religiöse Objekte und Dienste erhoben werden: auf Hefe, Kerzen, die Mikwe, Mazzen und Fleisch. Die Fleischsteuer ist bei weitem die wichtigste – als Quelle von Steueraufkommen und auch als wirtschaftliche Last. Juden dürfen nur Tiere essen, die von einem lizensierten Schlachter in korrekter Weise getötet wurden. Das von ihm verkaufte koschere Fleisch ist hoch besteuert. Es ist eine Prüfung – wenn auch keine Versuchung – für die armen Leute, mit ansehen zu müssen, wie die Bauern Fleisch für weniger als die Hälfte des Preises, den sie selber zahlen, kaufen können.

Die Bürger des Schtetls tragen eine doppelte Steuerlast. Es müssen nicht nur die örtlichen Steuern bezahlt werden, sondern auch die der Nationalregierung, die hoch sind – und dem Steuereintreiber kann man nicht entkommen. «Jeder im Schtetl haßte den Steuereintreiber ... wenn du kein Geld hattest, deine Steuern zu bezahlen, dann nahm er deinen Leuchter, deine Kissen und deinen Samowar.»

Obgleich die Last der Steuern schwer ist, ist das Einkommen der Kommunalangestellten sprichwörtlich zu gering, um davon leben zu können. Die meisten von ihnen haben ein garantiertes Minimum, das von den Bessergestellten des Schtetls durch Zuschläge und Boni aufgebessert wird.

Der row erhält kein offizielles Gehalt, doch gewöhnlich wird eine Methode gefunden, ihn zu entlohnen. Die *gaboim*, die Mitglieder des Gremiums oder Rates, werden nur durch Status und Prestige «entlohnt», und auf mannigfache Weise kostet sie diese Ehre viel. Regelmäßige Zahlungen gehen meist jedoch an den Kantor, den rituellen Schlächter, den schammes, den Lehrer der talmud-tojre und die Bediensteten der mikwe.

Der rituelle Schlächter, der schojchet, kommt gut dabei weg, denn er bringt durch seine Tätigkeit die Haupteinkünfte der Kommune. Er ist oft ein gelehrter Mann mit Status und nicht selten gleichzeitig der *mojhel*, der das Ritual der Beschneidung vornimmt. Die anderen Angestellten jedoch benötigen unbedingt der Aufbesserungen, die ihnen von den begüterten Mitgliedern der Gemeinde zugesteckt werden. Dies stärkt die Macht dieser «schul-Bosse», die zugleich auch die «Stadt-Bosse» sind, noch zusätzlich – steht es ihnen doch auch zu, die Beamten zu ernennen. Die berufenen Beamten, deren Pflichten auf dem höchsten Niveau religiöser Aktivitäten liegen, sind bekannt als die «Heiligen Werkzeuge», *k'lej-kojdesch*. Diese Werkzeuge der Gesetze Gottes sind der Rabbiner, der Kantor und der schojchet.

Durch sein kompliziertes Netz aus organisierten Gruppenaktionen und individuellen Aktivitäten wird das Schtetl mit Krisen und fortlaufenden Anforderungen fertig, immer geleitet von seinen Führern, die die Initiative in zivilen, wohltätigen, erzieherischen und religiösen Angelegenheiten ergreifen. Bei Betrachtung der Organisationen und deren Tätigkeiten wird jedoch offensichtlich, daß das System, das die Probleme der Kommune regelt, nur für bestimmte Situationen ausreicht, während für andere sich ein auffälliger Mangel an funktionierenden Mechanismen zeigt.

Ein systematischer Ablauf regelt die Bedürfnisse im Zusammenhang mit Problemen und Krisen des individuellen Lebenskreises, und zwar die regelmäßige Versorgung mit Lebensmitteln, Unterkunft und Bekleidung sowie die Versorgung in Sondersituationen – wie Geburt, Heirat, Krankheit, Tod und Erziehung. Es fehlen jedoch analoge Mechanismen, um mit Ereignissen fertig zu werden, die man als «höhere Gewalt» bezeichnen könnte, wie Feuer, Überschwemmungen, Pogrome, die oft genug vorkommen, um Teil einer normalen Erwartung zu sein. Diese kommen aus der Außenwelt, über die die Gemeinschaft ihrer Ansicht nach keine Kontrolle hat. Für die ausgesprochen menschlichen Nöte ist gesorgt, und wenn sie auftreten, werden Schritte unternommen, ihnen direkt zu begegnen. Einer Katastrophe, die von außen kommt, wird jedoch indirekt begegnet, indem man Einfluß auf die Wurzeln des Unglücks zu nehmen versucht, anstatt die manifesten Auswirkungen unter Kontrolle zu bringen.

Feuer brechen oft genug aus, um eine ständige und anerkannte Gefahrenquelle zu sein. Die Enge der Wohnstellen und ihre leichte Bauweise erhöhen die Gefahr, daß die Flammen sich ausbreiten, wenn das Feuer einmal entfacht ist. Die Verantwortung für eine freiwillige Feuerwehr überläßt man jedoch der Regierung. Die Bemühungen konzentrieren sich nur darauf, erst einmal die in Gefahr Befindlichen zu retten, Haushaltsgut in Sicherheit zu bringen und den Flammen zu entfliehen, anstatt das Feuer zu löschen oder zu begrenzen. Später, wenn jemand obdachlos ist, erteilen ihm die Mitglieder der Gemeinschaft Hilfe und unterstützen ihn beim Wiederaufbau der Ruinen. Das Schtetl ist jedoch nicht in der Lage, die Situation von Beginn an in den Griff zu bekommen.

Wenn eine Epidemie das Schtetl heimsucht, werden natürlich Gebete gesprochen. Andere Maßnahmen bestehen darin, zwei Waisen zu verheiraten oder zwei Krüppel, um Gott durch die guten Taten seiner Gläubigen zu beschwichtigen. Das heißt, man versucht zu besänftigen oder zu lindern, anstatt das Problem wirklich anzugehen. «Immer, wenn es im Schtetl eine Epidemie gab, dann schoben sie es auf die Sünden der Leute. Sie versuchten, die

Schuldigen zu finden und sie öffentlich bekanntzugeben. Der Row hängte überall Flugblätter auf, wo man sie sehen konnte, in denen er schrieb, daß der Grund, weshalb unsere Kinder stürben, darin läge, daß die Leute nicht fromm genug seien. Sie würden nicht in die schul gehen; sie hielten sich nicht koscher genug; die Frauen gingen nicht in die Mikwe ... Eine andere Methode, die Epidemie loszuwerden, war: möglichst zwei Waisen auf dem Friedhof zu verheiraten. Dies wurde als mizwe für Gott getan, um Ihm zu zeigen, welch gute Taten die Leute vollbrächten, um Ihm zu gefallen und Ihn zu bitten, die Seuche von ihnen zu nehmen.»

In diesem Sinne werden auch Pogrome als höhere Gewalt behandelt. Für gewöhnlich gibt es keine Organisation der Abwehr. Wenn organisierter Widerstand durch die proste und die jungen Leute, die sich von der traditionellen Haltung entfernt haben, versucht wird, so wird dies von den Orthodoxen als «unjüdisch» kritisiert. Man sucht bei Gott um Hilfe und Gnade nach. Vielleicht schickt man noch eine Delegation zu den Führern der Angreifer. Aber dagegen anzukämpfen ist eher die Ausnahme als die Regel.

Diese passive Haltung kann man nicht einfach als Furcht vor dem Tode bezeichnen. Es gibt zu viele Beispiele von Juden, die in den vermeidbaren Tod gegangen sind, um den Sabbat nicht zu verletzen. Und es gab da zum Beispiel den schojchet, den rituellen Schlächter, «ein großer, bärtiger Mann, stark wie ein Pferd», der sich in einem Pogrom töten ließ, obwohl er durch Tötung seines unbewaffneten Angreifers dem Tod hätte entkommen können. «Das Unverständliche daran ist, daß der schojchet ja daran gewöhnt ist, zu töten und Blut zu sehen. Er spricht sogar ein Gebet darüber, aber dennoch konnte er einen Menschen nicht töten.»

Innerhalb des Bereichs, in dem die Gemeinschaft Autonomie besitzt und Kontrolle ausübt, wird das Schtetl von den Männern, die wissen, und denen, die geben, geführt. Ihr Führungsanspruch muß – wie ihre irdischen Ehren und himmlischen Verdienste – ständig bewiesen werden. Wenn sie ihren Status erhalten wollen, müssen sie auf jede Bitte ihrer Mitmenschen reagieren. Das Haus des Rabbiners sollte jederzeit geöffnet sein. Die schejnen leit haben kein Recht, einem Ruf nicht zu folgen, ob es nun der Ruf zu einer Hochzeitsfeier ist, zur Schlichtung eines Streites, oder der Ruf, eine Erlaubnis zu erwirken, daß die in der Nähe stationierten Soldaten am Passahfest die Synagoge besuchen dürfen. Die Last des hohen Status wird in einem bekannten Sprichwort ausgedrückt, das man verwendet, um jemanden zu beschreiben, der ein faules, luxuriöses Leben genießt: «Er lebt wie Gott in Odessa.» In Odessa, dem «Paris Rußlands» und der «Stadt der Häretiker», nennen die Leute Gottes Namen selten. «Sie belästigen ihn nicht, sie decken Ihn nicht mit Bitten und Beschwerden ein.» «Sein Leben ist dort leicht.»

Wie jedermann im Schtetl, so leben auch die Führer unter den wachsamen Augen der «Leute», der mentschen. Keiner ist von der Kritik ausgenommen, und am allerwenigsten die schejnen leit. Der geläufige Ausspruch «was kann man schon von einem proste erwarten?», gibt allerdings den gewöhnlichen Leuten einen gewissen Spielraum. Der nogid ist ständiger Gegenstand von Anerkennung und Mißbilligung. Die Leute erweisen ihm Achtung und Ehre, aber sie bestehen auf ihrem Recht, zu wissen: «Wie hat er es verdient?» Wenn sie auch nicht wagen, ihn ins Gesicht hinein zu kritisieren, so tun sie es doch hinter seinem Rücken. Lebt er nicht gemäß seiner Stellung, sagen sie weise: «Gott wird ihn strafen» oder «es wird der Tag kommen …». Sein Verhalten wird ständig geprüft, und der kleinste Fehler untergräbt sein Prestige. Keine Autorität und keine Stellung ist immer absolut und endgültig; sie muß kontinuierlich und sichtbar bewiesen werden. Sündigt jemand jedoch, so ist es schlechter, es offen zu tun als heimlich. «Unjüdisches» Verhalten wird verachtet und verdammt, aber die öffentliche Verletzung vorgegebener Wertvorstellungen verschlimmert den Verstoß, denn in einem solchen Falle beeinflußt man andere. Rauchen auf der Toilette am Sabbat ist schlimm genug, aber Rauchen am offenen Fenster ist ein Verbrechen gegen die Gemeinschaft. Eine Sünde, von der das Schtetl nichts weiß, wird als eine Sünde gegen Gott betrachtet, der sich darum kümmern wird; aber unverhohlener Verstoß ist ein Verbrechen gegen die Leute, und die Leute werden zurückschlagen. Atheisten wurden von frommen Juden geschlagen, nicht, weil sie am Versöhnungstag aßen, sondern weil sie es in der Öffentlichkeit taten, wo sie von den Andächtigen, die von der Synagoge kamen, gesehen werden konnten.

Öffentlich zu sündigen ist ein Verbrechen, aber auf seinem Privatleben zu bestehen, selbst wenn man nicht sündigt, ist auch wiederum absolut schlechtes Benehmen. Noch einmal, das Leben der schejnen leit muß offen sichtbar für alle sein. Zu den übelsten Dingen, die man jemandem nachsagen kann, gehört: «Er behält es für sich» oder «er versteckt es vor den anderen», ob «es» nun Geld ist, Wissen, Kleidung oder eine Nachricht.

Verschlossene Türen, Isolation, Vermeidung von Kontrolle durch die Gemeinschaft, alles erweckt Argwohn. «Weißt du, so-und-so verschließt seine Türen», ist ein Kommentar, der andeutet, daß so-und-so etwas zu verbergen hat. Schlösser sind gegen Diebe und Auswärtige, aber nicht gegen Angehörige der Gemeinschaft, *hejmische mentschen,* denen es freisteht, hereinzukommen, wann immer sie möchten, zu jeder Tageszeit. «Hereinzukommen auf ein Gläschen Tee» bedeutet, herauszufinden, wie der Nachbar lebt, was er tut, was für einen Haushalt er hat. Indem man den Tee durch ein Stückchen Zucker schlürft, sagt man: «Ich will mich ja nicht in Ihre Angelegenheiten mischen, es geht mich ja nichts an, aber …», und dies dient als Einleitung zu einer langen Serie von Bemerkungen über die Kindererziehung des Nachbarn etwa, oder über das Kochen des Sabbatfisches. In der bejss-medresch kann man hören, daß so-und-so zu seiner Frau unziemlich gesprochen habe oder daß er eine russische Zeitung gelesen habe oder daß er einem armen Verwandten ein Darlehen gegeben habe für ein neues Geschäft. Der Heiratsvermittler wartet nicht, bis der Vater zu ihm kommt, sondern wird ihn erinnern, «daß es schon Zeit sei» für ihn, einen Schwiegersohn zu suchen.

Die Autorität der «Leute», der mentschen, ist so zwingend wie die offizielle Macht des Row und vielleicht sogar noch zwingender. «Was werden die Leute sagen», ist die ständige Mahnung der Eltern an ihre Kinder, des Ehemanns an seine Frau, des Freundes an den Freund, des Geschäftspartners an seinen

Teilhaber. Zusätzlich zu all dem Druck, sich den Bräuchen und religiösen Vorschriften zu unterwerfen, ist immer der mächtige Anpassungszwang vorhanden – «wegen der Leute». «Die Leute werden lachen», «die Leute werden darüber reden», «man muß sich ja vor den Leuten schämen», «wir werden den Leuten nicht mehr ins Gesicht sehen können». Die Frau des verarmten nogid hält diverse Töpfe mit Wasser am Kochen, «damit die Leute denken», sie habe immer noch eine Menge Essen zu kochen. Ein Ignorant sitzt am Sabbat mit einem geöffneten Buch vor sich – die Leute sollen denken, daß auch er studiert. «Was tut man nicht alles wegen der Leute?», fragen sie. Da gibt es Ehemänner, die sich «bis über beide Ohren» verschulden, um ihren Frauen Pelzmäntel oder Schmuck zu kaufen oder sie «aufs Land» zu schicken auf einen Sommerausflug. Leute «bringen sich um» wegen einer teuren Hochzeit und laden mehr Gäste ein, als sie sich leisten können, so daß «die Leute sehen können». Meistens sind diese Bemühungen jedoch überflüssig, denn «die Leute sehen alles, wissen alles, man kann sich eben vor den Leuten nicht verstecken».

Es ist sprichwörtlich, das es «im Schtetl keine Geheimnisse gibt», und das Schtetl selbst macht seine Witze darüber, daß jeder über jedermanns Angelegenheiten Bescheid wissen muß. «Wenn du wissen willst, was bei mir zuhause los ist», sagen sie, «dann frag meinen Nachbarn». Es ist eher ein Witz als die Berührung eines wunden Punktes, denn grundsätzlich will das Schtetl keine Geheimnisse. Man versucht zwar, seine kleinen privaten Schwächen und Mängel zu verstecken, aber das größere Bedürfnis ist, teilzuhaben und zu kommunizieren. Es gibt keine Notwendigkeit, Neugierde hinter dem Schleier eines dezenten Vorwandes zu verbergen, wie: «eigentlich geht es mich ja nichts an» – denn es ist normal, natürlich und richtig, sich um jedermanns Angelegenheiten zu kümmern. Sich zurückzuziehen – ob physisch oder psychisch – wird als Angriff gesehen; Isolation ist unerträglich. «Man lebt mit ‹die Leit›.»

Wann immer möglich, geht man «ein bißchen unter die Leute»; die Männer in die schul, die Frauen klatschen mit ihren Nachbarinnen. Man flitzt in das Haus nebenan, um den neuesten «Leckerbissen» loszuwerden und vielleicht eine Zwiebel zu leihen. Die Tür ist nie verschlossen, und keiner klopft erst an. Am Abend «sitzt man ein bißchen» auf der *prisbe*, der niedrigen Böschung, die die Grundmauern des Hauses schützt, und «schaut auf die Leute». Überall stehen Leute zusammen und reden miteinander – zuhause, auf dem Markt und in den Straßen. Jeder ist daran interessiert, «was die Leute sagen» – über den Krieg, über die neuesten Transaktionen des nogid, über die Schwangerschaft der Frau des Rabbiners und die Krankheit des jüngsten Sohnes des m'lamed.

Neuigkeiten behält man nicht für sich. Sie werden sofort an den Nachbarn weitergegeben, verbreiten sich von der Ostwand zu den Bettlern an der Tür und werden auf diesem Wege, aufgeblasen und bis zur Unkenntlichkeit verändert, an ihren Ausgangspunkt zurückkommen. Ob das Vorkommnis nun persönlicher oder allgemeiner Natur ist, es muß mitgeteilt werden. Wenn der Tod zuschlägt, so ist anzunehmen, daß die vom Verlust betroffene Witwe eher auf die Straße läuft und schreit: «Er ist tot!», als daß sie sich über den Körper ihres toten Mannes wirft. Wird eine neue Verordnung bekanntgegeben, so versammeln sich auf dem Marktplatz «Trauben von Menschen», *rejdlach*: das heißt redend, spekulierend, debattierend.

Die Freiheit, seine Mitmenschen zu beobachten und zu begutachten, die Notwendigkeit, zu kommunizieren und Begebenheiten und Gefühle mitzuteilen, ist untrennbar von dem starken Gefühl, daß einzelne füreinander verantwortlich sind. Kollektives Verantwortungsgefühl wird auch durch Druck von außen auf eine Minderheit erzeugt, doch dieser Druck ist hier kombiniert mit und verstärkt durch den grundlegenden Glaubensinhalt der Religion. Der Bund, der auf dem Berge Sinai vollzogen wurde, besteht mit allen Juden und mit jedem einzelnen Juden. Da er sie individuell und kollektiv betrifft, könnte die Strafe, die über irgendeinen Juden verhängt wird, ihn wegen einer persönlichen Missetat treffen oder für die Tat einer Gruppe; und eine Katastrophe, die die Gruppe trifft, könnte wegen eines kollektiven Vergehens verhängt sein oder wegen der Sünde eines einzelnen. Wieder und wieder wird es in den Büchern, die man von früher Kindheit an bis ins hohe Alter studiert, betont: «Alle Juden sind füreinander verantwortlich.»

Wenn ein Mitglied der Gemeinschaft in der Erfüllung seiner Verpflichtungen versagt, wenn es «über den Zaun springt» und ein «Sünder an Israel» ist, könnte die ganze Gemeinschaft unter seinem Fehlverhalten leiden. Gott ist gerecht und straft nicht ohne Grund. Eine Epidemie in der Gemeinde, ein ungünstiger Erlaß der Regierung, ein Pogrom – das sind die direkten Konsequenzen des Fehlverhaltens. Keiner ist frei von Sünde – «a mentsch is nur a mentsch» –, deshalb muß jeder Angehörige der Gemeinschaft beobachtet und kontrolliert werden, sonst leidet die ganze Gemeinschaft.

So, wie die Sünden eines einzelnen auch von der Familie und der Gemeinschaft getragen werden, so tragen die guten Taten des bal s'chuss zum Wohlergehen «der Seinen» bei. Auf s'chuss ovos, die Verdienste der Ahnen, beruft man sich, wenn man Gott um Hilfe bittet, und man muß nicht nur die eigenen direkten Vorfahren meinen, sondern auch die Patriarchen Abraham, Isaak und Jakob. Bei einer Familienkrise erinnert man Gott an die frommen und hervorragenden Gelehrten des eigenen Stammbaumes, aber die gleichen Gelehrten werden von der Gemeinschaft angefleht bei einer Krise, die alle betrifft. Der bal s'chuss wird zum Vertreter im Himmel, er ist berechtigt, aufgrund seiner irdischen Taten Gott um Vorteile zu bitten für seine Familie und seine Gemeinschaft. Fromme Juden «gehen auf die Gräber», d.h. sie schreiben besondere Bitten auf und legen sie auf das Grab des bal s'chuss, in der Erwartung, daß er seinen Einfluß zu ihren Gunsten geltend machen wird. Die Familie fleht den s'chuss ihrer Ahnen an, der Chassid verläßt sich auf den s'chuss seines Rebbe, und die ganze Gemeinschaft rechnet mit dem s'chuss ihrer schejnen leit.

Unter dem Bund sind die Leute wechselseitig voneinander abhängig, nicht nur, weil die Handlungen eines einzelnen das Schicksal aller berühren, sondern auch, weil einer den anderen braucht. Die Unterprivilegierten hängen von den Privilegierten ab, die ihnen mit Rat, Tat und materieller Zuwendung helfen. Umgekehrt bestätigt diese Hilfe die Privilegierten als «wahre Juden», denn die Stellung des Privilegierten wird nur bestätigt durch das Teilen der Werte mit jenen, denen sie fehlen.

Diese gegenseitige Abhängigkeit wird nicht nur in Verbindung mit wohltätigen Aktivitäten offensichtlich, sondern in jedem Aspekt menschlicher Beziehungen, persönlicher wie auch kommunaler Art. Der Ehemann braucht seine Frau wegen der häuslichen und wirtschaftlichen Dienstleistungen und als Hilfe zur Erfüllung der mizwess. Die Frau braucht ihren Mann zur Leitung, zur Ausführung der häuslichen Rituale und zum endgültigen Einlaß in den ojlemhabe, in das Jenseits. Eltern und Kinder sind entsprechend abhängig voneinander – zur Erfüllung irdischer Notwendigkeiten und der heiligen Gesetze.

Innerhalb dieser Gemeinschaft, in der jeder mit der Gruppe verbunden ist und sich mit ihr identifiziert, ist ein einzelner niemals verloren. Er verschmilzt mit den anderen, aber taucht nicht unter. In der Menge des Schtetls hat jeder sein eigenes Gesicht und seine eigene Stimme. «Nahezu jeder war im Schtetl ein eigener Charakter – ein ‹Typ› ganz für sich.» Jeder hat einen Namen, einen Spitznamen, eine Spezialität oder wenigstens einen bestimmten Wesenszug. Der eine ist ein Student, der andere ein Spezialist in Militärstrategie, weil er einmal vor Jahren Soldat in der russischen Armee war. Der Kantor ist die Autorität für Musik, aber er könnte vom Schneider herausgefordert werden, der sich für einen noch größeren Experten hält, einen *mejwin*. Das Schtetl akzeptiert eines jeden Spezialität, und jeder fühlt sich frei, die Kennerschaft eines jeden herauszufordern. Es ist ein guter Tag für die Gemeinde, wenn drei oder vier «Experten» in der schul – während der Pause zwischen dem Nachmittags- und dem Abendgebet – eine «heiße» Diskussion beginnen. Jeder kann mitmachen und ein paar «kluge Worte» einwerfen. Keiner gibt seine Niederlage zu, jeder hat recht, selbst wenn ihm die anderen nicht zustimmen. Die Gesichter sind hochrot, Hände fliegen in aufgeregten Gesten hin und her, wenn sie nicht gerade damit beschäftigt sind, am Rockaufschlag oder Knopf eines anderen herumzudrehen; alle reden zur gleichen Zeit, jeder will seinen Opponenten «niederreden». Plötzlich schlägt der schammes mit der flachen Hand auf den Tisch, und die Diskussion ist beendet – es ist Zeit zum Gebet.

Die Gemeinschaft, das Ganze, zusammengeschweißt aus vielen Elementen, wird als Erweiterung der Familie betrachtet. «Majn schtetl» bedeutet: alle die Juden, die darin leben; und diese Verbindung bleibt bestehen, selbst wenn sich Angehörige in fremden Ländern wieder treffen. Jedes Schtetl hat seinen bekannten Charakteristika, die sich in den Spitznamen widerspiegeln, die man für die Bewohner des jeweils anderen Schtetls hat. Oft haben diese Namen feindseligen oder abfälligen Charakter; denn «majn schtetl» ist natürlich immer das beste, und derjenige, der nicht dazugehört, ist in gewissem Maße geringer. Leute aus Belz werden «Belzer Aspik» genannt, denn die inbrünstigen Chassidim dieses Schtetls schütteln sich wie «gelierte Fischsauce», wenn sie beten. Die Frauen von Janov werden spöttisch die «Janover Stuten» genannt – in Anspielung auf das königliche Gestüt in Janov; der Spitzname überlebte das Königtum. Die Einwohner von Glowno werden *tejglach* genannt, nach den kleinen Teigkugeln, die in Honig gegart werden, denn «die Leute von Glowno sprechen, als hätten sie tejglach im Mund».

Trotz örtlichen Stolzes und Vorurteils – die Region oder das Land werden doch als eine größere Gemeinschaft betrachtet. Die Leute, die ironische Spitznamen für die Einwohner eines Nachbar-Schtetls gebrauchen, fühlen sich dennoch verwandt mit ihnen – im Vergleich zu den ganz Fremden – und sie gehören zu ihnen, trotz Kultivierung wenig schmeichelhafter regionaler Klischees. Ein Litauer, ein Galizier, ein Ungar, ein Ukrainer ist überall «fremd», außer in seiner eigenen Provinz. Der lange Kaftan und der Pelzhut eines ungarischen Juden wirken eigenartig, verglichen mit den Bräuchen in Litauen, und der Mann, der sie trägt, wird mit Entsetzen betrachtet. In Polen ist ein kürzerer Mantel anstößig, und sein Träger erhält die verächtliche Bezeichnung «der Dajtsch», der Deutsche. Den polnischen Juden schaudert es vor dem «kalten rationalistischen Verstand» der Litauer, und die Litauer verachten die polnischen Chassidim wegen ihrer «fanatischen» Ergebenheit gegenüber ihrem Rebbe. Gleichzeitig fühlen sich alle osteuropäischen Juden einander vergleichsweise nah – wenn sie jenen aus Westeuropa gegenüberstehen, die als die Dajtschen bezeichnet werden. Über die regionalen und nationalen Grenzen hinaus gibt es aber ein starkes Gefühl verantwortlicher Identifikation mit kol jissro'ejl, «ganz Israel». Das Volk des Schtetls betrachtet das kollektive Verantwortungsgefühl als ein typisches Kennzeichen der Juden. «Dreimal am Tag beten macht dich noch nicht zum Juden. Du mußt ein Jude für die Welt sein. Das heißt, du mußt für andere Leute auch etwas tun.» Besonders hat man sich um andere Juden zu kümmern. «Ein Jude ist immer mit den Problemen aller anderen Juden beschäftigt ... es ist ihm die Tatsache sehr bewußt, daß sein persönliches Schicksal davon abhängt, wie andere Juden leben und behandelt werden.»

Es ist schon ein Witz geworden, über den sie sich selbst so amüsieren wie andere auch, daß osteuropäische Juden – wenn sie einander treffen – immer versuchen, miteinander irgendeine Verbindung herzustellen, sei es durch Verwandtschaft oder durch den Wohnort; und man kann davon ausgehen, daß es ihnen auch gelingt. Erst einmal versucht man herauszufinden, ob der Fremde jüdisch ist, dann kommt die Frage nach dem Land, dann die nach der Provinz und schließlich die nach dem Schtetl. Zum Schluß ist dann herauszufinden, ob man gemeinsame Verwandte hat. Stehen diese Fakten dann fest, fühlen die beiden sich sicher. «Unter Juden ist man nie verloren.»

Der Durchreisende, der ein Mitglied von kol jissro'ejl ist, wird als Gast aufgenommen. Wenn sich jemand niederlassen will, so tut er jedoch gut daran, Verbindung mit jemandem aufzunehmen, der schon dazugehört. Hat der Fremde Verwandte im Schtetl, ist schon alles in Ordnung. «Er ist ja von den unseren.» Er kann einen Platz in der Synagoge kaufen und Teil des Organismus der Gemeinschaft werden. «Richtige Fremde» sind «etwas anderes», besonders dann, wenn sie aus einer Gegend kommen, die sich durch andere Kleidung und andere Sitten ausweist. Jeder, der fremde Art und Weise einführt, wird mit Mißtrauen betrachtet. Selbst der Talmud instruiert die Frommen: «Trenne dich nicht von der Gemeinschaft» und «ein Mann sollte sich nicht von den althergebrachten Gewohnheiten entfernen; siehe, als Moses auffuhr, aß er nicht, und als die barmherzigen Engel auf die Erde herabkamen, nahmen sie Speise zu sich.»

Die große Gemeinschaft kol jissro'ejls zu verlassen, heißt den Glauben der Väter aufzugeben; das ist die größte Sünde, so wie die Exkommunikation die äußerste Bestrafung ist. Es ist eine der drei Sünden, für die nicht einmal Lebensgefahr eine Entschuldigung ist. Es ist ein soziales wie auch religiöses Vergehen, denn es wird immer als feindliche Handlung empfunden, wenn einer sich zurückzieht. Wenn Leute sterben, so bleiben sie Teil der Gemeinschaft, die das Jenseits einschließt. Die Toten werden bei Kummer und Sorgen um Hilfe angerufen, und man erinnert sich an sie an Freudentagen. Eine Braut geht zu den Gräbern der toten Verwandten und bittet um deren Anwesenheit bei ihrer Hochzeit. Verläßt jemand jedoch den Glauben, so wird er für immer für tot erklärt. Beerdigungsriten werden für ihn abgehalten, seine Verwandten vollziehen die rituelle Trauer für eine Stunde – eine Scheinzeremonie. Danach darf sein Name nicht mehr genannt werden.

Der häufigste Grund, formell den Glauben zu verlassen, ist die Heirat mit jemandem, der nicht jüdisch ist. Wenn jemandes Kind einen goj heiratet, so bedeutet das sowohl Schande als auch Schmerz und Trauer. Man kann «den Leuten nicht mehr ins Gesicht sehen». Es muß etwas falsch sein mit den Eltern, denen so etwas passiert; sie haben nicht vermocht, aus ihren Kindern «richtige Juden» zu machen; Gott straft sie nun. Und jeder, der sündigt, begeht ein Verbrechen an seinen Eltern, der Gemeinschaft und an seinem Gott.

Jeder mögliche Druck wird ausgeübt, um eine solche Katastrophe abzuwenden. Der Rabbiner, Freunde und Verwandte, ermahnen den Renegaten, sich sein Vorhaben genau zu überlegen, bevor es zu spät ist. Wenn alles vergebens war, so ist der Konvertit, der m'schumed, für die Gruppe tot. Dennoch, nichts ist endgültig, keine Verbindung ist unwiderruflich zerbrochen. Er kann immer bereuen und zurückkehren. Und wenn er es nicht tut, so könnten es seine Kinder tun – und manchmal tun sie es auch. Selbst wenn sie nicht zurückkehren, werden sie immer noch vage als «jüdisch» betrachtet. Ein «richtiger Jude» ist bekannt für sein «jüdisches Herz», seinen «jüdischen Kopf» und seine gewissenhafte Erfüllung aller seiner mizwess. Aber es gibt auch einen Spruch, der lautet: «Ein Jude bleibt immer ein Jude.» Wenn man von jüdischen Eltern geboren wurde, wenn man überhaupt jüdisches Blut in sich hat, so hat man eine Bindung an kol jissro'ejl.

Das Schtetl-Volk fühlt sich nicht nur durch die Bindung von Blut, Glauben und Brauchtum zusammengehörig, sondern auch durch seine gemeinsame Last und Belohnung. Indem sie den Bund akzeptierten, nahmen die Juden auch das gewaltige ojl fon jiddischkeit auf sich, das Joch des Jüdischseins. Diese Last ist Komplement zu der Belohnung, dem Auserwählten Volk anzugehören; und dies wird in einem der populärsten chassidischen Gesänge gefeiert, der am Hofe des zadiks – von Tänzen begleitet – oft als Ausdruck von Stolz und Freude zitiert wird:

Was auch immer wir sind, sind wir
ja, wir sind Juden!
Was auch immer wir studieren, studieren wir
ja, wir studieren Thora!

Außerhalb der jüdischen Gemeinschaft, der unmittelbaren Gemeinschaft des Schtetls und der weltweiten Gemeinschaft des kol jissro'ejl, sind da noch die anderen, jene, die nicht jüdisch sind, die gojim. Sie sind auch ein Teil des göttlichen Plans, aber es gibt immer l'hawdil, den Unterschied. Die Betonung des Unterschiedes schließt nicht die Verleugnung weltlicher Gerichtsbarkeit ein. Im Gegenteil, nach den Prinzipien des Talmuds ist das Gesetz des Landes, in dem man lebt, zu befolgen, ausgenommen, es verlangt den Wechsel des Glaubens. Man muß allen Pflichten eines Bürgers mit Eifer nachkommen. Man muß selbst dann für das Wohl eines Herrschers, der das Land regiert, beten, wenn seine Herrschaft streng ist, denn die Autorität wurde von Gott gegeben nach Seinem Willen.

Aufgrund der Unterschiede in den Gesetzen und der Sprache, den Bräuchen und Werten wird allgemein angenommen, daß die dominierende Gruppe «Jiddischkeit» nicht ganz versteht. Die Erfahrung hat jedoch gezeigt, daß sie sehr wohl «Geld» versteht, und Bestechung wurde deshalb zur Routine im Umgang mit ihren offiziellen Vertretern. In dieser Hinsicht übernimmt das Schtetl lediglich das vorherrschende Muster Osteuropas, wo ein «guter Beamter» eben ein bestechlicher Beamter ist. Juden und Nichtjuden setzen gleichermaßen voraus, daß «Polizisten erwarten, bestochen zu werden.» Bemühungen werden unternommen, dieser Erwartung entgegenzukommen, entweder durch den einzelnen, und sollte es ihm nicht gelingen, durch die Gemeinschaft, die gemeinsam wirkt, um gegen den Offiziellen eine solide Front zu zeigen. Ein Vorfall, der sich um einen kleinen Jungen dreht, der ein Elternteil verloren hatte und als Waise betrachtet wurde, illustriert nicht nur die Erwartungen des offiziellen Außenseiters, sondern auch die Koexistenz von Einheit und Zwiespalt innerhalb der Gruppe und die Auffassung von sozialer Gerechtigkeit.

«Im Schtetl lebte ein kleiner Junge meines Alters. Er war Waise ... Sein Vater war gerade gestorben, und seine Mutter war keine kräftige Frau, die sich ganz um ihn kümmern konnte. Sie waren sehr arm, und ich kann mich erinnern, wie der Junge in den kalten Winternächten mit zerrissenen Stiefeln herumlaufen mußte. So kommt er eines Tages zum Markt, an einem geschäftigen Tag, und geht an einen der Stände, wo ein Mann diese schweren Stiefel verkauft, die wir im Schtetl trugen. Sie wurden schtifl genannt. Der Mann hat eine kleine Bude, die er Laden nennt, und er hat Dutzende von Stiefeln an der Wand hängen und über dem Eingang. Der Waisenjunge stahl also ein Paar Stiefel. Plötzlich rennt der Ladeninhaber aus seiner Bude auf den Markt und fängt an zu schreien: ‹a ganew, a ganew, ein Dieb, ein Dieb!› Die Leute laufen zusammen von allen Seiten, und ein Polizist kommt, und natürlich finden sie den Jungen, der die Stiefel stahl, und er leugnet es auch nicht. Das Paar Stiefel wird zurückgegeben, und der Polizist ist drauf und dran, den Jungen mit ins Gefängnis zu nehmen.

Alle Juden stehen herum, und die Frauen weinen und schreien: ‹Was sollen wir machen, wir können doch nicht zulassen, daß die Polizei einen jüdischen Jungen mitnimmt ... und er ist eine Waise, was wird aus seiner Mutter? Wir müssen etwas unternehmen› und so weiter. So hebt eines der fetten Marktweiber, das dort eine Art bejgl verkauft, einen ihrer Dutzend Röcke hoch – wissen

Sie, die trugen zwei oder drei Röcke übereinander, um sich warmzuhalten, und das Geld wurde in einer Tasche aufbewahrt, die in den letzten Rock eingenäht war, so konnte es keiner stehlen. Sie nimmt also etwas Geld heraus und bietet es dem Ladeninhaber an, und dann entsteht eine kleine Kollekte, und es kommen ca. 5 Mark zusammen. Der Polizist hält eine Hand auf dem Rücken, und das Geld verschwindet darin, und er läßt den Jungen laufen. Das hatte der Polizist sicher erwartet; immer wenn er in einer solchen Angelegenheit bemüht wird, weiß er, daß er bestochen wird, um den ‹Verbrecher› laufen zu lassen. Als der Polizist verschwunden war, begann erst das richtige Feuerwerk. Die Leute fingen an zu schreien, wenn die Gemeinschaft sich um den Jungen kümmern würde, so hätte er es nicht nötig, Stiefel zu stehlen. Aber die reichen Leute geben ja nur Geld an solche, die es eigentlich gar nicht nötig haben, anstatt richtig für die Waisen und Witwen zu sorgen. So wird ein Komitee gebildet, um mit den Großkopfeten der Kommune zu sprechen. Und der gabaj fängt gleich an, sich zu entschuldigen, er hätte nicht gewußt, daß die Witwe so arm sei, wenn man ihm nur etwas gesagt hätte, so würde er sich längst darum gekümmert haben, daß die Witwe und ihre Familie genug zu essen und anzuziehen hätten. Von diesem Vorfall an war der Junge immer gut angezogen, und sie hatten genügend zu essen im Hause. Rückschauend denke ich, so etwas konnte nur im Schtetl passieren.»

Wenn Verhandlungen mit Mitgliedern der offiziellen Regierung notwendig sind, so braucht das Schtetl dafür Leute, die sich darauf verstehen, die deren Sprache sprechen, deren Art und Vorlieben kennen und die möglicherweise ihre speziellen Kanäle und Kontakte haben. Notwendigkeiten dieser Art ergeben sich oft genug, so daß es für die Vermittler einen besonderen Ausdruck gibt: sie werden *schtadlen* genannt.

Das System von Vermittlern ist im Schtetl gut ausgebaut. Der Heiratsvermittler ist der Mittelsmann für Hochzeiten. Der zadik ist der Mittelsmann der Chassidim bei ihren Verhandlungen mit Gott – im Gegensatz zum Rabbiner, dem Ausleger der Gesetze Gottes für den Laien, der meistens Ihn direkt anspricht. In Krisen jedoch wird der bal s'chuss angerufen, der eigentlich ein himmlischer schtadlen ist. Der Kantor ist auch eine Art Vermittler, er wird in der Tat der «Delegierte der Gruppe» genannt, in deren Namen er Gott anruft. Wenn man Hilfe braucht, so versucht man, einen Mittelsmann zu schicken, ehe man selbst geht und bittet.

Für offizielle Angelegenheiten gibt es zwei Arten von Vermittlern, den professionellen, der für seine Dienste bezahlt wird, und einen, der seine Vermittlung in den Dienst der Gemeinschaft stellt. Der mit Geld entlohnte hat geringes Ansehen, denn es ist wohlbekannt, daß seine Methoden zwielichtig sind und seine Gewinne üppig. Er ist der *macher;* der Vermittler, der seine Dienste freiwillig leistet, erzielt kowed, Ehre. Wenn er auf einer bedeutenden Ebene wirkt, ist er ein schtadlen, wörtlich «einer, der sich einsetzt» für andere. Ein schtadlen von Format zu sein, erfordert Fähigkeit und Stellung, und die Bemühungen eines solchen Mannes erhöhen sein Prestige erheblich. Der örtliche Vermittler wird wohl nicht als schtadlen bezeichnet, aber seine Dienste sind ähnlicher Art und werden auch ähnlich belohnt.

Um ein erfolgreicher schtadlen zu sein, muß man «ihre» Art verstehen und sich auch anpassen können, so daß ein gewisses Ausmaß an «unjüdischem» Verhalten dem vergeben wird, der ein solches Amt ausübt. Sowohl Verständnis als auch Beweglichkeit waren erforderlich für einen nogid, der während einer Welle von Pogromen delegiert wurde, den Chef der Polizei von der Notwendigkeit zu überzeugen, die jüdischen Geschäfte in der Kommune durch seine Leute schützen zu lassen. Der nogid, der mit dem Offizier auf gutem Fuße stand, lud ihn zu einem Essen ein, in einen separaten Raum eines örtlichen Restaurants. Obgleich normalerweise ein strenger Befolger der rituellen Speisegesetze, zögerte er nicht, bei dieser Gelegenheit nicht-koschere Speisen zu essen, denn das Leben und der Lebensunterhalt vieler standen auf dem Spiel.

Nach einem guten und reichlichen Essen wurde das Thema angeschnitten, und so behutsam wie möglich bot der nogid ein Schmiergeld an für den Schutz jüdischen Eigentums vor Gewalt – also für die Ausführung normaler polizeilicher Pflichten. Der Offizier erklärte bedauernd, daß er dieses Mal nichts tun könne – er habe Befehle «von oben». Der nogid diskutierte nicht, sondern umarmte seinen Gast und steckte ihm dabei geschickt das Geld in die Tasche.

Es wurde nichts mehr zu diesem Thema bemerkt. Das Essen war vorbei und der Abschied ungezwungen und herzlich. Am nächsten Tag umschloß ein Polizeikordon die jüdischen Geschäfte und Häuser, und während des ganzen Pogroms waren sie sicher.

Wenn ein Vertreter für solche dringenden Angelegenheiten ausgesucht wird, ist es wichtig, einen Mann zu wählen, dem Respekt und Anerkennung erwiesen werden. Wird ein Delegierter ausgeschickt, um Mittel aufzubringen, so ist es immer ein Mann von Ehre, dem gegenüber es schwerfällt, sich zu verweigern. Er wird hereingebeten, ihm wird ein Platz angeboten und ein Glas Tee, und er wird mit ausgesuchter Gastfreundschaft behandelt. «Es ist schwer, gegenüber einem solchen Mann ‹nein› zu sagen.»

Muß die Gemeinschaft wegen eines bedrohlichen Erlasses um Gnade bitten oder den Führer einer blutrünstigen Bande bitten, ein Pogrom zu stoppen, so wird der Rabbiner oder einer der erlauchtesten der schejnen leit ausgewählt. Sie sind aufgrund ihres Status verpflichtet, diesem gefährlichen Auftrag nachzukommen, denn sie müssen dienen. In den Tagen der Pogrome in der Ukraine, als «jüdisches Blut in den Straßen floß», hatten Rabbiner, n'gidim und Gelehrte kein Recht, zu Hause zu bleiben und sich in den Kellern oder auf den Dachböden zu verstecken, wenn die Leute sie um ihre Dienste baten. «Sie gingen direkt in die Höhle des Löwen», sprachen ihre Gebete auf dem Wege und nahmen mit Ergebenheit die höhnischen Bemerkungen der betrunkenen Bauern hin. Sie boten ein Lösegeld für das Schtetl an, schacherten um das Leben ihrer Gemeinde und wurden oft auf der Stelle getötet. Diese Aufgaben zu erfüllen, war ein Teil ihres ojl und auch ein Teil ihrer Ehre, ein «richtiger Jude» zu sein.

Wenn die Schwachen an die Starken appellieren, so ist es ein Appell an die Gnade und nicht an die Gerechtigkeit. Ansprüche an die Gerechtigkeit bleiben dem Verhältnis unter Gleichen vorbehalten oder der Beziehung zu jenen, die als vernünftig zu betrachten sind. Man würde zu einem Rabbiner sagen:

«Wo bleibt die Gerechtigkeit?», aber nicht zu einem Beamten der Regierung, da man kein Recht hat, Gerechtigkeit von ihm zu erwarten. Wenn man einen solchen Mann anspricht, so bittet man um Gnade, und es ist üblich, dabei Tränen zu vergießen und Schreie auszustoßen.

Gott ist allmächtig, aber Er ist auch ein vernünftiges Wesen, deshalb darf man Ihn um Gnade und Gerechtigkeit bitten. Diese beiden Attribute, *rachmoness* und *jojscher*, sind die zwei Seiten Gottes, an die das Auserwählte Volk regelmäßig appelliert. Man bittet Ihn um Gerechtigkeit in der Erfüllung Seiner Versprechungen unter dem Bunde, und man bittet Ihn um Gnade, die Übertretungen zu vergeben, die unvollkommene Sterbliche begehen. Der Gläubige im Schtetl appelliert an das göttliche Erbarmen, denn er ist davon überzeugt, daß die Prüfungen, die über ihn kommen, Bestrafung für seine Sünden darstellen und er nur durch Anrufung von Gottes Mitleid Erlösung erfahren kann. Indem er zugibt, daß er verdient, was über ihn kommt, bittet er um Vergebung. Dieser Appell an das Erbarmen Gottes wird z. B. in den täglichen Gebeten ausgedrückt:

Mit großer Liebe hast du uns geliebt, Ewiger, unser Gott, großes, reiches Erbarmen hast du uns erwiesen. Unser Vater, unser König, um unserer Väter willen, die auf dich vertraut und welchen du Satzungen des Lebens gelehrt, begnadige uns und belehre uns! Unser Vater, barmherziger, allerbarmender Vater, erbarme dich über uns …
Barmherziger und Gnädiger, ich habe vor dir gesündigt, Ewiger, der du voll Erbarmen, erbarme dich über mich und nimm meine Bitten an.

Um jedoch Gottes Vergebung zu erhalten, muß man Reue empfinden; deshalb die Betonung auf *t'schuwe*, Reue. Jeden Tag bereut der Jude in seinen Gebeten – und besonders an Jom Kipur, dem Versöhnungstag – seine bewußten und unbewußten Missetaten bei der Erfüllung des Bundes. Man mag nicht nur selbst gesündigt haben, ohne es zu wissen, man bereut darüber hinaus auch die Übel, die andere Juden begangen haben, denn jeder ist für die Fehler aller verantwortlich. Die «Beichte der Sünden» am Versöhnungstag umfaßt fünfzig Sünden, für die jeder in der Gemeinschaft um Gottes Verzeihung bittet. Es ist eine Routinebeichte, von allen Mitgliedern der Gemeinschaft unter Tränen und Seufzen rezitiert.

Es gibt jedoch Zeiten, in denen die Bestrafung den Umfang der Sünden zu übersteigen scheint, und dann appellieren die Juden an die Gerechtigkeit Gottes. Selbst in der Thora gibt es Beispiele für einen solchen Appell, für eine Herausforderung der Gerechtigkeit Gottes. Der Patriarch Abraham ruft aus, wenn er für die Einwohner von Sodom plädiert: «Soll nicht der Richter der ganzen Welt gerecht sein?»

In einem traditionellen chassidischen Gesang geht der große Rabbiner Levi-Jitchok von Berditchew so weit, einen «Prozeß» gegen den Allmächtigen zu beginnen:

Guten Morgen, Herr des Universums!
Ich, Levi-Jitchok, Sohn der Sarah, von Berditchew,
bin zu dir gekommen wegen eines Prozesses
im Namen Deines Volkes Israel.
Was hast Du gegen Dein Volk Israel?
Und warum unterdrückst Du Dein Volk Israel?
...
Und ich, Levi-Jitchok, Sohn der Sarah, von Berditchew sage:
... ich werde mich von hier nicht wegrühren!
Es muß ein Ende gemacht werden damit – es muß aufhören!

Der Rabbiner Levi-Jitchok gründete seinen Appell auf sein Recht, Gottes Gerechtigkeit in Frage stellen zu dürfen – ein Recht, das sich ableitet aus einem Vertrag, in welchem Gott und Israel die kontrahierenden Parteien sind, jede mit Pflichten und Privilegien. Damit ist auch der Glaube verbunden, daß Gott eine verantwortliche, argumentierende Macht ist, mit der man streiten kann – vorausgesetzt, man hat seine Seite des Kontraktes erfüllt.

Dieser Glaube an endgültige Gerechtigkeit triumphiert über weltliche Prüfungen, er hält daran fest, daß es – auf lange Sicht – immer Vergeltung für das Übel und Belohnung für die Tugend geben wird. Nach Jahrhunderten des Leidens, vom Allmächtigen zugelassen wegen der Sünden seines Volkes, wird das Auserwählte Volk das Gelobte Land erreichen. Wer immer es auch mißbraucht hat, so wird hervorgehoben, wollte schnellen Gewinn machen, und endgültiger Ruin ist ihm sicher. Beispiele werden zitiert: Babylon, Griechenland, Rom, die russischen Zaren, Polen. Alle erfreuten sie sich am Augenblick des Triumphes, und jetzt sind alle vergangen.

# Kein Brot, keine Thora

Um die Gebote vollständig erfüllen zu können, muß man die Mittel zum Leben haben. Es gibt kein Studieren, keine Spenden, keine «soziale Gerechtigkeit», keine schwungvolle Feier des Sabbats und kein Begehen der Feiertage, keine richtige Erziehung der Kinder und keine Ausstattung für die jungen Familien, wenn man nicht für die Kosten aufkommen kann, ganz gleich wie bescheiden der Rahmen auch sein mag. In Kürze: «Kein Brot, keine Thora.»

Der bekannte Spruch impliziert nicht, daß die guten Dinge dieser Welt nur als Werkzeuge zur Gestaltung der Zukunft bewertet werden. Sie werden vielmehr als gut an sich, um ihrer selbst willen, anerkannt, und sich an ihnen zu erfreuen, ist beides, ein Recht und eine Pflicht. Ein geläufiger Trinkspruch ist «gesunt un parnosse», Gesundheit und Auskommen. Die Freude am Sabbat, die allen zu genießen geboten ist, schließt gute Kleidung und gutes Essen ein wie auch Gebete und das Ausruhen von der Arbeit. Der Bund verspricht nicht nur Glückseligkeit in der Welt nach dem Leben, sondern auch ojlem-hase, Freude in dieser Welt. Er gewährt den Juden das Recht, Gott um gesunt un parnosse zu bitten und diese Segnungen zu erwarten, vorausgesetzt, man erfüllt seinen Teil.

Das bedeutet nicht nur die Erfüllung der mizwess, sondern auch ein ungeheures Ausmaß an Bemühungen. Man erwartet nicht, daß der Allmächtige sein gesunt un parnosse so einfach hergibt, sondern daß ER einem lächelnd behilflich ist bei den eigenen Anstrengungen, sich selbst zu helfen. «Arbeite, und Gott wird dir helfen.» In dieser Hinsicht wird Gott als Geschäftspartner von jedermann betrachtet. Wirtschaftlicher Fehlschlag ist menschlicher Fehlschlag, aber ohne göttliche Mitarbeit ist kein Erfolg möglich. Deshalb schuldet man Gott einen Teil seiner Erträge; und die Hoffnung auf fortgesetzte Prosperität verbindet sich mit Dankbarkeit und der Weisheit, diese Schuld durch großzügige Beiträge zu den wohltätigen Aktivitäten, die ja Gottes Geschäft sind, zu begleichen.

Anerkannte rabbinische Praktiken zeigen immer wieder, daß auch vom streng religiösen Gesichtspunkt aus weltlicher Gewinn gut und weltlicher Verlust schlecht ist. Es ist richtig, daß der Rabbiner das Gesetz an die Brieftasche dessen anpaßt, der fragt, ob ein Huhn koscher sei; auch der fiktive Passahfest-Lagerverkauf eines Händlers ist korrekt, der in Gegenwart eines Rabbiners abgeschlossen wird; es ist auch in Ordnung, daß ein Chassid seinen Rebbe wegen eines Geschäftes konsultiert und ihn gelegentlich als Partner mitgehen läßt, um sein Glück zu versuchen.

Die Jagd nach der parnosse ist ein nicht enden wollender Marathonlauf, an dem die Mehrheit des Schtetl-Volkes teilnimmt, ungeachtet des Alters oder Geschlechts. Nur die ganz Jungen, die ganz Alten und die sehr Gelehrten sind ausgeschlossen; einige von ihnen leisten trotzdem noch ihren Beitrag. Es gibt keine Müßiggänger im Schtetl, abgesehen von den Babys, die noch auf dem Arm getragen werden.

Müßiggang ist eine Sünde, und der Nichtstuer wird verächtlich als «jemand, der leer läuft» bezeichnet. Ein Kind, das nicht mit etwas beschäftigt ist, wird ermahnt: «Sitz nicht mit leeren Händen!» Wenn man ihm erlaubt, zu faulenzen, so wird es zu einem Nichtsnutz heranwachsen, einem *batlen*, und solch einer ist eine Schande für seine Familie und für sich selbst. Ein guter Arbeitgeber, der das Übel des Müßiggangs kennt, wird seine Arbeiter auch in Zeiten schwachen Geschäfts in Gang halten. Wenn es sonst nichts zu tun gibt, können sie im Lager aufräumen. Der schulchn-oruch warnt sogar davor, morgens im Bett liegenzubleiben, wenn man schon wach ist, denn Ausruhen ist nur nach harter Arbeit gerechtfertigt. Nur vor dem Hintergrund ständiger Mühen läßt sich die Sabbatruhe voll genießen.

Selbst die Frau eines nogid hilft ihrem Mann in seinem Laden. Wenn nicht, so ist sie mit ihrem Haushalt beschäftigt oder mit guten Taten. Kinder helfen ihren Eltern im Hause oder bei der Arbeit, ausgenommen die chejder-Jungen, die stundenlang über ihren Büchern brüten. Wenn der Mann jedoch ein Gelehrter ist, liegt die Hauptlast des Familienunterhaltes auf den Schultern der Frau. «Da die meisten Männer davon abhängig waren, daß die Frau den Lebensunterhalt verdient, mußte meine Mutter arbeiten.»

Ein Gelehrter zu sein, bedeutet natürlich kein Leben in Müßiggang. Im Gegenteil, das Studium ist die vornehmste Arbeit, die es gibt; sie wird «Arbeit für den Schöpfer» genannt. Sie erfordert das Äußerste an Fleiß und Eifer – von Sonnenaufgang bis weit nach Mitternacht. Der Gelehrte mag auch gelegentlich für die parnosse etwas tun, obgleich ein ganztags Studierender dazu traditionell selten fähig ist. Manchmal paßt er auf den Laden, wenn seine Frau zum Markt geht, schaut von seinem Buche hoch und bedient auch einen Kunden – und verkauft wahrscheinlich die beste Sorte Pfeffer zum niedrigsten Preis; wenn die Frau dann zurückkommt, wird sie ihm eine «finstere Zeit» ankündigen. Sie wird ihn sarkastisch «ihren Ernährer» nennen, eine ehefrauliche Bezeichnung, die nur verwendet wird, wenn das Gegenteil der Fall ist. Aber, auch wenn sie schimpft: «sie ist stolz auf seine Gelehrsamkeit».

Wenn der Mann kein Studierender ist, so fällt die Last der parnosse auf beide gleichermaßen, denn wirtschaftliche Verantwortung ist eher eine Sache der Familienzugehörigkeit als des Geschlechts. «Meine Mutter arbeitete den ganzen Tag in einem Laden, und mein Vater arbeitete mit ihr genau so schwer. Als wir noch Kinder waren, mußten wir auch im Laden mitarbeiten.» Kinder wie auch Erwachsene werden besonders vor den Feiertagen gern zur Arbeit herangezogen. Selbst der Kleinste tut dann sein Teil. «Ich habe dann Getränke eingeschenkt und Geld kassiert (in unserer Kneipe). Ich erinnere mich, daß ich damals kaum den Tresen erreichen konnte.» Gemeinschaftsunternehmen sind eher die Regel als die Ausnahme. «Salmen und Salmeche unterhielten eine Bäckerei; sie und ihre vier Kinder arbeiteten dort alle gemeinsam. Sie waren alle so fett, alle sechs.»

Das Familienunternehmen wird oft von zu Hause aus betrieben, und des öfteren ist der «Laden» Teil des größten Raums, den man bewohnt. Hier kocht das Essen, schreien die Kinder, und in einer Ecke geht ein Handwerker seiner Arbeit nach. Manchmal mietet ein gelernter Handwerker einen Teil eines Raumes, um dort zu arbeiten, wenn sein eigenes Haus dafür zu klein ist. Daß ein «Laden» in einer engen Ecke des Wohnzimmers betrieben werden kann, gibt einen Eindruck vom Umfang der Geschäfte im Schtetl. Ein kleiner Außenstall ist das «Lager»; es kann aber auch eine transportable Wanne sein – ähnlich einer vergrößerten Schubkarre –, in der sich der Vorrat für einen ganzen Monat befindet.

Wenn man wach ist, arbeitet man auch, ausgenommen am Sabbat und an den Feiertagen. Es gibt keinen offiziellen Arbeitstag. Man plagt sich von früh bis spät, und man macht Überstunden, wann immer es möglich ist. Wenn man für jemanden arbeitet, «so hörte man auf, wenn der Chef es sagte» oder «du hörtest auf, wenn der Vorarbeiter aufhörte». Auseinandersetzungen über Löhne oder Stundenanzahl werden vor den Rabbiner oder einen ausgesuchten Vermittler gebracht, der natürlich einer der schejnen leit ist.

Weder Zeit, Raum noch Wetter beeinflussen die Jagd nach der parnosse. Man legt weite Strecken in Regen und Sturm zurück, um einen Pfennig zu verdienen. Man friert im Winter und schwitzt im Sommer, um «etwas für den Sabbat» zu haben und so zu leben, wie es sich für einen «mentschen» gehört. Und man tut alles, was nicht ausdrücklich verboten ist, egal wie schwierig, wie anstrengend oder ungewöhnlich es auch ist.

Man versucht alles, aber dies «alles» muß innerhalb eines gewissen Rahmens liegen. Die Methoden, durch die man seinen Lebensunterhalt verdient, werden von außen begrenzt – durch eine lange Reihe von Regierungserlassen, die bis ins Mittelalter zurückreicht. Sie differierten von Periode zu Periode, von Ort zu Ort, wurden manchmal streng geltend gemacht, manchmal für eine gewisse Zeit vernachlässigt, und sie hatten gemeinsam zum Inhalt, den Juden Osteuropas zu verbieten, Quellen von Rohstoffen zu besitzen oder auszubeuten, freizügig zu reisen und auf dem Lande und in den Städten ihren Wohnsitz zu haben. Die Konsequenz aus diesen Verboten und Beschränkungen war, daß in der Basisproduktion und im Verbrauch ihre wirtschaftliche Aktivität unproportional niedrig war, während sie in der Güterverteilung dagegen unproportional hoch lag. Schließlich fungierten die Juden als Zwischenhändler, wenn auch keineswegs ausschließlich, wie manchmal angenommen wird.

Die Bedingungen und Beschränkungen des Schtetls bringen es also mit sich, daß Juden sich im Kauf und Verkauf von Waren und Dienstleistungen betätigen sowie in der Verarbeitung von Rohstoffen zu Fertigartikeln. Große Manufakturen sind auf die urbanen Zentren beschränkt, aber viele kleine Städte sind für ihre eine Spezialität bekannt, die in kleinen örtlichen Fabriken oder in Heimarbeit hergestellt wird. Dadurch entstehen Arbeitsplätze für eine große Anzahl von Handwerkern, angelernten und ungelernten Arbeitern.

Die Mehrzahl der osteuropäischen Juden ist im Handel und Gewerbe oder als Facharbeiter beschäftigt. Das vertraute Bild des Zwischenhändlers steht für die Arbeitsweise der zahllosen Händler in Lebensmitteln und anderen Waren, die ihren Lebensunterhalt durch Bewegen der Ware verdienen und nicht durch Fertigung. Auf größerer Ebene ist so ein Händler vielleicht ein nogid, der wichtige Güter – Kurzwaren, Werkzeuge, Getreide, Holz – in beeindruckenden Mengen kauft und verkauft. In kleinem Maßstab ist er vielleicht ein «Commissionär»; hat er entdeckt, daß jemand etwas verkaufen will, bemüht er sich, einen Käufer zu finden, und dafür kassiert er eine kleine Provision. In diesem Beruf ist der Verkauf selbst das «hergestellte» Produkt, und in ihn fließen der Unternehmungsgeist, die Findigkeit und Energie hinein, die unter anderen Umständen vielleicht greifbarere Resultate zeitigen würden. Die schejnen leit rühmen sich, nicht mit ihren Händen zu arbeiten. Sie sind Kaufleute, Händler und Besitzer großer Ladengeschäfte. Aber die meisten der Schtetl-Bewohner verkaufen in ganz kleinem Rahmen oder sind als Handwerker beschäftigt, wenn nicht als Ungelernte in anstrengender Tätigkeit. Auf einigen Gebieten sind fast ausschließlich Juden tätig – z.B. in den Berufen Schuhmacher und Schneider. Der «Schuhmacher» im Schtetl repariert eher Schuhe, als daß er welche anfertigt. Er ist ein Meister der Wiederherstellung und kann aus alten Schäften und gebrauchten Schuhen ein Paar praktische, wenn nicht gar schöne Stiefel produzieren. Sein Beruf ist quasi jahreszeitlich bedingt, wie auch der des Schneiders, denn im Sommer gehen die Bauern, die einen großen Teil seiner Kundschaft ausmachen, nämlich barfuß.

An einigen Orten war zu bestimmten Zeiten die Kunst des Schmiedens eine jüdische Kunst. Es ist auch interessant, daß das «Volk der Bücher» als besonders begabt für das Holzfällen galt. Viele der Pechhändler, die die Tannenstumpen verbrannten, um flüssigen Teer zu extrahieren, waren auch Juden, während einige von ihnen das fertige Produkt kauften, um es an die Bauern für ihre Wagen wieder zu verkaufen. In einigen größeren Städten Polens und der Ukraine waren für eine lange Zeit die Fuhrleute und Gepäckträger fast ausschließlich Juden. Brauchte man jemanden, der eine schwere Last bewegen sollte, so waren die Abzeichen seiner Zunft nicht nur der Riemen um seine Hüften, sondern auch die Schläfenlocken und das fransenbesetzte Tuch des frommen Juden. Obgleich manche Arbeiter ihre Kleidung im Interesse der Effizienz veränderten, behielten die meisten das typisch «jüdische» Aussehen und verbanden es mit den schweren Stiefeln des Arbeiters, und es gab einige, die die traditionelle Kluft unverändert beibehielten. Selbst Schmiede, Holzfäller und gelegentlich Landarbeiter gingen im ehrwürdigen städtischen schwarzen Kaftan und mit Hut zur Arbeit.

Im Schtetl ist ein Gepäckträger weniger gefragt als in der Stadt. Aber der Kutscher oder Fahrer, der *bal'agole*, ist wohlbekannt und eine unentbehrliche Person. Mit einer Kutsche oder einem Leiterwagen im Sommer und dem Schlitten im Winter bringt er die Leute von einem Schtetl in das nächste. Ein anderer wichtiger ungelernter Beruf im Schtetl ist der Wasserträger, der das Trinkwasser von der Stadtpumpe oder vom Brunnen liefert. Wenn er sich ein Pferd leisten kann, wird das Wasser in einem großen Faß auf vier Rädern transportiert. Sonst trägt er es in Eimern, entweder mit dem Schulterjoch oder mit den Händen, zu denen, die die Pfennige haben, ihn zu bezahlen. Die anderen müssen es sich selbst holen.

Vor der Jahrhundertwende waren jüdische Gasthöfe und Schänken wichtige soziale Zentren für Nichtjuden, und es waren Orte, an denen reisende Juden koscher essen konnten. Während des 20. Jahrhunderts wurden sie seltener, teils weil Erlasse den Juden den Verkauf von Spirituosen verboten, teils weil das Verkehrsmittel Pferdefuhrwerk von Eisenbahn und Auto abgelöst wurde. Die traditionelle Figur des jüdischen Gastwirts existierte in der Realität nicht mehr.

Vergleichsweise wenige Juden haben sich direkt mit Landwirtschaft beschäftigt, denn es war ihnen in Osteuropa – abgesehen von einigen Ausnahmen – nicht erlaubt, Ackerland zu besitzen. Es gab Umwege, etwa den Landkauf im Namen eines anderen, und legitime Fälle von Landbesitz als besonderes Privileg nach dem Militärdienst. Manchmal wird auch ein Bauernhof gepachtet und bewirtschaftet, entweder vom Pächter selber oder von angestellten Landarbeitern. Da es wenig Geld gibt, ist die Konkurrenz scharf, bei landwirtschaftlichen wie auch bei anderen Erzeugnissen. In einem Landstrich, in dem ein Großteil der Leute hungrig bleibt – jedenfalls meistens –, existiert ein Überangebot an dem, was man kaufen kann, und ein Unterangebot an dem, was man benötigt.

Ein Bauer hängt an seinen Feldern und an seiner Berufung; und dennoch behauptet das Schtetl, «selbst, wenn er Landwirt wurde, ist ein Jude kein Bauer». Einem «richtigen» Bauern erscheint er wie ein verpflanzter Städter, selbst noch nach drei Generationen auf dem Hof. Er ist immer noch nach der Stadt und der Synagoge ausgerichtet und geht zu den Feiertagen ins Schtetl. Was die Bildung betrifft, erscheint er seinen Mitgläubigen unbedarft, obgleich weit entfernt vom Analphabetentum der Bauern. Manchmal holt er, zusammen mit einem Nachbarn oder auch allein, für kurze Zeit einen m'lamed auf den Hof, damit die Kinder zumindest die Gebete lesen lernen. Er hält sich kompromißlos an die religiösen Pflichten, «verkauft» seine Ernte für die Zeit des Passahfestes, wie der Kaufmann in der Stadt sein Lager «verkauft». Wenn die Arbeit ihn vor Sonnenaufgang aufs Feld treibt, so spricht er dort seine Morgengebete, faltet seinen Gebetsschal sorgfältig und legt seine Phylakterien in den Kasten, bevor er zu pflügen beginnt. Am Sabbat genießen sein Pferd und seine Kuh absolute Ruhe, wie es sich für gut-jüdische Tiere gehört, ganz im Gegensatz zu dem Pferd des nichtjüdischen Bauern, das auch am Feiertag für seinen Herrn arbeiten muß und ihn vielleicht bei der Sonntagsausfahrt zu Freunden bringt. Die Bauern respektieren die religiösen Pflichten ihres jüdischen Nachbarn, so wie die Juden die fromme Pause für den Angelus respektieren.

Juden sind auch in der Landwirtschaft mehr Zwischenhändler als Produzenten. Es ist üblich, einen Obstgarten in Blüte zu pachten – mit einer Anzahlung oder auch mit voller Bezahlung – und dann damit zu rechnen, daß Er – Gott – einem eine gute Ernte gewährt. So ein Obstgarten muß Tag und Nacht bewacht werden, zunächst vor den Vögeln und dann vor den menschlichen Räubern. Der Pächter des Obstgartens richtet es so ein, daß zu jeder Zeit ein Mitglied der Familie dort ist, und es ist nicht ungewöhnlich, einen gelehrten Scholar mit gefranstem Tuch und Schädelkäppchen unter den Bäumen studieren zu sehen. Er unterbricht und jagt die Vögel weg, und wenn er weiterstudiert, mischt sich das Zirpen der Vögel mit der Melodie seines Singsangs beim Lesen. Wer mehrere Obstgärten gepachtet hat, stellt Wächter an, um sie bewachen zu lassen – Handwerker, wie Schneider und Schuster, die im Sommer ohnehin wenig zu tun haben, oder Jungen aus dem chejder, die ihre Ferien dazu benutzen, ein wenig Geld zu verdienen.

Da Geld sehr knapp ist, haben nur wenige Leute genug, um sich allein in ein solches Unternehmen zu stürzen; so wird meistens in Partnerschaft gearbeitet und obendrein noch mit geliehenem Kapital. Wenn es weder die Dürre noch die Fäule noch die Diebe verhindern, so verkauft man die Ernte an einen Händler, der sie dann wiederum an die Einzelhändler weiterverkauft. Es besteht aber immer die Gefahr, daß eine schwache Ernte nicht einmal den Einsatz herausholt, geschweige denn einen Gewinn einbringt. Charakteristischerweise führt diese Art von Spekulation die Methoden der städtischen Fruchtmärkte – zusammen mit dem Gebetsschal und der Schädelkappe – in die Obstgärten ein. Wie viele örtliche Geschäftspraktiken beweist das, in welchem Ausmaß die Besitz- und Berufsschranken dazu geführt haben, den Schtetl-Aktivitäten das Gesicht großen städtischen Unternehmertums aufzuprägen – verkleinert zur Miniatur, fast zur Karikatur.

Da die Beschränkungen auf den Besitz von Ackerland und nicht von Vieh gerichtet waren, konnten sie die Juden nicht davon abhalten, Milchprodukte herzustellen und zu verkaufen, und der jüdische Milchmann ist sehr wohl ein Teil der Szene im Schtetl. Milchmänner, die begütert sind, haben ihre eigenen Kühe. Viele andere kaufen die Milch von Höfen oder Gütern und liefern sie direkt an ihre Kunden im Schtetl. Nur wenige Milchmänner besitzen ein Pferd, und gewöhnlich werden die Kannen mit dem Schulterjoch getragen, manchmal kilometerweit, für die Lieferung am frühen Morgen. Wenn in der Eile und der Sommerhitze das Joch die Haut der Schultern und Arme des Milchmanns aufscheuert, so trägt er die Kannen mit den Händen, in der Hoffnung, daß – wenn dann die Hände aufgescheuert sind – die Schultern wieder geheilt sein werden.

Eine traditionell vom Lande lebende Gruppe fällt durch ihr Nichtvorhandensein auf; es sind die Jäger. Die Abneigung gegen wildes Blutvergießen ergänzt das Verbot, Fleisch zu essen, das nicht in ritueller Weise geschlachtet wurde. Fischen ist jedoch eine andere Sache, denn Fisch gehört nicht in die «Fleisch»-Kategorie und muß deshalb nicht vom schojchet getötet werden. Darüber hinaus ist Fisch ein wichtiger Teil der Ernährung, besonders für den Sabbat und andere festliche Gelegenheiten. Ein Fischer kann die Rechte an einem Teich oder Fluß von einem nichtjüdischen Besitzer pachten und versuchen, die Kosten durch Anheben seines Preises «bis in den Himmel» zu decken. Er kann direkt an den Verbraucher verkaufen oder an einen Fischhändler, der die Ware dann auf den Markt bringt und oft die ganze Nacht unterwegs ist, denn seine Ware ist «von der Art, die nicht warten kann». Getrieben von der Notwendigkeit, auf seine Kosten zu kommen und auch noch einen kleinen Gewinn zu machen, gerät der Fischer manchmal in richtige Wut, wenn der Teich seinen Schatz nicht hergeben will, und er flucht dann: «Man sollte dich töten» und «brennen solltest du».

Was auch immer jemandes Beruf ist, und gleichgültig, wie bescheiden dieser auch sein mag, er ist mit Bedeutung ausgestattet. Selbst wenn der «Laden» eines Mannes nur aus einer Karre voll Waren besteht, mit der er hausiert, nennt er ihn doch sein *gescheft*, sein Geschäft. Genauso wie Kinder angehalten werden, sich still zu verhalten, weil «der Vater in ein Buch schaut», so werden sie auch mit dem Ausruf zum Schweigen gebracht: «Seid still, Vater spricht vom Geschäft!»

Man betet mehrmals täglich für gesunt un parnosse, und jeden Tag betet man, davon verschont zu bleiben, in eine «schändliche» parnosse gezwungen zu werden. Die schändliche Tätigkeit ist nicht unbedingt eine niederträchtige, eher wohl eine erniedrigende. Andererseits ist eine «schöne» parnosse diejenige, die ein gutes Einkommen erbringt, selbst wenn das lange Stunden harter Arbeit bedeutet. Die «leichte» ist die einfache, sie wird begrüßt, aber es wird nicht um sie gebetet. Jeder sehnt sich nach einer parnosse, die hoch auf der Statusleiter steht, eine, die man «ehrenhaft», «fein», «nobel» nennen kann und möglichst auch schön. Die große Auswahl an Bezeichnungen, die gemeinhin für die parnosse verwendet werden, ist in sich selbst signifikant: Sie zeigt, welche Wichtigkeit dem Erwerb des Lebensunterhaltes beigemessen wird, und zwar in bezug auf die wirtschaftlichen Gegebenheiten im Schtetl wie auch auf die Werte und Verhaltensweisen, die jeden Bereich des Lebens im Schtetl durchdringen.

Die komplizierte Rangordnung der Berufe ist, wie wir gesehen haben, eher ein sekundärer als ein primärer Faktor zur Bestimmung sozialer Positionen. Die Stellung des Berufes wird durch das Ausmaß bestimmt, in welchem er Anforderungen an den jichuss und das Ansehen erfüllt. Die Stellung des einzelnen, der in einem Beruf tätig ist, hängt von zusätzlichen Faktoren ab. Eines ist aber sicher: die Rangordnung der Berufe selbst ist bis ins kleinste festgelegt.

Es ist besser, für sich selbst zu arbeiten als für jemand anderen. Dies ist einer der Gründe, weshalb selbständige Kaufleute und Geschäftsleute als glücklich betrachtet werden. Jeder versucht, «sein eigener Chef zu sein», selbst wenn er für seine Unabhängigkeit einen kleineren Gewinn und eine geringere Sicherheit in Kauf nehmen muß. Diese Daseinsform wird aus Neigung bevorzugt und bringt dazu noch Status.

Einzelhändler werden nach den Waren eingestuft, die sie anbieten. «Die Lebensmittelgeschäfte in unserem Schtetl waren in den Händen von Juden verschiedenen Typs. Es gab ‹Wohlhabende›, ‹Nicht-so-Wohlhabende›, ‹Gelehrte›, ‹Gewöhnliche›. Die Wollwarengeschäfte gehörten hauptsächlich belesenen Leuten. Sie trugen traditionelle Kleidung, hatten lange Schläfenlocken und waren sehr fromm. Es waren die mit dem jichuss.»

Es ist auch besser, ein Vertreter zu sein als ein Handwerker. Ein Verkäufer arbeitet mit dem Gehirn, ein Handwerker meistens mit seiner Muskelkraft. Das Schtetl-Volk glaubt, daß der Kopf, *kop*, – und besonders der *jiddische kop* – das Grundkapital eines jeden Unternehmens ist, und manchmal ist es auch das einzige. Jiddischer kop ist gleichzusetzen mit *ssechel*, Verstand oder Vernunft.

Jedes menschliche Wesen hat ssechel, aber «jiddischer ssechel» ist von besonderer Art und Qualität. Er zeichnet sich aus durch Schnelligkeit der Auffassung und des Begreifens, durch intuitive Wahrnehmung und die flinke Umsetzung der Gelegenheit.

Auch ein Handarbeiter verweist auf die Tatsache, daß seine Muskeln vom Gehirn aus gesteuert werden. Ein guter Schmied behandelt sein Eisen mit dem kop und hat Verachtung für den nichtjüdischen Schmied, der diese mit bedauerndem Achselzucken von ganzem Herzen erwidert; hat er doch das Gefühl, daß jüdische Hände niemals seine Meisterschaft an der Esse erreichen können. Ein guter Schuhmacher strahlt beim Anblick seines Produktes und erklärt es zu einem «wunderschönen Stück Arbeit». Handwerker betonen ständig die intellektuellen Anforderungen, die ihnen ihre Arbeit stellt. «Du mußt etwas kop hineinbringen», sagen sie. Der Lehrling wird instruiert: «Benutz deine Hände, aber arbeite mit dem Kopf», ob er nun das Leder für die Schuhe zuschneidet oder Holz für das Haus hackt. Gelernte Arbeiter schauen auf die einfache körperliche Arbeit herunter, die die Kutscher und Gepäckträger leisten, denn ihr Beruf benötigt keinen kop. Aber keine Arbeit wird von dem, der sie verrichtet, als «hirnlos» bezeichnet, wie ein kleiner Junge erfahren konnte, als er einen dreckigen Lastträger fragte, wie er es fertigbringe, solche gewaltigen Lasten zu schleppen. Der alte Mann strich seinen Bart gedankenverloren und meinte: «Weißt du, man muß ein bißchen kop gebrauchen.» Ein Mann, der keinen «Kopf» hat, nicht einmal für die körperliche Arbeit, ist ein *schlemiel*, und für diesen hat man nur Verachtung.

Die Handwerksberufe sind proste, aber trotzdem respektabel, wenn auch eine Familie mit großem jichuss eine Verbindung mit einem Handwerker mißbilligen würde. Einige Berufe jedoch sind wirklich «niedrig». «Eine meiner Kusinen heiratete einen Totengräber; danach hat meine Familie sie nie wieder besucht.» Professionelle Schauspieler und Musiker werden als «nicht koscher» betrachtet, sie sind keine «richtigen» Juden. Jedoch ein Amateur, der hübsch singen oder auf der «richtigen» Art von Instrument spielen kann, wird sehr bewundert. Streichinstrumente werden gutgeheißen, Schlag- oder Blasinstrumente auf keinen Fall. Der Amateur des Schtetls versucht sich auf der Geige, nicht auf dem Schlagzeug oder der Trompete.

Der Kantor wird nicht als Musiker betrachtet, denn er ist ein Sänger, und seine Kunst ist dem Dienste in der Synagoge gewidmet. Als eines der «Heiligen Werkzeuge» besetzt er eine Stellung mit Status. Seine Pflichten verlangen von ihm, daß er zumindest einigermaßen in den heiligen Überlieferungen Bescheid weiß. Trotzdem wird allgemein angenommen, daß der Kantor eigentlich ein dummer Mann ist, dessen soziale Stellung das Resultat seiner offiziellen Rolle ist und nicht seiner individuellen Geistesgaben.

Diejenigen der «Heiligen Werkzeuge», die bezahlt werden, haben einen besonderen Rang, denn sie sind religiöse Beamte und Angestellte der Gemeinschaft. Der Rabbiner ist dabei in einer einzigartigen Stellung, denn er sollte keine direkte Vergütung erhalten für seine rabbinischen Dienste, und er muß trotzdem unterstützt werden. Seine Unterstützung ist ein Problem, das auf Umwegen gelöst wird. Es ist nicht unvereinbar mit seiner Würde, ihm ein

Haus zu überlassen, und das wird oft getan. Zusätzlich ist es üblich, ihm – oder besser seiner Frau – das Verkaufsmonopol für Kerzen, Hefe und Öl zu übertragen. Viele Rabbiner sind peinlich darum bemüht zu vermeiden, daß sie die «Thora als eine Axt» gebrauchen. Es gibt da die Geschichte von einem Rabbiner, der seine Frau veranlaßte, den kleinen Laden, den sie unterhielt, zu schließen, sobald das Notwendigste an Einnahmen erreicht war; die Leute sollten nicht um seinetwillen kaufen und den anderen Krämern die parnosse wegnehmen. Solche Haltung ist allerdings keinesfalls allgemein, und manchmal unternimmt der Row selber Schritte, um seine Ernährung zu sichern. In einem Fall wurde dies mit Hilfe des rituellen Schlächters erreicht. «Wir hatten einen Row, aber der starb fast vor Hunger ... Schließlich wandte er sich an den chassidischen Oberrabbiner in einer anderen Stadt und beschwerte sich, daß er vor Hunger stürbe, und fragte, was er tun könne. Es wurde beschlossen, daß der Rabbiner die Hälfte von dem haben sollte, was der schojchet einnahm. Das hieß natürlich, daß der schojchet seine Preise erhöhen mußte. Wenn nicht, so würde der Rabbiner alles Fleisch für t'rejfe erklären. Der schojchet war aber ein netter Mensch und erklärte sich zur Kooperation bereit. Wenn nun der Rabbiner das Fleisch für t'rejfe erklärte, weigerte sich der schojchet, es an Juden zu verkaufen. Die Leute konnten aber woanders kein Fleisch kaufen, denn es muß gleich verbraucht werden, wenn es für koscher erklärt ist; schließlich waren die Leute bereit, den höheren Preis zu zahlen, und der Rabbiner mußte nicht mehr hungern.»

Abgesehen von solchen besonderen Arrangements arbeitet der schojchet, der unter den «Heiligen Werkzeugen» einen hohen Rang hat, stets eng mit dem Rabbiner zusammen. Seine Werkzeuge und seine Arbeit werden regelmäßig vom Rabbiner überwacht, der bevollmächtigt ist, ihm zu jeder Zeit die Lizenz zu entziehen, falls seine Arbeit der geforderten Qualität nicht entspricht. Um rituell den Speisegesetzen zu entsprechen, d. h. um koscher zu sein, muß das Fleisch von einem Tier stammen, das mit einem absolut sauberen und scharfen Messer getötet wurde. Sonst leidet das Tier, und unnötiges Leiden zu verursachen, ist eine große Sünde. Aus dem gleichen Grunde muß das Tier mit ruhiger Hand geschlachtet werden, und der Rabbiner kommt des öfteren, um zu inspizieren und sich zu vergewissern, daß die Hand des schojchets nicht zittert. Den schojchet, bestens geschult und gewöhnlich gelehrt, betrachtet man eher als einen «Fleisch-Chirurgen» als einen Schlächter.

Der Metzger, der auf der sozialen Leiter viel niedriger steht, kauft die Tiere vom Bauern und bringt sie dem schojchet zum Töten nach ritueller Vorschrift. Dann trennt der Metzger die Teile, die koscher sind, von den verbotenen und verkauft letztere an die Bauern.

Der Schreiber, oder *ssojfer*, gehört zwar nicht ganz zu den «Heiligen Werkzeugen», aber er ist nahe daran im Hinblick auf jichuss und Funktion, denn er ist es, der aus den Thorarollen kopiert. Von jedem Juden wird verlangt, daß er im Laufe seines Lebens eine Thora schreibt, aber nur wenige tun es oder wagen den Versuch. So lassen es diejenigen, die es sich leisten können, vom Schreiber machen; das letzte Wort schreiben sie dann unter seiner Aufsicht eigenhändig. Da jedoch die meisten es sich nicht leisten können, eine ganze

Thora schreiben zu lassen, tut sich manchmal eine Gemeinde oder ein Verein zusammen, veranlaßt eine Sammlung und schenkt gemeinsam eine Thora. Manche sparen Pfennig um Pfennig über Jahre, um die Freude und Ehre zu haben, der Synagoge eine Thora zu stiften. Ab und zu wird auch nur eine Rolle geschenkt – in Erfüllung eines Gelöbnisses oder zum Anlaß eines freudigen Ereignisses.

Der Beruf des Schreibers ist sowohl anspruchsvoll als auch heilig. Der Schreiber muß immer erst zur mikwe gehen und sich rituell reinigen, bevor er mit dem Schreiben beginnen kann. Zurückgekehrt, legt er seinen Gebetsschal um, spricht einen Segen und setzt sich dann zur Arbeit nieder. Er muß auch jedesmal einen Segen sprechen, bevor er den Namen Gottes schreibt. Der Text muß absolut fehlerfrei sein, denn es ist gegen das Gesetz, auch nur ein einziges Wort oder Zeichen in der Thora zu ändern. Jeder Buchstabe eines jeden Wortes muß perfekt sein. Selbst die traditionellen Fehler, die durch die Jahrhunderte weitergereicht wurden, müssen vollkommen vorhanden sein. Darüber hinaus muß die Kantillation perfekt reproduziert werden. Andere Bücher werden im traditionellen Sing-Sang gelesen, aber in der Thora ist jede Note angegeben, so daß es keine Gefahr eines Fehlers gibt. Es gibt ca. fünfunddreißig Akzentzeichen, um den Ton zu bestimmen, und jede Silbe trägt eine solche Notation.

Unterläuft dem Schreiber ein Fehler, so muß die ganze Pergamentseite aus der Rolle geschnitten werden, aber man darf sie nicht wegwerfen, denn sie ist heilig. Es gibt einen besonderen Platz in der Synagoge, an dem solche Seiten aufbewahrt werden, und ein fähiger Schreiber ist stolz darauf, diese Sammlung nicht zu vergrößern. Der Stolz auf seine Arbeit ist ein wichtiges Element der Entschädigung für ihn, denn obgleich das Kopieren der Thora recht gut bezahlt wird, geht die Arbeit sehr langsam voran, und das Pergament ist teuer. Oft unterrichtet der ssojfer seinen Sohn oder einen Lehrling in seiner Kunst, und dies ist eines der raren Beispiele für eine Ausbildung, in der der Lehrling mehr Zeit damit verbringt, sein Handwerk zu erlernen, als Botengänge zu machen oder auf die Kinder aufzupassen.

Hausarbeit ist eine Beschäftigung, die wirklich ungeliebt ist. Es gibt im Schtetl nur wenige richtige Bedienstete, denn die meisten Leute können sich kein Personal leisten. Trotzdem, eine Frau, die die meiste Zeit des Tages «hinter der parnosse herjagt», braucht zumindest eine Teilzeithilfe. Sie stellt entweder ein Bauernmädchen an oder eine jüdische Frau. Ein unverheiratetes jüdisches Mädchen arbeitet nicht im Haushalt anderer, wenn es zu vermeiden ist. «Ein jüdisches Mädchen würde eher als Modistin arbeiten. Eine Waise, deren Vater wieder geheiratet hat, würde vielleicht als Hausgehilfin arbeiten, aber eher käme in Frage, daß ein Verwandter sie beschäftigt.» Sie würde als «Aushilfe» im Hause eines besser gestellten Verwandten arbeiten, aber nicht als bezahlte Hausgehilfin. «Wenn ein jüdisches Mädchen Hausgehilfin wird, so steckt dahinter immer eine tragische Geschichte.» Wäre ein Mädchen gezwungen, im Haushalt zu arbeiten, so würde es wohl eher in die Stadt gehen, als im Schtetl zu bleiben, wo die Mädchen lieber in Heimarbeit nähen oder in der Fabrik Anstellung finden.

Eine verheiratete Frau kann leichter während des Tages eine Stelle in einem Haushalt annehmen. Wenn sie Witwe ist oder ihr Mann arbeitslos, kann sie einige Tage im Hause eines nogid arbeiten. Vielleicht darf sie eines oder zwei ihrer Kinder mitbringen, die dann die Reste aus der Küche des nogid essen. Oder sie ißt nur ein Teil von dem, was man ihr gibt, und nimmt den Rest mit nach Hause zu ihrer Familie – zusätzlich zu den Kleinigkeiten, die ihr die Hausfrau gibt als Teil ihrer täglichen guten Taten.

Die «moid» in einem jüdischen Haushalt wird vielleicht gescholten, geärgert und herumkommandiert – fast wie ein Mitglied der Familie. Aber es wird ihr auch wie einem Mitglied der Familie geholfen, z. B. bei der Aussteuer und sogar bei der Suche nach einem Ehemann und beim Ausrichten der Hochzeit, die ihrer Stellung in einem vornehmen Hause entsprechen muß.

Die Gruppe der Akademiker ist im Schtetl kaum vertreten, sie gehört in die große Stadt. Ein Arzt oder Rechtsanwalt, der ins Schtetl kommt, um Verwandte oder Freunde zu besuchen, wird mit großem Respekt behandelt. Gewiß, er hat die frommen Studien verlassen, um ein Diplom an einer Universität zu erwerben, aber jedes Diplom ist der Beweis von Gelehrsamkeit und wird deshalb respektiert. Die Akademiker sind eher Rechtsanwälte als Ärzte, denn es ist sehr schwer für einen Juden, eine medizinische Ausbildung zu erhalten. Die akademische Kategorie schließt jeden ein, der ein Diplom oder Zertifikat sein eigen nennt, welches eine besondere Ausbildung oder ein besonderes Training beweist. Apotheker, Veterinäre, Krankenschwestern sind im Schtetl «Akademiker» und deshalb mit einem entsprechenden jichuss ausgestattet.

Das Schtetl selbst kann nicht genügend parnosse für alle aufbringen, und viele müssen aus diesem Grunde auf Reisen gehen. Auf Jahrmärkte zu reisen, wird kaum als Reisen betrachtet; das macht man als eine Art von Routine, so, wie Städter zum Kaufen oder Verkaufen in die Einkaufszentren einer Stadt gehen. Jede Stadt hat ihren besonderen Markttag, und zu den Märkten in der Umgebung zu reisen, ist Teil des Geschäftes. Die Hausierer reisen indessen von einem Ort zum nächsten. Oft gehen auch Schneider, Schmiede und Schuster auf der Suche nach Arbeit von Ort zu Ort. Solch ein reisender Handwerker läßt sich so lange nieder, bis er seinen Auftrag erledigt hat oder bis alle örtlichen Arbeitsmöglichkeiten ausgeschöpft sind, und reist dann weiter zum nächsten Ort.

Das Wandergewerbe ist eine typische Institution. Die buntgemischten Artikel – Kurzwaren, Lebensmittel, etc. – liegen durcheinander auf einem Handkarren oder auf einem Wagen, der von einem dürren Pferd gezogen wird. Es ist kein Reitpferd, sondern eines, das schwere Lasten zieht durch Schlamm und Staub und über steinige Hügel. Es läuft in einem langsamen, verzweifelten Trott, wie eines, das nie anhält und nie ankommt. Trotz seiner klapperigen Erscheinung ist das jüdische Pferd ein Kamerad und Geschäftspartner; während langer, mühseliger Stunden hört es sich das Gerede seines Herrn an und nickt sanft mit dem Kopf, während man dahinzieht. Es ist nur natürlich, daß eine solche Hingabe mit guter Pflege und mit Zuneigung belohnt wird, obgleich ein Jude nicht so weit geht wie ein polnischer Bauer, der seine Tiere mit mehr Zärtlichkeit behandelt als seine Familie. Das würde der Schtetl-Doktrin zuwiderlaufen, die sagt: «Hüte dich vor einem Mann, der gut zu seinem Pferd ist und seine Frau schlägt.»

Einige der kleinen Händler fahren mit leerem Wagen los und kaufen allerlei Dinge auf. «Sie verkauften Baumwollgewebe, Nadeln, Seife, Bonbons, Kopftücher, getrockneten Fisch, Heringe etc. Sie reisten von Dorf zu Dorf und verkauften das an die Bauern. Im Austausch kauften sie Häute, Borsten, Wolle, Getreide und Kartoffeln. Sie hatten zwei Arten von Reisegeschäften; eines, welches alle diese Artikel verkaufte, und ein anderes, das mit einem leeren Wagen losfuhr und nur einkaufte. Dann verkauften sie die Sachen, die sie eingekauft hatten, an die Händler im Schtetl. Häute und Borsten waren wichtige Industrien in unserem Schtetl.» Manchmal nimmt ein chejder-Junge während der Ferien bei einem reisenden Händler einen Job an; er kümmert sich um das Pferd und bewacht die Ware, während der Eigner in die Häuser geht, um Geschäfte abzuschließen.

Diese Händler, wie auch alle anderen Reisenden, versuchen ihre Reise immer so zu planen, daß sie zum Sabbat zu Hause sind. «Wir fuhren auf eine Woche weg und kamen freitagabends nach Hause. Und wenn wir gute Geschäfte gemacht hatten, dann kamen wir früher in der Woche heim.» Wenn es ihnen nicht gelingt, rechtzeitig nach Hause zu kommen, sind sie gern gesehene Gäste in irgendeinem Schtetl, aber für sie und für ihre Familien ist es dann ein «gestörter Sabbat».

Nach Hause zu kommen ist eine Erleichterung besonders für diejenigen, die zu Leuten reisen, die sich nicht an die Speisegesetze halten. «Üblicherweise boten dir die Bauern ein Essen an. Es war nicht besonders gut, und wir konnten davon sowieso nur die Milchprodukte essen. Sie benutzten hölzernes Geschirr und Bestecke, und man saß gemeinsam um den langen Tisch herum.» Es ist üblich, den eigenen koscheren Milchtopf – wenn möglich – überallhin mitzunehmen. Von der Gastfreundschaft der Bauern abhängig zu sein, zur gleichen Zeit aber auch die durch die notwendige Prüfung der rituellen Reinheit entstehende Spannung auszuhalten, macht es für das reisende Gewerbe erforderlich, diplomatisches Geschick an den Tag zu legen.

Die Quartiere, die man längs des Weges findet, entsprechen Maßstäben, die nicht die des Schtetls sind und scheinen deshalb unter dem Standard zu liegen, wie umgekehrt die Häuser des Schtetls der bäuerlichen Bevölkerung ebenso erscheinen mögen. Das Schtetl meint: «Die Bauern lebten dicht gedrängt. Sie hatten kleine Häuser und große Familien. Sie waren etwas primitiv. Sie schliefen alle zusammen, und sie kannten keine Scham. Wir pflegten draußen im Stall zu schlafen, wo sie das Heu und die Pferde unterbrachten.» Die entsprechende Beschreibung der Schtetl-Behausungen durch einen Bauern dürfte nicht positiver ausfallen. Wirtschaftlich und auch sonst sieht jede Gruppe die andere als unterprivilegiert und fürchtet gleichzeitig, die anderen könnten sich ungerechtfertigter Vorteile erfreuen.

Es gibt auch Zwischenhändlerinnen; viele Frauen sind Hausiererinnen oder reisende Händlerinnen. Eine Frau kann wie ein Mann herumgehen und Obstgärten in Blüte einschätzen, die grünen Früchte am Zweig kaufen und sie später an den Großhändler wieder verkaufen, der sie dann an die Einzelhändler liefert. Frauen gehen jedoch weniger auf größere Reisen, denn ihr Haushalt erfordert ihre Gegenwart. Sie bleiben kaum länger weg als ein oder zwei Nächte. Sie übernachten auch lieber bei Verwandten, als sich eine Bleibe für die Nacht irgendwo zu suchen – und «warum sollte eine Frau nicht Verwandte im nächsten Schtetl finden?»

Im allgemeinen besteht kaum besondere Furcht, allein über die Grenzen des Schtetls hinaus zu reisen. Die Männer bekunden selten Angst vor Diebstahl oder Raub und gehen davon aus, daß schon nichts passieren wird. Die Gewalttätigkeit der Außenstehenden ist unberechenbar, aber man nimmt im allgemeinen an, daß sie auf die Perioden des Aufruhrs und Blutvergießens beschränkt bleibt. Während solcher Zeiten duckt man sich zu Hause. Während der anderen Zeit reist man umher, ohne besondere Bedenken an den Tag zu legen.

Außer denen, deren Arbeit das Reisen erforderlich macht, sind da jene, die fern von zu Hause in den Fabriken der Stadt arbeiten, die lehren oder eine Schule in der Stadt besuchen. Manche arbeiten auch als Verkäufer oder als Büroangestellte, aber kaum in Regierungsstellungen, da Juden davon im allgemeinen ausgeschlossen sind.

Einige von denen, die in der Stadt arbeiten, kommen am Sabbat nach Hause oder wenigstens zu den Feiertagen im Frühjahr und im Herbst. Andere entfernen sich langsam vom Schtetl. Selbst jene, die öfter zurückkommen, gehören weniger zum Schtetl als vielmehr zu der Gruppe, die zwischen den beiden Kulturen hin und her pendelt. Es sind diejenigen, die aus der traditionellen Handwerkergilde austreten und sich den Arbeiterorganisationen anschließen und die ihre Probleme eher durch die Gewerkschaften und Streiks regeln, als sie zum Rabbiner zu tragen. Sie bringen fremde Ideen in das Schtetl, essen verbotene Lebensmittel, kleiden sich anders und ziehen säkulare Schriften den heiligen Büchern vor. Sie haben ihre Verehrung für das Hebräische verloren und akzeptieren jiddisch als die richtige Sprache – selbst für Bücher.

Die verstädterten Arbeiter waren die Hauptträger der Veränderung im Schtetl, besonders um die Jahrhundertwende. Gleichzeitig führten sie einige Verhaltensmuster des Schtetls – wie Gruppenverantwortung und gegenseitige Hilfe – in ihre Stadt-Gewerkschaften ein.

Um den Lebensunterhalt zu verdienen, versucht man einiges und oft mehreres zur gleichen Zeit. Sehr wenige sind in der Lage, sich mit einer Beschäftigung allein zu ernähren, so daß es üblich ist, mehrere auszuüben – entweder gleichzeitig oder nacheinander. Der Zimmermann ist vielleicht auch noch Kutscher, und nebenbei hilft er dem Schmied, wenn der viel zu tun hat. Im Sommer verdingt sich der Schuster als Wachmann im Obstgarten. «Mein Vater war Stukkateur von Beruf, aber damit konnte er die Lebenshaltungskosten nicht ganz verdienen, so handelte er auch mit Flachs. Der Flachs wurde so, wie er war, von den Bauern gekauft, und dann haben mein Vater und die ganze Familie ihn für den Verkauf an die Händler in der Stadt zubereitet. Im Sommer baute mein Vater kleine Häuser für die Bauern ... Es gab vier andere Kinder von meiner Mutter und sieben von der ersten Frau meines Vaters, obgleich nicht alle zu Hause waren, als ich Kind war. Ich erinnere mich, daß es

sehr eng war, und wenn wir alle damit beschäftigt waren, den Flachs zuzubereiten, dann war das ganze Haus voller Staub, der sich überall hinsetzte.»
Wenn alles schief geht, kann ein Mann immer noch «Kleinkinder-m'lamed»
werden, denn «jeder Jude weiß genug, um das zu werden». Doch selbst der
verachtete m'lamed muß sein Einkommen aufbessern und sich zu diesem
Zwecke einer Reihe von Gewerben zuwenden – so wie der fröhliche Baruch,
dessen Veranlagung weniger typisch war als seine wirtschaftliche Lage. «Baruch hatte mehrere Jobs. Er sollte der m'lamed sein, aber er hatte nie genügend Kinder zu unterrichten. So fing er an, Herde zu reparieren. Aber dabei
verdiente er immer noch nicht genug. So fertigte er Hemden für die Nichtjuden; schließlich wurde er noch Schuhmacher. Dennoch, mit all seinen Jobs
war er noch immer ein ‹kabzn in sibn poless› (armer Mann in sieben Rockschößen). Aber er lächelte immer und machte Witze über die Tatsache, daß er so
arm war und mit all seinen Jobs den Lebensunterhalt immer noch nicht verdienen konnte. Er pflegte zu sagen: ‹Gott will gut zu mir sein, und er schickt mir
immer einen Engel, um mir zu helfen. Aber wenn er den Engel schickt, um
Baruch, dem m'lamed, zu helfen, dann ist Baruch kein m'lamed mehr, sondern
repariert gerade Herde. So kann der Engel mich nie finden. Deshalb bin ich
ein kabzn›.»
Die «sieben Rockschöße» bedeuten, daß ein Mann so arm und sein Kaftan
so ausgefranst ist, daß er sieben statt der üblichen vier Ecken – zwei vorn und
zwei hinten am Schlitz – hat. Es bedeutet für Schtetl-Ohren, die an Untertöne
gewöhnt sind, ferner, daß jeder Rockschoß von der Armut und den Sorgen des
kabzn heruntergezogen wird. Trotz allem wird der Mann in sieben Rockschößen gewöhnlich als vergnügter Bursche dargestellt, der immer arbeitet, niemals verdient und dennoch seine Späße über die eigenen Schwierigkeiten
machen kann.
Es gibt viele im Schtetl, die weder ein Handwerk noch einen Beruf ausüben,
aber wenige, die nur einen Job haben. Und so kam das Sprichwort auf: «Der
beste Schuster unter all den Schneidern ist Jankl, der Bäcker.» Man kann
davon ausgehen, daß – wie vielen Berufen man auch nachgehen mag und wie
viele Mitglieder der Familie auch arbeiten mögen – das Einkommen niedrig
ist. «Mein Großvater arbeitete in der Fabrik. Die ganze Familie arbeitete.
Meine Großmutter handelte mit den Bauern. Meine Mutter nähte. Sie arbeiteten sehr schwer, und sie haben nie anständig gelebt …» Geld sind
Münzen, keine Scheine, und der Gewinn besteht aus Pfennigen. Zu sagen,
jemand habe eine «jiddische parnosse», bedeutet: seine Arbeit ist anstrengend,
anspruchsvoll, ungewiß und wenig einträglich. Es ist ganz das Gegenteil von
einer «schönen parnosse», die auch schwere Arbeit sein kann, aber wenigstens
einträglich ist. Selbst der nogid, der eine schöne parnosse hat und reich ist im
Vergleich mit seinen Mitmenschen, erfreut sich nur eines mäßigen Lebens-
standards. Er hat vielleicht ein zweistöckiges Fachwerkhaus, aber es ist oft
halb verfallen. Die Symbole seines Reichtums sind – abgesehen von den de-
monstrativen Spenden – hauptsächlich das Essen und die Kleidung.
Der nogid trägt «seidene» Kaftane, und er hat außer dem für den Sabbat
noch einen für die Feiertage. Seine Frau demonstriert seine Größe mit den

rauschenden Falten ihres schwarzen Seidenkleides am Sabbat, dem Glanz der Perlen und dem Blitzen ihrer Broschen und Ohrringe.

Der einfache Mann, der die ganze Woche arbeitet, um am Sabbat «etwas zu haben», ist froh, wenn er seinen Kindern zu den großen Feiertagen neue Schuhe kaufen kann. Er «fastet jeden Montag und Donnerstag, um etwas zu haben», aber er hat nie ausreichend. «Wir haben alle gearbeitet, aber es fehlten uns immer neunundneunzig Pfennige an der Mark.»

Irgendwie bringen es die meisten doch fertig, zu überleben. «Meine Eltern haben nicht tatsächlich gehungert, aber sie waren immer an der Grenze des Hungers.» Ein m'lamed, der mit seiner Familie in eine andere Stadt zog, ging dort auf den Markt «und versuchte, Geschäfte zu machen. Aber er war kein Geschäftsmann und verdiente kaum Geld. Die älteren Kinder leisteten Schwerarbeit ... schleppten Steine für neue Gebäude, und dafür bekamen sie fünf Kopeken. Meine Mutter stand zusammen mit dem Vater den ganzen Tag auf dem Markt, und abends kamen sie mit etwa fünfundzwanzig Kopeken nach Hause. Das einzige, was wir zu essen hatten, war *kascha* (Graupen), und alle haben es gegessen.»

Die häufigste Nahrung besteht aus Kartoffeln und Heringen, und «manchmal hatten sie nicht einmal Heringe, dann machten sie sich ‹Fisch-Heringe›. Sie nahmen Kartoffeln, kochten sie mit Salz, Pfeffer und Zwiebeln, und das mußte den Fischgeschmack geben. Selbst das war manchmal noch zu viel. Einige Juden waren so arm, daß sie die ganze Woche von Brot und Kartoffeln lebten. Nur am Freitagabend gab es richtiges Essen.» Und wenn selbst Freitagabend nichts vorhanden ist, um «Sabbat zu machen», dann ist die Familie wirklich arm.

Für die Mehrzahl der Ernährer im Schtetl sind die Aussichten auf Selbsterhaltung sehr gering, und die Notwendigkeit, «zu den Leuten» gehen und um Hilfe bitten zu müssen, ist eine tägliche Bedrohung. Trotzdem wird die Jagd nach parnosse fortgesetzt – in ständigem Bemühen, ständiger Angst und ständiger Hoffnung. Wirtschaftliche Stabilität wird fast nie erreicht. Geht es heute gut, so kann es morgen wieder schlecht gehen; und wenn die Aussichten heute schlecht sind, so können sie sich morgen verbessern. Jedenfalls hört man nie auf, es zu versuchen. «Ich werde für die parnosse sorgen», sagt man und fühlt, daß Sorgen und Mühen Teil der auferlegten Betätigungen sind.

Oft wird gesagt: «Der Jude ist ein Optimist», und auch: «Der Jude ist ein Pessimist». Beide Sprüche sind auf das Schtetl anwendbar, und beide Charakterisierungen beziehen sich auf die Konzeption des Bundes. «Der Jude lebt von der Hoffnung» ist eine bekannte Bemerkung. Je strenger er sich an den orthodoxen Glauben hält, desto stärker ist seine Hoffnung, *bitochen*. «Es ist alles zu unserem Besten» sagen sie, und «Er, der uns die Zähne gab, wird uns auch Brot geben». Der Optimismus ist jedoch bedingt. Alles wird gut werden, wenn man seine Pflichten gegenüber Gott erfüllt und versucht, sich selbst zu helfen. Es ist eine Grundannahme des Glaubens, daß Gott geben wird, aber nur dann, wenn der Mensch sein Teil tut. Besonders wird Er für den Sabbat Sorge tragen. Man arbeitet die ganze Woche erfolglos. Der Freitag kommt, und es ist nichts vorhanden, um «Sabbat zu machen». Wieder geht man los mit der Energie des Verzweifelten, und irgendwie gelingt es, einen Rubel zu verdienen. «Gott hat ihn mir geschickt für den Sabbat!», und Gott wird Dank erstattet für sein «Manna vom Himmel». Und wenn trotz aller Bemühungen nichts zu machen war, dann ist die Frage: «Wo habe ich gesündigt?» Aber wenn die Not zu sehr drückt und man sich jede Mühe gemacht hatte, das Richtige zu tun, dann heißt es zuletzt: «Wo bleibt die Gerechtigkeit?»

In einer so dürftigen Wirtschaftslage lebt man mit der Hoffnung, und man lebt auch «in Erwartung von Wundern». In einer Atempause während der täglichen Runde mag jeder Mensch im Schtetl von dem großen Tag träumen, der ihm das Glück beschert. Vielleicht ist es ein Lotterielos, vielleicht ein Verwandter aus Amerika, vielleicht ein gutes Geschäft. Er wird vielleicht seine letzte Münze für ein Lotterielos opfern und von dem großen Preis träumen, den er gewinnen wird. Erfolg kommt eben nicht ohne ständiges Bemühen, aber er kommt auch nicht ohne Glück, *masel,* und man ist immer in Erwartung einer glücklichen Fügung. Es ist natürlich Gott, der das Glück schickt.

Der allbekannte *luftmentsch* ist einer, der in des Wortes Bedeutung von Hoffnung und Wundern lebt. Er hat kein festes Geschäft, kein reguläres Einkommen. Er ist ein «Klein-Kommissionär», der herumjagt, fast alles an-packt, einen Kunden aus der Luft heranschafft, ihm fast durch Hypnose etwas verkauft und dafür eine lächerlich kleine Gebühr kassiert. In jeden Versuch legt der luftmentsch seine Leidenschaft und Überzeugung, wie ein Künstler, der sein Meisterstück schafft, obgleich seine Mühe meistens vergebens ist und seine Hoffnung auf Ertrag sich in Luft auflöst – sein Element.

Da das Verdienen des Lebensunterhaltes so schwierig ist, ist es eine der besten Taten, die jemand vollbringen kann, einem anderen zu helfen, die parnosse zu verdienen. Die großzügige Frau eines nogid hält sich von dem einladenden Gefeilsche auf dem Markt fern und zahlt selbst ein paar Pfennige mehr, indem sie von einer armen Frau kauft, die ihre Waren von Haus zu Haus in einem Korb anbietet. «Laß sie ihre parnosse verdienen», sagt sie. Wenn sie aber zum Einkaufen auf den Markt geht, «dann rufen die Marktfrauen ‹Bal-bosste, bal-bosste, kauf etwas, ich hab' noch kein Handgeld›, denn der erste Verkauf soll Glück bringen und weitere folgen lassen.» Wenn die reiche Frau etwas «auf gut Glück» kauft, etwas, das sie eigentlich gar nicht braucht, nur um einen «Anfang zu machen», so wird die Marktfrau sie für die gute Tat segnen wie für jede andere Art von Wohltätigkeit.

Umgekehrt gehört es zu den übelsten Taten, jemanden davon abzuhalten, sein Brot zu erwerben. Jemandes Rechte zu verletzen oder einen Kunden abzuwerben, ist verachtenswert. Man kann dafür vor den Rabbiner gerufen und formell verurteilt werden, wenn man das «etablierte Revier» eines ande-ren verletzt. Das Vorrecht mag ein gepachtetes Monopol sein, wie das des Fischers, oder es könnte das Handelsmonopol für einen bestimmten Ort oder mit einem bestimmten Kunden sein, durch langen Brauch erworben. «Manch-mal gab es ein sehr interessantes ‹halb-legales› Arrangement – die *chasoke.* Es ist ein Monopol auf ein bestimmtes Gewerbe, wenn auch nicht schriftlich festgelegt; und wenn jemand anders in dies Monopol einbricht, so kann man damit zum Rabbiner gehen. Man könnte zum Beispiel das Monopol besitzen für das Gewerbe auf einem bestimmten Gebiet, und niemand anders darf auf dem Gebiet dort Geschäfte machen. Man könnte sagen: ‹Großvater war Schneider, Vater war Schneider, ich bin auch Schneider› ...»

Da Pfennige so kostbar sind, ist es undenkbar, daß einem einer durch die Finger rutscht. Man lehnt niemals einen Job ab, selbst wenn er eine Technik erfordert, die man nicht beherrscht. Wenn man nicht weiß, wie es geht, so lernt man, während man daran arbeitet. Irgendwie wird man es schon «aussorgen». Man sagt niemals «nein» zu einem Kunden, selbst wenn er nach etwas fragen sollte, was man gerade nicht im Laden hat. Man überredet ihn zu warten, oder besser noch, man hat jemanden, der ihn im Gespräch aufhält, während man schnell die Straße hinunterrennt, um einen breitrandigen Hut oder einen größeren Topf zu besorgen, oder was immer es ist, was er haben will. Wenn ihm nicht gegeben wird, was er haben möchte, so könnte er vielleicht nicht wiederkommen, und das darf auf keinen Fall passieren. Der Ladenbesitzer auf der anderen Straßenseite leiht einem, was der Kunde haben will; später zahlt man ihm den Preis dafür. Vielleicht ist es derselbe Ladenbesitzer, der zuvor mit einem in Konkurrenz um den gleichen Kunden lag.

Vielleicht war er es oder einer seiner Leute, der den Kunden in seinen eigenen Laden locken wollte. Nun ist der Kunde jedoch in diesem Laden, und er gehört hierher, und die anderen werden versuchen zu helfen, daß er auch bleibt. Es könnte sein, daß der Ladenbesitzer, an den man sich jetzt wegen eines Hutes oder einer Hose wendet, ein Verwandter ist, der einem gern hilft. Selbst wenn er es nicht ist, weiß er, daß er morgen vielleicht den gleichen Gefallen nötig hat, von einem selbst oder von einem der Verwandten. Es gibt so viele Beziehungen untereinander im Schtetl und so wenig Stabilität, daß unbarmherzige Konkurrenz und gegenseitige Hilfe Seite an Seite wohnen – ohne daß jemandem ein Widerspruch auffiele.

Ein kurzfristiges Darlehen ohne Zinsen wird einem selbstverständlich gewährt, wenn man es braucht und kreditwürdig ist. Da gibt es keine Angst vor Schwierigkeiten bei der Rückzahlung, denn wer seinen Verpflichtungen in einer solchen Angelegenheit nicht nachkommt, bringt sich selbst aus dem Geschäft. Man betrügt niemals jemanden, der einem traut und hilft, und man verweigert auch kein Darlehen, wenn man eines geben kann. Die Garantie für die Rückzahlung liegt in dem Status des Mannes und in den inoffiziellen Sanktionen, die mit der Nichtzahlung verbunden sind.

In der Geschäftsethik wird das Umgehen von Regierungsvorschriften in bezug auf den Verkauf nicht als Gesetzesbruch oder Übeltat betrachtet. Ein Mann, der Tabak ohne Lizenz verkauft, wird durchaus als ehrbarer Mensch angesehen, obgleich die Polizei regelmäßig sein Geschäft durchsucht. «Im Schtetl galt er als ein guter Mensch ...denn er war fromm, ging zur schul etc. Er lebte vom Verkauf von Rohtabak. Das war nicht legal, wenn man keine Erlaubnis dafür hatte, und er hatte keine. Immer wenn eine Razzia bevorstand, trug meine Tante den Tabak in großen Säcken in unser Haus zum Verstecken.» Der illegale Verkauf von bejgl durch eine «Waise», die auf diese Art der verwitweten Mutter hilft, wird als eine durchaus anständige Form von Selbsthilfe angesehen. Wenn die Mutter eine frische Ladung dieser knackigen, ringförmigen Brötchen gebacken hat, nehmen ihre sechs- und siebenjährigen Söhne das Gebäck und verkaufen es auf der Straße – sauber in einen Korb gepackt, mit einem frischen Leinentuch bedeckt. Sie verkaufen davon so viel, wie sie können, an jeden, der das Glück hat, noch einen Pfennig dafür erübrigen zu können. Plötzlich wird im Flüsterton Alarm gegeben: «Der Sechser (Polizist)!» Im selben Augenblick sind die Kinder von der Straße verschwunden, keiner hat sie gesehen oder gehört. Halbgegessene bejgl werden blitzschnell in die Taschen gesteckt oder in den Einkaufsbeutel. Wenn der «Sechser» wieder weg ist, kommen die verängstigten Jungen wieder hervor, und sie werden beruhigt und vielleicht auch mit einem Bonbon von einem der Passanten getröstet. Jeder weiß: werden sie gefaßt, so werden sie geschlagen, und man wird ihnen die Körbe mit den Brötchen und den wertvollen Leinendeckchen wegnehmen – denn die Polizisten sind von den bejgl auch sehr angetan. Daß sie sich schuldig machen, indem sie ihre Brötchen ohne Lizenz verkaufen, ist Sache der Regierung und ganz gewiß nicht die der Kunden oder jener, die sich nur wünschen, einen Pfennig für so ein Brötchen zu haben. Zollvorschriften zu mißachten, wird nicht als große Sünde betrachtet. Selbst die Regierung nimmt das Schmuggeln in kleinem Rahmen nicht zu ernst. Über die Grenzen hinweg gibt es einen lebhaften Verkehr mit Zigaretten, Streichhölzern und Spirituosen.

Auswanderer werden auch über die Grenzen geschmuggelt; es sind diejenigen, die keinen Paß oder kein Visum erhielten, um das Land offen verlassen zu können. Weit weg von Beamten und Eisenbahnstationen werden sie insgeheim über die «grüne Grenze» geleitet, über die Grenze, die durch Wälder und Felder führt. Während der großen Auswanderungswelle war das Hauptmotiv wirtschaftlicher Natur. Einige verließen das Land, um langfristigem Militärdienst zu entgehen, einige auch, um den Pogromen zu entkommen. Doch der Hauptgrund war die Suche nach parnosse. Selbst für jene, die wegen eines Pogroms gingen, war der eigentliche Grund ein wirtschaftlicher, denn ihre Läden waren geplündert und verbrannt und die Quelle ihres Lebensunterhaltes damit vernichtet. Da das Leben immer schwieriger wurde, wurde der Traum, in die Vereinigten Staaten zu gehen und dort eine «schöne» parnosse zu finden, häufiger und zwingender. Es war ein Traum, der eher für die Unterprivilegierten verlockend war als für die Männer der Ostwand. Die schejnen leit waren die letzten, die bestrebt waren, das Schtetl zu verlassen, da sie die hohen Positionen innehatten und ein «schönes» Leben führten. Die Mehrheit derer, die auswanderten, waren die «Leute der Woche», besonders junge Leute, denen die wirtschaftliche Zukunft blockiert erschien und die die «andere Seite des Ozeans» als ihre einzige Lösung sahen.

Viele brachten es fertig, ihre Familien nachkommen zu lassen, aber viele Familien, die blieben, rechneten mit der Hilfe aus den Vereinigten Staaten. Während der dreißiger Jahre hätte das Schtetl kaum überlebt, wenn nicht Hilfe aus dem «neuen» Land gekommen wäre – obgleich auch auf der anderen Seite des Ozeans Depression herrschte. Auswanderer aus einem Schtetl oder aus einer Region bildeten Vereine im neuen Land, und manchmal kam die Hilfe von diesen Organisationen. Öfter wurde jedoch individuell geholfen.

Wenn man einen Mann fragte: «Was ist denn deine parnosse?», so konnte seine Antwort sein: «Ich bin ein bißchen schammes, ein bißchen Heiratsvermittler, vor den Feiertagen verkaufe ich Palmenzweige für ssuke, während der Saison helfe ich beim Schneider aus, und außerdem habe ich einen Bruder in den Vereinigten Staaten, der mir jeden Monat ein bißchen schickt.»

Alle die Umstände und Bedingungen, die diesen typischen Berufsbildern zugrundeliegen, haben auch eine Rolle gespielt, als sich die Einstellung des Schtetls gegenüber dem Geld formte. Jahrhundertelang wurden die Leute in Beschäftigungen gezwungen, die mit dem direkten Geldverkehr zu tun haben. Während der gleichen Jahrhunderte haben sie gelernt, daß Bargeld die beste Form von Reichtum ist, da man es während der Pogrome retten und mitnehmen kann, wenn man ausgewiesen wird. Sie haben auch gelernt, daß Geld das beste Argument ist im Umgang mit Beamten. Mit Geld kann man sich eine relative Freiheit, die Befreiung von säkularer Erziehung oder vom Militärdienst erkaufen. Manchmal kann man sich auch Leben erkaufen – sein eigenes oder das eines Mitmenschen.

Vor diesem Hintergrund verfestigte sich die Einstellung, daß Geld gut sei, aber nur als Mittel zu einem bestimmten Zweck und nicht als Selbstzweck. Es wird angehäuft, um es auszugeben, und es ist am meisten wert, wenn es in Fluß bleibt, anstatt im Geldschrank zu liegen. Die Idee des Sparens, um das Sparkonto zu erhöhen, ist dem Schtetl fremd, da es sowieso keinen Überfluß zum Sparen aufs Geratewohl gibt. Man spart zielgerichtet, um einem Jungen eine bessere und längere Erziehung zu ermöglichen, um eine «schöne Mitgift» für die Tochter zu haben, um den Kindern neue Kleider für die Feiertage kaufen und die Festtage angenehm begehen zu können.

Kindern wird Geld zum Ausgeben gegeben und nicht zum Sparen. Es wird ihnen zwar beigebracht, es vernünftig auszugeben, nicht etwa für «dumme Dinge», sondern für einen Zweck, für tachlis. Sie werden gelehrt, «soziale Gerechtigkeit» zu verteilen, man erlaubt ihnen, die Münzen in kleine Spardosen zu stecken und freitags die Almosen an die Schnorrer auszuhändigen. Sie lernen, daß konstruktives Geben ein sicherer Weg ist, Anerkennung zu gewinnen.

Da es mehr der Zweck ist, der zählt, als das Geld selbst, kann man stolz sein, viel ausgegeben zu haben, und man kann auch stolz sein, wenig ausgegeben zu haben. Ein Mann prahlt: «Ich habe so-und-so-viel für den Mantel meiner Frau gezahlt», um zu beweisen, daß er es sich leisten kann, «mit offener Hand» Geld auszugeben, daß er seiner Frau zugeneigt ist und den Verpflichtungen seiner Familie gegenüber nachkommt. Es freut ihn aber auch, ankündigen zu können: «Für diese feine Seide habe ich nur so und so wenig bezahlt», womit er zeigt, wie geschickt er ist, etwas unter dem Marktpreis einzukaufen. Ein günstiger Einkauf ist ein Zeichen eines «guten Kopfes» oder ein Zeichen von Glück.

Als Mittel zum Zweck kommt Geld in der Bewertung gleich nach der Gelehrsamkeit. Abgesehen von der Möglichkeit, relative Freiheit und Sicherheit damit zu erlangen, kann man durch Wohltätigkeit sozialen Status und zukünftige Glückseligkeit erstehen. Außerdem gibt Geld Macht. Der nogid hat Macht durch sein Geld – er mag sogar der Boss des Schtetls sein – und kann dadurch Freunde in Regierungskreisen gewinnen und seiner Kommune als schtadlen oder Vermittler dienen. Die jüdischen «Finanzhelden» haben Macht durch Geld – Rothschild, Brodsky, Baron de Hirsch. «Selbst Könige hören auf sie.» Sie sind Helden; nicht wegen der Summen, die sie besitzen, sondern wegen der Art, wie sie sie verwenden. «Brodsky war Millionär …der reichste Jude Rußlands … Als die russische Regierung die j'schiwe schloß, wandten wir uns an Brodsky, und er bestach die Behörden, sie wieder zu eröffnen. Das passierte sehr oft. Einmal, erinnere ich mich, war er in der Stadt und kam, um dem Rektor der j'schiwe Auf Wiedersehen zu sagen. Er wollte ihm Geld geben. Doch der Rektor sagte, er habe genügend Geld, um leben zu können, und für das Lehren nehme man im übrigen kein Geld. Es gebe jedoch ein paar arme Studenten, die Hilfe benötigten. Da ordnete Brodsky sofort an, daß von dem Tage an jeder Student zehn Rubel die Woche haben sollte. Können Sie sich das vorstellen? Zehn Rubel die Woche? Es ist ein Vermögen – genug für eine ganze Familie, um davon zu leben. Brodsky war ein guter Mensch. Stellen sie sich das vor, er gab zehn Rubel die Woche für diese Jungen – zehn Rubel. Eine schöne z'doke.»

Diese Geldhelden sind populäre Persönlichkeiten in den Tagträumen des Schtetls. In der schul, in der kurzen Stunde zwischen Nachmittags- und Abendgebet, zählen die Hungrigen und Zerlumpten immer wieder die Schätze der jüdischen Millionäre, diskutieren ihre finanziellen Transaktionen und formulieren ihren Rat, wie man am besten mit all diesem Reichtum umgeht. Brodsky und Rothschild sind keine fernen, halbmythischen Persönlichkeiten, sie gehören zum Schtetl.

Der unterernährte luftmentsch oder der fußkranke Hausierer, der mit seinem knochigen Pferd dahintrottet, weiß, daß seine Chancen, ein Rothschild oder Brodsky zu werden, gering sind und daß «Klöße in einem Traum nicht Klöße sind, sondern ein Traum». Dennoch, mit seinem traditionellen Optimismus, seinem bitochen, träumt er, was er tun würde, wenn er durch ein wundersames Glück, masel, mit seinem Achtel Lotterielos, das er gekauft hat, anstatt seine Schuhe flicken zu lassen, ein Vermögen gewinnen würde. Der Inhalt seines Traumes zeigt die Bedeutung von Geld für das Schtetl an: er würde einen Platz an der Ostwand in der Synagoge kaufen; er würde ein neues Krankenhaus bauen, und er würde dafür sorgen, daß Reb Chajm nicht mehr Vorstand des Talmud-Tojre-Verbandes ist.

Es gibt eine Tendenz, den Besitz von Geld mit Tugend zu verbinden, weniger nach der Theorie, daß Tugend notwendigerweise durch Reichtum belohnt wird, als vielmehr im Hinblick darauf, daß der reiche Mann in der Lage ist, alle Tugenden zu kultivieren. Da er es sich leisten kann, alle mizwess in großem Stile zu erfüllen, wird erwartet, daß er es auch tut. Das Schtetl-Klischee eines tugendhaften Mannes ist nicht der sich selbst verleugnende Heilige; Askese ist im Schtetl keine Tugend. Der Prototyp eines guten Menschen ist der nogid, gut angezogen, gut genährt, umgeben von einer Familie, der nichts fehlt, aktiv im Dienste der Gemeinschaft und «soziale Gerechtigkeit» mit «offenem Herzen» austeilend.

Niemand leugnet, daß «ein armer Mann mit sieben Rockschößen» unter den tugendhaftesten der Sterblichen sein kann, aber niemand nimmt es als gegeben an, daß er es auch ist. Vom nogid wird erwartet, daß er «gut» ist, jedenfalls aus sozialer Sicht, und jede Abweichung von dieser Erwartung wird erheblich mehr Kommentare auslösen als die einfache Erfüllung seiner Pflicht.

Geld ist gut, und Geld ist wichtig. Belohnungen und Geschenke erfolgen in Form von Geld, und die am häufigsten verhängte Strafe des Rabbiners ist eine Geldstrafe – nicht an ihn zu zahlen, sondern als Gabe der Barmherzigkeit zu verteilen. Geld wird gleichgesetzt mit Gold, und golden wird als Adjektiv für die Beschreibung dessen benutzt, was man für das Beste hält. Es ist das höchste Lob, von jemandem zu sagen, er habe ein «goldenes Herz», «einen goldenen Kopf» oder, wenn er ein Handwerker ist, «goldene Hände». Hat er einen vornehmen Charakter, so ist der Mensch eine «goldene Seele». Der Gast einer Party lehnt eine Delikatesse ab mit den Worten: «Ich kann so ein Goldstück jetzt nicht essen.» Es gibt kein Schtetl-Äquivalent für den Ausdruck «dreckiger Mammon», denn das Schtetl setzt Geld nicht mit Dreck gleich.

Wenn jedoch Geld gegen die geschätzten Werte der Kultur gesetzt wird – wie Familie, Gelehrsamkeit, Identifikation mit der religiösen Tradition –, dann wird Geld zweitrangig. «Du kannst alles für Geld kaufen, außer Vater, Mutter und Verstand.» Trotz des großen Wertes, den man dem Geld beimißt, ist der ideale Mensch der Gelehrte, «der eine Münze nicht von der anderen unterscheiden kann». Von den Ahnen stammender jichuss ist besser als Geldjichuss. Der meistgewünschte Bräutigam ist derjenige, der gelehrt ist, selbst wenn er arm ist, und die Frau, nach der Definition unwissend und untergeordnet, ist diejenige, die die Geldangelegenheiten der Familie regelt. Am Sabbat darf Geld weder angefaßt werden, noch darf man sich daran erinnern, und «Thora» – die «beste aller Waren» – darf niemals gekauft oder verkauft werden. Das Ideal ist natürlich die Verbindung der zwei sich ergänzenden Elemente, wie die Heirat des gelehrten Bräutigams mit der gut situierten Braut. In Volkssagen ist der Held oft reich und gelehrt und verwendet sein Geld, um die Armen und Fleißigen zu unterstützen.

Die Wichtigkeit des Geldes als Wert offenbart sich in einer Vielzahl von Sprichwörtern. Beides, ihre Anzahl und ihr Charakter, lassen einen Sinn für den Konflikt zwischen der Formulierung des Ideals und der beschwerlichen Realität erkennen. Diese Sprichwörter und Sprüche sind eher dazu angetan, die Macht des Geldes zu unterstreichen, als seine Grenzen zu zeigen. «Geld ist die Welt» ist ein Thema, das man öfter hört als den Gedanken, daß man Verstand nicht kaufen oder daß man Reichtümer nicht mit ins ojlem-habe nehmen kann, sondern nur «Thora und gute Werke». Solche Sprichwörter werden öfter von den Armen als von den Reichen zitiert und sind zudem nicht selten von Bitternis gefärbt; man konstatiert, daß die primären Werte von den sekundären abhängig sind und durch deren Abwesenheit behindert sind. Dieser Geist wird in Sprüchen wie: «Ein armer Mensch ist wie tot» offensichtlich. Oder: «Eine volle Geldbörse ist nicht so gut wie eine leere schlecht ist.»

Das Schtetl ist an die Unvereinbarkeit dessen, was ist und was sein sollte, gewöhnt, so wie es an Armut, Unsicherheit und ständige Anpassung gewöhnt ist. Das Leben ist ein Komplex von Kontrasten, die letztlich eher als einander ergänzend gesehen werden denn als konträr – Sabbat und die Woche, Jude und Nichtjude, die Welt der Thora und die Macht des Geldes. Trotz Unvereinbarkeit und Widerspruch, trotz Bitterkeit und Revolte – das Schtetl kann bestätigen, daß die Thora das beste ist, daß Geld aber gut ist – wo es hingehört. Es gehört in Umlauf gesetzt.

Der Geizhals, der Geld allem anderen vorzieht und es horten möchte, anstatt es auszugeben, wird mit dem beißendsten Ausdruck des Schtetls belegt. Er wird ein Schwein genannt – mit all dem Haß und der Verachtung, mit dem man dieses Tier überschüttet. Geiz ist aus der Sicht des Schtetls übler als Unjüdischsein, er ist antijüdisch. Der Geizige blockiert einen der Schlüsselmechanismen, die die Gemeinschaft zusammenhalten und dirigieren, und er verachtet einige der Grundprinzipien menschlichen Zusammenlebens.

Ein chassidischer Rebbe erklärt, wie es kommt, daß Geiz einen Menschen von seinen Mitmenschen und von der Humanität entfernt: Wenn du durch ein Fenster schaust, dann siehst du die ganze Welt; aber wenn du eine Seite des Fensters mit Silber bedeckst, so wird es ein Spiegel, und du siehst nur noch dich selbst.

# IV

## . . . UND IN DIE EHE

# Viel Glück!

Wie der Talmud berichtet, fragte einst eine römische Matrone einen Rabbi: «In wie vielen Tagen hat der Heilige, gesegnet sei Er, das Universum geschaffen?»

«In sechs Tagen», antwortete er.

«Und was hat Er dann getan, bis heute?»

«Er hat Ehen gestiftet.»

«Ist das Seine Beschäftigung? Das könnte ich auch tun. Ich besitze viele männliche und weibliche Sklaven und kann sie in sehr kurzer Zeit zusammenbringen.»

Und er sagte zu ihr: «Wenn das in deinen Augen eine so einfache Sache ist, so ist es aber für den Heiligen, gesegnet sei Er, eine so schwierige Aufgabe wie das Teilen des Roten Meeres.»

Dann entfernte er sich.

Was tat sie? Sie ließ tausend männliche und tausend weibliche Sklaven rufen, ließ sie sich in Reihen aufstellen und bestimmte, wer wen ehelichen sollte. An einem einzigen Abend arrangierte sie die Hochzeit für sie alle.

Am nächsten Tag erschienen sie bei ihr, einer mit eingeschlagenem Schädel, eine mit einem ausgeschlagenen Auge und eine andere mit einem gebrochenen Bein.

Sie fragte sie: «Was ist mit euch los?»

Eine Frau sagte: «Ich will ihn nicht.»

Ein Mann sagte: «Ich will sie nicht.»

Sie bat den Rabbi, unverzüglich zu kommen, und sagte zu ihm: «Es gibt keinen Gott wie euren Gott, und eure Thora hat recht ...»

Das Schtetl ist sich einig in der Auffassung, daß Ehen im Himmel geschlossen werden. «Immer wenn ein Kind geboren wird, ruft Gott denjenigen auf, der es ehelichen soll.» Man ist sich auch einig im Schtetl, daß eine Menge irdischen Bemühens erforderlich ist, um eine Paarung zustandezubringen, die der Himmel vorschreibt, und daß in vielen Fällen die richtige Verbindung nicht erreicht wird. Wie bei der parnosse muß die Hilfe Gottes durch die Bemühungen der Menschen unterstützt werden. Wenn es klar wird, daß die Heirat «kein *siweg*», kein Paar, zustande gebracht hat, ist die Scheidung nicht nur möglich, sondern auch relativ einfach. Trotzdem, die anfängliche Annahme ist, daß eine Heirat eine glückliche Fügung des göttlichen Willens ist und dazu bestimmt, für ewig zu halten – in dieser Welt und in der kommenden.

Eine Hochzeit ist das freudigste und komplizierteste Fest im Leben des Schtetls. Es stellt die Vervollkommnung des einzelnen dar, der erst ganz erwachsen ist, wenn er heiratet, und die Basis für das Fortbestehen des jüdischen Volkes nach den Geboten Gottes. Hochzeit ist das Urbild aller Feste und allen Jubels, das Symbol der Freude und Erfüllung. Der Sabbat ist «die

Braut»; eine besonders erfolgreiche Feier ist «so lustig wie eine Hochzeit»; einer, der «aufgerufen» wird, den letzten Abschnitt des letzten Kapitels am *ssimchas-tojre* zu lesen, ist ein «Bräutigam der Thora», und einer, der den Anfang des ersten Kapitels liest, mit dem die neue Runde des Jahres beginnt, ist der «Bräutigam ‹Am Anfang›».

«Jeder» wird zur Hochzeit eingeladen. Nicht eingeladen zu werden, wenn man eigentlich eingeladen werden sollte, ist eine tödliche Beleidigung – und alle Verwandten, Freunde und Nachbarn sollten eingeladen werden. Nicht zu kommen, wenn man eingeladen ist, ist eine ebensolche Beleidigung. Alter Streit wird begraben, und wenn es nur für diese Gelegenheit ist, so daß alle zusammen feiern können. Je fröhlicher eine Hochzeit ist, je mehr Gäste sich den guten Wünschen für das neue Paar anschließen, desto besser sind die Aussichten für ein glückliches Eheleben. «Das war eine Hochzeit. Wer kam eigentlich nicht? Selbst die Bauern aus der Umgebung des Schtetls waren dort. Sie hat drei Wochen gedauert!»

Die tatsächliche Hochzeit, die *chupe*, kennzeichnet den Höhepunkt eines langen Prozesses; denn traditionell wird das Zustandebringen göttlicher Paarung nicht der Laune oder Eingebung eines einzelnen überlassen. Im Gegenteil, vermittelte Ehen entsprechen dem klassischen Muster des Schtetls. Wo Kräfte von außen die traditionellen Bräuche geschwächt haben, hat man gegen dieses Muster aufbegehrt. Trotzdem hat die Regel gegen die Ausnahme überlebt, und etwas von ihrer Kraft blieb sogar in neuer Umgebung bestehen.

Wie viele traditionelle Praktiken ist die vermittelte Ehe mit dem dazugehörigen Kontrakt und der Mitgift am meisten unter den schejnen leit verbreitet. «Die religiösen Leute glaubten an eine Mitgift.» Unter ihnen war die «Liebesheirat» eine romantische Ausnahme, viel diskutiert im Tagesklatsch und Gegenstand prahlerischer Erinnerungen, die noch den Enkeln erzählt wurden. «Das war der Mann, den sie wirklich liebte. Sie hat mir das gesagt; als sie ihn zuerst sah, fühlte sie sich, als sei Sonne in ihr Herz gekommen … es war eine richtige Romanze.» Jene jedoch, die als proste betrachtet wurden, «waren auch anders, wenn es sich um die Ehe drehte. Sie heirateten aus Liebe. Sie konnten das tun, denn sie waren nur arme Leute».

Es wird nicht angenommen, daß die vermittelte Ehe ohne Liebe ist, im Gegenteil. «Erst heiratet man, und dann kommt die Liebe.» Wenn zwei junge Leute erst einmal passend gepaart sind, dann wird die Nähe und die gemeinsame Verantwortung sie schon zu einem perfekten Gespann zusammenschweißen. Genauso wie Verständnis und uneingeschränkte Annahme erwartet werden nach dem mechanischen Auswendiglernen der Lektionen im chejder, die zunächst für das Kind Kauderwelsch sind, wird auch erwartet, daß eheliche Zärtlichkeit dem Paarungsarrangement der pflichtbewußten Eltern folgen wird – und das bei zwei Menschen, die sich vielleicht vorher nie gesehen haben. Bei der Ehe – wie auch bei der Erziehung eines Jungen – haben die Tatsachen im großen und ganzen den Erwartungen so weitgehend entsprochen, daß sich daraus die Dauerhaftigkeit von beiden – von Erwartungshaltung und Muster – erklärt.

Der geschäftige Mittelpunkt von Eheverhandlungen ist der Heiratsvermittler, der *schadchen* – eine Figur von beachtlicher Wichtigkeit innerhalb des Schtetls wie auch an den fernen Orten, zu denen sein Ruhm geeilt ist. Er ist der Held unzähliger Witze und kaum einer ernsten Geschichte. Sein kleines, von Eselsohren verunziertes Büchlein, in das er alle Einzelheiten über alle Kandidaten, die es wert sind, eingetragen hat, ist das Gesellschaftsregister des Schtetls.

In gewissem Sinne ist er ein sozialer Schiedsrichter, indem er den Status seiner Kunden durch die Kandidaten festlegt, die er empfiehlt. Mit geübtem Auge untersucht er die Aussichten; er wird auch die Möglichkeiten einer «schönen Paarung» sehen und erwägen, «wie man nun die Katze übers Wasser kriegt». Ein wirklich geschickter schadchen kann «zwei Mauern zusammenbringen». Ob er nun seine Tätigkeit auf ein Schtetl beschränkt oder ein ehrgeiziger Reisender zwischen Stadt und Städtchen ist, er nimmt überall ein stattliches Maß an Klatsch und Information auf, was ihn nicht nur willkommen macht, sondern auch gefürchtet. Selbst Familien, die einander gut kennen, nehmen oft seine Dienste in Anspruch, um eine Ehe zu arrangieren, und sein Verhältnis zu seinen bevorzugten Kunden «ist nicht nur von geschäftlicher Art».

Jeder im Schtetl könnte ein Amateur-schadchen sein, und die meisten sind es auch. Ein beliebtes Klatschthema, besonders unter Frauen, sind potentielle Paare. «Jossels Senderl, nu, ein solch intelligenter Junge, er wäre doch der richtige Mann für die Gittele von Moische, dem nogid.» Aber der schadchen mit seinem unvermeidlichen Regenschirm ist derjenige, der das tut, wovon die anderen nur reden.

Die Arithmetik der Heiratsvermittlung ist komplex und präzis. Gewisse grundlegende Voraussetzungen müssen gegeben sein, bevor die etwas delikateren Einzelheiten der Planung auch nur in Angriff genommen werden können; zum Beispiel dürfen gewisse Verwandte untereinander nicht heiraten, es sei denn, nach besonderen Regeln, die der Rabbiner festlegen muß; ein Angehöriger der Kohanim darf keine Witwe heiraten; die Braut darf nicht den gleichen Namen haben wie die Mutter des Bräutigams.

Diese Regeln müssen beachtet werden, bevor ein Vorschlag auch nur diskutiert werden kann. Innerhalb der Möglichkeiten, die verbleiben, muß eine gute Kombination aus den drei erforderlichen Variablen ausgearbeitet werden: Gelehrsamkeit, jichuss, Geld. Ein Überfluß am einen kann den Mangel am anderen durchaus kompensieren. Der hohe intellektuelle Leistungsstand eines Jungen, der völlig unvermögend ist, kann ihm die Tochter eines reichen und respektierten nogid einbringen – mit einer soliden Mitgift und einigen Jahren Unterhalt im Hause ihrer Eltern, während derer er seine Studien fortsetzt, d. h. mit kesst. Wenn der Junge zusätzlich noch Geld oder jichuss hat – je mehr davon, desto besser. «Er hatte Geld, und er war gebildet – wo kann man eine bessere Verbindung finden.»

Da der Ruf der ganzen Familie auf dem Spiel steht, sind die komplizierten Regeln des Wer-heiratet-wen Gegenstand endloser Debatten innerhalb des Familienkreises und des ganzen Schtetls. «Natürlich will eine Familie Ehre für sich kaufen», mit der Mitgift der Braut, und wird sich gegen jede Paarung wenden, die den jichuss vermindern könnte. «In unserer Familie konnten wir Mädchen nicht irgend jemanden heiraten. Ich erinnere mich an einen Burschen, der meiner Schwester den Hof machte. Er kam aus Odessa und war Schneider. Er war reich und sah gut aus, und er wollte meine älteste Schwester heiraten. Meine Mutter (eine Witwe) befragte ihre Brüder, und die sagten ‹nein›. Wie konnte sie daran denken, ihre erste Tochter an einen Schneider aus einer proste Familie zu verheiraten? Und wenn sie ihre erste Tochter mit einem Schneider verheiratet, an wen wollte sie wohl ihre jüngste Tochter verheiraten? An einen Musiker? Und meine Schwester heiratete den Schneider nicht. Meine Schwester heiratete schließlich einen Vetter dritten Grades, der war reich wie Kojrach. Und er war auch ein gebildeter Mann. Ich glaube nicht, daß sie sehr in ihn verliebt war, doch man sagte ihr, sie solle diesen Mann heiraten, und sie tat es. Ich weiß, sie ist nicht unglücklich jetzt, warum sollte sie es auch sein?» Der für den jichuss entscheidende Faktor wird klar in der Definition, die ein Spruch des einfachen Mannes gibt: «Jichuss ist, wenn der Sohn eines Schuhmachers die Tochter eines Rabbiners nicht heiratet.» Unter einigen, die aus dem «großen jichuss» kommen, ist das Bedürfnis, einen Partner aus dem eigenen sozialen Milieu zu heiraten, so stark, daß Ehen zwischen Aristokraten und Plebejern als «Mischehen» bezeichnet werden. Diese Bezeichnung ist jedoch außergewöhnlich und allgemein nicht üblich.

Die Mühe bei der Ausarbeitung einer passenden Paarung hat volle talmudische Billigung. Die Heiligen Schriften weisen wiederholt auf das Übel der Mesalliance hin. Gleich sollte mit gleich gepaart werden. Ein sehr großer Mann sollte keine kleine Frau heiraten, das Alter sollte nicht die Jugend heiraten, der Gelehrte nicht die Unwissende. Zu viel Diskrepanz in jeder Hinsicht öffnet den Weg zur Disharmonie.

Die Qualifikation der Braut wird hauptsächlich daran gemessen, ob ihre Eltern die drei Kriterien des Status erfüllen; aber in der Wahl der Braut kann das Bedürfnis nach Geld führend sein, was wiederum von der Kombination abhängt, die der Bräutigam zu bieten hat. Ist er der Sohn wohlhabender Eltern, so kann er größere Anforderungen an die Gelehrsamkeit und den jichuss seiner Schwiegereltern stellen. Der Bräutigam wird fast als ein körperloses intellektuelles Wesen betrachtet, aber die physischen Qualitäten der Braut werden beim Bilanzieren des ehelichen Kontos mit in Betracht gezogen. Sollte sie unattraktiv oder mißgestaltet sein, so muß dies bei der Mitgift entsprechend berücksichtigt werden. Es ist vielleicht schwierig, ein solches Mädchen zu verheiraten, aber man geht davon aus, daß schon ein Arrangement gefunden werden kann. Ein großer Teil der Witze und Anekdoten, die von den beruflichen Problemen des schadchen handeln, haben mit der halb-ernsthaften Meinung zu tun, daß ein hübsches Sümmchen fast jeden Defekt vertuschen kann.

Für die Eltern von mehreren Töchtern haben solche Witze einen ernsten realen Hintergrund. Die Mächen müssen in der Reihenfolge des Alters verheiratet werden – bestenfalls eine schwere Aufgabe; und wenn die Älteste schwierig unterzubringen ist, leiden möglicherweise die jüngeren darunter – sicherlich nicht schweigend. Stellt sich das Problem als unlösbar heraus, so muß das jüngere Mädchen die Erlaubnis der älteren Schwester einholen, bevor ihre Verlobung gefeiert werden kann.

Von dem Augenblick an, in dem ein Mädchen geboren wird, fangen seine Eltern an, über seinen *schidech*, seine Ehevereinbarung, nachzudenken. Wenn es sich dann der Pubertät nähert, wird es daran erinnert, sich mit Anstand zu benehmen. «Du bist nun eine *kale-mojd*», ein heiratsfähiges Mädchen. Liebevolle Verwandte kommen und kneifen seine Wange und sagen neckisch: «Bald kommt auch der schadchen.» Das Mädchen selbst fragt sich vielleicht etwas ängstlich, ob es eventuell eine *farsessene* bleiben wird, «eine, die sitzengeblieben ist».

Die Angst der Eltern ist sprichwörtlich, wie auch ihre Erleichterung, wenn sie «ihre Kinder in Freude weggegeben haben». Einem Menschen, der guter Laune ist, sagt man: «Du siehst aus, als hättest du alle deine Kinder verheiratet.»

Ein beliebter Toast lautet: «Eine gute Partie für deine Tochter», selbst wenn die zukünftige Braut erst drei oder vier Jahre alt ist. Wenn schließlich die Kinder verheiratet sind, sagen die Eltern: «Das ojl, das Joch, ist von unseren Schultern gefallen!» Erst dann sind sie aus der Verpflichtung entlassen und frei, sich den Freuden der Elternschaft zu widmen.

Ist die Mitgift groß genug, so wird das «Joch» von dem jungen Paar mit Vergnügen zu tragen sein; ist sie nur klein, so sind Geduld, Fleiß und Unternehmungsgeist erforderlich. Dennoch wird man am Ende zurechtkommen.

Aber ein Mädchen, das sich dem Hochzeitsbaldachin ohne Mitgift nähert, ist doppelt unglücklich dran. Selbst wenn es das Glück hat, genommen zu werden «wie seine Mutter es geboren hat», wird es vielleicht diesen Makel für den Rest seines Lebens spüren müssen. «Als ich meine Mutter fragte, warum sie sich immer so zurückhaltend und bescheiden gebe, sagte sie: ‹Ich kam zu deinem Vater ohne irgend etwas, und ich werde es nie vergessen.›» Verwandte verzichten auf tägliche Bequemlichkeiten oder nehmen für Jahre Schulden auf sich, damit die Braut und sie selbst auch «sich nicht vor seiner Familie schämen müssen».

Selbst wenn ein Paar aus romantischen oder persönlichen Erwägungen heiratet, und sogar unter den ganz Armen, ist es nicht ziemlich für die Braut, mit völlig leeren Händen zu kommen: ein paar Kissen, ein weißes Tischtuch, Leuchter, Betten und Geschirr sind das Allermindeste.

Der Ehekontrakt regelt mehr als die Summe der Mitgift und die Anzahl der Jahre des kesst, falls vereinbart. Er schreibt zum Beispiel auch die Geschenke an den Bräutigam fest – vielleicht eine goldene Uhr, einen seidenen Kaftan, alle Bände des Talmuds, «gedruckt in Wilna von Romm». Für einen wirklich gelehrten Bräutigam «würden sie das Blaue vom Himmel versprechen».

Es ist ein Dokument auf Gegenseitigkeit, welches auch die Behandlung der Braut festlegt. Sie muß neue Kleidung bekommen, wahrscheinlich zu Pessach und zum Neuen Jahr, und auch Geschenke – einen Ring, Ohrringe, eine Halskette oder einen Pelzmantel.

Im Verlaufe der Verhandlungen tauchen Streitigkeiten auf, manchmal so böse, daß die ganze Angelegenheit abgebrochen wird. Versprechungen werden gemacht, wieder zurückgezogen oder gebrochen. Eine Nichtigkeit kann «das Geschäft abwürgen». Man sagt: «Selbst eine Katze kann einen schidech verderben.» Manche unglücklichen jungen Leute wurden erst verheiratet, nachdem mehrere Kontrakte in Angriff genommen und wieder verworfen wurden. «Sie war neun Mal verlobt, und erst beim zehnten Mal wurde sie endlich geheiratet. Es war eine schreckliche Erfahrung, den Ehekontrakt so oft scheitern zu sehen.»

Das daraus resultierende Stigma ist nicht eben fatal. Trotzdem, besonders für das Mädchen liegt das Scheitern des Ehekontraktes wie ein Nebel über dem Glanz der Erwählbarkeit und sollte vermieden werden. Auch die Familie reagiert empfindlich auf den Affront gegen ihre Ehre. Die Leute fragen doch, warum; ist etwas nicht in Ordnung mit ihr; vielleicht körperlich? Oder was ist mit der Intelligenz des Bräutigams, des *chossen*? Jede Unregelmäßigkeit bei dem Verfahren ist Munition für den Klatsch.

Die Eheverhandlungen werden von den Eltern geführt – als Teil ihrer Pflicht und auch als eine Möglichkeit, das Prestige ihrer Familie auszubauen. Die jungen Leute, über deren Zukunft so ausführlich verhandelt wird, mögen kaum mehr als Kinder sein. Die zweite Hälfte des zweiten Lebensjahrzehnts ist das übliche Heiratsalter, aber auch die erste Hälfte ist nicht ungewöhnlich. Ein Vater mag zu seinem 14jährigen Sohn sagen: «Masel-tow, du bist ein Bräutigam geworden.» Und im Verlaufe des Tages kann der zukünftige Bräutigam durchaus noch Schläge von seinem Lehrer erhalten – wie jeder andere Schuljunge, der seine Lektion nicht gelernt hat.

Es wird nicht als selbstverständlich angesehen, daß junge Leute gegen ihren Willen heiraten. Offensichtlich stimmen viele der Ansicht zu – ob mit oder ohne innere Gewissensbisse –, daß «Eltern immer das Beste für ihre Kinder wollen, und wenn sie diese Partie vorschlagen, so hat das seinen guten Grund». Jene, die sich jedoch dagegen wehren, erreichen meistens ihr Ziel. In unüblicher Weise willensstark war ein kleines Mädchen von elf Jahren, das später als Großmutter die Geschichte seiner ersten Verlobung erzählte. Sein Vater sagte eines Tages zu ihm: «Nun, meine Tochter, ich gratuliere dir, du bist eine *kale*, eine Braut.» Das war alles – bis es an einem Sommertag mit seiner Mutter im Garten saß und einen Jungen auf sich zukommen sah. Die Mutter sagte zu dem Mädchen, daß er der dreizehnjährige Verlobte sei. «Er war ein dürrer Junge in einem langen Kaftan und mit langen Schläfenlocken.» In dem Augenblick rannte ein Huhn direkt vor dem Jungen über den Weg, und er, verwirrt und verlegen, stolperte und fiel hin. Als er aufstand, war er von oben bis unten beschmutzt, und «anstatt sich sauber zu machen, nahm er einen Stock und verfolgte das Huhn. Er wirkte so lächerlich, wie er hinter dem Huhn herjagte in seinem langen Kaftan, daß ich zu mir selbst sagte: ‹Nein, der wird nicht mein Mann.›» Keine Überredungskunst half, und schließlich mußten die Eltern die Verlobung lösen.

Bevor der Ehekontrakt ausgefertigt wird, erfolgt meistens eine Besprechung und eine Besichtigung der Braut durch die weiblichen Verwandten der Familie des Bräutigams und des Bräutigams durch die männlichen Verwandten der Braut. Der Vater – und manchmal auch die Onkel der Braut – prüfen den chossen, um sein Talmudwissen herauszufinden und seine Geschicklichkeit in gelehrter Diskussion. Ist des Vaters Wissen für diese Aufgabe nicht ausreichend, so bringt er einen gelehrten Lehrer mit – «keinen Kleinkinder-m'lamed, sondern einen richtigen talmid chochem».

Das Mädchen andererseits wird von der Mutter und den Tanten des Bräutigams gemustert und befragt. Dieses «Anschauen», der *kuck*, findet meistens an einem neutralen Ort statt, z. B. in einem Restaurant, in dem sich die zukünftigen Verwandten nach Absprache treffen; es wird aber so getan, als sei das Treffen rein zufällig. Durch Zufall hat das Mädchen auch ein Muster seiner Nadelarbeiten dabei – zur Inspektion durch eine Reihe prüfender Augen. Es wird als üblich angesehen, daß die Mutter des Bräutigams selten zufrieden ist – «etwas ist immer verkehrt mit der kale».

Tatsächlich sieht die Mutter es als ihre Pflicht an, kritisch zu sein. «Schließlich ist sie seine Mutter», sie muß sicher sein können, daß er gut versorgt wird, wo er sie doch jetzt verläßt. Dieses Mädchen kann ihm doch niemals all das geben, was er zu bekommen gewohnt ist. Und überdies, «wenn ein Junge heiratet, dann gibt er der Braut einen Ehevertrag und seiner Mutter die Scheidung». Eine pflichtbewußte Mutter fühlt sich dazu berufen, all die kleinen Fehler ihrer Nachfolgerin auszuspionieren.

Nachdem nun genug Fragen beantwortet wurden, um die Vertrautheit des Mädchens mit der Führung eines Haushaltes und mit der gewissenhaften Anwendung der Speisegesetze zu beweisen, gibt man ihm oft einen Knoten zum Auflösen, damit es seine Geduld und seinen Eifer demonstrieren kann. Einen komplizierten Knoten unter den anspruchsvollen Augen seiner zukünftigen Verwandten zu lösen, ist eine harte Prüfung der Selbstsicherheit. Daß sie vorbereitet ist – in dem Sinne, daß sie weiß, was kommen wird – ist von zweifelhafter Hilfe, denn die gespannte Erwartung und der vorangegangene Hagel von Fragen helfen kaum, die Finger stark, entspannt und beweglich zu machen.

Wenn endlich Übereinstimmung erreicht ist, kommen die Familien und die anerkannten Zeugen – einschließlich des schadchens und vielleicht des Rabbiners – zur «Aufzeichnung der Bedingungen» zusammen. Wenn die Bedingungen niedergeschrieben sind, halten die Väter die entgegengesetzten Ecken eines Taschentuches und tauschen symbolisch Geschenke aus. Das frohe Ereignis wird mit allen Kennzeichen einer Feier abgerundet – mit Essen und Trinken. Der endgültige Vertrag ist ein standardisiertes, sehr kompliziertes Formblatt, in aramäisch geschrieben, mit Leerspalten zum Ausfüllen der Bedingungen. Es wird während der Hochzeitszeremonie unterschrieben.

Ist der Vertrag fertig, so wird der Hochzeitstermin festgelegt. Es gibt jedoch gewisse Zeiten, in denen eine Hochzeitszeremonie nicht abgehalten werden kann, und andere, die als besonders geeignet gelten. Man heiratet nicht am Sabbat, zum Beispiel, obgleich der Freitagnachmittag ein günstiger Termin wäre und das Fest dann am Sonnabend nach Sonnenuntergang stattfinden könnte. Man kann auf keinen Fall am Jom Kipur heiraten, dem Versöhnungstag, dem ernstesten und traurigsten aller Feiertage. Es wäre auch nicht richtig, an einem freudigen Feiertag zu heiraten, denn das Mischen von zwei Freuden würde beide verwässern, und jede sollte doch voll ausgekostet werden. Desgleichen sollten zwei Brüder oder Schwestern nicht am gleichen Tage heiraten, denn gemäß dem schulchn-oruch «soll eine Freude der anderen nicht im Wege stehen». Weder Freude noch Traurigkeit dürfen vermindert werden, obgleich man sich beiden nicht für allzu lange Zeit hingeben sollte.

Ein beliebter Hochzeitstag ist der Dienstag; denn als Gott die Welt schuf, sagte Er am Ende des dritten Tages zweimal «es ist gut»; der Montag wiederum gilt als «unglücklich», denn an diesem Tag sagte Er es nicht ein einziges Mal.

Unter Berücksichtigung der gesetzten Grenzen hat die Hochzeitszeremonie, dieser Inbegriff des Jubels, Vorrang vor allem anderen. Ist der Termin einmal festgelegt, ist es ein schlechtes Omen, wenn irgend etwas dazwischenkommt. Demzufolge ist es eine gute Tat, zum Gelingen der Hochzeit beizutragen oder der Gastgeber zu sein. Die begüterten Angehörigen der Gemeinschaft verdienen sich Ehre und Dankbarkeit, indem sie das Fest für arme Verwandte und Waisen ausrichten. «Wenn im Schtetl eine Hochzeit ist, so bestehen die großen Haushalte darauf, Gastgeber zu sein. Ganz gleich, wie arm die heiratende Familie ist, es ist eine große Ehre und ein gutes Werk.» Gelingt das nicht, so besteht der nogid darauf, den Bräutigam zu beherbergen, wenn er aus einer anderen Stadt ist. «Egal, wie unbedeutend er auch sein mag, der Bräutigam hat die Chance, im Hause eines reichen Mannes zu schlafen.» Da das Ausrichten von Hochzeiten so viel Segen bringt, kümmert man sich z. B. mit viel Getöse um die Hochzeit von zwei Waisen, um eine Epidemie zu stoppen.

Die wirkliche Zeremonie ist der Höhepunkt langer Vorbereitungen und Aufregungen. Seit der Verlobung, die Monate oder Jahre zurückliegt, ist die Familie des Mädchens damit beschäftigt, seine Aussteuer vorzubereiten und Pläne für die Hochzeit zu machen. In vielen Fällen kommt auch gelegentlich der Bräutigam zu den «hohen Feiertagen», manchmal mit Geschenken. Theoretisch geben diese Begegnungen den jungen Leuten Gelegenheit, einander näher kennenzulernen, aber «wir waren gewöhnlich zu schamhaft, um uns wirklich näherzukommen». Der Rest der Gemeinde ist weniger zurückhaltend, und «die ganze Stadt ist jedes Mal auf den Beinen, wenn der chossen kommt».

In der Woche vor der Hochzeit nehmen Geschäftigkeit und Emotionen noch intensivere Formen an. Berge von Speisen und Getränken müssen für eine Folge von Festen vorbereitet werden; nicht nur für alle, die kommen, sondern auch so viel, daß jeder etwas mit nach Hause nehmen kann. Es ist ein Teil der Hochzeitsgastfreundschaft, zu drängen: «Nimm dies noch mit ...» und besondere Leckereien einzuwickeln, um sie jemandem zu schicken, dem es nicht möglich war, teilzunehmen. Die Freude an dieser Sache soll weit verbreitet werden – in eßbarer Form.

Für die Braut kann die Woche vor der Hochzeit anstrengend sein. An einigen Orten wird ihr Haar, das nach der Zeremonie abgeschnitten wird, in kleine Flechten gelegt, mit einem Stück Zucker am Ende, «um ein süßes Leben zu sichern». Wenn dann die Haare abgeschnitten werden, klebt der Zucker an der Kopfhaut, «und sie weint um ihr Haar und wegen des Schmerzes». Der Brauch des Haareabschneidens ist nicht überall üblich, aber er ist doch sehr weit verbreitet und wird oft auch nach der Auswanderung beibehalten. Traditionsgemäß wird ihr Haar von nun an kurz gehalten und immer mit einer Perücke, dem scheitl, oder mit einer Haube, einer Kappe oder einem Kopftuch bedeckt. Der scheitl wird gewöhnlich so gemacht, daß er dem eigenen Haar sehr ähnlich sieht, und sehr elegante Frauen in den großen Städten importieren ihn aus dem Ausland, frisiert nach der letzten Mode.

Wie auch immer die Mode ist – und nur wenig davon dringt bis ins Schtetl –, der Zweck ist, die Frauen davon abzuhalten, allzu attraktiv auszusehen. Und wer auch immer die Braut sein mag, sie «weint um ihr Haar». Man erwartet viele Tränen von ihr in dieser Zeit, auch wenn es dem Höhepunkt entgegengeht, der ihr ganzes Leben bestimmen wird und auf den sie so lange vorbereitet wurde. Ihre Mutter und ihre Freundinnen ermuntern sie auch noch: «Wein dich aus» und «mach dir das Herz leichter».

In Vorbereitung ihrer Brautnacht geht sie zum ersten Mal in das zeremonielle Bad, die mikwe. Hier werden ihre Finger- und Zehennägel von der Bademeisterin ganz kurz geschnitten, die sorgfältig alle Stücke sammelt und verbrennt und dabei ein Gebet spricht. Wenn nicht alle Teile zerstört werden, muß man nach seinem Tode umherwandern, um sie zu finden. Die Braut wird dann gereinigt, indem sie dreimal im Becken untergetaucht wird, mit dem Kopf unter Wasser. Jedesmal wenn sie auftaucht, erklärt die Bademeisterin, daß sie eine koschere Tochter Israels sei.

Die Reihenfolge und die Gestaltung von Festen und Festivitäten variiert von Region zu Region, von Begüterten zu Armen, von Orthodoxen zu Liberalen. In gewisser Weise sind die Hauptmerkmale jedoch überall gleich. Wie jedes wichtige Lebensereignis ist die Eheschließung ein Gemeinschaftsereignis. Der Bräutigam wird am Sabbat vor der Hochzeit und am Sabbat danach «zur Thora gerufen». Das erste Mal, wenn er gerufen wird, ehrt man ihn mit maftir, dem Lesen der haftojre. Beide, die Braut und der Bräutigam, müssen am Hochzeitstag fasten, «weil ihnen an diesem Tage alle Sünden vergeben werden», und sie dürfen einander nicht sehen bis kurz vor der Zeremonie. Die Braut darf nicht einen Moment unbeaufsichtigt sein, und sie muß von vorn und von hinten bedient werden, denn an diesem Tage ist sie eine Königin und der chossen ihr König. Sie ist vom frühen Morgen an von einer Schar von Schwestern, Tanten, Kusinen und Freundinnen umgeben, wie auch von den weiblichen Verwandten des Bräutigams; alle drängen sich um sie, um zu helfen, zu raten, sich mit ihr zu freuen und mit ihr zu weinen.

Eine unentbehrliche Figur bei einer großen Hochzeit ist der «Spaßvogel», der *badchen,* der meist auch als Zeremonienmeister auftritt. Er ist schon dort, zusammen mit den Musikern, wenn die Gäste ankommen, und jeder, der eintrifft, wird mit einem Tusch begrüßt, danach wird sein Name und jichuss in lautem und eindrucksvollem Ton angekündigt.

Bei allen Festivitäten ist der badchen dabei, die Anwesenden zum Lachen zu bringen und zu Tränen zu rühren. Beides ist auffällig während der ganzen Feier. Die Braut weint, die Eltern weinen, die Freunde und Verwandten weinen. Es wird von ihnen so erwartet. Tränen gehören dazu, wie bei vielen

Zeremonien, und auch bei dieser Gelegenheit haben sie wieder viele Bedeutungen. Der badchen ermutigt die Weinenden mit erhabenen Worten über die Pflichten der Ehe, erweist den einzelnen Gästen ehrende Hochachtung, beschwört die heiligen Traditionen herauf und nimmt ergreifend auf die «lieben Verblichenen» Bezug, die heute nicht dabei sind.

Aber es ist auch seine Aufgabe, mit einem Sonnenstrahl von Heiterkeit die Flut der Tränen zu trocknen. Um ein Meister seiner Kunst zu sein, muß er den blitzschnellen Wechsel zwischen den Extremen beherrschen, er muß fähig sein, sowohl Ausbrüche von Melancholie als auch von Freude hervorzurufen. Wenn er wirklich gut ist, vereint er in sich die Fähigkeiten von einem Schauspieler, Dichter, Komponisten, Sänger und Kommentator. Der badchen kann vielleicht nur ein örtlicher Witzbold sein, den man für diese Gelegenheit gebeten hat. Ein wirklich großer jedoch ist weit und breit bekannt und ständig beschäftigt.

Seine feierlichen Reden lassen volltönend Pflicht und Leid anklingen. Seine Liedchen können aus dem Schatz der Volkslieder sein und seine Scherze eher einfach und volksnah, oder aber aus dem weiten Feld der Gelehrsamkeit entnommen – mit Satiren und Parodien auf die Höhenflüge des pilpul und freier Verwendung von Wortspielen, Homonymen und versteckten Anspielungen.

Die Braut trägt weiß, und es wäre ein schwerer Bruch der Etikette, wenn ein Hochzeitsgast es auch trüge; es wäre fast, als wolle er mit der Königin des Tages konkurrieren. Wenn sie fertig angezogen ist, wird sie für die Zeremonie der Verschleierung auf einen Stuhl gesetzt, auf dem Kissen zu einem Thron aufgetürmt sind. Der Bräutigam in seinem schwarzen Hochzeitsstaat wird hereingeführt, unterstützt von wichtigen Verwandten oder anderen, die für wert befunden werden, die Ehre des «Hereinführens» zu übernehmen. Während der Verschleierung und der darauf folgenden Ansprache vermeidet er, die Braut anzuschauen, und hält seine Augen geschlossen oder abgewandt, bis er mit seiner Gruppe von Männern hinausgeführt wird.

Ein großer weißer Schleier oder ein Kopftuch wird über den Kopf der Braut geworfen, entweder durch den chossen oder durch einen mit dieser Ehre betrauten Verwandten. Nach der Verschleierung muß sie sich eine Rede über ihre Pflichten und Verantwortlichkeiten als Braut anhören, die entweder der chossen hält oder ein Verwandter oder auch der vielseitige badchen.

Getreidekörner werden auf die Köpfe des Paares gestreut, um die Fruchtbarkeit zu fördern, dann werden sie getrennt – jeder mit seinem Gefolge –, bis sie sich wieder unter dem zeremoniellen Baldachin treffen, der chupe, die diesem Ritual den Namen gibt und symbolisch für «Ehe» steht. «Er führt sie unter die chupe», sagt man und meint, «er wird sie heiraten». Schon während der Beschneidungszeremonie segnet man einen Säugling und bestimmt ihn «für die chupe», das heißt, er wird zur Ehe erzogen.

Die chupe ist manchmal ein taliss, manchmal ein Stück Gewebe, einfach oder auch kompliziert bestickt, das von vier Stangen gehalten wird. Der ideale Platz dafür ist «unter den Sternen», meistens auf dem Hof der Synagoge. Die Prozession zur chupe ist ein Gala-Ereignis. Wenn die Zeremonie im Wortsinne «unter den Sternen» stattfindet, tragen alle Gäste brennende Kerzen. An einigen Orten sind die Häuser entlang des Weges zur Feier des Tages hell erleuchtet, und die Prozession mit ihren flackernden Kerzen führt durch eine beleuchtete Gasse. Schließlich, wenn alle versammelt sind, hört man es raunen: «Sie bringen den Bräutigam», und der chossen erscheint, auf die Arme seiner Begleiter gestützt und gefolgt von seinen Eltern und nahen Verwandten. Blaß vom Fasten und der Erschöpfung, wahrscheinlich im Geiste die Ansprache immer wiederholend, die er nachher halten muß und die er nicht vergessen darf, um sich «nicht zu blamieren», nimmt er womöglich die Stütze nicht nur symbolisch in Anspruch. Er schaut weder nach rechts noch nach links, nur geradeaus auf die chupe.

Wenn er seinen Platz darunter eingenommen hat, geht wieder ein Raunen durch die Menge: «Sie führen die kale heran.» Unterstützt von zwei Ehrenjungfrauen tritt die Braut heran, danach ihre Eltern und Verwandten und das «Brautgefolge». Sie folgt dem Bräutigam unter die chupe und steht an seiner rechten Seite.

So stehen sie vor dem Rabbiner, mit ihren Eltern und Begleitern und meistens dem Kantor. Der Rabbiner hebt den Schleier der Braut und läßt ihn langsam wieder herunter. Theoretisch kann der chossen, wenn ihm nicht gefällt, was er sieht, die Hochzeit abblasen. In Wirklichkeit ist diese Geste ein Rudiment aus einer Zeit, als die Lüftung des Schleiers ihm den ersten Blick auf seine Braut freigab. Es gibt aber keine entsprechende Option für sie. Es wird nicht erwartet, daß sie eine Entscheidung trifft, außerdem geht sie das Äußere ihres zukünftigen Ehemanns nichts an. Ein Mann ist kein Körper, er ist Geist, Seele und Charakter.

Vor der chupe gruppieren sich die Gäste, die Männer auf der einen Seite, die Frauen auf der anderen, zuhörend, beobachtend, weinend. Aber von der Braut unter der chupe wird erwartet, daß sie am heftigsten weint. Der Rabbiner spricht die «Verlobungs-Segnungen» über einem Kelchglas mit Wein aus, von dem der chossen und die kale nippen. Das Glas wird dann auf den Boden geworfen, wo es zerbricht; es soll Glück bringen. Gestützt von ihren «Brautführern» und hinter sich das «Gefolge», geht die Braut sieben Mal um den Bräutigam herum; sie spricht dabei ein Gebet. Dieses Zwischenspiel vertritt symbolisch die Zeit zwischen Verlobung und Hochzeit, da beide Zeremonien zusammen unter der chupe vollzogen werden. Der Rabbiner verliest dann den Ehekontrakt, der darauf von dem Paar unterzeichnet wird. Der Brautschleier wird wieder gelüftet und bleibt dieses Mal oben.

Erst nach dieser Formalität wird die richtige Hochzeitszeremonie vollzogen, und dafür ist weniger als eine Minute nötig. Der Bräutigam steckt den Ring auf den Finger der Braut und sagt dabei: «Siehe, du bist mir geweiht nach den Gesetzen von Moses und Israel.» Diese feierliche Erklärung ist das eigentliche Eheversprechen, und es ist diese Erklärung, die die Ehe legal und bindend macht. Im wesentlichen betrifft diese Handlung den Mann, die Frau und ihren gemeinsamen Gott. Kein Dokument oder Würdenträger ist erforderlich, der Ehe offiziellen Status zu geben. Jeder Mann, der den Ring auf den Finger einer unverheirateten Frau steckt und die Erklärung in Gegenwart von Zeugen abgibt, ist mit ihr verheiratet. Es gibt dokumentierte Fälle und zahllose Geschichten von prekären Situationen, die durch die Macht dieses simplen Eides entstanden sind. Man sagt, daß er in einigen Fällen als Erpressungsmittel gegenüber reichen Mädchen angewendet wurde. Ein Witz, ein Streich brachte einmal eine Ehe zustande, die aber sofort darauf wieder geschieden wurde. Dennoch schadete es dem Mädchen, denn sie wollte später einen Angehörigen der Kohanim heiraten, denen es verboten ist, eine geschiedene Frau zu ehelichen.

Die letzte Handlung unter der chupe ist das Zerbrechen des Glases, aus dem Braut und Bräutigam genippt haben; dem folgt dann der Segen des Rabbiners. Für die Symbolik des zerbrochenen Glases hat das Schtetl viele Interpretationen: es stelle die Zerbrechlichkeit der Ehe dar oder des menschlichen Glücks oder des Lebens – am häufigsten genannt: die Zerstörung des Tempels, ein Ereignis, dessen täglich mehrmals gedacht wird. Nach der Zeremonie beeilen sich die unverheirateten Mädchen, eine Scherbe des zersplitterten Glases zu ergattern – sie soll «viel Glück» bei der eigenen Hochzeit bringen. Mit dem Zerbrechen des Glases endet auch die Stille und Feierlichkeit. Während der Zeremonie herrschte absolute Stille, abgesehen von dem leisen Weinen. Aber wenn das Glas zerbrochen ist, «explodiert die Menge». Alle rufen «masel-tow», Glückwünsche, man küßt einander, umarmt einander, schallende Heiterkeit bricht aus, Fluten von Tränen fließen; «alle sind laut und glücklich».

Nachdem alle gelacht und geweint haben und jeder mit jedem gesprochen hat, wird die Party mit der Hochzeits-Prozession fortgesetzt – geführt vom badchen und den Musikern mit Fiedel, Flöte, Horn, Kontrabaß und Schlagzeug. Hinter ihnen kommt der chossen mit allen Männern, dann die Braut mit allen Frauen. Findet das Fest in einem Restaurant vor der Stadt statt, so fährt man auf Wagen in der gleichen Reihenfolge. Der Lärm der Musikanten wird dann durch das Klappern der Hufe und das Rattern der Räder auf dem Kopfsteinpflaster noch verstärkt und durch den Krach der Gänse, Schweine und Hühner, die erschreckt davonhasten.

Wo die Prozession vorbeikommt, stehen die Leute am Straßenrand, schauen und machen ihre Bemerkungen: was für ein schöner chossen; wie blaß er doch ist! Wissen Sie, er ist ein berühmter Student der j'schiwe. Ja, man sagt, ihr Vater habe ihn mit einem Sack voll Gold gekauft – zehntausend Rubel, sagt man. Trotzdem, sein Kaftan hat aber einen komischen Schnitt, nicht wahr? Und seine Schläfenlocken, die sehen aus wie Korkenzieher – diese Galizier! Auch die Braut wird bewundert, ihre Schönheit und das wunderhübsche Kleid, aber dennoch, bei all dem Geld hätte ihr Vater doch noch ein besseres kaufen sollen. Sie sieht ja gut aus, aber man sagt, sie habe Leberbeschwerden. Und alle die frisch Angeheirateten, wie sie sich aufblähen vor Stolz. Man sagt ja, es würde ein schönes Fest, ja, ein Dutzend Hühner und sechs Gänse seien geschlachtet worden, «nicht zu sprechen» von all dem Rind- und Lammfleisch. Bei all seinem Geld hätte er aber auch noch mehr Leute einladen können.

Zu Hause oder im Restaurant werden die Tische vorbereitet, einer für die Frauen und einer für die Männer. Gäste werden nach ihrem Rang plaziert, und wenn jemand seinen richtigen Platz verfehlt, so erhält er strenge Verweise. «Schau, wie er sich an den Kopf der Tafel herandrängt.» In der endgültigen Sitzordnung werden wenige Irrtümer unkorrigiert bleiben.

Bevor das Fest in Schwung kommt, muß der chossen seine Rede halten, die *d'rosche*. Meistens ist sie «ein kleines Stück Thora», die Interpretation eines komplizierten Textes, der sich auf die Ehe bezieht. Der Rede des Bräutigams folgt die Bekanntgabe der *d'rosche geschänk*, der Hochzeitsgeschenke. Einige bestehen in Geld, und der Schenkende sowie der Betrag werden vom Zeremonienmeister zwischen Tusch und Applaus genannt. Auch die anderen Geschenke nennt man zusammen mit dem Namen des Schenkenden; und dann werden all die Sachen aus Silber, Porzellan und die religiösen Gegenstände auf einem Tisch an der Seite ausgestellt. Jede Bekanntgabe empfängt man mit lauten Rufen, um sie später flüsternd zu diskutieren.

Wenn das Amüsement, das Tanzen und Trinken nun beginnt, ist der badchen auf der Höhe seiner Vorstellung; er löst Gelächter aus und drückt auf die Tränendrüsen. Die Fröhlichkeit verführt nicht zum Trinken bis zur Betrunkenheit, denn ein solcher Exzeß ist «unjüdisch», ausgenommen einmal im Jahr – an Purim. Jeder Hochzeitsgast, der wirklich betrunken ist, wäre Gegenstand empörter Entrüstung. Aber etwas expressiver als üblich zu sein, eher bereit, zu lachen oder zu weinen, das liegt durchaus innerhalb der Grenzen der Festetikette.

Ein besonderer Beitrag ist der «Streit-Tanz» der neuen Schwiegermütter; sie stampfen, grimassieren und stürzen sich aufeinander in gespielter Streitlust. Zuletzt fallen sie einander in die Arme und verstehen sich wieder. Ein anderer Tanz, der oft aufgeführt wird, ist der *koscher tants,* der einzige, bei dem es erlaubt ist, daß Männer und Frauen zusammen tanzen. Um körperlichen Kontakt zu vermeiden, halten sie dabei große Taschentücher an den äußersten Enden, wenn sie nach der Musik wirbeln, gleiten und mit den Füßen stampfen. Später tanzt die Großmutter der Braut allein mit einem großen Laib Weißbrot.

Nicht nur Verwandte, Nachbarn und Freunde werden bewirtet. Jede große Hochzeit hat auch einen Tisch für die Armen, und es erfolgt eine üppige Verteilung von Almosen. Um zu zeigen, daß die Bewirtung eher sozialer Gerechtigkeit als Wohltätigkeit entspringt, muß die Braut in ihrem schneeweißen Gewand mit den Bettlern und Schnorrern in ihren dreckigen Lumpen tanzen.

Das Hochzeitsmahl wird die «goldene Suppe» genannt – nach einer fettaugenreichen Hühnerbrühe, die zu den Gerichten gehört, welche meistens serviert werden. Fisch, Fleisch und Dessert folgen, wobei der Gastgeber immer wieder alle auffordert, zuzulangen und ihnen Leckerbissen zum Einpacken und Mitnehmen aufnötigt.

Die Gäste können bis zum Morgengrauen feiern, und manchmal dauern die Hochzeitsfeste eine Woche und länger; die Eltern halten «offenes Haus», und die jungen Leute, «hübsch angezogen, empfangen jeden, der zum Gratulieren kommt, und bieten Kuchen und Wodka an». Mitten in der festlichen Atmosphäre müssen dann «die sieben Segnungen» gesprochen werden, eine für jeden Tag.

Während der Feierlichkeiten wird das Brautpaar in seine Kammer geleitet. Traditionell ist es eine sehr begehrte mizwe, den Raum für die Hochzeitsnacht zur Verfügung zu stellen, falls es daran mangelt. Nach dem populären Klischee ist der Bräutigam ein Unschuldiger, der von nichts eine Ahnung hat, trotz seiner akademischen Vertrautheit mit all den Regeln aus den Heiligen Schriften. Als Student hat er wieder und wieder die minuziösen Vorschriften bezüglich des ehelichen Verhaltens gelesen, aber es kann Tage und Wochen dauern, bis er die Tat dem geschriebenen Wort anpassen kann.

Von der Braut wird erwartet, daß ihr jegliches, auch theoretisches Wissen über diesen Aspekt der Ehe fehlt. Die vielen Lektionen, die sie über die weiblichen Pflichten gehört hat, beschäftigen sich hauptsächlich mit Haushaltsführung, Geduld, Frömmigkeit und Sanftmut. Sehr knappe formelle Instruktionen können vielleicht Teil der tränenreichen Woche vor der Hochzeit gewesen sein, aber alles bleibt dem Glück und dem Ehemann überlassen, der möglicherweise so uneingeweiht ist wie seine Frau.

Wenn die Braut – «es darf nicht sein!» – in ihrer Hochzeitsnacht menstruiert, so wird die Zeremonie nicht verschoben – «der Himmel verbiete es!» –, aber sie ist eine «Braut, die nicht koscher ist». Erhebliche Vorsorge wird getroffen, daß keine Vorschrift übertreten wird. Bis zum Vollzug der Reinigung, bis also die Braut «koscher» ist, schläft ein kleines Mädchen mit in der Brautkammer, im selben Bett wie die Braut, eine kindliche Anstandsdame, die die Neuvermählten vor der Impulsivität der Jugend zu schützen hat.

Von nun an ihr ganzes Eheleben hindurch muß die Frau sieben Tage nach dem Ende der Regel zur mikwe gehen. Das Ritual dient der rituellen Reinigung und nicht der körperlichen Sauberkeit. Bevor man dort hingeht, badet man entweder zu Hause oder im öffentlichen Badehaus. Wenn das Schtetl nicht sehr groß ist, wird die gleiche mikwe von Männern und Frauen an verschiedenen Tagen benutzt, wobei der Tag der Männer der Freitag ist. Die Männer gehen wöchentlich hin, die Frauen einmal im Monat.

Regelmäßiger Besuch der mikwe ist eine der drei fraulichen mizwess, ohne die «eine Frau keine gute Jüdin ist», ganz gleich, wie viele andere fromme Handlungen sie ausübt. Während der Zeit der Menstruation darf sie einem Manne keinen Gegenstand direkt geben; das schließt ihren Ehemann ein. Sie darf auch keinen Mann berühren, denn dies würde ihn verunreinigen. All ihren Pflichten kann sie jedoch wie üblich nachkommen, nur mit Gemüse, Wein und Borschtsch darf sie nicht umgehen. Sollte sie es dennoch tun, so wären diese Lebensmittel nicht haltbar.

Die Strafe für einen Mann, der sie berührt, ist hart. Er dürfte nicht einmal beten, denn er ist unrein und muß sich komplizierten Reinigungsritualen unterziehen. Es wird nicht angenommen, daß ein Mann wissentlich eine so unverhohlene Sünde begehen würde. Die Vorschriften wurden gemacht, um ihn vor versehentlicher Verunreinigung zu schützen.

Die mikwe ist eine kommunale Einrichtung, und die ganze Gemeinde interessiert sich dafür. Ein bedeutender älterer nogid war überrascht, als ihn einer seiner Freunde herzlich ansprach: «Masel-tow, ich höre, du wirst einen Enkel haben!» Bei Nachfrage stellte er fest, daß «es so sein muß, denn deine Tochter war seit zwei Monaten nicht in der mikwe». In einem Schtetl, das keine mikwe hatte, ließen sich jeweils zwei oder drei Frauen von einem Bauern zu einer mikwe fahren, die elf Meilen entfernt war. «Wenn die eine oder andere aus irgendeinem Grund nun nicht mitfuhr, so fragte der Bauer, warum nicht. Einmal hörte ich am Mittwoch, dem Markttag, den Bauern einer Frau zurufen: «He, Schöne, warum bist du nicht mit zur mikwe gefahren? Wirst du einen Sohn kriegen?›, und sie winkte ab und sagte: ‹Nein, noch nicht. Das nächste Mal.›»

Obgleich Sex als Gesprächsthema tabu ist, sind die Angelegenheiten der mikwe einfach und offen. «Als sie aus der mikwe zurückkam, wünschte ihr jeder, den sie auf der Straße traf, sie möge in dieser Nacht einen hübschen Sohn empfangen – natürlich kein Mädchen! ... Sehen Sie, es gab nichts zu verbergen, und keiner war dadurch beschämt.»

Und doch ist eine Frau zu schamhaft, um es ihrem Ehemann direkt zu sagen. Wenn sie wieder «koscher» ist, sagt sie es ihm nicht mit Worten. Nach dem Talmud darf eine Frau zu sexueller Aktivität nicht durch Worte einladen, und in jedem Falle sollten Mann und Frau nicht «über solche Dinge» sprechen. Daß sie wieder zugänglich ist, zeigt sie an, indem sie ihm einen Gegenstand reicht, vielleicht eine Schere.

Ist eine Frau böse mit ihrem Mann, weigert sie sich, zur mikwe zu gehen, so daß er ihr «nicht zu nahe kommen» kann. Diese Waffe ist schlagend, und wenn sie zu lange verwendet wird, könnte sich die Schwiegermutter einschalten, das aufsässige Weib vor den Rabbiner schleppen und darauf bestehen, daß sie «zur Raison gebracht wird».

Der regelmäßige Besuch der mikwe scheint, obwohl seine Wichtigkeit immer betont wird, nicht überall so genau genommen zu werden wie andere grundlegende mizwess. Einige Frauen, die sonst streng orthodox leben, gehen tatsächlich nicht dorthin, sich untertauchen zu lassen, obgleich sie sonst die Vorschriften genau einhalten. Möglicherweise sind sie davon überzeugt, daß die Vermeidung von Sünde und nicht das Untertauchen den Kern des Gesetzes ausmacht.

Die monatliche Periode mit zusätzlich sieben Tagen Übergang bedeutet, daß der Mann während zwei Wochen des Monats nicht mit seiner Frau schlafen darf. «Die Hälfte der Zeit gehört sie ihrem Mann, die andere Hälfte gehört sie Gott.» Während der Hälfte, in der sie ihrem Mann gehört, werden die Vorschriften, die er als Student so gründlich gelernt hat, strikt eingehalten; wenn er ein fortgeschrittener Student der j'schiwe war, so kennt er auch genau die Gründe, über die in seiner Ausbildung ausführlich diskutiert wurde. Ein Segen muß gesprochen werden, bevor die beiden sich hinlegen, und während des Aktes darf kein ungehöriger Gedanke gehegt werden. Zwischen beiden darf keine Disharmonie noch Ärger sein noch der Gedanke an irgendeine andere Frau.

Sie müssen im Dunkeln sein, und kein lebendes Wesen darf Zeuge ihres Vergnügens werden, nicht einmal Mäuse. Es wird erzählt, daß ein extremer Glaubenseiferer vorher sogar die Fliegen und Mücken verscheuchte. In beengten Haushalten muß lange still gewartet werden, bis die Kinder im gleichen

Raum fest schlafen. Erst dann geht der Mann zum Bett seiner Frau. Sie haben immer getrennte Betten, um sicherzustellen, daß es während der zwei Wochen, in denen sie nicht «ihm gehört», keinen körperlichen Kontakt gibt. Es gibt eine Regel, die besagt, daß der Körper immer wenigstens teilweise bedeckt sein muß. Der Mann trägt sogar im Bett seine jarmulke und auch seinen gefransten taliss-kotn, der ihn als Juden kennzeichnet. Jede sexuelle Betätigung, die nicht der Fortpflanzung dient, ist sündig. Die Weisen haben gesagt, daß «das Begehren, welches der Mann in seinem Körper fühlt, ihm vom Herrn nur zu diesem Zweck gegeben wurde». Deshalb ist es falsch, Verkehr zu haben ohne das Gefühl des Begehrens, und wenn er kein Begehren in ihr stimuliert, wird der Akt als Zwang angesehen, was verboten ist. Die Rolle der Frau ist hierbei passiv, wie in anderen Bereichen ihres Lebens auch. Es wird von ihr erwartet, daß sie das Begehren des Mannes weckt – aber nur zur rechten Zeit am rechten Ort, und nicht mit Worten.

Das ganze Sinnen und Trachten ist auf Kinder zu richten. Jeder Verstoß dagegen ist eine Bedrohung für das Paar. Jede Abweichung von der im Talmud spezifizierten Norm wird mit einem entsprechenden Defekt in Verbindung gebracht, und ein Kind, das stumm, lahm, blind oder verunstaltet, also unnormal geboren wird, gilt als Beweis der elterlichen Schuld.

Die Scheidung wird nur als letzte Lösung akzeptiert. Man vermeidet sie möglichst, denn alles Gewicht liegt auf der Paarung, die hier auf Erden auf Geheiß des Himmels geschlossen wurde. Außerdem bedeutet Scheidung ein Stigma – sowohl für die betroffenen Individuen als auch für deren Familien. Da eine Scheidung möglich ist, mag man in der Lage sein, eine unbefriedigende Ehe weiterzuführen, ohne sich gefangen zu fühlen; und da Scheidung gesellschaftlich unerwünscht ist, wird man seine Unzufriedenheit zu zügeln versuchen.

Wie viele der Vorrechte im Schtetl ist auch die Scheidung hauptsächlich für den Mann da. Der vorherrschende Grund für eine Scheidung ist Unfruchtbarkeit, die der Frau zugeschrieben wird. Empfängnis wird dem Mann gutgeschrieben; tritt sie jedoch nicht ein, so ist es Schuld der Frau. Wenn sie nach zehn Jahren kein Kind geboren hat, kann er sich scheiden lassen und ist sogar dazu verpflichtet. Es hat Fälle gegeben, in denen ein treues Paar sich trennen mußte, weil es kinderlos blieb. Der gesellschaftliche Druck war zu stark.

Ein anderer Grund für eine Scheidung ist es, wenn der Ehepartner davongeht. Das ist manchmal schwierig, da der Ehemann eher dazu neigt, und die Frau eine Scheidung nur erreichen kann, wenn sie den Rabbiner dazu bringt, ihren Mann wiederum dazu zu bewegen, die Scheidung zu beantragen. Wenn er inzwischen in die USA gegangen ist oder sich weigert, vor dem Gericht des Rabbiners aus einer fernen Stadt zu erscheinen, so müssen die Verhandlungen auf dem Postwege geführt werden. Der abwesende Vater und Ehemann ist etwas Übliches im Schtetl, und in vielen Fällen scheint die Abwesenheit die Familienbande nicht im geringsten zu schwächen. Beeinträchtigt sie sie jedoch, so könnte es der Frau gelingen, eine Scheidung zu erreichen. Die verlassene Frau wird *agune* genannt, während die geschiedene Frau eine *grusche* ist, eine «Davongejagte».

Das Verfahren ist außerordentlich einfach. Der Mann legt den Scheidungsvertrag der Frau vor, möglichst in Gegenwart des Rabbiners, und die Annahme durch sie löst die Ehe auf. Ist die Frau jedoch unwillig, so treten Schwierigkeiten auf, denn um die Scheidung wirksam zu machen, muß sie den Scheidungsvertrag mit ihren Händen entgegennehmen. Manchmal ist es notwendig, sich eines Tricks zu bedienen, wie das Verschicken des Dokumentes in einem unauffälligen Umschlag als gewöhnlichen Brief. Die Zeremonie wird oft in Streitereien beschworen, wenn ein wütender Ehemann schreit: «Ich werfe dir die Scheidung vor die Füße!» Es wird viele Schreie geben, mit denen man seine Wut abreagiert, bevor sie wirklich geworfen wird.

Man nimmt im allgemeinen an, daß Scheidung öfter bei den proste als bei den schejnen Familien vorkommt. Gewiß schämt man sich einer Scheidung in niedrigeren gesellschaftlichen Kreisen weniger. Die größere Scheidungshäufigkeit unter proste leit, die ja auch öfter zu einer «Liebesheirat» neigen, bekräftigt den Glauben der schejnen jidn, daß Liebesehen weniger stabil seien als vermittelte Ehen. Leute, die «mit der Liebe spielen», sind unbeständig, und am Ende zerbricht die Ehe, sagen sie.

Wenn ein Mann oder eine Frau verwitwet oder geschieden ist, wird eine Wiederheirat erwartet und befürwortet. «Es ist nicht gut für einen Mann, allein zu bleiben.» Eine Witwe kann besser allein zurechtkommen als ein Witwer, obgleich auch für sie die Wiederheirat bevorzugt wird. Es ist wahrscheinlich schwieriger, sie zu vermitteln, denn es gibt immer das Problem der Mitgift, und nach einer Scheidung könnte es sein, daß sie nicht die aktive Unterstützung seitens ihrer Eltern und Verwandten hat wie in ihrer Jugend. Trotz alledem bemüht man sich. Eine zweite Heirat, besonders die einer Frau, wird vergleichsweise ruhig und einfach vollzogen.

Ein Mann wird weit weniger für fähig gehalten als eine Frau, «für sich selbst zu sorgen», besonders wenn er Kinder hat. Wie kann ein Mann einen Haushalt führen und die Kleinen sauber und in Ordnung halten? Kein männliches Wesen kann ein Baby versorgen, ein Kind waschen – und die Tatsache, daß unter der Geißel der Notwendigkeit Männer manchmal dazu in der Lage sind, ist nur die Ausnahme, die die Regel bestätigt. Tatsächlich ist der vorbildliche Ehemann zu unerfahren, um mit seiner physischen Umgebung fertig zu werden. Die Welt der Dinge ist ein unbekannter Dschungel für ihn. Während seine Frau den Haushalt, die Kinder und den Etat beherrscht, lebt er im Reiche der Gedanken, wo er möglicherweise über die tatsächlichen Maße des Tempels nachdenkt oder über die richtige Art, zwei Häuser miteinander zu verbinden, damit sie als «privater Funktionsbereich» am Sabbat zu betrachten sind – konkrete Begriffe, angemessen abstrahiert. Wenn doch nur die Milch und Fleischtöpfe zu intellektuellen Abstraktionen vergeistigt werden könnten – kein Zweifel, dann würde er auch mit ihnen fertig werden. Aber so, wie es ist, wäre es besser, er fände recht bald wieder eine Frau.

Wenn ein Mann kinderlos stirbt, so ist sein unverheirateter Bruder verpflichtet, dessen Witwe zu heiraten, um die Blutlinie fortzusetzen. Weder die Witwe noch der Bruder dürfen irgend jemand anderen heiraten, ohne die formelle Freigabe durch den anderen.

Die Vorschrift der Wiederverheiratung gilt bis zum Ende des Lebens. Es spielt keine Rolle, wie alt die Person ist, wenn ihr Mann oder ihre Frau stirbt; sie ist nie zu alt, um wieder zu heiraten. Dies gilt nicht nur, weil die Männer nicht allein bleiben sollten. Alter wird nicht mit Verfall gleichgesetzt, es ist auch kein Grund, sich zurückzuziehen. Man erwartet und strebt danach, ein aktiver Teilnehmer auf allen Gebieten zu bleiben, so lange man lebt. Das Leben wird als ein Weg sich vervollkommnender Befriedigung gesehen. Je älter man ist, umso reifer ist man; je reifer man ist, umso vollkommener ist man als menschliches Wesen. Von alternden Paaren erwartet man, daß sie sich ihres Lebens freuen, aber sich auch gegenseitig helfen. Alter ist gut. Alte Leute sind «schön». Wenn ein Mann von achtzig eine Frau von fünfundsiebzig heiratet, so erwarten sie eine gute Ehe – in jedem Sinne des Wortes.

Man erwartet übrigens immer, daß es eine gute Ehe wird. Wird es keine, so sind die Bemühungen oder die Arbeit des schadchens mißlungen. In einem solchen Fall hat man den siweg, die Partie, verpaßt, die im Himmel geplant war. Dies liegt in der Verantwortung des Menschen und nicht Gottes, denn der Mensch ist immer frei, zwischen gut und schlecht zu wählen, zwischen dem richtigen Weg und dem falschen. Hat er die richtige Wahl verfehlt, muß er es eben noch einmal versuchen. Der Fehler liegt bei ihm.

Man kann nicht davon ausgehen, daß der siweg, der vom Himmel vorge-schrieben wurde, stets der leichteste und glücklichste für den einzelnen ist. Da war zum Beispiel ein Rabbiner, der heiratete eine Xanthippe, die ihm ständig mit ihren Nörgeleien in den Ohren lag. Jemand sagte zu ihm: «Warum nimmst du das alles hin? Sie ist doch der Skandal der ganzen Stadt mit ihrem ewigen Herumhacken auf dir! Du mußt dich von ihr scheiden lassen.» Und der Rabbi-ner antwortete: «Ich glaube nicht daran, daß Gott mich strafen wollte. Er gab mir diese Frau, denn wenn sie jemand anderen geheiratet hätte, hätte der sich scheiden lassen und eine andere Frau genommen. Gott sei Dank, Er gab diese arme Frau jemandem, der sie ertragen kann.»

Die Ehe ist beides, ein Höhepunkt und eine Schwelle. Von Geburt an wird jeder Schritt mit einem Auge auf die chupe unternommen, und wenn dieses Ziel nicht erreicht wird, so scheint man am Leben vorbeigelebt zu haben. Einmal dahin gelangt, ist die Ehe jedoch nur der Hintergrund für das große Ziel, die große Leistung, die große Genugtuung – Kinder.

# Der Hausfrieden

Ein Mensch ist Teil einer Familie; man kennt keine Pflichterfüllung und kein Vergnügen als isoliertes Individuum. Ist der Mann kein Ehemann und Vater, dann «ist er ein Nichts». Eine Frau, die nicht Ehefrau und Mutter ist, ist keine «richtige Frau». Eine alte Jungfer oder ein Junggeselle zu sein, ist nicht nur eine Schande, sondern auch eine Sünde gegen den Willen Gottes, der jedem Juden geboten hat, zu heiraten und Kinder zu zeugen.

In der Familieneinheit spielen der Vater und die Mutter sich ergänzende Rollen. Von den beiden wird nicht als «Eltern» gesprochen, sondern als *tate-mamme*, als stelle die Anerkennung der Dualität bereits die Harmonie her. «Tate-mamme werden böse sein», sagt der Junge, der schlecht im chejder abschneidet, oder «tate-mamme werden sich freuen», wenn er gut ist. Kleine Kinder, die «Haus» spielen, sagen: «Wir spielen tate-mamme.»

Die Frau des Hauses ist die Mutter der ganzen Familie – einschließlich des Vaters. Sie ist diejenige, die sich kümmert, sich sorgt und außerdem noch die Familie ernährt. Bietet sie etwas zu essen an, so bietet sie ihre Liebe an; und sie bietet sie ständig an. Wird ihr Essen abgelehnt, so ist es, als würde ihre Liebe abgelehnt. Charakteristischerweise erinnert man sich an sie als an diejenige, die «sich niemals hinsetzt», ausgenommen am Sabbat. Sie ißt das Übriggebliebene, auch noch hastig, während sie dabei weiterarbeitet.

Alle weltlichen, häuslichen Pflichten sind ihre Domäne. Sie ist diejenige, die das tägliche Leben im Haushalt lenkt und überwacht, sie tröstet den bestraften Schuldigen – nicht mit anteilnehmenden Worten, sondern mit Marmeladenbrot –, sie ist es, die schimpft und klapst wegen geringer Vergehen.

Es besteht natürlich niemals eine absolute Spaltung zwischen weltlichen und geistlichen Angelegenheiten. Da die Mutter für das materielle Wohlbefinden ihres Haushaltes sorgt, ist sie auch für die körperliche Seite seiner Jiddischkeit verantwortlich, womit der gesamte Lebensumkreis «richtiger Juden» gemeint ist. Es ist ihre Pflicht, sicherzustellen, daß die Speisegesetze eingehalten werden; sie hat dafür Sorge zu tragen, daß kein koscheres durch ein trejfes Nahrungsmittel verunreinigt wird, kein Milcherzeugnis durch ein Fleischprodukt, keine pejssach-Mahlzeit durch eine Alltagsmahlzeit.

Der ganze komplizierte Ablauf religiöser Gesetzesbefolgung im Hause ist unter ihrer Obhut. Jeder Angehörige des Haushalts verläßt sich auf sie, auf ihre Wachsamkeit, daß er in den täglichen Lebensmechanismen auch ein «guter Jude» bleibe. Wenn sie eine tüchtige und gewandte Hausfrau ist und ein «jiddisch hojs» unterhält, wenn es ihr obendrein auch noch gelingt, die Familienharmonie zu erhalten, dann ist sie bekannt als die Herrin eines «schönen Hauses», als eine richtige bal-bosste.

Dem Vater gehört das geistliche und intellektuelle Reich. Er hat die offizielle Autorität, das letzte Wort in wichtigen Angelegenheiten; wenn er vielleicht auch von der Mutter unter vier Augen beraten, belehrt oder gar widerlegt wird. «Wenn er sprach, waren alle still, und wenn er schlief, machte niemand ein Geräusch.»

Der Vater ist eine etwas entferntere Figur – psychologisch und oft auch im Sinne des Wortes. Er wird möglicherweise oft nicht zu Hause sein, und das ist mehr oder weniger in Ordnung. «Kinder und Haushalt sind nicht Sache des Mannes.» Der Vater kann einen großen Teil seiner Zeit in der schul verbringen, wo er mit seinesgleichen studiert. Er kann aber auch ein reisender Kaufmann sein oder ein umherziehender Handwerker. «Eine Frau zieht einen Mann vor, der nach dem Wind riecht und nicht nach dem Herd.» Es wird ihr allerdings weniger gefallen, wenn er sich für längere Zeit an den Hof des Rebbe begibt oder sogar nach den Vereinigten Staaten auswandert.

Seine Abwesenheit wird Teil des Familienlebens. «Mein Vater kam nur alle sechs Monate oder so zurück», bemerkt mancher beiläufig. Selbst wenn er da ist, ist er kein aktiver Teilnehmer am Familienleben, sondern ist mit seinen eigenen Angelegenheiten beschäftigt. «Er ist ein Gast im Hause.» Tritt er ein, senkt sich der Lärmpegel, jedenfalls für eine Zeit. Die Stimmen werden gedämpft – in Anerkennung seiner erhabenen Rolle.

Zwischen Eltern und Kind existieren eine Menge Rechte und Pflichten, auf die sich beide ausdrücklich und offen beziehen. Grundlage aller Rechte und Pflichten ist jedoch die selten körperlich oder mit Worten demonstrierte, im Rückblick und bei Abwesenheit aber ständig beschworene elterliche Liebe. Ein Elternteil sagt nie zu seinem Kind: «Ich liebe dich», lobt das Kind nie in dessen Anwesenheit und küßt es selten, wenn es älter als vier oder fünf Jahre alt ist. Aber deine Eltern, besonders deine Mutter, «wird dich immer lieben, was auch geschieht». Das Klischee der «jiddischen Mamme», in vielen Ländern bekannt, hat seine festen Wurzeln im Schtetl. Ganz gleich, was du tust, egal, was geschieht, sie wird dich immer lieben. Sie kann eine noch so abwegige, manchmal sogar irritierende Art haben, ihre Liebe zu zeigen; aber in einer gefährlichen und instabilen Welt ist der Glaube an die Mutterliebe stark und unerschütterlich. Unzählige Mütter aus dem Schtetl haben den Beweis geliefert – die Mütter, die ihre Perlen verpfändet und selbst gehungert haben, um ihren Söhnen eine Erziehung zu ermöglichen; die Mütter, die feindliche Obrigkeiten angefleht haben, um die Freiheit ihrer Söhne zurückzugewinnen; die Mütter, die meilenweit durch den Schnee gestapft sind, und die, die gewartet haben und geglaubt.

Das große Maß an Zuneigung wird als so selbstverständlich angenommen, daß jede Frage danach überrascht. «Sie liebte uns, wie konnte sie da ärgerlich werden, selbst wenn wir sie verletzt hatten?» Diese Liebe der Schtetl-Eltern zu ihren Kindern wird manchmal von Außenstehenden als «bedingungslos» bezeichnet, aber wahrscheinlich ist «unverbrüchlich» genauer.

Abgesehen von den heroischen Handlungen in Krisenzeiten stellt sich Mutterliebe hauptsächlich auf zwei Weisen dar: durch ständiges und eifriges Überfüttern und durch ununterbrochene Besorgnis über jeden Aspekt des Wohlergehens ihres Kindes, was sich in erster Linie durch unaufhörliches Gerede ausdrückt. «Was hast du gemacht, was wirst du tun, bist du auch warm genug angezogen, binde dir doch einen anderen Schal um, hast du auch genug gegessen, sieh, nimm doch noch ein wenig von der Suppe.»

Über die Zuneigung hinaus, die als eine Tatsache und nicht als eine Verpflichtung wahrnehmbar ist, haben die Eltern auch gewisse formelle Verpflichtungen gegenüber dem Kind. Kinder können von ihren Eltern erwarten, daß sie für den Unterhalt aufkommen, ihnen Unterricht in religiösen Dingen ermöglichen und sie auf das Leben als Erwachsene entsprechend vorbereiten. Für ein Mädchen ist diese Vorbereitung eher eine praktische als eine spirituelle, und sie schließt die Vermittlung in eine Ehe ein. Dem Sohn schulden die Eltern eine Reihe von Zeremonien, die mit der Beschneidung beginnen, außerdem so viel «Thora» wie möglich und ihre Hilfe bei der Suche nach einer guten Frau für ihn. Diese formellen Verpflichtungen entsprechen den elterlichen Wünschen, denn die Entwicklung des Kindes ist eine direkte Befriedigung für die Eltern, und was dem Kind geschieht, trifft im Sinne des Wortes die Eltern. Seine Heirat und seine Leistungen machen den Eltern Ehre, seine Mißerfolge und seine Schande werfen direkten Schatten auf sie. Bis der Junge Bar-Mizwe ist, trägt sein Vater die Verantwortung für ihn, und ein pflichtbewußter Sohn sollte sich darum auf diesen Tag freuen. «Als Kind konnte ich den Tag nicht abwarten, bis ich bar-mizwe wurde, so daß mein Vater nicht mehr für alle meine Sünden zu zahlen brauchte.»

Dem Bild elterlicher Liebe, besonders dem der Mutterliebe, wohnt die Idee von grenzenlosem Leid und Opferbringen inne. Eltern «bringen sich um» für ihre Kinder. Das «ojl fun kinder», die Last der Kindererziehung, ist zwar sehr begehrt, wird aber ständig beklagt. Das große Ziel der Elternschaft ist, «aus Kindern Leute zu machen» und gute Juden. Um dies zu erreichen, plagen sich die Eltern ununterbrochen und erlegen sich selbst – falls nötig – Entbehrungen auf. «Wenn mein Vater arbeitslos war oder nicht genügend Schüler hatte, dann ging meine Mutter zur Arbeit. Sie verdiente ein paar Pfennige und gab uns zu essen, während sie selbst hungerte.» Elterliche Opfer werden nicht schweigend gebracht – Schweigen ist nicht die Art des Schtetls. Kinder werden ständig daran erinnert, was ihre Eltern für sie alles getan haben und wie sie ihretwegen gelitten haben.

Die vorbildliche Mutter im Schtetl plagt sich ständig für ihre Familie, sie ist ein ewiger Quell von Opfern, Klagen und erneutem Bemühen. Wenn das Unglück zuschlägt, dann schreit sie auf mit Tränen und Protest, aber ihre Bemühungen lassen niemals nach.

Elterliche Liebe drückt sich auch in Sorgen aus; der Vater trägt sie mit männlichem Schweigen, die Mutter mit weiblicher Empörung. Sich zu sorgen, wird nicht als Verhätschelung, sondern als Ausdruck der Zuneigung, als Pflicht betrachtet. Wenn man sich heftig genug sorgt, könnte dadurch vielleicht etwas bewirkt werden. Man «macht sich Sorgen» um die Mitgift für die Tochter, die parnosse für den Sohn. Oder man «sorgt sich aus» – so, wie man «sich ausweint» oder «sich ausbetet» – das heißt, man tut es so gründlich, daß man eine Art Läuterung bewirkt, und dann kann man mit etwas Konstruktivem beginnen.

Die Intensität des «Sichsorgens» zeigt das Ausmaß an Identifikation, es ist ein anderer Beweis für Liebe. «O, wäre es doch nur mir passiert!» weint die Mutter, deren Kind sich verletzt hat. «Es sollte lieber mir geschehen und nicht dir!», und sie ringt die Hände – «bricht ihre Finger» – wegen seines zerkratzten Gesichts. Eine gute Mutter macht sich Sorgen, bevor irgend etwas passiert ist, und es liegt etwas Beschwörendes in ihrer Besorgnis, die nicht nur ihre Liebe beweist, sondern vielleicht auch das Unglück fernhält.

Die Pflichten des Kindes gegenüber seinen Eltern beginnen mit Gehorsam und Respekt. Kein Gebot verlangt mehr absolute Befolgung, dem Buchstaben und dem Geiste nach, wie die Anordnung: «Ehre deinen Vater und deine Mutter.» Daß ein Kind seinen Eltern Gehorsam schuldet, ist selbstverständlich; worüber es jedoch öfter spricht, ist der Respekt, *derech-erez*. Diese Bezeichnung, wörtlich «die Art des Landes», wurde gleichbedeutend mit dem Respekt, der gegenüber jeder älteren Person gezeigt werden muß, vor allem aber gegenüber den Eltern. «Es ist etwas, das niemandem bezeugt wird, der darum bittet.» Im Gegenteil, wie die soziale Gerechtigkeit sollte er von selbst angeboten werden. «Sobald wir die Erwachsenen sahen, hörten wir auf, zu kämpfen, denn wie ärgerlich du auch sein magst, du mußt den Erwachsenen derech-erez zeigen. Man lehnt sich gegen einen Erwachsenen nicht auf.»

Beiden Eltern wird derech-erez geschuldet. Im Gespräch über das Gefühl gegenüber tate-mamme wird jedoch meistens ein Unterschied gemacht. Es ist die Mutter, die in zahllosen Volksliedern gefeiert wird – meine Liebe zu ihr, aber viel öfter noch ihre Liebe für mich, ihre Treue, ihre Unwandelbarkeit, ihre grenzenlose Opferbereitschaft. «Es gab keine anderen Mütter als solche.» Andererseits «zitterten wir, wenn die Rede von Vater war ... nicht, weil wir uns vor ihm fürchteten, sondern weil wir ihn so achteten.»

Dem Vater wird «gewaltiger» Respekt gezollt, von «den Kleinsten bis zu den verheirateten Söhnen». «Du solltest ihn gesehen haben, wenn er aus der schul nach Hause kam, dann waren alle Kinder um ihn herum; sie halfen ihm, seinen Mantel und seine Schuhe auszuziehen. Allein die Tatsache, daß er zu Hause war, bedeutete einen Feiertag für die Familie. Er sprach nicht einmal mit ihnen, er setzte sich an den Tisch. Oft schloß er die Augen und meditierte.» Wie eine Gottheit kann er mit den Augen grollen. «Manchmal ist ein Kind laut, dann öffnet der Vater nur die Augen, blickt unter seinen Augenbrauen heraus das Kind an, das ist schon genug. Er muß gar nicht erst mit dem Kind reden, ein Blick genügt.»

Der Respekt gegenüber dem Vater ist eine Konstante, aber was ihm zugrundeliegt, wird verschieden definiert. Es wird immer wieder beteuert, daß Furcht nicht die Ursache sei. «Ein jüdisches Kind wird zu Hause nicht tyrannisiert. Dieser ‹Blick› ist keine Drohung, er ist nur eine Erinnerung, sich zu benehmen.» Es gibt Begründungen, die diese Ansicht untermauern. «Wäre es Furcht gewesen, dann wäre der Respekt von dem Kind verlangt worden, aber meine Eltern verlangten ihn nicht von uns.» Von anderen wird die Möglichkeit der Furcht eingeräumt. «Ich weiß nicht, ob es Furcht oder Respekt war, aber wenn Vater nach Hause kam, wurden wir alle engelgleich.» Gelegentlich kommt man zu der Erkenntnis: «Nach dem, was meine Mutter erzählt, war ihre Mutter fein, lieb und gut. Sie unterhielt die Familie. Vater wurde toleriert und gefürchtet, aber nicht geliebt.» Doch die Worte, die für Furcht verwendet werden, haben eher die Bedeutung von Ehrfurcht als von Angst.

Der Respekt, der dem Vater gegenüber gezeigt wird, wird auch auf seine Sachen übertragen, wenn er nicht anwesend ist. Vaters Stuhl, Vaters Schuhe sind Teile von ihm und gehören zu der Aura des derech-erez.

Der Vater ist derjenige, der die Peitsche schwingt, denn die Ahndung schwerer Vergehen wird ihm übertragen, und er führt die Strafe angemessen aus. Er bestraft hauptsächlich die Verletzung des moralischen oder gesellschaftlichen Kodex – besonders, wenn der Schuldige die Familie in den Augen der Gemeinschaft «beschämt» hat – oder unjüdisches Verhalten. Seine Strafe muß angenommen werden, so, wie man die Heimsuchungen Gottes annimmt, denn er meint es ja gut mit einem. «Wenn ich von meinem Vater geschlagen wurde, und ich fand das ungerecht, dann war ich beleidigt. Meine Großmutter belehrte mich dann: ‹Du solltest die Hand deines Vater küssen, nachdem er dich geschlagen hat. Er weiß, was er tut, und er meint es nur gut mit dir.›» Jede Kritik an ihm würde eine Respektlosigkeit darstellen. «Er weiß, was er tut.» Man kann es nicht immer verstehen, aber man muß es akzeptieren. Er ist Der Jude, Der Mann, derjenige, der im wahrsten Sinne des Wortes nach Gottes Ebenbild gemacht ist.

Mutters Klapse und Schelte sind von anderer Qualität. Einmal ist man ihnen öfter ausgesetzt, denn sie ist häufiger zu Hause, selbst wenn sie jeden Tag zu ihrem Laden oder Marktstand eilt. Außerdem spiegelt sich in ihnen oft eher das häusliche Klima wider als das eigene Vergehen. Sie kommen schnell und sind genauso schnell wieder vergessen, während die väterliche Disziplinierung weniger häufig vorkommt, man sich jedoch lange daran erinnert.

In den verschiedenen Haushalten, auf unterschiedlichen sozialen Ebenen, variieren die Gefühlsäußerungen und -nuancen sehr. Aber der Kontrast zwischen den Elternteilen wird allgemein als charakteristisch bezeichnet, genau wie die Verpflichtung, beiden den angemessenen derech-erez zu erweisen. Die Verpflichtung des Kindes gegenüber den Eltern ergibt sich weitgehend aus seiner Rolle als «Verlängerung» der Eltern. Kinder stehen unter dem ständigen Druck, ihren tate-mamme keine Schande zu machen. «Was habe ich getan, daß Gott mich mit so einem Kind straft?» ist der Ausruf von jemandem, der sich durch das Benehmen seines Sprößlings blamiert fühlt. Was immer das Kind auch Falsches tut, es wird als Leid, das es den Eltern antut, empfunden und ausgedrückt. «Wenn ich so etwas getan hätte – meine Mutter hätte einen Lappen um ihren Kopf gebunden.» Das heißt, sie hätte vor Kummer Kopfschmerzen bekommen.

Verletzlichkeit wird zur Waffe – besonders für die Mutter. Ihr Leiden dient nicht nur als Verweis für die Taten der Vergangenheit, sondern auch als Kontrolle für die Zukunft. «Wenn du das tust, dann bringst du mich ins Grab.» Fast jede Krankheit kann auf *zoress fun kinder*, Ärger wegen der Kinder, zurückgeführt werden. «Sie hatte Gallensteine, weil ihre Tochter mit einem Musiker herumlief.»

Alle Opfer, alle Leiden, alle Besorgnis türmen sich zu einem Denkmal elterlicher Liebe auf, dessen Ausmaße die Dankesschuld der Kinder bestimmen. Die Schuld kann nicht in gleicher Münze zurückgezahlt werden, sondern muß in einer reziproken Währung beglichen werden, die der Kind-Eltern-Beziehung entspricht. Ein großer Teil dieser «Rückzahlung» erfolgt in Gefühlen, Benehmen und einem Verhalten, in dem sich beides manifestiert – also im großen und ganzen durch die Vielfalt des derech-erez. Ein gleichermaßen wichtiger Teil ist die Freude, die die Eltern an ihren Kindern haben.

Als prächtige Belohnung nämlich für ihre Sorgen und Opfer wollen Eltern durch ihre Kinder «Freuden anhäufen», *kleibn naches,* oder *schepn naches,* «Freude empfangen». Die Übersetzung ist kaum ausreichend, denn naches reicht in der Bedeutung von kurzlebiger Freude bis zu tiefer Befriedigung mit einem Anflug von Jubel. Das Schtetl ist ein Ort vieler Tränen und Klagen, aber naches wird oft beschworen. Man «kleibt naches» von einem guten Essen, einem neuen Kleid, einem schönen Lied oder von einem geschäftlichen Erfolg, von der Ehre, die dem Gatten oder dem Kind zuteil wird, oder von einer Tochter, die heiratet. Das ganze Schtetl kann naches kleibn von einer «schö- nen Rede» des Rabbiners oder der Errichtung einer neuen bejss-medresch.

Es ist schwer, ein Jude zu sein, aber es ist gut, ein Jude zu sein, und an die Belohnungen wird oft erinnert. Es ist schwer, Eltern zu sein, aber es ist auch gut. Gerade weil es so schwer ist, besteht man ständig auf dem ausgleichenden naches. Weil Elternschaft so wichtig ist, ist naches fun kinder der Inbegriff der Freude. Sagt jemand das Wort naches allein, so ist die prompte Gedankenverbindung – fun kinder.

Bei jedem Festmahl gibt es eine lange Reihe von Toasts auf die Gesundheit, auf ein langes Leben und auf naches fun kinder und naches fun kindeskinder. Ein bitterer und häufiger Vorwurf der Eltern an ein Kind ist: «Ich habe von dir kein naches.» Wenn ein Kind etwas Falsches tut oder etwas versäumt, dann raubt es seinen ergebenen Eltern naches.

Naches zu gewinnen aus den Leistungen eines Kindes ist wichtiger als irgendein greifbarer Gewinn, den es erbringen könnte. Durch den Erfolg des Kindes fühlen sich die Eltern bestätigt, wie sie sich auch durch einen Fehler blamiert und verdammt fühlen. «Wen Gott bestrafen will, dem schickt er schlechte Kinder.» Und warum sollte ER wohl strafen? Nur weil man gesündigt hat. Deshalb ist das Schicksal der Eltern und Kinder eins und untrennbar, verbunden durch das Band der Zuneigung und durch die Fügung der Gerechtigkeit.

Zu den formellen Verpflichtungen der Kinder gegenüber den Eltern, wie sie im schulchn-oruch niedergelegt sind und wie sie auf den prisbes, wo die Frauen sitzen und klatschen, formuliert werden, gehört der Unterhalt der alten Eltern durch die Kinder. Es sollte der Wunsch der Kinder sein, ihre Eltern im Alter zu unterstützen, sie sollten ihnen diese Unterstützung anbieten. Der materielle Teil dieser Verpflichtung ist jedoch der von den Eltern am wenigsten betonte. Im Gegenteil, er wird oft abgelehnt, besonders durch den Vater: «Wenn der Vater dem Sohne gibt, freuen sich beide; wenn der Sohn dem Vater gibt, weinen beide.» Es ist eine Verletzung des Selbstbewußtseins des Mannes, wenn er gezwungen ist, Hilfe von einem Jüngeren annehmen zu müssen, und viele alte Väter würden sich lieber durch untergeordnete Arbeit selbst recht und schlecht durchschlagen, als von der Freigiebigkeit ihrer Kinder abhängig zu sein – selbst wenn die Kinder sie gern unterstützen wollen. «Es ist besser, sich sein Brot von Tür zu Tür zu erbetteln, als von einem Sohn abhängig zu sein.» Alter und Abhängigkeit sollten nicht gleichgesetzt werden, jedenfalls nicht für Männer. Eine Mutter kann Hilfe von ihren Kindern leichter annehmen. Nicht, daß sie es gerne täte. So lange wie nur möglich lehnt sie deren Geschenke ab; sie behauptet beharrlich, sie nicht nötig zu haben, denn sie versteht ihre Rolle als die einer Gebenden und nicht als die einer Nehmenden. Aber wenn die Notwendigkeit sie zwingt, Unterstützung anzunehmen, dann kann sie naches kleibn aus der Fähigkeit ihrer Kinder, ihr Luxus zu bieten, und sie wird stolz prahlen: «Sie tun alles für mich, sie passen auf mich auf wie auf ihr Augenlicht.»

Lediglich wenn das Kind die Eltern unterstützt, wird zwischen Mein und Dein ein Unterschied gemacht. Solange die Eltern Herren des Hauses sind, gehört das Geld der ganzen Familie und wird von der Mutter verwaltet. Alle Mittel werden zum Bestreiten der Haushaltsausgaben zusammengefaßt; aber die Mutter hat auch ihren privaten Schatz an Münzen, der als «Knoten» bekannt ist, knipl; er ist meistens in ein Taschentuch geknotet. Aus diesem privaten Schatz nimmt sie Geld für Notfälle – wenn ein Kind erkrankt, die Gebühren an den m'lamed bezahlt werden müssen, oder wenn jemand dringend ein Paar Schuhe benötigt. Er füllt sich nur langsam auf, wird jedoch bei den vielfältigen Notlagen schnell ausgegeben und ist eines der Geheimnisse, die jeder kennt.

Söhne und Töchter, die arbeiten, geben ihren Lohn der Mutter ab; so, wie es der Vater auch tut. Selbst wenn die Kinder fast die ganze wirtschaftliche Last tragen, haben die Eltern immer noch das Gefühl, die Familie zu «unterhalten». Ist es denn nicht ihr Haus?

Die eigenen Kinder sind «mein eigen – mein eigenes Fleisch und Blut», und deshalb ist kein Ersatz vorzustellen. Die Stiefeltern, besonders die Stiefmutter, wird klischeehaft als grausam und unmütterlich dargestellt, selbst wenn sie noch so ergeben und hilfsbereit sein mag. Jemand, der ein Elternteil verloren hat, ist «eine Waise»; es wird kein verbaler Unterschied zwischen diesem Unglück und dem Verlust beider Eltern gemacht. Die Vollwaise ist die unglücklichste Kreatur, ohne Eltern und ohne ein Zuhause. Es kommt vor, daß eine Waise ihre traurige Situation ausnutzt und daraus Vorteile zieht und Gunst gewinnt.

Ein Haushalt kann drei Generationen umfassen, aber der Kern ist das älteste Elternpaar. Es bildet mit seinen Kindern – den oft schon verheirateten – und Enkeln eine enge einheitliche Gemeinschaft. Der Senior ist der Herr des Hauses, und er ist es, der am Kopf des Tisches sitzt – außer bei der seltenen Gelegenheit, wenn er seinen Platz an einen geehrten Gast abgibt. Es gibt keine feste Regel hinsichtlich des Wohnortes, aber es kommt viel öfter vor, daß ein verheiratetes Paar bei den Eltern der Frau wohnt als bei denen des Mannes. Das Arrangement wird normalerweise im Heiratsvertrag festgelegt, und die klassische Form ist die kesst. Ein Drei-Generationen-Haushalt wird als die stimmige Familiengruppe betrachtet, als eine, die zusammengehört. Sicher, es kann zu Rangeleien zwischen Mutter und Tochter kommen, denn «keine Küche ist für zwei Frauen groß genug». Andererseits hat eine solche Regelung große Vorteile für den Schwiegervater und den Schwiegersohn. Es ist doch sprichwörtlich, daß die Frau Schwierigkeiten mit der Schwiegermutter hat und eigentlich mit allen angeheirateten weiblichen Familienmitgliedern – ein Problem, das schon bei der Hochzeit durch den «Streittanz» der Schwiegermütter symbolisiert wird. Es ist gleichermaßen sprichwörtlich, daß ein Vater in dem Mann seiner Tochter den Sohn seiner Träume findet. Man sagt: «Der Schwiegervater spiegelt sich in seinem Schwiegersohn.»

Die Söhne eines Mannes werden ihm geboren, aber es liegt nicht in seiner Macht, die Entwicklung ihrer Charakterzüge zu steuern, obgleich er versuchen wird, Einfluß zu nehmen. Manchmal enttäuschen sie ihn. Es gibt einen Spruch: «Kluge Männer haben dumme Söhne», und es gibt ein Klischee, daß die Söhne von Rabbinern dumm seien – wenn sie auch oft genau das Gegenteil davon sind und mancher nogid stolz darauf ist, einen zum Schwiegersohn zu haben. Der Vater ist dem Sohne weniger nah als die Mutter, und die Verbindung zwischen Vater und Sohn tendiert dazu, formell und distanziert zu sein. «Respekt für unseren Vater lag uns im Blut, aber ich kann nicht behaupten, daß wir ihn geliebt haben.» Wählt der Vater jedoch einen Mann für seine Tochter, so kann er versuchen, die Art von Mann für sie zu «kaufen», die er sich als Sohn gewünscht hätte. Viele Hindernisse können der Verwirklichung seines Ideals im Wege stehen. Möglicherweise hat er nicht genug anzubieten oder ist nicht in der Lage, den richtigen Kandidaten zu finden. Jedenfalls besteht aber die Wahrscheinlichkeit – und die meisten Leute im Schtetl werden dieser Behauptung zustimmen –, daß ein Mann eine größere Chance hat, von seinem Schwiegersohn naches zu kleibn als von seinem Sohn, oder daß wenigstens das Verhältnis zueinander wärmer und enger ist.

Das Verhältnis eines Mannes zu seiner Schwiegermutter ist auch einfacher als das seiner Frau zu seiner eigenen Mutter. Tatsächlich, «das Beste ist, Schwiegersohn zu sein – alle mögen dich gern».

Der vielköpfige Haushalt dürfte mehr Leute einschließen als Raum vorhanden ist. Erwachsene, Kinder, Kleinkinder – alle sind damit beschäftigt, heranzuwachsen, sich um die Heranwachsenden zu kümmern, für den gemeinsamen Haushalt nach parnosse zu jagen, die zahllosen Rituale und Gebete zu vollziehen, im Dienste der Gemeinschaft zu wirken oder auf einer Insel der Gelassenheit innerhalb dieser lebhaften vier Wände das Gesetz zu studieren. In einem solchen Haus ist *scholem-bajiss*, Friede des Hauses, ein beliebter Ausdruck.

Scholem, Friede, ist ein wichtiges Wort im Schtetl und auch ein wichtiges Konzept. Die hebräische Wurzel des Wortes umschließt die Begriffe Frieden, Gesundheit und harmonisches Ganzes, die drei Hauptmerkmale der Kultur. Gewalttätigkeit ist ein Greuel, Streiten ist unjüdisch oder zumindest ordinär. Wenn Beweise über Meinungsverschiedenheiten an die Öffentlichkeit dringen, so ist das eine Schande, und es ist schlimm, sich schämen zu müssen. Außerdem besteht immer die Möglichkeit, daß die Welt außerhalb des Schtetls zusammenbricht und der Friede im weiteren Sinne zerstört wird.

Die übliche tägliche Begrüßung im Schtetl ist *scholem alejchem*, «Friede sei mit dir». Im täglichen Gebet bittet man um Frieden. Und der ständige Ruf in den Häusern nach scholem-bajiss erbittet Frieden und Einheit.

Der häusliche scholem ist ein höchst flüchtiger – häufiger wegen seiner Abwesenheit als wegen seines Vorhandenseins beschworen. «Wo bleibt der scholem-bajiss?» fragen alle. «Er hat den scholem-bajiss gebrochen», wird jemand bezichtigt. Es dürfte viel schwieriger sein, eine charakteristische Situation für die Aussage zu finden: «Wir sonnen uns im scholem-bajiss, er ist hier.»

Der Begriff «Hausfrieden» beschreibt eher eine Form des dynamischen Gleichgewichts als ruhige Gelassenheit und Harmonie. Ein glückliches Haus ist ein Wirbel von Menschen, alle geschäftig, alle redend. Da gibt es Auseinandersetzungen, Meckereien und gegenseitige Beschuldigungen. All dies ist ein Teil des persönlichen Ausdrucks, der Zuneigung und des Interesses, Beweis für Anteilnahme an der Familie. Nichts davon bricht den scholem-bajiss. Nur wenn ein ernster Streit ausbricht, ist der scholem-bajiss zerstört, und dann neigt man eher dazu, sich zurückzuziehen – körperlich oder in der verbalen Auseinandersetzung. Die ernsteste Art, den scholem-bajiss zu zerstören, besteht nicht in der vehementen Beteiligung an den ständigen Gefühlsausbrüchen oder im ungehemmten Kundtun von Meinungen, sondern in der Störung des Haushaltes, indem man ihm einen strukturell notwendigen Teil entzieht.

Dieses Konzept des Hausfriedens ist manchmal schwer zu begreifen für jemanden, der nicht im Schtetl großgeworden ist. Jedes Problem der Familie wie auch der Gemeinschaft unterliegt langatmiger Diskussion mit detaillierter Erwägung jeder möglichen Seite einer jeden Frage. Die häusliche Version des pilpul folgt genau dem Muster der j'schiwe. Das Leben wäre langweilig ohne immerwährende Diskussionen, und die wären nicht möglich ohne ständige Meinungsverschiedenheiten. Meinungsverschiedenheiten gehen mit Erregung und hitziger Argumentation einher. Trotzdem, solange der Siedepunkt noch nicht erreicht ist, ist der scholem-bajiss nicht gefährdet.

Zuneigung und Ärger sind nicht unvereinbar; es ergibt sich ein Gleichgewicht. Jedes Elternteil betrachtet es als seine Pflicht, Ärger zu zeigen – und wahrscheinlich auch zu empfinden –, wenn es eines seiner Kinder zurechtweist. So etwas steht nicht im Gegensatz zur Liebe, es gehört eher zu deren Bekundungen.

Jedes Anzeichen von bösem Blut und Feindseligkeit, besonders innerhalb der Familie, verursacht Angst. Nörgelei und Gezänk sind keine solchen Anzeichen, schon eher eben der Ausdruck familiärer Interaktion. Notwendigerweise muß man sich aber gegen jeden Verdacht schützen, der scholem-bajiss könnte in Gefahr sein. Wie groß die Spannungen innerhalb der Familie auch sein mögen, ihre Angehörigen werden immer versuchen, ein harmonisches Bild nach außen zu zeigen, denn «das ganze Schtetl muß ja nicht wissen, daß mamme und Gittel sich schon wieder in den Haaren liegen». Es ist auch immer jemand da, der im Namen des scholem-bajiss ruft: «Schreit doch nicht so, was sollen die Nachbarn denken!», obgleich «im selben Augenblick die Nachbarn auch gerade damit beschäftigt sind, einen eigenen Streit auszufechten».

Die Definition von «Streit» zeigt wieder einmal die charakteristischen Varianten – von der Familie, die schejn ist, hin zu der, die proste ist. Die schejnen ziehen sich schneller in Schweigen zurück und scheuen die Schande echten Streites. Es würde Bemerkungen provozieren, und man fände es geschmacklos, wenn Angehörige einer solchen Familie «streiten wie die Schuhmacher oder Schneider und das scholem-bajiss zerstören». Wahrscheinlich sind es die proste leit, die für den folgenden Spruch verantwortlich sind: «Wenn sich Eltern nicht streiten, dann haben sie schwache Charaktere», und auch für das Gegenstück: «Wenn ein Mann und seine Frau streiten, dann gibt es kein Essen zum Kochen.» Verbaler Schlagabtausch von wechselnder Intensität ist normal. Wenn die Spannung sich zu gefährlicher Höhe steigert oder wenn es eine besondere Notwendigkeit gibt, Zwang auszuüben, ist der Rückzug auf irgendeine Weise die effektivste Waffe. Schweigen ist beeindruckender und trifft schmerzhafter als Reden. Typisch beim Streiten ist, daß der eine Streitende immer lauter und der andere immer stiller wird. Oft ist es der Mann, der immer stiller wird und sich schließlich in Würde zurückzieht, wahrscheinlich in die bejss-medresch, theoretisch als Sieger. Von Männern, jedenfalls von schejnen Männern, wird in jedem Falle erwartet, daß sie schweigsamer sind als Frauen.

Manchmal zieht sich jedoch auch die Frau oder Mutter ins Schweigen zurück, und das ist dann besonders verdächtig im Vergleich mit ihrer sonstigen Redseligkeit. Rückzug aus der verbalen Kommunikation ist für sie selbst und für die anderen schmerzhaft. Zuweilen hält das selbstauferlegte Schweigen überraschend lange an – obgleich dies innerhalb des Familienkreises außerordentlich selten ist.

Ein hilfreiches Mittel, wenn ein Mitglied der Familie nicht mit den anderen spricht, ist die unsichtbare dritte Person. Zu diesem imaginären Zeugen spricht dann der «Schweiger» etwa: «Ich frag dich, hast du so viel Dummheit in deinem Leben schon einmal gesehen?» oder «Schau ihn dir an, so soll er nur weitermachen.» Andere Mitglieder der Familie werden als Kommunikationshilfe verwendet: «Sag deinem Vater (in seiner Gegenwart), daß es Zeit für ihn ist, sein Essen einzunehmen.» Oder: «Ich wünschte, meine Frau würde aufhören, so viel Geld auszugeben.»

Schweigen wird auch gegenüber entfernteren Verwandten oder Freunden angewendet. Manchmal sprechen zwei einzelne oder zwei Familien für lange Zeit nicht mehr miteinander. Die Fehde mag unterbrochen werden, um eine große Gelegenheit – wie z.B. eine Hochzeit – zu feiern oder eine Beerdigung, um sie danach wieder aufzunehmen. Die formellen Entschuldigungen und Aussöhnungen am Jom Kipur halten oft nur vierundzwanzig Stunden vor. Am Ende wird es dann nötig, einen Dritten zu bitten, den Bruch zu reparieren.

Eine andere Form passiver Vergeltung ist die Weigerung, zu essen. Dies wiederum hat eine außerordentliche Bedeutung für das kommunikative Verhalten, denn die Essenszubereitung ist das Symbol mütterlicher Hingabe. Ein Kind lernt sehr bald, daß es die Älteren zwingen kann, in fast jedem Punkt nachzugeben, wenn es sich weigert zu essen. Auf die gleiche Art kann ein Mann seine Frau zwingen oder eine Mutter ihr Kind – indem sie sich weigern zu essen. Die Verweigerung von Nahrung heißt Verweigerung der geliebten Menschen und des Lebens selbst. Sie ist unerträglich und ruft akute Ängste hervor.

Tränen sind weniger ein Teil des Streits als ein Teil der Ausdrucksskala, um Kummer oder Freude zu bekunden. Als ein Kind von fünf Jahren angesichts seines toten Großvaters nicht zu weinen anfing, «kniff mich jemand, damit ich weine». Ein junger Mann, der von der Beerdigung seines Vaters zurückkam, war versteinert vor Kummer, bis «mein Bruder sagte: ‹Sieh nur, er weint nicht einmal, ihn trifft es nicht!›; da weinte ich und konnte nicht aufhören». Bei Hochzeiten, Beerdigungen und beim Jom Kipur-Gottesdienst sind Tränen fast obligatorisch.

Wenn ein chejder-Junge den Beginn des chumesch feiert, dann weint seine Mutter vor Freude. Im täglichen Geben und Nehmen jedoch sind Tränen kein Teil der Auseinadersetzung – es sei denn, die Frau gehört zu den Stillen, die sich weinend zurückziehen, anstatt zu schelten. «Meine Mutter schimpfte niemals, sie weinte.»

Die Turbulenz des Haushalts wird noch gesteigert dadurch, daß regelmäßig Nachbarn hereinschauen, die einen Topf leihen wollen oder ein bißchen Klatsch loswerden müssen. Die Geselligkeit wird weiter intensiviert durch die Gewohnheit, Räume an Nichtfamilienmitglieder zu vermieten. Viele der Besucher sind aber Verwandte, denn Familienbande bleiben bestehen, selbst wenn man nicht mehr zum Haushalt gehört. Mehrmals im Jahr kommen Tanten, Onkel, Nichten und Neffen – die ganze Familie, *mischpoche* –, um ein Fest oder einen Feiertag zu begehen. Man feiert zum Beispiel Pejssach im Hause der Großeltern, mit dem Großvater am Kopfe der Tafel und allen Frauen an der einen und allen Männern an der anderen Seite. Für den Patriarchen stellt eine solche Feier den idealen naches von der Familie dar. Alle Kinder, die «mit Freuden aus dem Hause gegeben» wurden, versammeln sich mit ihren Kindern und Kindeskindern. Vielleicht sprechen Riwke und Pessi gerade nicht miteinander, aber an diesem Tage behandeln sie einander höflich – zur Ehre des Tages und für den naches der Großeltern, *bobe-zejde*, und wegen scholem-bajiss. Schon Tage vorher erzählt die bobe ihren Nachbarn: «Meine ganze mischpoche kommt. Welch ein ojl! Welch ein naches!»

Von menschlichen Beziehungen wird Dauerhaftigkeit erwartet. Hier gibt es selten endgültigen Bruch. Ein Bruder bleibt immer ein Bruder und eine Schwester immer eine Schwester. Es gibt zwar Streitereien und Mißverständnisse, aber in Krisenzeiten hält eine Familie zusammen und sorgt füreinander. Wenn die Eltern den Kindern nicht die Unterstützung geben können, die ihnen zusteht, so wird erwartet, daß andere Mitglieder der Familie an ihre Stelle treten. Wahrscheinlich übernehmen ein Onkel, eine Tante oder ein Großelternteil diese Verantwortung, vielleicht auch ein weiter entfernter Verwandter. Es wird immer erwartet, daß der, der dazu in der Lage ist, es auch tut, und daß die, die haben, auch geben. Ist keine Familie vorhanden, so muß die Gemeinschaft handeln, aber das verletzt den Stolz so schmerzlich und schadet dem jichuss so sehr, daß jede Anstrengung unternommen wird, um dies zu vermeiden.

Nichts zeigt den Sinn für den Familienzusammenhalt so stark wie die Selbstverständlichkeit, mit der man auf Hilfe seitens der Verwandten zählt. Es gilt als selbstverständlich, daß ein besser gestellter Bruder oder eine wohlhabendere Schwester einspringt, wenn man nicht zahlen kann, ein Kind krank ist, eine Tochter mit einer Aussteuer versorgt werden muß oder ein Sohn eine bessere Erziehung braucht. Es ist «nur natürlich», daß ein Bruder oder eine Schwester nach ihrer Auswanderung in die USA «nicht ruhen werden», bis sie andere Familienmitglieder nachgeholt haben. Weniger wohl deshalb, weil man ohne sie nicht leben könnte, als vielmehr, weil man sich «natürlich» so verhält. Manchmal jedoch ist auch außergewöhnliche persönliche Ergebenheit die Ursache. «Mutter bewegte Himmel und Hölle, um meine Tante Sara herüberzubekommen (in die USA); es war eine ziemliche finanzielle Belastung für uns alle, und das Geld, das wir möglicherweise hätten sparen können, ging weg für die *mumme* Sore. Als sie dann nach Amerika kamen, lebten sie mit uns, und es war eine rechte Qual ... Mutter glaubte, daß es ihre Pflicht war, und da wir alle Mutter sehr liebten, fanden wir uns mit ihnen ab. Aber sie waren nicht gerade ein angenehmer Haufen Leute.»

Wenn Kinder in einer anderen Stadt bei Tanten oder Onkel wohnen, weil sie dort zur Schule gehen, so wird das kaum als Hilfe betrachtet, besonders dann nicht, wenn das Paar gutsituiert ist und keine eigenen Kinder hat; es gilt als selbstverständlich, und die Möglichkeit, eine solche mizwe auszuüben, ist eigentlich ein wahrer Segen für sie – genießen sie doch außerdem das Vergnügen, ein Kind im Haus zu haben. «Als ich vielleicht gerade sieben Jahre alt war, verließ ich unser Haus, um in Pinsk auf der j'schiwe zu studieren ... ich lebte dort bei meiner Tante, einer Schwester meines Vaters.»

Wenn ein Verwandter darauf wartet, um Hilfe gebeten zu werden, so ist er ein Knauser, ein Flegel. Er sollte auch nicht fragen: «Brauchst du Hilfe?» Er sollte fragen: «Wieviel?» oder ohne Kommentar einen Betrag geben, der ausreicht, den Mangel zu beseitigen. Wenn sich jemand öfter bitten läßt, so ist das, als hätte er die Hilfe verweigert.

Hilfe und Unterstützung deuten nicht unbedingt auch Zuneigung an. Der Geber mag vielleicht sogar wenig vom Empfänger halten; und der Empfänger kann in seinem Stolz verwundet sein, weil ihm geholfen werden muß, oder er mag andererseits das Gefühl haben: «Er hätte gut und gern etwas mehr geben können.» Es ist der Mechanismus der sozialen Gerechtigkeit innerhalb des Familienkreises, und wie die allgemeine soziale Gerechtigkeit bezieht sie ihre Triebkraft daraus, daß alle Teil eines einheitlichen Ganzen sind. Auf diese Art funktionieren die gegenseitigen Verpflichtungen. Es gibt keine Wahl für den Konformisten. Für den Geizkragen und Menschenfeind könnte es eine geben, aber er würde als anormal betrachtet – und wer würde ihn beneiden?

«Onkel Frojims Brüder und Schwestern waren eifersüchtig; entweder beklagten sie sich, daß seine Frau eine Litauerin war und zudem noch überaus sparsam – zu Hause aßen sie nichts anderes als Kopffleisch – oder, daß Onkel Frojim schmuggle, um all sein vieles Geld zu verdienen; letzteres wurde nur mit gedämpfter Stimme erwähnt. Später behaupteten sie, seine Frau habe schlechten Einfluß auf ihn, er habe sich durch sie völlig verändert und sie habe ihm Geld abgenötigt für ihre eigene Familie. Es ist wahr, seine Frau hat ihre Schwestern aus Novgrodek herübergeholt und ihnen Aussteuern gegeben. Onkel Frojim, so sagen die Mitglieder seiner Familie, habe andererseits Hilfe für seine eigenen Verwandten verweigert. Chaje Golde, zum Beispiel, hat von Onkel Frojim jahrelang Geld bekommen. Sie glaubte, sie habe als seine älteste Schwester ein Recht auf diese Hilfe. Frojim half, ihren Mann zu unterstützen und ihre Tochter, der er mehrere Aussteuern gab, bis sie endlich verheiratet war. Er war wirklich etwas zurückhaltend, all diese Hilfe zu geben, aber es ist mir nie so erschienen, daß er jemals Hilfe verweigerte – eher so, daß man ihn immer wieder bitten mußte.»

Dieses Schema der Hilfeleistung, das innerhalb der engeren Familie existiert, überträgt sich, wenn auch in abgeschwächter Form, auf die erweiterte Familie – und dazu gehören alle jene, die verwandt sind, entweder durch Blut oder Heirat, d.h. die ganze mischpoche. Selbst die angeheirateten Verwandten, die *m'chutonim,* halten sich an diese Verwandtschaftsverpflichtung, ob sie nun etwas erbitten oder gewähren.

Verwandtschaftsbande, selbst entfernte, geben dem einzelnen ein Anrecht auf Verpflegung, Unterbringung und Unterstützung, wenn er zu Besuch kommt. In einem fremden Ort oder in einer fremden Stadt sucht man einen Verwandten auf, um dort zu bleiben, und es findet sich auch meistens einer. Er mag ein Onkel sein oder ein Vetter siebten Grades oder auch der Neffe der Schwiegermutter deines Bruders. Braucht jemand einen Job, so muß ein wohlhabender Verwandter ihm einen beschaffen, wenn es nur irgend möglich ist. Wenn nicht, so muß er wenigstens bei der Suche danach behilflich sein.

Um es noch einmal zu sagen: es ist nicht anzunehmen, daß eine solche Hilfe immer freudig gewährt wird. Im Gegenteil, die Besucher kommen oft so häufig, daß manch ein nogid über sein eigenes Glück stöhnt. Ein beliebter Fluch lautet: «Du sollst reich wie Kora sein und so viele Verwandte haben, wie es Sterne am Himmel gibt.» Aber man hat keine Wahl. Die Verpflichtung besteht und ist unabänderlich. Diese gegenseitigen Verpflichtungen funktionieren als eine Art von Versicherung in einem wirtschaftlichen System, das so instabil ist wie das des Schtetls. Der nogid von heute kann der opgekummene von morgen sein. Es ist eine mizwe, jemandem zu helfen, der Hilfe braucht, und es ist eine nützliche Sache, wenn sich andere wegen einer Wohltat, die man ihnen erwiesen hat, verpflichtet fühlen.

Trotz aller süffisanten und geistreichen Bemerkungen und Sprüche und trotz des beträchtlichen «ojl fun mischpoche» gibt es kein ernsthaftes Verleugnen von Verwandtschaft. Im Gegenteil, die Leute versuchen ständig, neue Verwandte ausfindig zu machen, indem sie den familiären Bindungen neuer Bekannter nachspüren.

Für das Schtetl ist die Gemeinschaft eine erweiterte Familie. Innerhalb der Gemeinschaft gibt es ähnliche Beziehungen und ein ähnliches Netzwerk von Verpflichtungen und Pflichten. Innerhalb der Gemeinschaft wie auch innerhalb seiner Familie ist der einzelne höchst eigenständig und zur gleichen Zeit vorrangig ein Teil des Ganzen. Über das Schtetl hinaus reicht kol-jissro'ejl, die Gesamtheit des jüdischen Volkes, von dem er auch ein Teil ist.

# Der Stolz der Eltern

«Seid fruchtbar und mehret euch», so lautet das erste Gebot in der Thora. Gott hat Seinem Volk geboten, ihm bei der Erfüllung seines Versprechens zu helfen, daß die Kinder Israel so zahlreich sein werden wie der Sand am Meer und die Sterne am Himmel. Kinder sind im Schtetl immer erwünscht, nicht nur weil es so geschrieben steht, sondern auch weil kein Erwachsener ohne Kinder vollkommen ist.

Abgesehen von biblischen und sozialen Gründen sind Kinder wegen der Freude, die sie bringen, willkommen; über die Genugtuung hinaus, die die Eltern empfinden, ist es eine Freude, ein Kind im Hause zu haben. Ein Baby ist ein Spielzeug, ein Schatz und der Stolz des Hauses. Es wird als selbstverständlich vorausgesetzt, daß jeder Haushalt ein Kind willkommen heißt. «Ich beschloß, B. zu verlassen und für einige Zeit bei meiner Tante in Lyov zu bleiben. Sie freuten sich immer, wenn jemand kam, denn sie hatten selbst keine Kinder.»

Ein Haus ohne Kinder ist ein bedrückender Ort. Wenn alle Söhne und Töchter «aus dem Haus gegeben» sind, d.h. in die Ehe, dann sind die Eltern «allein», selbst wenn sie zusammen sind. «Keine Kinder im Haus» heißt soviel wie: kein Glanz im Haus.

Es ist gut, viele Kinder zu haben. «Je mehr Kinder, desto mehr Segen.» Eine Frau, die nur zwei Kinder hatte, betrachtete sich als «kinderlos», denn «wenn du nur zwei Kinder hast, ist es so, als hättest du gar keine Kinder». Kinder zeigen an, daß die Ehe «gesegnet» ist, daß sie eine Partie ist, ein siweg, die von Gott gebilligt ist. Die Vorstellung von Vermehrung wird mit Segen assoziiert, in fast jedem Zusammenhang. Wenn Reste vom Sabbathuhn überraschend lange ausreichen, statt immer weniger zu werden, so heißt es: «Es ist Segen in dem Huhn», und wenn Geld sich vermehrt anstatt dahinzuschwinden: «In dem Geld ist Segen.»

Auch Vermehrung von Menschen ist gut, eine große Menge ist besser als eine kleine. Viele Verwandte sind besser als wenige – je größer die mischpoche, um so stärker und sicherer kann man sich fühlen. Einen Angehörigen zu verlieren, ob nahestehend oder entfernt verwandt, geliebt oder nicht, ist immer schmerzlich. Es ist üblich zu sagen, Leute seien «mit Kindern gesegnet», *gebentscht mit kinder*. Als besonders großer Segen gilt ein «Kind des Alters», bei dem man geneigt ist, es besonders zu verhätscheln und zu verzärteln. «Mein Vater war so glücklich und so stolz, er brachte meiner Mutter wunderbare Geschenke», sagt ein Sohn, «aber Mutter war ein bißchen verlegen.» Ein Kind des Alters wird oft auch «das Zusammengeklaubte» genannt, eine Bezeichnung, die für den winzigen Laib des Sabbatbrotes verwendet wird, der von den übriggebliebenen Teigresten geformt wird, wenn der große Laib fertig ist, und den man meistens dem jüngsten Kind gibt.

Kinder sind erwünscht, doch Jungen mehr als Mädchen. Ein Junge kann ein berühmter Gelehrter werden und in jichuss hineinheiraten. Zudem ist es der Junge, der *kadisch* sagt, das Gebet für die Eltern, wenn sie gestorben sind. Während des Jahres nach dem Tode der Eltern geht ein pflichtbewußter Sohn dreimal täglich zur schul und sagt kadisch. Er hilft damit, das himmlische Wohlergehen der Verblichenen zu sichern. Niemanden zu haben, der kadisch sagt, nachdem man gestorben ist, ist eine Tragödie. Als Grund dafür wird üblicherweise angegeben, daß die Gebete, die auf Erden gesprochen werden, die Qualen der Verstorbenen in der Hölle vermindern und ihre Freuden im Himmel vermehren. Hinter dieser nachtalmudischen Erklärung steht jedoch die Tatsache, daß der Verstorbene durch das kadisch-Gebet in der Gemeinschaft verbleibt, als Teil von ihr fortlebt, während derjenige, der die Gebete spricht, eine Verbindung aufrechterhält in dem tröstlichen Wissen, daß auch für ihn jemand kadisch sagen wird, wenn er gegangen ist. Es dient als Verbindungsglied zwischen der Gemeinschaft auf Erden und der im Himmel, indem es den einzelnen als lebendigen Teil jeder der Gemeinschaften erhält. Das Gebet zu sprechen, ist von außerordentlicher Wichtigkeit, und es zu vernachlässigen, ist eine schwere Sünde. Gibt es kein männliches Mitglied in der Familie, so muß man jemanden bezahlen, der es spricht. Das Trauergebet ist so wichtig, daß die stolzen Eltern den Sohn liebevoll «mein kadisch» nennen.

Getreu dem Geist des Schtetls sind die Worte dieses berühmten Totengebetes ganz unpersönlich. Es erfleht nicht das Wohlergehen der lieben Verblichenen, sondern das Wohlergehen Israels.

Ein Mädchen ist ebenfalls ein Segen und erhält die ganze Zuneigung und Sorge, die über alle Kinder ausgeschüttet wird. Auch ein Mädchen kann zur Bereicherung des Familien-jichuss durch Heirat beitragen. Dazu muß es aber eine Mitgift haben, und das Verheiraten von Töchtern kann darum ein ernstes Problem darstellen. Aus diesem Grunde sagt man auch: «viele Töchter, viel Ärger, viele Söhne, viel Ehre» und «wenn du Töchter hast, hast du keine Ursache zum Lachen».

Wenn ein junges Paar einmal verheiratet ist, so wird erwartet, daß «sie jedes Jahr ein Kind bekommen». Eine Frau, deren Hoffnung auf Mutterschaft sich nicht erfüllt, betet inständig um Kindersegen. Wirken ihre Gebete nicht, so geht sie oder ihr Mann oder gehen beide zum Rabbiner und bitten ihn, «den Mutterleib zu segnen». Oft gibt er ihnen Amulette und Talismane, die helfen sollen. Kinderlosigkeit verursacht Schuldgefühle und bittere Schande – ein Zustand, der allerseits Mitleid erregt, jedoch auch den Verdacht, daß es einen Grund für diese Bestrafung gibt. Besonders die Frau ist zu bedauern, denn nach zehn unfruchtbaren Jahren ist ihr Mann verpflichtet, sich von ihr scheiden zu lassen.

Das Kind, das erwartet wird, um einer Familie Segen zu bringen, wird von dem Augenblick der Empfängnis an als ein Individuum betrachtet. In gewissem Sinne beginnt sein Leben mit der Schöpfung, denn alle menschlichen Seelen wurden von Gott geschaffen, als ER das Universum schuf, und sie sind Sein Beitrag zum Menschsein. Der Rest kommt von den Eltern – und keine Mutter vergißt je, daß ihr Kind ihr «eigenes Fleisch und Blut» ist. Vater,

Mutter und Gott sind die Partner in der Erschaffung des Kindes. Hier, wie immer, tut Gott Sein Teil und gewährt Seinen Segen dem Resultat, vorausgesetzt, die Menschen tragen auch ihr Teil dazu bei – volle Übereinstimmung mit allen Geboten.

Das Leben der einzelnen Seele setzt sich von der Schöpfung bis ins Jenseits fort, und das Leben auf Erden ist «nur ein Durchgang» zwischen zwei körperlosen Zuständen. In dem Leben vor dem Leben studiert der Mensch und ist glücklich; im zukünftigen Leben wird er das gleiche tun. Darüber hinaus beschäftigt er sich in dem letztgenannten noch mit guten Werken, denn er wird von seinen Verwandten und von der Gemeinschaft auf Erden ständig bedrängt, und manchmal kehrt er zurück, um eine gute Tat zu tun. Er könnte beispielsweise in einem Traum erscheinen und den Schläfer an ein nicht eingelöstes Versprechen erinnern oder einen guten Rat erteilen in geschäftlichen oder familiären Angelegenheiten. Die Folklore ist voll von Anekdoten über Väter, Mütter, Großväter und Rabbiner, die in Träumen erschienen, um jemanden vor Katastrophen zu retten oder ihm den Weg zum Erfolg zu weisen. Der Himmel ist auch mit Eheschließungen befaßt, die ja dort geplant werden. Damit wiederholt sich die dreifache Hingabe an Thora, Heirat und die guten Werke auf hoher Ebene und verstärkt so die Bindungen zwischen der irdischen und der himmlischen Gemeinschaft.

Obgleich das Leben vor der Geburt und nach dem Tode frei ist von irdischem Schmerz und Mühsal, ist das Leben auf Erden gut. Alle Vorschriften weisen darauf hin, das Beste daraus zu machen, keine schmälert oder verachtet die Dinge dieser Welt. «Ein Wurm im Meerrettich glaubt, Meerrettich sei süß», und wehrt sich dagegen, ihn zu verlassen.

Eine Legende erzählt, wie die Seele sich an jedes Leben klammert, das sie kennt, und nacheinander gegen Empfängnis, Geburt und Tod rebelliert. Wenn eine Frau empfangen hat, so trägt der Engel der Nacht die Saat vor Gott, der dann verfügt, «ob sie männlich oder weiblich sein soll, stark oder schwach, reich oder arm, schön oder häßlich, groß oder klein, dick oder dünn, und welches ihre anderen Qualitäten sein sollen. Allein Frömmigkeit und Verderbtheit bleiben der Bestimmung durch den Menschen überlassen.» Gott bestimmt dann eine Seele, die aus dem Paradies gebracht wird, und befiehlt ihr, in die Saat einzutreten. Die Seele protestiert dagegen, das glückliche Leben und die Reinheit verlassen zu müssen, aber «Gott tröstet sie: ‹Die Welt, in die ich dich veranlasse einzutreten, ist besser als die Welt, in der du bisher gelebt hast, und wenn ich dich geschaffen habe, so nur zu diesem Zwecke›.» Sie wird dann gezwungen, in die Saat einzutreten, und «zwei Engel werden beauftragt, aufzupassen, daß sie die Saat nicht verläßt oder sich aus ihr herausfallen läßt; und ein Licht wird über sie gesetzt, bei dem die Seele von einem Ende der Welt bis zum anderen sehen kann».

Bevor sie in den Mutterleib eingeschlossen wird, wird die Seele ins Paradies geführt, wo sich die Gerechten ewiger Glückseligkeit erfreuen, und in die Hölle, wo die Sünder unter ewiger Bestrafung leiden, und sie wird um die ganze Welt geführt, um alles anzuschauen. Wenn die Zeit gekommen ist, den Mutterleib zu verlassen und in die offene Welt zu treten, protestiert die Seele

wieder, und «der Engel antwortet: ‹Wisse, daß du gegen deinen Willen geformt wurdest, und nun wirst du gegen deinen Willen geboren, und du wirst
auch gegen deinen Willen sterben, und gegen deinen Willen wirst du Rechen-
schaft über dich ablegen vor dem König der Könige, dem Heiligen, gesegnet
sei Er.› Doch die Seele verläßt nur widerstrebend ihren Platz.» Dann berührt
der Engel das Baby direkt unter der Nase und drückt die Mulde in die Ober-
lippe, «löscht das Licht über seinem Kopf und bringt es gegen seinen Willen
auf die Welt. Unmittelbar darauf vergißt das Kind alles, was seine Seele gesehen und gelernt hat, und es kommt schreiend auf die Welt, weil es den Ort der
Geborgenheit, Ruhe und Sicherheit verloren hat.»

Während seines Lebens auf der Erde wird das Individuum zunehmend
stärker. Theoretisch ist es um so weniger verletzlich, je älter es ist. Es sind die
ganz Jungen, die schwach sind und Schutz brauchen. Die Gefahr ist am größten gleich nach der Empfängnis, und die schwangere Frau muß auf jegliche
Art vor allem beschützt werden, was das Kind bedrohen könnte. Genauge-
nommen beginnt der Schutz schon vor der Empfängnis, nämlich dann, wenn
sie die mikwe, das rituelle Bad, verläßt, in dem sie «gereinigt» wurde. Sie darf
danach auf nichts schauen, was verunstaltet ist, damit das Kind, das sie in
dieser Nacht empfangen könnte, nicht leidet. Eine vorsichtige Frau schaut
zunächst in den Himmel und senkt ihre Augen erst dann, wenn sie mit einiger
Sicherheit weiß, daß sie auf etwas Erfreuliches blicken wird.

Alle den Geschlechtsverkehr betreffenden Regeln sind so gefaßt, daß sie die
Empfängnis fördern und sichern, und der Freitagabend ist die günstigste Zeit,
in der es passieren könnte. Im Frieden und in der Sorglosigkeit des Sabbats,
wenn alles so festlich ist, entspannt und frei, erscheint es angebracht, das erste
Gebot zu erfüllen. Es ist unbedingt erforderlich, alle Eheregeln einzuhalten,
denn sonst wäre das Kind nicht «koscher» und müßte deswegen möglicherweise unter einer körperlichen oder geistigen Mißbildung leiden, und wenn nicht
darunter, so unter einem Schaden im späteren Leben. Die Empfängnis zu
verhindern, ist gleichbedeutend mit «Blutvergießen» und immer eine schwere
Sünde.

Mißbildung könnte aber eher noch durch einen «Unfall» verursacht werden
als durch eine Sünde. Es ist deswegen für eine Schwangere wichtig, zu vermeiden, daß ihr Blick auf etwas fällt, das dem Ungeborenen Schaden zufügen
könnte. Wenn eine Frau die mikwe verläßt, so muß sie vorsichtig sein, bis sie
ihren ersten Blick auf etwas Erfreuliches geworfen hat; eine Schwangere aber
muß jederzeit aufpassen, daß sie sich nicht «verguckt». Zum Beispiel wurde in
einem Schtetl ein zwergwüchsiges Kind geboren, «weil ein Zirkus kam, als die
Mutter schwanger war, und die Mutter zu lange einem Zwerg zugeschaut
hatte, der dort auftrat.» Wenn eine Schwangere mit jemandem spazierengeht,
so warnt sie der Begleiter ständig: «Schau weg, da kommt ein Klumpfuß», oder
«schau weg, ein Buckliger kommt uns entgegen».

Wenn eine werdende Mutter sich an einem Tier «verguckt», so könnte sie
ein Monster gebären, und man wird sagen, sie habe ein Kalb oder einen Hund
geboren. Eine häßliche oder mißgestaltete Person wird gewöhnlich als «verguckt» bezeichnet.

Die Schwangere muß verwöhnt und zum Lachen gebracht wie auch beschützt werden. «Sie sollte keine unangenehmen Dinge hören oder ansehen. Sie muß auch besondere Sorge tragen, sich nicht zu erschrecken ... Einmal ist eine Katze auf eine Schwangere gesprungen und hat sie erschreckt. Als das Kind geboren wurde, war es mißgestaltet.» Während der Schwangerschaft, «wenn die Frau sich vorstellt, was sie alles gern hätte, bringt ihr Mann ihr alles, was sie möchte, zum Beispiel Süßigkeiten. Immer, wenn die Familie zu Besuch kommt, werden ihr Geschenke mitgebracht.» Und natürlich «muß sie jede schwere Arbeit vermeiden».

Die Traditionen variieren je nach Zeit und Ort und nach dem Grade, in dem die Familie von äußeren Einflüssen berührt ist. Zu fast jeder Einzelheit kann eine lange Reihe von Bräuchen zitiert werden, nicht nur unter den Juden, sondern auch unter den benachbarten Bauern. Die grundlegenden Umrisse jedoch – vor allem die grundsätzliche Haltung gegenüber Kindern und ihrer Erziehung – sind unwandelbar und jedem Angehörigen des Schtetl geläufig.

Schon fast zu Beginn einer Schwangerschaft wird eine Hebamme engagiert. Sie kommt und besucht die werdende Mutter und «kann das Geburtsdatum schon voraussagen, indem sie die Hand auf den Bauch der Mutter legt». Die Besuche werden wiederholt, zunächst einmal wöchentlich und später täglich. «Die Hebamme wurde respektiert und war beliebt, obgleich kein Status oder jichuss damit verbunden war. Sie wurde bezahlt. Wenn es dann ein Junge wurde, bekam sie gewöhnlich eine höhere Bezahlung, denn bei der Beschneidung erhielt sie auch etwas von den Gästen. Üblicherweise richtete sich ihre Bezahlung nach dem Einkommen der Familie.»

Das Kind hat ein besonderes Verhältnis zu der Frau, die bei seiner Geburt der Mutter beistand. Es besucht sie, und sie nimmt an allen Festen und Feiern im Leben des Kindes teil. Es macht ihr Geschenke, besonders wenn es dann heiratet, und es gehört zu den Trauernden bei ihrer Beerdigung. Sie nennt die Kinder, die sie zur Welt bringt, «ihre Babys», und sie ist in der ganzen Gemeinde als die «Oma» bekannt, die bobe.

Es gibt Mütter, die eine kleine Kindergarderobe vorbereiten, sobald sie wissen, daß sie schwanger sind, besonders in Familien, in denen die Einflüsse von außen stark sind. Üblich ist jedoch, keine sichtbaren Vorbereitungen zu treffen, denn wenn Windeln und kleine Hemdchen im voraus besorgt würden, wüßten die bösen Geister Bescheid, und deshalb bemüht man sich sehr, die bevorstehende Geburt ihrer Aufmerksamkeit vorzuenthalten. Nach der Geburt des Babys beeilen sich dann die weiblichen Familienmitglieder, die notwendige Kleidung und Nahrung für das Kind zu beschaffen.

Der Impuls, die unheilvollen Geister mit Sicherheit uninformiert zu halten, ist so tief verwurzelt, daß er im Schtetl schon zum verbalen Reflex wurde. Man vermeidet es, Geburtstage zu nennen oder das genaue Alter einer Person. Die Antwort auf die Frage, wann denn jemandes kleiner Bruder geboren wurde, könnte sein: ja, laß mich nachdenken, es war zwei Tage nach dem Passahfest und einen Monat, nachdem Gittel geheiratet hat, und eine Woche, bevor Onkel Schmul nach Amerika ging – obgleich das genaue Datum durchaus bekannt ist. Wenn jemand sein Alter sagen soll, so wird er wahrscheinlich sagen: «Vierzig und einhundertzwanzig», was soviel heißt wie: ich bin vierzig Jahre alt, und möge ich einhundertzwanzig Jahre alt werden. Moses lebte so lange, und dieses Alter wird als das idealste angesehen und erwähnt, wenn das Alter genannt werden muß – eine Angewohnheit, die die Beamten im Gericht stets verwirrt, wenn das Alter von Personen für das Protokoll erfragt wird.

Wenn «die Zeit gekommen ist», wird nach der Hebamme geschickt, und die Männer werden aus dem Hause genötigt. Selbst der Ehemann darf nicht im Raum bleiben, aber gewöhnlich sind die nächsten Verwandten der Frau zur Hand. Sie wird in den Wehen zu Schreien und zum Stöhnen ermuntert, sie soll die Schmerzen «ausschreien», damit es weniger weh tut, und sie wird angetrieben, mitzuarbeiten, um das Baby ans Licht der Welt zu bringen. «Schrei, Kind, und gib dir Mühe», wird die Hebamme sagen – eine Floskel die in vielen Situationen gebraucht wird. «Es gab kein Geheimnis um die Wehen, aber viele Frauen waren ängstlich, es jemanden wissen zu lassen – wegen des bösen Blicks. Wenn man jedoch eine Frau mitten in der Woche mit einem Huhn zum schojchet gehen sah, so wußte man, jemand würde gebären oder eine Geburt hatte schon stattgefunden, und man fragte dann gewöhnlich: ‹Ein Junge oder ein Mädchen?›»

War die Geburt einfach, so wird diese Tatsache möglichst verheimlicht, denn wenn sie bekannt würde, «könnte der böse Blick auf das Baby fallen».

Extreme Schmerzen während der Wehen sind eine Bestrafung durch Gott, und wenn die Geburt schwierig ist, so wird alle Mühe aufgewandt, IHN zum Nachdenken zu bewegen. «Die Frauen der Familie gehen dann zum Friedhof – sie bitten die Toten, Gott anzuflehen, der Frau zu helfen ... Die Männer gehen zur schul und sprechen Psalmen.» Sie werden «zum Rebbe laufen» und die «Leute bitten», und sie werden ein minjen zum Gebet organisieren. Sie werden die Bundeslade öffnen und im Gebet laut vor den Schriftrollen weinen oder – als letzten Ausweg – ein langes Band zwischen der Lade und dem Bett der Frau anbringen. Wenn gar nichts hilft und die Frau stirbt, wird versucht, das Kind zu retten, und wenn es auch tot ist, wird es separat begraben.

Sobald das Kind geboren ist, gibt es großen Jubel, besonders dann, wenn es ein Junge ist. Etwas weniger Aufhebens wird von der Geburt eines Mädchens gemacht, aber ein Junge ist der Anlaß zu grenzenloser Aufregung und zum Feiern. «Als meine Eltern hörten, daß das Baby ein Junge war, waren sie so glücklich, daß sie einen Katzaki an meinem Bett tanzten.» Es gibt dann einen ständigen Strom von Besuchern, die kommen, um der jungen Mutter zu gratulieren und um das Baby zu sehen. Nachbarn und Verwandte kommen und bringen Nahrungsmittel, und die weiblichen Verwandten der Mutter kommen, um die Arbeit zu machen. Ist das Baby männlichen Geschlechts, kommen eine Woche lang die Jungen aus dem chejder, um am Bett des Kindes *krischme* zu sprechen, das Gebet, das das Kind jeden Abend selbst sprechen wird, wenn es alt genug ist. Daß die chejder-Jungen kommen, wird damit erklärt, daß das Baby sich schon an das chejder-Milieu gewöhnen soll – so früh wie nur möglich. Wie so viele Gebete in individuellen Lebenssituationen ist auch die krischme kein persönliches Gebet, sondern es ist die wohlbekannte Versicherung: «Höre, Israel, der Ewige, unser Gott, ist einzig.»

Die Mutter bewirtet vom Bett aus, denn sie darf es eine Woche lang nicht verlassen. In manchen Gegenden darf sie sich während dieser Zeit nur von Flüssigkeiten ernähren. Andernorts wird sie mit Delikatessen und Süßigkeiten verwöhnt. Sie wird so zärtlich verhätschelt, daß das Wort für eine frischgebakkene Mutter, *kimpetorn*, gleichbedeutend mit Verwöhnung wurde. Wenn jemand außergewöhnliche Aufmerksamkeit fordert, so wird ihm gesagt: «Du bist doch keine kimpetorn.» Ein rüstiger Erwachsener lehnt Überbesorgnis ab und protestiert: «Warum? Bin ich eine kimpetorn?» Nach der vorgeschriebenen Zeit im Bett steht die Mutter auf, reinigt sich in der mikwe und ist bereit, ihr normales Leben wieder aufzunehmen.

Das Baby, der Mittelpunkt und die Ursache aller Aufregung, wird in Vorsichtsmaßnahmen so achtsam eingehüllt wie in seine Windeln. Sofort nach der Geburt wird es mit Öl gereinigt, die Nabelschnur wird durchschnitten und der Körper von den Schultern abwärts mit Streifen von weichem Leinen umbunden. Dann wird das kleine Bündel Mensch auf ein weiches Kissen gelegt, neben seine Mutter gebettet, und der Kopf wird mit einer kleinen Mütze bedeckt. Möglicherweise wird die Stirn eines Jungen eingeseift und das Haar entfernt, so daß er mit einer hohen, breiten Stirn aufwächst, dem Symbol der Weisheit.

Die Fenster werden geschlossen gehalten, um jeden Anflug von Kälte oder Zug auszuschließen. Die Läden sind ebenfalls fest geschlossen, um starkes Sonnenlicht abzuhalten, das schädlich für die sich zum ersten Mal öffnenden Augen sein könnte. Auch Mondlicht darf nicht hereinscheinen, denn es birgt die Gefahr von Geistern. Die Natur draußen bleibt aus diesem schummrigen, warmen und zugfreien Raum ausgeschlossen – fast so sorgsam wie aus der Behausung der vergangenen neun Monate. Die menschlichen Kontakte sind jedoch allumfassend.

Die Wachsamkeit zum Schutz vor bösen Geistern und Mächten läßt nicht nach. Die Nabelschnur und die Plazenta sind in der Erde begraben, wo kein böser Einfluß sie erreichen kann. Während der ersten Woche wird ein Vorhang um das Bett der Mutter, in dem auch das Kind liegt, angebracht, und Vorhänge werden vor Fenster und Türen gehängt. Man befestigt auf Papier gedruckte Psalmen an den Vorhängen, um das Kind vor Schaden zu behüten.

Bis dem Kind ein Name gegeben ist, droht ihm besondere Gefahr von Lilith, Adams erster Frau, die sich alle Babys greifen will, um ihre eigenen dämonischen Kinder zu ersetzen, die täglich getötet werden. Wenn das Baby während der Nacht lacht, muß die Mutter ihm schnell einen Klaps geben, denn Lilith könnte mit ihm spielen. Daß dem Lachen prompt Tränen folgen, ist jedem Schtetl-Kind schnell geläufig. Das Baby, das nachts lacht, muß nicht unbedingt auf Lilith reagieren, es könnten auch die Engel sein, mit denen es noch immer vertraut ist. Sie kommen im Dunkeln und loben ein gutes Baby, das dann bei ihren Worten vor Freude gluckst. Sagen sie jedoch, es sei ein böses Baby, so weint es, und es muß getröstet werden.

Besondere Gefahr droht während der ersten Lebenswoche auch von dem bösen Blick. «Keiner darf das Kind ansehen, außer der Mutter, dem Vater und der ‹Oma›. Aber wenn sie es tun, müssen sie voher dreimal «ausspucken» (ptu!

sagen) und danach sagen: ‹Um den bösen Blick abzuhalten› und ‹kein böser Blick›.»

Vorsichtsmaßregeln gegen den bösen Blick setzen sich durch die ganze Kindheit fort, eigentlich durch das ganze Leben, wenn auch die Gefahr mit zunehmendem Alter abnimmt. Das Baby zu loben oder mit ihm zu prahlen, ist eine Einladung für den bösen Blick und macht Angst. «Der böse Blick könnte durch zu intensives Anstarren des Babys wegen seiner Schönheit oder Gesundheit angezogen werden, durch Eifersucht und durch übertriebene verbale Bewunderung. Wenn ein Nachbar z.B. das Baby zu sehr lobt, so wird von den Eltern oder Freunden gewarnt: ‹Lob es nicht zu sehr, es könnte den bösen Blick auf sich ziehen.›» Man bemüht sich, Fremde davon abzuhalten, das Kind intensiv anzuschauen. «Die Mutter, die Großmutter oder eine andere Person, die sich gerade um das Baby kümmerte, bemühte sich, die Aufmerksamkeit in eine andere Richtung zu lenken. Die am meisten gebrauchte Ablenkung war: ‹Schau mal, die Lampe dort, ist mit der heute etwas nicht in Ordnung?› oder ‹Schau, wie die Lampe heute hell leuchtet!»

Jedem schmeichelhaften Kommentar folgt sogleich der Ausruf: «Kein böser Blick!» – und das in jedem Lebensalter des Kindes. Jeder alltägliche Ärger könnte übrigens durch den bösen Blick verursacht sein, denn nichts passiert ohne Grund. Wenn das Baby zuviel gähnt oder schreit, muß sofort jemand die übliche Vorsichtsmaßnahme anwenden, dreimal «ausspucken» und rufen «kein böser Blick!» Übertreibung jeglicher Art könnte gefährlich sein, für das Kind oder auch für den Erwachsenen; sie ist unschicklich und muß daher sofort aufhören.

Um das Kleinkind zu beschützen, werden zusätzliche Schritte unternommen. Manchmal wird ein rotes Band um seinen Arm gebunden, oder es trägt ein Amulett um den Hals. Weibliche Babys tragen oft zierliche Ohrringe aus Gold, vielleicht mit Türkissteinchen besetzt als zusätzlichen Schutz.

Wenn das Baby trotz aller Vorsichtmaßnahmen den bösen Blick auf sich gezogen zu haben scheint, werden drastische Maßnahmen angewandt. Eine professionelle «Besprecherin», *opsprecher,* wird gerufen, um das Böse «wegzusprechen». Gelegentlich wird auch eine Bauersfrau gerufen – wie die Bauern auch gelegentlich den Rabbiner konsultieren. Es gibt so etwas wie gegenseitigen Respekt für die Praktiker der Magie und für deren Tricks. Außerdem bestehen auf weiten Gebieten Gemeinsamkeiten. Viele Sitten und Überzeugungen teilen sich Juden und Bauern, obgleich oft verschiedene Erklärungen dafür gegeben werden.

Der Unterschied zwischen Jungen und Mädchen – ein Unterschied, der schon mit dem Auf-die-Welt-Kommen beginnt und sich durch das ganze Leben fortsetzt – wird offensichtlich in den Einstellungen, den Aktivitäten und in den regelmäßigen Ritualen. In gewissem Sinne ignoriert die Schtetl-Kultur ihre weiblichen Mitglieder, obgleich diese präsent, aktiv und oft recht energisch sind.

Wenn von Babys die Rede ist, so handelt es sich typischerweise um Jungen und deren Entwicklung: «Das Baby» des Schtetls ist ein Junge, um den sich in erster Linie Frauen und Mädchen kümmern.

Das Mädchen hat bis zu seiner Heirat keinen förmlichen Initiationsritus. Erst durch die Heirat wird sie als Erwachsene anerkannt und formell in die Gemeinschaft aufgenommen – durch ihren Ehemann. Der Junge ist der Mittelpunkt regelmäßiger Zeremonien, die am ersten Freitag nach seiner Geburt mit dem *ben-sochor*, dem «männlichen Kind», beginnen. Am nächsten Tag, am Sabbat, ist dann *scholem-sochor*, «Friede und Willkommen für das männliche Kind». Die glückliche Familie gibt einen Empfang; Männer, Frauen und Kinder kommen und gehen und werden mit Branntwein, Kuchen und kalten, gekochten Kichererbsen bewirtet – einer nußartigen Delikatesse, die besonders bei dieser Gelegenheit gereicht wird.

Die Beschneidungszeremonie, die das männliche Kind in den Bund mit Gott einführt, ist als b'riss, oder Bund, bekannt. Wie ähnliche Zeremonien im Orient oder in Afrika markiert sie die formelle Aufnahme eines männlichen Mitgliedes in seine besondere Gruppe oder Gemeinschaft und auch die formelle Annahme der Pflichten und Privilegien, die mit der Mitgliedschaft verbunden sind. Für das Schtetl ist es eine Gemeinschaft, die beide einschließt, Gott und Mensch; der Mensch wird in sie aufgenommen durch die Vertreter der Gemeinschaft. Die Rolle des Vaters ist dabei minimal, und die Mutter ist erst gar nicht anwesend – die Erregung, wird erklärt, könnte ihre Milch verderben.

B'riss findet am achten Tag nach der Geburt statt, und die Nacht davor heißt die «Nacht der Wache». Während dieser Nacht dürfen Mutter und Kind nicht für einen Augenblick alleingelassen werden. Eine Anzahl von Männern, möglichst ein minjen, steht um sie herum und betet, um das Kind vor Schaden zu schützen, der so kurz vor der Zeremonie besonders mächtig droht. «Jeder» ist eingeladen, an der Feier des nächsten Tages teilzunehmen, und von den Verwandten werden schon Erfrischungen vorbereitet.

Bei einer b'riss mitzuhelfen, ist sowohl eine mizwe als auch eine Ehre. Die Beteiligten werden mit besonderer Sorgfalt ausgewählt – die beiden, die das Baby übergeben, der, der es hält, und der, der den Heilungsprozeß einleitet. Je vornehmer die Beteiligten sind, umso besser sind die Vorzeichen für die Zukunft des Kindes. Die Pateneltern stellen die Kleidung, die dem Kind für die Zeremonie angezogen wird. Ihre Teilnahme begründet keine gegenseitige Verpflichtung zwischen ihnen und dem Kind, sie kennzeichnet jedoch den Anfang einer lebenslangen persönlichen Verbindung.

Die Zeremonie beginnt, wenn die *g'vatterin,* die Patentante, das Baby vom Bett der Mutter zum *g'vatter,* dem Patenonkel, bringt, der es an den *ssandek* oder «Syndikus» weiterreicht; dieser hält es während der ganzen folgenden Handlung. Der ssandek, gehüllt in seinen Gebetsschal, sitzt gewöhnlich auf einem besonderen Stuhl, dem «Stuhl des Elija», der in der Synagoge aufbewahrt und in jedes Haus gebracht wird, in dem eine b'riss vollzogen wird. Ein Bausch Watte wird in Alkohol getaucht und zwischen die Lippen des Kindes gesteckt, so daß es in einen leichten Schlaf fällt. Dann wird die Operation vom mojhel, dem Beschneider, vollzogen. Er ist ein frommer Jude, der den Vorgang studiert hat. Als mojhel zu wirken, ist eine «große mizwe», wenn er es auch oft gegen Bezahlung macht. Das Ideal ist jedoch der Vollzug als reiner

Dienst an der Gemeinschaft – ohne jede Vergütung. Die Operation ist so geringfügig, daß sie selbst in einer Gesellschaft, in der sonst jede körperliche Verletzung übertriebene Angst hervorruft, als unbedeutend hingenommen wird. Die Aufmerksamkeit konzentriert sich auf das feierliche Gebet der Hingabe, das die eigentliche Handlung begleitet. «Unser Gott und Gott unserer Väter erhalte dieses Kind, seine Mutter und seinen Vater und laß seinen Namen in Israel Mordechai sein, Sohn des Zvi-Hersch Halevi. Laß seinen Vater sich an ihm erfreuen, an dem, der von seinen Lenden kam, und die Mutter glücklich sein mit der Frucht ihres Leibes ... Und es steht geschrieben, Er wird sich an Seinen Bund immer erinnern. Das Wort, welches Er tausend Generationen befahl; (der Bund), welchen er mit Abraham schloß und seinen Eid gegenüber Isaak, derselbe, den er gegenüber Jakob bestätigte für ein Statut und an Israel für einen immerwährenden Bund ... Dieses kleine Kind, Mordechai, möge es groß werden. Und so, wie es in diesen Bund eingetreten ist, so möge es in das Gesetz (Thora) eintreten, in den ehelichen Baldachin (chupe) und in die guten Werke (majssim tojwim) ...»

Nach alter Tradition ist die größte Ehre die *metsutsa*, ausgeführt von einem ehrwürdigen, frommen Mann: er saugt den ersten Tropfen Blut auf. Dann wird die Wunde mit Baumwolle verbunden; der mojhel kommt täglich, um den Verband zu wechseln, und nach ein paar Tagen ist alles verheilt. Keiner sorgt sich darum, und selbst das Baby fühlt kaum etwas.

Ist die Zeremonie vorüber und der Hauptbeteiligte wieder in den Armen seiner Mutter, feiern alle die Aufnahme des neuen Mitgliedes mit Branntwein und Honigkuchen, herzliche «masel-tow» werden ausgesprochen und unzählige Trinksprüche ausgebracht: «Mögest du Spaß haben an deinen Kindern, Kindeskindern und deren Kindern!»

Eine lange Reihe zukünftiger Mitglieder des Bundes wird im Geiste beschworen und mit Enthusiasmus bejubelt. Gott vermehrt die Zahl seiner Auserwählten, Sein Volk erfüllt den Pakt, die Versprechungen auf die Zukunft sind ihrer Erfüllung einen Schritt näher gekommen, und in der Gegenwart erhält die Familie eine lebendige Quelle der Freude und Ehre – für alle zu bewundern – «kein böser Blick!» Wie immer werden die Festlichkeiten vom Klingen der Münzen begleitet – Geschenke für die Hebamme und oft auch für den mojhel sowie Spenden an die Gemeinschaftsorganisationen.

Für den erstgeborenen männlichen Nachkommen findet noch eine weitere Zeremonie vier Wochen nach der Geburt statt, genannt «Die Auslösung des Erstgeborenen», wieder mit einem Festessen, mit Toasts und dem Austausch von Glückwünschen. Diese Zeremonie, die *pidjan ha-ben,* ist ein weiteres starkes Bindeglied, das die Gegenwart mit den vergangenen Jahrhunderten in Beziehung setzt. Im Altertum wurde das älteste männliche Kind dem Dienste im Tempel geweiht, sein Vater konnte es jedoch durch eine Spende an die Priester, die kohanim, freikaufen. Heute wird der erstgeborene Sohn auch «ausgelöst» durch eine kleine Zahlung an einen Angehörigen der Kohanim, einen Nachkommen dieses Stammes der Priester. Der Betrag ergibt sich aus dem Gegenwert von fünf Schekel, die ursprünglich an die Priester im Tempel bezahlt wurden, und variiert je nach Landeswährung. Es ist eine mit der Priesterschaft und mit Gott getroffene Vereinbarung, und sie hält eine alte Tradition aufrecht, die nur bis zu dem Tage als ausgesetzt gilt, an dem es wieder einen richtigen Tempel mit amtierenden Priestern gibt. Die rudimentäre Natur dieses Symbols zeigt sich in der Tatsache, daß die Kohanim, die die symbolische Zahlung erhalten, diese nach ihrem freien Willen verwenden dürfen und sie als einen Teil ihres privaten Einkommens betrachten.

Welchen Geschlechts das Baby auch sein mag, sein Name wird in der Synagoge am Sabbat nach seiner Geburt bekanntgegeben, besondere Gebete werden dem Gottesdienst angefügt, und der Vater wird zum Lesen der Thora gerufen. Zu Ehren dieser Gelegenheit spendet er für die Gemeinschaftsaktivitäten einen Betrag, der so hoch ist, wie er es sich eben leisten kann, wenn er seine Mittel auch sicher stärker für einen Jungen als für ein Mädchen strapazieren wird. Schließlich, so wird er sich wohl sagen, muß ich ja an die Mitgift des Mädchens denken – ein Gedanke, der ihm stets gegenwärtig ist, von der Geburt des Kindes an. Nach dem Gottesdienst «macht er einen kidusch» in der Synagoge und bittet die ganze Gemeinde zu Branntwein und Kuchen.

Die öffentliche Bekanntgabe des Namens, die besonderen Gebete der Gemeinde und die Reihe von Festlichkeiten, mit denen der Junge gefeiert wird, zeigen, wie sehr die Geburt eine Gemeinschaftsangelegenheit ist. Das Kind wird zwar in die Familie hineingeboren, aber auch in die Glaubensgemeinschaft. Sind die Eltern arm, so werden Kleidung und Nahrung sofort zur Verfügung gestellt, denn das Schtetl kümmert sich um seine Kinder von der Wiege bis zur Bahre. Die Abendgebete der chejder-Jungen, die «Nachtwache», die Gruppenbeteiligung an der b'riss, die Observanzen in der Synagoge, die Spenden für die gemeinschaftliche Wohlfahrt, die das Fest kennzeichnen – alles bestätigt, wie sehr der Strang eines individuellen Lebens mit dem Geflecht der Gruppe verwoben ist. Dieser einzelne Strang wird immer deutlich bleiben, er verliert niemals seine Identität und seine eigene Kontinuität, aber solange das neugeborene Kind im Schtetl bleibt, wird seine Identität genauso durch das Gewebe wie durch den Faden definiert.

Es ist üblich, einem Kind den Namen eines Verstorbenen zu geben, oft den eines Großelternteils, manchmal auch den eines anderen Verwandten oder einer anderen hervorragenden Persönlichkeit wie etwa den eines großen Rabbiners. Es muß keine Person des gleichen Geschlechts sein, denn Namen können sowohl maskuliniert wie auch feminisiert werden. Da man glaubt, daß das Kind Eigenschaften seines Namenspatrons zeigen wird, werden Namen von schwachen Personen oder Versagern vermieden. «Ich war besonders an meiner Großmutter Sara interessiert, denn ich wurde nach ihr genannt. Sie wurde als eine kluge und freundliche Frau dargestellt ... Der Großvater war eine Art schlemiel, und ich erinnere mich, daß meine Mutter überlegte, ob es eine so gute Idee sei, Kinder nach ihm zu benennen.» Ein Junge wird oft nach einem gelehrten Angehörigen der Familie genannt, und wenn er älter wird, wird man ihn ständig ermahnen, ein Gelehrter zu werden wie dieser. Nach seinem Vater wird er nur genannt, wenn dieser tot ist. Es ist ein Unglück, wenn man niemanden hat, der nach einem benannt wurde, wenn man davongegangen ist; Namensgleichheit ist eine weitere Verbindung zu der weiterlebenden Gemeinschaft.

Hat eine Frau mehrere Kinder verloren, so wird dem Kind ein besonderer zusätzlicher Name gegeben – nicht zur Ehrung Verstorbener oder zur Freude des Kindes, sondern um den Todesengel zu täuschen. In einem solchen Falle könnte das Kind etwa «Alter» genannt werden. «Wenn man ein Kind hat, das schwach und kränklich ist, gibt man ihm einen Spitznamen, wie Alte oder Alter, so daß es in die Jahre kommen kann und der Todesengel verscheucht wird. Gewöhnlich bleibt ein solcher Spitzname haften.» Oder das Kind wird Chaj genannt, was soviel heißt wie Leben.

Eine andere Methode, den Todesengel auszutricksen, ist, den Namen des kranken Kindes zu ändern; wenn der Tod dann kommt, um den kleinen Moischele zu holen, so findet er ihn nicht. Ein Kind namens Vigdor liegt im Kinderbett, und da das Wort immer ausschlaggebend ist, ist dieses Kind offensichtlich nicht das vorgesehene. Der Tod setzt seine fruchtlose Suche nach Moischele fort, und Vigdor wird genesen.

Es gibt auch noch andere Modalitäten, den vorzeitigen Tod von Kindern, deren Mütter schon eine Anzahl von Babies verloren haben, zu vermeiden. Eine davon ist, das Kind zu «verkaufen», wenn es noch ganz klein ist, und zwar an eine Mutter, die ihre Kinder «behält» – an eine, deren Kinder gesund sind und die noch nie eines verloren hat. Um den Tod auch wirklich effektiv zu täuschen, muß eine symbolische Zahlung in richtigem Geld erfolgen, und diese sollte von einer echt wirkenden Schau des üblichen Feilschens um den Preis begleitet sein. «In einem Fall wie dem meiner Mutter, die schon vier Kinder verloren hatte, bis ich kam, verkauft man das Kind im frühen Alter an eine Familie mit einer Reihe von gesunden Kindern. Ich wurde an eine Frau namens Golde verkauft. Ich erinnere mich, ich war ängstlich, denn ich dachte, ich müßte Vater und Mutter verlassen und mit den Leuten leben. Aber alles, was sie taten, war, daß sie mich für etwa zehn Kopeken kauften, und ich ging mit meinen Eltern wieder nach Hause.»

Eine Schwangere, die schon drei Kinder verloren hatte, war sicher, daß sie gesündigt hatte und Gott «sie bestrafte, indem er ihre Kinder stahl». Sie schickte deshalb ihren Mann zum Rabbiner, um herausfinden zu lassen, was sie tun müsse, um dieses Kind nicht auch noch zu verlieren. «Zunächst wurde meinem Vater nicht erlaubt, mir den Namen eines Toten zu geben. Wenn ich geboren sei und er wolle mir einen Namen geben, so solle er am nächsten Samstag zur schul gehen, und den ersten Namen, den er aus der Thora hörte, den sollte er mir geben.»

Ein solches Kind ist «von Gott gesegnet» und wird beschützt und verwöhnt, als sei es zerbrechlich oder auflösbar und könnte zerbröseln oder schmelzen. Ihm wird besondere Kleidung angezogen, im Hause aus reinem Leinen handgefertigt, eine besondere Vorsichtsmaßnahme gegen die Gefahr, daß Leinen und Wolle vermischt sein könnten. Denn es ist «ein Verbrechen für einen Juden, eine solche Mischung zu tragen». Alle Kinder werden sorgfältig behütet, aber einem «von Gott gesegneten» Kind ist es verboten, «zu schreien, zu weinen, auf Bäume zu klettern, Beeren zu pflücken, eine Lüge zu sprechen. Kurz, mir war es nicht erlaubt, irgend etwas zu tun.» Andererseits «war es keinem erlaubt, mich anzuschreien oder etwas Böses zu mir zu sagen ... weil ich doch von ‹Gott gesegnet› war ... Sie mußten mich lieben und gut zu mir sein. Wenn jemand mit mir schimpfte, riefen sie sofort: ‹Wehe mir! Du kriegst großen Ärger, er ist ‹von Gott gesegnet›!»

Der Glaube an solche Tricks ist stark. Eine Frau von fünfzig, die von ihrer Mutter als Kind «verkauft» worden war, bemerkt: «Nachdem sie mich hatte, hat meine Mutter keine Kinder mehr verloren.» Und der «von Gott Gesegnete» erzählt: «Es passierte niemals, daß jemand, der mich verletzt hatte, nicht bestraft wurde. Sie zogen immer ‹den Kürzeren›.»

Wenn alle Vorsorge vergebens ist, und das Baby stirbt, so ist größte Zurückhaltung geboten, später davon zu sprechen. Oft sind Kinder fast erwachsen, bis sie erfahren, daß Brüder und Schwestern, die vor ihnen geboren waren, schon als Kleinkinder gestorben sind. Man hat Angst, daß eine Erwähnung die Aufmerksamkeit des Todesengels erregen könnte. Der Wunsch, ihn mit allen erdenklichen Mitteln fernzuhalten, ist nur natürlich in einer Gemeinschaft, in der Kinder so begehrt sind und die Kindersterblichkeit hoch ist. «Die meisten Familien hatten drei, vier oder fünf Kinder, einige hatten sogar zehn und elf. Aber es passierte oft, daß Kinder sehr jung starben.»

Die ersten Monate im Leben eines Babys sind ein immerwährendes «Bad» von Wärme, Aufmerksamkeit und Zärtlichkeit. Zunächst schläft es bei der Mutter, dann kommt es in seine eigene Wiege oder in ein Kinderbett in der Nähe ihres Bettes. Sie hat vielleicht ein Band an der Wiege des Babys befestigt, die sie unablässig schaukelt, selbst noch im Schlaf. Wenn die gewohnte Bewegung aufhört, wacht das Baby auf und schreit. Dann muß es hochgenommen werden, wird hin- und hergetragen, und die Mutter singt ihm ein leises Liedchen, bis es wieder eingeschlafen ist. Für alles, was es möchte, ist die Mutter zuständig oder eine weibliche Verwandte. Der Vater kann vielleicht mit dem Kindchen spielen, ihm ein Lied singen, mit ihm sprechen, aber man ist der strikten Ansicht, daß die ernste Sorge um das Kind Sache der Frau ist und Männer unfähig sind, Babys zu behandeln, ohne ihnen Schaden zuzufügen.

Mit Liebe wird das Baby gewickelt; es liegt dabei auf einem Kissen und wird mit festen, weichen Tüchern umwickelt. Man tut dies zur Sicherung seines Wohlbefindens, und die Gesten, die diese Handlung begleiten, zeugen von Zärtlichkeit und Sorge, obgleich am Ende «das Baby wie eine Mumie aussieht». Sein zerbrechlicher Körper muß vor den Unbilden einer schroffen Welt geschützt werden, sein Rücken und seine Beine müssen gerade gehalten werden. «Mutter war sehr sorgfältig beim Wickeln. Sie pflegte ihre Hand auf die Kniee und Arme zu legen, um sie gerade zu halten. Sie pflegte uns auch auf andere Kinder hinzuweisen, die z.B. krumme Beine hatten, oder auf einen kleinen Jungen in unserer Nachbarschaft, der einen schiefen Hals hatte ... und Mutter pflegte dann zu sagen: ‹Ja, sie haben sie nicht richtig gewickelt. Ihre Mütter waren nicht sorgfältig mit ihnen, deshalb sehen sie nun so aus.›»

Während der ersten paar Wochen ist die Wicklung ganz stramm, und das Baby ist im wahrsten Sinne des Wortes «wie eine Mumie». Als Schutz vor Licht, Kälte und dem bösen Blick ist das Gesicht fast ganz bedeckt, so daß kaum noch die Nase herausschaut aus dem Spalt zwischen der Mütze, die tief ins Gesicht gezogen ist, und der Decke, die über Hals, Kinn und Mund den unteren Teil bedeckt. Später wird das ganze Gesicht sichtbar, die Arme werden befreit und die Wicklung nicht mehr so straff vorgenommen, so daß die Bewegungseinschränkungen geringer sind.

Mehrmals am Tage wird die Wicklung entfernt, und das Baby wird massiert – immer begleitet von liebevollem Gurren und Murmeln – und kann sich frei bewegen. Einmal am Tage wird es in warmem Wasser gebadet, das Haar wird gebürstet, und sobald genug vorhanden ist, wird das Haar eines Jungen zu Schläfenlocken gedreht. Diese Locken, *pejess*, dürfen während des ganzen Lebens nicht geschnitten werden.

Gewickelt und auf einem Kissen liegend, wird das Baby dauernd von Erwachsenen und älteren Brüdern und Schwestern herumgetragen, denn wenn es zu viel liegt, werden seine Lungen schwach. Als wolle man die Verpackung und relative Unbeweglichkeit wieder gutmachen, läßt man es niemals in Ruhe oder unbeaufsichtigt.

Gewohnt, ständige Beachtung zu erfahren, reagiert das Baby sofort auf jedes Nachlassen der Aufmerksamkeit; und so wird es die meiste Zeit in Bewegung gehalten. Wird es nicht herumgetragen, dann wird es geschaukelt, stundenlang. Die Verbindung von Schaukeln und Singsang ist ihm von der Wiege an geläufig. Im chejder, in der j'schiwe, in der schul schaukelt man und skandiert dabei, wenn man studiert. Der Mensch des Schtetl hat die Angewohnheit, zu schaukeln und vor sich hin zu brummen, wenn er studiert oder denkt, selbst wenn er ein geschäftliches Problem erwägt. Sitzt er gerade nicht und schaukelt hin und her, dann geht er auf und ab, die Hände auf dem Rücken, leise eine Melodie summend. Für längere Zeit bewegungslos zu sitzen und dabei auch noch still zu sein, das ist nicht Brauch im Schtetl.

Ein anderes typisches Verhaltensmuster ist der schnelle Stimmungswechsel, der die grundsätzlich innige Verbindung nicht unterbricht; aber die Tonart ist eine andere. Die Mutter schaukelt zärtlich die Wiege; plötzlich braust sie auf gegen die Nachbarin, die das geliehene Nudelholz eine Woche später zurückbringt als versprochen. In ihrem Ärger schaukelt sie die Wiege unsanft, ruckt sie hin und her und hin und her. Das erschreckte Baby schreit, und die Mutter brüllt: «Sei still!» Vielleicht schiebt sie dem Kind ihre Brust in den offenen Mund, um das Geschrei zu stoppen; dabei hält sie das Kind in ihren vor Ärger verkrampften Armen. Der Sturm geht vorüber, die Arme entspannen sich, die Stimme wird plötzlich wieder sanft.

Die Mutter spricht ständig mit dem Baby, erzählt ihm von seiner Zukunft, während es in der Wiege liegt; sie spricht «aus ihrem Herzen» zu ihm. Sie singt ihm etwas vor, streichelt es und gibt ihm Kosenamen, die meistens mit dem Diminutiv «le» enden: Katzele, Vögele, Winzele.

Der Vater singt ihm vor, Besucher schäkern mit dem Baby und sprechen mit ihm mit besonderer Singsangstimme. «Vater, Mutter und enge Verwandte – wie Brüder und Schwestern – sprechen in der Babysprache mit dem Kind. Alle sprechen sie albernes Zeug und versuchen damit, das Baby zum Lachen zu bringen.» Selbst wenn nicht mit dem Baby gesprochen wird – der Raum ist immer voller Gerede. Der Vater murmelt über seinen Büchern, betet an der Wand, die Mutter spricht mit dem Vater, jeder spricht mit jedem. Vom Beginn seines Lebens an assoziiert das Schtetl-Kind verbalen Ausdruck mit Wärme und Sicherheit, Stille dagegen mit Ablehnung und Kälte.

Die Wärme und Zärtlichkeit dieses äußeren «Mutterleibes», in dem das Baby lebt, ist natürlich auch mit Nahrung assoziiert, denn ihm wird die Brust angeboten, wann immer es den Anschein hat, daß es sie wolle. Die Mutter ist auf seinen Appetit stolz. «Er ißt so viel, ich hab gar nicht so viel Milch für ihn», prahlt sie stolz. «Ich bin ganz ausgetrocknet, er saugt mich aus.» Und Besucher, die ihr ein Kompliment machen wollen, rufen aus: «Das Baby ist so schwer, ich kann es kaum aufheben!»

Schreit das Baby, so wird als erstes vermutet, daß es hungrig sei. Daß es einen Grund fürs Schreien gibt, gilt als selbstverständlich, da es einen Grund für jedes menschliche Verhalten geben muß. Schreien ist nicht «natürlich», aber auch nicht ungezogen, sondern ein Signal des Babys – und noch dazu ein sehr effektives. Ist das Kind nicht hungrig, so ist es naß oder kalt, oder es hat Schmerzen oder Angst. Trifft keiner dieser Gründe zu, so muß es verhext sein. In einem solchen Fall müssen sofortige Schritte unternommen werden, dem Zauber entgegenzuwirken. Wenn es schreit, kann man es jedenfalls nicht unversorgt lassen; es wird liebkost, getröstet – man kümmert sich um das Kind. Dies wird nicht als «Verwöhnen» des Babys betrachtet, sondern als eine normale und richtige Behandlung. Daß ein Unbehagen eine Reaktion hervorruft, wird immer erwartet.

Selbst wenn das Baby nicht schreit, läßt man in der ängstlichen Sorge um sein körperliches Wohlbefinden nicht nach. Es wird vor Zug geschützt, fast schon hysterisch, denn der kalte Wind ist der Fluch des Schtetls. Es wird sogar vor frischer Luft geschützt und nur ganz kurz einmal nach draußen genommen – natürlich sorgfältig eingewickelt –, um schnell in das Haus des Nachbarn oder Freundes gebracht zu werden. Zu viel Wärme kann niemals schaden, aber die kalte Frische könnte fatal sein. Es wird auch fortwährend auf Zeichen einer Magenverstimmung beobachtet. Die große Schwester, die selbst noch ein kleines Kind sein mag, wird mit einem ständigen Hagel von Ermahnungen eingedeckt, wenn sie das Kind herumträgt – laß es nicht fallen, drück es nicht so sehr, lauf nicht mit ihm herum, stoß nicht irgendwo an!

Das eigene Kind zu nähren, das eigene «Fleisch und Blut», gilt als lohnenswerte und willkommene Erfahrung, ein Vergnügen für die Mutter und das Kind. «Sie liebten es, ihre Kinder zu stillen. Ich denke, es ist das Größte überhaupt. Ich werd' nie vergessen, wie ich meinen Sohn gestillt habe, wie er sog, und die Milch floß ... Moderne Mütter sind verrückt, sie wissen gar nicht, was sie versäumen, wenn sie ihren Kindern die Flasche geben statt der Brust. Es ist so aufregend, sie haben keine Ahnung.» Außerdem, so glaubt man, werden die Eigenschaften der Stillenden auf das Kind übertragen. Deshalb ist Muttermilch für das Baby besser, und die Milch einer jüdischen Frau ist wünschenswerter als die einer Nichtjüdin. Man glaubt, daß das Kind um den Unterschied zwischen der Milch seiner Mutter und der einer anderen Frau weiß und die Muttermilch wählen würde, ließe man ihm die Wahl. Muttermilch ist offensichtlich besser als die eines Tieres, die den Charakter des Kindes ungünstig beeinflussen könnte. Abgesehen von solchen Bedenken, ist der Glaube weit verbreitet, daß Flaschennahrung schädlich ist und das Kind damit kaum überleben könnte.

Die Amme hat – wie die Hebamme – eine besondere und langwährende Beziehung zu dem Kind. Ihr eigenes Kind ist der «Milchbruder» oder die «Milchschwester» des Kindes, das sie gestillt hat. Obgleich es besser ist, eine jüdische Amme zu haben, stellen an vielen Orten sogar die Orthodoxen eine Bauersfrau als Amme an, wenn sie eine benötigen und sie es sich leisten können. Zweifellos hat diese Praxis zur Mischung jüdischen und nichtjüdischen Aberglaubens und magischer Bräuche beigetragen, so daß es oft schwierig festzustellen ist, welche Gruppe von der anderen etwas angenommen hat. Die Amme ist eine äußerst wichtige Persönlichkeit im Hause. Sie muß kräftige, milchfördernde Nahrung erhalten und auch recht viel davon – Bier, Eier, Käse, Fleisch. Ihre Ernährung ist wahrscheinlich besser als die der nichtstillenden Mutter, und oft gibt es auch Rivalitäten unter den Frauen bei der Sorge um das Kind und dem Kampf um seine Zuneigung. Jedermann ist der Amme dienlich, und sie ist in der Lage, der Tyrann des Hauses zu werden, denn wenn man sie verärgert, könnte ihre Milch beeinflußt werden, und wenn sie sich nicht wohl fühlt, könnte sie womöglich drohen zu gehen. Dennoch wird sie oft zur festen Freundin der Familie, und ihre Zuneigung zu dem Kind ist tief und andauernd.

Sechs Monate lang wird das Kind nur mit Muttermilch ernährt. Dann kommen Haferschleim und Brei hinzu oder ein aus Wasser mit eingeweichtem Brot oder Zwieback hergestelltes Mus. Es muß warm sein, aber nicht zu warm, und die Mutter prüft jeden Löffelvoll, bevor sie ihn dem Baby in den Mund schiebt – genauso, wie sie ihr Kind vor jeder Bedrohung schützt. Wenn sich schon einer die Zunge verbrennt, «so sollte es meine sein». Manchmal bekommt das Baby einen Schnuller aus vorgekautem Brot, das in ein Tuch gewickelt wird. Lernt ein Kind schon sprechen, bevor es abgestillt ist, so sollte man es den «Segen vor dem Essen» lehren, damit es diesen sprechen kann, bevor es die Brust bekommt. Es gibt Legenden von großen Rabbinern, die das als Baby schon konnten.

Man glaubt, Stillen verhüte erneute Schwangerschaft, und trotz vielfachem Kinderwunsch kann es vorkommen, daß eine Mutter mehrerer Kleinkinder die Stillzeit aus diesem Grunde verlängert. Obgleich es theoretisch undenkbar ist, zu viele Kinder zu haben, mag eine schwer arbeitende, verarmte Mutter von acht oder zehn Kindern heimlich das Gefühl beschleichen, daß zu großer Segen auch eine zu große Belastung bedeutet. Wenn sie jedoch schwanger wird, während sie noch stillt, muß das Kind sofort abgesetzt werden, denn sonst würde es dem neuen Baby Kraft entziehen. Wann immer es auch passiert – Abstillen kommt plötzlich. Einige behaupten, der beste Tag dafür sei ein Sabbat, und dem Kind sollte die Brust der Mutter ein letztes Mal auf der Schwelle der Tür gegeben werden, weil es dann schnell vergißt. Wenn es danach noch schreit, so sollte sie ihm noch einmal gegeben werden, aber mit Senf oder Pfeffer eingerieben, um es abzuschrecken. Dann wird es selbst die Brust abweisen, nach der es vorher geschrien hat. Nach dem Abstillen wird das Kind direkt an eine Tasse oder einen Löffel gewöhnt. Feste Nahrung wird nach und nach der Kinderkost zugefügt, und am Ende des zweiten Lebensjahres ißt das Kind, was Erwachsene essen, und sitzt mit am gleichen Tisch.

Von der üblichen Unterscheidung zwischen Stärke und Schwäche ausgehend, wird ein Junge gewöhnlich früher entwöhnt als ein Mädchen und ein kräftiges Kind früher als ein kränkliches. Es könnte gefährlich sein, zum Stillen zurückzukehren, nachdem das Kind einmal entwöhnt ist, und sollte es noch Muttermilch benötigen, so wird sie ihm aus der Tasse mit dem Löffel gefüttert. Unter keinen Umständen darf ein Kind über das Alter von vier Jahren hinaus gestillt werden, denn es steht geschrieben, daß kein «Erwachsener» an der Brust der Mutter saugen darf. Es ist nicht vernünftig, einen Jungen länger als ein Jahr zu stillen, denn dadurch könnte er dumm werden.

Lange zuvor schon wurde der ordentliche Umgang mit der Toilette gelehrt; damit beginnt man etwa nach dem sechsten Lebensmonat. Die Sauberkeitserziehung wird entschlossen, ja beharrlich verfolgt, aber sie entspringt eher der Sorge um das Wohlbefinden des Kindes als der Abneigung gegen Unsauberkeit. Wenn die Ausscheidung nicht reibungslos funktioniert, kann das Kind sich nicht wohlfühlen. Es ist also notwendig, die körperlichen Exkremente loszuwerden, wie es notwendig ist, durch verbale Ausdrucksfähigkeit die emotionalen Spannungen loszuwerden. Man sollte sich selbst vor dem Beten entleeren und dazu einen Segensspruch sprechen: «Gesegnet seiest du, o Ewiger, unser Gott, der du uns mit Öffnungen erschaffen hast.» Eine Fehlanzeige bei der Darmentleerung ist schlecht, denn es ist gefährlich, bei sich zu behalten, was ausgeschieden werden sollte.

Ein Kind wird verbal zu einer guten Verrichtung ermuntert und gelobt, wenn es erfolgreich war. Benimmt es sich schlecht, so erntet es Bemerkungen des Mißfallens – «pfui, pfui!» –, und es wird zurechtgewiesen, wenn auch nur ganz sanft: «Ein großer Junge wie du, ein Jahr alt, du bist doch kein Baby mehr.» Hält seine «Ungezogenheit» an, so könnte es sein, daß er sogar einen Klaps bekommt. Grundsätzlich werden jedoch alle körperlichen Abläufe als natürlich betrachtet und nicht als anstößig, vorausgesetzt, sie beschränken sich auf den rechten Platz zur rechten Zeit. Man hält es nicht für nötig, in Euphemismen zu sprechen, wenn die Rede von der Toilette ist, und «Unfälle» werden recht lange hingenommen, obgleich das Kind sicherlich getadelt wird, etwa mit dem Ausruf: «Schon ein chejder-Junge, und schau dich an!»

Das Baby, das in so gespannter Ungeduld willkommen geheißen und so besorgt behütet wird, wird trotzdem abrupt aus dem Säuglingsalter herausgerissen. Trotz allen Küssens und Girrens, trotz Babysprache und Hätschelei bemüht man sich nicht, das Kind infantil zu halten. Im Gegenteil, es wird als potentieller Erwachsener geschätzt, und die Bewunderung seiner Zuschauer ist am größten, wenn es Zeichen von Frühreife zeigt. Frühes Sitzen, Zahnen, Kriechen, Gehen, Stehen und vor allem frühes Sprechen – alles befriedigt die Eltern und die Familie gewaltig. Ein Lächeln, eine unerwartete Geste, das Nachmachen eines Ausdrucks Erwachsener – alles wird als ein Zeichen außergewöhnlicher Intelligenz gewertet. «Alles, was das Kind sagt, ist klug, und jeder hört das Kind gern sprechen.» Die ganze Familie, Eltern, Tanten, Schwestern und Brüder, erzählen den Nachbarn und anderen Verwandten stolz: «Das Kind hat gelächelt.» Der Gaumen des Kindes wird massiert, damit die Zähne schnell kommen, und wenn ein Baby von drei Monaten schreit, mag jemand hoffnungsvoll vorbringen: «Vielleicht zahnt es.»

Langsame Entwicklung ist Anlaß zu ernster Sorge. Läuft oder spricht ein Baby spät, so versucht die Familie, diesen Mangel zu vertuschen, aber sie trauert und sorgt sich heimlich. Läuft die Entwicklung nicht in der richtigen Reihenfolge ab, so verursacht das Besorgnis. Zum Beispiel müssen die unteren Zähne zuerst kommen und die oberen später. Geht es anders herum, so bedeutet dies sicherlich nichts Gutes.

Selbst wenn das Baby schon kriechen oder laufen kann, darf es niemals aus den Augen gelassen werden, denn man muß sicherstellen, daß ihm kein Schaden zugefügt werden kann. Sobald ein kleiner Junge sich selbständig macht, erregt er die Aufmerksamkeit seines Vaters, und manchmal wird er dann auf Vaters Schoß genommen und soll mit ihm «studieren». Der bärtige Kopf mit der jarmelke und der zierliche Kopf, auch mit einer Miniaturjarmelke bedeckt, beugen sich über die «kleinen schwarzen Punkte» im Buch. Die Mutter ist zu beschäftigt, um diese Szene – ein Vorgeschmack auf die Einführung ihres Sohnes in die Welt der Männer – zu beobachten; dennoch mag ihr klar werden, daß der Junge ihr nun nicht mehr ganz allein gehört. Sein Körper gehört noch ihr, er ist ihr «eigenes Fleisch und Blut». Doch Verstand und Geist gehören dem Vater, und bald werden sie den Körper aus den vier sicheren Wänden des Hauses hinausführen.

# Aus Kindern Leute machen

Das Säuglingsalter ist kurz im Schtetl. Oft endet es mit der Ankunft des nächsten Babys, aber in jedem Falle wird der Entwicklung in Babyjahren schon ein Schubs in Richtung Erwachsensein gegeben.

Aufwachsen bedeutet nicht, daß die Kinderpersönlichkeit abgestufte Phasen durchläuft. Es gibt keinen Kleinkinderhort im Schtetl, keine Kindergartenphase, keine anerkannte Periode der Pubertät. Kinder reifen in Segmenten oder Schichten heran, so daß ein Teil schon vergleichsweise erwachsen ist, während ein anderer noch unreif bleibt. Es wird begrenzt Nachsicht geübt, und in bestimmten Situationen entschuldigt man das Kind, schließlich ist es ja «nur ein Kind». Zunehmend wird der Bereich der Nachsicht jedoch enger und die Anforderungen größer.

Besonders für den Jungen ist der Vorgang des Heranwachsens in Abschnitte aufgeteilt. Von dem Augenblick an, da er in den chejder eintritt, ist er ein ernsthaft Lernender; es wird von ihm erwartet, daß er sich auf seine Bücher konzentriert, jeden Tag mindestens acht oder neun Stunden, und es gibt keine erleichternde Einführung vom Bilderbuch über die Fibel zu einem geschlossenen Text. Die Lernmethode ist abgestuft, vom Auswendiglernen über die Kommentare zum Original-pilpul, aber an die verlangte Portion Mühe und Aufmerksamkeit wird er keinesfalls langsam herangeführt, und auch nicht an das zugrundeliegende Thema.

Wenn der Junge aus dem chejder kommt und nach Hause läuft, so ist er immer auch das kleine Kind, das gern noch auf der Straße spielen möchte. Und trotz seiner neuen Würde ist er nach wie vor von der Fürsorge seiner Mutter umgeben und wird von ihr mit ständigen Ermahnungen bombardiert: «Sei vorsichtig, lauf nicht so schnell, du fällst sonst hin.» «Klettere nicht auf den Baum, du könntest dir ein Bein brechen!» «Komm aus dem Zug heraus, du erkältest dich sonst!» «Vorsichtig, stich dir nicht das Auge aus!»

In gewissem Maße bleibt der Junge – wie auch das Mädchen – in den Augen der Mutter immer ein Baby. Sie wird niemals aufhören zu füttern, zu umsorgen, sich über Gesundheit, Wärme und Sicherheit Gedanken zu machen. Auf gewissen Gebieten bleibt jedes Geschlecht dem anderen gegenüber «ein Kind», und diese kontrapunktische Reife spielt ihre Rolle in der gegenseitigen Abhängigkeit von Mann und Frau. Der Mann ist immer «ein Kind» im Hinblick auf körperliche Bedürfnisse und häusliche Angelegenheiten, abhängig von der Mutter, der Schwester und der Frau. Sie versorgen ihn mit dem richtigen Essen, mit Wärme, Bekleidung, Gesundheitspflege und lindern seine körperlichen und seelischen Leiden. Von dem Augenblick an, wo er anfängt zu studieren, ist er jedoch erwachsen im Hinblick auf Angelegenheiten des Intellekts, des religiösen Rituals und der Gemeinschaft. In diesen Dingen bleibt die Frau ihrem Manne gegenüber immer in der Position des Kindes. Von dem

Augenblick an jedoch, da sie ein Baby trägt, ist sie für ihre kleinen Geschwister, für ihren Mann und auch für ihren Vater «eine Mutter». Gelegentlich kann jedes Geschlecht auf dem Gebiet des anderen eine gewisse Reife entwickeln, aber solche Ausnahmen bestätigen nur die Regeln. Daß die besondere Domäne der Frau gegenüber der des Mannes niedriger eingestuft wird, ändert nichts an dem sich ergänzenden Gleichgewicht.

Trotz der weiter bestehenden, jedoch ständig abnehmenden Nachsicht gegenüber dem Kind wird es von dem Augenblick an, da es in der Lage ist, in den chejder zu gehen, den Jüngeren zu helfen oder zu der Familien-parnosse beizutragen, zu einem verantwortlichen und funktionierenden Mitglied der Gruppe. «Sobald du fünf Jahre alt warst, wurde erwartet, daß du für dich selbst verantwortlich bist.» Es werden keine Anstrengungen unternommen, Kinder von persönlichen Streitereien oder Familienproblemen abzuschirmen. Alles wird in ihrer Gegenwart diskutiert, außer Sex, und der wird sowieso vor niemandem diskutiert. Kinder mischen sich natürlich nicht in die Beratungen der Erwachsenen ein, denn das wäre eine *chuzpe*, Dreistigkeit, das Gegenteil von Respekt, derech-erez. Ein Kind, das versucht, bei einer Diskussion der Erwachsenen mitzureden, wird aufgefordert, zuzuhören und zu lernen, damit das

Verständnis sich entwickelt. Es wird aber erwartet, daß es schweigend teil-nimmt. «Als ich zehn Jahre alt war, war ich eine Persönlichkeit, ein gantser mentsch.» Und die Eltern tadeln auch mit den Worten: «Sei a mentsch» oder «du benimmst dich nicht wie a mentsch».

A mentsch zu sein, heißt, ein vollständiges menschliches Wesen zu sein. Man muß beides sein, «a mentsch un a jid», denn es ist auch möglich, das eine zu sein ohne das andere. Eine «ganze Persönlichkeit» heißt, ein «richtiger Erwachsener» zu sein, und wenn man Kinder lobt, ist es üblich zu sagen: «Er sitzt wie a mentsch» – oder er ißt oder spricht wie «a mentsch». Der «Bart ohne Jude» ist kein mentsch, sondern eine heuchlerische Fassade. Andererseits kann aber ein Nichtjude auch ein «richtiger mentsch» sein.

Im Gegensatz zum Baby, das von Küssen und Zärtlichkeiten erdrückt wird, wird «der kleine mentsch» kaum geküßt, nur an ein paar besonderen Feierta-gen. «Kann sein, daß sie es tat, als ich noch ganz klein war. Doch soweit ich mich erinnere, hat sie mich nie mehr geküßt, nachdem ich fünf Jahre alt war. Auch das ist jüdisch. Ein Kind in dem Alter nimmt am Leben im Haus teil. Es wird in etwa wie eine erwachsene Person betrachtet. Und ihm wird auch keine Zärtlichkeit zuteil. Aber das schließt natürlich nicht die einzigartige Liebe jüdischer Eltern zu ihren Kindern aus ...»

Der Entzug von Zärtlichkeiten und Küssen erfolgt allmählich, damit kein scharfer Bruch den Eindruck von Verweigerung entstehen läßt. Dem Kind, das um demonstrative Zärtlichkeit bittet, wird gesagt: «Nun verlang' doch nicht, wie ein Baby gestreichelt zu werden», aber man streichelt es vielleicht dabei, während man ihm diese milde Abfuhr erteilt. Es lernt und sieht, daß die Art der Erwachsenen sich von der Art der Babys unterscheidet. «Juden küssen nicht in der Öffentlichkeit, nicht einmal ihre Frauen.» Einem kleinen ment-schen zeigt die Mutter besondere Zuneigung durch ein gelegentliches Strei-chen über den Kopf, ein Kneifen in die Wangen, aber meistens drückt sich ihre Zärtlichkeit in besorgter Schelte und unaufhörlichem Interesse aus. Das Wangenkneifen kann schmerzhaft sein, und Kinder zucken oft weg, wenn erwachsene Besucher sie zärtlich kneifen wollen. Der gleiche Kniff, verziert mit einem scharfen Dreh, wird sowohl als Bestrafung als auch zur Liebkosung gebraucht.

Die Mutter neigt dazu, mehr Liebe gegenüber ihrem Sohn zu zeigen, der Vater eher gegenüber seiner Tochter. Klettert ein kleiner Junge auf die Knie seines Vaters, während dieser studiert, so wird das Kind mit einem Lächeln der Anerkennung oder einem Streichen über den Kopf belohnt. Ein chejder-Junge sitzt aber nicht mehr auf Vaters Schoß, und der Kontakt wird immer distanzierter und würdevoller. Der Vater bleibt in engerem körperlichen Kon-takt mit seiner Tochter, obgleich die rabbinische Tradition verbietet, daß sie noch auf seinem Schoß sitzt, wenn sie älter als neun Jahre ist. Wenn sie sich dann der Pubertät nähert, nimmt seine Zärtlichkeit weiter ab; aber die emotio-nale Distanz zwischen Vater und Tochter scheint weniger ausgeprägt zu sein als die zwischen Vater und Sohn.

Daß eine Mutter ihre Zuneigung dem Sohn gegenüber offener demon-striert, mag seinen Grund darin haben, daß er so häufig außer Haus ist, viel häufiger als ein Mädchen, und deshalb mehr Bemutterung benötigt. Außerdem ist er der einzige Mann, gegenüber dem sie Zuneigung zeigen darf.

Eltern betonen immer wieder, daß sie keine Lieblinge hätten, und behaupten beharrlich, daß «alle Kinder gleich behandelt werden». Ihre Beteuerungen werden jedoch selten ernst genommen. Es gibt zu große Unterschiede zwischen den einzelnen Kindern – hinsichtlich ihrer Position und ihrer Natur. Der erstgeborene Sohn, das jüngste Kind, der intelligente Junge oder das niedliche Mädchen – jedes Kind spielt eine besondere Rolle und hat eine besondere Stellung, und jeder, Eltern eingeschlossen, weiß, daß jedes seinen unterschiedlichen Anteil an elterlicher Zuneigung hat. Trotzdem wäre es schrecklich, wenn die Eltern nicht darauf bestünden, daß von ihnen alle gleich behandelt werden. Der Jüngste ist meistens der Liebling aller. «Er bekommt die meiste Liebe von allen, weil alle Brüder und Schwestern ihn bemuttern.»

Ein Baby wird direkt ins Gesicht gelobt; man sagt ihm, wie gut, wie klug, wie niedlich es sei. Ist es aber erst einmal ein «mentsch», so erhält es wenig direkte Bewunderung. Kinder wissen natürlich oder hören es auch manchmal, daß ihre Eltern gegenüber Verwandten oder Nachbarn mit ihrem Können und ihren Leistungen prahlen, aber pflichtbewußte Eltern vermeiden es, irgend etwas zu ihren Kindern zu sagen, was sie «verwöhnen» könnte.

Dennoch, die Mutter ist immer da, und das Haus, in dem sie herrscht, ist ein niemals versagender Hafen der Obhut. Ein Kind, das sich verletzt hat, kann jederzeit zu ihr kommen; es kann ihrer Sorge und Anteilnahme sicher sein, wenngleich sie das vielleicht auch mit einem Tadel mischt. Sie wird die Tränen trocknen. Sie wird ausrufen: «Hätte es doch mich getroffen!» Wenn sich das Schluchzen beruhigt hat, bekommt das Kind einen *patsch*, einen Klaps, denn ihm wurde doch «so oft gesagt», daß es nicht auf den Baum klettern solle; und die Mutter wird die erneute Tränenflut mit Marmeladenbrot stillen. Das Schtetl hat sich an tränenverquollene, mit Marmelade beschmierte kleine Gesichter gewöhnt, und die Kinder kennen den Geschmack von Süße und Salz recht gut, der die eigenen ausklingenden Schluchzer und die besorgte Schelte der Mutter begleitet.

Offensichtlich überdauert der Geschmack der Süße den der Tränen. Wie das verletzte Kind ruft der verletzte oder verwundete Erwachsene automatisch nach der Mutter. Mit ihr kann immer gerechnet werden – mit ihrer Schelte, mit Marmelade versüßt, und ihrem Hinweis, daß Schmerzen und Bestrafung die Vergeltung für Missetaten sind. Das Prinzip des Bundes reicht bis in die frühesten Jahre; «Gott wird strafen», Gott werd schtrofen, ist ein Refrain, der selbst dem Kleinkind geläufig ist.

Entfernungen sind kurz im Schtetl. Es ist nur ein Schritt vom Säuglingsalter zum «Menschsein», vom Lachen zu Tränen und umgekehrt, von Reichtum zu Armut. In den Stimmungen der Mutter zeigt sich Gegensätzliches fast gleichzeitig. Wenn das Kind sie plagt, während sie hetzt, ihre Vorbereitungen für den Sabbat zu beenden, mischt sich ihr scharfes «der Teufel soll dich holen» oder «Mach dich weg» flugs mit einer Segnung: «Groß und stark sollst du werden für mich.» Ihre Sätze schließen oft «für mich» oder «zu mir» ein, denn was immer das Kind tut oder erlebt, es ist entweder für oder gegen sie. Und oft drücken ihre ungeduldigen Ausrufe wie auch ihre plötzlichen Klapse oder ihr Zwicken eher unpersönlichen Ärger über allgemeine Umstände und Schwierigkeiten aus als persönlichen Tadel.

Die tausend Ausdrücke von Liebkosung, die die Mutter hat, wechseln ihre Färbung mit ihrer Stimmung. «Meine Krone», «mein Juwel», «mein Herz» können Töne von Ironie annehmen, wenn sie verärgert ist. Nennt sie ihren kleinen Sohn «mein Ernährer», dann ist das immer ironisch gemeint, aber auch schelmisch. Wendet sie die gleiche Bezeichnung auf ihren Mann an, so ist sie kaum schelmisch gemeint, sondern eher bissig. Eine Anzahl von Kosenamen werden wechselseitig zwischen Eltern und Kind verwendet, zum Beispiel «kleiner Vater» und «kleine Mutter».

Mag es auch Stimmungsschwankungen immer geben, das Elternhaus und die Mutter stellen Sicherheit und Trost dar. Oft ist es nötig, das Elternhaus zum Studium oder wegen einer Lehre zu verlassen, und man erinnert sich daran mit Schmerzen. «Ich haßte es, während der Ferien nach Hause zu kommen, denn es war so schwer, dort wieder wegzugehen», sagt ein Student der j'schiwe.

Gewöhnlich gelingt es dem Kind, sein Heimweh zu überwinden, aber nicht immer. Ein ungewöhnlich begabter Junge von neun Jahren war nicht in der Lage, eine Trennung über eine Entfernung von zwölf Kilometern auszuhalten; er war zu seiner Tante geschickt worden, weil dort «bessere und modernere Lehrer unterrichteten. Sie waren besorgt, daß die Lehrer in B. meine Fähigkeiten verderben könnten ... Aber ich war schrecklich einsam ohne meine Mutter. Ich war so einsam, ich dachte, ich würde sterben. Und meine Mutter war auch sehr einsam ohne mich. Ich lief dauernd weg, nur um meine Mutter zu sehen. Und nicht, weil meine Tante es schlecht mit mir meinte. Sie war sogar sehr gut zu mir. Aber ich war einsam und weinte. Schließlich kam ein Stadium, wo ich mich absolut weigerte, meine Mutter wieder zu verlassen. So packte meine Mutter ihre Sachen, verkaufte das Haus, und die ganze Familie zog in die Stadt, wo meine Tante wohnte ... In Europa kam Thora natürlich vor allem anderen.»

Daß ein Kind weint, wenn es verletzt oder unglücklich ist, ist nur natürlich. Keiner wird sagen: «Sei tapfer und weine nicht.» Das Schtetl legt keinen Wert auf die Unterdrückung von Tränen, sie sind auch kein Kennzeichen und kein Vorrecht der Kindheit. Im Gegenteil, Weinen wird als ein ganz normales Ausdrucksmittel angesehen und gelegentlich als legitime Waffe. Es kann Gram oder Schmerz, Freude oder Ärger anzeigen oder den ohnmächtigen Groll eines Kindes, das gegen seine Eltern rebelliert und es nicht wagt, zu «widersprechen». Man läuft wegen seiner Tränen nicht weg, um sie zu verbergen, denn sie sind nichts, weswegen man sich schämen muß, und manchmal sind sie sogar die richtige Reaktion. Sicher, sie sind ein Ausdruck von Schwäche, aber zur richtigen Zeit und am richtigen Ort sind sie akzeptabel – manchmal sogar erwünscht. Von erwachsenen Männern wird Weinen nicht erwartet, jedenfalls nicht so oft und so leicht wie bei Frauen und Kindern, aber auch bei ihnen sind Tränen während gewisser Rituale normal, auch als Begleitung von Bitten um Hilfe für sich oder für die Gemeinschaft.

Ist es Zeit zu weinen, so weint man, und die Fähigkeit, Tränen zu produzieren, gilt als selbstverständlich. «Nun weint ihr», sagt die zogerke in der schul. Während des Gottesdienstes am Versöhnungstag weint jeder. Das gepreßte, kehlige Singen des Kantors klingt oft wie Weinen, und an bestimmten Stellen weint er auch für die ganze Gemeinde, deren «Delegierter» er nominell ist.

Weinen dient auch als Mittel zur Läuterung. Man «weint sich aus», «stöhnt sich aus», «seufzt sich aus», bringt seinen Ärger, seinen Kummer zum Ausdruck. Nachher sagt man: «Oi, mein Herz ist mir leichter.» Die Erleichterung belebt Energie und Unternehmungsgeist neu, und wieder einmal begibt man sich an die Aufgabe, die Lösung eines Problems «auszusorgen».

Welches ihre Funktion auch immer sein mag, im Schtetl haben Tränen tachlis, einen Zweck. Sie zeigen nicht notwendigerweise den Verlust von Kontrolle an, denn es gibt keinen sozialen Druck, sie unter Kontrolle zu halten.

Es ist die Aufgabe eines jeden, Vater oder Mutter zu werden, und es ist die Aufgabe aller Eltern, aus Kindern Leute zu machen, «machn fun kinder mentschen». Von Eltern wird erwartet, daß sie ihre Aufgabe kennen. Von Kindern wird erwartet, daß sie Anweisungen befolgen und Disziplin annehmen; ob sie die Gründe dafür verstehen, ist unwichtig. «Es wurde dir gesagt, daß du bestimmte Dinge nicht tun darfst, aber es wurde dir niemals gesagt, aus welchem Grunde nicht. Aber wir verstanden, daß es eben nicht recht war, und wir gehorchten.» Laßt sie es erst lernen, das Verstehen folgt dann. Sie werden es rechtzeitig genug verstehen, um ihren eigenen unverständigen Kindern Anweisungen geben und Disziplin beibringen zu können. Und diese Kinder, die ohne Fragen und Verstehen aufwachsen, werden dennoch zu Erwachsenen, für die keine Autorität absolut und endgültig ist, die fühlen, daß es ihr Recht und ihre Pflicht ist, ihr eigenes Urteil zu fällen und ihre eigene Intelligenz anzuwenden. Nur in intellektuellen Angelegenheiten sind Fragen erlaubt, und hier wird dazu ermuntert und angeregt. Wenn der chejder-Junge oder j'schiwe-Student Fragen im Zusammenhang mit geistlichen Schriften stellt, ist das ein Zeichen von Befähigung.

Auch wenn Eltern ihre Anweisungen erklären, erwarten sie strikte Befolgung und appellieren selten an die Vernunft. Die Autorität der Eltern beruht auf der Denk- und Handlungsweise der Glaubensgemeinschaft und auf den Geboten Gottes. Man könnte erklären, daß es eine mizwe sei, dies oder jenes zu tun. Es heißt aber öfter «‹es wird so gemacht› oder auch ‹es wird nicht so gemacht›. Das war die einzige Begründung, die man uns gab.» Die andere Hauptformulierung lautete «es passt nischt» – ein Leitmotiv, das sich von der Kindheit durch das ganze Erwachsenenleben zieht und von der niedrigsten bis zur höchsten sozialen Ebene. Sowohl Erwachsene als auch Kinder werden ständig daran erinnert, was sich gehört und was sich nicht gehört in ihrer jeweiligen Rolle bzw. ihrem Status. Das unwiderlegbare Argument ist: «Es passt nischt far …» – es gehört sich nicht für ein Kind, einen Jungen, ein Mädchen, einen verheirateten Mann, eine Braut. Jede Kategorie muß sich einer Anzahl von Verboten beugen, und das allumfassendste ist «es passt nischt far a jid».

A mentsch darf niemals in derech erez versagen. Alle älteren Leute verdienen Respekt, aber seinen Eltern Respekt und Gehorsam zu zeigen, ist ein absolutes Muß. In manchen Familien mag sprachliche Achtung gezeigt werden, indem man gegenüber den Eltern die zweite Person Plural verwendet, «ir», und in der dritten Person Singular mit Vater oder Mutter spricht. Der Brauch ist in den Familien und Regionen unterschiedlich, aber auch innerhalb der verschiedenen sozialen Gruppierungen. Gegenüber Fremden und Senioren in Alter und Status wird diese Höflichkeitsform der Anrede jedoch regelmäßig angewendet.

Zu «widersprechen», ist ein strafbares Vergehen. *Asess-ponim*, das Gesicht wagen, ist ein Ausdruck für Impertinenz gegenüber jenen, die im Alter und Status höher stehen und denen man Respekt erweisen sollte. Der Begriff wird immer im Sinne von Verurteilung verwendet. Chuzpe ist der andere Ausdruck; man verwendet ihn, wenn jemand in dreister, schamloser Weise spricht oder handelt, besonders, wenn er etwas verlangt, was ihm nicht zusteht. Im Ausdruck chuzpe kann jedoch eine gewisse Bewunderung mitschwingen, wenn jemand ungewöhnliche Kühnheit und Waghalsigkeit zeigt.

Die strafbaren Vergehen sind Legion, und die Bestrafung ist oft eine körperliche – vom schnellen Klaps der Mutter bis zum vorsätzlichen Schlag des Vaters mit dem Riemen. Wenn die Eltern strafen, so geben sie nicht vor, es aus Betrübnis zu tun. Daß sie zornig sind, wird verstanden und zugegeben. Die Eltern des Schtetls reagieren ihre Wut an einem ungeratenen oder ungehorsamen Kind ab. Das Kind mag im Innern vor Wut schäumen über die – von ihm so empfundene – Ungerechtigkeit seiner Eltern. Keiner der Beteiligten geht jedoch davon aus, daß das Kind nur geliebt wird, wenn es artig ist, und daß ihm Liebe entzogen werden muß, um ihm das Mißfallen zu verdeutlichen. «Die Liebe jüdischer Eltern zu ihren Kindern ist absolut. Das Kind ist alles.»

Strafe «tut keinen Schaden», und wenn sie gelegentlich unverdient verabreicht wird, so macht das auch nichts – dann gilt sie für das nächste Mal, wenn sie verdient ist. Die strafende Autorität hat immer recht, und wenn man die Sünde, für die man nun bestraft wird, nicht begangen hat, so gibt es keinen Zweifel, daß man schon etwas getan hat oder etwas tun wird, was diese Strafe rechtfertigt. Auf lange Sicht ist der Gerechtigkeit Genüge getan – so, wie auf lange Sicht auch die Bestrafungen gerechtfertigt sind, die Gott Seinem Volk auferlegt. Die Anwendung körperlicher Maßregelung, unter Erwachsenen verboten, ist richtig gegenüber Kindern; denn das ist die Methode, die die Kinder, die Ungebildeten, die Rückständigen verstehen können.

Kinder gewöhnen sich offensichtlich leichter an verbale und körperliche Disziplinierung als an den «Blick», der gelegentlich von dem empörten Vater angewendet wird. Äußerungen ist zu entnehmen, daß Schelte und Schläge eher zu ertragen waren. «Mein Bruder sagte es einmal sehr passend, als er meinte, es sei ihm lieber, wenn die Mutter aus ihm das Tageslicht herausschlüge, als einen Blick des Vaters ertragen zu müssen.» Die Bedeutung des Blickes ist stark in einer Kultur, in der der böse Blick noch eine ständige Bedrohung ist, und sie geht über Bestrafung und Zauberei hinaus. Von dem Rebbe, der über Zeit und Raum hinaussehen kann, sagt man, er habe den «Blick». Die Prüfung der zukünftigen Braut durch die Familie des chossen wird auch «der Blick» genannt.

Der Augensprache wird im täglichen Leben großes Gewicht beigemessen, und oft werden Leute aufgrund ihrer Augen charakterisiert. «Er hat ein Paar Augen wie ein Dieb» heißt, daß er gewitzt und klug schaut. «Er hat ein Paar mitfühlende Augen» bedeutet, er müsse großzügig und freundlich sein. Man kann mit den Augen «verschlingen» und «morden», und wenn jemand einen vernichtenden Blick wirft, so sagt man, «der zeigte ihm seine Augen».

Geld wird als Bestrafung und als Belohnung verwendet. Einem Kind, das sich schlecht benimmt, wird der erwartete Pfennig verweigert, und einem anderen, das im chejder gute Leistungen gezeigt hat, gibt man Geld als Belohnung. Nahrungsmittel werden als Belohnung verwendet, aber niemals zur Bestrafung. Selbst wenn die Mutter böse ist oder mit keinem Mitglied der Familie spricht, sorgt sie doch um das Essen für alle. Sie bringt schweigend das Essen auf den Tisch und hört nicht auf, sich darum zu kümmern, daß alle anständig zulangen. Kinder jedoch können andererseits die Mutter kränken, wenn sie das Essen verweigern. «Nahrungsmittel wurden vor den Kindern nie versteckt, nur Süßigkeiten. Sie wurden dem Kind nur zu bestimmten Zeiten gegeben, etwa nach der Mahlzeit als Belohnung. Nahrung wurde ihm aber als Bestrafung nie vorenthalten ... wenn ein Kind nicht essen wollte, dann bot ihm die Mutter gewöhnlich alles an, was immer es auch essen wollte, um auf diese Weise den Appetit des Kindes anzuregen. Waren Nahrungsmittel knapp, so aßen die Kinder zuerst und dann die Erwachsenen.»

Kinder im Schtetl müssen gehorchen, und sie gehorchen auch. Sie gehorchen ihren Eltern und dem Gesetz. Gleichzeitig wird ihnen beigebracht, daß der Mensch immer zwischen falsch und richtig wählen kann. Gott gibt die Definition, und die Eltern legen sie aus, entscheiden, was gut und was von Übel ist. Gott hat es so gewollt – für die Gruppe wie auch für den einzelnen. Er entscheidet bei der Geburt, wen man heiraten wird. Aber die Wahl zwischen gut und schlecht liegt beim einzelnen. Wählt jemand das Üble, so ist es sein eigener Fehler, obgleich auch andere darunter leiden können. «Die Menschen haben immer diese Wahl.»

Wählen sie richtig, so erregt das kein Aufsehen, denn es wird erwartet, daß man das Richtige tut, wenn man weiß, was richtig ist. Kinder werden für Missetaten viel eher bestraft, als sie für gute Taten belohnt werden – so wie der erwachsene Mensch mehr wegen seines ungenügenden Dienstes an der Gemeinschaft kritisiert wird als für seine guten Werke gelobt.

Hinter allen elterlichen Verboten und Verfügungen steht Gott, der letztendliche Gebieter darüber, was gut und was schlecht ist, die Quelle der mizwess, der so viele Handlungen unterliegen. ER wird verstimmt sein, ER wird bestrafen oder ER wird belohnen. Das Kind des Schtetls hat ein lebhaftes Bewußtsein von Gott, wenn auch gewöhnlich kein lebhaftes Bild von IHM. Es gibt jedoch gelegentliche Tendenzen, IHN mit dem männlichen Haupt der Familie zu identifizieren. Die Strafen des Vaters müssen genauso angenommen werden wie die Strafen Gottes. «Ich kann mich nicht daran erinnern, was ich mir vorstellte, wie Gott aussieht, aber ich erinnere mich gut daran, daß ich immer wissen wollte, was der Unterschied zwischen Gott und meinem Großvater sei.» Meistens stellt man sich IHN als eine körperlose, alles durchdringende Präsenz vor. Die Abstraktheit des kindlichen Gottesbildes, wie es später erinnert wird, geht Hand in Hand mit der Tendenz, Geist und Verstand mit dem männlichen Prinzip gleichzusetzen, mit der Betonung eher auf der Bedeutung als auf der Substanz. Sie steht auch im Einklang mit dem Verbot, sich ein «Götzenbild» zu machen, und mit der Feststellung, die täglich in den dreizehn Glaubensartikeln wiederholt wird: «Er hat nicht die Gestalt eines Körpers.» Stellt man IHN sich in menschlicher Gestalt vor, so neigt man dazu, sich IHN «nur als einen gewaltigen Kopf» zu denken. «ER sah nicht aus wie ein menschliches Wesen. ER hatte keinen Körper oder Kopf oder Beine und Arme.» Vielleicht «war ER nur eine Flamme, eine große gelbe Flamme». Jedoch auch typisch: «Ich dachte, daß Gott im Himmel sei, aber man konnte IHN nicht sehen. ER war unsichtbar. Ich war sogar ängstlich, das Wort Gott zu erwähnen. Tat ich es aus Versehen, so steckte ich sofort meinen Finger in den Mund und biß darauf ... dann würde die Sünde vergehen. Wenn man Gott erwähnte, so hatte man vorher seine Hände zu waschen. Meist wurde von Gott als ‹Oiberschter im himl› gesprochen, anstatt das Wort ‹Gott› zu verwenden.»

Der Kontrast zu anderen Göttern wurde zum Argument für Überlegenheit. Andere Götter waren spezialisiert oder nur an bestimmten Orten. Der Gott der Bauern blieb an einem einzigen Ort, im Gegensatz zu «unserem Gott ... der im ganzen Himmel herumflog und sich um jeden kümmerte ... Der gojische Gott hing an der Wand mit lauter Lampen drum herum. Was konnte ein Gott schon tun, der an der Wand hing?»

An «Holzstücke oder an Bilder zu glauben», hieß im übertragenen Sinne, eher an körperliche als an geistige und intellektuelle Werte zu glauben. «Ich bin mit allen Klischees, die Juden von Gojim haben, aufgewachsen ... und auch ich, wie alle anderen jüdischen Kinder, entwickelte Überlegenheitsgefühle im Zusammenhang mit Nichtjuden. Und das ist auch nicht verwunderlich.»

Es ist um so weniger verwunderlich, als die hauptsächlichen Kontakte mit Nichtjuden entweder mit verarmten, analphabetischen Bauern oder mit übermächtigen Beamten stattfanden. Die Bauern waren oft ebenso arm oder noch ärmer als ihre jüdischen Nachbarn. «Immer wenn das Ende des Winters bald bevorstand, waren die Bauern ohne Brot oder irgendwelche anderen Nahrungsmittel. Wurde es dann Frühling, ging es ihnen nicht mehr ganz so schlecht, dann konnten sie Gras und anderes essen, aber in den letzten Winterwochen waren sie oft verzweifelt. Ich kann mich erinnern, daß sie in unseren Laden kamen, bekleidet mit einem alten ausgefransten Wollmantel und darunter nur mit einem handgemachten Leinenhemd, grob gewebt. Sie bettelten meine Mutter um Brot an und wollten dafür ihr Hemd geben. Meine Mutter, armes Ding, sie gab ihnen Brot und sagte ihnen, sie sollten zahlen, wenn sie wieder könnten – dabei hatte sie selbst nicht viel – und sie weinten und küßten ihre Hände. Ich erinnere mich an all das sehr gut, und ich erinnere mich, daß der Zar versuchte, diese Bauern dazu zu bringen, sich zu beugen. Hilfsmaßnahmen jeder Art waren durch die zaristischen Behörden verboten; man fürchtete, daß so etwas die Leute einen könnte. Juden und Nichtjuden kamen immer gut miteinander aus, wenn man ihnen die Gelegenheit gab. Die bäuerliche Bevölkerung lief immer zu den Juden, wenn sie in Schwierigkeiten war – Krankheit, ein Brief, eine hungrige Familie. Selbst die Juden fasteten am Montag und am Donnerstag, um für die anderen Tage genug zu haben, aber sie und die Bauern waren Freunde.» Vor diesem Hintergrund ist es nicht überraschend, die «armen Bauern» häufig als Objekt von Wohltätigkeit beschrieben zu finden. «Meine Großmutter, die so arm war, hätte alle ihre irdischen Güter an die Bedürftigen weggegeben. Und es machte keinen Unterschied, ob sie sie nun einem Juden oder einem Goj gab. Wurde ein Goj krank, so ging meine Großmutter zu ihm, um nach ihm zu sehen. Und sie ging nie mit leeren Händen. Sie nahm immer etwas mit – Weißbrot, Milch, Butter, Zucker usf. Wissen Sie, für die war die beste Medizin immer ein Glas starken Tees mit Zucker. Sie machte niemals einen Unterschied zwischen Juden und Nichtjuden, wenn es um Hilfe ging. In ihrem Kopf arbeitete etwas, das ihr sagte, alle Menschen müssen gleich sein und sollten deshalb auch gleich behandelt werden.»

Die Anweisungen für die Zuerkennung sozialer Wohltaten setzen die Bedürftigkeit vor die Identifikation mit der Gruppe. «Bekommt ein Kind Münzen, um sie an die Armen zu verteilen, so wird ihm immer wieder gesagt, mach' keinen Unterschied zwischen den nichtjüdischen und den jüdischen Bettlern – jede Hilfe für einen Bedürftigen ist eine mizwe.»

Solch ein Kind sieht, daß den Bauern die höchsten Freuden und Werte vorenthalten werden. Es sieht sie aber auch in einer vergleichsweise starken Position. Der chejder-Junge läuft nach Hause und versucht, den Angriffen der Bauernburschen zu entkommen. Er sieht auch, daß der jüdische Vater, mit der Autorität Gottes versehen, hilflos gegen die Anhänger des anderen Gottes ist. Sein Bild vom Unterschied zwischen den beiden Gruppen wird insgesamt von den elterlichen Normen bestimmt, ihrem «tue das» und «tue jenes nicht». Die Hauptbegründungen für Anordnungen sind: «Weil es angebracht ist», «weil es eine mizwe ist», «weil es dir gesagt wird». Die Hauptbegründungen für Verbote sind: «Weil es unjüdisch ist» oder – wie das Schtetl es ausdrückt – «gojisch ist». Ein «richtiger» Jude kämpft nicht. Ein «richtiger» Jude stiehlt nicht. Obgleich bekannt ist, daß es eine jüdische Unterwelt gibt und daß einzelne moralisch verkommen sind, wird immer noch behauptet, daß solch ein Verhalten für einen «richtigen» Juden unmöglich sei. Eine typische Antwort auf die Behauptung, jemand sei so tief gesunken, ist: «Ein Jude ein Dieb?» Die Redewendung «ein jüdischer Räuber» bedeutet: er ist ganz und gar kein Räuber. Das Ideal der Ehrenhaftigkeit im Geschäft ist absolut osteuropäisch, Feilschen und Handeln werden als Sport, als Kunst und Beruf angesehen. Stehlen jedoch ist «etwas anderes», und im osteuropäischen Verständnis ist ein richtiger Jude dazu nicht in der Lage. Ein «richtiger» Jude verletzt weder Mensch noch Tier. «Mitleid mit allem, was lebt» ist ein grundsätzliches Gebot, und wenn jemand es vernachlässigt, wird sofort die Frage aufgeworfen: «Wo ist dein Mitleid mit allem, was lebt?» Man darf ein Tier nicht mit Arbeit überlasten oder schlagen, nicht der Kuh das Kalb nehmen, Gänse nicht nudeln. Man darf

Tiere auch nicht einsperren; nur wenn es unbedingt erforderlich ist, um Nah-rungsmittel für die Menschen zu produzieren, ist es als Ausnahme zugelassen. Im übrigen werden Kinder ständig daran erinnert, daß ein «richtiger» Jude gemäßigt, zurückhaltend und intellektuell ist, und sie werden gescholten, wenn sie diesen Idealen untreu werden. «Ein jüdischer Junge klettert nicht auf Bäume.» «Ein jüdischer Junge fährt nicht mit dem Fahrrad.» «Ein jüdischer Junge lacht nicht wie ein Narr.»

Besucher des Schtetls bemerken, daß die Augen der Kinder ernst blicken und daß die Kinder «grinsen, aber nicht lächeln». Im Vergleich mit Kindern, deren Hauptbeschäftigung das Spielen ist, ist dies ein typischer Eindruck. Dennoch spielen auch die Schtetl-Kinder. Es ist zwar nicht «jüdisch», Schlittschuh zu laufen, zu pfeifen oder zu grölen, aber viele Schtetl-Jungen tun es doch. «Ich war ein sehr wilder Junge, kletterte auf Bäume und Dächer. Ich hatte immer Nadel und Faden bei mir, um mein Zeug zu flicken, bevor ich nach Hause ging von meinen Streifzügen.» «Wir fingen gern Vögel ... man mußte den Vogel mit seiner Mütze bedecken, damit er nicht davonflog ... Wir machten das so, obwohl es uns nicht erlaubt war, man mußte doch ‹Mitleid mit dem Lebendigen› zeigen. Mamme würde es nie erlaubt haben, so durfte ich auch niemals einen gefangenen Vogel mit nach Hause bringen.»

Nur die Söhne aus sehr schejnen und sehr orthodoxen Häusern vermeiden es weitgehend, sich die Hände schmutzig zu machen und die Kleidung zu zerknittern. Für sie ist das Leben ein gleichförmiger Ablauf des Studierens. Es gibt wahrscheinlich nur sehr wenige Jungen im Schtetl, die so leben, und sie fühlen sich bestimmt sehr einsam, wenn sie den anderen Jungen von Ferne zusehen. Die soziale Stufenleiter findet ihre Parallele in der Abstufung der Restriktionen, die den Kindern auferlegt werden. Je schejner ein Kind, mit desto weniger Kindern darf es spielen und umso strikter muß es den Kodex des mustergültigen Menschen beachten; je proster, desto mehr Spielfreunde sind erlaubt und desto breiter ist der Freiraum für das, was man spielen darf. Außerdem gibt es auf der niedrigeren sozialen Ebene weniger Strafen für die Verwendung «häßlicher Worte».

«Ich hatte einen Freund; er war der Sohn eines reichen Mannes, und ich durfte mit ihm spielen. Aber meistens studierten wir gemeinsam, und samstags wurden wir zusammen zum m'lamed gebracht, der sich anhörte, was wir in der Woche gelernt hatten. Und wir mußten alles wissen, alle Kommentare. Die einzigen Spiele, die man uns erlaubte, waren Spiele im Hause. Und drinnen mußten wir leise sein, und wir mußten im Hause immer direkt unter den Augen eines Erwachsenen bleiben.»

Vielleicht bedauern die anderen Jungen manchmal die wenigen Privilegierten; und gewiß werden diese im späteren Leben ihre eigene Kindheit zuweilen bedauern. «Ich war bestimmt neidisch, bis zu dem Zeitpunkt, da ich ihren niedrigeren Status gewahr wurde. Ich trug bessere Kleidung. Ich fuhr in einer Kutsche. Ich erhielt besseres Essen, und obgleich mich die extreme Besorgnis um mich immer ärgerte, wurde mir meine exklusive Stellung klar. Ob mich meine Stellung nun sehr glücklich machte, das ist eine andere Frage ... Ich pflegte am Fenster meines Zimmers zu stehen und auf die andere Seite der

Straße hinunterzuschauen, wo die Jungen spielten ... Sie liefen barfuß im Schlamm und machten Sandkuchen, bauten Burgen und so. Ich wäre glücklich gewesen, hinuntergehen zu können und dasselbe zu tun. Aber gleichzeitig, ich erinnere mich daran, als sei es heute gewesen, schüttelte ich den imaginären Staub von meinen Händen, den Staub, mit dem die anderen Kinder spielten. Ich wußte schon, was ich zu tun hatte und was ich nicht tun durfte. Und gewisse Dinge wurden mir widerlich. So blieb ich in meinem Zimmer, studierte die meiste Zeit und dachte nach.»

Mit Ausnahme der sehr schejnen finden die Jungen immer noch etwas Zeit zum Spielen – selbst diejenigen, die lange Stunden im chejder verbringen, und jene, die ihren Eltern im Laden helfen oder die mit acht oder neun Jahren ein Handwerk zu erlernen beginnen. Sie finden auch Zeit, sich zu prügeln, obgleich Schlägereien extrem «unjüdisch» sind. «Schlage niemanden, deine Hände könnten dir abfallen», ist die Ermahnung der Erwachsenen, die von einigen Kindern wörtlich genommen wird, von den meisten jedoch nicht. «Sehen Erwachsene, daß Kinder sich prügeln, dann bringen sie die Kinder zusammen; sie müssen einander küssen oder die Hand geben und sich hinsetzen, und sie werden von den Eltern lange Zeit beobachtet, damit sie sich nicht wieder prügeln.» Sie werden ermahnt, nur «reine und koschere» Spiele zu spielen, und mit «unsauberen» Spielen meint man Prügelei.

Trotzdem prügeln sie sich. Eine Bande aus der einen Straße prügelt sich mit einer anderen aus der Nebenstraße, die Jungen aus dem einen chejder prügeln sich mit denen aus einem anderen. In diesen Zusammenstößen macht sich oft die Verbitterung über Klassenunterschiede Luft, denn die Jungen aus der einen Straße sind möglicherweise proste, die andern balabatisch. Sie kämpfen mit Worten oder mit Fäusten, und «prostak» ist das beliebteste Schimpfwort. Es gibt blutige Nasen und zerrissene Kleidung. Wenn die Jungen dann nach einer solchen Schlacht nach Hause kommen, können sie damit rechnen, eine weitere Tracht Prügel wegen schlechten Benehmens von ihren Vätern zu beziehen.

«Sie pflegten Soldaten zu spielen, aber oft war es mehr als ein Spiel. Ein regelrechter Krieg brach zwischen den Jungen aus, die in zwei Straßen lebten. Die Jungen aus unserer Straße, die balabatischen Jungen, kämpften gegen die Söhne der Kutscher, Schuhmacher, Pferdehändler und Metzger. Aber im Zorn, nicht im Spaß, und wenn dann die Mütter einen solchen Krieg sahen, rissen sie sich die Haare vom Kopf ...»

«Manchmal, wenn es wiedermal eine Auseinandersetzung zwischen den beiden Gruppen gab, trug man sie aus, indem jede Gruppe einen Jungen auswählte. Die beiden kämpften dann miteinander, und wer gewann, dessen Gruppe war der Gewinner. So gab es keine große Schlägerei. Von unserer Gruppe wurde immer ich gewählt. Ich war der Stärkste und verlor nie. Mich konnte kein Schlachterbursche schlagen!»

Es gibt auch Schlägereien mit nichtjüdischen Jungen. Man macht da aber nur widerwillig mit oder vermeidet sie ganz, wenn es geht. Zu verlieren ist peinlich, und zu gewinnen könnte gefährlich sein. «... Wir mußten durch die nichtjüdischen Straßen gehen. Das hieß jedesmal Krieg mit den gojischen

Jungen und ihren Hunden. Also gingen wir nicht allein, sondern in Gruppen. Aber jedes Mal gab es Krieg – Schlägerei. Es fing alles mit beleidigenden Spottliedern an und wurde mit beleidigenden Spottliedern beantwortet. Dann begann die Schlägerei, bis ihre Eltern dem ein Ende machten. Ich konnte es nicht verstehen. Die Eltern dieser Jungen und unsere Eltern hatten ein freundschaftliches Verhältnis, warum haßten ihre Kinder uns?» Diese Kämpfe sind kein Spaß. Auf dem Wege von und zum chejder vermeidet man bestimmte Straßen, in der Hoffnung, den Banden zu entgehen, und man versucht, nie allein zu gehen. «Vor *sch'wu'ess* (Wochenfest) und *ssukes* (Laubhüttenfest) und anderen Feiertagen mußten wir auch durch die gojischen Straßen gehen, um Bäume, Zweige usw. für unsere Feiertage zu holen. Und natürlich gab es dann immer einen Krieg. Aber wir gingen nicht einzeln, sondern in großen Gruppen, und wir bekamen auch immer, was wir brauchten.»

Schmerzhafter als eine blutige Schlägerei ist das Abschneiden einer Schläfenlocke, eine Frevelei, die gelegentlich einem Jungen widerfährt, der unbedarft genug ist, durch eine der gefährlichen Straßen allein zu gehen. Es ist eine Untat, die Nichtjuden von den Eltern lernten, wenn diese manchmal während eines Pogroms einem erwachsenen Juden den halben Bart oder eine Schläfenlocke abschnitten.

Diese Symbole der Jiddischkeit zu verlieren, schmerzt zutiefst und stellt eine Erniedrigung dar. Um den Verlust zu verbergen, ist es üblich, sich einen Lappen um den Kopf zu binden, als habe man Kopf- oder Zahnschmerzen.

Hunde werden mit Kampf assoziiert, nicht mit jungenhaften Spielen. Für die Leute im Schtetl ist der Hund kein Schoßtier, sondern ein Symbol für brutale Kraft und Unberechenbarkeit. Welcher Rasse er auch sein mag, er ist ein Bluthund. Der Wächter auf dem Gut des abwesenden Adeligen läßt sich von scharfen Hunden begleiten, in der Hoffnung, Jungen zu überraschen, die nach Früchten, Beeren oder Feuerholz suchen. Die weiter außerhalb gelegenenen Häuser der Bauern werden von Hunden bewacht, die darauf gedrillt sind, nach den langen Kaftanen der Schtetl-Jungen zu schnappen. Die Jungen laufen immer weg, und die Hunde jagen hinter ihnen her. Seine Rolle im Schtetl hat den Hund zum Urbild einer gefährlichen Bestie gemacht. Wenn geschmolzenes Wachs ins Wasser gegossen wird, um herauszufinden, was einem Baby Angst gemacht hat, so ist die Figur, die meistens darin gesehen wird, ein Hund.

Ist ein größeres Kind ängstlich, so werden zwei Mittel dagegen empfohlen: ein Gebet zu sprechen, genannt krischmesch, oder Wasser zu lassen. Das eine erfleht göttliche Hilfe, das andere läßt das durch Furcht erzeugte Gift verschwinden. In beiden Fällen ist die typische Haltung des Schtetls: werde es los.

Ein Ventil für jungenhaften Lärm und Temperamentsausbruch wird von den Erwachsenen geduldet. Ab und zu kommt ein Schwein von der Straße in den Innenhof. Passiert dies, so versammeln sich die Jungen aus der Nachbarschaft, um es zu quälen. Sie greifen es mit Stöcken an, treiben es von einer Ecke in die andere und versetzen es in Schrecken, bis es vor Furcht und Rage quietscht – und das Quietschen eines Schweines ist ein Geräusch, das eher an eine Folterkammer denken läßt als einen Bauernhof. «Wenn Schweine wild werden, dann sind sie so gefährlich wie Löwen.» Die Erwachsenen schreiten nicht ein. Grausamkeiten sind verboten, man muß «Mitleid mit allem Lebenden» haben. Lärmen ist verboten, Flegelhaftigkeit ist verboten. Aber dies ist ein Schwein. Das Schwein ist Sündenbock, bis es entkommen kann.

Eine große Anzahl der Tabus, die Kinder zu beachten haben, ist auf Aberglauben gegründet, den man mit den Bauern teilt. Zusätzlich zu den Gefahren des göttlichen Zorns, der irdischen Elemente und denen, die von unverantwortlichen Sterblichen drohen, gibt es die ständige Bedrohung durch Teufel, Geister und Gespenster, die die Erde umschwärmen. Zahllose Redewendungen, die fast automatisch im täglichen Gespräch verwendet werden, erinnern an die Furcht, die durch die übernatürliche Bevölkerung im Himmel und auf Erden hervorgerufen wird. «Kein böser Blick» ist die bekannteste. Eine andere, die fast jedem Bericht eines Unglücks angehängt wird, ist «was nicht von uns gesagt werden möge» oder «was nicht von uns gedacht werden möge». Jemand mag z. B. mitteilen: «Itzigs Gittele hat sich ein Bein gebrochen, was nicht von uns gesagt werden möge». Jeder Aussage, die auch nur entfernt einen Plan für die Zukunft formuliert, folgt hastig die Redewendung «so Gott will» oder «unberufen». Man sagt nicht: «Ich fahre morgen nach Lodz», sondern eher: «Mag sein, daß ich morgen nach Lodz fahre, unberufen.»

Wird ein Toter in Verbindung mit einem Lebenden erwähnt, muß eine schützende Redewendung hinzugefügt werden: «Du siehst genauso aus wie dein (toter) Vater – ich wünsch dir noch viele Jahre.» In jedem Fall ist es günstig, dem Namen einer Person einen wohlmeinenden Ausruf folgen zu lassen wie «möge er hundertzwanzig werden». Menschen zu zählen, ist sehr riskant, da der Todesengel es als Aufforderung betrachten könnte, ihre Zahl zu verringern. Aus diesem Grunde ist es erforderlich, die Versammelten auf eine Art zu zählen, mit der man den bösen Geist narrt, nämlich «nicht eins, nicht zwei, nicht drei», usw.

Ein unvorsichtiges Kind könnte seine Eltern in Gefahr bringen, wenn es in seinem Spiel unbedacht ist. Wenn es zum Beispiel rückwärts geht, so werden seine Eltern so viele Jahre in der Hölle schmoren müssen, wie es Schritte gemacht hat. Tritt es nach hinten mit dem Fuß aus, so verflucht es mit dem linken Fuß seine Mutter, mit dem rechten den Vater; die rechte Seite – wie auch der Kopf – ist immer Symbol des Höheren. Sollte es Speisen hinter sich werfen, so bedroht es damit seine Eltern ebenso.

Andere Handlungen gefährden das Kind selbst. Es darf nicht mit seinem Schatten spielen, denn das macht dumm. Es darf nicht mit Feuer spielen, denn dann wird es zum Bettnässer. Die Zunge darf es nicht vor dem Spiegel ausstrecken, sie würde dann abfallen. Auch darf es nicht den ersten Anschnitt eines Brotes essen, es könnte dumm werden.

Die Trennung der Tätigkeiten von Jungen und Mädchen beginnt früh, denn der Junge geht schon mit drei Jahren in den chejder, während das Mädchen im Hause bleibt, um der Mutter zu helfen. Von da an sind die Arbeit und das

Spiel der beiden unterschiedlich. Selbst wenn das Mädchen in die Schule geht, sind die täglichen Schulstunden kürzer, und seine Hauptbeschäftigung bleibt die Hilfe im Hause.

Seine früheste Beschäftigung ist das Aufpassen auf ein Baby. «Die Kinder wuchsen eines nach dem anderen auf, und jedes kümmerte sich um das nächste.» Man neigt aber dazu, den Mädchen diese Verantwortung zu überlassen. Geht es zum Spielen, so trägt es das Baby bei sich, «eingewickelt wie ein Kohlkopf», Lage über Lage. Wenn es dann beim Himmel-und-Hölle-Spiel an der Reihe ist, gibt es das Baby solange einer Freundin zum Halten und bekommt es nach ihren Sprüngen über die Quadrate wieder zurück. «Als meine Schwester geboren wurde – ich war wohl gerade zehn – kümmerte ich mich um sie. Das ging so weit, daß sie, wenn sie mitten in der Nacht aufwachte, nach mir rief und nicht nach meiner Mutter oder meinem Vater.»

Ein Mädchen ist immer irgend jemandes Mutter. Sind keine kleinen Kinder im Hause, so sagt man ihm, es solle bei der Tante oder der Nachbarin helfen. Eine große Schwester stellt oft fast ein Elternteil für Brüder oder Schwestern dar, die beträchtlich jünger sind als sie. Stirbt die Mutter, so übernimmt eine Schwester gewöhnlich ihre Rolle – nicht immer die älteste, sondern diejenige, der diese Rolle vom Temperament her am meisten liegt.

Den jüngeren Geschwistern eine «Mutter» zu sein – oder in diesem Zusammenhang auch dem eigenen Kind – heißt nicht, auch seine inneren Gedanken und Gefühle mit dem Kind zu teilen. Innere Gefühle und Gedanken werden – im Gegensatz zu Geld, Gelehrsamkeit und Klatsch – im Schtetl nicht großzügig mitgeteilt. Trotz des Mangels an Privatsphäre in allen allgemeinen Angelegenheiten ist es für jeden einzelnen möglich, seine innere Unantastbarkeit zu erhalten. «Wenn du wissen willst, was in meinem Hause vorgeht, so frage meinen Nachbarn» – diese Redensart wird relativiert durch: «Du weißt nie, was im Inneren eines anderen Menschen vorgeht.» Man möchte es selten wissen, und selten möchte man es auch jemanden wissen lassen. Jeder Mensch hat seine eigenen «vier Quadratmeter Erde». Wahrscheinlich wäre der rasante Wirbel des Schtetl-Lebens ohne die Möglichkeit inneren Rückzugs nicht zu ertragen.

In Angelegenheiten der Haushaltsführung erfolgt die Unterrichtung der Mädchen eher an Beispielen als nach festen Grundregeln. Während der m'lamed dem Bruder seine Lektionen eindrillt, folgt die Mutter im Hause dem Prinzip des «Lernens durch Praxis», das allgemein anerkannt ist. Sie gibt nur wenige oder gar keine Anweisungen, und von einer Tochter wird erwartet, daß sie lernt, wie man chale backt und das Haus reinigt, indem sie zuschaut, wie es gemacht wird. Man folgt dem vorherrschenden Muster, nach dem eher beanstandet wird, was falsch gemacht wurde, als gelobt, was richtig ausgeführt ist; das Richtige wird als selbstverständlich vorausgesetzt. Später, wenn die Tochter verheiratet ist und ein eigenes Haus hat, ist die Mutter stolz auf deren Leistungen, aber sie wird diese eher im Haus der Tochter anerkennen als in ihrem eigenen.

Im Gegensatz zu der Reihe von rituellen Feierlichkeiten, die den Fortschritt des Bruders von einer Phase zur nächsten anzeigen, hat das Mädchen von dem

Tag ihrer Namensgebung an bis zu ihrer Hochzeit keine Gelegenheit zu feiern. Wenn es dann anfängt zu menstruieren, erzählt es das seiner Mutter, wahrscheinlich unter Tränen der Angst, denn irgendeine Vorwarnung ist unwahrscheinlich. «Ich dachte, ich müßte sterben. Ich wußte nicht, was mit mir passierte ... alles, was ich denken konnte, war, daß ich sehr krank sein müsse oder etwas ähnliches ...» Als Antwort erhält die Tochter einen Klaps auf die Wangen. Nachdem die Tränen, die diese Behandlung hervorruft, dann getrocknet sind, erklärt man ihr, daß alles so in Ordnung sei; sie bekomme davon rosige Wangen und würde hübsch werden. «Ich war sehr erschreckt; als erstes gab sie mir Klapse auf die Wangen. Ich sah sie an und fragte: ‹Was soll das heißen›? ‹Oh›, sagte sie, ‹das heißt, daß du von nun an dein ganzes Leben lang einen wunderbaren Teint haben wirst. Meine Mutter machte es mit mir genauso. Wenn ein Mädchen seine erste Menstruation hat, dann gibt man ihm Klapse auf die Wangen; das Blut schießt ins Gesicht und bleibt dort – und siehst du, es ist so.›»

Dies kommt einem Initiationsritus am nächsten. Die Jugendliche wird nun ständig daran erinnert, daß Mädchenzeit die Lehrzeit ist, die eine Frau aus ihr machen wird. «Du bist jetzt ein Mädchen im heiratsfähigen Alter, eine kale mojd», heißt es immer wieder. Bis es verheiratet ist, gelten die rituellen Menstruationsregeln für das Mädchen noch nicht. Menstruation ist etwas Physiologisches für ein Mädchen, aber ein sozialer Faktor für eine verheiratete Frau.

Vielleicht fühlt sich das Mädchen vernachlässigt, wenn sein Bruder, in den Gebetsschal des Vaters eingewickelt, zum chejder getragen wird. Andererseits glüht es vielleicht vor mütterlichem Stolz, besonders wenn es die ältere Schwester ist, die ihm wie eine Mutter war. In welchem Maße ihre größeren Freiheiten den niedrigeren Status ausgleichen, ist eine Sache des individuellen Temperaments und der Erfahrung. Wenn ihr kleinerer Bruder sie ärgert und ruft: «Wir sind diejenigen, die kadisch sagen, und was tust du?», dann mag sie das Gefühl haben: «Jungen sind besser dran als Mädchen» oder «das Leben eines Mädchens ist viel schwerer als das eines Jungen». Wenn jedoch der Bruder zwölf Stunden am Tag eingesperrt in der Schule bleiben muß, vom m'lamed geschlagen wird, weil er seine Lektion nicht gelernt hat, und zu Hause noch gescholten wird, weil er mit seiner jarmelke und dem taliss-kotn zu nachlässig umging, erscheint ihr die eigene Last doch leichter. Und sie, wie ihre Mutter, dürfte zu «beschäftigt sein, um alles wahrzunehmen».

Wird das Mädchen beiseite gedrängt – den Jungen drängt man hinaus; trägt seine Mutter ihn zum m'lamed, so wird er damit förmlich aus seinem Kleinkinderdasein herausgerissen und aus der sicheren, schützenden Wärme der weiblichen Welt. Das Ereignis kommt jedoch nicht ohne Vorwarnung. Wochen vorher haben Erwachsene schon seine Wangen gekniffen und ihm erzählt, was für ein großer Junge er schon sei und daß er bald auch den chejder besuchen wird. Vielleicht hat man ihn schon dorthin mitgenommen, «wo die Thora ist», um ihn ein wenig spielen zu lassen, damit er mit der Atmosphäre des Lernens vertraut wird, wie die Mutter ihn auch in der Frauenabteilung der Synagoge dabei hatte, um ihm einen Vorgeschmack auf die rituelle Welt zu geben, die eines Tages sein Element sein wird.

Von dem Augenblick an, da er in den chejder geht, geht er auch zusammen mit seinem Vater in die schul und sitzt in der Männerabteilung. Er sieht auch schon «männlicher» aus, denn seine Babylocken sind abgeschnitten worden, und sein Kopf ist – bis auf die kostbaren Schläfenlocken – kahlgeschoren. Friseure sind teuer, und die Mutter wird ihm wahrscheinlich selbst die Haare geschnitten haben. Das gibt Tränen auf beiden Seiten. Wenn alles passiert ist und sein Kopf unfachmännisch in schartige «Treppen» geschoren ist, dann sieht er wie ein «richtiger» chejder-Junge aus. Hätte seine Mutter nicht den Nerv, sein Haar zu opfern, so verletzte sie ihn damit viel stärker, denn alle Jungen im chejder würden höhnen, er sehe aus «wie ein Mädchen – Zöpfe wie ein Mädchen!» Abgesehen von der einen Locke, die seine Mutter als Andenken behält, wird das ganze abgeschnittene Haar verbrannt, so daß er nicht danach jagen muß, wenn er ins Jenseits eintritt.

Der chejder markiert sowohl einen Einschnitt im Aussehen des Jungen als auch in seiner Beschäftigung und in seinem Status. Alles dies sind Veränderungen, die mit einer Mischung aus Verlust und Genugtuung erlebt werden; er verliert die kindlichen Privilegien, die Behütung und die Vergnügungen – dafür belohnen ihn die Aussichten, ein Mann zu werden. Die neue Welt wird eine männliche sein, mit dem m'lamed, der derech erez und die Thora lehrt, ohne einen Funken von Nachsicht und Nachgiebigkeit. Jede direkte und quasi-mütterliche Betreuung, die die kleinsten Kinder im chejder erhalten, kommt vom Assistenten des m'lamed, dem belfer, der darauf achtet, daß die Kleinen ihre Hände waschen, die richtigen Segenssprüche sprechen, ihre Köpfe bedeckt halten – damit demonstriert er im übrigen die Möglichkeiten und Grenzen des Austausches von maskulinen und femininen Funktionen.

Die Welt, in die der Junge eintritt, ist erheblich anspruchsvoller als die, in der das Mädchen verbleibt; und hat sie Anlaß, seine männlichen Vorrechte zu beneiden, so gibt es auch Gelegenheit für ihn, neidisch auf ihren weiblichen Freiraum zu sein. «Mädchen konnten tun, was sie wollten», sagen viele Männer. «Die Jungen konnten fast alles tun, wozu sie Lust hatten», sagen viele Frauen. Solche Kommentare werden jedoch meistens retrospektiv von außerhalb des Schtetls gegeben; sie mögen auch eine Folge äußerer Einflüsse sein.

Die Erwachsenen im Schtetl erzählen den Kindern ständig, daß die Kindheit die sorgloseste Zeit ihres Lebens sei, und warnen sie, daß sie nur zu bald erwachsen wären. Damit geben sie ihnen gleichzeitig einen Schubs in Richtung Erwachsensein. Sie sagen von einer verantwortungslosen Person: «Er ist sorglos wie ein Kind – kein Ärger, keine Trübsal.» Dennoch erscheint einem Kind die Existenz alles andere als sorglos. Der Junge von drei oder vier weiß schon einiges vom «Joch des Judeseins», dem ojl fun jiddischkeit. Ist er dann vier oder fünf, hat er chumesch, den Pentateuch, zu kennen und erhält Schläge vom m'lamed, wenn er nichts weiß. Für einen Fünfjährigen bedeuten die Routine der täglichen Gebete und die strengen Anforderungen des chejder nicht gerade Freiheit und Unverantwortlichkeit.

Obgleich jedes Jahr neue Verantwortlichkeiten hinzukommen, wollen die meisten Kinder schnell erwachsen werden. Sie imitieren die Älteren immerzu, indem sie ihre Gesten und ihren Tonfall nachmachen. «Ich ging mit meinem

Großvater spazieren. Er erzählte mir eine Menge Geschichten. Er verschränkte beim Gehen seine Hände immer auf dem Rücken, und ich machte es auch so.»

Sie erzählen sich auch gegenseitig, was sie tun werden, wenn sie erst groß sind. Kinder unter dreizehn sollten nicht fasten, aber viele von ihnen bestehen darauf. «Ich versteckte mich den ganzen Tag im Wald, so daß sie mich nicht zwingen konnten, zu essen.» Babys werden gestreichelt, das Jüngste wird verwöhnt, und doch wollen sie alle schnell erwachsen werden. Nachsicht hat man mit den Kindlichen, doch alle sozialen Belohnungen kommen mit der Reife. Ist dann die Zeit gekommen, da man sich als Junior sieht, so erkennt man in den Vorteilen des höheren Alters ein Ziel, das anzustreben sich lohnt.

Für den Jungen ist die Schwelle zur offiziellen Reife seine *bar-mizwe* – wörtlich «Sohn des Bundes» –, eine Zeremonie, die an seinem dreizehnten Geburtstag begangen wird. Rituell gesehen ist er dann ein Erwachsener und kann ein Mitglied eines minjen sein. Im Laufe der Zeremonie dankt der Vater, der so freudig die Bürde der Verantwortung für das Verhalten seines Sohnes übernommen hatte, Gott, daß er ihn «von der Verantwortung für dies Kind befreit».

Ist der Junge nun ein bar-mizwe, so wird er zum ersten Mal zur Thora gerufen – ganz allein. Bis dahin ist er nur als ein Kind unter vielen am Feiertag ssimchas-tojre gerufen worden. Einige Wochen im voraus hat er schon die Regeln für die Handhabung der Phylakterien studiert und probiert, und nun ist es seine Pflicht, sie für die Morgengebete anzulegen. Er hat vielleicht auch schon die Würde erlangt, einen Gebetsschal tragen zu dürfen, was vielerorts jedoch erst am Hochzeitstag der Fall ist.

Er lernt auch die entsprechenden Kapitel des schulchn-oruch mit den dazugehörigen Kommentaren. Außerdem arbeitet er mit seinem Lehrer zusammen eine ausgeklügelte Ansprache aus, eine d'rosche; wie die Ansprachen, die er hält, wenn er den chejder verläßt und wenn er heiratet, handelt es sich dabei um eine Gesetzesauslegung, präsentiert in Form einer Diskussion über ein talmudisches Problem. Bei jeder erneuten Gelegenheit erreicht die Diskussion ein höheres Niveau in puncto Belesenheit und Redegewandtheit. Wurden die Fragen bei seinem ersten jugendlichen Beweis der Gelehrsamkeit noch vom m'lamed gestellt, so werden sie jetzt von dem Jungen selbst dargelegt – zu dessen eigener Beantwortung. Manchmal wird der Junge für die bar-mizwe zu einem besonderen Lehrer geschickt; meistens ist es ein gelehrter Freund der Familie, der diesen Dienst als einen Akt der Freundschaft und natürlich als ein «gutes Werk» leistet.

Je orthodoxer die Familie, desto einfacher ist die gesellschaftliche Feier – «es ist religiöser auf diese Art». Vater und Sohn gehen gemessenen Schrittes zur Synagoge, und der Junge legt ohne viel Aufhebens die Phylakterien für das Gebet an, so wie er es während der vorhergehenden Wochen gelernt hat. Am Sabbat wird er wie ein richtiger Mann zur Thora gerufen. Aufwendige Geschenke und Parties werden mit einer weniger «religiösen» Einstellung assoziiert. Der gesellschaftliche Teil einer wirklich orthodoxen bar-mizwe ist ein einfacher Empfang, ein kidusch in der Synagoge und im Hause, mit Brannt-

wein und Kuchen für alle. Der Höhepunkt ist der Vortrag während der Feier –
mit strahlenden Eltern, bewundernden Freunden –, und jedermann bereitet
sich darauf vor, danach die Leistung des «kleinen Stückes Thora», das der
Junge ihnen vortrug, zu diskutieren.

Für Jungen, denen das Studium nicht als Karriere bevorsteht, ist die bar-
mizwe oft ein wirtschaftlicher wie auch religiöser Meilenstein. Viele verlassen
den chejder an ihrem dreizehnten Geburtstag, und einige von ihnen fangen
dann eine Lehre im Handwerk an. Einige andere haben das schon früher
getan oder wurden aus der Schule genommen, um bei der Arbeit der Väter
mitzuhelfen.

Wie viele Feierlichkeiten während eines Lebens im Schtetl hebt die bar-
mizwe-Zeremonie sowohl die Gruppe als auch den einzelnen hervor, denn die
Bedeutung liegt in der neuen Beziehung des Jungen zu der Gemeinschaft. Es
folgt sofort die Vorbereitung auf die nächste Stufe. Kaum ist der Junge bar-
mizwe, wird er auch schon daran erinnert, daß er ein potentieller Bräutigam
ist, ein chossen-bocher. Tut er irgend etwas, das nicht zu den Pflichten eines
männlichen Erwachsenen paßt, zieht man gleich die Augenbrauen hoch und
bezeichnet es als «Dummheit ohne jeden Sinn und Zweck». Er muß nun
beginnen, sich auf die Heirat vorzubereiten, so wie er sich auf die bar-mizwe
und auf jede Phase im chejder vorbereiten mußte. Jede Etappe schließt Anstrengungen und Übungen für die darauffolgende ein. Jede Phase bringt tatsächliche Veränderungen, für die jedoch der Grundstein schon gelegt wurde.
Und auf jeder Stufe wird ein Teil der Kindheit abgelegt, während ein weiterer
Teil des «Jochs» angenommen wird. «Wenn ein Junge bar-mizwe ist und er
dann noch Lust hat zu spielen, machen sich die Leute einen Spaß mit ihm und
sagen, sie hätten eigentlich vermutet, daß er nun ein mentsch sei. Mit Mädchen ist es dasselbe. Ist ein Mädchen älter als zwölf und spielt noch, so sagt die
Mutter: ‹Gebt ihr doch Bauklötze zum Spielen. Du bist ein Kind und noch gar
keine zukünftige Braut.›»

Von dem Tag seiner bar-mizwe an hat der Junge, jetzt offiziell ein Erwachsener, immer weniger mit Frauen zu tun. Er hat schon lange aufgehört, mit
den Mädchen zusammen zu spielen. Nur ganz kleine Jungen tun das. Wenn er
sich einmal vergißt, so singen seine Freunde ihm ein Spottlied: «Esel, Esel,
spring herum, spring herum!» oder sie höhnen: «Schande über ihn, er spielt
mit Mädchen!» Selbst die älteren Jungen weisen ihn darauf hin, daß es nicht
angebracht sei, «es passt nischt!»

Von vornherein liegt die Hauptlast des Meideverhaltens bei den Männern.
Mädchen werden viel seltener ermahnt, nicht mit Jungen zu spielen, obgleich
sie durchaus wissen, daß «Jungen von acht oder neun nicht mehr mit Mädchen
spielen». Die Gründe bleiben undurchsichtig, wie immer. «Nur einmal sagte
meine Mutter mir, daß man nicht mit Jungen spielt. Aber warum nicht, sagte
sie mir nie. So war es immer.» Wenn sie dann heranwachsen, werden ihnen
die Regeln gegen die Vermischung der Geschlechter immer klarer.

Kleine Mädchen haben ihre eigenen Spiele; eines der beliebtesten ist «tate-
mamme». «Wir spielten Ball und Murmeln. Wir spielten auch Verstecken.
Aber das beliebteste Spiel war tate-mamme ... nur Mädchen spielten dieses

Spiel. Manchmal spielten auch die ganz kleinen Jungen mit, aber nicht die unseres Alters.» Wie kleine Mädchen überall, geben sie in dem Spiel «Haus» die Situation wieder, die ihnen am geläufigsten ist. «Der Vater war immer in der schul oder zusammen mit den Brüdern bei der Arbeit, weil wir ja nur Mädchen waren ... Die Mutter blieb zu Hause, kochte, nähte oder kümmerte sich um die Kinder ... Manchmal wurde ein Kind krank, dann mußten wir den Doktor holen ... Oder es kam ein Fremder zum Essen ... Auch heiratete manchmal jemand – irgend etwas passierte immer. Und wir hatten Spaß beim Spielen.»

Die Zurückhaltung der Mädchen, Männerrollen zu spielen, scheint allgemein zu sein, und das Schtetl-Schema des Familienlebens macht es leicht, der Notwendigkeit zu entgehen. «Meistens spielten wir tate-mamme und hatten viel Spaß ... Jungen waren nicht da, und die Mädchen wollten deren Rollen nicht spielen; so stellten wir uns vor, sie seien verreist. Sagen wir mal, ich war die rebezen (die Frau des rebbe). Ich nahm dann ein großes Rhabarberblatt und etwas kurzes Gras und setzte das auf meinen Kopf. Das war der Hut mit der Feder dran. Aus einem langen Grashalm und einem Stock machte ich eine Lorgnette. Und ich ging herum wie die rebezen, gab Anweisungen an die Dienstboten, saß im Garten und roch an Blumen. Ich ging zur schul und

betete wie die rebezen, ich hatte sogar einen Schluckauf wie sie. Sie hatte eine besondere Art von Schluckauf, ich glaube, er war etwas aufgesetzt ...»
Die Mädchen haben vergleichsweise wenig Zeit zum Spielen, aber sie machen das Beste daraus. Üblicherweise ist ein Baby oder ein Kleinkind in das Spiel mit einzubeziehen, und manchmal rebelliert die ältere Schwester. «Ich mußte immer auf meine jüngeren Brüder und Schwestern aufpassen. Ging ich irgendwo hin, so folgten sie mir. Jagte ich sie weg, dann beschwerten sie sich bei der Mutter, die dann darauf bestand, daß ich sie mitnehme.» Im allgemeinen gilt jedoch das Aufpassen auf ein Baby als selbstverständlich. Muß das Baby auch noch in der Wiege geschaukelt werden, dann sagt das Mädchen traurig: «Heute kann ich nicht zum Spielen rauskommen.» Oder das Baby wird mitgenommen. Es ist sehr ungewöhnlich, eine Gruppe von Mädchen spielen zu sehen, ohne daß sie einen Säugling dabeihaben.

Die Jungen haben noch weniger Zeit für Spiele als ihre Schwestern, und sie spielen sie zu ganz unterschiedlichen Zeiten, denn sie sind vom frühen Morgen bis zum Dunkelwerden entweder im chejder oder bei der Arbeit – außer am Sabbat und an den Feiertagen und beim jährlichen Ausflug in die Felder mit dem m'lamed.

Sie haben auch eine Reihe von Spielen, die sie im chejder spielen, Spiele mit Büchern – dem Milieu angemessen. Jede Gegend hat ihre eigenen Spiele, weitergegeben von einer Schülergeneration an die nächste. Eines der einfachsten, für die ganz kleinen Jungen, ist, ein Buch in eine «Windmühle» zu verwandeln; dabei werden die Seiten derart ineinander gefaltet, daß, wenn es offenliegt, sich die Seiten von selbst umblättern wie die Flügel einer Windmühle. Oder zwei Jungen wählen verschiedene Seiten und zählen, wie oft ein bestimmtes Wort dort erscheint. Derjenige, auf dessen Seite sich das Wort am häufigsten wiederholt, ist der Gewinner und hat das Recht, dem Verlierer eine Anzahl von Klapsen auf den Rücken zu geben.

Viele der Spiele beziehen sich auf Geschichten, die die Jungen studiert haben. Charaktere aus der Folklore, aus den heiligen Schriften und aus den Straßen des Schtetls treffen im Rollenspiel wahllos aufeinander und werden mit Themen verbunden, die das täglich beobachtete Leben im Schtetl reflektieren. Studien aus dem chejder finden auch ihren Weg in einige der Spiele draußen im Freien. Das Studium der Propheten z. B. reflektiert sich im Tauziehen zwischen Mannschaften, die die Juden und die Philister repräsentieren.

Die Eltern ermuntern nicht zum Spielen im Freien, insbesondere die Mutter nicht, deren Besorgnis sehr auf das körperliche Wohlergehen des Kindes gerichtet ist. Beide Elternteile sind ständig bemüht, «aus dem Kind einen Juden und a mentsch zu machen», aber ihr endloser Schwall von Ermahnungen hat meistens mit dem körperlichen Wohlbefinden zu tun. Kinder dürfen sich nicht verletzen, sie dürfen sich nicht dem Zug aussetzen, sie dürfen sich nicht erkälten. Vor allem müssen sie genug essen. Die Befürchtung, sie könnten sich übereessen, ist unerheblich. Wenige Haushalte im Schtetl würden dazu auch Gelegenheit geben; jedenfalls stellt das Essen doch die Mutterliebe dar, und wie könnte es davon zu viel geben?

Wärme wird auch mit elterlicher Zärtlichkeit und Schutz assoziiert. Die

Furcht vor Kälte und Zug ist extrem. Selbst im Sommer sind kleine Kinder in mehrere Lagen gewickelt, «wie eine Zwiebel», und die Mutter, deren Kind nicht warm genug angezogen ist, müßte sich Vernachlässigung vorwerfen. Es ist immer Platz für noch einen Schal, und die unablässige Sorge um die Gesundheit weicht einem nicht von der Seite.

Wenn – trotz aller Vorsorge – ein Kind tatsächlich krank wird, so sucht man nach natürlichen wie übernatürlichen Mitteln dagegen. Alle Angehörigen der Familie vereinen sich im Interesse der Gesundheit. Keinerlei Ausgaben werden gescheut, und wenn die Eltern nicht für die medizinische Betreuung zahlen können, springen nahe oder entfernte Verwandte ein, denn die Verpflichtung der Gesunden, den Kranken beizustehen, ist absolut.

Nichts ist schlimmer als Krankheit. Selbst der Verlust von parnosse wird weniger gefürchtet als der Verlust von gesunt, Gesundheit. Krankheit auch nur eines Angehörigen bringt den ganzen Haushalt durcheinander, erregt die Furcht von jedermann, von den Eltern über entfernte Verwandte bis zu den Nachbarn. Mit Seufzern, Rat und Geld beteiligen sich alle an dem Bemühen, das Leiden zu kurieren.

In Zeiten von Krankheit übernehmen die Frauen das Kommando, die Männer sind hilflos. Sie steuern nur Gebete und Psalmen bei. Schweigend und verhärmt beobachten sie aus der Ecke die Aktivitäten der Mütter, Tanten, Großmütter und weiblichen Nachbarn.

Da die Ursache der Krankheit etwas sein muß, was in das Kind hineingekommen ist, so muß es ausgeschieden werden, und die universalste Methode ist der Einlauf, der entweder von einem Angehörigen der Familie oder von einem «Professionellen» verabreicht wird. Eine bekannte und von den Kindern gefürchtete Gestalt im Schtetl ist die Einlauffrau, die sich ausschließlich dieser Kunst widmet. Ihr Gerät besteht in seiner primitivsten Form aus einer Kalbsblase und einem Gänsefederkiel; und ihre Behandlung wird als Kur für jedes Gebrechen angedroht – einschließlich Ungezogenheit.

Was auch immer los sein mag, die Mutter wird zuerst ihre eigenen Mittel versuchen, vielleicht Tee oder Himbeersirup oder Kompressen. Die Nachbarn schließen sich an mit Ratschlägen aus ihrer eigenen Erfahrung und Überlieferung und bringen Patentrezepte ein, die seit Generationen weitergereicht werden.

Wenn alle «Frauenrezepte» fehlschlagen, wird der *feltscher* oder die *feltscherke* gerufen – ein Mann oder eine Frau, die rudimentäre Kenntnisse weniger vom Heilen als von Heilmitteln haben. Ihre Batterie von Mitteln erschöpft sich hauptsächlich in Rizinusöl, Gurgelwasser und Blutegeln zur Schröpfung gegen jede ernste Krankheit.

In extremen Fällen wird widerwillig und ängstlich der Arzt gerufen. Er kommt in einer Kutsche oder einem Schlitten; eine ehrfurchtgebietende Persönlichkeit, wird er von allen Seiten bedient und von jedermann respektiert. Er sitzt würdevoll da, während die Familie um ihn herumsteht, die Frauen starren mit gerecktem Hals. Seine Instrumente, seine Gelehrsamkeit, sein fremdes Aussehen und seine fremden Manieren – gewöhnlich ist er ein Nichtjude oder aber ein weitgehend assimilierter Jude – flößen Neugierde und

Beklommenheit ein. Jeder überschlägt sich, um ihm zu bringen, wonach er verlangt – einen Löffel, etwas Wasser, ein Handtuch – und um ihm in den Mantel zu helfen, wenn er gehen will. Der Vater gibt ihm dann scheu die Hand, wobei er ihm schüchtern das Honorar in die Hand drückt.

Gibt der Arzt die Hoffnung auf, so ist die letzte Rettung der zadik mit seinen Gebeten und Amuletten. Während jeder Krankheit werden natürlich Gebete gesprochen, Wohltaten ausgeteilt, Bitten «zu den Gräbern» getragen. Gleichzeitig werden die Mittel der örtlichen Medizinmänner oder -frauen, *znachors*, nicht ungenutzt gelassen und ihre unzähligen Talismane, Kräuter und Zauberformeln angewendet. Das Kind in einem Krankenhaus unterzubringen, wird auf jeden Fall vermieden. Keine Betreuung kann der der Mutter gleichkommen, und kein Ort kann für das Kind so gut sein wie das Zuhause.

Krankheiten, die vorübergehend und im Laufe eines normalen Lebens zu erwarten sind, werden in der Familie und in der Nachbarschaft offen besprochen. Chronische Krankheiten und solche, die körperliche oder geistige Defekte hervorrufen, gehören zum Bereich der Intimsphäre. Die Familie versucht sie zu verschweigen, und die Nachbarn geben vor, nichts davon zu wissen, denn sie sind ein Grund, «sich vor den Leuten schämen zu müssen». Die anderen Krankheiten sind ein vorübergehendes Unglück. Jene aber sind große Heimsuchungen, und dahinter muß eine Ursache stecken.

Geistige Krankheiten sind solche, die man verbirgt, vorausgesetzt die Familie kann es sich leisten, die Verheimlichung zu bewerkstelligen. Die Eltern geben selten die Hoffnung auf, diesen beschämenden Zustand zu heilen, sie gehen vom Arzt zum zadik und vom zadik zum Professor. Die größte Schande ist, den Betroffenen in eine Anstalt bringen zu müssen, und sollte dies passieren, wird nie darüber gesprochen. Es ist nicht nur eine Schande für die Familie, es kann auch ein Hindernis sein, die anderen Kinder zu verheiraten. Heirat selbst wird als ein Mittel betrachtet, kleine seelische Instabilitäten zu heilen.

Unter den ganz Armen ist ein Verbergen unmöglich, und jedes Schtetl hat seine *m'schuggenen* oder Verrückten. Ein m'schuggener kann der Gegenstand kindlicher Furcht sein. «Mir wurde gesagt, ich solle zu Bett gehen, aber ich war zu ängstlich, um allein zu schlafen. Ich hatte eine m'schuggene im Schtetl gesehen … sie war eine Frau von etwa vierzig Jahren, in Lumpen gekleidet, und sie sprach und sang immer. Sie machte uns Angst. Auch nachts pflegte sie zu singen, ich hörte sie und hatte Angst.» Gleichzeitig sind die «Verrückten» die Zielscheibe des Gespötts und der Streiche der Kinder, und oft schützt sie nur das Einschreiten der Eltern vor der kindlichen Grausamkeit. «Es gab da einen verrückten Mann, auf den warfen die Jungen immer Steine.»

Innerhalb der Grenzen, die humane Gesinnung setzt, betrachten die Erwachsenen selbst solche Dorftrottel als legitimes Ziel des Spottes. «Sie lachten über sie und machten ihren Spaß mit ihnen in der Öffentlichkeit.» Im Rahmen einer ansonsten normalen Familie, die dadurch beschämt und verletzt wird, ist Geisteskrankheit eine Tragödie. Abgetrennt von der Gruppe seiner Angehörigen ist ein m'schuggener eine komische Figur.

Trotz der Leiden, verursacht durch den Schmerz, die Schande und die

Heimlichkeiten, und trotz der Hindernisse bei der Heirat verliert ein Mann durch Geisteskrankheit in seiner Familie nicht unbedingt an Status. «Die Leute hörten nicht auf, beim schojchet Fleisch zu kaufen, denn er war für seine verrückte Tochter doch nicht verantwortlich zu machen.» «Das ganze Schtetl wußte, daß der Sohn des Row verrückt war, aber sie akzeptierten das als eine ‹strof fun Gott›, und es minderte den Respekt nicht, den die Leute für den Row hatten.»

Körperliche Defekte und Verunstaltungen sind eine Quelle der Schande und Angst für Frauen, aber nicht unbedingt für Männer. Der Körper ist ein primärer Teil der Frauen, ein sekundärer der Männer. Die einzige Hoffnung eines mißgebildeten Mädchens ist, den Defekt verbergen zu können oder ihn «mit einer Mitgift zu verdecken». Ein Junge kann körperliche Defekte mit Leistung beim Lernen, im Geschäft oder Handwerk kompensieren. Es ist nicht unüblich, einen Buckligen oder Krüppel mit einer hübschen Frau und einer Reihe von gesunden Kindern zu sehen. Man ist auch nicht zimperlich, körperliche Verunstaltungen zu erwähnen, wie man es bei einer wirklichen Schande wäre. Diese Haltung spiegelt sich in solch einfachen beschreibenden Spitznamen wider wie «Schimschn, der Bucklige» oder «Kalmen, der Lahme».

Für einen gesunden Körper ist die Hygiene primär vom Ritual gesteuert. Die mikwe ist eher zur rituellen Reinigung bestimmt, und es wird erwartet, daß man badet, bevor man dorthin geht. Die häufigen Handwaschungen – als erstes am Morgen und dann vor jeder Mahlzeit – sind religiöser Natur. Das wöchentliche Abschrubben der ganzen Familie von Kopf bis Fuß ist genauso eine Sache der Sabbatobservanzen wie eine der persönlichen Hygiene, obwohl es ja dem gleichen Zweck dient.

Der Körper wird respektiert, denn er wurde von Gott gegeben. Da es Sein Geschenk ist, darf er nicht verändert werden. Welche Eigenschaften er auch zeigen mag, sie sind vom Himmel gesandt; er sollte intakt bewahrt werden für die Rückkehr in das himmlische Leben, wenn der Messias kommt. Haare und Fingernägel, die abgeschnitten werden, müssen gesammelt und verbrannt werden. War der Tod blutig, so muß das Blut, welches vergossen wurde, zusammen mit dem Körper begraben werden, wenn nötig mit der Erde, auf die es floß. Nach einem Pogrom versuchen Beerdigungshelfer, so viel wie möglich von der Erde auszugraben, in die das Blut der Opfer sickerte, und sie vollständig zu begraben. Was zum Körper gehört, ist sauber, solange es noch Teil des lebenden Organismus ist; aber es wird widerwärtig und sogar gefährlich, ist es einmal von ihm getrennt, ob es sich nun um Haare, Nägel, Blut oder Exkremente handelt.

Der Körper wird in erster Linie als Behälter und Träger des Verstandes und Geistes geachtet. Die Vorzüglichkeit des Verstandes und Geistes wird als jüdisch verstanden – der «jüdische Kopf» und das «jüdische Herz» sind die «Zeichen eines ‹richtigen› Juden». Körperliche Überlegenheit ist nicht gleichermaßen jüdisch, sie wird eher den gojim zugeschrieben. Das Schönheitsideal reflektiert die Erhabenheit des Geistigen über das Körperliche. Ein hübsches Baby und eine hübsche Frau sind rund und rosig. Wird ein Junge erwachsen, so wird erwartet, daß er zunehmend dünn und blaß wird, d. h. daß er eine fortschreitende Vergeistigung durchmacht, bis er zum «schönen» alten Mann wird, blaß, ausgezehrt, durch inneres Feuer erleuchtet, der Inbegriff des vollkommenen und «richtigen» Juden. Seine ideale Blässe und Auszehrung werden nicht mit körperlicher Schwäche assoziiert, sondern mit geistiger Spannkraft. Eine Mutter wird einen jungen Gelehrten zum Essen nötigen und ausrufen: «Wie dünn er doch ist!», aber sie wird auch stolz auf sein gelehrtes Aussehen sein. Der ideale Sohn ist einer, dem man unablässig Essen aufnötigen kann, ohne Gefahr zu laufen, daß er jemals so aussehen könnte, als hätte er keines nötig. Ein j'schiwe-Junge, der während des Sommers auf einer Obstplantage gearbeitet hatte, kam nach Hause – stark und gesund – und wurde von seiner Familie gescholten: «Sieh' dich an, grob und rot wie ein prostak, wie ein Kutscher.» Ein vermögender Vater möchte, daß seine Töchter glatt und blühend aussehen, um zu zeigen, wie gut er sie ernährt hat. Seine Söhne sollten blaß und dünn sein, um zu zeigen, wie gut er sie erzogen hat.

Das Kind lernt deshalb, den Körper als Geschenk Gottes und als Gefäß für Geist, Herz und Seele zu respektieren. «Ich war so wütend, ich bin fast aus meinem Gefäß gesprungen!», ist ein bekannter Ausruf, der diese Einstellung andeutet. Die Rolle des Körpers als Gefäß wird auch durch die für einen brillanten Gelehrten verwendete Bezeichnung *kejli*, Gefäß, ausgedrückt. «Was für ein Gefäß er ist!», prahlt der stolze Schwiegervater mit dem Bräutigam.

Respekt konzentriert sich dementsprechend auf den Kopf und nimmt von oben bis zu den Füßen immer weiter ab. Die Teilung zwischen dem oberen und dem unteren Teil des Körpers wird durch den Gürtel symbolisiert, den Männer tragen, wenn sie beten, wenn sie Thora schreiben und auch oft wenn sie studieren. Auf den Kopf konzentriert sich mehr als Respekt. Er ist der Brennpunkt der Achtung und Bedeutung; in gewissem Sinne ist der Kopf der Mann. Die Qualitäten des Kopfes bestimmen die Qualitäten des Mannes und sein Schicksal. Jüdische Porträts und Gemälde stellen charakteristischerweise den Kopf sehr realistisch dar; erscheint auch der Körper auf dem Bild, so hat er möglicherweise das Aussehen einer bekleideten Puppe. Kinder sagen manchmal, Gott sei «nur ein großer Kopf».

Die Wörter, mit denen die Qualität des Kopfes eines Menschen beschrieben wird, sind zahllos und erwecken die verschiedensten Vorstellungen: tierische, menschliche, leblose, abstrakte, emotionale. Man kann einen großen Kopf haben, einen schweren Kopf, einen spitzen Kopf, einen Pferdekopf, einen eisernen Kopf, einen ausgestopften Kopf, einen fliegenden Kopf, einen Kopf auf Rädern, einen Kopf mit Schrauben – es gibt fast so viele Arten von Köpfen, wie es Adjektive gibt. Einen Katzenkopf zu haben, heißt, kein Gedächtnis zu haben, und es wird Kindern oft verboten, mit Katzen zu spielen, aus Furcht, sie könnten die Erinnerungsfähigkeit verlieren.

Weil der Kopf das Gefäß für das Gehirn ist, wird er mit zarter Behutsamkeit behandelt. Der Kopf eines Babys wird von dem Augenblick an, da es zur Welt gekommen ist, bedeckt gehalten; und der Kopf einer männlichen Person muß immer bedeckt sein. Bei der Handhabung von Babys muß man äußerst vorsichtig sein und den Kopf nur berühren, wenn es wirklich erforderlich ist, und dann mit außerordentlicher Sanftheit. Werden Kinder geschlagen, so darf der

Kopf auf keinen Fall getroffen werden. Wenn der Vater das Kind schlägt, ist der charakteristische Schrei der Mutter: «Nur nicht auf den Kopf! Sei vorsichtig, vorsichtig, nicht auf den Kopf!» Der Symbolismus ist durchgängig. Der Kopf der Tafel, der Kopf des Bettes, der Kopf des Fisches, den der Ehemann seiner Frau in Anerkennung ihrer Leistungen präsentiert, mit jeder Bezeichnung verbindet sich die Vorstellung von Ehrung.

Die Wichtigkeit des Gesichts wird in einer Vielzahl von Ausdrücken offenbar: Etwas, was dem Status eines Menschen geschieht, geschieht seinem Gesicht, und das, was er ist, spiegelt sich in seinem Gesicht wider. Respektlosigkeit zeigen heißt «das Gesicht wagen»; jemanden demütigen heißt «jemandem Scham ins Gesicht treiben». Ein nobler Mensch hat ein «leuchtendes Gesicht», die Führer sind die «Gesichter» der Gemeinschaft.

Für das Herz, vom Körper umschlossen, kennt man weniger Umschreibungen als für den Kopf, obgleich es auch als Symbol des Menschen und des Juden verwendet wird. Die versteckten Inhalte, der Verstand und das Herz, müssen zum Vorschein gebracht werden. Der Verstand zeigt sich in den Augen und im geschliffenen Diskurs. Das Herz zeigt sich in den Augen, in Worten und Taten. Aber das Behältnis, der Körper, muß versteckt bleiben. Nacktsein ist schändlich, selbst zwischen Eheleuten. Auch gegenüber Angehörigen des gleichen Geschlechts wird der Körper nur im Badehaus entblößt, oder wenn Männer und Jungen im Fluß schwimmen. Ein Sohn sollte seinen Vater nie nackt sehen. Sobald Kinder in der Lage sind, sich selbst anzukleiden, wird ihnen beigebracht, «anständig» und «schamhaft» zu sein. Der Körper selbst ist nicht im geringsten anstößig, aber ihn den Blicken auszusetzen, ist anstößig.

Teile des Körpers, die fast ein Ekelgefühl auslösen, sind die Füße, besonders die Zehen. Sie sind vom Kopf am weitesten entfernt, sie sind am tiefsten, der Erde am nächsten. Die Füße eines orthodoxen Juden sind nie unbedeckt, er schläft in Socken.

Wahrscheinlich trägt die Assoziation mit dem Tode zur Abneigung gegen Füße bei. Tote werden an den Zehen aufgehoben, und wenn man zu einem Leichnam spricht, besonders wenn man ein Anliegen äußert, greift man nach den Zehen. Die Assoziation mit Schmutz scheint jedoch stärker zu sein. Füße kommen immer mit Schmutz in Berührung, sie sind stets in der Position, die symbolisch für Minderwertigkeit steht. Fällt durch Ungeschicklichkeit ein Buch oder ein Stück Brot auf den Boden, der das Reich der Füße ist, hebt man es hastig auf, bläst den Staub ab und küßt es.

# Das koschere Haus

So wie der Körper das Gefäß für Verstand und Geist ist, ist das Haus das Gefäß für das Familienleben. Das Haus meint den Haushalt, und dessen Qualität hängt von den Menschen ab, die darin leben. Ein «schönes» Haus ist ein harmonischer Haushalt. Ein «großes» Haus ist ein offenes, in dem es an nichts fehlt, in dem alle, die hineingehen, Gastfreundschaft und Hilfe finden. Jedes Haus muß eine Hausfrau haben, eine bal-bosste. Ein Haus ohne sie kann kein «richtiges» Haus sein, wie ohne «Jiddischkeit» auch kein Haus «schön» sein kann; und «Jiddischkeit» bedeutet mehr, als nur eine m'suse an jedem Türpfosten zu haben. Daß die m'susess vorhanden sind, gilt als selbstverständlich. Jiddischkeit bedeutet jedoch die umfassende und «schöne» Bewahrung der traditionellen Art, und die Verantwortung dafür ruht in erster Linie auf der bal-bosste.

Aber bei alledem ist das Haus auch ein materieller Gegenstand. Sein Äußeres kann unterschiedlich sein, je nach der örtlichen Architektur und der wirtschaftlichen Situation, in der sich die darin lebenden Menschen befinden. Gewisse Grundzüge und bestimmte Charakteristika sind jedoch überall gleich.

Ist die Familie nicht ungewöhnlich wohlhabend, so gibt es wahrscheinlich nicht mehr als zwei Räume, oder auch nur einen. Das Innere ist meist verputzt und geweißt. Der Fußboden kann aus Dielen bestehen, vorwiegend ist der Boden jedoch die nackte Erde, gefegt und mit Sand bestreut.

Die Tür ist nur während der Nacht abgeschlossen, wenn alle Türen und Läden sorgfältig verriegelt sind. Während der Stunden, in denen Leute hereinschauen und einen kleinen Tratsch halten könnten, wäre eine abgeschlossene Tür ein Unding. Keiner klopft an, bevor er eintritt, aber wenn er schon einmal drin ist, fragt der Gast oder Nachbar höflich: «Darf ich reinkommen? Ich stör' doch nicht?» Die stets gleiche Antwort ist: «Komm rein, komm rein, setz dich, trink ein Glas Tee.» Jeder ist immer sehr beschäftigt, aber keiner ist zu sehr beschäftigt, um nicht einen Gast willkommen zu heißen. Im Sommer steckt die Nachbarin nur den Kopf durch das offene Fenster und kann stundenlang schwatzen, die Füße draußen, den Kopf im Haus.

Die ideale Raumaufteilung sieht ein separates Schlafzimmer vor. Die wenigen Begüterten haben separate Schlafräume, einen für die Eltern, einen für die Kinder, aber eine Familie ist schon glücklich, wenn sie einen separaten Schlafraum für Eltern und Kinder gemeinsam hat. Vater und Mutter haben immer getrennte Betten, vorzugsweise an den gegenüberliegenden Wänden des Raumes, die Wiege oder Krippe steht dicht am Bett der Mutter. Wahrscheinlich schläft ein Kind mit im Bett eines Elternteils, oder mehrere Kinder schlafen in einem Bett, in Reihe gelegt, abwechselnd Kopf und Füße zu einer Seite, um mehr Platz zu haben – alle zugedeckt mit einer großen, warmen Bettdecke. Ein wirklich gutes Bett ist hoch und weich mit Federdecke, Eiderdaunen und weichen Kissen. Muß die Familie wegziehen, wird jede Mühe unternommen, um das wertvolle Bettzeug mitzunehmen. Es ist ein wichtiger Teil der Mitgift der Frau, und sobald ein Mädchen geboren wird, fängt die Mutter an, Federn zu rupfen für die Ausstattung der Braut. Dieselben Federn sind ein Vergnügen für die Plünderer bei einem Pogrom. Es macht ihnen Spaß, die Federbetten aufzuschlitzen und den Inhalt durch die Luft «schneien» zu lassen. Nach einem Pogrom ist der Wirbel der Bettfedern in den Straßen so typisch, wie es die Blutflecken sind.

Wird das Schlafzimmer zu eng, so schlafen eines oder mehrere Kinder auf einer Holzbank in der Küche oder auf einem der langen Küchentische, die auch Bänke genannt werden. Oder es werden ein paar Stühle eng an die Wand gestellt.

Wenn die Tochter dann heiratet und mit ihrem Mann bei der Familie lebt, entsteht ein neuer Raum durch Abtrennung mit einem Vorhang. Ein solcher Vorhang wird auch benutzt, um einen Schlafraum abzutrennen, wenn das Haus nur einen Raum hat. Ideal ist es auch, wenn man einen besonderen Eßplatz für den Sabbat und für Feiertage hat, zusätzlich zu dem, an dem die normalen Mahlzeiten eingenommen werden; dies ist dann auch der Raum, in dem der Vater studieren kann. In einem Zwei-Zimmer-Haus könnte es ein Plätzchen im Schlafzimmer sein, das würde genügen.

Kann man keine separaten Schlafräume und keinen Sabbateßplatz einrichten, so ist es auch kein großes Unglück, die Familie in einem Raum unterzubringen, in dem alles stattfindet – Kochen, Saubermachen, Nähen, Baby-Versorgen, Studieren und vielleicht auch noch Schneidern oder Schustern in einer Ecke. Jeder geht seinen eigenen Beschäftigungen nach und läßt sich durch die anderen nicht stören. Am Abend versammeln sich alle um den Tisch, um gemeinsam das Lampenlicht zu nutzen. An einer Seite studiert der Vater; er schaukelt über seinen Büchern im Singsang hin und her. Auf der anderen Seite geht der Sohn hörbar seinen Studien nach, während die Mutter näht oder Federn rupft. In einer Ecke schaukelt die Tochter das Baby und singt dabei leise ein Wiegenlied. Sollte ein Nachbar kommen und nicht das vielfältige, geschäftige Summen hören, würde er sofort fragen: «Was ist los? Es ist so still im Haus.»

Selbst wenn eine große Familie in einem Ein-Zimmer-Haus wohnt, wird die bal-bosste versuchen, dem Haus zum Sabbat ein besonderes Aussehen zu geben; sie macht es schabbesdik, sabbatlich. Alles wird gesäubert, der Herd mit einer Platte abgedeckt, der Tisch mit dem weißen Sabbat-Tischtuch und den Leuchtern gedeckt. Wenn man nur den Kopf in die Tür steckt und die Atmosphäre des Hauses schnuppert, kann man – so wird behauptet – schon sagen, ob es Sabbat ist oder ein Wochentag.

Die Sabbatkleidung bleibt während der Woche im Schrank, der nach Wochen- und Feiertagskleidung aufgeteilt ist, nicht nach dem Besitz der einzelnen Familienmitglieder. Die Leuchten und das Tischtuch werden in mammes Küchenschrank aufbewahrt, der eine Vielfalt von Dingen enthält, einschließlich Himbeermarmelade – «mögen wir sie nicht werden gebrauchen müssen!» – und Hühnerfett, *schmalts*, so die Familie das Glück hat, welches zu besitzen.

Die Mutter weiß immer, wo die Dinge sind, wenn es auch sonst keiner weiß.

Eine gute Hausfrau zu sein, heißt, das Haus sauber zu halten, gewissenhaft die Speisegesetze einzuhalten, niemals die verschiedenen Garnituren von Schüsseln, Bestecken und Handtüchern durcheinanderzubringen, immer ein sauberes Tischtuch für das Sabbatmahl bereitzuhalten, eine gute Köchin zu sein und zu wissen, wo alles im Hause ist.

Unter der ordentlichen Oberfläche mag für alle anderen ein ausgesprochenes Durcheinander herrschen, für die regierende Hausfrau nicht. Schränke, Küchenborde und Schubladen sind gewöhnlich verschlossen, und die Frau eines wohlhabenden Hauses hat einen beeindruckenden Schlüsselbund immer bei sich. Diese Schlüssel sind ein Symbol ihres Status, und sie bewacht die verschlossenen Gelasse eifersüchtig, um zu zeigen, daß sie und nur sie die balbosste im Hause ist. Jedes bißchen Stauraum ist vollgestopft, weil fast nichts weggeworfen wird. Abgetragene Kleidung und Lumpen werden jahrelang aufbewahrt – «es wäre ein Jammer, sie wegzuwerfen, man weiß nie, ob man sie nicht doch noch brauchen wird».

Die wichtigste Wand des Hauses ist natürlich die Ostwand. Manchmal ist sie durch ein besonderes Bild oder eine Stickerei gekennzeichnet, um die Richtung anzuzeigen, die man für das Gebet einnehmen muß. Eine solche Dekoration wird die «misrech» genannt. Ist die Ostwand nicht genau gekennzeichnet, so fragt der Gast des Hauses, wenn Gebetzeit ist: «Entschuldigung, wo ist Osten?»

Wie bescheiden das Haus auch immer sein mag, die bal-bosste wird versuchen, ihm einen Hauch von Ansehnlichkeit zu geben, wenn auch das Ergebnis oft dürftig und etwas erbärmlich wirkt. Sie fertigt Gardinen für die Fenster oder hängt das Bild eines berühmten Rabbiners auf oder setzt Blumen auf die Fensterbank. Das Klima im Raum ist oft nicht gerade förderlich; es dauert daher nicht lange, und sie sehen wie «tuberkulöse Blumen» aus.

Bei der Ausschmückung ihres Hauses ist sie hauptsächlich von der Bauernkunst beeinflußt. In der Heimstickerei neigt man dazu, bäuerliche Motive zu kopieren. Die jüdische Volkskunst ist vornehmlich eine verbale. Es gibt eine reiche Überlieferung von Geschichten, Liedern, Sprüchen und Sprichwörtern, aber nur sehr wenig jüdisches Kunsthandwerk, von rituellen Objekten einmal abgesehen. Die Bezüge der Thorarollen, die Kästchen für die Phylakterien und Gebetsschals sind reich bestickt mit traditionellen Ornamenten, die Jahrhunderte hindurch weitergegeben wurden. Die Motive sind Taube, Löwe, hebräische Buchstaben als stilisierte Schnörkel. Holzschnitzereien und komplizierte Silberschmiedearbeit dekorieren jene rituellen Gegenstände, die dafür Platz bieten, aber es gibt keine besondere jüdische Kunst. Für die Bauernstickereien, die kunstvollen Scherenschnitte der Polen etc. gibt es kein Äquivalent. Der Grund liegt offenbar nicht in einem Mangel an handwerklicher Fertigkeit, denn aus dem Schtetl kommen viele geschickte Handwerker, wie Goldschmiede, Diamantenschleifer und Uhrmacher. Das Volk scheint sich jedoch für das Verbale entschieden zu haben, und seine Vorliebe gehört eher dem Hörbaren als dem Sicht- oder Fühlbaren. «Am Anfang war das Wort», und das Wort führt immer noch alle Gestaltung an.

Abgesehen vom gesprochenen Wort findet Volkskunst ihren vornehmlichen Ausdruck im Lied. Zusätzlich zu der rituellen Musik, dem melodischen Singsang des Gebetes und den individuellen Melodien der zadikim werden zahllose säkulare Lieder im Schtetl gesungen. Es gibt Wiegenlieder, die dem Baby ständig leise vorgesungen werden, Arbeitsgesänge, die die Arbeit der Handwerker beschreiben und Klage führen über ihre Beschwernisse. Es gibt Liebeslieder, und junge Mädchen besingen darin romantische Themen, beargwöhnt von den Traditionsbewußten, aber ermuntert von denen, die nicht zu schejn sind, um in derartigen Phantasien zu schwelgen.

Besonders die Chassidim sind für ihre Sangesfreude bekannt, mit der sie den Wein, die Glaubensfreude, die Ruhmestaten und Wunder ihres zadiks preisen.

Egal, wie wenig Räume das Haus auch haben mag, und ganz gleich, wie vielen Funktionen die Küche auch dienen mag, sie ist immer noch in erster Linie zum Kochen da. Der große Herd aus Kacheln, Porzellan oder Backsteinen heizt als Ofen im Winter – und unglücklicherweise auch im Sommer. Außer bei sehr heißem Wetter kocht immer irgend etwas auf dem Herd, wenn nicht für heute, dann für morgen. Im Winter, wenn man das Feuer nicht ausgehen lassen darf, ist immer heißes Wasser vorhanden, für den Tee. Und wenn die Familie nicht sehr arm ist, dann ist da gewöhnlich auch eines der langsam und lange kochenden Gerichte, wie Suppe, Ragout oder eine der anderen Speisen, die der Mittelpunkt der koscheren Küche sind.

Die Kochgerätschaften werden von den Speisegesetzen bestimmt, deren strikte Einhaltung für die Jiddischkeit des Hauses notwendig ist. Eine gute balbosste hat die Rechtschaffenheit der ganzen Familie im Hinblick auf die koschere Ernährung unter ihrer Kontrolle. Die Wichtigkeit der Speisegesetze wird in den Entbehrungen offensichtlich, die Leute auf sich nehmen, um eine Übertretung zu vermeiden. Reisende, die keinen koscheren Proviant mit sich führen, hungern oder begnügen sich eher mit trockenem Brot, als zu riskieren, verbotene Nahrung zu sich zu nehmen. Ist Wasser knapp, so wird es eher zur rituellen Waschung der Hände als zum Trinken verwendet. Sollte der schojchet sterben, so bleibt das Schtetl ohne Fleisch, oder man holt es unter großem Kostenaufwand von anderen Orten, bis ein neuer ritueller Schlächter kommt. Zum Militär Eingezogene haben jahrelang von Brot und Kartoffeln gelebt, denn nichts anderes schien ihnen sicher zu sein, es sei denn, sie waren in der Nähe einer jüdischen Stadt in Garnison. Immer wenn das der Fall ist, fühlt sich die jüdische Gemeinschaft für die Verpflegung dieser Soldaten mit koscheren Speisen verantwortlich, solange sie in der Nähe sind. Manchmal wird auch koscheres Essen für jüdische Gefangene ins Gefängnis geschickt.

Sollte es einmal unmöglich sein, die Gesetze einzuhalten, so empfindet man das eher als Schmerz denn als Gefahr. Das Gesetz sagt ganz klar, daß Leben und Wohlbefinden Vorrang haben vor der Einhaltung der Speisegesetze. Trotzdem zieht ein frommer Jude es vor, sich an den Buchstaben der Vorschriften zu halten, selbst wenn er in bestimmten Fällen weiß, daß es erlaubt wäre, sie zu übertreten. Es ist seine Pflicht, aber mehr noch ist es sein Wunsch.

Überlegungen hinsichtlich der Ernährung sind um so wichtiger, als das Essen eine große Rolle im religiösen, sozialen und familiären Leben spielt. Festessen und Fasten sind die Hauptelemente der Feiertage. Essen ist auffallender Bestandteil aller gesellschaftlichen Anlässe, und selbst ein überraschender Besuch gibt Gelegenheit für eine kleine Erfrischung. Die Familie mit Essen zu versorgen, ist die Pflicht und die Genugtuung der Hausfrau. Sie versteht sich selbst in erster Linie als die Nahrunggebende, und Ablehnung ihres Essens setzt sie mit Ablehnung ihrer Liebe gleich.

Die Küche ist das eigentliche Klassenzimmer eines Mädchens, wo es eher durch Zusehen und Mittun lernt als durch direkte Anweisungen. Die immerwährenden Probleme des «Koscherhaltens» tauchen eines nach dem anderen in Form von Haushaltskrisen auf, und ein Teil des Kochkurses besteht aus eiligen Gängen zum Rabbiner, mit der Bitte um Rat, oder zur Nachbarin, mit der Bitte, einen Topf, eine Tasse Zucker oder ein bißchen Tee zu leihen. Die Kompliziertheit und Vielzahl der Speiseprobleme könnten die Haushaltsführung zu einer Lebensaufgabe machen, die meisten Frauen jedoch müssen sie mit der «Jagd nach parnosse» kombinieren. Keiner kommt auf die Idee, daß die mannigfaltigen Anforderungen für eine einzelne zu viel sein könnten; obgleich die vielbeschäftige Hausfrau selten versäumt, darauf hinzuweisen, daß die ungeheure Last ganz allein «auf ihren Schultern ruht».

Die Tochter des Hauses lernt durch Zuschauen, was sie tun muß, um die *kaschrus,* die Speisegesetze, einhalten zu können. Sollte sie nach Gründen fragen, wird die Mutter ihr sagen, daß es so gemacht werde und es so sein müsse. Indessen lernt ihr Bruder im chejder die Vorschriften, aber nicht deren Anwendung. Er lernt, daß die Grundlage für kaschrus Moses am Berge Sinai gegeben wurde. Er studiert die Gesetze, wie sie in Leviticus aufgeführt sind, und ihre Auslegungen, die in zahllosen Kommentaren entwickelt wurden. Das Wissen des Mädchens ist praktisch, seines akademisch. Er lernt zum Beispiel, welche Teile eines Hinterviertels vom Rind nicht gegessen werden dürfen; und er erfährt den Grund dieses Verbotes. Aber er wird kaum in der Lage sein, so ein Hinterviertel zu erkennen, wenn er es im Laden hängen sieht. Sie lernt, gewisse Schnitte zu vermeiden, obgleich sie keine Erklärung dafür hat, die er wiederum so leichthin auswendig hersagen kann. Sie lernt wie, er lernt warum. Kommt in der Küche die Frage nach der Eignung eines Lebensmittels auf, so muß ein Mann befragt werden, entweder ein Rabbiner oder ein gelehrter Scholar.

Jedermann im Schtetl weiß natürlich, daß man nur Lebensmittel essen darf, die koscher sind, also rituell rein, und daß Lebensmittel, die t'rejfe sind, also rituell unrein, abgelehnt werden müssen. Männer, Frauen und Kinder wissen, daß die Lebensmittel – um koscher zu sein – von der richtigen Art sein müssen, richtig zubereitet und nicht etwa verdorben durch irgendeine Substanz oder einen Umstand, der sie unrein machen könnte. Man beachtet für gewöhnlich die Gesetze der kaschrus am meisten im Zusammenhang mit Lebensmitteln, die von Tieren stammen, obgleich auch einige vegetabile Lebensmittel verboten sind, wie Getreide, für das der Zehnte nicht abgegeben wurde, Getreide aus Kreuzungen und Früchte von einem Baum, der weniger als drei volle Jahre getragen hat. Jedermann ist auch mit den Lebensmitteln vertraut, die erlaubt sind: Vierbeiner, die wiederkäuen und gespaltene Hufe haben, Vögel, die kein Aas fressen, und Fische mit Schuppen. Alle anderen Tiere gelten als nicht eßbar, wie auch ihre Milch und ihre Eier. Damit sind Fleischfresser, Nager, Schalentiere, Raubvögel, Aasfresser und Reptilien ausgeschlossen. Wahrscheinlich wissen die Bauern genauso wie die Juden, daß Schweinefleisch und Erzeugnisse daraus verboten sind, denn dieses Verbot ist das markanteste in Osteuropa, wo das Schwein allen Nichtjuden die Hauptquelle für Fleisch ist.

Wenn die Mädchen auch nicht mit esoterischen Erklärungen belastet werden, so sind sie doch absolut vertraut mit der entscheidenden Überlegung, die einem großen Teil der Speisegesetze zugrundeliegt, nämlich der humanitären, die wie in allen anderen Gesetzen von höchster Wichtigkeit ist. Es ist ihnen klar, daß das Prinzip des «Mitleids mit allem Lebendigen» nicht nur auf Menschen angewendet wird und auf die Tiere, die man sich hält, sondern auch auf solche Tiere, die Gott zur Ernährung der Menschen geschaffen hat. Jedes Kind weiß, daß die «erlaubten» Tiere – um koscher zu sein – auf eine Weise getötet werden müssen, die ein Minimum an Schmerz für sie bedeutet; und dies ist die pauschale Erklärung für die Schlachtvorschriften. Die Jagd ist verboten, denn sie könnte den Tod auf grausame Weise hervorrufen. Die Klinge des schojchet muß so scharf sein, daß es kein brutales Zerren von Fleisch oder Haut gibt, sondern nur einen flinken, fast schmerzlosen Schnitt, der gleichzeitig Luftröhre und Schlagader durchtrennt. Die ständige Überwachung durch den Rabbiner bekräftigt diese Vorschrift und dient als Mahnung, daß wenn schon menschliches Wohlbefinden die Tötung von Tieren erforderlich macht, diese so wenig Leiden wie möglich verursachen darf. Sie muß von jemandem ausgeführt werden, der in dieser Kunst geschult ist, und niemals von einem Schwachsinnigen, Taubstummen, Blinden oder einem Trunkenbold. Im Gegensatz zu diesem Bild des Schlachters als «Chirurg» sieht das Schtetl die Schlachtmethoden der Bauern mit Schrecken. «Wie sie die Schweine schlachten. Ich habe das einmal gesehen, und ich will es nie wieder sehen. Es ist schrecklich. Der Mann sitzt auf dem Rücken des Schweins und sticht es immer wieder mit dem Messer. Und das Schwein kreischt. Es war einfach schrecklich.»

Das kleine Mädchen weiß wie sein Bruder, daß ein Tier, das eines natürlichen Todes gestorben ist oder nicht geschlachtet wurde, rituell so t'rejfe ist wie eines der unreinen Art. Die Fehler, die ein Tier t'rejfe machen können, selbst wenn es nach der vorgeschriebenen Art getötet wurde, sind akademisches Wissen des Jungen, jedoch lebendige Erfahrung des Mädchens, das seine Mutter um das Huhn feilschen sieht, mit ihr geht, um es vom schojchet schlachten zu lassen, und das endgültige «Koschermachen» zu Hause miterlebt, mit Waschen, Salzen, Spülen, bis alles Blut entfernt ist; denn Blut, das den lebendigen Kreislauf verlassen hat, wird verabscheut und ist auch verboten.

Eine humanitäre Erklärung wird auch für die eiserne Regel gegeben, die das Mischen von *milchik* und *fleischik*, also der Milchprodukte mit den Fleisch- und Geflügelprodukten verbietet. Es wird gesagt, die Grundlage dafür sei das

Gebot: «Du sollst nicht kochen das Kitz in der Milch seiner Mutter.» Für das Mädchen ist das Problem jedoch so allgegenwärtig, daß das Rationale in den Hintergrund tritt. Es wird zu einer Sache ständiger Wachsamkeit, die Molkereierzeugnisse und die Fleischprodukte absolut voneinander zu trennen, sowohl räumlich als auch zeitlich. Sie dürfen sich nicht berühren, sie dürfen nicht am gleichen Ort aufbewahrt werden, sie dürfen nicht zur gleichen Zeit gekocht werden und nicht während der gleichen Mahlzeit gegessen werden. Sie dürfen nicht aus den gleichen Schüsseln und von den gleichen Gedecken verzehrt werden, auch dürfen sich die Schüsseln und Töpfe der beiden Kategorien von Speisen nicht berühren. In einem Hause, in dem der Hauptraum außer dem Kochen vielen anderen Zwecken dient, erfordert die räumliche Trennung Findigkeit, Energie und unablässige Konzentration. Auch der Junge muß daran denken, «Milchiges» und «Fleischiges» zeitlich zu trennen. Sechs Stunden müssen nach dem Essen von Fleisch vergangen sein, bevor man Milch zu sich nehmen darf, aber weniger Zeit, wenn das Fleich der Milch folgt.

Zum Glück für die Hausfrau besteht der größte Teil der Nahrung des Schtetls aus der dritten Klasse von Nahrungsmitteln, *parewe* – weder Milch noch Fleisch, sondern «Neutrales». Diese Lebensmittel dürfen mit allem zusammen gegessen werden; es sind Mehl und seine Produkte, Eier, Gemüse, Früchte, Salz, Zucker, Gewürze, Getränke und glücklicherweise Fisch. Als nächstes in der Reihenfolge der Bedeutung kommen Milcherzeugnisse; hiervon werden große Mengen konsumiert. Fleisch ist knapp, so daß Fleischtöpfe und andere Fleischutensilien die am seltensten verwendeten sind. Der reisende Handwerker oder Hausierer nimmt einen Milchtopf mit, wohl wissend, daß er kaum Verwendung für den Fleischtopf haben wird. Wird der Fleischtopf benutzt, so heißt das: es ist Sabbat, Feiertag, ein besonderer Anlaß, Krankheit in der Familie – oder auch ein sehr wohlhabendes Haus.

Das mindeste sind zwei Küchentische; einer, um Milchprodukte vorzubereiten, und einer für Fleischerzeugnisse. Ein Haus das zu arm ist, um beide zu haben, hat ein «Fleischbrett», das auf den «Milchtisch» gelegt wird für die seltene Gelegenheit, bei der Fleisch zuzubereiten ist. Doch selbst die Ärmsten haben zwei separate Garnituren Töpfe, Schüsseln, Bestecke und Küchengeräte, eine für Fleisch und die andere für Milch.

Es müssen auch noch zwei zusätzliche Garnituren für die acht Tage des Passahfestes vorhanden sein. Das mindeste, was auch der bescheidenste Haushalt haben muß, sind somit vier vollständige und separate Garnituren Koch- und Eßutensilien. In der Praxis mag man das mit dem Minimum nicht so genau nehmen, aber die Möglichkeiten dafür sind begrenzt – auch wenn das Schtetl recht versiert darin ist, ein Minimum zu unterschreiten. Die Frau eines reichen Mannes hat sechs Garnituren von allem, jeweils ein Paar extra für den Sabbat und die Feiertage. Kommt bei einer Krankheit die Nachbarin, um zu helfen, so wird ihre erste Frage sein: «Was ist für Fleisch und was für Milch?» Es gibt immer Unterschiede im Aussehen und in der Aufbewahrung, oder jeder Haushalt hat sein eigenes System, so daß keiner Bescheid weiß, ohne zu fragen.

Das Problem, alles koscher zu halten, hat viele Gesichter. Der wirtschaftliche Streß ist beachtlich. Nicht nur, daß koscheres Fleisch viel teurer ist als anderes; wenn man für ein Huhn mit bitter verdienter Münze bezahlt hat, kann es immer noch passieren, daß es eine gefleckte Leber hat oder auf andere Weise «unrein» ist. Man läuft zum Rabbiner und fragt um Rat, und möglicherweise befindet er es für koscher. Aber das ist nicht immer möglich, und dann gibt es keinen Sabbat – die Freude ist hin. Eine Hausfrau kauft nur selten einmal ein Ei, und wenn sie eines kauft, dann hat das einen besonderen Grund. Aber öffnet sie es dann und findet eine Spur Blut darin, gibt es keine Hilfe. Nichts kann dieses Ei rituell rein werden lassen und damit eßbar.

Nachdem man die Lebensmittel nach Hause gebracht hat, müssen sie auch dort noch geschützt werden. Beginnt das Baby gerade zu laufen und gerät dabei zwischen die Sachen, so kann es die Lebensmittel für den ganzen Tag ruinieren, wenn es etwa Milch in den Fleischtopf verschüttet. Und wieder läßt man alles fallen, läuft klagend zum Rabbiner – was soll ich tun? Muß ich nun alles wegwerfen?

Wenn immer es möglich ist, ist die Antwort nein. Verschwendung ist lasterhaft und zu vermeiden. Es gibt unzählige Methoden des «Wieder-koscher-Machens» von Nahrungsmitteln, die durch Berührung verunreinigt wurden, Regeln für die Menge fleischik, die notwendig ist, um die üble Wirkung abzuschwächen, die von einigen Tropfen Milch ausgeht. Doch die Methoden sind kompliziert, zum Rabbiner zu laufen ist zeitraubend und beschwerlich, und die Belastung ist enorm.

Schüsseln und Bestecke können einfacher «gereinigt» werden als Nahrungsmittel, obgleich es besser ist, sie von vornherein rein zu halten. Ein Messer wird einfach in die Erde gestoßen, und in den meisten Häusern dient dazu der Küchenboden oder ein Blumentopf. Schüsseln werden mit heißem Wasser abgebrüht. Obwohl es also diese Methoden gibt, führt man aber ein Haus, als gebe es sie nicht. Die verschiedenen Geschirrgarnituren sind von unterschiedlicher Farbe und Machart, werden möglichst weit entfernt voneinander aufbewahrt und niemals durcheinandergebracht.

Das Konzept des Koscheren findet breite Anwendung. Kleidung kann koscher sein oder nicht, was davon abhängt, ob Leinen oder Seide mit Wolle gemischt ist. Eine Frau, die aus der mikwe auftaucht, ist koscher. Ist sie nicht «gereinigt», so ist sie t'rejfe. Eine menstruierende Braut ist nicht koscher.

Der Ausdruck wird auch im übertragenen Sinne verwendet. Eine «koschere Person» ist jemand, der ehrlich ist; Unehrlichkeit wird auch als t'rejfe oder unkoscher bezeichnet. «Ein dickfelliger, t'rejfer Knochen» ist die Bezeichnung für eine gemeine, vertrauensunwürdige Person. Ein Unschlüssiger ist «weder Fleisch noch Milch». Eine t'rejfe parnosse ist eine unehrenhafte Beschäftigung, und ein häufiger Wunsch zielt auf «eine schöne und koschere parnosse». Illegale, verbotene Literatur ist ebenfalls t'rejfe.

Wie auch immer die Anwendung, koscher heißt korrekt und akzeptabel. «Es heißt in Ordnung, so, wie es sein soll.»

Die komplizierte Einhaltung von kaschrus ist nur ein Aspekt der Lehre eines Mädchens in der Küche. Es gibt auch eine Menge zu lernen über das Kochen selbst. Ökonomische Grenzen und kulinarische Vorlieben tun sich zusammen und machen die meisten Gerichte kompliziert und zeitraubend. Der Geschmack des Schtetls geht nicht dahin, den Speisen ihre natürliche Art zu erhalten. Es wird viel gehackt, geknetet, gerollt, gedünstet und gewürzt. Mit Essen meint man vorwiegend gekochtes Essen, und es wird warm aufgetragen – selbst wenn es sich nur um Milch mit Brot handelt oder sogar nur um Brot mit Wasser, gut gewürzt. Warm bedeutet sehr warm. Tee und Suppe sollten brühend heiß sein, so daß man pusten muß und langsam nippen – mit den «Ahs» der Würdigung zwischen den Schlucken.

Gutgekochtes Essen soll weich und zart sein, wenn es nicht kleingehackt ist wie Hühnerleber und gefillte fisch. Fett ist ein Zeichen von Opulenz und Geschmack. Fettes Fleisch ist besser als mageres. Wenn die Hausfrau ein Huhn kauft, so pustet sie auf die Hinterfedern, um zu prüfen, ob das Fleisch darunter auch schön gelb ist. Suppen sollten Fettaugen haben.

Man hat wenig Geschmack an rohen Gemüsen – abgesehen von Rettich, Gurken und Zwiebeln. Gemüse ist sowieso nicht der bevorzugte Teil der Ernährung, außer Karotten. Rote Beete wird nur in Borschtsch verwendet. Bevorzugt werden getrocknete Hülsenfrüchte wie Erbsen, Bohnen und Linsen.

Gutes Essen ist pikant gewürzt, aber es sollte außerdem noch durch schmackhaft Eingemachtes und sauer Eingelegtes – Gurken, Paprika, grüne Tomaten, Äpfel – abgerundet werden. Meerrettich ist eines der Hauptgewürze. Als Grundlage für all dies Pikante ist eine Fülle von stärkehaltigen Nahrungsmitteln nötig, wie Nudeln, Kartoffeln und vor allem Brot. Viele der Feiertage haben ihr eigenes charakteristisches Brot, einschließlich der festlichen chale für den Sabbat.

Die Tochter des Hauses lernt, sich mehr um Geschmack, Temperatur und Konsistenz zu kümmern als um das Aussehen der Speisen, denn Essen ist eher ein geschmacklicher Genuß als ein visueller. Die meisten Speisen sind unbestimmbar in der Farbe, und man gibt sich wenig Mühe mit Garnierungen, Farbkontrasten oder Arrangements, die das Auge ansprechen.

Außer am Sabbat, an Feiertagen oder bei besonderen Anlässen herrscht die Regel vor, die festen Mahlzeiten auf das mindeste zu reduzieren. Die Frauen und die Kinder essen, wenn sie hungrig sind, die Männer, wenn sie nach Hause kommen. So wie das Kleinkind gefüttert wird, wenn es essen möchte, folgen die Kinder und selbst die Erwachsenen keinem selbsterstellten Essensplan. Aufwärmbares Essen paßt zu solcher Regellosigkeit viel besser als die Art von Speise, die verdirbt, wenn sie nicht gleich gegessen wird. Auch wenn die Mahlzeiten unregelmäßig sind, haben sie doch Namen, und das zugrundeliegende Muster ist: Frühstück, Mittag- und Abendessen. Es gibt zahllose Namen für das Essen zwischen den Mahlzeiten, das eine regelmäßige und respektierte Gewohnheit ist. Kinder verdienen immer einen Imbiß. Der Ehemann fragt vielleicht: «Hast du nichts zwischen die Zähne?», wenn seine Frau ihm nicht zuvorkommt und drängt: «Möchtest du nicht etwas zum Kauen haben?» oder «nimm doch was, um dein Herz zu stärken». Speisen werden nie weggeschlossen. «Egal, was du tatest oder wie beschäftigt du auch warst, du ruhtest dich mehrmals am Tag aus, um Tee mit Marmelade zu trinken. Die Mahlzeiten waren so verteilt, daß es mir so scheint, als hätten wir den ganzen Tag gegessen.»

Besondere Delikatessen oder Süßigkeiten heißen *nascherei*, und die angenehme Tätigkeit, sie zu essen, heißt *naschen*. Süße Sachen sind im allgemeinen für Frauen und Kinder. Frauen mögen traditionell gern Süßigkeiten, und kleine Kinder bekommen Marmeladenbrötchen oder Obst. Bei einer Feier gibt es üblicherweise Kuchen für die Frauen und Brötchen mit Fleisch oder Fisch für die Männer. An Purim, wenn man den Narren spielt, essen Männer Süßigkeiten, und es ist auch der einzige Feiertag, an dem süße Speisen vorgesehen sind.

Es ist nur «natürlich», den Männern das beste Essen zu geben. Ein Mann braucht gute Nahrung, um seine Kraft zu erhalten. Man bewahrt das Beste für ihn und besteht darauf, daß er es auch ißt. Eine Frau ißt ständig, probiert und schmeckt beim Kochen ab, aber sie setzt sich selten zu einer richtigen Mahlzeit hin, ausgenommen bei besonderen Gelegenheiten. Ihr Essen ist Nebensache, wichtig ist, die anderen zu versorgen.

In knappen Zeiten ist es «natürlich», die Kinder zuerst abzufüttern. Eltern, besonders Mütter, hungern, um für die Kinder genug zu essen zu haben. Und was Kinder essen, ist immer «klein». «Klein-Herschel, möchtest du ein kleines Stückchen Brot mit ein bißchen Marmelade?», fragt man. Vater ißt bejgl, aber das gleiche Brötchen heißt bejgele, wenn es einem kleinen Kind gegeben wird. Der kleine Junge steckt ein «kleines nasch» in seinen kleinen Mund, und alles, was ein kleines Kind hat oder was ihm gegeben wird, wird mit dem Zusatz «le» verniedlicht.

Nahrung ist immer gut für die Leute, immer ein Zeichen des Wohlgefühls. Es gibt keine esoterische Küchenzauberei im Schtetl. Nahrung zu reichen symbolisiert nicht nur die mütterliche Liebe, sondern auch die Gastfreundschaft des Hauses gegenüber seinen Besuchern. Einem Gast keine «Ehre» anzutun – in Form von Speisen oder zumindest einem Glas Tee – wäre gleichbedeutend mit einer Abfuhr; und im Hause eines anderen nichts essen zu wollen, zeugt auch von schlechten Manieren. Besonders ein reicher Mann würde es nicht wagen, etwas abzulehnen. Er muß für sein Glück, ein Privilegierter zu sein, auch etwas tun, und zwar sämtliche Erfrischungen gerne annehmen, die ihm von seinen armen Verwandten angeboten werden, wenn er sie am Feiertag besucht. Jede Art von Kuchen, jede Sorte Marmelade muß probiert werden, und wenn er eine ausläßt, wird die Gastgeberin darauf hinweisen – «aber schau doch, du hast meinen Honigkuchen gar nicht probiert!» Sie weiß ja, er war gerade vorher bei ihrer Schwester Pessi und geht wahrscheinlich von ihr zu Onkel Vigdor. Will er mein Angebot übergehen, weil er bei Pessi schon zu viel gegessen hat? Oder glaubt er, daß es bei Onkel Vigdor vielleicht Besseres gibt? Der nogid wiederum weiß, daß sie, um sich vor ihm «nicht schämen zu müssen», manches geopfert hat oder sich etwas borgte, um ihm etwas Gutes vorsetzen zu können. Essen ist eine gesellschaftliche Pflicht, und außerdem – gutes Essen schadet niemandem.

Es zeigt die Hausfrau in schlechtem Licht, wenn einem unangemeldeten

Besucher nichts Eßbares angeboten werden kann. Es wäre jedoch auch ungewöhnlich, denn da es keine festgesetzten Mahlzeiten gibt, ist ein Essen, das sofort serviert werden kann, die Norm. Es wäre eine sehr nachlässige oder eine sehr arme Familie, die nicht Heringe, Brot, Tee, womöglich gekochte Kartoffeln und natürlich die übliche Marmelade zur Hand hätte. Diese Nahrungsmittel sind sämtlich parewe und können zu jeder Zeit gegessen werden, ohne Bedenken, damit in einen Konflikt mit Milch- oder Fleischprodukten zu geraten.

Es gibt nur eine Entschuldigung, die Speisen eines Gastgebers nicht zu essen, und zwar die, daß sein Haus nicht koscher ist. Im Hause eines Nichtjuden kann man nur parewe Nahrung essen, und diese auch nur aus nicht verunreinigten Gefäßen. Das Risiko eines Fehlers ist so groß, daß es das Beste ist, nur in jüdischen Häusern zu essen; oder man muß seinen eigenen Topf und seine eigenen Lebensmittel mitbringen. Es gibt selten Gelegenheit für einen Juden im Schtetl, bei einem Nichtjuden zu essen, obgleich Nichtjuden in jüdischen Häusern oft bewirtet werden.

Abgesehen von der Küchenarbeit braucht die Mutter die Hilfe der Tochter ständig für die anstrengenden Arbeiten des übrigen Haushalts. Es mögen zu viele Töchter sein, um sie alle mit einer Mitgift zu versehen, aber es können kaum zu viele für die Anforderungen des Haushaltes sein. Die Aufregung des Sabbat-Hausputzes kommt zwar nur einmal in der Woche, aber jeder Tag bringt eine Menge lästiger Haushaltpflichten. Dennoch, wie viele Helfer sie auch haben mag, eine gute Hausfrau hat immer das Gefühl, sie müsse überall sein, überall mit Hand anlegen oder wenigstens ein energisches Auge darauf haben.

Wäschewaschen einmal die Woche oder jede zweite Woche gehört zu den anstrengendsten Aufgaben im Haushalt. Die «Installation» im Schtetl besteht aus einem Faß mit Wasser, vom Wasserträger gebracht und in einer Ecke der Küche aufbewahrt. Darüber hängt ein Krug, mit dem das Wasser geschöpft wird, und an der Seite befindet sich ein Waschbecken, in das man es ausgießen kann. Geschirr wird in diesem Waschbecken abgewaschen, und die regelmäßigen rituellen Waschungen der Hände können auch dort vorgenommen werden.

In den meisten Häusern des Schtetls ist kein Badezimmer vorhanden. Man benutzt das öffentliche Badehaus oder den Fluß, wo es getrennte Badeplätze für Männer und Frauen gibt. Die Badebekleidung ist zwanglos, aber dezent. «Sowas wie Badeanzüge gab es nicht in unserem Schtetl, deshalb konnten Männer und Frauen nicht zusammen baden gehen. Es gab getrennte Stellen am Fluß, wo die Männer und die Frauen badeten. Der Teil für die Männer war so, daß wir Jungen dort nicht hineingehen konnten – es war zu tief für uns. So badeten wir dort, wo die Frauen waren. Die Frauen badeten auch nicht nackt. Sie trugen lange Unterröcke.»

Am Waschtag müssen die Muskeln die nicht existierenden Rohrleitungen ersetzen. Die regelmäßig wiederkehrenden Höhepunkte der Hausreinigung und des Waschens sind «eine schreckliche Zeit». Ein Mann bemüht sich, während dieser Zeit so viel wie möglich abwesend zu sein. Die Wäsche muß gespült, geschlagen, gewrungen und wieder gespült werden. Erst nachdem diese Vorarbeit geleistet ist, wird sie zum Fluß gebracht. Die Technik des Waschens ist überall verschieden, aber die Kraft und die Energie, die dazu benötigt werden, sind überall gleich. «Waschen war ein großes Ereignis im Schtetl. Zuerst wurde alle Wäsche zusammen mit Seife in einen großen Zuber getan. Dann kam die Wäsche in einen Behälter, der wie ein Faß gemacht war – aus einem ausgehöhlten Baumstamm. Wasser wurde kochendheiß über die Wäsche gegossen und dort gelassen, bis es abgekühlt war. Dann brachten wir die Wäsche an den Fluß. Das war meine Arbeit, und die war sehr schwer. Dann wurde die Wäsche im Fluß gespült, wieder eingeseift und mit einem Brett geschlagen. Das Brett war aus sehr schwerem Holz, ca. 30 Zentimeter lang, 15 Zentimeter breit und 8 Zentimeter dick. Es war flach und hatte oben einen Griff. Wir schlugen die Wäsche damit und spülten sie danach. Dann brachten wir die Wäsche zum Trocknen nach Hause. Nur Besonderes wurde gebügelt, wie Bettwäsche, Hemden usw.; die meiste Wäsche wurde nur gerollt, über eine Holzrolle und über ein anderes Stück Holz mit zackigen Enden. Es war eine schwierige Arbeit, aber die Wäsche wurde recht ordentlich.» Ist der Waschtag vorüber, kommen die Männer wieder nach Hause, und die bal-bosste ächzt stolz: «Ich kann meine Glieder kaum noch ausstrecken.» An einem solchen Abend wird sie seufzen: «Es ist eine mizwe, ich kann jetzt wenigstens ein bißchen schlafen.»

Zwischendurch und an den Abenden wartet dann die nie enden wollende Arbeit des Flickens und Reparierens der zerrissenen Wäsche und Kleidung. Die Stücke, aus denen die Großen herausgewachsen sind, werden für die Jüngeren zurechtgemacht, die aus dem früher «Geerbten» bereits wieder herauswachsen. «Mutter war immer sehr sparsam. Sie bewahrte alles auf, was man noch gebrauchen konnte, und sie machte unsere Kleidung selbst mit der Hand.»

Wenn ein Kleid nicht mehr länger als Kleid dienen kann, so kann es noch in eine Schürze verwandelt werden. Ist die Schürze es dann nicht mehr wert, geflickt zu werden, so kann man aus ihr noch Flicken machen. Der Kaftan eines Mannes kann zu einer Jacke für den Jungen werden. Der feine Mantel, den Vater vor zehn Jahren zu Rosch Haschone bekam, beschließt seine Tage als Hose für einen der kleinen Jungen. Es gibt gute Gründe dafür, nichts wegzuwerfen, denn solange noch genug Gewebe vorhanden ist, um eine Nadel hindurchzustechen, kann man noch etwas daraus machen.

Jede Jahreszeit ist durch ihre besonderen Aufgaben im Haushalt gekennzeichnet. Im Laufe des Sommers ist viel Aufregung um das Einmachen und Einlegen. Die bal-bosste läuft rotgesichtig herum in der Hitze ihres Herdes, der ihr Temperament so «kochen» läßt wie die Pflaumen – «mögen wir sie bei guter Gesundheit essen!» Im Winter gibt es, wenn man Glück hat, Gänse zu mästen und während der Winternächte Federn zu rupfen, bis einem «vom Federrupfen schwarz vor Augen wird», und wenn es Tag ist, müssen die herumfliegenden Daunen im ganzen Haus eingesammelt werden.

«Es gab eine Menge Arbeit während des Sommers. Wir mußten Kohl und Gemüse für den Winter einlegen, was viel Arbeit machte. Im Winter mästeten wir Gänse. Sie wurden gefüttert, bis sie rund und fett waren. Wir schlachteten sie, rupften die Federn, die für die Betten gebraucht wurden, dann trennten wir das Fleisch vom Fett. Es war ein mühseliger Prozeß. Zuerst muß man das Fett zusammen mit kleinen Stücken Fleisch entfernen. Das Fett wird schmalts genannt. Gänsefett wird nicht ganz hart, es wird so eine Art Gelee und wurde als Brotaufstrich verwendet. Die ganze Familie half an den Winterabenden, und wenn wir damit fertig waren, halfen wir auch noch meinen Tanten.»

Das Haus, das auch das «Gesicht» der Familie ist, wechselt seinen Ausdruck mit jeder Phase des sich ändernden Familienlebens. Ob Freude herrscht oder Trauer, ob Unordnung während der Wochentage oder Feierlichkeit an den Festtagen – das Innere des Hauses spiegelt die Stimmung der Familie wider.

Der krasseste Wechsel ist zu bemerken, wenn die Seele eines Menschen ihr irdisches Gefäß verlassen hat. Dann ist das Haus, das Gefäß des Familienlebens, in das Ornat des Todes gehüllt. «Alle Spiegel im Hause waren verhängt. Es gab dafür allerlei Aberglauben; einer war, daß man den Engel des Todes im Spiegel sehen könne, ein anderer, daß das Bild des Verstorbenen das Haus nicht verlassen würde und in den Spiegeln bliebe.» Die Fenster, die während der Krankheit fest geschlossen waren, sind nun weit offen, die Räume unaufgeräumt und vernachlässigt.

Tod ist das größte aller Übel. Gottes höchstes Geschenk an die Menschen ist das Leben, und daran zu hängen, ist eine der wichtigsten Verpflichtungen. «Gott hat den Menschen das Leben gegeben, und der Mensch hat es zu erhalten. Nachlässigkeit in der Erhaltung des Lebens ist eine Sünde. Das Leben sollte nur für sehr wertvolle Ziele hingegeben und nicht durch Vernachlässigung der Gesundheit weggeworfen werden. Es gab Juden, die haben ihr Leben für ihren Glauben gegeben.»

Abgesehen von der Verpflichtung – «das schlechteste Leben ist immer noch besser als der beste Tod». Selbst das Wort für Tod oder Sterben wird in der Alltagssprache vermieden und durch zahllose Euphemismen ersetzt, denn «einer, der den Tod erwähnt, ist seines Lebens nicht sicher». Man stirbt nicht, man «geht weg», «schließt seine Augen», «schläft ein», «streckt seine Füße aus», «beendet seine Tage». Stirbt ein großer Gelehrter, so sagen die Leute, «er wurde weggenommen», «er nahm Abschied», «er wurde eingeladen» – das heißt eingeladen zur «höheren j'schiwe». Die Ausdrücke für den Tod eines solchen Mannes sind hebräisch und nicht jiddisch.

Der Friedhof liegt weit vom Zentrum des Schtetls entfernt und wird auch nur indirekt erwähnt. Er ist «das Haus der Ewigkeit», «Haus der Gräber», «Haus des Lebens», «der gute Ort», «der heilige Ort». Nur in bezug auf einen christlichen Begräbnisplatz wird das Wort für Friedhof verwendet.

Solange jemand lebt, gibt man die Hoffnung nicht auf, und die Gemeinschaft wie auch die Familie werden mobilisiert, um den Tod zu bekämpfen. Gebete, Wohltätigkeit, Namenswechsel sollen helfen – zusätzlich zu der Behandlung und der Medizin. Ist das Ende dann so gut wie unabwendbar, werden extreme Maßnahmen ergriffen. Man läuft zu den Gräbern der Ahnen, weint und schreit vor der Bundeslade in der schul, um den Tod «hinwegzuschreien».

Während all dieser Aktivitäten darf die sterbende Person nicht eine Sekunde alleingelassen werden. Im Gegenteil, je mehr Leute im Hause sind, desto besser ist es. Sie darf jedoch nicht berührt werden, denn das könnte den Tod beschleunigen, und jede Sekunde des Lebens ist kostbar.

Inzwischen kümmern sich Mitglieder der wichtigsten Organisation im Schtetl, der *chewre kadischa,* der Bestattungsgesellschaft, um die letzten Rituale. Die sterbende Person muß die letzte Sündenbeichte wiederholen, so, wie sie ihr vorgelesen wird. Wie die Jom-Kipur-Beichte ist sie ein Standardtext. Ist der Sterbende nicht mehr in der Lage, sie selbst zu sprechen, so übernimmt dies ein Mitglied der Bestattungsgesellschaft für ihn. Dieser Dienst wird für Frauen von einer älteren Frau, die zur chewre kadischa gehört, übernommen, und ihre Pflicht ist es auch, das Leichentuch zu nähen, in das der tote Körper eingewickelt wird.

Tritt der Tod dann wirklich ein, so ist der erste Ausruf derer, die dabei sind oder davon hören: «Gesegnet sei der wahre Richter!» Selbst jene, die tief von dem Verlust betroffen sind, erkennen damit den höheren Ratschluß an, um dessen Abwendung sie sich so leidenschaftlich bemüht hatten. «Der Jude weiß, daß der Herr sich entschlossen hat, dieses kranken Mannes Seele fortzunehmen. Er ist in tiefer Trauer, aber er überläßt sich dem Willen Gottes.»

Jede Mühe wird unternommen, den Todesengel davon abzuhalten, seines Amtes zu walten. Ist er dann aber doch Sieger geblieben und die Person ist gestorben, dann müssen die Familie und die Gemeinschaft sich so schnell wie möglich des Körpers entledigen, den die Seele verlassen hat. Wie die Fingernägel und das Blut unrein und gefährlich werden, wenn sie den lebendigen Körper verlassen haben, so wird der Körper selbst auch ein Übel, wenn das Leben ihn verlassen hat. Innerhalb von vierundzwanzig Stunden muß der Körper rituell gereinigt, gewaschen und begraben sein. Schnelligkeit ist so wichtig, daß, wenn der Tod an einem Feiertag eintritt, der Körper von einem Nichtjuden begraben werden muß, falls es der erste Feiertag ist; geschieht es am zweiten Feiertag, können auch Juden ihn begraben, obgleich sonst jede Arbeit ruhen muß.

Während der Leichnam noch im Hause ist – er liegt auf dem Fußboden, mit einer brennenden Kerze am Kopfende, mit den Füßen zur Tür –, kommen Verwandte, Nachbarn, Freunde und Bekannte, um «um Verzeihung zu bitten» für alle möglichen Beleidigungen und Kränkungen, die sie dem Verstorbenen im Laufe seines Lebens zugefügt haben mögen.

Der Leichnam wird dann für die Beerdigung vorbereitet. Er wird von den Mitgliedern der chewre kadischa gewaschen, rituell gereinigt und in das Leichentuch gewickelt. Ein Mann wird mit seinem festlichen weißen *kitl,* dem Festtagshemd, bekleidet und mit seinem Gebetsschal bedeckt. Männer können von Männern oder Frauen rituell gereinigt werden, Frauen nur von Angehörigen ihres eigenen Geschlechts.

Wie bei jedem Lebenshöhepunkt – Beschneidung, bar-mizwe, Hochzeit – nimmt auch hier die Gemeinschaft aktiv teil. «Das ganze Schtetl ist eingeladen», und es ist eine der wichtigsten mizwess, «die Toten zu begleiten». «So viele Leute, wie den Toten begleiten, so viele Engel werden die Seele begrüßen. Deshalb ist es Pflicht, zur Beerdigung zu gehen.» Bei einer Beerdigung abwesend zu sein, ist eine Sünde und auch eine direkte Beleidigung des Verstorbenen, eine Beleidigung, für die es nie wieder eine Gelegenheit gibt, um Vergebung zu bitten.

Weinend und klagend bringt der Trauerzug den Toten zum Haus der Ewigkeit. Wenn der Verstorbene ein nogid oder ein Gelehrter war, wird sein Körper von den wichtigsten Bürgern der Gemeinde getragen. Die Prozession wählt immer den längsten Weg zum Friedhof, um dem Verblichenen zu zeigen, wie zögernd sich die Gemeinschaft von einem ihrer Angehörigen trennt.

Auf dem Friedhof schneidet einer der Offiziellen der Beerdigungsgesellschaft in die Kleidung der nahen Familienangehörigen einen tiefen Schlitz; dies ist eine Zeremonie, die das Zerreißen der Kleidung in tiefem Schmerz versinnbildlicht. Freunde und Verwandte versammeln sich um das offene Grab, um dem Toten die letzte Ehre und ihren Respekt zu erweisen. Da kein Priester Kontakt mit einem toten Körper haben darf, ist es den Mitgliedern des Stammes der Kohanim verboten, den Friedhof zu betreten, und sie müssen am Tor warten, bis die Trauerfeier beendet ist. Der Körper wird ohne Sarg begraben, aber die Seitenwände des Grabes sind mit Holz verschalt. Für das Begräbnis eines gelehrten Mannes nimmt man dafür vorzugsweise die Bretter der Bank, auf der er während seiner Studien gesessen hatte. Ein bißchen Erde aus Palästina, dem Lande Israel, wird unter den Kopf des Toten gelegt. Nachdem das Grab mit Erde bedeckt ist und ein Mitglied der Beerdigungsgesellschaft die entsprechenden Gebete gesprochen hat, spricht der nächste männliche Verwandte – Sohn, Bruder oder Ehemann – kadisch, das Totengebet.

Wieder zu Hause, beginnen für die Hinterbliebenen sieben Tage der intensiven Trauer, *schiwe sizn*, sieben sitzen. Während dieser Zeit sitzen sie entweder auf dem Boden oder auf Kisten, ohne ihre eingerissene Kleidung zu wechseln. Sie sollten nicht zu viel sprechen, das Haus nicht verlassen, sie sollten nicht einmal Thora studieren, denn Thora studieren ist eine Freude. Die einzigen Bücher, die sie lesen dürfen, sind moralische Abhandlungen oder Bücher traurigen Inhalts, wie Hiob, der Prediger Salomo oder Klagelieder. «Sieben Tage lang verweigert die Familie alles Leben und jeden Komfort. Sie sitzen auf dem Boden, und sie kochen nicht einmal; sie essen nur, was ihnen Verwandte und Nachbarn bringen.»

Die Hinterbliebenen zu besuchen, ist eine wichtige mizwe, und das Haus ist immer voller Gäste, die ohne Gruß eintreten, Essen bringen oder sich um die kleinen Kinder kümmern. Die Trauernden essen hartgekochte Eier, bejgl oder andere kreisförmige oder runde Nahrungsmittel wie Erbsen und Linsen, denn Rundheit symbolisiert Trauer.

Während der ganzen schiwe-Zeit werden im Hause der Trauer Gebete gesprochen. Nur zum Sabbat-Gottesdienst verlassen die Trauernden das Haus und gehen zur schul. Die schiwe wird unterbrochen, denn der Jubel von ganz Israel überlagert den Kummer der einzelnen. Am Sabbat muß man alle öffentlichen Rituale erfüllen, aber man darf weder seine Kleidung wechseln noch baden, denn das gehört zum Privatleben, und innerhalb des Privatlebens bleibt man Trauernder.

Nach schiwe kommt *sch'lojschim;* das sind dreißig Tage der weniger intensiven Trauer, während derer die Trauernden sich um ihr Geschäft kümmern dürfen, zur schul gehen, regelmäßig essen, aber nicht an Festlichkeiten oder Feiern teilnehmen. Nach diesem Zeitraum ist das Trauern offiziell beendet, und die Trauernden haben sogar das Recht, sich wieder zu verheiraten. Wer ein Trauernder ist, ist eindeutig festgelegt, ebenso wie die detaillierte Etikette des Trauerns, und es gibt davon keine Abweichungen. Und so, wie es geboten ist, den Kummer während der schiwe auf intensivste Weise auszudrücken, so ist es verboten, im Ausdruck der Trauer zu übertreiben, nachdem die vorgeschriebene Trauerperiode beendet ist.

Ein Jahr lang nach dem Tode spricht ein naher Verwandter dreimal am Tage in der schul kadisch. An bestimmten Feiertagen nimmt die Familie in der schul an den Gebeten für die Verstorbenen teil, und zwar während des Gottesdienstes zur «Erinnerung an die Seelen». Bei der Wiederkehr des Todestages zünden sie zu Hause und in der schul eine Kerze an, studieren selbst oder lassen durch einen Vertreter ein Kapitel der mischne studieren und verteilen wohltätige Spenden zur Erinnerung an den Verstorbenen.

Es wird angenommen, daß die Seele nach dem Tode ins Paradies, *gan-ejden,* kommt oder – wenn es die Seele eines Sünders ist – in die Hölle, *genem.* Diese Orte sind Teile der «wahren Welt» – im Unterschied zur unvollkommenen Welt, in der wir wohnen. Das Bild dieser wahren Welt ist allerdings sehr vage.

Es hat weitgehend den Anschein, als lebe der Verstorbene weiter in der Gemeinschaft, obgleich sein Körper begraben liegt und seine Seele theoretisch gegangen ist. In seinem Grabe hört er die Klagen der Lebenden, nachts wohnt er dem Gottesdienst in der örtlichen schul bei, man trifft ihn vielleicht sogar auf der Straße – nach Mitternacht. Er nimmt am Leben der Familie und am Gemeinschaftsleben teil, indem er den Menschen in ihren Träumen erscheint – in denen er ihnen Ratschläge erteilt oder jenen droht, die gegen die Gemeinschaft etwas Böses im Schilde führen, oder seine Meinung zu laufenden Begebenheiten äußert.

Lediglich wenn sie die Dienste der Verstorbenen als himmlische sch'tadlen benötigen, ist den Lebenden diese Teilnahme an ihren Aktivitäten geheuer, sonst jedoch nicht. Deshalb werden Vorsichtsmaßnahmen ergriffen, um die Wiederkehr der Toten abzuwehren. Bevor man den Friedhof verläßt nach einem Besuch bei den lieben Verblichenen, ist es ratsam, ein zusätzliches Steinchen auf das Grab zu legen. Und einige Leute sagen, daß der lange Weg, den der Trauerzug zum Friedhof nimmt, nicht so sehr dazu dient, die Liebe für den Verstorbenen zu demonstrieren, sondern eher dazu, ihn den Weg nicht finden zu lassen, falls er versuchen sollte, zurückzukommen.

# Schöne Feiertage!

Die Jahreszeiten werden wesentlich von ihren charakteristischen Feiertagen bestimmt, weniger von Alltagstätigkeiten. Genauso, wie die Woche von Sabbat zu Sabbat gelebt wird, lebt man das Jahr von einem Feiertag zum nächsten. Die Feiertage haben ihr eigenes System und ihren eigenen Rhythmus. Es gibt streng religiöse Feiertage, an denen jede Arbeit verboten ist, und nachbiblische, an denen sie erlaubt ist. In beiden Gruppen gibt es einige Tage, die «froh», und einige, die «traurig» sind; einige sind «leicht» und andere «schwer» vorzubereiten; einige sind durch Festmahle gekennzeichnet, andere durch Fasten. Dem Festmahl geht oft das Fasten voraus, und häufig fastet man auch zwischen zwei Festmahlen.

Die Festmahle und auch das Fasten sind mizwess; es ist einem geboten, sowohl zu jubeln als auch zu trauern. «Es steht in den Büchern», welche Gefühle und Gedanken erlaubt sind und welche verboten, und es wird erwartet, daß die Gebote so inbrünstig befolgt werden, daß das vorgeschriebene Gefühl sich ganz spontan einstellt.

Ein religiöser Feiertag – wie der Sabbat – heißt Übergang in ein anderes Leben. Eine neue Dimension kommt hinzu, und die tägliche Last wird beiseite gelegt. Die Kleidung, die man trägt, die Speisen, die man ißt, das Aussehen des Hauses, in dem man lebt – alles unterscheidet sich von der Welt der Wochentage. Die Atmosphäre ist von Geschichte und Symbolik durchdrungen. Zeit und Raum werden zu einer geschlossenen Einheit zusammengeschweißt. Man lebt in Zwiesprache mit vergangenen Zeiten und mit all den weit verstreuten Mitgliedern des Auserwählten Volkes in allen Erdteilen, die zur selben Zeit auf die gleiche Art und Weise feiern.

Ein Feiertag ist, wie ein persönliches Ereignis – Geburt oder Heirat –, niemals auf das Haus oder die Synagoge beschränkt, sondern findet in beiden statt. Einige Feiertage werden vorwiegend im Kreise der Familie gefeiert, andere vornehmlich mit der Gemeinschaft. Die religiösen Feste sind stets eine Mischung aus dem in den heiligen Schriften vorgeschriebenen Ritual und Volksbrauch, der mit den geschriebenen Gesetzen verwoben wurde. Das vorgeschriebene Ritual ist bei den Orthodoxen einheitlich, aber der Volksbrauch unterscheidet sich von einem Ort zum nächsten erheblich, obgleich nur ein Gelehrter den Unterschied erkennen kann.

Jeder Feiertag – wie jeder Sabbat – bringt sowohl Angst als auch Freude mit sich. Wenn er sich nähert, liegen die Vorbereitungsarbeiten schon wie ein Berg vor einem. So vieles ist zu tun, und in so kurzer Zeit. Für die meisten Familien sind allein die Kosten schon ein Problem. Wird genug Geld da sein, um den «Feiertag machen» zu können, wie er sein soll? Wird genug vorhanden sein, um neue Kleidung für das Passahfest kaufen und um all die erforderlichen Nahrungsmittel besorgen zu können? Die täglichen Gebete werden intensiviert: «Mögen wir vor Gott und den Menschen nicht beschämt daste-hen; mögen wir nicht ‹zu den Leuten gehen› und um Hilfe bitten müssen, mögen wir nicht borgen müssen.» Nähert sich der Tag, so verstärken sich Sorge, Erschöpfung, Spannung. Ist der Feiertag dann da, so ist all dies verges-sen, die Alltagssorgen werden beiseite geschoben. Man entspannt sich, man freut sich und wünscht allen *gut jontef,* einen schönen Feiertag. Es ist immer entweder *for jontef* oder *noch jontef,* vor oder nach dem Feiertag. Im Falle von Passah, pejssach, dem aufregendsten Fest für alle Kinder, beginnen die Vorbereitungen schon Monate vorher. Während des Winters wird besonderes Fett zubereitet und getrennt von den gewöhnlichen Nahrungsmitteln aufbewahrt, um jede Verunreinigung zu vermeiden. Das wirkliche for jontef beginnt an Purim, vier Wochen vor Passah. Man kauft Rosinen und stellt aus ihnen einen besonderen Wein her, wobei zu beachten ist, daß er nicht mit irgendeiner Substanz oder einem Gerät in Berührung kommt, das nicht *pejssachdig* ist. Ein Platz im Hause muß rituell gereinigt werden, um diese Dinge aufzubewahren – den Borschtsch, einen Monat vor-her zubereitet, und das ungesäuerte Brot, wenn es fertig ist. Mit dem Anwach-sen der Passahvorräte nimmt der Platz im Hause ab, bis zuletzt kaum noch Raum für die Familie vorhanden ist. Dennoch muß das Leben ja in gewohnter Weise weitergehen. Man muß sich um das Baby kümmern, das tägliche Essen muß gekocht werden, die Arbeitskleidung in Ordnung gehalten, man muß sich um die Bedürfnisse des Vaters kümmern und die atemlose Jagd nach parnosse fortsetzen. «Die Hände und Füße fallen mir ab», klagt die Hausfrau, und ihr Kopf «platzt» von all dem, was sie zu bedenken und zu beachten hat. Aber wenn es dann soweit ist, ist alles fertig, und auch sie ist bereit, sich nach dem Trubel des for jontef dem Frieden der Feiertage hinzugeben.

Obgleich Neujahr im Herbst ist, fühlt auch das Schtetl, daß der Zyklus des Jahres im Frühjahr beginnt – mit der Feier des pejssach, des Passahfestes. Die Menschen sind zwar ihren Berufen und ihren Gewohnheiten nach urbanisiert, dennoch teilen sie mit ihren ländlichen Nachbarn die Empfindung, daß das Jahr beginnt, wenn im Frühling die Natur wiedergeboren wird. Außerdem stammen ihre Feiertage, wie modifiziert sie in ihren Begründungen und Ausle-gungen auch sein mögen, aus ihrer eigenen ländlichen Vergangenheit. «Bei uns im Schtetl wurde pejssach als der Anfang des Jahres betrachtet. Leute wurden von pejssach zu pejssach angestellt, es wurde neue Kleidung gekauft usw.»

Die neue Kleidung ist ein wichtiges Kennzeichen dieser Feiertage. In den ärmsten wie in den reichsten Familien bekommen die Kinder zu pejssach neue Frühjahrskleidung. Kann man es sich nicht leisten, eine vollständig neue Aus-rüstung zu kaufen, so gibt es wenigstens einen Teil neu – neue Schuhe, einen neuen Hut, ein neues Schultertuch. In der schul werden dann die neuen Sachen verglichen, und die Kinder führen vor, was sie bekommen haben, egal, wie bescheiden es auch sein mag. Es gibt keine größere Enttäuschung für ein Kind, als gar nichts Neues zu diesem Festtag zu bekommen. Geht es einer Familie einigermaßen gut, so erwarten auch die Eltern – oder sie hoffen es jedenfalls –, sich neue Kleidung für pejssach kaufen zu können. Manchmal ist in einem Heiratsvertrag festgelegt, daß die Frau zu pejssach eine neue Garderobe zu bekommen hat. «Zweimal im Jahr, zu den besonderen Festtagen, erhielten wir neue Kleidung. Die neue Kleidung war für schabbes und die Feiertage gedacht, und wir begannen die alte Feiertagskleidung jeden Tag zu tragen.»

Das herausragende Merkmal von pejssach ist natürlich das ungesäuerte Brot, die *mazzes*, das die Flucht und Erlösung der Juden aus der Gefangenschaft symbolisiert. Sie nahmen ihr ungesäuertes Brot mit in die Wüste. Um den Exodus zu feiern, muß sich der Orthodoxe während der acht Tage des Passahfestes von allem Sauerteig fernhalten. Das Geschirr, von dem gegessen wird, das Haus, in dem man lebt, alles muß pejssachdig sein, unbefleckt von jeder Berührung mit Sauerteig, der in dieser Zeit die Unreinheit darstellt. Jede Familie und die Gemeinschaft als Ganzes führen während Passah einen Feldzug gegen allen *chomez*, gegen alle Lebensmittel, die entweder Sauerteig enthalten oder leicht gären, sowie gegen alles damit in Berührung gekommene Geschirr etc. Dies ist auch der Grund dafür, daß der Händler sein Lager «verkaufen» muß, damit nichts, was *chomezdig* ist, während der Feiertage in seinem Besitz ist.

Zuhause wird pejssach durch die große Hausreinigung des Jahres geehrt, ein Hausputz, der viel gründlicher und dramatischer ist als die verhältnismäßig moderate Reinigung, die zum Jahreswechsel stattfindet, oder als der wöchentliche Aufstand zum Sabbat. Für jene Tage wird das Haus gescheuert und poliert, für pejssach jedoch wird es total auf den Kopf gestellt. Alle Möbel werden nach draußen gebracht, jede Ecke wird gefegt, entstaubt, geschrubbt. Wenn möglich, werden die Wände neu geweißt. «Vorbereitungen für pejssach waren harte Arbeit, besonders für die Frauen. Das ganze Haus wurde auseinandergenommen und für pejssach koscher gemacht. Einiges, wie Lebensmittel, wurde schon im Winter vorbereitet und aufbewahrt, aber das wirkliche Saubermachen fand in der letzten Woche statt.»

Während man so seine Putzwut abreagiert, pflegen unzählige Schätze wieder aufzutauchen – Dinge, die verlegt wurden und schon vermißt waren, Dinge, die man längst vergessen hatte und die nun mit Überraschung wiederentdeckt werden. Für einen kleinen Jungen oder ein kleines Mädchen hat dieser Vorgang den Reiz einer Schatzsuche. Die Art der Haushaltung im Schtetl, wo viele Gegenstände in Spinden und Schränken angehäuft sind, erhöht das Vergnügen und die Spannung bei dieser jährlichen Inspektion. «Alles wurde aus dem Hause gebracht, die Wände wurden neu geweißt, die Möbel mit heißem Wasser gescheuert. Dann nahmen wir eine Art scharfes Gras und rieben damit den Dreck von den Möbeln. Sie wurden danach mit einem Messer abgekratzt und dann noch einmal gescheuert, während wir kochendes Wasser darübergossen … Alle Dinge, die neu gekauft waren, wurden zum Fluß gebracht und dort dreimal gespült … Der Boden wurde mit Stroh bedeckt und der Herd völlig ausgebrannt. Man legte eine Menge Holz in den Herd und ließ es ganz verbrennen. Das Haus wurde richtig auf den Kopf gestellt.»

Wenn das ganze Haus dann sauber ist, wird das pejssachdige Geschirr hervorgeholt und zum Gebrauch hergerichtet. Es sieht immer so aus, als sei es schöner und blanker als das Geschirr für jeden Tag, und wahrscheinlich ist es das auch, denn es wird ja nur an acht Tagen im Jahr benutzt. Gibt es keine besonderen Töpfe und Bestecke für pejssach, so müssen die normalen koscher gemacht werden. «Silberne Bestecke ... wurden mit Sand und ‹saurem Salz›, einer Art von Silberputz, gereinigt, dann mit einem Band zusammengebunden und in einem reinen koscheren Tuch zum Badehaus gebracht; dort hängte es der Badewärter an einen Stock und tauchte es dreimal in kochendes Wasser, sprach ein paar Gebete, und das Silber war koscher für pejssach.»

Die Aufregung um den Hausputz ist ein Spaß, und sie hat auch Symbolwert. Selbst Kinder, die weit weg vom Schtetl aufgewachsen sind, kennen indirekt den Sinn der Reinigung, der Freude und der «Erneuerung» zu Passah. Es ist ein Gefühl wie die wöchentliche Sabbatfreude, nur verstärkt und vervielfältigt.

Inzwischen ist auch die größere Familie, die Gemeinschaft, aktiv bei der Vorarbeit. Die Synagoge muß – genau wie das Haus – gereinigt werden.

Vereinbarungen müssen getroffen werden für die Gastfreundschaft gegenüber den Soldaten in der Nachbarschaft. Jeder jüdische Soldat wird während der acht Tage pejssach ein Gast sein, ein ojrach; er schläft weiterhin in der Kaserne, ißt aber alle Mahlzeiten dort, wo kein chomez eindringen kann.

Abgesandte von der Vereinigung Mojess Chitin gehen von Haus zu Haus und sammeln für mazzes, Kartoffeln und Wein. Den Armen muß ungesäuertes Brot und pejssachdiger Wein für das Ritual gegeben werden. Sie müssen aber auch Kartoffeln bekommen, denn die mazzes sind zu teuer und haben nicht Substanz genug, um einen hungrigen Magen zu füllen.

Gewöhnlich werden die mazzes für das ganze Schtetl an einem Ort gebakken. «Vor pejssach wurde eine besondere Bäckerei für mazzes errichtet. Alle Bewohner des Schtetls machten ihre mazzes dort ... Der Besitzer der Bäckerei stellte gewöhnlich Mädchen an, die den Teig ausrollten ... dann stellten sie noch eine Kneterin an. Es gab da auch noch Jungen, die waren die ‹Wasserschütter›. Für diese Arbeit mußte man gesonderte Leute haben, denn die Kneter dürfen den Wasserkrug nicht berühren. Dann war da noch der ‹Lochmacher›, der die Löcher in den Teig machte, und der, der das Mehl abwog, ein anderer, der auf den Teig aufpaßte, denn der Teig darf nicht alleingelassen werden. Der große Ofen war im gleichen Raum wie der ‹Lochmacher›.»

Der Höhepunkt der Vorbereitungen ist erreicht, wenn «alles gereinigt worden ist und schön und ordentlich aussieht ... Dann müssen noch die chomez entfernt werden, das sind die Nahrungsmittel, die man über Passah nicht braucht.» Wenn noch Vorräte gewöhnlicher Nahrungsmittel im Hause sind, werden sie weggeschlossen und an einen Nichtjuden «verkauft» für die acht Passahtage. Die Transaktion wird durch den Rabbiner vorgenommen, genauso wie der vorübergehende «Verkauf» der Kaufmannslager.

Am Abend vor dem Passahfest wirft der Vater, die aufgeregten Kinder um sich herum, ein paar Krumen in die Ecken des frisch gereinigten Hauses. Etwas später «nimmt er einen Holzlöffel und eine Feder und sammelt all die Krumen, die er in die Ecken gestreut hatte, wieder auf. Er fegt sie mit der Feder auf den Löffel, denn sie dürfen nicht berührt werden. Dann wickelt er alles in ein Tuch.» Er wickelt es sorgfältig ein, so daß nichts herauskrümeln kann. Dann legt er dieses Bündel der Unreinheit weg, möglichst auf einen hochgelegenen Platz, damit es nicht berührt werden kann.

Am nächsten Morgen werden die Krumen und der Löffel verbrannt, jedoch nicht etwa im Herd, der gerade durch das Ausbrennen koscher gemacht wurde, sondern in einem neutralen Feuer. Oft «kommen die Nachbarn zusammen, machen ein Feuer und werfen alle ihre Löffel hinein. Sie sprechen ein Gebet, bis alle Krumen und Löffel verbrannt sind. Dies wird das ‹Verbrennen des chomez› genannt. Dann wird das Stroh, das auf dem Fußboden lag, weggefegt, der Tisch gedeckt, und alles ist schön und sauber. Man ist bereit für pejssach.»

Nun steht «der Feiertag vor der Tür», und es muß noch viel getan werden, zum Beispiel für den Vorabend und für den ersten Tag kochen. «All die Verwandten kommen», und alle wollen essen, und «wir sollten uns nicht schämen müssen». Vielleicht geht auch die ganze Familie am ersten Feiertag zu den Großeltern, aber jede Familie möchte an einem der beiden Tage zu Hause sein und die «ganze mischpoche» empfangen.

Es wird jede Mühe unternommen, um die ganze Familie zu dem wichtigsten Festmahl all dieser Feiertage zusammenzubringen, dem berühmten *ssejder* an den ersten beiden Abenden des Passahfestes. Jene, die unterwegs sind, versuchen, nach Hause zu kommen; Eltern versuchen alle Kinder und Enkel um sich zu versammeln. Am ssejder zum Großvater zu gehen, ist eine der häufigsten Erinnerungen an das Schtetl. Die Erinnerungen ranken sich auch um die Speisen, das ungesäuerte Brot und all die Gerichte, die aus maze-Mehl anstatt aus normalem Mehl zubereitet sind. Vor allem erinnert man sich jedoch an den langen und dramatischen Gottesdienst, der vor dem Festmahl beginnt und danach fortgesetzt wird.

Nicht nur das Haus ist anders an pejssach. Auch der Vater ist anders. Die Mutter trägt ihr Bestes mit dem gesamten Schmuck und was immer der Feiertag ihr an neuer Bekleidung beschert hat. Jeder trägt etwas Neues, und jeder ist so sauber wie das Haus. Selbst der Feiertagsgast, der ojrach, sieht besonders blank aus, wenn es auch traurig für ihn sein mag, am pejssach nicht zu Hause sein zu können. Aber der Herr des Hauses ist so verändert, daß er den ehrfürchtig blickenden runden Augen der Kinder fast wie eine andere Person erscheint. Zu anderen Zeiten trägt er schwarz, aber zum ssejder ist er weiß gekleidet, in ein fließendes Gewand, das um die Taille gegürtet ist. Wenn er ein nogid ist, so ist es vielleicht aus glänzendem Satin und wird mit einem Silbergürtel oder einer Silberkordel zusammengehalten. In jedem Falle ist es weiß, als Symbol von Reinheit und Sauberkeit an diesem freudigsten Feiertag des Jahres. Es gibt nur eine einzige andere Gelegenheit, bei der er weiß trägt: am ernstesten aller Feiertage.

Er sieht anders aus, und er sitzt anders, denn er lehnt sich in die Kissen zurück – ein «freier Mann». Er sitzt und schaut wie ein König, und pejssach ist er ein König, mehr noch als am Sabbat. An pejssach ist seine Frau – und nicht der gesegnete Tag – seine Königin.

Auch der Tisch sieht anders aus, gedeckt mit dem besten Tischtuch, den

Kerzen und dem pejssachdigen Geschirr. Die Kelchgläser vor jedem Platz sind mit dem besonderen pejssach-Wein gefüllt, es sei denn, die Frauen und Kinder bekommen Met. Jeder soll zwei Gläser vor und zwei nach dem Essen leeren. Für den Propheten Elija steht ebenfalls ein Glas bereit, denn er wird erwartet, wenn der Augenblick gekommen ist. Fremde Gerichte werden dem Vater aufgetragen, symbolische Gerichte, die er im richtigen Augenblick vorlegen wird. Unter einer bestickten Serviette liegen vor ihm auch drei mazzes; sie symbolisieren den Stamm der Kohanim, den Stamm der Leviten und den Rest von kol-jissro'ejl.

Wenn dann alles bereit ist, gibt der Vater dem jüngsten Kind ein Zeichen, vielleicht mit den Augen oder mit einem auffordernden «Nu?». Das Kind, zitternd vor Erregung, steht auf und stellt die vier Fragen, die es schon Wochen vorher eingeübt hat. Es sind wichtige Fragen und schwierig für ein kleines Kind, das wahrscheinlich nicht älter als vier Jahre ist. Je jünger es ist, um so mehr werden seine Eltern vor Wonne dahinschmelzen, wenn es sie gut vorträgt. Es ist die Stunde dieses Kindes. Der Feiertag hängt von ihm ab, denn mit seinen Fragen setzt es das ganze Ritual in Gang. Der ssejder wird vollzogen, um seine Fragen zu beantworten. Für den Rest seines Lebens wird dies seine lebhafteste Erinnerung bleiben – wie das große Fest ablief, um ihm zu antworten und um sein Verständnis dafür zu vertiefen, warum es gut ist, ein Jude zu sein, und warum es so schwer ist, ein Jude zu sein.

Die Fragen werden nicht von einem Mädchen gestellt, es sei denn, es gibt keine Jungen in der Familie. Aber wenn überhaupt keine Kinder anwesend sind, wenn sie zu weit weg verheiratet sind, um zu den Feiertagen kommen zu können, oder wenn – «nicht von uns sei es gesagt!» – das Paar kinderlos ist, dann ist die Familie wirklich arm. In einem solchen Falle muß die Frau die Fragen stellen, und der König und die Königin sind Arme in ihrem Palast.

Das Kind beginnt auf jiddisch: «Papa, ich möchte dir vier Fragen stellen», und skandiert dann die erste Frage auf hebräisch, laut und klar, und danach jiddisch: «Wodurch unterscheidet sich diese Nacht von allen anderen Nächten?» Sobald es mit der vierten Frage in jiddischer Übersetzung fertig ist, beginnen alle, die am Tisch sitzen, laut hebräisch zu lesen: «Wir waren Sklaven im Lande Ägypten …» und fahren dann fort mit der *hagode,* der Geschichte der Befreiung des Auserwählten Volkes durch den Höchsten aus der ägyptischen Gefangenschaft.

Die Lesung wird ständig variiert und unterbrochen. Einiges wird vom Vater im Singsang skandiert, andere Teile werden von allen am Tisch nach wohlbekannten Melodien gesungen, anderes wiederum wird vom Vater vorgetragen, und die anderen murmeln mit. Er dirigiert den Gottesdienst wie der Dirigent eines Orchesters, gibt Zeichen, wenn es an der Zeit ist, einen Schluck Wein zu trinken und wenn die zehn Tropfen Wein verschüttet werden müssen, die die zehn ägyptischen Plagen symbolisieren.

Der Vater und die älteren Brüder verschütten ihre symbolischen zehn Plagen mit ruhiger, geübter Hand, aber die Hand des Jüngsten zittert vor Aufregung, und die zehn Tropfen werden zu einer Pfütze auf seiner Untertasse. Die Hände des Vaters sind auch geschickt und ruhig, wenn er die *afikojmen* vorbereitet, indem er von den drei mazzes je ein Stückchen abbricht und in eine Serviette wickelt, die er zwischen den Kissen, an die er sich lehnt, verbirgt.

Die Lesung wird wieder unterbrochen zur Verteilung der rituellen Speisen, die vor dem Vater stehen. Sie symbolisieren die verschiedenen Abschnitte des Exodus, die Not, die dazu führte, und das Zeremoniell im Tempel. Eine Untertasse voll Meerrettich symbolisiert die Bitternis ihres Loses. Der Vater nimmt davon eine reichliche Portion zwischen zwei Stücken maze. Das Kind bekommt ein bißchen, dünn verstrichen zwischen den mazzes, aber trotzdem kommen ihm die Tränen. Es versucht heftig, sie zurückzuhalten, denn es weiß, daß es kindisch ist, über die Bitternis des Schicksals des Auserwählten Volkes zu weinen, und daß ein Junge, der groß genug ist, die vier Fragen zu stellen und damit den ganzen Feiertag in Gang zu setzen, in der Lage sein sollte, den Meerrettich herunterzuschlucken «wie a mentsch». Der Ton, aus dem die Kinder Israels Backsteine fabrizierten, um die ägyptischen Pyramiden zu erbauen, wird dargestellt durch eine Mischung aus geschnitzelten Äpfeln, Nüssen und Wein. Es ist auch ein angebrannter Knochen da, der an das Tieropfer im Tempel erinnert.

Der Vater schneidet ein hartgekochtes Ei in Scheiben, taucht es in Salzwasser und gibt jedem einen Bissen – eine Erinnerung an Trauer und Tränen, die der überschäumenden Freude Einhalt gebieten soll. Die Trauer, sagt man dem Kind, gilt der Zerstörung des Tempels.

Ist der Junge selbst einmal Vater, so wird er alles genauso machen, mit genau den gleichen Gesten. Er wird jede Bewegung kennen, seine Muskeln werden sich sogar daran erinnern, wie man sich entspannt und sich zurücklehnt in die Kissen, um zu zeigen, daß man ein freier Mann ist. Trotzdem wird er vor jedem ssejder im schulchn-oruch nachlesen, wie alles korrekt gemacht wird. Er wird den Tisch prüfen, um sicher zu sein, daß alle benötigten Gegenstände vorhanden sind. Er wird die in den hebräischen Text der hagode eingestreuten Anweisungen in jiddisch überprüfen, so daß jeder genau den Augenblick erkennt, in dem jede Handlung und Geste ausgeführt werden muß. Die Anweisungen sind trocken und unpersönlich, knapp wie Regieanweisungen, bis hin zur letzten in diesem ersten Abschnitt des Gottesdienstes, die ankündigt: «Schulchn-oruch, der Tisch ist gedeckt» und hinzufügt «jetzt eßt und trinkt, möge es euch gut tun!»

Die Anweisungen werden genau befolgt. Die Speisen werden aufgetragen und es fliegen die Komplimente nur so hin und her; man lobt die maze-Klöße, die Pfannkuchen aus maze-Mehl, das Huhn und alles andere auch. Am Ende der Mahlzeit greift der Vater nach den maze-Stücken, die er in den Kissen versteckt hatte, wohl wissend, daß sie nicht mehr dort sind. Er sucht geschäftig, bis das Kind nicht mehr länger mit dem Geständnis an sich halten kann, daß es die «afikojmen gestohlen» habe. Ohne das Essen der afikojmen kann aber die zweite Hälfte der ssejder-Mahlzeit nicht beginnen. Nach ernster Diskussion, während derer der Vater dem Kind verspricht, ihm «alles zu geben, was es haben möchte», wird der afikojmen mit Triumph zurückgegeben, und der Gottesdienst kann fortgesetzt werden.

Wenn ein jeder gut gegessen hat und nun müde ist, beginnt die zweite Hälfte der Lesung. Sie ist weniger genormt als die erste und läßt Variationen in Länge und Verfahrensweise zu. Was auch immer verändert, weggelassen oder hinzugefügt werden mag – der Höhepunkt dieses Abschnittes ist das Aufreißen der Tür. Die Mythologie der Kinder behauptet, daß in diesem Augenblick der Prophet Elija den Raum betrete, und viele Kinder haben Beweise dafür, daß es so ist. Vielleicht weht der Wind durch die offene Tür und setzt den Wein in Elijas Glas in Bewegung; dann «weiß» das Kind, daß es «gesehen» hat, wie der Prophet an seinem Glas nippte. Es hat nicht die Lippen gesehen, aber es sah an der Bewegung des Weines, daß er getrunken wurde. Der Prophet ist heute angekommen, der Messias wird in der Zukunft kommen.

An dieser Stelle kommt nun die Geschichte von dem Lamm, das «der Vater für zehn Zuzim kaufte». Es ist eine Kindergeschichte, aber jetzt sind die Kinder schon müde von der Aufregung, vom Essen und vom Wein. Die Schläfrigkeit dämpft schon die skandierten Worte, und der Wein in den halbleeren Gläsern ist von einem rubinroten Nebel umgeben.

Der zweite ssejder ist eine Wiederholung des ersten. Für die Kinder ist der Höhepunkt der Aufregung vorüber. Es wurde ihnen gesagt, daß die Wiederholung etwas mit dem Kalender zu tun habe, der einen zusätzlichen Tag der Observanz an den meisten hohen Feiertagen vorsieht, weil die Zeit unterschiedlich sei in den verschiedenen Teilen der Welt und der wirkliche Feiertag in Palästina festgelegt werde. Sie verstehen, daß man nur durch die Einhaltung von zwei Feiertagen sicherstellen kann, daß alle Juden in der ganzen Welt das Fest gemeinsam feiern. Sie fühlen, wie bedeutend es ist, daß alle teilnehmen – ganz kol-jissro'ejl verrichtet seine Gebete am gleichen Tag. Aber den besonderen Reiz, die Erregung erlebt man nur einmal im Jahr.

Die ersten und die letzten Tage von Passah sind volle Feiertage. Die vier Tage dazwischen sind «die profanen innerhalb der Feiertage». Die Speisevorschriften bleiben in Kraft. Kein Sauerteig, keine chomez dürfen gegessen werden. Sonst geht das Leben weiter wie üblich, mit der gewohnten Arbeit. Ist der achte Tag zu Ende, dann ist es «nach den Feiertagen», «noch jontef». Die pejssachdigen Gegenstände kommen in den Schrank, um im nächsten Jahr wieder hervorgeholt zu werden – «so Gott will».

Wenn dann der Sommer kommt, beginnt wieder einmal for jontef. Dieses Mal ist es «vor *sch'wu'ess*»; es ist einer der «frohen» Festtage und einer von denen, die mehr im Hause als in der schul gefeiert werden. Die fünfzig Tage zwischen den frohen Festen pejssach und sch'wu'ess sind eine Periode der Halbtrauer, gewöhnlich erklärt als ein ehrendes Gedenken an die Studenten der j'schiwe des Rabbi Akiba, die durch eine Epidemie starben. Während dieser Tage gibt es keine Hochzeiten und keinen Haarschnitt, und die ganz Frommen fasten jeden Montag und Donnerstag.

Diese verhaltene Periode wird jedoch durch einen Jubeltag unterbrochen, der dem Vergnügen der Kinder gewidmet ist: *lag b'Ojmer*, der dreiunddreißigste Tag der Ojmer-Zählung. Dies ist der eine Tag im Jahr, an dem der m'lamed mit den Jungen in die Felder und den Wald geht, damit sie sich an der Welt draußen freuen, die sonst für den chejder nicht existiert. Jeder bringt seinen

Proviant in einem Päckchen mit, und alle Mütter wetteifern darin, das Beste an «Naschereien» mitzugeben und die schmackhaftesten Leckerbissen, so daß sie sich «nicht schämen» müssen, wenn alle Speisen für das gemeinsame Mahl zusammengelegt werden. Die Jungen spielen Spiele im Freien, die langen Kaftane schlagen ihnen um die Beine, und die Schläfenlocken wippen beim Laufen und Springen auf und nieder. Der m'lamed, der das ganze Jahr über die Tür des chejders gegen jeden Unernst fest verschlossen hält, akzeptiert die Eskapaden dieses Tages als ein Teil der traditionellen Ordnung. Wie freudig er sie akzeptiert, das ist «wieder etwas anderes», denn manchmal ergreift man die Gelegenheit, den aufgestauten Groll gegen die leitende Autorität der Schule abzureagieren. Auswüchse in dieser Hinsicht sind jedoch selten, da jeder weiß, daß morgen der m'lamed wieder in seinem Reich regiert und sein Zepter mit den neun Schwänzen schwingt.

Ursprünglich mit dem Beginn der Ernte verbunden, ist sch'wu'ess – so sagt das Schtetl – das Fest, mit dem man Gottes Geschenk am Berge Sinai, die Thora, feiert. Die Aktivitäten und der Geist dieses Festes gehen jedoch auf die Freude an den Gaben der Erde zurück. Es ist einer der wenigen Feiertage, an denen die Kinder in den Wald gehen, um «Grünes for jontef» zu sammeln, Zweige zur Dekoration des Hauses und der schul. Diese Expedition gilt als Vergnügen, selbst wenn es viel Mut erfordert, die Straßen zu durchqueren, in denen die Banden der feindlichen Jungen lauern.

Ein besonderes Merkmal von sch'wu'ess sind die Milchspeisen, die in allen möglichen Variationen serviert werden – Blintzes, Kreplach mit Käse, Kochkäse und saurer Rahm, Käsestrudel mit Rosinen und Zimt. Obgleich zum Abendessen auch Fleisch gegessen wird, steht dieser Feiertag für alle Köstlichkeiten unter den «milchigen» Speisen.

Abgesehen von den fünfzig Tagen Halbtrauer sind die Frühjahrsfeiertage eher lustig als traurig. Wenn der Sommer dann vorbei ist und der Herbst kommt, beginnt auch die Reihe von Tagen der Ehrfurcht. Der erste Tag des Monats Elul leitet eine Periode der Reue ein, die zu *rosch-haschone* führt, dem Neujahrsfest. Wie immer versucht man zu diesem Zeitpunkt zu Hause zu sein und seine Pflichten so zu planen, daß man nicht von der Familie und vom Schtetl getrennt ist.

Dies ist die Zeit, die eigene Seele einer Bestandsaufnahme zu unterziehen – in Vorbereitung auf die hohen Feiertage, wenn die guten Werke eines jeden gegen die schlechten aufgewogen werden und sein Schicksal für das kommende Jahr besiegelt wird. An rosch-haschone wird das Schicksal für das bevorstehende Jahr in die Tafeln des Himmels eingeritzt. Am *jojm-kiper,* dem Versöhnungstag, wird es unterzeichnet. An *oschana raba* wird es versiegelt und danach nicht mehr geändert. Im Schtetl beginnt das Jahr dreimal. Der 1. Januar, das offizielle Datum, gehört der Regierung. Es ist nur wichtig für die Steuern und offiziellen Abschlüsse, sonst berührt es wenig. Pejssach ist der Anfang des Jahres in der Natur. Gottes Jahr beginnt mit dem Tag des Jüngsten Gerichts an rosch-haschone.

Von Monatsanfang bis rosch-haschone macht der schammes seine nächtlichen Runden, schlägt auf die Läden der Häuser und ruft: «Juden steht auf, es ist Zeit, zur Vergebung zu gehen!» Die Mädchen und Frauen bleiben ruhig unter ihren Decken liegen, während die Männer und Jungen ihre Betten verlassen, sich anziehen und zur Synagoge gehen, um ihre Gebete zu verrichten, die mit bebender und flehender Stimme intoniert werden. Während des Tages wird weniger gelacht als sonst, denn dieses «for jontef» baut sich zu einem Höhepunkt erhabener Feierlichkeit auf.

Die Tage der Ehrfurcht haben ihren Ort in der Synagoge, weniger im Haus. Am Morgen von rosch-haschone geht die Familie gemeinsam zur schul, wo ernste Glückwünsche ausgetauscht werden, bevor man sich trennt und zu seinen Plätzen geht. Mutter und Vater geben sich die Hand und wünschen sich gegenseitig: «Mögest du für ein gutes Jahr beten.» Der gleiche Wunsch wird mit anderen ausgetauscht, die die Synagoge zu einem langen Gebetsgottesdienst betreten.

Der Höhepunkt des Neujahrsgottesdienstes ist das Blasen des *schojfer*, des langen Widderhorns, das nur während der Tage der Ehrfurcht ertönt. Es muß perfekt geblasen werden, ohne einen Bruch oder Fehler, und der Klang, den es erzeugt, wird für das kommende Jahr ein Omen sein. Alle warten in gedämpfter Spannung, bis einer der Offiziellen der schul dem «Meister des Klanges» die Noten diktiert, die er und alle anderen gut kennen. Dann bläst er, sein Gesicht ist rot, der Körper gespannt, denn er vertritt die Gemeinschaft, die ganze Verantwortung lastet auf ihm. Der Klang des schojfer muß volltönend und fest sein – für die Wohlfahrt aller.

Nach dem Gottesdienst geben sich alle Gemeindemitglieder die Hand und wünschen sich gegenseitig: «Ein frohes Neues Jahr und gute Inschrift» und geben damit der Hoffnung Ausdruck, daß das Buch des jüngsten Gerichts Gesundheit und parnosse «für dich und deine Frau» vorsehen werde, «für deine Kinder und deine Enkel». Nach Jom Kipur wünscht man «eine gute Inschrift und eine gute Unterzeichnung».

Als weitere Beschwörung eines guten neuen Jahres wird das Abendessen immer mit einer Süßspeise beendet, vielleicht mit einem in Honig getauchten Apfel. Süßes wird auch auf alle Ecken des Hauses verteilt, denn der Vater geht mit einer Schüssel Honig herum und streicht mit einer Feder ein wenig davon in jede Ecke; er murmelt dabei einen Segen und den Wunsch: «Möge uns ein süßes Jahr beschert werden.» Für die Kinder, die ihm dabei folgen und ihn beobachten, ist dieser Volksbrauch genauso beeindruckend wie die religiösen Zeremonien, die durch die heiligen Schriften vorgeschrieben sind.

Rosch Haschone ist die Pforte für die zehn Tage der Reue, die zum «Sabbat der Sabbate» führen, dem höchsten aller Feiertage, dem Versöhnungstag, der auch Tag der Vergebung ist. Nicht nur, daß die Männer ihre nächtlichen Gebete in der schul fortsetzen, jeder benutzt die zehn Tage auch dazu, herumzugehen und alle Leute, die er kennt, um Vergebung für irgendwelche Kränkungen zu bitten, die er ihnen bewußt oder unbewußt zugefügt haben mag. An Jom Kipur wird Gott um Vergebung gebeten, aber da nur Menschen die an Menschen begangenen Sünden vergeben können, ist es unbedingt nötig, sich dem Tag, an dem das Schicksal eines jeden für das ganze Jahr «unterzeichnet» wird, reinen Gewissens zu nähern.

Getreu dem Rhythmus des Schtetls ist der erhabenste aller Festtage zwischen zwei Tage gesetzt, an denen Festmahle stattfinden, und «es ist so sehr eine mizwe, sich vorher und nachher gütlich zu tun, wie es eine mizwe ist, an Jom Kipur zu fasten». Teil des Festmahls ist ein Abschnitt des Absolutionsrituals, denn am frühen Morgen von Erew Jom Kipur, dem Vortag von Jom Kipur, ist das Schtetl mit dem «Schlagen des Sündenbocks» beschäftigt. Tatsächlich sollte das Schlagen des Bockes eher «Herumwirbeln des Geflügels» genannt werden. Im Altertum, das in diesem Zeitraum der Gegenwart so nahe scheint, wurde der Sündenbock in die Wüste geschickt, die Sünden der Gemeinschaft mit sich zu nehmen. Der Rationalismus des Schtetls hat den Vierbeiner in Geflügel verwandelt, und anstatt es in die Wüste zu schicken, wird es von der Familie beim Jom Kipur-Fest verspeist. Da «das Gesetz für die Menschen gemacht ist und nicht die Menschen für das Gesetz», wird der Familienökonomie außerdem Rechnung getragen, indem man für die Wahl des «Sündenbocks» einen gewissen Spielraum läßt. Belasten zu viele Angehörige das Budget oder ist kein Geflügel erhältlich, so kann auch ein Fisch verwendet werden. Das Geflügel – oder der Geflügelersatz – wird über dem Kopf des reuigen Sünders herumgewirbelt, wozu ein entsprechendes Gebet gesprochen wird. Ein Mann wirbelt einen Hahn, eine Frau eine Henne, Kinder einen jungen Hahn oder eine Junghenne, je nach Geschlecht. Ist eine Frau schwanger, so kann sie eine Henne und ein Ei oder auch eine Henne und einen Junghahn bzw. eine Junghenne für das ungeborene Kind verwenden. Es ist sogar möglich, anstatt eines lebenden Tieres eine Spende für die Wohltätigkeit zu «opfern»; man spricht dann dasselbe Gebet, das sonst über das Geflügel oder den Fisch gesprochen wird, über das als Spende gegebene Geld.

An diesem Tag ist der rituelle Schlachter gut beschäftigt. Alle Frauen drängen sich mit ihren Hähnen und Hühnern, und alle sind in großer Eile, sie geschlachtet zu bekommen, damit sie schnell nach Hause hasten und die drei bevorstehenden Festmahle vorbereiten können – zwei vor und eins nach dem Tag der Reue.

Das zweite Festmahl am Abend vor Jom Kipur wird bis Sonnenuntergang ausgedehnt, und alle werden genötigt, so viel wie möglich zu essen, um dem Hunger und Durst des nächsten Tages vorzubeugen. Es ist gut, das Essen mit einem kleinen Stückchen Brot und einem Glas Wasser zu beenden – der für das Fasten symbolischen Nahrung. Dem Essen geht, wie an jedem Freitagabend, das Ritual des Kerzenanzündens voraus, nur daß an Erew Jom Kipur die Mutter noch länger betet und noch länger weint, um für sich und ihre Familie «ein gutes Jahr ‹auszuweinen› und ‹auszubeten›».

Die Betonung des Genusses vor und nach dem Fasten unterstreicht die Wichtigkeit, sich an Jom Kipur von allem Essen und Trinken fernzuhalten, sowie die Tatsache, daß das Fasten nicht das Abtöten des Fleisches bewirken soll. Der Menschen Wohlfahrt ist Gottes Sorge, und das Fasten ist nicht dazu bestimmt, dem Körper Schaden zuzufügen, sondern nur dazu, der Seele zu helfen. Der Seele wird nicht durch körperliches Leiden per se geholfen, sondern durch die Symbolik, durch das Hinweghebeben des Geistes von irdischen Dingen. Es liegt keine Tugend im Fasten, wenn es sich gegen den Körper auswirkt. Im Gegenteil, jede Übertreibung ist verboten. Schwangere Frauen, Kinder, kranke Leute werden eindringlich ermahnt, an Fastentagen zu essen. Der Brauch wird ekstatisch aber nicht asketisch ausgeübt. Man ist sogar der Meinung, daß das Fasten für Gesunde nützlich ist. «Es ist gut, dem Magen etwas Ruhe zu gönnen.» Die Gründe für das Fasten sind mannigfaltig; sie sind unterschiedlich bei unterschiedlichen Gelegenheiten. Einige fromme Juden fasten jeden Montag und Donnerstag den halben oder ganzen Tag; sie haben die Empfindung, daß die Leichtigkeit des Körpers sie näher zu Gott bringt. Es könnte einer auch fasten, um zu zeigen, daß er zu unglücklich ist, um zu essen; und diese Art des Fastens mag man als eine Art Waffe einsetzen, um Gott zu nötigen. Wie ein Kind eine Mutter tyrannisiert, indem es nicht ißt, bis es seinen Willen durchgesetzt hat, können Sterbliche durch Verweigerung von Nahrung versuchen, Gott zu zwingen, ihre Wünsche zu erfüllen. Den berühmtesten Fall von Fasten als Mittel der Nötigung lieferten drei zadikim, die beschlossen, daß das Auserwählte Volk genug gelitten habe und daß es Zeit sei, daß der Messias erscheine. Sie teilten mit, daß sie nichts essen würden, bis er erschienen sei. Die Leute kamen von nah und fern in Scharen und baten sie, wieder zu essen und nicht die Respektlosigkeit zu begehen, solch drastischen Druck auf den Allerhöchsten auszuüben. Die Menschen sollten den Willen Gottes annehmen, sagten sie, und Ihm zugestehen, den Messias zu schicken, wenn Er es für angemessen halte.

Das Fasten an Jom Kipur ist von besonderer Qualität und Intensität. Es gibt andere Fastentage, an denen es selbstverständlich ist, sich von Nahrung fernzuhalten. An *tische-bow* fastet man und geht seiner Beschäftigung nach wie immer. An Jom Kipur jedoch wird das Fasten als Martyrium betrachtet. Mittags werden die Kinder von Synagoge zu Synagoge geschickt, um zu sehen, wie die Verwandten die Entbehrungen überstehen. «Lauf und schau, wie sich Tante Sara fühlt», flüstert der Vater seinem kleinen Jungen so gegen elf Uhr morgens zu. Und das Kind kommt zurück und berichtet in ernsten Worten, daß Tante Sara es aushalten könne, obgleich sie doch nun schon zwölf Stunden ohne Nahrung sei. Erwachsene benutzen kleine Flaschen mit Riechsalz, wenn sie fühlen, daß ihnen schlecht wird.

Das flaue Gefühl ist nicht unbedingt Einbildung, denn die schul ist immer überfüllt, die Gebete sind intensiv und unaufhörlich, die Emotionen während des ganzen Tages in einem Zustand andauernder Hochspannung. Die Fenster sind fest geschlossen, die Luft angefüllt mit dem Singsang, dem Weinen und dem Rauch von so vielen Kerzen; und dicht an dicht sich wiegende menschliche Wesen in diesem spannungsgeladenen, überfüllten Raum.

Nach dem zweiten Festmahl am Jom-Kipur-Abend geht die ganze Familie in die Synagoge. Vor dem Weggehen segnet der Vater alle seine Kinder, legt seine Hände auf ihre Köpfe und küßt sie, als gingen sie auf eine lange Reise. Von da an bis zum Sonnenuntergang des nächsten Tages bleibt man in der schul, die Schlafenszeit ausgenommen; man ißt und trinkt nichts und wäscht sich auch nicht – abgesehen von dem morgendlichen «Fingernagelwasser». Die Ouvertüre zum Jom-Kipur-Gottesdienst ist das mächtige und bedrükkende *kol-nidrej*, das vom Kantor gesungen wird, während die Gemeinde weint und stöhnt. Dieses alte Gebet erzeugt die Stimmung, die bis zum nächsten Sonnenuntergang anhält. Für diesen Feiertag legt die Mutter allen Schmuck beiseite, und der Vater trägt noch einmal den fließenden weißen kitl. Die Männer ziehen ihre Schuhe aus, und ein paar ganz Eifrige stecken sich Bohnen in die Socken, so daß sie während dieses Teils des Tages auch noch unbequem stehen. Den ganzen Tag über setzen sich die Gebete, Gesänge und das Bekennen der Sünden fort. Manchmal nimmt der Vater seinen kleinen Sohn mit unter den Gebetsschal, und der Junge sieht, wie die Tränen des Vaters auf das Gebetbuch fallen, in dem er liest. Im ersten Stock weint auch die Mutter, während sie betet, und vor der Ostwand weint der Kantor für die ganze Gemeinde und für ganz Israel. Jeder weint wegen seiner eigenen Sünden und wegen der Sünden aller; jeder bekennt die Sünden aller, denn jeder ist verwickelt in die Handlungen aller.

Während des Morgengottesdienstes segnen – wie an anderen Feiertagen auch – die Kohanim, die Nachkommen der Priester, die Gemeinde. Für diese Augenblicke wird die sonst unwichtige Aufteilung in Stämme bedeutungsvoll, und bei dieser Gelegenheit sind die Leviten die Diener der Kohanim. Wenn die Kohanim in Reihe hinausgehen, um ihre Hände für die Segnung zu waschen, folgen ihnen die Nachkommen des Stammes Levi, um ihnen das Wasser über die Finger zu gießen. Selbst wenn die Kohanim proste sind und die Leviten schejn – das Kind sieht, daß die Priester Gottes bedient werden müssen. Wenn die Kohanim zurückkehren, sieht es die «Gesichter» der Gemeinde ihre stolzen Plätze an der Ostwand verlassen, so daß die Kohanim diese Plätze einnehmen können, ihre Hände zur Segnung erhebend.

Was nun passiert, darf keiner sehen. Alle Männer bedecken ihre Köpfe mit dem Gebetsschal und bringen die Kinder in dessen Falten unter. Jene, die keinen Gebetsschal haben, bedecken ihre Augen mit den Händen. Alle wissen, daß die Kohanim, die an der misrech stehen, ihre Köpfe mit dem Schal bedecken, Daumen und Zeigefinger ihrer erhobenen Hände zusammenlegen und sich vor der einen zur anderen Seite drehen, während sie die Segnung skandieren. Jeder, der hinschauen würde, müßte erblinden, denn zwischen den dritten und vierten Fingern der erhobenen Hände zuckt die Flamme Gottes in einer Helligkeit, die kein Auge eines Sterblichen überleben könnte. Wenn die Segnung beendet ist, kehren alle von den Plätzen, die die Ordnung des Tempels ihnen zuwies, zu den Plätzen zurück, die sie nach der Ordnung des Schtetls innehaben. Aber das Kind weiß: sollten die Leviten einmal zu stolz werden und sich weigern, die Kohanim zu bedienen, so würden die Kohanim ihren Segen verweigern, und es würde über die ganze Gemeinde eine Katastrophe hereinbrechen. Eine solche Situation wird nicht eintreten; aber daß sie für möglich gehalten wird, kennzeichnet die Verschmelzung der Vergangenheit mit der Gegenwart.

Das Ende des Tages wird durch das Blasen des schojfer angekündigt, und alle im Schtetl laufen zusammen, um es zu hören. Auch die Mädchen, die zu Hause bleiben mußten, um die Babys zu hüten, die alten Frauen, die sich um die Kranken kümmern mußten, die Kinder, die zu klein sind, um den ganzen

Tag in der schul zu verbringen – alle versuchen sie, auf dem Hof der schul zu sein, um den schojfer zu hören.

Alles strömt heraus, und wieder werden Wünsche ausgetauscht: «Mögest du eine gute Inschrift ‹ausgebetet› haben und eine gute Unterzeichnung»; es folgt eine ganze Litanei von Hoffnungen und Wünschen für die Ehefrauen und Ehemänner, für die Kinder und Kindeskinder. «Verwandte küssen einander – selbst Mann und Frau.» Schließlich gehen alle nach Hause, gereinigt, befreit von allem Übel. Sie «stecken etwas in den Mund, um das Herz zu stärken», bis das Festmahl fertig ist. Während sie essen, fragen sie einander: «Wie hast du gefastet?» Sie vergleichen ihre Erfahrungen miteinander, vergleichen dieses Jahr mit dem vergangenen, teilen einander mit, wer ohnmächtig und wer schwach wurde, besprechen die Leistung des Kantors. Nach der Angst vor der Mühsal, die Sünden loszuwerden, sonnen sie sich nun in der Überzeugung, daß die «Inschrift» und die «Unterzeichnung» vorteilhaft sein werden.

For jontef tritt dem noch jontef auf die Hacken, denn wenn Jom Kipur kaum beendet ist, ist es schon Zeit, die Hütten für *ssukes,* das Laubhüttenfest, zu bauen. Sie müssen vier Wände haben und mit Zweigen gedeckt sein, und während der acht Tage von ssukes müssen die Männer dort ihre Mahlzeiten einnehmen. Jene, die es sich leisten können, haben eine eigene ssuke für ihre Familie. Unter den weniger Begüterten tun sich ein paar Nachbarn zusammen und bauen gemeinsam eine, und außerdem gibt es noch eine Gemeinschafts-ssuke für diejenigen, die sich keine eigenen bauen können. Jedem Mann werden dorthin von seiner Frau oder Tochter die Speisen gebracht, und er ißt dort in Gemeinschaft, als sei er zu Hause.

Der angenehme Brauch kann zu einer Qual werden, wenn das Wetter kalt und regnerisch ist, wie oft zu dieser Jahreszeit. Es ist so typisch, diese Mahlzeiten in einem Regenschauer einzunehmen, daß daraus eine Redensart entstand, die bei unglücklichen Begebenheiten und erfolglosen Unternehmungen Anwendung findet: «Aha, es regnet in die ssuke!»

Die Insignien von ssukes sind die Bündel von Palmzweigen und Weiden, die *lulowim,* und die Zitrone, der *essreg,* die aus Palästina sein sollte und eine einwandfreie Frucht sein muß, frei von jedem Fehler. Der nogid, der sich selbst eine leisten kann, wickelt sie sorgfältig in ein Baumwolltuch und bewahrt sie in einem silbernen Kästchen auf, schützt sie vor jedem Stoß oder Fall, denn der kleinste Fehler würde sie «possel», unbrauchbar machen. Für die nicht so Begüterten kauft die Gemeinde die Zitrone und die Palmenzweige, und jeden Tag geht der schammes von ssuke zu ssuke, so daß jeder die erforderlichen Segnungen sprechen kann. Er hält dabei Frucht und Zweige aneinander und schüttelt sie auf und nieder, nach rechts und nach links. Ist eine Frau kinderlos, so tut sie gut daran, sich nach den Feiertagen die Zitrone zu sichern und davon die Spitze abzubeißen.

Die Hütte, nach der die Feiertage genannt sind, ist Teil der Feier zu Hause; der Höhepunkt dieses achttägigen Festes ist jedoch an *ssimchass-tojre* in der schul, wenn das Ende der Thoralesung gefeiert wird. Dem Höhepunkt nähert man sich stufenweise. Jeden Tag werden die Heiligen Schriftrollen aus der Lade genommen und an der bima, von der aus die wöchentlichen Lesungen erfolgen, herumgetragen. Der sechste Tag ist *oschana raba*, der Tag der «großen Hilfe». Es ist der Tag, an dem das Schicksal, eingeschrieben und unterzeichnet, nun endgültig besiegelt wird. Das Gebet um Hilfe, oschana, wird an jedem Tag des Laubhüttenfestes gesprochen, aber an oschana raba wird es vom Schlagen der «Hilf-mir» begleitet. Die Hilf-mir sind Bündel von grünen Weidenzweigen, die gegen die Bänke und auf den Boden geschlagen werden, bis alle Blätter abgefallen und die Zweige beschädigt und verbogen sind. Jeder schlägt die Hilf-mir, die Männer in der schul, die Frauen zu Hause.

Das Ende von oschana raba ist der Vorabend von ssimchass-tojre, wenn die Vollendung des Zyklus der jährlichen Thoralesungen gefeiert wird. Die Bedrückung wechselt über zu Fröhlichkeit, wenn all die Schriftrollen mit ihren glänzenden Satinbezügen, silbernen Kronen und klingelnden Glöcklein aus der Lade genommen werden. Jede Schriftrolle muß mindestens sieben Mal um die bima getragen werden, und jeder Erwachsene muß einmal eine Rolle tragen. Sie werden zum «Umkreisen» aufgerufen, wie sie zur Lesung gerufen werden – mit ihrem Namen und in der Reihenfolge ihres Status, mit dem Rabbiner beginnend. Jungen, die noch nicht bar-mizwe sind, werden in Gruppen aufgerufen, und ein Gebetsschal wird über die ganze Gruppe gelegt. Diesen Kindern wird eine Rolle noch nicht allein anvertraut, aber sie halten die Hände darunter, während ein Erwachsener sie herumträgt. Ein Junge, der erst seit kurzem bar-mizwe ist, ist stolz darauf, die Rolle selbst tragen zu dürfen; er hält sie mit ängstlicher Sorgfalt, denn sie fallen zu lassen, wäre eine Katastrophe. In der Gruppe unter einem Gebetsschal zusammengepfercht zu sein, steht im übertragenen Sinne für Kindlichsein, und wenn ein Erwachsener keine eigene Meinung hat und sich jeweils anderen anschließt, so sagen die Leute: «Er geht mit all den Jungen.»

Die Prozedur des Umkreisens ist lang und feierlich. Zu dieser Gelegenheit kommen die Frauen und Mädchen von der Empore in den Hauptraum der Synagoge herunter und beobachten das «Umkreisen». Jeder versucht, so viele Rollen wie möglich zu «küssen», das heißt, sie mit dem Finger zu berühren, der dann geküßt wird; es ist der gleiche Vorgang wie beim Küssen der m'suse. Der Kantor führt die Umkreisung an, wieder und wieder ein Gebet singend. Diejenigen, die ihm folgen, singen wie er, während die anderen beobachten und sich schnell dazwischendrängen, um die heilige Schriftrolle zu «küssen».

Jedes Kind trägt sein ssukes-Banner gekrönt von einem Apfel, in den eine Kerze gesteckt ist, die am nächsten Tag angezündet wird. Der Apfel muß so groß, blank und rot sein wie nur möglich, und das Banner aus Pappe so dekorativ, wie es das Portemonnaie der Eltern erlaubt. Die Abbildungen bestehen aus traditionellen Motiven und Beschriftungen; und wenn ein Kind Glück hat, mögen auf seinem Banner zwei Löwen von Juda abgebildet sein, die eine Lade bewachen, deren Türen man richtig öffnen kann, oder das Bild der zehn Gesetzestafeln.

Das «Umkreisen» ist die Vorbereitung auf den nächsten Tag, den Tag der ssimchass-tojre, an dem der letzte Abschnitt gelesen wird. Auch dies ist ein langwieriger Vorgang, denn jeder Mann über dreizehn Jahre muß zum Lesen aufgerufen werden, und wieder kommen die Jungen in Gruppen – bedeckt mit einem einzigen Gebetsschal – an die Reihe. Die gleiche Passage wird immer wieder gelesen, bis jedes männliche Mitglied der Gemeinde gerufen wurde. Dann wird der erste Satz des neuen Abschnittes gelesen, und der jährliche Zyklus der Lesung hat seinen Anfang wieder genommen. An diesem Tag lesen die Orthodoxen auf der ganzen Welt die letzten Sätze der letzten wöchentlichen Thoralesung mit dem gleichen Wortlaut und der gleichen Intonation, und sie beginnen den neuen Zyklus des nächsten Jahres mit den Worten: «Am Anfang schuf Gott Himmel und Erde …»

Die nachbiblischen Feiertage sind – wie auch die strikt religiösen – mal traurig und mal fröhlich, konzentrieren sich teils auf die schul und teils auf das Haus. Es sind aber alles Feiertage, an denen Arbeit erlaubt ist, und es gibt an ihnen keinen besonderen Gottesdienst in der schul; lediglich einige Zusätze wurden in das übliche Ritual eingefügt. Dies sind Feiertage, die stark mit Volksriten und -gebräuchen verbunden sind und infolgedessen regionalen und sogar örtlichen Abweichungen unterliegen. Der mitsommerliche Feiertag *tische-bow*, der der Wehklage über die Zerstörung des Tempels gewidmet ist, wurde zum Symbol der Trauer im Schtetl. Sieht ein Mensch traurig aus, so wird er gefragt: «Was ist los, ist tische-bow in deinem Haus?» oder «Warum hast du tische-bow in deinem Gesicht?» Wenn die Atmosphäre bedrückend ist, sagen sie: «Tische-bow liegt in der Luft.»

Die wirklich Frommen fasten an diesem Tage. Sie gehen sehr früh zum Gottesdienst, und es wird spät, während sie die Zerstörung des Tempels betrauern. Als Zeichen ihrer Trauer sitzen die Gläubigen auf dem Boden, jammern und singen Psalmen und Klagelieder. «An den Flüssen von Babylon, dort setzen wir uns nieder, fürwahr wir weinten, als wir uns an Zion erinnerten … Falls ich dich vergesse, o Jerusalem, laß meine rechte Hand ihre Geschicklichkeit vergessen, laß meine Zunge sich spalten bis zur Wurzel in meinem Mund …»

Sie sind ungekämmt, tragen Asche auf ihrem Kopf, gehen barfuß, und ihre Kleidung ist zerrissen. Um ihr Unbehagen noch zu steigern, lassen sie sich von Kindern mit Kletten bewerfen – ein Teil des traditionellen Brauchtums dieses Tages. «Tische-bow war der Feiertag, an dem man sich der Zerstörung des Tempels erinnerte. Es war ein trauriger Tag und ein Fastentag, aber wir hatten auch dann unseren Spaß. All die alten Männer saßen auf dem Boden in der schul und sprachen Gebete, die sehr traurig waren und sehr schwermütige Melodien hatten. Wir sammelten Kletten und bewarfen damit die alten Männer. Es tat etwas weh, und sie mußten weinen; aber das erwarteten sie ja.»

An die Wiedereinweihung des Tempels wird an *chanike* erinnert, dem achttägigen Fest des Lichtes, das den kalten Dezember aufhellt. Das Symbol ist die leuchtende Lampe, die an acht feinen Öffnungen einen ölgetränkten Docht hat. Die Kinder passen verzückt auf, wie jeden Tag ein weiteres Licht angezündet wird und die «schammes»-Kerze, mit der man es anzündet, wieder in die Fassung an der Seite zurückgesteckt wird. Aber das wirkliche Merkmal dieses Winterfeiertags ist für die Kinder das «chanike gelt», das Geldgeschenk, das jedem Kind von jedem erwachsenen Verwandten an diesem Tage zusteht. Sie machen die Runde von einem zum anderen, sammeln und vergleichen

miteinander ihre Beute. Gewöhnlich weiß man, was man zu erwarten hat, welche Tante eine «offene Hand» und welcher Onkel «zugenähte Taschen» hat. Das wirkliche Problem sind die armen Verwandten, die sich «schämen», wenn sie nicht angemessen geben können, aber auch «beschämt» wären, wenn man sie ausließe.

Alle Feiertage haben ihre besonderen Speisen, und an chanike ist es der Kartoffelpfannkuchen, in schmalts gebacken. Während der acht Abende ist genügend Zeit, um einzuladen und eingeladen zu werden, so daß jede balbosste Gelegenheit hat, ihr Talent zu zeigen und mit den Nachbarn und Verwandten konstruktive Kritik wie auch Rezepte auszutauschen.

Jeder Feiertag hat auch seine besonderen Spiele; mit chanike ist das Kartenspiel verbunden, das zu jeder anderen Zeit mißbilligt wird, jedenfalls von den schejnen leit. Die Spielkarten sind zumeist selbstgefertigt – aus weißer Pappe, auf die in schwarz hebräische Buchstaben geschrieben werden. Es gibt keine Bilder und keine Farben, nur Buchstaben, und jeder hat seinen numerischen Wert.

Inzwischen lassen die Kinder die vierseitigen chanike-Kreisel sich drehen. Diese sind auch mit Buchstaben dekoriert; auf jeder Seite des viereckigen Oberteils stehen die Anfangsbuchstaben des Satzes «ein großes Wunder geschah dort». Das Wunder bezieht sich auf den Triumph der Makkabeer, ein Ereignis, an das durch chanike erinnert wird. Das Fehlen von Farbe und die sinngebende Beschriftung der sonst unbemalten Kreisel machen sie zu einem beispielhaften Spielzeug des sonst spielzeuglosen Schtetls. Dies ist Spielzeug mit «tachlis».

Der beliebteste geschichtliche Feiertag ist *purim*, und während pejssach das größte unter den «fröhlichen» Festen ist, so ist purim das lustigste von allen. Auch an purim sieht das Kind die Älteren in einem ungewöhnlichen Licht, denn es ist der eine Tag des Jahres, an dem Frivolität erlaubt, ja sogar vorgeschrieben ist, und an dem das Gesetz der Mäßigung in allen Dingen für kurze Zeit gelockert wird. An purim sind plötzlich die Dinge, die sonst als «unjüdisch» kritisiert werden, «schicklich». Trinken, selbst bis zum Exzeß, Witze, ausgefallene Kostümierung, Männer in Frauenkleidern, Ausgelassenheit – an purim, so sagen sie, «passt es». Mehr als das, an purim ist Trinken eine mizwe. Dies ist der Tag, an dem es richtig und gut ist, so zu sein, wie man zu anderer Zeit niemals sein würde. Selbst die üblichen Regeln des Respekts und der Achtung sind ein wenig gelockert. Die Freiheit des purim wird eher von den Chassidim wahrgenommen als von den Rabbinisten, und die ganz schejnen leit gehen nur so weit aus sich heraus, wie es erforderlich ist, um der Tradition die Ehre zu erweisen – ohne den Anstand zu verletzen, der ihre zweite Natur ist.

Diesem Tag des verrückten Karnevals im sonst so schicklichen Jahr geht ein Fastentag voraus; er erinnert an das Fasten der Esther, die über den heimtückischen Henker Haman triumphierte. Es ist ein geschäftiges Fasten, das nur von den ganz Frommen eingehalten wird, und weder dies noch purim selbst unterbricht die Angelegenheiten des täglichen Lebens.

Am Vorabend von purim ist – wie an jedem Feiertag – Gelegenheit für ein Festessen und für Familienzusammenkünfte. Ihm geht zu Hause und in der schul die melodiöse Lesung der *m'gile* voraus; es ist die Geschichte der Esther, die ihr Volk vor dem Massaker rettete. Die Kinder erhalten «Lärmmacher» für diese Gelegenheit, und immer, wenn der Name des bösen Haman oder seiner Söhne im Text vorkommt, schütteln sie die Rasseln mit Feuereifer. Die Erwachsenen schlagen auf die Bänke und Tische und tragen damit zum erfreulichen Getöse bei.

Das herumgewirbelte Huhn am Jom Kipur ist der Sündenbock für die eigenen Sünden. Der Haman an purim ist eine andere Art von Sündenbock. Jedes Schtetl hat seinen Haman und kennt Verfügungen, jenen nicht unähnlich, die Esther mit ihrer Schönheit und ihrem Verstand bekämpfte. Esther diente ihrem Volk als ein weiblicher sch'tadlen; sie wählte das Risiko, ihr eigenes Leben für dessen Sicherheit zu verlieren, anstatt die Immunität für sich allein in Anspruch zu nehmen. Ihre Geschichte hat Parallelen im Schtetl – mit dem Unterschied, daß Esther obsiegte. Ihre triumphierende Wiederholung steht in Zusammenhang mit dem starken Glauben an die Versprechen für die Zukunft. Aber der Ausdruck lärmender Vergeltung steht in scharfem Kontrast zur Tradition, wie auch die ganze Stimmung und Zügellosigkeit des Karnevals.

Bei dem Festmahl, das der Lesung der m'gile folgt, gibt es Süßigkeiten und Wein in Fülle, und bevor die Mahlzeit beendet ist, beginnen die purim-Spieler ihre Runde von Haus zu Haus. Spektakel und Spiele sind zu anderen Zeiten des Jahres «unjüdisch», aber sie sind ein wichtiger Teil von purim. Es kommen im Laufe des Jahres nur gelegentlich Schausteller ins Schtetl – allein oder in Gruppen – und geben Straßenvorstellungen, für die sie dann Spenden einsammeln. «Da es im Freien war, kostete es keinen Eintritt, aber man konnte freiwillig geben. Wollte man etwas Besonderes sehen, so mußte man zahlen. Zum Beispiel, wenn sie das Pferd holten, das mit den Hufen zählen konnte; jeder wollte das sehen, aber sie begannen erst, wenn alle bezahlt hatten.»

Der Status dieser «Künstler» ist außerordentlich niedrig, sie sind «Halbbettler» und darüber hinaus dafür bekannt, «trejfe» zu essen und die mizwess zu ignorieren. «Wenn die Halbbettler mit ihrer Vorstellung nichts verdienten, fingen sie an zu betteln.» Es waren Drehorgelspieler oder Akrobaten.

«Es gab zwei Arten von Akrobaten: die kleineren Gruppen von zwei oder drei, die ihre Vorstellungen auf der Straße gaben, und die großen Gruppen, die mit all ihren Apparaten kamen und ein großes Viereck auf dem Marktplatz beanspruchten ... die stellten auch im Schtetl Plakate auf, auf denen angekündigt wurde, wann die Vorstellungen begannen, und jeder kam zum Marktplatz, um zu schauen.»

Schauspieler in einem Purimspiel zu sein, ist eine Saisonbeschäftigung, und ein professioneller Schauspieler wird vermutlich für den Rest des Jahres ein «Halbbettler» sein. Oft jedoch sind die Spieler Handwerker und Händler, die sich in Gruppen zusammentun, um das Spiel von Haus zu Haus vorzuführen; sie werden mit «nascherei» und Wein belohnt – vielleicht auch mit ein paar Münzen.

Hauptsächlich wird die Purim-Sage von Esther und ihrem weisen Onkel Mordechai aufgeführt, der Hamans Plan gegen die Juden durch Esthers Heirat mit dem König Ahasverus vereitelte. Die meisten Charaktere des Spiels scheinen aus dem Schtetl zu stammen. Der König und Esther sind mit Kostümen bekleidet, die an das Altertum erinnern, aber Esthers lange Zöpfe und rote Wangen sind zeitlos, und der König sitzt auf seinem Thron wie der Vater auf den pejssach-Kissen. Mordechai ist das Modell eines gelehrten Mannes mit langem Kaftan, Bart und Schläfenlocken. Haman ist wie ein Polizist oder Armeeoffizier gekleidet – ein Kostüm, ebenso bekannt wie unbeliebt.

Andere auf biblischen Themen beruhende Stücke werden möglicherweise hinzugefügt, um die eine Gelegenheit ausgiebig zu feiern, bei der es dem Schtetl erlaubt ist, sich aufs Theater zu stürzen. Unter den populärsten Stükken ist die Geschichte von Joseph und seinen Brüdern, auch eine Verknüpfung des Gegenwärtigen mit dem Altertum, mit einem Ansager, der die Begebenheiten erklärt, und mit locker eingeschobenen Liedern.

An anderen Feiertagen, die mit Geschenken verbunden sind, sind die Empfänger meistens die Kinder. An purim sind die Kinder aber auch Beobachter eines komplizierten Austausches von Geschenken unter den Erwachsenen. Die Geschenke bestehen hauptsächlich in Backwerk, das einer Hausfrau von der anderen geschenkt wird, und diese *schlach-moness* sind eher eine soziale Währung als eine Speise. Den ganzen Tag werden Platten – mit Servietten bedeckt – durch die Straßen getragen, von Jungen oder Bediensteten, die die Chance, ein wenig Geld auf diese Weise zu verdienen, gern wahrnehmen.

Jede sorgfältig bedeckte «Ladung» wurde ganz bewußt zusammengestellt nach der unerbittlichen und auch manchmal lästigen Arithmetik der sozialen Verpflichtungen, die fordert, daß man den genauen Gegenwert dessen gibt, was man erhält.

Die Berechnung erfordert beides – Mathematik und Voraussicht. Was schickt sie dieses Jahr? Lege ich die schlach-moness vom letzten Jahr zugrunde, und sie erhöht dieses Jahr, dann bin ich «beschämt». Schickt sie mehr als ich, dann ist sie beleidigt. Lauter Streit und lange schwelende Fehden entstanden aus fehlkalkulierten schlach-moness.

Selbst wenn das Maß festgelegt ist, bleibt das Abschätzen des Wertes. Wie viele Mandeltörtchen entsprechen einer Orange? Wie viele Butterkekse entsprechen einem wunderbaren Zuckerwerk, geformt wie ein Turm und gefüllt mit Honig, Nüssen und Gewürzen?

Während die Mütter sich abmühen, beobachten die Kinder, wie begehrenswerte Leckerbissen kommen und gehen. Dieses Gebäck ist nicht zum Essen, es ist zum Verschicken. Eine Platte kommt gerade an mit einem Ring aus nußgepuderten Sternen, in der Mitte ein Pferd, herrlich mit Zucker und Rosinen verziert. Sofort galoppiert das Pferd davon – auf einer der hinausgehenden Platten, und in wenigen Augenblicken ist es schon auf dem Weg. «Es darf nicht passieren», daß es zu der Frau zurückkehrt, die es zuerst der Frau geschickt hat, die es dann der Frau schickte, die es nun schickt. Den ganzen

Tag wird das Backwerk von einer Platte zur anderen geschoben, und den ganzen Tag bewegen sie sich unter schneeweißen Servietten durch die Straßen. Am Ende des Tages sind sie kilometerweit gereist. Vielleicht kommen sie irgendwo zur Ruhe. Vielleicht ißt sie am Ende auch jemand. Immerhin aber essen die Kinder in jedem Haus süße Krümel und einfache Kekse, die die Zwischenräume auf den Platten gefüllt hatten, und sie träumen von den wunderschönen Kuchen, die sie nur mit den Augen «gegessen» haben.

Wie an jedem Feiertag gibt es Geschenke und Geld für die Armen. An purim aber halten die Armen es für richtig, sich zu revanchieren. Sie schicken auch ihre bescheidenen schlach-moness an die reichen Wohltäter. «Wir bekamen immer Berge von Gebäck von Vaters Angestellten, billige Küchelchen und einfache Kekse.»

Wenn die Armen den Reichen geben, wenn der Fromme ein Glas zu viel trinkt, wenn ein «guter Jude» den Rowdy spielt und laut die Vergeltung preist – dann steht das Schtetl auf dem Kopf. Aber nach vierundzwanzig Stunden Kursabweichung ist es schon «noch jontef» und fast auch schon wieder «for jontef», denn pejssach ist bereits in vier Wochen. Es ist Zeit, die Rosinen zu kaufen und Borschtsch vorzubereiten, denn ehe man sich versieht, steht der nächste Feiertag vor der Tür.

# V

## WIE DAS SCHTETL DIE WELT SIEHT

Das Schtetl sieht das Universum als ein geplantes Ganzes, konstruiert und regiert vom Allmächtigen, der es aus dem Chaos schuf.° Es ist ein komplexes Ganzes, aber grundsätzlich ist es durch Ordnung, Vernunft und Zweck charakterisiert. Alles hat seinen Platz, seine Ursache, seine Funktion. Offensichtliche Widersprüche, Ungereimtheiten und Unregelmäßigkeiten sind eher Ergänzungen als Unstimmigkeiten. Es ist kein statisches Universum, denn alle seine Teile sind wechselseitig voneinander abhängig und arbeiten zusammen. Das dynamische Ganze dehnt sich sowohl zeitlich als auch räumlich aus, so daß die offensichtlichen Ungereimtheiten der Gegenwart als Teile eines Langzeitprozesses interpretiert werden können, in dem sich alles zu vollendeter Integration aufbaut.

In einem solchen Universum muß auch das Verhalten – menschliches oder göttliches – in Vernunft, Ordnung und Zweck verwurzelt sein. Jede Handlung muß rational motiviert und auf ein Ziel gerichtet sein. Ob es das Schreien eines Babies ist, das Geldsammeln eines Führers der Gemeinschaft oder die Bedrängnisse des Hiob – alles muß «tachlis» haben.

Da das Verhalten berechenbar ist, muß es auch vernünftig sein. Gott stellt man sich als ein vernünftiges Wesen vor, und alle Auslegungen und Abänderungen Seiner Gesetze basieren auf dieser Konzeption. Menschliche Wesen – wenn sie wirklich «mentschen» sind – sind auch berechenbar und vernünftig. Außerhalb der Reichweite der Vernunft zu sein, heißt gefährlich zu sein. Dennoch, auch jene, die unvernünftig und uneinsichtig sind, sind Teil der göttlichen Vernunft, die auf das endliche Ziel hinarbeitet.

Die Übel, die dem Verhalten der Unaufgeklärten entspringen, werden als ein Teil des Gesamtplanes akzeptiert, denn jedes Positiv hat nicht nur, sondern braucht ein Negativ. Freude kann nicht ohne Kummer entstehen, Sabbat existiert nicht ohne die Welt der Woche, Licht wäre unvorstellbar ohne sein Gegenstück, die Dunkelheit. Da der Mensch jedoch mit Vernunft begabt ist, ist er frei, einem vernünftigen Gott Vorhaltungen zu machen, wenn die Dinge zu weit gehen und die negativen die positiven Aspekte des Lebens zu überfluten drohen.

Er ist frei, zu streiten, weil auch Rationalität eine Ergänzung hat und braucht – die Emotion. Eine Welt, die auf Vernunft, Ordnung und Zweck basiert, muß das Gefühl einschließen, und dieses Element zu berücksichtigen, ist sowohl rational als auch realistisch. Ein Mensch ist nur menschlich – «a mentsch is nur a mentsch». Wie das Universum im Großen, besteht er aus sich ergänzenden Kräften, aus Gut und Böse, aus Denken und Fühlen. Auch an Gott selbst kann man durch Gedanken oder aber durch Gefühle appellieren. Es wird erwartet, daß Er gerecht ist, aber wenn die Gerechtigkeit zu streng

---

° Hier – wie im ganzen Buch – wird natürlich die Kultur und nicht die Theologie des Schtetls diskutiert. Bezüge auf religiöse Doktrin meinen nicht den theologischen Rahmen, sondern sind als Ausdruck oder Reflex der Kultur zu verstehen.

wird, beschwört man ihr Gegenstück, die Gnade. Gott wird nicht gebeten, auf Gerechtigkeit zugunsten der Gnade zu verzichten – oder auf Gnade zugunsten der Gerechtigkeit –, sondern eher, beide Elemente zu mäßigen, ein Gleichgewicht herzustellen, das fair ist. Fairness wird von Gerechtigkeit unterschieden – denn es ist nicht immer fair, zu gerecht zu sein.

Innerhalb einer Logik, die gegensätzliche Teile als Elemente sieht, die sich in ein dynamisches, komplexes Ganzes fügen, wird es somit rational, das Irrationale als einen legitimen Teil der Menschlichkeit in einem geordneten und durchdachten Universum zu fassen.

Das Schtetl glaubt ferner, daß die durch den Allmächtigen geschaffene Welt eine Welt ist, die für den Menschen gemacht ist – und nicht der Mensch für die Welt. Menschliches Wohlergehen ist vorrangig und hat Vorrecht vor allem anderen. Die Speisegesetze werden bei gesundheitlichen Erfordernissen außer Kraft gesetzt. Die Hauptgebote können bei Lebensgefahr geändert werden.

Die Welt ist für alle Menschen da, nicht nur für eine Sorte. Sie besteht aus Gut und Schlecht, Männlich und Weiblich, Reich und Arm, Gelehrt und Dumm, aus Juden und Nichtjuden. Es gibt kein Ideal der Gleichartigkeit aller menschlichen Wesen, denn jedes hat seinen Platz, und alle sind ein Teil des ursprünglichen Entwurfes. Es ist nicht das Ideal, alle Menschen gleich zu machen oder sie zu einem Glauben zu bekehren. Es gibt keinen Versuch, die bestehende Ordnung zu verändern oder den grundlegenden Entwurf umzustoßen. Das Schtetl entwickelt keine missionarischen Aktivitäten, es gibt keine Bekehrungsbemühungen. Wenn einer ein Christ ist, dann sagt es, so laß ihn einen guten Christen sein. Gute Nichtjuden finden auch einen Platz in der «wirklichen Welt».

Da die Welt für die Menschen ist, sollen die Dinge dieser Welt genossen werden. Der Bund nennt das Genießen von ojlem-hase, dieser Welt, einen Teil der Rechte des Menschen. Askese und Selbstverleugnung werden nicht hoch eingeschätzt, «es gibt kein jüdisches Kloster». Im Gegenteil, Vergnügen zur rechten Zeit und am rechten Ort ist vorgeschrieben. Am Sabbat ist es geboten, Sorgen und Ärger beiseite zu lassen, das Festmahl gehört genauso zur Observanz wie das Fasten. Der Glaube, daß das Leben wünschenswert sei, trotz seiner Nöte und Versuchungen, ist Teil des Bildes von einem rationalen Universum, das von einem gerechten Gott regiert wird. Zwei Einsichten bleiben unausgesprochen in der Legende, die davon erzählt, daß der Mensch gegen seinen Willen empfangen wird und gegen seinen Willen stirbt. Die eine ist, daß die Dinge nicht so sind, wie wir sie uns ausgesucht hätten – eine Reminiszenz an die menschlichen Schwächen und Leiden. Die andere ist, daß trotz aller Nachteile das Leben genügend Befriedigung bietet, und daß die Menschen es zu genießen lernen und daran hängen, wenn sie gezwungen werden, es zu verlassen. «Einem Wurm im Meerrettich erscheint der Meerrettich süß.»

Leben ist unter jeder Bedingung gut, weil einfach die Tatsache, am Leben zu sein, gut ist, und das Leben im Schtetl wird mit überschäumender Freude genossen. Der «bedingte Optimismus» des Schtetl-Volkes bedeutet nicht nur Hoffnung auf die Zukunft, sondern auch Lust an der Gegenwart. Hier werden wieder die gegensätzlichen Aspekte des Ganzen sichtbar. Das Leben ist schwer, der Mensch kommt ohne seinen Willen dazu; aber das Leben ist gut, und keiner will es verlassen.

Da sie aber als ein System von Prüfung und Ausgewogenheit angelegt ist, enthält die Welt «für Menschen» Elemente, die dem Menschen feindlich sind, die unvermeidlichen Gegenstücke zu den Kräften, die seinem Wohlergehen dienen. Er wird bedroht von Feuer und Flut, von bösen Geistern, von schlechten Triebkräften, die auch in guten Menschen wohnen können, und von Gefahren durch Menschen, die – da sie ohne das Licht sind – so unbeherrscht und ungebärdig sein können wie Donner und Dürre.

Strikte Einhaltung der Gesetze ist offensichtlich kein vollständiger Schutz gegen die feindlichen Kräfte, von denen es auf der Welt wimmelt. Das Ausmaß, in dem abergläubische Praktiken angewendet werden, um die Religion zu ergänzen, zeugt von der intensiven und unaufhörlichen Angst. Das Gefühl ständiger Bedrohung äußert sich zum Beispiel in der Häufigkeit des Ausrufes: «Kein böser Blick» und durch den Vorbehalt gegen kategorische Verpflichtungen: «Ich könnte es tun, so Gott will.»

Die Gemeinschaft besteht aus Familien, die Familie aus Individuen, jedes Glied repräsentiert ein Gleichgewicht von einander ergänzenden und aufeinander wirkenden Teilen. Eine ähnliche Interaktion besteht vielleicht zwischen der ganzen Judenheit – dem kol-jissro'ejl – und den nichtjüdischen Kulturen, in welche sie eingebettet ist. Die Struktur und der Vorgang können am besten beschrieben werden, indem man sich das Konzept des «Kräftefeldes» aus der Physik ausleiht. Die Beziehungen zwischen den Teilen – ihre Gegensätzlichkeit, Interdependenz und Wechselwirkung – schaffen ein Feld von reziprok wirkenden Kräften, aus denen sich ein dynamisches Gleichgewicht ergibt.

Das Schtetl hat kein Monopol auf diese Mechanismen. Wie jede Kultur ist es jedoch einmalig in der Kombination seiner Beobachtungen und in der Art und Weise, wie es diese Beobachtungen überhaupt macht. Außerdem sind die Mechanismen des Kräftefeldes in dieser Kultur bemerkenswert deutlich. Sie sind nicht nur vorhanden, sondern anerkannt. Sie durchdringen das Lebenskonzept des Schtetls, das Konzept von Menschen, von der Realität, und sie durchdringen die Formulierung solcher Konzepte. Die Perspektive des Schtetls, seine Sicht der Welt, ist darauf ausgerichtet, das sich Ergänzende, das wechselseitig Abhängige, das Dynamische zu erkennen. Es ist so organisiert, daß es ein integriertes und vernünftiges Ganzes bildet, belebt durch und angepaßt an die Prinzipien der Gerechtigkeit und Gnade – Prinzipien, die einander selbst ergänzen, voneinander abhängig sind und sich gegenseitig beeinflussen. Es erkennt auch offensichtliche Widersprüche als eine Ergänzung von Vernunft und Ordnung an, und zwar im Modus von Paradoxie und Ironie, die deutlich sichtbar einen Teil des Schtetl-Humors ausmachen.

Die Betonung von Vernunft und ihrer logischen Folgeerscheinung, dem Gesetz, ist die Grundlage für das außerordentliche Gewicht, das auf das Wort gelegt wird. Es bedarf unendlich vieler Worte, um alles Leben auf Erden und im Himmel zu rationalisieren, um alles in einen Rahmen von Ordnung, Vernunft und Zweck zu bringen, mit der Vorstellung von Gerechtigkeit und Gnade zu verbinden. Worte werden nicht nur benötigt, um zu erklären, wie vergangene Geschichte und gegenwärtige Tatsachen mit dem göttlichen Gesetz übereinstimmen, sondern auch, um diese Gesetze auszulegen und anzuwenden. Das tägliche Leben kann nur weitergehen, wenn es ständig von ausgefeilter Rede begleitet ist.

Jede Handlung im täglichen Leben ist mit den Worten der Heiligen Schriften und ausgedehnten Kommentaren dazu verbunden, oft auch noch mit den Worten der vielen täglichen Gebete und Segnungen. Der höchste soziale Wert, die Buchgelehrsamkeit, wird durch die Worte des Gelehrten, der zwischen dem geschriebenen Gesetz und der breiten Öffentlichkeit vermittelt, ausgedrückt und bestätigt.

Die unablässige Kommunikation, die für das soziale Wohlbefinden unentbehrlich ist, wird durch Worte erreicht, die übrigens viel Weitreichenderes ausdrücken als nur den platten Inhalt. Wortschatz, Art und Weise der Sprache, Grad der Redseligkeit sind anerkannte Merkzeichen des Geschlechts und des sozialen Status. Die absolute Wichtigkeit des Wortes wird durch die volkstümliche Vorstellung angedeutet, daß jedem Menschen bei der Geburt eine bestimmte Quote von Worten zugeteilt wird. Wenn dieser Anteil aufgebraucht ist, stirbt er, denn zu leben, ohne zu reden, ist unmöglich. Je weniger man seine Worte also verschwendet, desto länger lebt man. Frauen bekommen wegen ihrer schwatzhaften Natur «neunmal soviel wie ein Mann» zugeteilt. Oft ruft ein empörter Mann aus: «Was erwartest du von einer Frau – sie hat neunmal soviel zu reden!»

Als Mittel der Kommunikation wird das Wort durch Geräusche – Brummen oder Prusten – ergänzt und auch durch einen reichen Schatz an Gesten. Beide Mittel sind jedoch nur in dem Maße wirksam, wie sie Worte unterstreichen oder ersetzen. Insofern kann man sie als Erweiterung der Sprache betrachten. Die negative Kraft des Wortes dagegen wird angedeutet durch die Überzeugung, daß Schweigen unsozial oder sogar antisozial sei. Es ist kein Zeichen von Passivität, sondern ein Signal des Sichzurückziehens oder des Ausschlusses von Familie, Gemeinschaft oder Zweierbeziehung.

In dieser hoch versprachlichten Kultur sind Worte mehr als ein Medium der Kommunikation. Das Wort ist eine Kraft an sich, ein Werkzeug. Mehr noch als das – das Wort selbst verkörpert Substanz; die hebräische Wurzel für «Wort» ist die gleiche wie für «Ding» oder «Gegenstand».

Die ursprüngliche Schöpfung war eine verbale Handlung, die Welt wurde aus dem Chaos durch Worte geschaffen. «Und Gott sprach: ‹Es werde Licht›, und es ward Licht.» Forderungen und Bitten an Gott oder an Menschen haben ein Element von Zwang. Gebete müssen von eigenem Bemühen begleitet sein, aber trotzdem üben sie mehr als verbale Kraft aus. Auswendiglernen von Worten ist der erste Schritt zum Verstehen und schließlich zu dem exemplarischen Verhalten, das ohne das Verständnis der Gebote Gottes nicht erreicht werden kann.

Dementsprechend macht das Schtetl keine scharfe Trennung zwischen dem Wort und der Tat. Das Wort ist die Schwelle zur Tat, es leitet sie ein. Oder vielmehr: Worte sind Taten besonderer Art.

Wegen seiner Macht wohnt dem Wort eine eigentümliche Gefahr inne. Die falschen Worte zu wählen, ist riskant. Ein Fluch ist eine schwere Drohung, und man zögert, einen Fluch auszusprechen, der wörtlich wahr werden könnte. Worte, die Katastrophen oder Unglück heraufbeschwören, erfordern sofort entgegenwirkende Floskeln – «Was nicht von uns gesagt werden möge!». Der Name von Babies wird geändert, um den Todesengel zu täuschen.

Worte dienen auch als Sicherheitsventil. Man entlädt seine Gefühle durch Worte; eine solche Katharsis sei, so meint man, durchaus konstruktiv. Das Sprechen über Sorgen – wie auch ein Gebet – muß mit Handlungen kombiniert werden, um die Situation zu verbessern, aber die Formulierung selbst bringt einen schon dem gewünschten Ziel näher.

Man erleichtert sich nicht nur durch verbalen Ausdruck. Katharsis ist ganz allgemein ein anerkanntes Mittel, jedes Übel und jede Schwierigkeit zu lindern.

Man «weint sich aus», damit «das Herz leichter» wird. Man «sorgt sich aus». Gefühle sind dazu da, ausgedrückt zu werden, um Kommunikation herzustellen und um sich von ihrem Druck zu befreien. Das Ritual für die Toten, «schiwe» zu sitzen, ist dramatischer Ausdruck für das Prinzip der Katharsis. Nach intensiver und ausgedehnter Trauer muß der Schmerz beiseite gelegt werden. Man hat sich «ausgetrauert», und das Leben geht weiter. Im Falle von körperlicher Krankheit muß das Übel ausgetrieben werden, und der erste Schritt gegen jedes Gebrechen ist ein Einlauf oder ein starkes Abführmittel.

Wie die Worte, so können auch Tränen und Schreie noch eine Funktion über Katharsis und Kommunikation hinaus haben. Man kann sie durchaus als Tätigkeit bezeichnen, dazu ausersehen, eine ungünstige Situation zu ändern. «Sich sorgen» ist nicht nur eine Sache des Gemütes, sondern etwas ganz Aktives. Ist jemand krank, so geht man zur Synagoge, öffnet die Lade und «weint die Genesung aus». Man «sorgt die parnosse aus», man «weint die Mitgift aus» für die Tochter – und verbindet natürlich die emotionale Aktivität immer mit direkten Schritten auf das Ziel hin. Tränen und emotionale Ausdruckskraft sieht man keineswegs als kindisch an. Im Gegenteil, sie sind unter den entsprechenden Umständen das richtige und erwartete Verhalten von Erwachsenen.

Sie gehören sich jedoch nicht für Erwachsene in übergeordneter Stellung. Man fleht mit Tränen eine Person an, die in bezug auf Macht und Gelehrsamkeit über einem steht, aber nie eine, die unter einem steht. Es ist für jeden Juden in Ordnung, Gott mit Tränen und Seufzern anzuflehen, denn Gott steht über allen Wesen. Eine Frau oder ein proster Mann können weinen, wenn sie einen der Schtetl-Oberen anflehen.

Wenn zwei gegensätzliche Aspekte der Wirklichkeit gleichermaßen anerkannt sind, so wird keiner der beiden Pole den anderen dauerhaft unterdrücken. Der Dualismus, der allen Dingen innewohnt, wird sowohl in der Vermeidung von Extremen als auch im schnellen Hin und Her von einem Pol zum anderen offenbar. Konkret ist beides im Schtetl anzutreffen.

Vom idealen Mann erwartet man Zurückhaltung im Benehmen und in der Einstellung. Exzeß jeder Art wird beanstandet. Von schejnen leit wird mehr

Zurückhaltung erwartet als von anderen, und fehlende Zurückhaltung wird mit unjüdischem Verhalten in Verbindung gebracht. Realistischerweise akzeptiert man, daß Frauen und proste Männer dieses höchste Ideal der Mäßigung vernachlässigen mögen. Dies ist in der Tat ein Grund dafür, daß schejne jidn die proste möglicherweise als weniger «jüdisch» bewerten als sich selbst.

Eine andere Art von Gleichgewicht zwischen den Extremen wird durch den rhythmischen Wechsel von Fasten und Schwelgen, Traurigkeit und Freude erreicht. Den großen Fastentagen gehen Tage des Genießens voraus und folgen ihnen; der Sabbat muß ein makelloses Vergnügen darstellen – der frohe Höhepunkt ist eine Unterbrechung der trübseligen woch. Das Trauern muß unterbleiben, wenn die frohen Feiertage anbrechen. Trauert aber jemand, so darf keine Freude eindringen; trotzdem darf Trauern nicht ungebührlich verlängert werden. Jedes typisch jiddische Drama spiegelt diesen flinken Wechsel von Freude und Kummer wider.

Die Verdammung von Exzeß kann man als qualitative, den Wechsel der Extreme als quantitative Mäßigung ansehen. Die Abneigung gegen den Exzeß geht Seite an Seite mit der Abneigung gegen die Verwässerung eines Gefühls oder eines Ereignisses durch ein anderes. Freude muß von Kummer unbefleckt sein, aber qualitativ und quantitativ muß sie in Grenzen gehalten werden.

Der vorgeschriebene Wechsel von Freude und Kummer stellt bei vielen Gelegenheiten ein Programm von vorgeschriebenen Emotionen auf. Man ist fröhlich an Purim, man weint an Jom Kipur. Eine Heirat ist das freudigste aller Ereignisse, aber an den richtigen Stellen der Hochzeitszeremonie weint man; man weint auf einer Beerdigung, aber an zwei Stellen während der Zeremonie ist Weinen verboten. Man darf daraus jedoch nicht folgern, daß Gefühle, weil sie vorgeschrieben sind, nur der Form halber gezeigt werden. Emotionen, die sich nach Programm ausdrücken, können durchaus echt empfunden sein.

Echte Gefühle je nach Erfordernis an- und abschalten zu können, setzt außergewöhnliche emotionale Disziplin voraus. Ein bekanntes Beispiel hierfür ist die Hausfrau, die am Rande des persönlichen Bankrotts oder sogar unter der Bedrohung durch ein Pogrom alle ablenkenden Gedanken beiseite schiebt und sich voll Freude dem Frieden des Sabbats hingibt. Dies entspricht dem im Schtetl erwarteten Verhalten und gilt für einen «richtigen» Juden als selbstverständlich. Genau wie vorgeschriebene Emotionen nicht nur der Form halber gezeigt werden, so muß ein hoher Grad an Ausdruckskraft nicht Mangel an emotionaler Disziplin bedeuten. Gefühlen frei und intensiv ihren Lauf zu lassen, ist die Art des Schtetls. Daß das Schtetl seine eigene Vorstellung davon hat, was wann und wo den Vorrang hat, versteht sich von selbst.

Der einzelne sieht sich selbst im Lichte der Erwartungen des Schtetls. Er ist ein Kräftefeld, in dem gegensätzliche Elemente bestehen und wechselseitig wirken. Jeder Mensch hat «den guten und den schlechten Trieb», so wie «jeder Stock zwei Enden hat». Die ständige Wechselwirkung zwischen Gut und Böse muß nicht als innerer Konflikt gesehen werden, genausowenig wie die ständige Diskussion im Hause als Streiten gesehen wird. Der fortgesetzte Prozeß der gegenseitigen Anpassung zweier Seiten einer Persönlichkeit wird als normal empfunden, wobei keine die andere zur Räumung zwingt und unangefochten die Herrschaft behält.

Dennoch nimmt man an, daß das Gute im Menschen vorherrscht und daß er, wenn er weiß, was richtig ist, auch das Richtige tut. Das Problem ist nicht die Notwendigkeit, den Menschen davon zu überzeugen, daß er nach Gottes Willen zu handeln habe, sondern eher die Pflicht, ihn mit den Geboten Gottes und ihrer komplizierten Anwendung vertraut zu machen. Wenn er sie kennt, wird er gehorchen – vorausgesetzt, er ist einer, der in den Bund eingetreten ist, das heißt ein Jude. Ist er kein Jude, so fehlt ihm die grundlegende Aufklärung, die ihm beides gibt, den Willen und die Verpflichtung zu gehorchen. Er bewegt sich dann in einem anderen System und mag seine ewige Belohnung nach anderen Regeln verdienen.

Der einzelne wird als ein frei Handelnder gesehen, wenn auch sein Schicksal vorherbestimmt ist. «Alles ist vorbestimmt, aber die Wahl ist gegeben», sagt der Talmud. Das Schicksal des Menschen ist besiegelt, wenn er empfangen wird, aber es wird ihm immer die Freiheit gewährt, zwischen richtig und falsch zu wählen, in der Theorie die einzige Wahl, die wirklich zählt. Die Koexistenz von freiem Willen und Vorbestimmung wird durchaus als ein Problem erkannt; sie liefert das Thema für endlose Diskussionen und für blendende Beweise der Belesenheit. Für den Mann auf der Straße präsentiert es sich jedoch nicht als ein ausgesprochenes Paradoxon. Es ist für ihn ein weiterer Fall von Gegensätzlichkeit und wird von ihm eher als etwas Komplementäres als etwas Widersprüchliches betrachtet.

Die Verbindung der zwei Konzepte – freier Wille und Vorbestimmung – entzieht jeglichem Fatalismus den Boden und nährt die Angst. Gott hat die Lebensumstände eines jeden Menschen verfügt, aber der einzelne allein ist dafür verantwortlich, was er damit macht. Es gibt so viele Gelegenheiten, Fehler in der Erfüllung der Gebote zu machen, in der Summe der Bemühungen, die man unternimmt, um seinen Lebensunterhalt zu verdienen, in allen Unternehmungen und Beziehungen. Unkenntnis der Umstände mag eine Entschuldigung sein, doch Unkenntnis der Gesetze ist keine, und es gibt keine Entschuldigung für Versehen oder Nachlässigkeit. Verpflichtungen gibt es viele – gegenüber Gott, der Familie und den Mitmenschen; wie viel man auch immer tut, es ist niemals wirklich genug. Die Last der unerfüllten Pflichten bleibt einem immer erhalten.

Diese Bürde ist das ojl, das Joch, das auf jedem Mann, jeder Frau und jedem Kind im Schtetl lastet. Man beschwert sich ständig über das ojl und über die Schwierigkeit der Erfüllung aller Pflichten. So ist die Genugtuung, seine Pflichten erfüllt zu haben, eine der größten Freuden. Das «ojl fun kinder» ist untrennbar von der Freude an Kindern, ohne die niemand Vollkommenheit erreichen kann.

Sich seiner Last zu rühmen, ist an sich schon eine Genugtuung. Das Joch ist der Beweis für die Beteiligung am Leben der Gruppe. Für einen Menschen ohne Verpflichtungen hat man Verachtung – «er hat kein Joch zu tragen!». Durch die Annahme und Erfüllung einer Vielfalt von Pflichten wird Status gewonnen. Kein Wert und keine Freude ist ohne die entsprechende Anstrengung zu haben, und wenn man von ihnen spricht, ist immer auch vom Joch die Rede. Der Prozeß des Reifens ist ein Prozeß der Ansammlung von mehr und mehr Lasten; je größer die Summe der erfüllten Pflichten, desto größer die Vervollkommnung, das Maß an Genugtuung, an Achtung, an Ehre im Himmel und auf Erden, Ojl und naches, Joch und Genugtuung, wachsen gemeinsam; jedes ist das Pendant des anderen. Derjenige, der sich über sein Joch beklagt, prahlt gleichzeitig mit der Erfüllung seiner Pflichten und lobt sich selbst.

Sein ganzes Leben hindurch strebt der einzelne Vervollkommnung in zweierlei Hinsicht an, denn die Vervollkommnung auf einem Gebiet allein wäre in sich unvollständig. Zum einen erreicht er sie durch die Vereinigung mit den ihn ergänzenden Teilen: Frau, Kinder, Teilhaber, Mitmenschen, Mitjuden; zum anderen erreicht er Vollkommenheit, indem er sich selbst weiterentwikkelt: durch Vermehrung seines Wissens, seiner Jahre, der guten Werke und des weltlichen Wohlbefindens. Das angestrebte Ideal ist das der Reife in jeder Hinsicht. In diesem von Konkurrenzdenken geprägten Umfeld geht es im Wettbewerb um die höchste Rangstufe.

Das Zusammenspiel der sich ergänzenden Elemente ist innerhalb der Familie am auffälligsten. Trotz Anerkennung der gegenseitigen Abhängigkeit von Mann und Frau ist die Kultur deutlich männlich orientiert. Die Frauen selbst sehen ihre Umwelt aus der männlichen Perspektive, und die Minderwertigkeit der Frau wird zumindest verbal akzeptiert. Dennoch gelingt es der Frau, sich zu behaupten, nicht nur trotz, sondern auch wegen ihres untergeordneten Status, den sie häufig sehr geschickt zu benutzen weiß.

Die Rollen der Eltern ergänzen einander vollkommen und sind wechselseitig wirksam. Der Vater stellt die Werte der Gemeinschaft dar, der Tradition; er steht für Verstand und Geist, er ist das Sprachrohr von Gottes Gesetz im Hause. Er ist zeitlos. Die Mutter ist Fleisch und Blut, die Quelle der Wärme, der Beistand, die emotionale Resonanz. Keiner von beiden kann ohne den anderen existieren, und als Paar können sie ohne Kinder nicht ausgefüllt leben. Gegenüber der Autorität und Tradition, dargestellt durch die Eltern als zweigeteilte Einheit, repräsentiert das Kind das Objekt der Zuneigung; es ist eine Quelle der Freude und Genugtuung. Das Kind ist untergeordnet und jünger, und wegen dieser Eigenschaften braucht es die Sorge und den Beistand der Eltern. Sie wiederum sind von ihm abhängig, nicht nur wegen der Freude, sondern auch wegen des Status auf Erden und im Himmel. Nur als Eltern können sie Gott gegenüber ihre Pflicht voll erfüllen. In jedem Fall ist der Empfänger auch der Geber, und der Geber braucht den Empfänger, und das Gegebene hat gegenüber dem Erhaltenen unterschiedlichen Rang.

Innerhalb des kleinen Kreises der Familie zeigen sich eine Reihe von grundlegenden Gegensätzen besonders scharf. Der Mann/Frau-Kontrast besteht zwischen Eheleuten und auch zwischen Bruder und Schwester. Die Rolle der Frau im Schtetl ist die einer Untergeordneten, die anders als der Mann funktioniert. Ob sie nun Ehefrau oder Schwester ist, sie ist eine andere Art von menschlichem Wesen. Dennoch ist die Untergeordnete der unentbehrliche Mittelpunkt des häuslichen Kreises. Sie wird – verglichen mit dem Mann – als minderwertig eingestuft, aber er ist von ihr abhängig. Gleichzeitig tritt sie die

Autorität an ihn in seinem eigenen Reich ab, und dort ist sie von ihm abhängig. Somit machen die Elemente, die für den Unterschied verantwortlich sind, zugleich auch die Interdependenz aus; sie dienen sowohl der Spannung wie der Geschlossenheit.

Zwischen Mann und Frau funktioniert ein Teil des Gleichgewichts nach dem Schema Untergebene/Vorgesetzte; jeder ist ein Vorgesetzter auf bestimmten Gebieten. Komplexer werden die Rangunterschiede in der Eltern/Kind-Beziehung. Das Kind wird von den Eltern gleichzeitig zur Reife gedrängt und im Status des Untergeordneten gehalten; die Eltern sind wiederum von ihm abhängig – zum Nachweis ihres eigenen Erwachsenseins. Während das Gleichgewicht zwischen Mann und Frau im Hinblick auf Reife konstant ist, wechselt das Gewicht zwischen Eltern und Kind ständig, da das Kind heranwächst und sich dem Erwachsensein nähert. Und wieder sind die Quellen des Konflikts gleichzeitig die Basis für wechselseitige Abhängigkeit und dementsprechend für den Zusammenhalt.

Das Zusammenwirken von Konflikt und Kohäsion hält das familiäre Spannungsfeld im Gleichgewicht. Dieses Gleichgewicht wird durch den Begriff scholem-bajiss, Hausfrieden, das Ideal jeder Schtetl-Familie, umrissen. Scholem-bajiss heißt somit nicht Abwesenheit jeglicher Spannung; es schließt Reibungen, die als ein Teil des dynamischen Ganzen gesehen werden, ein.

Jedes Familienereignis ist auch ein Ereignis für die Gemeinschaft. Wenn ein Baby geboren wird, wenn ein Junge bar-mizwe wird, wenn ein junges Paar heiratet – die Feier ist eine Angelegenheit aller. Der einzelne ist immer Teil einer Gruppe, einer Familie, einer besonderen Gruppierung innerhalb der Gemeinschaft oder Teil der Gemeinschaft als ganzes. Seine Stellung in der Gemeinschaft wird durch die besondere Verbindung dreier Werte definiert: Gelehrsamkeit, Geld, jichuss. Ideal ist eine ausreichende Portion von jedem der drei, und gibt es hier Mängel, so wird man sich bemühen, die Vervollständigung durch Heirat, Studium oder den «Kauf» eines Gatten für eines der Kinder zu erreichen. Der eigene Mangel kann ja von einem der Kinder ausgeglichen werden, und auch dies ist ein Teil der Abhängigkeit der Eltern vom Kind. Status ist ebensowenig fixiert und absolut wie irgend etwas anderes im Schtetl. Der Status des einzelnen kann sich während seines Lebens radikal ändern. Außerdem sind die Kriterien für den Status fließend und werden von verschiedenen Leuten unterschiedlich bewertet – je nach ihrer eigenen Stellung auf der sozialen Leiter. Manchmal beurteilt die Gemeinschaft den Status eines einzelnen ganz anders als er selbst.

Status ist jedenfalls der vorrangige Mittelpunkt des Interesses im Schtetl. Die «Jagd nach kowed» kommt gleich nach der «Jagd nach parnosse». Der Anspruch auf Status muß ständig erhoben werden; man vergleicht sich in dieser Hinsicht unablässig mit den anderen. Ein Großteil des gewaltigen Aufwandes an Energie, den die Existenz im Schtetl erfordert, wird für die Vermehrung und das unaufhörliche Zurschaustellen des Status verbraucht.

Jede soziale Schicht hat ihre spezifischen Rechte und Pflichten, die wieder Ursache von Reibung und Kohäsion sind. Die Gemeinschaft wird – wie die Familie – von der wechselseitigen Abhängigkeit und der Wechselwirkung ihrer

Teile zusammengehalten. Die Armen und Ungebildeten erwarten von den Wohlhabenden und Gelehrten Hilfe; diese wiederum sind von ihnen – wegen der irdischen und himmlischen Belohnung – abhängig. Wie in der Familie ist der Untergeordnete in der Lage, von seiner untergeordneten Stellung zu profitieren.

In der eng geknüpften Gemeinschaft, in der jeder für alle verantwortlich ist und alle für jeden, ist «Privatleben» weder bekannt noch erwünscht. Jeder unterliegt der Kontrolle und Kritik, jedem ist es erlaubt, zu kontrollieren und zu kritisieren. Die stärkste Sanktionsinstanz ist die öffentliche Meinung, die höchste Belohnung die öffentliche Anerkennung. Als letzten Ausweg «ruft man zu mentschen», selbst gegen die vorgebliche Autorität. Und es ist der Wille des Volkes, der durch die Gerichtsentscheidungen des Rabbiners vollzogen wird. Es sind die Führer der Gemeinschaft, die am wenigsten Privatleben haben und die der Kritik am meisten unterliegen; das Joch der Führerschaft ist das schwerste von allen. Dennoch ist Führerschaft mit all ihren Lasten ein allgemein angestrebtes Ziel, denn die daraus ableitbare Genugtuung ist groß.

Die Autorität eines jeden Führenden ist nicht absolut, sondern relativ – das Schtetl erkennt nichts Absolutes an. Fast jede Gesellschaftsschicht muß sich ggf. die Unterwanderung durch eine andere gefallen lassen; fast jeder ihrer Angehörigen muß unter außergewöhnlichen Umständen die Zurücksetzung hinnehmen. Jede Verallgemeinerung hat ihre Ausnahmen. Jede Behauptung hat ihre Einschränkungen. Jede Autorität – selbst Gott – unterliegt der Prüfung, der Befragung, der Kritik.

Die einzig absolute Autorität ist der Geist der Thora. Jede menschliche Autorität hat ihre eigene Auslegung der Worte, durch die dieser Geist ausgedrückt wird, und jeder stützt seine Auslegung durch Bezugnahmen auf das, was andere Autoritäten gesagt haben, und auf die Worte der Thora selbst. Jeder neue Deuter bezieht sich auf die Linie seiner Vorgänger, die sich ungebrochen durch die Jahrhunderte zieht. Vom Berge Sinai und Moses bis zu den zeitgenössischen Kommentatoren – das Gesetz der Thora bildet ein nicht enden wollendes Kontinuum, dessen Kern unwandelbar ist, während die Oberfläche vielleicht noch von der Wirkung des letzten Weisen zeugt.

Die Autorität des Führenden ist auch begrenzt durch das Recht und die Pflicht eines jeden, selbst den Versuch zu unternehmen, zu verstehen und auszulegen. Wahres Verständnis der Gesetze erfordert ein hohes Niveau – es geht über das Verständnis der nicht so Belesenen hinaus. Doch haben die Einfachen und Unwissenden die Wahl, welcher der debattierenden Scholaren ihre Autorität sein soll, und bei dieser Wahl ist jedermann an sein eigenes Urteil gebunden. Selbst der Niedrigste ist nicht imstande, etwas blind zu akzeptieren. Der eifrige Chassid beugt sich seinem zadik – bis zu einem gewissen Punkte. Wird dieser Punkt überschritten, so findet sich der Führer ohne Gefolgschaft. «Jeder Jude ist sein eigener schulchn-oruch.»

Weil sie mit Vorbehalten angenommen wird, bleibt Autorität nur so lange maßgeblich, wie sie die Ansichten der Leute ausdrückt. Zu jedem Aspekt öffentlichen Lebens drücken die Menschen des Schtetls ihren Standpunkt entweder durch Billigung einer geschätzten Autorität aus oder durch Abspaltung, Verweigerung der Teilnahme, Bildung einer neuen Gruppe. Niemand ist im Recht, allein weil er einen bestimmten Namen trägt. Autorität erfordert – wie jichuss – ständige Bewährung.

In der Rolle des einzelnen und seiner Verbindung zur Gruppe zeigt sich eine bemerkenswerte Mischung von Persönlichem und Unpersönlichem, von Individualismus und Kollektivismus. Einerseits existiert jede Person als ein Teil der Gruppe. Sie wird durch ihren Platz im Familienverband und in der Gemeinschaft definiert. Das Verhalten den Verwandten gegenüber wird mehr durch die Natur der Verwandtschaft als durch den persönlichen Impuls diktiert. Andererseits ist die individuelle Indentität niemals verloren oder auch nur unklar. Das Gefühl eines jeden für seinen Platz in der Gruppe, seine Verantwortung gegenüber der Gruppe, seine Abhängigkeit von der Gruppe geht niemals verloren, dennoch verliert die Gruppe nie das Gefühl für die Person als Individuum.

Eine Art kollektive Identifikation ist offensichtlich. Der einzelne verschmilzt mit der Gruppe, aber er taucht nicht unter; eher kann man sagen, er identifiziert sich so sehr mit der Gruppe, daß diese ein Teil seiner eigenen Individualität ist – er ist die Gruppe, und die Gruppe ist er. Außerdem ist die Gruppe unsterblich, und der einzelne vergeht. Nur als ein Teil der Gruppe erreicht er in dieser Welt Unsterblichkeit. Wieder erkennt man die Struktur und den Mechanismus der einander ergänzenden Teile – wechselseitige Abhängigkeit und wechselseitige Aktivität, beide gleichermaßen unentbehrlich.

Vor dem Hintergrund der starken und bestärkenden Identifikation mit der Gruppe bleibt Raum für intensive individuelle Tätigkeit. Da der Status ständig nachgewiesen werden muß und sich durch individuelles Bemühen oder Nichtbemühen in jede Richtung ändern kann, muß jeder einzelne ständig danach streben, sein soziales und wirtschaftliches Niveau zu erhalten und zu verbessern. Sein Ansehen wird an seiner früheren Stellung und dem Status anderer gemessen, eine Usance, die mit Konkurrenzdruck und -angst eng verbunden ist in einer Welt, in der die Möglichkeiten eng begrenzt und die angestrebten Ziele unendlich hoch sind. Daß starke Solidarität und intensiver Wettbewerb ohne Mißklang nebeneinander existieren können, ist um so natürlicher, als der Dienst an der Gruppe die Hauptquelle von Status ist.

Wie die Familie ist die Gemeinschaft eine eng geknüpfte Einheit aus wechselwirkenden Teilen. Der gleiche Mechanismus von Konflikt und Kohäsion wirkt hier. Innerhalb der Familie mögen sich einzelne gegeneinander stellen, aber gegenüber der Gemeinschaft wird die Einheit gewahrt. In gleicher Weise präsentiert die Gemeinschaft eine solide Front – nicht nur in der äußeren Erscheinung, sondern auch in der Gesinnung – gegenüber einer anderen Gemeinschaft. Jede Stadt kritisiert die andere und macht sich lustig über sie. Dennoch zeigen die Städte einer Region Gemeinsamkeiten und Loyalität untereinander gegenüber einer anderen Region. Über die Grenzen hinaus vergißt die ganze osteuropäische Judenheit ihre Rivalitäten und Auseinandersetzungen in einer gemeinsamen Verachtung der deutschen Juden, die auf sie kalt wirken und deren Assimilationstendenz sie mißbilligen.

Die regionalen jüdischen Gruppen – wie groß auch immer ihre Differenzen und Antagonismen sein mögen – sind alle Teil von kol-jissro'ejl, der Judenheit der ganzen Welt. «Was immer wir auch sind, sind wir», sagt das Lied, «aber wir sind Juden.» Man verachtet jene Juden, deren Lebensweise und deren religiöse Bräuche anders sind. Man streitet mit ihnen, weigert sich, ihre Abweichungen von den eigenen Bräuchen zu akzeptieren. Trotzdem sind sie Juden.

So wie die Gemeinschaft eine erweiterte Familie ist, ist kol-jissro'ejl, die weltweite Judenheit, eine erweiterte Gemeinschaft. Ihre Bindungskraft ist schwächer als jene der lokalen Gemeinschaft, es gibt Bereiche weitgehender Entfremdung. Dennoch bleibt – trotz örtlicher Abweichungen – die Tradition der Thora die gemeinsame Verbindung. Und trotz Reibung und Mißbilligung berechtigt diese Bindung alle Angehörigen des kol-jissro'ejl, Hilfe in Anspruch zu nehmen, wenn sie lebenswichtig wird. Jenen, die weit weg sind, wird man nicht als einzelnen helfen, sondern als Angehörigen einer leidgeprüften Gemeinschaft.

Zugehörigkeit bedeutet nicht unbedingt gegenseitiges Verstehen, gegenseitige Wertschätzung oder die Fähigkeit zu anhaltender Zusammenarbeit. Im Gegenteil, das einzige Gebiet, auf dem mit konzertierter Aktion gerechnet werden kann, ist Hilfe in der Not. Dies schließt aber weder Geistesverwandtschaft noch Einverständnis ein. Für die Leute im Schtetl sind die Juden an weit entfernten Orten – wie Deutschland oder Amerika – wie Verwandte, die von der Scholle gewandert sind. Man mag sie beschuldigen, verachten, bedauern, weil sie ausgewandert sind. Befinden sie sich jedoch in Not, wird man versuchen, ihnen zu helfen.

In Wirklichkeit war es jedoch das Schtetl, das Hilfe benötigte von denen, die es verlassen haben, und diese Hilfe hat es auch bekommen. Auch dies ist so, wie es sein sollte, jedenfalls gemäß den Glaubenssätzen des Schtetls. Die Gebote schreiben es vor, und alle Regeln der Verantwortung für die Gemeinschaft diktieren es. Jene, die besitzen, sind verantwortlich für jene, die nicht besitzen – selbst wenn die Bedürftigen meilenweit entfernt sind. Die gegenseitige Verantwortlichkeit bedeutet nicht unbedingt Zuneigung. Es ist nicht geboten daß die Hilfeleistenden jene, denen sie Beistand gewähren, auch noch lieben – jedenfalls nicht mehr als «Onkel Frojim» seine angeheirateten Verwandten liebte, die sich seiner Freigiebigkeit erfreuten. Es steht auch nicht geschrieben, daß der Empfänger die Hand lieben muß, die ihn füttert.

Die Zugehörigkeit zu Kol Jissro'ejl ist elastisch und erneuerbar. Jeder, der von jüdischen Eltern geboren wurde, ist ein Jude. Ein Jude, der ein Fremder ist, hat Schwierigkeiten, von der örtlichen Gemeinschaft anerkannt zu werden; kennt man ihn denn und seinen Hintergrund? Trotzdem ist er ein Angehöriger von kol-jissro'ejl – so, wie die Angeheirateten nie Teil der eigenen Familie sind und doch Verwandte, m'chutonim.

Selbst wenn nur ein Elternteil jüdisch ist, ist man geneigt, die Person in kol-jissro'ejl einzuschließen. Religiöse Observanz ist kein Kriterium. Selbst ein Mensch, der die Gebote bricht, ist ein Jude; sogar einer, der verbotene Speisen ißt. Eine Person, die ihrem Glauben entsagt, wird von ihrer Familie verstoßen und betrauert, als sei sie tot. Doch sie kann immer bereuen und zurückkehren. Außerdem bleibt selbst nach ihrem Abfall etwas an ihr jüdisch. Das Unrecht, welches ein Jude begeht, wiegt doppelt, weil er es besser wissen sollte und weil man fühlt, daß er gegen alle Juden handelt. Trotzdem, egal was er tut, er ist «immer noch ein Jude».

Er ist kein guter Jude, kein *emesser jid*, kein wahrer, «richtiger» Jude. Es gibt einen großen Unterschied zwischen dem, was jüdisch ist und wer jüdisch ist. Zugehörigkeit zu kol-jissro'ejl ist ein Zufall der Geburt. Ansprüche, ein «richtiger» Jude zu sein, müssen erworben und nachgewiesen werden, und die Kriterien sind anspruchsvoll.

Ein richtiger Jude wird an seinem Herz und an seinem Kopf erkannt. Der «jiddische kop» ist scharfsinnig und voller Kraft. Er muß nicht nur abstrakten Intellekt besitzen, sondern auch die Fähigkeit, alle sich ihm bietenden Chancen zu erkennen und sie mit Blitzgeschwindigkeit zu ergreifen. «Er greift es in der Luft», sagt man von einer solchen Person. Ein jiddischer kop macht aber noch keinen richtigen Juden, wenn er nicht mit einem jiddischen Herzen verbunden ist, denn «man erkennt einen Juden an seinem Mitleid». Ein richtiger Jude sympathisiert nicht nur, er handelt nach seinem Gefühl. Man muß es ihm auch nicht erst sagen, er fühlt die Notwendigkeit. Er denkt, fühlt, handelt, kommuniziert – denn ein richtiger Jude ist immer Teil einer Gruppe. Zurückgezogen und isoliert zu sein, heißt disqualifiziert zu sein.

Ein richtiger Jude ist ein Mensch, der niemals verzweifelt, niemals aufhört zu hoffen und zu versuchen. Er ist ein Mensch des Friedens. Körperliche Gewalt ist ihm zuwider. Verbale und intellektuelle Konflikte sind herzerfrischende Übungen, und der Hausfriede ist oft genug ein lautstark erkämpftes Gleichgewicht. Aber ein «richtiger» Jude ist Pazifist aus Überzeugung. Seine Fähigkeit zu passivem Widerstand ist so groß wie seine Fähigkeit zu kämpfen, wenn es ihm seine Überzeugung bei seltenen Gelegenheiten befiehlt.

Die Wesenszüge des «richtigen» Juden werden als die wertvollsten Attribute des Menschen gesehen. Das größte Kompliment, das das Schtetl einem Nichtjuden machen kann, ist zu sagen: «Er hat einen jiddischen kop» oder «ein jiddisches Herz».

In die Beschreibung eines «richtigen» Juden schließt das Schtetl die fromme Einhaltung religiöser Gesetze ein. Das menschliche Ideal ist jedoch untrennbar von «mentschlichkeit». «Saj a jid un saj a mentsch», sagt man. Religiosität ist selbstverständlich, und ihre Vernachlässigung bleibt nicht ohne Kritik. Doch der sch'tadlen, der die Speisegesetze verletzt, aber dem Schtetl dient, wird als richtiger Jude verehrt, während der «Bart ohne Jude», der sich an den Buchstaben der religiösen Gesetze klammert, sicher kein «richtiger Jude» ist.

Das Schtetl kennt keine typisch jüdischen körperlichen Charakteristika, aber jüdische Wesenszüge können durch den Körper ausgedrückt werden. «Sein jüdisches Herz zeigt sich auf seinem Gesicht», sagt man. Gesten und Tonfall werden als jüdisch erkannt. Den Körper als ein Medium für Jiddischkeit zu akzeptieren, liegt auf der gleichen Linie wie die ungezwungene Annahme, daß weltliche und körperliche Vergnügen gut seien; es ist die einfache Abwesenheit von Askese in einer Kultur, die die Hauptbetonung auf nichtmaterielle Werte legt. Askese erhebt körperliche Befriedigung in den Status des höchst Erwünschten. Indem sie aus dem Widerstand gegenüber Reizen eine Tugend macht, schätzt sie diese Reize stillschweigend sehr hoch ein. Das Schtetl bewertet diese Reize nicht über, indem es ihnen besonderen Widerstand leistet; es bewertet sie, indem es nichtmateriellen Freuden höheren und verlockenderen Status beimißt. Dadurch reduziert es den Reiz des Materiellen auf ein Minimum. Man wird nicht «versucht» durch das, was man gering bewertet.

Ansichten über jüdische Charakteristika kristallisieren sich in zahllosen Sprichwörtern und Redensarten, von denen einige schon im Zusammenhang mit den positiven Aspekten von Jiddischkeit genannt wurden. Auch die negative Seite kommt in Floskeln zum Ausdruck. Eine große Anzahl von Sprichwörtern demonstriert das Unglück der Juden. «Es gibt keinen Juden ohne sein Bündel von Sorgen.» «Wenn ein Jude recht hat, bekommt er Schläge.» «Kein Unglück geht an den Juden vorbei.»

Das Schtetl drückt sich klar über die Fehler der Juden aus wie auch über ihre Tugenden oder über ihr Unglück, und diese strenge Selbstkritik ist viel älter als das Schtetl. Sie durchdringt die gesamte Tradition, beginnend mit der Bibel, sich ausweitend im Talmud, in der Moralliteratur des Mittelalters bis in den zeitgenössischen Journalismus. «Ihr seid ein halsstarriges Volk...»

Die Selbstkritik des Schtetls kann – wie auch das Selbstlob – nur als ein Teil des komplexen Ganzen gesehen werden, eines Ganzen, in dem wieder einmal die Teile sich ergänzen und zusammenarbeiten. In einem anderen Umfeld, besonders dort, wo die Assimilation ein angestrebtes Ziel ist, verändern sich die Haltungen. Selbstkritik und Selbsthaß mögen übertrieben werden, während die Selbstliebe entsprechend abnimmt.

Innerhalb des Schtetls enthält das Bild «des Juden» jedoch beides – Gutes und Schlechtes. Der Jude, selbst in der Abstraktion, ist «nur a mentsch», der den «guten und den schlechten Trieb» in sich hat. Weder der gute noch der schlechte wird das Schtetl blind machen für die Existenz des jeweils anderen, noch wird es ihm unverständlich erscheinen, daß beide miteinander existieren können.

Wie Freude und Schmerz sich ergänzen, so ist Selbstlob das Pendant zu Selbstbeschuldigung. Sprichwörter des Schtetls akzentuieren besonders die Uneinigkeit der Juden, ihren ununterdrückbaren Individualismus. «Wenn Moses mit den Juden schon nicht zurechtkam», so fragen sie, «wie sollte der Mann auf der Straße denn?» «Ein Jude ist stur», fügen sie hinzu, «und er ist widerspenstig. Sagt man Scholem Alejchem, dann antwortet er Alejchem Scholem.» Stellt man eine Frage, «so antwortet er mit einer Gegenfrage». Er ist unersättlich in seiner «Jagd nach kowed». Er «liebt es, seine Nase in alles zu stecken».

Die sprichwörtliche Kritik der Juden an Juden richtet sich niemals gegen eventuelle Unfähigkeit, die höchsten Qualitäten – Erbarmen und Intelligenz – unter Beweis zu stellen. Im Gegenteil, gemäß dem Bild des Schtetls von sich selbst hindert das angeborene Mitleid den Juden daran, brutal oder ernstlich unredlich zu sein. «Ein jüdischer Räuber ist noch nicht erfunden», sagen sie.

Die starke Selbstkritik des Schtetls muß man nicht nur in Relation zum kontrapunktischen Element Selbstlob sehen, sondern auch in Relation zur typischen Haltung gegenüber Autorität, zu den Erziehungsmustern und zum Konzept des Auserwählten Volkes. Jeder Mensch ist berechtigt und verpflichtet, selbst zu urteilen, jedem ist es erlaubt, alle anderen zu kritisieren, und alle üben diese Rechte aus. Sie werden um so energischer ausgeübt, als der einzelne so voll und ganz ein Teil der Gruppe ist und die Gruppe das sprichwörtliche Ziel des Angriffs ist. Die Sünden eines jeden Juden empfindet man als eine Bedrohung der Gruppe. Außerdem gilt gutes Benehmen von Kindern und Erwachsenen als selbstverständlich, als etwas, was man von jedem Juden erwarten kann, während Fehler und Unterlassungen getadelt und bestraft werden. Hinzu kommt, daß Juden als Angehörige des Auserwählten Volkes die «schlechten Triebe» in sich selbst allgemein verabscheuungswürdiger finden als in Nichtjuden und der einzelne Sünder deswegen noch bitterer von seinen Glaubensgenossen gebrandmarkt wird.

So wie die Sünden der Juden wegen ihrer Zugehörigkeit zum Auserwählten Volk um so tadelnswerter sind, nehmen ihre Tugenden allein wegen ihrer Identität besonderen Glanz an. Das Verdienst der Urwahl – geweiht im Bund – kommt auf jeden Angehörigen von kol-jissro'ejl herab. Die Werte, aufgrund derer Israel sich am Berge Sinai für diese Wahl entschied, sind Teil dessen, was heute seine Tugend ausmacht.

Die Freude und der Stolz auf dieses Erbe sind einerseits stark genug, um gegen vernichtende Selbstkritik unversehrt zu bestehen, und andererseits so stark, daß sie Unduldsamkeit gegenüber menschlicher Unzulänglichkeit erzeugen, die die große Tradition trübt. Der Stolz der Identifikation gibt dem Schtetl das Recht, sich selbst zu kritisieren; es ist ein Luxus, den seine Auserwähltheit mit sich bringt. Das Schtetl liebt einen guten scharfen Witz über sich selbst, es hat ein so ausgeprägtes Selbstwertgefühl, daß es sich einen solchen Luxus leisten kann. Die geistreichen Redensarten und lustigen Witze sind manchmal sogar eine Art von Koketterie, die dennoch, tief unten, die Flamme des Jeremias bewahrt. Infolgedessen ist das, was von außen gesehen paradox erscheinen mag, für das Schtetl kein Paradoxon, sondern einfach, natürlich und richtig.

Das Universum des Schtetls ist ein ungebrochenes Kontinuum. Vom frühen Altertum bis heute gibt es keinen wirklichen Bruch in der Tradition und in kol-jissro'ejl. Das Versprechen vom Kommen des Messias nährt eine Sehnsucht nach der fernen Zukunft, die man sich als ein Ebenbild der fernen Vergangenheit vorstellt. Alle versprengten Juden werden zusammengebracht, der Tempel wird wieder aufgebaut, so, wie er einmal war, und Gott wird verehrt wie zu den Tagen Salomos.

Auf der ganzen Welt, wo immer sich «richtige» Juden befinden, lebt die Tradition unverändert fort. Es gibt auch keinen wirklichen Bruch zwischen dem einzelnen und der ganzen Gruppe. Eines verschmilzt mit dem anderen. Der einzelne verwirklicht sich nur als Teil einer Familie und einer Gemeinschaft, die Gruppe wird nur als eine Ansammlung von Individuen erfahren, jedes mit seinen Konflikten, seinen Spannungen, seinen besonderen Wesenszügen, seinen ihm eigentümlichen Trieben. Verletzt man einen, so verletzt man alle – «was Israel passiert, passiert auch Herrn Israel».

Das Schtetl stattet das ferne Ende seines raum-zeitlichen Daseins mit den Attributen des Nahen aus. Die Vergangenheit stellt es sich im Bilde der

Gegenwart vor, und das Fremde als ein Spiegelbild des Bekannten. Jiddisch heißt jüdisch und jidn heißt Juden; die Sprache bietet keine stärker verallgemeinernden Worte. Für Juden in den anderen Teilen der Welt ist jiddische Kultur die spezielle Kultur der Juden Osteuropas und jiddisch die Sprache, die von dieser Gruppe gesprochen wird. Wenn es irgendeine «jüdische» Sprache gibt, dann ist es – würden sie sagen – hebräisch. Für das Volk im Schtetl sind Unterschiede im Brauchtum und im Glauben, auf die sie von den anderen aufmerksam gemacht werden könnten, irritierend, beklagenswert; sie verursachen Ärger. Wenn sie an kol-jissro'ejl denken, dann denken sie an ein weltweites Schtetl, in dem die Sprache und auch das Denken jiddisch sind.

Für die Menschen des Schtetls ist «Jüdischsein» «meine Lebensart», in der Religion, Werte, soziale Strukturen und individuelles Verhalten unentwirrbar miteinander verbunden sind. Sie meinen die Art von Leben, wie sie unter «uns» gelebt wird, und «uns» heißt das Schtetl. Darin liegt keine bewußte Sturheit oder irgendeine Art von Purismus, es ist nur einfach selbstverständlich. Wir sind «die» Juden, unsere Lebensart ist «das» Jüdischsein, und das Wort dafür ist Jiddischkeit.

Das Wort ist geladen mit Freude und Stolz, die das «Joch» begleiten. «Es ist schwer, ein Jude zu sein, und es ist gut, ein Jude zu sein.» Das Wort Jiddischkeit suggeriert alles, was das Gute betrifft. Freude des Sabbats unterbricht die eintönige Welt der Woche – Kerzen leuchten über weißem Tischtuch, der herrschaftliche Sabbat-Brotlaib, die saubere Kleidung, der heilige Friede; die Ekstase des Passahfestes mit der Frühjahrsreinigung, der Haushalt erneuert und schön, die Seele erneuert und schön; das stolze Fest der bar-mizwe der Jungen, die «Freude an Kindern» und an der Familie, das warme Gefühl der Zugehörigkeit und der Teilnahme zusammen mit seinesgleichen – alles ist in den Buchstaben des Wortes Jiddischkeit enthalten. Die «Melodie des Lernens», über heiligen Büchern skandiert, deren zerfledderte Seiten über Jahrhunderte zurückreichen und meilenweit vorauseilen, um alle Juden zu allen Zeiten zu berühren; die Genugtuung, den Myriaden von Geboten nachkommen zu können, nach dem Gesetz zu leben, das jede bescheidene Handlung des täglichen Lebens durchdringt; die Tränen an Jom Kipur – alles ist Teil der Jiddischkeit; die Schönheit der «traurigen Feiertage», das glückliche Weinen bei der Hochzeit der Tochter – alles gehört dazu.

Der andere Teil, der Schmerz liegt auch darin; «das Joch», das einen erhöht, indem es auf einem lastet, der Stolz, die Verfolgung aushalten zu können. In das Wort eingebunden ist auch ein stolzes Mitleid mit jenen, die ohne das Licht leben und die in ihrer Dunkelheit den Willen des Allerhöchsten erfüllen, indem sie die Kinder Israel unterdrücken.

Das Wort Jiddischkeit trägt als eine Aura die Verehrung der Gelehrsamkeit, die Annahme der Verpflichtungen, die unauslöschliche Hoffnung auf die endgültige Belohnung. Und irgendwo zwischen den Buchstaben flimmert auch die trockene, ironische Billigung des Preises, der für die Zugehörigkeit zu kol-jissro'ejl gezahlt werden muß, ein Preis, der mit Tränen angenommen wird, mit Ächzen und unzähligen geistreichen Bemerkungen.

Das Wort ojlem illustriert die Art von Weltsicht, die dem Denken und

Fühlen des Schtetls eingeboren ist. Es deutet an, worum sich die Welt bei den Menschen dreht, nämlich eher um ihre Gedanken und Gefühle als um Orte oder Dinge. Ojlem heißt Welt, Universum. Es heißt auch Ewigkeit, ewig. Gott hat ojlem hase und ojlem habe versprochen, diese Welt und das Jenseits. Das gleiche Wort, ojlem, heißt aber auch Menschenmenge, Scharen von Menschen, Leute. «Der ganze ojlem war heute in der schul», mag einer sagen. Welt, Ewigkeit, Menschen – alles ist eins.

Welche Frage über die Entstehung und die Bedeutung der Schtetl-Welt man auch stellen mag, die Kontinuität der Antworten wurde durch lange Jahrhunderte aufrechterhalten. Wie auch immer die Tradition definiert und wie auch immer ihr Fortdauern erklärt werden mag, welche Zukunft man ihr auch voraussagt, sie hat überlebt – vom biblischen Altertum bis in das Schtetl.

Die ganze Weltgeschichte hindurch haben Nationen ihre nationalen, kulturellen und religiösen Zentren in ihren Hauptstädten gehabt. Athen, Rom, Byzanz erblühten und zerfielen. Die Juden jedoch hatten ihr wirkliches Zentrum in der Thora, dem Gesetz. Fiel ihre Hauptstadt, so nahmen sie das Gesetz mit ins Exil. Je stärker der Angriff war, desto stärker wurde der Widerstand, der sich erhob.

«Gott, Thora und Israel sind eines», sagt die Tradition. Diese Einheit ist komplex und dynamisch. Trotzdem hat sie gehalten, Grenzen und Gräben in Zeit und Raum überwunden. Die Stärke und die Ausdauer der Tradition monokausal erklären zu wollen, würde das Ethos des Schtetls verletzen. Der wahre Grund setzt sich aus vielen widersprüchlichen Teilen zusammen. Jahrhunderte hindurch wurde die Tradition durch den Ansturm äußerer Einflüsse geprüft und gestärkt. Zu verschiedenen Zeiten und an verschiedenen Orten haben sie das eine oder andere Element jeweils stärker hervortreten lassen. Sie haben die Kernkultur abgewandelt und verändert. Zu verschiedenen Zeiten haben die äußeren Einflüsse auch Widerstand hervorgerufen, der der Kultur Stärke und Zusammenhalt gab.

Das Schtetl ist ein Produkt innerer und äußerer Kräfte. Es folgt dem Muster der jüdischen Geschichte, die eine Geschichte der Akkulturation ist. Auf den Ansturm anderer Kulturen zu antworten, ist einer der wesentlichen Bestandteile der jüdischen Kultur. Die daraus resultierende Flexibilität ist eines ihrer hervorstechendsten Charakteristika. Das Schtetl mit seinen unterschiedlichen lokalen Erscheinungsformen und seinem beständigen Kern von Jiddischkeit birgt in seinem Wesen beides, das Mitgehen mit seiner gegenwärtigen Umwelt wie auch das Festhalten an einer jahrhundertealten Tradition.

# Anhang

# Bibliographie

Abrahams, Israel: *Jewish Life in The Middle Ages.* London, Goldston, 1932.

Abramovitch, Hirsch: «Rural Jewish Occupations in Lithuania.» *Yivo Annual of Jewish Social Science,* II–III: 205–221. New York, Yiddish Scientific Institute-Yivo, 1947–1948.

Agnon, Samuel Joseph: *Days of Awe.* New York, Schocken Books, 1948.

Ain, Abraham: «Swislocz. Portrait of a Jewish Community in Eastern Europe.» *Yivo Annual of Jewish Social Science,* IV: 86–114. New York, Yiddish Scientific Institute-Yivo, 1949.

Ausubel, Nathan (hg.): *A Treasury of Jewish Folklore.* New York, Crown, 1948.

Ayalti, Hanan J. (hg.): *Yiddish Proverbs,* New York, Schocken Books, 1949.

Baron, Salo Wittmayer: *A Social and Religious History of the Jews,* 3 Bde. New York, Columbia University Press, 1937.

– *The Jewish Community: Its History and Structure to the American Revolution,* 3 Bde. Philadelphia, Jewish Publication Society of America, 1942.

Bernstein, Ignatz: *Yiddische Sprichwerter.* ° Warsaw, 1912.

Bogen, Boris A.: *Jewish Philanthropy,* New York, Macmillan, 1917.

Bram, Joseph: «The Social Identity of the Jews.» *Transactions of the New York Academy of Sciences,* Series II, VI: 194–199, 1944.

Buber, Martin (hg.): *Die Erzählungen der Chassidim.* Zürich, Manesse, [10]1987.

Cohen, Abraham: *Everyman's Talmud.* New York, Dutton, 1949.

Cohen, Israel: *Jewish Life in Modern Times.* London, Methuen & Co., 1929.

Dubnow, Semen Markowich: *History of the Jews in Russia and Poland ... Until the Present Day,* 3 Bde. Philadelphia, Jewish Publication Society of America, 1916–20.

Dubnow, Simon: *Geschichte des Chassidismus,* 2 Bde. Jüdischer Verlag, Berlin 1931.

Eisenstein, J.D.: *Ozar Dinim u. Minhagim.* A Digest of Jewish Laws and Customs in Alphabetic Order.° ° New York, Hebrew Publ. Co., 1938.

Epstein, Louis M.: *Sex Laws and Customs in Judaism.* New York, Bloch Publishing Co., 1948.

Feldman, W.M.: *The Jewish Child.* London, Baillière, Tindall and Cox, 1917.

Finkelstein, Louis (hg.): *The Jews: Their History, Culture and Religion,* 2 Bde. New York, Harper, 1949.

Finkielstein, Leo: *Meguilath Poilin* (Scroll of Poland)°. Buenos Aires, 1947.

Fishberg, M.: *The Jews: A Study of Race and Environment.* New York, Walter Scott Publ. Co., 1911.

Friedlander, M.: *The Jewish Religion.* 7th ed., revised and enlarged. London, Shapiro, Valentine & Co., 1937.

Ganzfried, Schelomo: *Kizzur Schulchan Aruch.* Ins Deutsche übertragen von S. Bamberger, 2 Bde. Nachdruck Victor Goldschmidt Verlag, Basel o. J.

Ginzberg, Louis: *The Legends of The Jews,* 7 Bde. Philadelphia, Jewish Publication Society, 1909–1938.

Goldin, Hyman E.: *The Jewish Woman and Her Home.* New York, Jewish Culture Publishing Company, 1941.

Hertz, Joseph H.: *The Authorized Daily Prayer Book.* Rev. Ed., Hebrew Text, English Translation with Commentary and Notes. New York, Bloch Publishing Co., 1948.

Heschel, Abraham Joshua: *Die Erde ist des Herrn. Die innere Welt des Juden in Osteuropa.* Neukirchener Verlag, Neukirchen 1985.

*The Jewish People, Past and Present.* Jewish Encyclopedic Handbooks, 2 Bde. New York, Central Yiddish Culture Organizations (CYCO), 1946–1948.

Jiggets, J. Ida: *Religion, Diet and Health of Jews.* 2 Bde. New York, Bloch Publ. Co., 1949.

Joffe, Natalie F.: «The Dynamics of Benefice Among East European Jews.» *Social Forces,* XXVII: 238–247, 1949.

Khayes, Kh.: «Beliefs and Customs In Connection With Death.»° *Yiddish Scientific Institute, Studies in Philology,* II: 281–328, 1930.

Landes, Ruth, and Zborowski, Mark: «Hypotheses Concerning the Eastern European Jewish Family.» *Psychiatry,* XIII: 447–464, 1950.

Lestschinsky, Jacob: *Oifn Rand fun Opgrunt* (Al Borde del Abismo).° Buenos Aires 1947.

Levitats, Isaac: *The Jewish Community in Russia, 1772–1844.* New York, Columbia University Press, 1943.

Liliental, Regina: «Evil Eye.»° *Yiddishe filologye, The Journal of Yiddish Philology,* I: 245–271, 1924.

– «Das Kind bei den Juden.» *Mitteilungen zur Jüdischen Volkskunde,* XXV: 1–24; XXVI: 41–55, 1908.

Maimon, Salomon Ben Joshua: Salomon Maimons Lebensgeschichte. Von ihm selbst erzählt. Frankfurt, Insel, 1984.

Newman, Louis: *The Hassidic Anthology.* Tales and Teachings of the Hassidim Translated from the Hebrew, Yiddish and German. New York, Bloch Publishing Co., 1934.

Newman Louis I. and Fritz, Samuel (hg.): *The Talmudic Anthology.* New York, Behrman, 1945.

Olsvanger, Immanuel: *Rosinkess Mit Mandlen.* Aus der Volksliteratur der Ostjuden. Schwänke, Erzählungen, Sprichwörter und Rätsel. 2. Auflage, Basel, 1931.

Philipson, David: *Old European Jewries.* Philadelphia, Jewish Publication Society of America, 1894.

Rubinow, I. M.: «Economic Conditions of the Jews in Russia. Dep. of Commerce and Labor. *Bulletin of the Bureau of Labor»* No. *72.* Washington, Gouvernment Printing Office, 1907.

Ruppin, A.: *Die Soziologie der Juden.* 2 Bde. Berlin, Jüdischer Verlag, 1930–31.

Samuel, Maurice: *The World of Sholom Aleichem.* New York, Knopf, 1943.

Scharfstein, Zevi: *Toldoth Ha-Hinukh Be-Israel Be-Doroth Ha-Hakhronim* (History of Jewish Education in Modern Times),°° 2 Bde. New York, Histadruth Ivrith of America, 1945–47.

Schauss, Chaim: «The Birth of a Jewish Child.»° *Yivo Bleter,* XVII: 47–63, 1941.

Schauss, Hayyim: *The Jewish Festivals From Their Beginnings To Our Own Days.* Cincinnati, Union of America Hebrew Congregation, 1938.

– *The Lifetime of a Jew Throughout the Ages of Jewish History.* Cincinnati, Union of American Hebrew Congregation, 1950.

Shtern, Yekhiel: «A Kheyder in Tyszowce (Tishevits).» *Yivo Annual of Jewish Social Science,* V: 85–171. New York, Yiddish Scientific Institute-Yivo, 1950.

Stutchkoff, Nahum: *Der Oytser Fun Der Yiddisher Shprach* (Thesaurus of the Yiddish Language).° Hg. v. M. Weinreich, New York, Yiddish Scientific Institute-Yivo, 1950.

Trunk, J. J.: *Poilen* (Poland),° 4 Bde. New York, Unzer Tsait, 1946–1949.

Weinreich, Uriel: *College Yiddish. An Introduction to the Yiddish Language and to Jewish Life and Culture.* New York, Yiddish Scientific Institute-Yivo, 1949.

Wirth, Louis: *The Ghetto.* Chicago, University of Chicago Press, 1928.

Ysander, Torsten: *Studien zum Bescht'schen Hassidismus.* Upsala, A.-B. Lundequistska Bokhandeln, 1933.

Zborowski, Mark: «The Place of Book-Learning in Traditional Jewish Culture.» *Harvard Educational Review,* XIX: 97–109, 1949.

– «The Children of the Covenant.» *Social Forces,* XXIX: 351–364, 1951.


° Auf Jiddisch.
°° Auf Hebräisch.

# Abbildungsverzeichnis und Abbildungsnachweis

*Seite 17*
Marc Chagall, «Das Haus in Vitebsk» (1922). New York Public Library, Prints Division.

*Seite 23*
Ornamentiertes Anfangswort eines Lobgesanges: Gelobt Seist Du, Ewiger, unser Gott und Gott unserer Väter ... Siddur, Deutschland, 18. Jh. Jewish National and University Library, Jerusalem.

*Seite 32*
Sabbat-Leuchter, Polen, 18. Jh. Kölnisches Stadtmuseum, aus: Judaica I, bearbeitet von Liesel Franzheim; Köln 1980, S. 325.

*Seite 51*
Ornamentiertes Anfangswort eines Lobgesanges: Alles preiset Dich und alles verherrlicht Dich ... der an jedem Tage öffnet die Pforten des Ostens ... Siddur, Deutschland, 18. Jh. Jewish National and University Library, Jerusalem.

*Seite 79*
Thora-Krone, Osteuropa(?), 19./20. Jh. Kölnisches Stadtmuseum, aus: Judaica II, bearbeitet von Liesel Franzheim; Köln 1990, S. 309.

*Seite 88*
Lehrbüchlein des Schächtens (Titelblatt), Amsterdam, 1803/1804. Kölnisches Stadtmuseum, aus: Judaica II, bearbeitet von Liesel Franzheim; Köln 1990, S. 101.

*Seite 110*
Mesusa, Osteuropa(?), 18. Jh. Kölnisches Stadtmuseum, aus: Judaica I, bearbeitet von Liesel Franzheim; Köln 1980, S. 231.

*Seite 149*
Ornamentiertes Anfangswort aus Vorschriften für das Anzünden der Kerzen: Mit was zünde man, und mit was nicht ... Siddur, Deutschland, 18. Jh. Jewish National and University Library, Jerusalem.

*Seite 167*
Amulett, 18./19. Jh. Das Amulett trägt die Aufschrift ‹Allmächtiger›. Kölnisches Stadtmuseum, aus: Judaica I, bearbeitet von Liesel Franzheim, Köln 1980, S. 235.

*Seite 187*
Chanukka-Leuchter, Polen, 18. Jh. Kölnisches Stadtmuseum, aus: Judaica I, bearbeitet von Liesel Franzheim; Köln 1980, S. 469.

*Seite 211*
Ornamentiertes Anfangswort eines Lobgesanges: Und Gott gebe Dir vom Tau des Himmels und vom Fett der Erde ... Siddur, Deutschland, 18. Jh. Jewish National and University Library, Jerusalem.

*Seite 229*
Hochzeitsring, Deutschland(?), 19.Jh. Kölnisches Stadtmuseum, aus: Judaica I, bearbeitet von Liesel Franzheim; Köln 1980, S.259.

*Seite 252*
Beschneidungsbecher, Augsburg, 1.Hälfte des 18.Jh. Kölnisches Stadtmuseum, aus: Judaica I, bearbeitet von Liesel Franzheim; Köln 1980, S.249.

*Seite 262*
Jüdischer Kinder-Kalender, Berlin. Kölnisches Stadtmuseum, aus: Judaica II, bearbeitet von Liesel Franzheim; Köln 1990, S.171.

*Seite 280*
Menu-Karte. Ost-Deutschland(?), 1893. Kölnisches Stadtmuseum, aus: Judaica II, bearbeitet von Liesel Franzheim; Köln 1990, S.261.

*Seite 319*
Chanukka-Leuchter, Polen(?), 1.Hälfte des 19.Jh. Kölnisches Stadtmuseum, aus: Judaica I, bearbeitet von Liesel Franzheim; Köln 1980, S.475.

*Seite 322*
Thora-Schild, Deutschland(?), Anfang des 19.Jh. Kölnisches Stadtmuseum, aus: Judaica I, bearbeitet von Liesel Franzheim; Köln 1980, S.125.

*Seite 325*
Ornamentiertes Anfangswort eines Lobgesanges: Auf, lasset uns jauchzen dem Ewigen, jubeln dem Hort unseres Heils … Siddur, Deutschland, 18.Jh. Jewish National and University Library, Jerusalem.

*Seite 343*
Thora-Zeiger, Köln, 1.Viertel des 18.Jh. Kölnisches Stadtmuseum, aus: Judaica I, bearbeitet von Liesel Franzheim; Köln 1980, S.95.

# Glossar

Alle Laute sind so wiedergegeben, daß der deutschsprachige Leser bei normaler, phonetisch genauer Aussprache sie ohne weitere Anleitung richtig aussprechen wird. «ch» wird im Hebräischen immer hart ausgesprochen, wie in «Bach». Einfaches «s» soll stimmhaft gesprochen werden, wie in «Sage». Das scharfe «s», wie in «Haß», ist als Doppel-«ss» angegeben. Es ergibt sich manchmal ein Doppel-«ss» am Anfang des Wortes. Das im Hebräischen kaum hörbare sehr kurze «e» ist nicht mit einem «e», sondern mit einem Apostroph bezeichnet.

| | |
|---|---|
| afikojmen | das Stück maze (s.d.), das an den Sederabenden am Passahfest versteckt und zu Ende der Mahlzeiten verzehrt wird |
| agada | ‹Erzählung, Geschichte›; Legenden im Talmud, die die Thora erklären |
| agune | ‹Gefesselte›; Frau, deren Mann verschollen ist; sie darf erst erneut heiraten, wenn ihr Mann für tot erklärt ist |
| alije | ‹Aufstieg›; Aufruf zur Lesung der Thora. Da die Lesung gewöhnlich auf der bima (s.d.) erfolgt, muß der Aufgerufene hinaufsteigen |
| alte mojd | alte Jungfer |
| amcho | ‹Sein Volk›; die gewöhnlichen Menschen |
| amorez, am-razim, pl. | eigentlich ‹Landvolk›; heute nur noch Bauer, unwissender Mensch, Ignorant (im Hinblick auf jüdisches Wissen) |
| apikojress | ‹Epikureer›; Freigeist, Ketzer, der sich über die religiösen Vorschriften hinwegsetzt |
| arbe-kanfess | Syn. für taliss-kotn (s.d.) |
| aschk'nasim | im Sprachgebrauch Bezeichnung für Deutschland; daher werden deutsch- bzw. jiddisch-sprachige Juden so genannt im Gegensatz zu den spanisch sprechenden Sephardim |
| asess-ponim | frecher, arroganter Mensch |
| awejre | ‹Übertretung› eines religiösen Gebotes, Sünde |
| badchen | Zeremonienmeister auf Hochzeiten, Spaßmacher |
| balabatisch | bürgerlich im Gegensatz zu proste (s.d.) |
| bal-bosste | Hausfrau |
| bal'agole | Fuhrmann, Kutscher |
| bal-jichuss | ‹Meister des jichuss›; Bezeichnung für jemanden, der im Erwerb von jichuss-azmoj (s.d.) besonders erfolgreich ist |
| bal-tojre | ‹Meister des Gesetzes›; ein belesener Mann |
| bal-z'doke | wohltätiger Mensch, Almosenspender |
| bar-mizwe | ‹Sohn des Gebotes›; Junge von dreizehn Jahren, der mit einer Feier (Konfirmation) in alle religiösen Rechte und Pflichten eines erwachsenen Israeliten eingeführt wird |
| batlen | Müßiggänger, unpraktischer Mensch |
| bejgl | Gebäck, Bretzel |
| bejss-din | Gericht, Richterkollegium, auch Gerichtsraum |

| | |
|---|---|
| bejss-medresch | Studierhaus, auch Raum für Gottesdienste |
| belfer | urspr. Behelfer, der Gehilfe des m'lamed (s.d.); Schuldiener, Pedell |
| benschn | segnen, den Segensspruch sprechen |
| ben-tojre | ein in jüdischer Wissenschaft gelehrter Mann |
| ben-sochor | ‹männliches Kind›; Zeremonie in der Synagoge aus Anlaß der Geburt eines Sohnes, wird am ersten Freitag nach der Geburt abgehalten |
| bima | erhöhte Plattform in der Mitte der Synagoge, von der am Sabbat die Lesung der Thora stattfindet |
| bitochen | Hoffnung, Vertrauen, übertragen auch: Pfand, das man als Sicherheit für ein Darlehen hinterlegt |
| blintzes | gefüllte Pfannkuchen, meist mit Quarkfüllung |
| bobe | Großmutter, auch Hebamme |
| bobe-zejde | die Großeltern |
| briefschteller | Buch mit Modellbriefen für jede Gelegenheit |
| b'riss | ‹Bund›; der Bund Abrahams; auch Beschneidungsfest, wodurch das acht Tage alte männliche Kind in diesen Bund aufgenommen wird |
| b'riss-mile | s. b'riss |
| Bund | jüdische sozialdemokratische Partei, nicht zu verwechseln mit dem Bund Abrahams, s. b'riss |
| chabad | Abkürzung für ‹chochme, bina, daat› (Weisheit, Verständnis, Wissen); in Litauen entwickelte Form des Chassidismus |
| chale | das Sabbat-Weißbrot, auch das Gebot, ein Stückchen des Teiges durch Verbrennen zu opfern, chale nemen. In Deutschland heißt dieses Brot auch ‹barches› |
| chaj | (hebr.) lebend, lebendig. Der Zahlenwert der Buchstaben ist 18 (8 + 10); somit gilt diese Zahl als heilbringend und wird deshalb bei Spenden zur Wohltätigkeit etc. berücksichtigt |
| challah | Sabbat-Brotlaib |
| chanike | Fest des Lichtes im Winter, das an die Wiedereinweihung des Tempels erinnert |
| charif | Denker, scharfsinniger Mensch |
| chasoke | halblegales Vorrecht, Monopol auf ein Gewerbe oder Verkaufsgebiet, hergeleitet aus oft generationenlangem Usus |
| chejder | eigentlich Stube, Zimmer; im Alltag jedoch jüdische Elementarschule |
| chejrem | Bann, Bannfluch, Exkommunikation |
| chewre | Verein, Gesellschaft; abwertend auch Gesindel |
| chewre kadischa | ‹heilige Gemeinde›; Bestattungsgesellschaft des Schtetls |
| chidusch | ‹Neuigkeit›; Wunder, Rarität; auch neue, eigene These zu einem talmudischen Problem |
| chochme | Weisheit, Wissenschaft |
| chomez | Sauerteig; in der Nebenbedeutung alle leicht gärenden Speisen und Getränke, deren Genuß am Passahfest verboten ist; übertragen auch nichtsnutzige Sache, wie Sauerteig am Passahfest |
| chomezdig | alles, was mit chomez in Berührung kommt, Geschirr, Gefäße etc. |
| chossen | Bräutigam |

| | |
|---|---|
| chupe | Baldachin, unter dem die Trauung vollzogen wird, abgeleitet auch die Trauung |
| chuzpe | Frechheit, Dreistigkeit, Keckheit |
| chumesch | ‹Fünftel›; im Volksmund die fünf Bücher Mosis (Pentateuch) |
| dajen | Richter, auch Beisitzer eines jüd. Richterkollegiums |
| dajtsch | ‹deutsch›; Bezeichnung für jemanden, der sich wie ein Deutscher kleidet, im schmählichen Sinne; assimiliert |
| dardeki chejder | Elementarschule, wo die Kleinsten das Alphabet, Lesen und Gebete lernen |
| dardeki m'lamed | Schulmeister des chejder (s.d.), siehe auch m'lamed |
| derech | ‹Weg›; Art und Weise |
| derech-erez | ‹Art des Landes›; gute Sitte, Respekt |
| dibuck | Teufel, eine verdammte Seele, die in eine lebende Person schlüpft und durch diese handelt und spricht |
| d'rosche | Predigt unter Verwendung einer Thora- oder Midraschstelle |
| d'rosche-geschänk | Geschenk an den Bräutigam von Verwandten und Bekannten für den gelehrten Vortrag, den er beim Hochzeitsessen hält |
| ejdele | edle, fromme Juden von höchstem Rang |
| ejrew | heißt die Verbindung von Eckhäusern von einer oder mehreren Straßen mit Hilfe eines Drahtes zu einem geschlossenen Raum, in dem am Sabbat Gegenstände getragen werden dürfen |
| emesser jid | der wahre, ‹richtige› Jude |
| erev schabbes | Vorabend des Sabbats |
| essreg | eigentlich Paradiesapfel, in der Praxis jedoch eine Zitrone, über die beim Laubhüttenfest der Segen gesprochen wird |
| externikes | Jungen, die sich außerhalb der j'schiwe (s.d.) auf ihr Examen vorbereiten; ‹Aufgeklärte› |
| ezras noschim | Frauenabteilung im ersten Stock der Synagoge |
| farsessene | ‹Sitzengebliebene›; alte Jungfer, unverheiratetes älteres Mädchen |
| fejne jidn | ‹feine Juden›; Gelehrte, die an der Ostwand der Synagoge sitzen |
| feltscher, feltscherke, f. | ‹Feldscher›; männlicher/weiblicher Sanitätshelfer ohne medizinische Universitätsausbildung |
| fleischik | ‹fleischig›; Fleisch- und Fleischprodukte und Geflügel im Sinne der religiösen Speisegesetze |
| gabaj | Synagogenvorstand, Verwalter eines Wohltätigkeitsvereins, Spendensammler, bei den Chassidim auch Assistent des Wunderrebbes |
| gan-ejden | ‹Garten Eden›; Paradies |
| ganew | Dieb, scherzhaft: durchtriebener Mensch |
| gaon | Genie |
| geder | siehe sjag |
| genem | Tal Hinnom, Hölle, Gehenna |
| gescheft | Geschäft, Kramladen |
| gesunt un parnosse | ‹Gesundheit und Auskommen›; fromme Juden haben ein Recht, Gott darum zu bitten |
| g'more | mündlich überlieferte Lehre und Auslegung der mosaischen Gesetze, Talmud |
| g'more-chejder | höchste Stufe der religiösen Grundschule |

| | |
|---|---|
| g'miluss-chassodim | ‹Vergeltung›; im allgemeinen Wohltat, im besonderen ein zinsfreies Darlehen |
| goj, gojim, pl. | wörtlich ‹Volk›; allgemein Bezeichnung für Nichtjuden, auch Bauer im Gegensatz zu Edelmann, davon abgeleitet: unwissender Mensch, Ignorant |
| goless | ‹Vertreibung›; Gefangenschaft, Verbannung, Bez. für die jüdische Diaspora |
| grusche | ‹Vertriebene›; geschiedene Frau, auch geschiedener Mann |
| gut jontef | ‹einen schönen Feiertag!›; Glückwunsch |
| g'vatter, g'vatterin, f. | Patenonkel und Patentante |
| hadras ponim | vornehmes, ‹schejnes› Gesicht |
| hagode | ‹Erzählung›; besonders das Buch, das die Erzählung vom Auszug des jüdischen Volkes aus Ägypten enthält und das an den beiden ersten Abenden des Passahfestes rezitiert wird |
| haftojre | ‹Abschluß›; so heißen die Kapitel aus den ‹Propheten›, die zum Schluß der Lesung am Sabbat vom maftir (s. d.) verlesen werden |
| haloche | (hebr. halacha) – der legale Teil des Talmud |
| hamojn | Plebs, die breite Masse |
| haskole | (hebr. Haskala) – ‹Aufklärung›; philosophischer, soziokultureller Trend im 17. Jahrhundert, der die Säkularisation jüdischen Lebens förderte |
| hawdole | ‹Scheidung›; Segensspruch über einen Becher Wein am Ende des Sabbats und der Feiertage, zur Hervorhebung des Unterschiedes zwischen Werk- und Ruhetag |
| hejmische mentschen | Mitglieder der Gemeinde |
| hekdesch | Stadthospiz, Gemeindekrankenhaus, auch Nachtasyl |
| hojf | Hof des chassidischen Rebbe |
| iluj | ‹der Vollendete›; Genie, großer Gelehrter |
| iwrith | hebräisch, besonders hebräische Schrift |
| iwrith-tajtsch | ‹juden-deutscher› Dialekt sowie die besondere Druckschrift, in der die in diesem Dialekt geschriebenen Bücher gedruckt werden, auch: jiddische Übersetzung eines hebräischen Textes |
| jarmelke | Käppchen aus Satin oder Samt, das männliche Juden unter einem oder anstatt eines Hutes tragen, da es unstatthaft ist, den Kopf unbedeckt zu lassen |
| jichuss | ‹Adel›; edle Abstammung |
| jichuss-azmoj | ‹persönlicher Adel›, der dem eigenen Verdienst zuzuschreiben ist |
| jichuss-ovos | ‹ererbter Adel›, im Gegensatz zu jichuss-azmoj (s. d.) |
| jojm-kiper | Jom Kipur, ‹Tag der Vergebung›, Versöhnungstag am 10. Tischri |
| jojscher | Rechts- und Billigkeitsgefühl |
| jontef | ‹guter Tag›; Feiertag |
| jontefdig | feiertäglich in bezug auf Speisen, Kleidung etc. |
| j'schiwe | ‹Sitz (der Gelehrsamkeit)›; Hochschule für Talmudstudien |
| j'schiwe-bocher | Talmudstudent |
| kabala | ‹Überlieferung›; Geheimlehre |
| kabzn | armer Teufel |
| kadisch | Totengebet, das die männlichen Nachkommen für das Seelen- |

| | |
|---|---|
| | heil ihrer Eltern sprechen, dreimal täglich während des ganzen Trauerjahres |
| kahal | (hebr.) Gemeinde, jüdische Kommunalorganisation |
| kale | Braut |
| kale-mojd | heiratsfähiges Mädchen |
| kascha | Graupen |
| kaschrus | religiöse Speisevorschriften |
| kehila | s. kahal, jedoch Bezeichnung in polnischen Gebieten |
| kejli | Gefäß, Gerät, auch Musikinstrument |
| kesst | ‹Kost›; Bezeichnung für die Verpflichtung der Eltern der Brautleute, dem jungen Ehepaar eine bestimmte Zeit Kost und Logis zu gewähren |
| kidusch | ‹Heiligung›; Segensspruch über einen Becher Wein vor den Mittags- und Abendmahlzeiten am Sabbat und an Feiertagen vgl. auch hawdole |
| kidusch haschem | ‹Heiligung des Namens›; Sterben für die heilige Sache |
| kimpetorn | Wöchnerin |
| kitl | weißes Festtagshemd |
| kleibn naches | ‹Ansammeln von Freude›; sich freuen |
| k'lej-kojdesch | ‹heilige Gerätschaften› der Synagoge, übertragen auch deren Beamte, wie Rabbiner, Kantor und schojchet (s. d.) |
| knipl | Knoten, auch ein Tuch, in das ein Knoten geschlagen ist, um darin Geld aufzubewahren |
| kol-jissro'ejl | ganz Israel, die gesamte Judenheit |
| kol-nidrej | ‹alle Gelöbnisse›; Anfangsworte des feierlichen Gebetes, mit dem in der Synagoge der Versöhnungstag eingeleitet wird, vgl. jojm-kiper |
| kop | ‹Kopf›; Verstand, Vernunft |
| koscher | nach rituellen Speisevorschriften erlaubt |
| koscher-tants | Tanz während der Hochzeitsfeierlichkeiten, der einzige, bei dem es korrekt ist, daß Männer und Frauen zusammen tanzen |
| kowed | Ehre, Ehrerbietung |
| krischme | das Sprechen des ‹schma-Jissro'ejl›/«Höre Israel ...», s. d. |
| kuck | ‹Sehergabe› des chassidischen zadik, aber auch die ‹Besichtigung› der Braut seitens der Familie des Bräutigams |
| kugl | Nachtisch am Sabbat, ein großer Kloß, eine Art Pudding |
| kwitl | ‹Quittung›; Zettelchen, Bezeichnung für Papierstückchen, auf denen chassidische Bittsteller ihre Wünsche dem Rebbe unterbreiten |
| lag b'Ojmer | Ojmer/‹Garbe›; die erste Gerstengarbe, die man im Tempel zu pejssach darbringt; von dort zählt man 50 Tage bis Pfingsten, der Darbringung der ersten Weizengarbe |
| lamdn | ein im Talmud bewanderter Mann |
| lechajim | ‹Auf das Leben!›; Trinkspruch, Toast |
| lerner | ein Studierter, ein eifriger Mensch |
| l'hawdil | ‹zur Unterscheidung›; Hervorhebung der Unterscheidung zwischen Profanem und Heiligem |
| luftmentsch | jemand ohne ständige Beschäftigung, der seinen Lebensunterhalt aus undefinierbaren Quellen bezieht |
| lulew, lulowim, pl. | Palmenzweig(e) |

| | |
|---|---|
| macher | Mittelsmann beim Staat, der für seine Dienste entlohnt wird und daher wenig angesehen ist |
| maftir | ‹Beschließer›; derjenige, der bei der Bibellesung zum Schlußkapitel aufgerufen wird; er trägt die haftojre (s. d.) vor; Ehre, die oft vornehmen Gästen, Verlobten und Konfirmanden erwiesen wird |
| magid, magidim, pl. | ‹Sprecher›; im Lande herumziehende Prediger |
| majsse-buch | Geschichtenbuch, Märchenbuch |
| majssim-tojwim | die guten Taten |
| maskil, maskilim, pl. | Anhänger der haskole (s. d.) |
| masel | ‹Himmelszeichen, Gestirn›; davon abgeleitet Glücksstern, Glück |
| masel-tow | ‹Viel Glück›; Glückwunsch bei freudigen Ereignissen |
| maze, mazzes, pl. | ungesäuertes Brot zum Passahfest |
| m'chutonim | die angeheirateten Verwandten |
| mejwin | Kenner, Sachverständiger, Experte |
| melits-jojscher | Verteidiger, Fürsprecher, Vermittler |
| mesmid | ‹einer, der sich über die Bücher beugt›; Gelehrter |
| metsutsa | die Ehre, die einem ehrwürdigen und frommen Manne gebührt, bei der Beschneidung den ersten Blutstropfen aufzusaugen |
| m'gile | ‹Rolle›; besonders die Pergamentrolle, die das Buch Esther enthält; fig. ein langatmiges Schreiben |
| mikwe | rituelles Reinigungsbad, vgl. t'wile |
| milchik | ‹milchig›; die Milchprodukte im Sinne der rituellen Speisegesetze |
| minjen | ‹Zahl›; d. h. die zur Abhaltung eines Gottesdienstes vorgeschriebene Anzahl von zehn männlichen Personen |
| mischpoche | die ganze Familie |
| misrech | ‹Osten›; Ostwand der Synagoge, in Privathäusern auch die Tafel, die den Betenden die Richtung zeigt |
| mischne | ältester, grundlegender Teil des Talmuds (s. d.) |
| misnagdim | Gegner der Chassidim, Vertreter der strengen, rabbinischen Form des Judentums |
| mizwe | religiöses ‹Gebot›; Versprechen, Verpflichtung |
| m'lawe-malke | ‹Geleit der Königin›; Festmahl zur Verabschiedung der ‹Königin Sabbat› am Samstagabend |
| m'lamed | ‹Lehrer›; Schulmeister, Hauslehrer, fig. auch einfältiger, unpraktischer Mensch |
| m'nuche schabbes | der Sabbatfrieden, Ruhe, Rast, Erholung |
| m'schuge | verrückt, überspannt, wahnsinnig |
| m'schuggene | Verrückte(r), Irrsinnige(r) |
| m'schumed | Abtrünniger, getaufter Jude |
| m'suse | ‹Türpfosten›; Pergamentstreifen, auf dem zwei Abschnitte aus der Bibel geschrieben stehen und der in einer Kapsel an den Türpfosten geheftet ist |
| mojcher | Verkäufer, Händler |
| mojcher-ssforim | Buchhändler |
| mojhel | ‹Beschneider›; nimmt an dem acht Tage alten männlichen Kind die Beschneidung vor, vgl. b'riss |
| mumme | Tante |

| | |
|---|---|
| nasch, nascherei | Süßigkeit, Delikatesse |
| n'dowe | ‹milde Gabe›, Almosen |
| nign | Lied, Melodie, Weise, auch dim.: nigle |
| nogid | vornehmer, reicher Mann |
| n'schome jeseire | die Seele |
| ojfgekummener | Neureicher, Emporkömmling |
| ojlem-habe | die zukünftige Welt, das Jenseits |
| ojlem-hase | die gegenwärtige, materielle Welt |
| ojrach | Gast, an Sabbat- und Festtagen zu Tisch geladener Durchreisender |
| ojl | Joch, Last |
| oker horim | ‹Bergeversetzer›; jemand, der sich in der Gelehrsamkeit hervortut |
| oneg schabbes | ‹Freude des Sabbats›; die Ruhe nach dem Sabbatmahl |
| opgekummener | ein in der gesellschaftlichen Hierarchie Abgesunkener |
| opsprecher | Besprecher(in), der/die eine durch den bösen Blick bei Kindern hervorgerufene Krankheit durch Besprechen heilt |
| oschana raba | ‹Tag der großen Hilfe›; sechster Tag des Laubhüttenfestes, an dem das Schicksal für das nächste Jahr endgültig «besiegelt» wird |
| parnosse | Lebensunterhalt, Erwerb, Nahrung |
| parewe | ‹gedämpft›; Speisen, die weder in Butter noch mit Schmalz zubereitet sind, im Dampf gegart werden und deshalb nach den Speisegesetzen sowohl mit Milch- als auch mit Fleischgerichten gegessen werden dürfen |
| patsch | Ohrfeige, Backpfeife |
| pejess, pl. | ‹Ecke, Winkel›; Haarlocken an den Schläfen, die nicht abgeschnitten werden dürfen |
| pejssach | Passahfest, Ostern |
| pejssachdig | für Passah bestimmt; Speisen, Geschirr etc. |
| pidjan | ‹Einlösung›; Betrag, der dem chassidischen Rebbe für seinen Rat gezahlt wird |
| pidjan ha-ben | ‹Auslösung des Sohnes›; Summe, die der Vater an die Kohanim zahlt zur Befreiung des erstgeborenen Sohnes vom Dienste im Tempel. Feierlichkeit, die vier Wochen nach der Geburt begangen wird |
| pikuach-nefesch | ‹Errettung einer Seele›; Rettung eines Menschen aus Todesgefahr, darf auch an Sabbat- und Feiertagen geschehen |
| pilpul | ‹Pfeffer›; die komplizierte, gelehrte Interpretation eines rabbinischen Textes |
| ponim, penemer, pl. | ‹Gesicht›; ‹die Gesichter› sind die gelehrten Männer der Gemeinde, die in der Synagoge an der Ostwand sitzen |
| possel | profan, unheilig, vgl. trejfe |
| prisbe | Böschung, die die Grundmauern des Hauses schützt |
| prost | die ‹gewöhnlichen› Juden, im Gegensatz zu ‹schejn› und ‹balabatisch›, auch: vulgär, gemein |
| prostak | ignoranter Rüpel, Flegel; Schimpfwort |
| purim | Feiertag im Gedenken an den Sieg über Haman, beschrieben im Buch Esther; der lustigste aller Feiertage, eine Art Karneval |
| rachmoness | Erbarmen, Mitleid, Gnade |

| | |
|---|---|
| rebbe | Herr, Lehrer, Gelehrter, auch: Wunderrabbi der Chassidim; mit reb = Herr wird jede erwachsene männliche Person angeredet |
| rebezen | Frau des Rabbiners |
| rejdlach | redend, disputierend |
| rosch-haschone | Neujahrsanfang am 1. und 2. des Monats Tischri |
| row | Rabbiner |
| rufn zu mentschen | einen Fall vor einen Schiedsrichter (nicht Rabbiner) bringen |
| rufn zum Row | zum Rabbiner bitten |
| rusalke | ‹Meerjungfrau›; Fabelwesen, das in den Sümpfen lebt, Wanderer ergreift und zu Tode kitzelt |
| s'chuss | Verdienst, Belohnung |
| siweg | ‹Paar›; das vom Himmel füreinander bestimmte Ehepaar |
| sjag | ‹Zaun›; präventive religiöse Vorschrift, s. a. geder |
| s'miress | Tischgesänge während der Mahlzeit am Sabbat |
| ssandek | ‹Syndikus›; Ehrenamt bei der Beschneidungszeremonie |
| ssechel | Verstand, Vernunft |
| ssejder | ‹Ordnung›; Zeremonie im Hause an den beiden ersten Abenden des Passahfestes, an der alle Hausgenossen teilnehmen |
| ssejfer, ss'forim, pl. | Schriftrolle, Buch, Werk |
| ssijum | ‹Abschluß›; Beendigung des Studiums eines Talmudabschnitts durch ein Festmahl |
| ssimchas-tojre | achter Tag und Höhepunkt des Laubhüttenfestes; Vollendung und Wiederbeginn des Zyklus der jährlichen Thoralesungen |
| ssojfer | ‹Schreiber›, besonders der von Thorarollen |
| ssuke | Laubhütte |
| ssukes | Laubhüttenfest |
| schabbes-goj | christlicher Diener, der in jüdischen Häusern die am Sabbat verbotenen Arbeiten verrichtet |
| schadchen | Ehevermittler |
| schamess | Synagogen- und Gemeindediener, im übertragenen Sinne auch die Kerze am chanike-Leuchter, die zum Anzünden dient |
| scheitl | Perücke der orthodoxen Frauen, deren Haar nach der Hochzeit abgeschoren wird |
| schejd, schejdim, pl. | Gespenst, Dämon |
| schejn | fein, schön; höchster gesellschaftlicher Rang |
| schepn naches | Freude empfangen |
| schidech | Ehevereinbarung, Heiratsvertrag |
| schiwe sizn | ‹Sieben sitzen›; die sieben Trauertage nach dem Tode eines nahen Verwandten, die auf dem Boden oder auf einem niedrigen Schemel sitzend verbracht werden |
| schlach-moness | Geschenke, die an Purim Verwandten und Freunden übersandt werden, nach Esther 9,19 |
| schlemiel | eine simple, ungeschickte Person, der geborene Verlierer |
| sch'lojschim | die ‹dreißig› Tage der tiefen Trauer nach dem Tode eines nahen Verwandten |
| sch'ma-Jissro'ejl | ‹Höre Israel!›; Beginn des Glaubensbekenntnisses, welches beim Morgen- und Abendgebet sowie vor dem Schlafengehen gesprochen wird; ebenso wird es vom Sterbenden rezitiert |
| schmalts | Hühner- und Gänsefett |

| | |
|---|---|
| schnorrer | Bettler |
| schojchet | ritueller Schlächter |
| schojfer | ‹Posaune›; Widderhorn, das am Neujahrsfest geblasen wird |
| scholem-alejchem | ‹Friede sei mit dir›; übliche Grußformel |
| scholem-bajiss | häuslicher Friede |
| scholem-sochor | vor den Eltern eines neugeborenen Kindes ausgerichtetes kleines Fest am Sabbat nach der Geburt |
| schrajim | ‹Reste› vom Tische des zadik |
| schtadlen | Sachverwalter (einer Gemeinde), Fürsprecher |
| schtot balbatim | Stadtväter, die Großkopfeten |
| schul | Synagoge, Studierhaus |
| schulchn-oruch | ‹gedeckte Tafel›; Titel des im 16. Jahrhundert verfaßten Religionskodex in vier Teilen; enthält die Ritual- und Zivilgesetze und das Eherecht |
| sch'wu'ess | ‹Wochenfest›; etwa Pfingsten |
| tachlis | Zweck, Ziel, Sinn |
| taliss | Gebetsmantel, der bei den Morgengebeten und bei allen feierlichen Zeremonien getragen wird |
| taliss-kotn | wollenes, viereckiges Tuch, Kleidungsstück der Männer, hat an den vier Ecken Schaufäden, ziziss (s. d.) |
| talmid-chochm | ‹weiser Jünger›; gelehrter Mann |
| talmud | das Lehrbuch der mündlich überlieferten Auslegung mosaischer Gesetze; auch g'more genannt (s. d.) |
| talmud-tojre | öffentliche, von der Gemeinde unterhaltene Schule für Knaben armer Familien |
| tate-mamme | die Eltern |
| tejglach | Dessert, in Honig gegarte Teigkügelchen |
| t'filn | Phylakterien, Gebetsriemen; Kästchen an Lederriemen, die während der Morgengebete auf der Stirn und am linken Arm getragen werden; an ihnen sind Zitate aus dem Pentateuch befestigt |
| tische-bow | ‹der neunte Aw›; Trauer- und Fastentag zur Erinnerung an die Zerstörung des Tempels in Jerusalem |
| tojre | ‹Thora›; die Lehre, besonders die mosaische Lehre, der Pentateuch, die fünf Bücher Mosis |
| tosfos | Kommentar zum Talmud |
| t'rejfe | Gegensatz zu ‹koscher›, nach jüdischen Speisegesetzen nicht erlaubt, vgl. koscher und possel |
| trejf-possel | profanes, antireligiöses, nicht in hebräisch geschriebenes Buch |
| tschinoss | für Frauen von Rabbinern verfaßte Prosagedichte in jiddisch |
| tscholent | Sabbatspeise, am Freitag vorbereitet und für 24 Stunden in den Herd gestellt, besteht meist aus Kartoffeln oder Grütze mit Fett und anderen Zutaten |
| t'schuwe | ‹Rückkehr›; Reue, Buße |
| tsi'inou-ri'ino | ‹gehe hin und sieh›; Titel der jiddischen Fassung des Pentateuch |
| t'wile | das Untertauchen im rituellen Bad, besonders für Frauen nach der Menstruation, vgl. mikwe |
| woch | ‹Woche›; Alltag im Gegensatz zum Sabbat |
| wochendig | alltäglich im Gegensatz zu festlich |

| | |
|---|---|
| wochendige mentschen | ‹Leute der Woche›; Menschen im Alltag |
| zadik, zadikim | ‹Gerechter›; frommer Mann, Bezeichnung für den wundertätigen Rebbe der Chassidim |
| z'doke | ‹Gerechtigkeit›; Wohltätigkeit, Almosen |
| z'doke besejter | anonyme Spende, verborgene Wohltat |
| zizess, pl. | Schaufäden am taliss-kotn (s.d.) |
| znachors | ‹Medizinmann›; Kräuterkundiger, Besprecher |
| zogerke | Frau, die des Hebräischen mächtig ist und in der Frauenabteilung der Synagoge die Gebete anführt |
| zoress, pl. | Sorgen, Leiden, Plage, Qual |

## Kalender

Um das jüdische Jahr festzusetzen, muß man zu unserem Kalenderjahr 3761 hinzuzählen, jedoch berücksichtigen, daß das jüdische Kalenderjahr im September oder Anfang Oktober beginnt. Etwa im Jahre 360 der christlichen Zeitrechnung führte Hillel II. den hebräischen Kalender ein. Danach ist das Jahr in 13 Monate mit abwechselnd 30 und 29 Tagen eingeteilt. Um den hebräischen Kalender mit dem Sonnensystem in Übereinstimmung zu bringen, wird jedes dritte Jahr ein Monat hinzugefügt – 7 Monate in 19 Jahren. Das Jahr beginnt am ersten Tage des Monats Tischri, der Tag, an dem der Neumond der herbstlichen Tagundnachtgleiche am nächsten erscheint. Dieser Tag, Rosch Haschone, wird nach traditionellen Vorschriften verschoben, d.h. Neujahr darf nicht auf einen Freitag und nicht auf einen Sonntag fallen; es darf auch nicht auf einen Mittwoch fallen, denn dann wäre Jom Kipur an einem Freitag (10. Tischri).

Die Monate heißen wie folgt, mit ihren gregorianischen Äquivalenten:

| | | | |
|---|---|---|---|
| tischri | September-Oktober | nissn | März-April |
| heschwan | Oktober-November | ijer | April-Mai |
| kisslew | November-Dezember | siwen | Mai-Juni |
| tebet | Dezember-Januar | tamus | Juni-Juli |
| schebat | Januar-Februar | aw | Juli-August |
| ader | Februar-März | elel | August-September |
| wieder | Schaltmonat | | |

# Register

Werke zur jüdischen Geschichte und Kultur
von Günter Stemberger

Das klassische Judentum
Kultur und Geschichte der rabbinischen Zeit
(70 n. Chr. bis 1040 n. Chr.)
1979. 271 Seiten.
Broschiert

Epochen der jüdischen Literatur
An ausgewählten Texten erläutert von Günter Stemberger
1982. 176 Seiten. Paperback
Beck'sche Reihe Band 249

Geschichte der jüdischen Literatur
Eine Einführung
1977. 257 Seiten.
Broschiert

Die Juden
Ein historisches Lesebuch
3. Auflage. 1991. 348 Seiten, 3 Abbildungen.
Paperback
Beck'sche Reihe Band 410

Juden und Christen im Heiligen Land
Palästina unter Konstantin und Theodosius
1987. 298 Seiten.
Broschiert

Der Talmud
Einführung – Texte – Erläuterungen
2., durchgesehene Auflage. 1987. 324 Seiten.
Leinen

Midrasch
Vom Umgang der Rabbinen mit der Bibel
Einführung – Texte – Erläuterungen
1989. 242 Seiten.
Leinen

Verlag C. H. Beck München